Windows Vista non documenté

Micro Application

1ère Édition - Octobre 2007

Auteurs

Sylvain CAICOYA, Jean-Georges SAURY

ISBN : 2-7429-6748-3

Couverture réalisée par Com'Back
Crédit photo : © Matteo NATALE - Fotolia.com

MICRO APPLICATION
20-22, rue des Petits-Hôtels
75010 PARIS
Tél. : 01 53 34 20 20 - Fax : 01 53 34 20 00
http://www.microapp.com

Support technique
disponible sur
www.microapp.com

Retrouvez des informations sur cet ouvrage !

Rendez-vous sur le site Internet de Micro Application **www.microapp.com**. Dans le module de recherche, sur la page d'accueil du site, entrez la référence à 4 chiffres indiquée sur le présent livre.
Vous accédez directement à sa fiche produit.

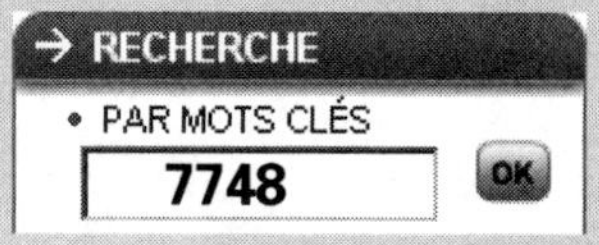

Conventions typographiques

Afin de faciliter la compréhension des techniques décrites, nous avons adopté les conventions typographiques suivantes :

- **gras** : menu, commande, boîte de dialogue, bouton, onglet.
- *italique* : zone de texte, liste déroulante, case à cocher, bouton radio.
- `Police bâton` : instruction, listing, texte à saisir.
- ➥ : dans les programmes, indique un retour à la ligne dû aux contraintes de la mise en page.

Au cours de votre lecture, vous rencontrerez les encadrés suivants :

ASTUCE

Propose des trucs pratiques.

ATTENTION

Met l'accent sur un point important, surtout d'ordre technique, à ne pas négliger à aucun prix !

REMARQUE

Informations supplémentaires relatives au sujet traité.

CONSEIL

Vous recommande une technique ou une marche à suivre.

INTERNET

Reportez-vous au site indiqué pour obtenir plus d'informations.

RENVOI

Fait référence à un chapitre où vous trouverez des informations complémentaires.

Contenu en un clin d'œil

Sommaire

1

Naissance de Windows Vista

Windows Vista, sorti le 31 janvier 2007 à grands coups de renforts publicitaires, est le successeur de Windows XP, système d'exploitation client de Microsoft. Windows Vista arrive 5 ans après la sortie de Windows XP. Autant dire qu'en 5 ans, nos usages informatiques, que nous soyons utilisateurs à la maison ou en entreprise, ont considérablement évolué.

Plus de 10 millions de français sont connectés à Internet en haut débit. Nous nous servons de notre ordinateur pour surfer sur Internet, jouer, travailler, communiquer, etc. En allant plus loin, nous pouvons dire que plus personne ne voit l'intérêt d'acheter un nouvel ordinateur si celui-ci n'est pas connecté à Internet. Nous connectons également de plus en plus de périphériques externes à notre ordinateur : téléphone portable, baladeur MP3, Pocket PC… Avec le sans-fil, nous souhaitons rester connectés où que nous soyons, à l'hôtel, à l'aéroport, etc. Nous voulons continuer à collaborer avec nos amis ou collègues. Et, pour la première fois en France en 2006, la vente d'ordinateurs portables a dépassé la vente d'ordinateurs de bureau. Une étude montre que la vente d'ordinateurs portables s'accapare 54 % du marché.

Tous ces nouveaux usages demandent à être pris en compte. Dans le même temps, il faut anticiper au mieux les usages dans les prochaines années. C'est pour cela que chaque nouvelle version de Windows doit toujours apporter son lot d'améliorations pour la productivité de l'utilisateur. Il faut garder à l'esprit que Windows Vista est conçu pour être utilisé pendant plusieurs années, logiquement jusqu'en 2017 (fin de la période de support). Il est donc prêt à gérer les évolutions matérielles (notamment la montée en puissance de nos ordinateurs), mais aussi comportementales. Un grand nombre d'améliorations et de modifications ont été apportés, la finalité étant de simplifier encore et encore les tâches les plus courantes pour laisser le champ libre à l'émergence de nouveaux besoins, mais aussi de nouveaux scénarios d'utilisation pour les usagers, pour les entreprises et pour les administrateurs. Windows Vista doit être capable de contenter tout le monde : l'utilisateur à domicile, l'utilisateur en entreprise ainsi que l'administrateur, sachant que les besoins et les usages de ces trois catégories d'utilisateurs sont parfois radicalement différents. Le challenge est de taille et souvent mal compris.

Plutôt que de vous décrire classiquement les prérequis d'installation, les différentes versions de Windows Vista (nous le ferons plus tard), etc., et puisque nous cherchons, par cet ouvrage, à ouvrir des portes, dévoiler des informations, écrire ce qui n'a pas encore été écrit sur Windows Vista, en guise d'introduction, tentons d'aller au fond des choses et d'expliquer comment Microsoft a pensé Windows Vista et quelles orientations font que Windows Vista est ce qu'il est aujourd'hui.

1.1. Pourquoi Vista ?

Nous n'allons pas nous interroger sur le choix du nom "Vista", mais plutôt sur le pourquoi de la globalité du produit.

Windows Vista ne doit pas être considéré simplement comme une multitude d'outils et de fonctionnalités mises bout à bout. Son développement, ses phases de test, son aspect, ses fonctionnalités, les réponses aux besoins des utilisateurs, le ressenti concernant l'utilisation du produit… c'est tout cela le fruit de l'orientation prise par Microsoft.

Il est important, pour avoir une vision globale du produit et pour bien en appréhender tous les tenants et les aboutissants, de comprendre cette orientation opérée par Microsoft. Elle est dictée par des notions fondamentales, décidées par Microsoft et appliquées à la plupart de ses produits : l'initiative pour l'informatique de confiance, le cycle de développement sécurisé et le triptyque d'utilisation.

Le développement de ces notions fondamentales permet de comprendre un contexte global autour d'un produit.

L'initiative pour une informatique de confiance

La presse spécialisée en a beaucoup parlé et a ironisé sur le sujet. Connu sous le nom anglais de *Trustworthy Computing* et traduit par "initiative pour informatique de confiance", tout a commencé il y a quatre ans, par un courriel de Bill Gates à tous les salariés de Microsoft, leur demandant de s'engager à travailler à l'avènement de cette informatique de confiance : l'informatique complètement sécurisée. Ce n'était qu'un courriel, mais il a réorienté l'entreprise.

Ce message engageait Microsoft à rendre ses produits plus sûrs, malgré la croissance continue du nombre et de la sophistication des attaques. Il engageait Microsoft à créer des produits qui protègent la vie privée et qui donnent à l'utilisateur le contrôle sur les données le concernant. Il engageait Microsoft à fiabiliser ses produits, tout en étant conscient de la place qu'ils occupent dans des infrastructures critiques au niveau mondial (sécurité publique, sûreté nationale, vie économique). Enfin, ce message engageait Microsoft à faire preuve d'intégrité dans ses actions commerciales, en veillant à rester ouvert et transparent vis-à-vis de ses clients.

Quatre ans plus tard, l'informatique de confiance a dépassé le stade de l'initiative pour devenir la doctrine de Microsoft : elle guide toutes les actions, tous les développements de logiciels. Depuis, Microsoft a réalisé des progrès dans la fourniture d'environnements informatiques plus sûrs, mieux sécurisés, plus fiables et respectant mieux la vie privée des utilisateurs.

Mais quatre ans ne suffisent pas pour aboutir à une informatique de confiance et, pour Microsoft, il reste encore beaucoup à faire. Cependant, citons quelques réalisations dans l'esprit de la doctrine de l'informatique de confiance…

- **Service Pack 2 pour Windows XP** : c'est la première réalisation à citer, et la plus notable. On peut la considérer comme une mise à jour de Windows XP consacrée presque intégralement à la sécurité et que vous avez forcément installée.
- **Le filtre antihameçonnage** : il avertit l'utilisateur lorsqu'un site web est potentiellement suspect. Ce filtre est disponible sous forme de complément à la barre d'outils MSN, et il est en cours d'intégration sur Hotmail (*Windows Live Mail*) et dans Internet Explorer 7. Pour configurer le filtre antihameçonnage sous Internet Explorer 7, ouvrez le menu **Options Internet**, cliquez sur l'onglet **Avancé**. Dans les paramètres listés, descendez jusqu'aux options d'activation du filtre antihameçonnage.

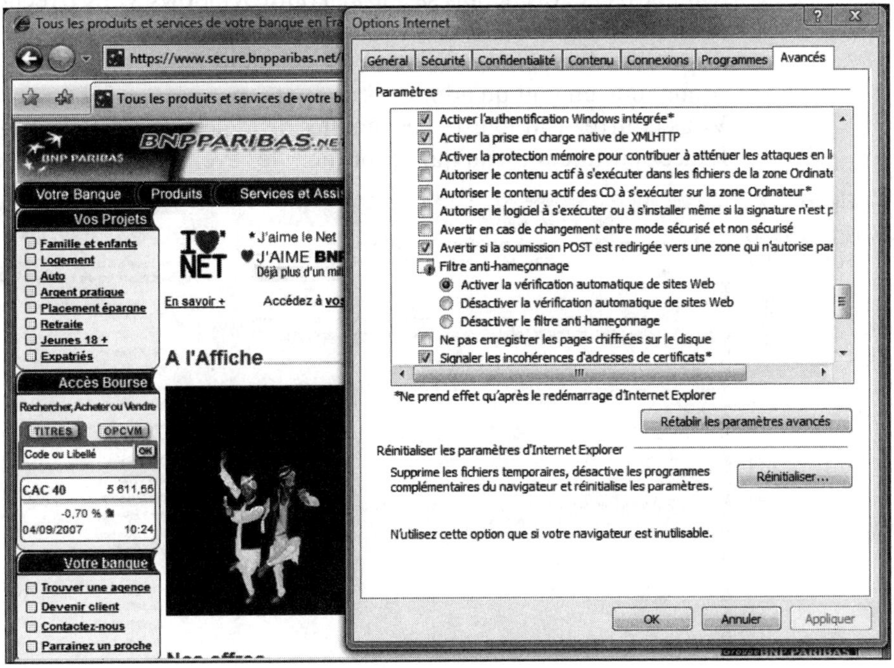

Figure 1-1 : *Activation du filtre antihameçonnage sous Internet Explorer 7*

Téléchargement de la barre d'outils MSN avec filtre antihameçonnage

http://go.msn.fr/sas/toolbar/msn/

INTERNET

- **Windows Defender** : ce logiciel, intégré à Windows Vista et disponible en téléchargement pour Windows XP. Actuellement en version bêta, il améliore la sécurité de navigation sur Internet en aidant l'utilisateur à se protéger contre les logiciels espions. Ce produit a déjà supprimé des dizaines de millions de logiciels espions chez plus de 25 millions d'utilisateurs. Lancez-le, puis cliquez sur **Scan** pour examiner votre ordinateur.

Téléchargement de Windows Defender

www.microsoft.com/athome/security/spyware/software/default.mspx

INTERNET

- **Windows MSRT** (*Malicious Software Removal Tool*) : exécuté environ 2 milliards de fois depuis sa sortie, l'outil Windows MSRT recherche les familles de logiciels nuisibles les plus répandues et les supprime. MSRT est disponible d'office sous Windows Vista. Pour l'exécuter, ouvrez une Invite de commande en tant qu'administrateur et tapez `mrt`, puis laissez-vous guider. Vous pourrez voir la liste des familles de logiciels nuisibles les plus répandues. Lancez ensuite un scan qui supprimera les éventuels virus présents.

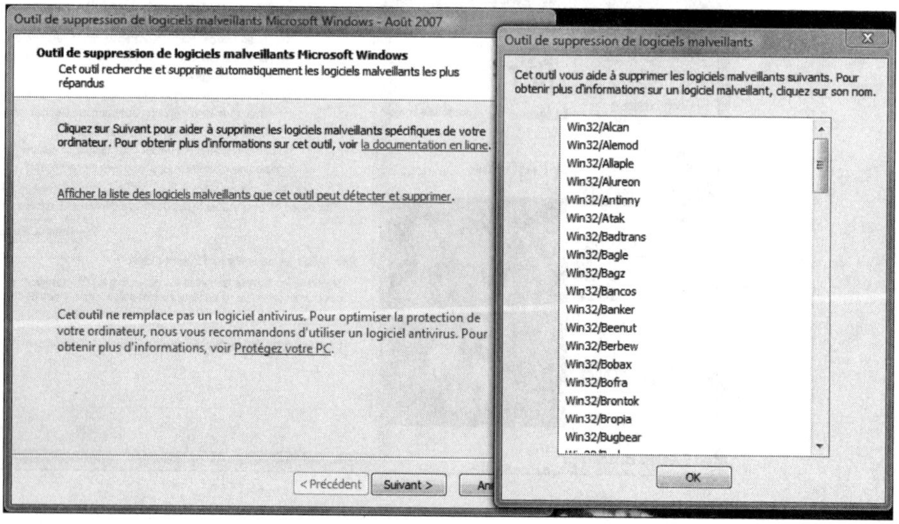

Figure 1-2 : *Liste des virus connus sous MSRT*

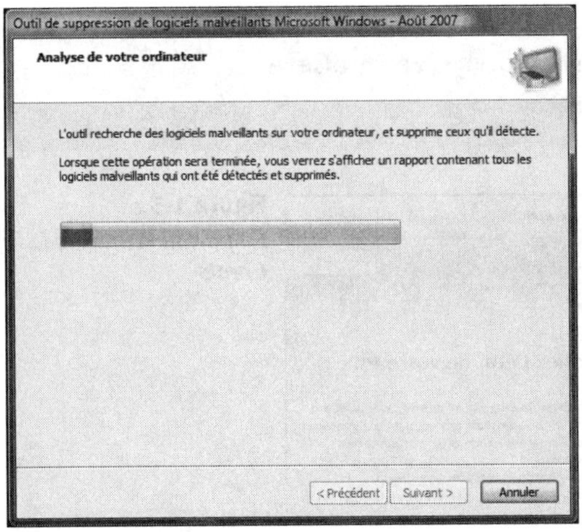

Figure 1-3 : *Scan MSRT*

INTERNET

Téléchargement de MSRT

www.microsoft.com/security/malwareremove/default.mspx

- **Windows Live OneCare** : OneCare, dont plusieurs versions bêta sont prévues pour la France, aide à protéger et à maintenir les ordinateurs en intégrant des fonctionnalités d'antivirus, de pare-feu, de maintenance ainsi que de sauvegarde et de restauration de données. OneCare est proposé en service continu, payant, via un portail web, mais vous pouvez aussi demander des bilans ponctuels gratuits en visitant le site Windows Live Safety Center.

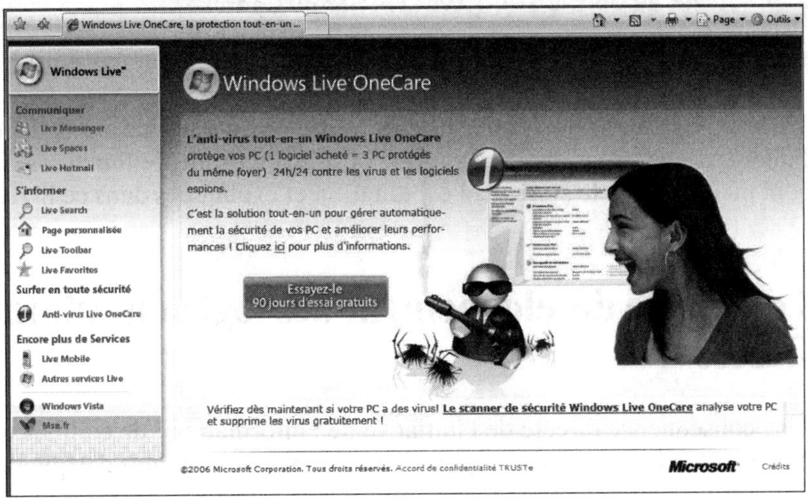

Figure 1-4 : *Le portail Windows Live OneCare*

INTERNET

Accès aux portails Windows Live OneCare

www.windowsonecare.com

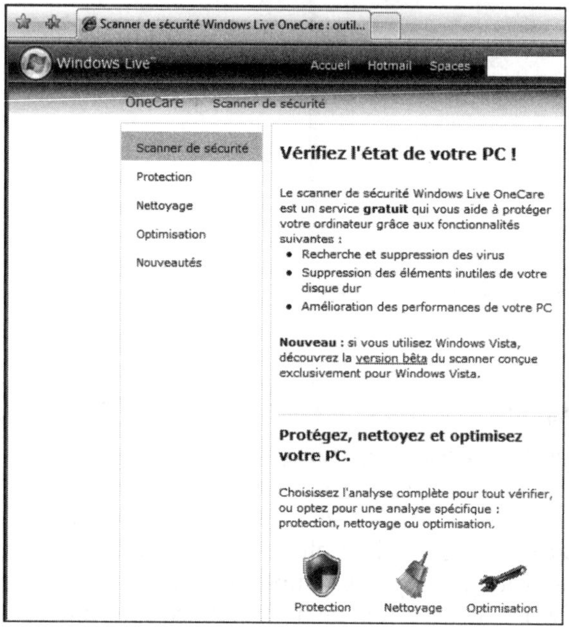

Figure 1-5 : *Le portail Windows Live Safety Center*

INTERNET

Accès au portail Windows Live Safety Center

http://onecare.live.com/site/fr-FR/default.htm

Évidemment, le développement de Windows Vista s'appuie sur la doctrine de l'informatique de confiance. Preuve en est la multitude de fonctions de sécurité qui sont incluses dans le système d'exploitation et expliquées dans ce livre.

1.2. Le cycle de développement des logiciels informatiques fiables

Une conséquence directe de l'initiative de l'informatique de confiance est que Microsoft a dû modifier la façon de développer les systèmes d'exploitation et les logiciels. Cette modification a donné naissance à une nouvelle approche du développement sécurisé, appelé "cycle de développement des logiciels informatiques fiables" ou SDL (*Security Development Lifecycle*).

Il est indispensable que tous les éditeurs de logiciels traitent les menaces contre la sécurité. La sécurité est un impératif majeur pour les éditeurs, sous la pression du marché, du fait de la nécessité de protéger les infrastructures critiques, mais aussi d'induire et préserver une confiance générale dans l'informatique. L'un des grands défis que doivent relever tous les éditeurs est la création de logiciels plus sécurisés qui nécessitent moins de mises à jour par des correctifs et une gestion de la sécurité moins contraignante.

Pour l'industrie du logiciel, la clé pour satisfaire la demande actuelle d'amélioration de la sécurité consiste à implémenter des processus itératifs, des recettes qui fournissent en toute fiabilité une sécurité dont les améliorations sont mesurables. Ainsi, les éditeurs de logiciels doivent s'orienter vers des processus de développement plus rigoureux, qui tiennent davantage compte de la sécurité. Ce type de processus a pour but de réduire le nombre de failles de sécurité encore existantes dans la conception, le codage et la documentation, de les détecter et de les supprimer le plus tôt possible dans le cycle de développement. La nécessité d'un tel processus est plus grande pour les logiciels d'entreprise et grand public susceptibles d'être utilisés pour traiter les données reçues d'Internet, pour contrôler les systèmes stratégiques risquant d'être attaqués ou pour traiter les informations d'identification personnelle.

Présentation

L'expérience en matière de sécurité des logiciels a conduit à un ensemble de principes de haut niveau pour la création de logiciels plus sécurisés. Microsoft a désigné ces principes par SD3+C :

- *Secure by Design* (sécurisé par conception) ;
- *Secure by Default* (sécurisé par défaut) ;
- *Secure in Deployment* (sécurisé dans le déploiement) ;
- *Communications*.

Définissons brièvement ces principes…

- **Sécurisé par conception** : l'architecture, la conception et l'implémentation des logiciels doivent protéger ces derniers et les informations qu'ils traitent, et résister aux attaques.

- **Sécurisé par défaut** : dans la réalité, un logiciel ne peut prétendre à une sécurité parfaite, c'est pourquoi les développeurs doivent prendre pour hypothèse que des failles de sécurité seront présentes. Pour réduire les dégâts possibles lorsque des pirates s'attaquent à ces failles résiduelles, l'état par défaut des logiciels doit insister sur la sécurité. Par exemple, un logiciel doit s'exécuter avec le privilège le moins élevé, et les services et fonctions qui ne sont pas strictement nécessaires doivent être désactivés par défaut ou être accessibles uniquement à une petite partie des utilisateurs.
- **Sécurisé dans le déploiement** : les outils et une aide doivent accompagner les logiciels pour aider les utilisateurs finaux et/ou les administrateurs à les utiliser de façon sécurisée. En outre, les mises à jour doivent être simples à déployer.
- **Communications** : les développeurs de logiciels doivent être préparés à la découverte des failles des produits et doivent communiquer de façon transparente et responsable avec les utilisateurs finaux et/ou les administrateurs pour les aider à prendre des mesures de protection (telles que la mise en œuvre de correctifs ou le déploiement de solutions).

Si chaque élément de SD3+C impose un certain nombre d'exigences sur le processus de développement, les deux premiers éléments, sécurisé par conception et sécurisé par défaut sont ceux qui contribuent le plus à la sécurité. La règle "*sécurisé par conception*" impose des processus destinés à éviter l'introduction de failles en premier lieu, tandis que la règle "*sécurisé par défaut*" implique que l'exposition par défaut du logiciel, sa surface d'attaque, soit réduite.

Le processus

Il est important de noter qu'un programme de formation est essentiel dans le succès du cycle de développement sécurisé. Les développeurs n'ont généralement pas la formation nécessaire pour se joindre aux effectifs qui sont prêts et en mesure de concevoir, développer ou tester des logiciels sécurisés. Même ceux qui ont suivi un cursus consacré à la sécurité sont davantage susceptibles d'avoir rencontré des algorithmes de cryptographie ou des modèles de contrôle d'accès que des saturations de tampon ou des failles. En général, les concepteurs, ingénieurs et testeurs de logiciels de l'industrie n'ont pas les compétences nécessaires en matière de sécurité.

Dans ces circonstances, une organisation cherchant à développer des logiciels sécurisés doit veiller à ce que ses ingénieurs soient correctement formés. Sachez que même chez Microsoft, tout le personnel impliqué dans le développement de logiciels doit suivre une formation annuelle d'actualisation des connaissances en matière de sécurité. Le développement de Windows Vista a profité de la mise à niveau de toutes ces compétences.

Plongeons-nous dans le secret des différentes phases de développement d'un système d'exploitation. En faisant cela, vous comprendrez mieux pourquoi ces fonctionnalités, notamment celles qui sont axées sur la sécurité, sont dorénavant présentes dans Windows Vista.

La phase de détermination des besoins

La nécessité de considérer la sécurité dès l'origine est un principe fondamental du développement de systèmes sécurisés. Au cours de la phase de détermination des besoins, l'équipe des produits en charge du développement établit le contact avec l'équipe centrale de sécurité pour demander l'affectation d'un conseiller en sécurité qui sert de point de contact, de ressource et de guide pendant la planification. Le conseiller en sécurité assiste l'équipe des produits en révisant les plans, en faisant des recommandations et en veillant à ce que l'équipe de sécurité planifie les ressources appropriées pour tenir le calendrier de l'équipe produit. Le conseiller en sécurité conseille l'équipe des produits sur les étapes relatives à la sécurité et sur les critères de sortie qui seront nécessaires selon la taille du projet, sa complexité et les risques encourus. Il reste le point de contact entre l'équipe des produits et l'équipe de sécurité depuis le démarrage du projet jusqu'à la conclusion de la révision finale de sécurité et à la diffusion du logiciel. Le conseiller en sécurité sert également de contact entre l'équipe de sécurité et la direction de l'équipe des produits, et indique à la direction de l'équipe si l'aspect sécurité du projet est en bonne voie afin d'éviter toute surprise liée à la sécurité survenant tardivement dans le processus.

La phase de détermination des besoins offre l'occasion à l'équipe des produits d'envisager de quelle manière la sécurité sera intégrée au processus de développement, d'identifier les principaux objectifs de sécurité et d'optimiser la sécurité des logiciels tout en réduisant les perturbations dans les plannings et les prévisions. Dans le cadre de ce processus, l'équipe doit considérer comment les fonctions de sécurité et les mesures de garantie de son logiciel vont s'intégrer aux autres logiciels susceptibles d'être utilisés conjointement (l'interfaçage avec d'autres logiciels est un aspect essentiel pour répondre aux besoins des utilisateurs d'intégrer des produits spécifiques dans des systèmes sécurisés). La perspective globale de l'équipe des produits, concernant les objectifs, les problèmes et les plannings de sécurité, doit se traduire par des documents de planification produits au cours de la phase de détermination des besoins. Si les plans sont susceptibles d'évoluer avec l'avancement du projet, la rédaction précoce de ces plans permet de s'assurer qu'aucun besoin n'a été oublié ni n'émerge à la dernière minute.

La phase de conception

La phase de conception identifie les besoins et la structure globale du logiciel à développer. Du point de vue de la sécurité, les principaux éléments de la phase de conception sont les suivants…

- **Définir l'architecture de sécurité et les instructions de conception** : définition de la structure globale du logiciel dans une perspective de sécurité et identification des composants dont le fonctionnement correct est essentiel à la sécurité ; identification des techniques de conception telles que la structuration, l'utilisation d'un langage, l'application du privilège minimal et la réduction de la surface d'attaque, qui s'appliquent au logiciel dans son ensemble.
- **Documenter les éléments de la surface d'attaque du logiciel** : sachant qu'un logiciel ne peut prétendre à une sécurité parfaite, il est important que seules les fonctions qui seront utilisées par la grande majorité des utilisateurs soient exposées à tous les utilisateurs par défaut et que celles-ci soient installées avec le niveau de privilège le moins élevé possible. La mesure des éléments de la surface d'attaque permet à l'équipe des produits de disposer en permanence d'une évaluation de la sécurité par défaut et de détecter des cas dans lesquels le logiciel est plus vulnérable aux attaques. Si, dans certaines situations, une surface d'attaque accrue peut se justifier par des fonctions améliorées et une meilleure utilisation du produit, il est important de détecter chacune de ces instances et de s'interroger sur leur pertinence au cours de la conception et de l'implémentation afin de livrer le logiciel dans une configuration par défaut aussi sécurisée que possible.
- **Procéder à la modélisation des menaces** : l'équipe de développement des produits procède à la modélisation des menaces composant par composant. En utilisant une méthodologie structurée, l'équipe en charge du composant identifie les actifs que le logiciel doit gérer et les interfaces par lesquelles ces actifs sont accessibles. Le processus de modélisation des menaces identifie celles qui peuvent nuire à chaque actif et la probabilité de nuisance (une estimation du risque). L'équipe en charge du composant identifie ensuite les dispositions qui atténuent le risque.

La phase d'implémentation

Au cours de la phase d'implémentation, les développeurs codent, testent et intègrent le logiciel. Les mesures prises pour supprimer les failles de sécurité ou éviter leur insertion au cours de cette phase sont largement mises à profit.

Les résultats de la modélisation des menaces donnent des orientations particulièrement importantes au cours de la phase d'implémentation. Les développeurs veillent particulièrement à ce que le code qui atténue les menaces de priorité élevée soit correctement écrit et les testeurs veillent à s'assurer que ces menaces sont effectivement bloquées ou atténuées.

Les éléments du cycle de développement sécurisé qui s'appliquent à la phase d'implémentation sont les suivants…

- **Application des normes de codage et de test** : les normes de codage aident les développeurs à éviter d'introduire des défauts pouvant se traduire par des failles de sécurité.
- **Application d'outils de test de la sécurité y compris des outils aléatoires** : ces outils aléatoires fournissent des entrées structurées mais invalides aux interfaces de programmation d'applications (API) et aux interfaces réseau afin de maximiser la probabilité de détecter des erreurs pouvant se traduire par des failles du logiciel.
- **Application d'outils d'analyse de code statique** : les outils peuvent détecter certains types de défauts qui se traduisent par des failles, tels que les saturations de tampon. Microsoft a investi massivement dans le développement de ces outils (lPREfix et PREfast sont les deux outils utilisés depuis le plus longtemps) et poursuit leur amélioration à mesure que l'on découvre de nouveaux défauts de codage et failles de logiciels.
- **Réalisation de révisions du code** : les révisions du code complètent les outils automatisés et les tests en dirigeant les efforts des développeurs formés vers la révision du code source, ainsi que la détection et la suppression des failles de sécurité potentielles. Elles constituent une étape essentielle du processus de suppression des failles de sécurité des logiciels au cours du processus de développement.

La phase de vérification

La phase de vérification est l'étape à laquelle le logiciel est fonctionnellement terminé et passe en bêta test auprès des utilisateurs. Au cours de cette phase de bêta test, l'équipe des produits mène une "campagne de sécurité" qui inclut des révisions du code vis-à-vis de la sécurité, qui vont au-delà de ceux réalisés au cours de la phase d'implémentation ainsi que des tests de sécurité ciblés.

Microsoft a introduit les campagnes de sécurité au cours de la phase de vérification de Windows Server 2003 et de plusieurs autres versions de logiciels début 2002. Cette introduction se fondait sur deux raisons :

- Le cycle de vie du logiciel des versions en question avait atteint la phase de vérification et cette phase constituait une étape appropriée pour mener les révisions de code ciblées et les tests requis.
- Le fait de réaliser la campagne de sécurité au cours de la phase de vérification garantissait que la révision du code et le test ciblaient la version finie du logiciel, et permettait de réviser le code développé au cours de la phase d'implémentation.

La première de ces raisons tire ses racines d'un événement purement fortuit : la décision de lancer une campagne de sécurité a été prise initialement au cours de la phase de vérification. Mais Microsoft en a conclu que le fait de mener une campagne de sécurité au cours de la phase de vérification est en fait une méthode pertinente, à la fois pour vérifier que le logiciel final respecte les besoins et pour permettre la révision plus en profondeur du code hérité de versions précédentes.

Il est important de noter que les révisions et le test du code faisant partie de la surface d'attaque du logiciel sont essentiels dans plusieurs phases du cycle de développement. Par exemple, ces révisions et des tests sont nécessaires dans la phase d'implémentation pour permettre la correction précoce de tout problème ainsi que l'identification et la correction de leur source. Ils sont également essentiels dans la phase de vérification, lorsque le produit est proche de son achèvement.

La phase de diffusion

Au cours de la phase de diffusion, le logiciel doit être soumis à une révision finale de sécurité. La révision finale de sécurité a pour objectif de répondre à une question : Du point de vue de la sécurité, ce logiciel est-il prêt à être livré à des clients ?

La révision finale de sécurité est menée de deux à six mois avant l'achèvement du logiciel, selon son étendue. L'état du logiciel doit être stable avant d'entreprendre la révision finale de sécurité, quelques changements non relatifs à la sécurité pouvant intervenir avant sa diffusion.

La révision finale de sécurité ne se limite pas à un exercice de type réussite ou échec, pas plus que l'objectif de la révision finale de sécurité n'est de détecter toutes les failles de sécurité qui resteraient dans le logiciel ; c'est sans conteste infaisable. La révision finale de sécurité donne plutôt à l'équipe des produits une image globale de l'état de la sécurité du logiciel et de la probabilité selon laquelle il pourra résister aux attaques lorsqu'il aura été diffusé auprès des utilisateurs. Si la révision finale de sécurité détecte un modèle de failles restantes, la réponse correcte ne consiste pas simplement à corriger les failles détectées, mais à reprendre les phases précédentes et de prendre d'autres mesures ciblées pour en corriger les causes (par exemple en améliorant la formation ou les outils).

La phase de support et de dépannage

Malgré l'application du cycle de développement sécurisé au cours du développement, les pratiques de développement avancées ne permettent pas encore de livrer des logiciels complètement exempts de failles, et l'on peut raisonnablement penser que cette situation est appelée à perdurer. Même si le processus de développement pouvait éliminer toutes les failles d'un logiciel tel qu'il est lors de la diffusion, de nouvelles attaques verraient le jour et ce logiciel qui avait été sécurisé deviendrait vulnérable. Aussi les développeurs doivent se préparer à répondre à des nouvelles failles dans les logiciels livrés aux clients.

Une partie du processus de réponse suppose de se préparer à évaluer des rapports de faille et à diffuser des conseils de sécurité et des mises à jour lorsque cela s'avère nécessaire. L'autre composante du processus de réponse consiste à pratiquer une analyse post mortem des failles signalées et à prendre les éventuelles mesures nécessaires. Les mesures destinées à répondre à une faille vont de la diffusion d'une mise à jour en réponse à une erreur isolée à la mise à jour d'outils d'analyse de code et à la réalisation de révisions de code des principaux sous-systèmes. L'objectif lors de la phase de réponse est d'apprendre des erreurs et d'utiliser les informations des rapports sur les failles pour détecter et éliminer les failles ultérieures avant qu'elles ne soient découvertes et ne mettent en péril les utilisateurs. Le processus de réponse aide également les développeurs à adapter les processus afin d'éviter des erreurs semblables à l'avenir.

Le retour d'expérience

L'expérience de Microsoft indique que le cycle de développement des logiciels informatiques fiables est efficace pour réduire l'incidence des failles de sécurité. L'implémentation préalable du cycle de développement des logiciels informatiques fiables, par exemple dans Windows Server 2003, s'est traduite par des améliorations significatives de la sécurité et les versions ultérieures, intégrant les améliorations apportées au cycle de développement des logiciels informatiques fiables, mettent en évidence de nouvelles améliorations en matière de sécurité des logiciels et systèmes d'exploitation.

L'implémentation incrémentielle des éléments qui composent le cycle de développement des logiciels informatiques fiables a entraîné des améliorations progressives, ce qui semble être le signe d'un processus efficace. Ce processus n'est pas parfait, il continue d'évoluer et il est peu probable qu'il atteigne la perfection ou cesse d'évoluer dans un avenir prévisible.

D'ailleurs, à noter l'intégration du *Privacy Process for Product Development* (traitement de la confidentialité dans le développement des produits) dans le cycle de développement des logiciels informatiques fiables qui centralise les pratiques exigées ou recommandées pour développer des produits répondant aux critères de confidentialité et de sécurité. Cette intégration est effective depuis le 1er janvier 2006 et, donc, Windows Vista en a profité.

Le développement et l'implémentation du cycle de développement des logiciels informatiques fiables représentent un investissement majeur pour Microsoft et un changement essentiel dans la manière dont les logiciels sont conçus, développés et testés. Compte tenu de l'importance croissance qu'occupent les logiciels dans notre société, il est indispensable pour Microsoft et l'industrie dans son ensemble de continuer à améliorer leur sécurité.

1.3. En résumé

Vous comprenez que Windows Vista est le fruit d'une réflexion structurée, orientée sécurité, productivité de l'utilisateur et connectivité optimale. Microsoft a exprimé cela par l'accroche marketing *Clarté, Confiance et Connectivité*. Ce qui résume assez bien les axes de développement.

2

Installer Windows Vista

Depuis la première installation de Windows 95 et ses 15 disquettes, les systèmes d'exploitation ont demandé toujours plus de capacité pour passer du CD au DVD avec l'installation de Windows Vista.

Dans ce chapitre, vous allez découvrir les différentes versions, les fonctions et l'installation standard de Windows Vista. Jusque-là, rien de bien exceptionnel, mais maîtriser cette base est nécessaire pour l'utilisation de cet ouvrage. Un peu plus complexe mais théorique cette fois-ci, vous verrez les mécanismes de l'installation de ce nouveau Windows et les changements apportés par le format WIM, Pour terminer, vous apprendrez à personnaliser votre média d'installation et votre installation pour la rendre totalement automatique.

Voici en quelques lignes ce que vous réserve ce chapitre, afin que l'installation de Windows Vista n'ait plus de secrets pour vous…

2.1. Les différentes versions de Windows Vista

Dans la description des différentes versions de Vista, on retrouve un triptyque, une cible d'utilisateurs en triangle, visé par Microsoft :

- les utilisateurs à la maison avec Vista Édition Familiale Basique, Édition Familiale Premium et Édition Intégrale ;
- les utilisateurs/administrateurs en petites entreprises avec Vista Professionnel et Vista Édition Intégrale ;
- les utilisateurs/administrateurs en grandes entreprises avec Vista Entreprise et Vista Édition Intégrale.

Bien choisir sa version

Windows Vista se décline en six versions. Ne faites pas ces grands yeux ronds, pas de panique, vous allez rapidement vous y retrouver en fonction de vos besoins d'utilisateur devant les descriptions de toutes ces versions de Windows Vista. De ces six versions, sachez tout de même qu'il n'y aura pas de distinction bien précise avec une version spéciale 64 bits. En effet, comme le 64-bits a des chances de devenir rapidement un standard, toutes les versions de Vista, hormis la Starter Edition, auront leurs pendants à 32 bits et à 64 bits. Sachez également que, même si certaines versions apportent des fonctionnalités en plus pour répondre à des besoins différents, aucun compromis n'a été fait sur la sécurité. Toutes les versions, sans exception, bénéficieront des avancées communes en matière de sécurité. Là dessus, pas d'équivoque, choisissez la version qui vous convient en fonction de vos besoins, et pas sur des versions plus ou moins sécurisées.

Windows Vista Starter Edition

À l'instar de Windows XP Starter Édition, une version de Vista pour les pays en voie de développement sortira. Comme pour XP, cette version ne sera pas disponible chez nous. Windows Vista Starter Edition ne connaîtra pas de déclinaison 64 bits, n'autorisera pas plus de trois applications ou fenêtres ouvertes simultanément. La configuration de réseau ne sera pas possible. Pas de changement rapide d'utilisateurs non plus, ni de démarrage par validation de mot de passe, mais la connexion Internet restera accessible.

Windows Vista Édition Familiale Basique

Windows Vista Édition Familiale Basique est la version de base du système d'exploitation pour les utilisateurs à la maison. Cette version a été conçue pour satisfaire les besoins informatiques simples de tous les jours, plus particulièrement aux utilisateurs qui ont recours à leur PC pour surfer sur Internet, échanger des messages électroniques avec leurs parents et amis, créer et modifier des documents de base style Office, etc. Bref, sans avoir besoin de fonctionnalités de haut vol.

Windows Vista Édition Familiale Basique offre tout de même un environnement d'une grande sécurité, fiabilité et efficacité. Les utilisateurs pourront tirer parti de nouveaux outils et de technologies modernes. Ils disposeront notamment d'un explorateur de recherche très performant, de la Sidebar, des fonctions intégrées de contrôle parental mais pas d'interface graphique évoluée, pas de Media Center, pas de MovieMaker HD, pas de mise en réseau (hormis Internet évidemment), pas de cryptage, etc. On reste sur des besoins simples et quotidiens.

Cette version s'intègre parfaitement sur les PC ou portables à bas prix, à base de processeurs Intel Celeron par exemple.

Windows Vista Édition Familiale Basique fait office de version de fondation pour les deux autres versions destinées aux utilisateurs à la maison que sont Vista Édition Familiale Premium et Vista Édition Intégrale.

Windows Vista Édition Familiale Premium

Windows Vista Édition Familiale Premium s'adresse aux particuliers exigeants. Cette version réunit toutes les fonctions de Windows Vista Édition Familiale

Basique et offre des fonctions supplémentaires. C'est le meilleur choix pour tirer pleinement parti de toute l'ergonomie, la puissance et la versatilité des usages du PC à la maison : photos, vidéos, télévision, films, musique et jeux.

Avec cette version, on grimpe d'un cran dans les fonctionnalités. Par exemple, la nouvelle interface graphique Aero est disponible. Également, Windows Vista Édition Familiale Premium intègre la recherche à l'ensemble du système d'exploitation : les utilisateurs sont ainsi en mesure d'organiser aisément d'importantes collections de documents, d'images, de films, de séquences vidéo et de morceaux de musique, et de retrouver en un clin d'œil les fichiers recherchés.

Vista Édition Familiale Premium ajoute les fonctions de Media Center. Votre PC se transforme alors en un centre multimédia pour animer les loisirs numériques de la famille. Les fonctions de Media Center intégrées permettent d'enregistrer et de regarder des émissions de télévision (y compris en haute définition) et découvrir de nouveaux contenus multimédias en ligne.

Cette édition intègre également la possibilité de connecter Windows à une XBox 360 de façon à profiter de ses loisirs numériques dans toutes les pièces de son domicile.

La technologie d'encre numérique du Tablet PC, qui permet d'interagir avec le PC à l'aide du stylet numérique ou d'une pression tactile, sans passer par un clavier, est également disponible dans cette édition de Windows Vista.

La fonction intégrée de gravure et de création de DVD permet aux utilisateurs de graver, en toute transparence, leurs photos, vidéos et fichiers personnels sur un DVD vidéo ou données. Ils peuvent également créer des DVD professionnels à partir de films familiaux, et les partager avec leurs proches.

Cependant, Vista Édition Familiale Premium reste destiné aux utilisateurs à la maison. Cela veut dire : pas de jonction à un domaine, pas de cryptage de fichiers par exemple.

Vous pouvez constater que cette version intègre les fonctions de Media Center et de Tablet PC. Pas de versions dissociées. Bien sûr, il vaut mieux que votre portable ait un écran tactile et un stylet pour tirer parti des fonctions d'encre numérique.

Windows Vista Professionnel

Abordons maintenant des versions de Vista destinées aux entreprises.

Windows Vista Professionnel est la version du système d'exploitation destiné aux entreprises de toutes tailles, mais plus particulièrement les entreprises de petite taille. Windows Vista Édition Professionnelle aide les utilisateurs professionnels au sein d'une PME à assurer le bon fonctionnement et la sécurité de leurs PC tout en réduisant leur dépendance vis-à-vis du service informatique interne. Aux entreprises de taille supérieure, Windows Vista Professionnel apporte des améliorations significatives en termes de flexibilité et d'amélioration de gestion opérationnelle des postes de travail, réduisant ainsi les coûts de maintenance et de support. Avec cette version, les équipes informatiques pourront, dans la mesure du possible, s'affranchir des tâches de maintenance quotidiennes et se consacrer davantage aux développements stratégiques indispensables à la croissance des entreprises.

Parmi les caractéristiques incluses dans Windows Vista Professionnel, on retrouve la nouvelle interface graphique Aero. On retrouve également la gestion de grands volumes d'information. En intégrant des fonctions de recherche à l'ensemble du système d'exploitation et en facilitant le classement des fichiers, Windows Vista Professionnel aide les entreprises à trouver rapidement les informations qu'elles recherchent.

Les technologies Tablet PC qui permettent d'analyser et de reconnaître l'écriture sont également présentes.

Cette édition, spéciale entreprise, intègre en sus des fonctions plus spécifiques dont la jonction aux domaines, l'administration distante du poste de travail et de cryptage de données sur disque dur.

Windows Vista Entreprise

Autre version pour les utilisateurs professionnels, Windows Vista Entreprise est là pour mieux répondre aux besoins des grands groupes internationaux et des entreprises aux infrastructures informatiques complexes. Windows Vista Entreprise a pour objectif d'aider à réduire les risques et les coûts des infrastructures informatiques. Outre toutes les fonctionnalités dont dispose Windows Vista Professionnel, Windows Vista Entreprise apporte un niveau de protection accru des données en mettant en œuvre une technologie de chiffrement matériel. Cette version propose également des outils pour améliorer la compatibilité des applications et faciliter la standardisation. Autre amélioration très importante pour les grands groupes : les entreprises pourront désormais déployer, à l'échelle internationale, une seule image incluant toutes les langues de l'interface utilisateur Windows.

REMARQUE

Licence Windows Vista Entreprise

Petite particularité : la version Windows Vista Entreprise est proposée aux clients disposant d'ordinateurs couverts par un contrat Microsoft Software Assurance ou Microsoft Enterprise Agreement.

Côté caractéristiques, BitLocker Drive Encryption (utilisation des technologies TPM 1.2 pour les clés de chiffrement) fait parti de Vista et empêche les données confidentielles et la propriété intellectuelle des entreprises de tomber en de mauvaises mains en cas de vol ou de perte d'un ordinateur portable.

Le sous-système pour applications Unix est également présent sous Vista Entreprise et permet aux utilisateurs d'exécuter des applications Unix directement sur un PC Windows Vista Entreprise.

La nouvelle interface graphique Aero est également disponible.

Windows Vista Édition Intégrale

Enfin, terminons par le nec plus ultra, la Rolls-Royce des versions de Windows Vista ! La version Windows Vista Intégrale est un condensé des fonctionnalités et des avantages de toutes les autres versions de Windows Vista. Elle contient tout, et vous conviendra, que vous soyez utilisateur à la maison, utilisateur en entreprise ou administrateur, à moins que vous ne soyez les trois à différents moments de la journée. C'est le premier système d'exploitation à réunir toutes les fonctions de divertissement, de mobilité et de productivité offertes par Windows Vista.

REMARQUE

Les versions N de Windows Vista

Pour être plus précis, signalons l'existence, comme sous XP, des versions Vista Édition Familiale Basique N et Vista Professionnel N, qui sont les versions sans Windows Media Player intégré résultant des procès intentés par l'Union européenne.

Comparatif technique des versions

Voici un bilan des fonctionnalités techniques incluses dans chaque version pour entreprise :

Fonctionnalités techniques différenciées	Vista Professionnel	Vista Entreprise	Vista Édition Intégrale
Améliorations de base sur les performances et la sécurité	Oui	Oui	Oui
Fonctionnalités de recherche et d'organisation	Oui	Oui	Oui
Fonctionnalité de connexion poste à poste (P2P)	Oui	Oui	Oui
Centre de sauvegarde (via réseau et programmée)	Oui	Oui	Oui
Interface graphique Aero glass et animations, transparence	Oui	Oui	Oui
Media Center	Non	Non	Oui
HD MovieMaker et DVD Authoring	Non	Non	Oui
Network Projection	Oui	Oui	Oui
Synchronisation de PC à PC	Oui	Oui	Oui
Mobilité (fonctionnalité de Tablet PC)	Oui	Oui	Oui
Cryptage EFS (*Encrypted File System*)	Oui	Oui	Oui
Bureau à distance	Oui	Oui	Oui
Serveur Web personnel	Oui	Oui	Oui
Utilitaire de fax et scanneur	Oui	Oui	Oui
Jonction à un domaine	Oui	Oui	Oui
Fichiers hors connexion	Oui	Oui	Oui
Stratégies de groupe	Oui	Oui	Oui
SUA (Unix Subsystem)	Non	Oui	Oui
Cryptage complet de volume	Non	Oui	Oui
MUI-All Languages (multilingue)	Non	Oui	Oui
Windows Intégrale Extras	Non	Non	Oui

2.2. Les mécanismes de l'installation

Même si la nouveauté la plus visible de ce vaisseau amiral reste son interface graphique (Aero), il n'en reste pas moins qu'i existe beaucoup d'autres évolutions. L'installation du système d'exploitation ne déroge pas à la règle, et pour cause. Terminé les modes textes et graphiques de l'installation de Windows, comme avec Windows XP, terminé le répertoire *I386*, la commande *winnt32.exe*… Un tout nouveau processus d'installation de Windows fait son apparition avec Windows Vista, à partir d'une image système.

Bien qu'elle soit peu documentée, l'installation détaillée de Windows Vista ne comporte pas particulièrement d'astuces. Toutefois, il est nécessaire de bien maîtriser cette installation pour utiliser cet ouvrage. Dans de nombreux cas présentés, il sera nécessaire d'effectuer les tests dans des machines virtuelles avant de les mettre réellement en pratique, par exemple le multiboot de Windows XP et Windows Vista.

Dans ce premier cas, vous allez découvrir les fondamentaux, parcourir l'installation de Windows Vista avec les différentes versions, les fonctions et les prérequis.

REMARQUE

Vista Capable

Si vous souhaitez acheter un nouveau PC, sachez que Microsoft et les constructeurs de PC ont créé un logo vous permettant de repérer d'un seul coup d'œil les PC conçus pour Windows XP et compatibles Windows Vista. Cette démarche vous permettra d'être plus serein sur la pérennité de votre achat, et vous ne serez pas trop perdu avec votre liste de matériels lorsque vous serez chez votre vendeur préféré. Ce logo se nomme "*Windows Vista Capable*".

Les phases d'installation de Windows Vista

Placez le DVD de Windows Vista dans votre lecteur et redémarrez votre ordinateur. L'installation de Windows Vista démarre. Sous des aspects simples, cette installation cache une technologie avancée et un nouveau processus.

Vous le savez, le programme d'installation de Windows démarre, puis redémarre l'ordinateur, regroupe des informations, copie des fichiers et crée ou règle des paramètres de configuration. Avec Windows Vista, ce processus est identique en ce qui concerne la copie et la configuration de fichiers, mais il diffère au sens où l'installation se déroule dorénavant en suivant des phases (on parle de passes).

Tableau 2-1 : Phases d'installation globales de Windows Vista

Phase d'installation de Windows	Actions d'installation
Windows PE	Spécification des configurations de l'installation de Windows en utilisant soit les boîtes de dialogue d'installation de Windows (interactive), soit un fichier de réponses (mode sans assistance). Les configurations d'installation de Windows incluent l'ajout d'une clé de produit et la configuration d'un disque. Application des paramètres de fichier de réponses dans l'étape de configuration *WindowsPE*. Configuration du disque. Copie de l'image système Windows vers le disque. Préparation des informations d'initialisation. Traitement des paramètres de fichier de réponses dans l'étape de configuration *OfflineServicing*.
Configuration	Création des configurations spécifiques, en rendant l'installation de Windows unique.
Accueil Windows	Application des paramètres de fichier de réponses dans l'étape de configuration *OobeSystem*. Application des paramètres de fichier de contenu à partir du fichier *Oobe.xml*. Démarrage de l'Accueil Windows.

Les passes de configuration du programme d'installation de Windows Vista

Pour mieux vous expliquer comment s'installe Windows Vista, il est plus simple de découper le processus d'installation en ses différentes phases, appelées "*passes de configuration*". La démarche est plus structurante, mais il est également important de s'imprégner de cette notion car les outils qui améliorent l'automatisation de l'installation sont fondés sur le même principe de compréhension.

Les passes de configuration servent à spécifier les différentes phases de l'installation de Windows. Des paramètres d'installation sans assistance peuvent être appliqués dans une ou plusieurs passes de configuration. Ces phases d'installation de Windows servent à appliquer des paramètres dans un fichier de réponses d'installation en mode sans assistance.

Le tableau suivant décrit les différentes passes de configuration dans l'ordre dans lesquelles elles se déroulent, depuis le lancement de l'installation jusqu'à ce que le système d'exploitation soit opérationnel :

Tableau 2-2 : Les passes de configuration constituant une installation complète de Windows Vista

Étape de configuration	Description
WindowsPE	Configure des options *WindowsPE* ainsi que des options de l'installation de Windows de base. Ces options peuvent inclure le paramétrage de la clé de produit et la configuration d'un disque.
OfflineServicing	Applique des mises à jour à une image système Windows. Applique également des packages, y compris des correctifs logiciels, des packs de langue et autres mises à jour de sécurité.
Specialize	Crée et applique des informations spécifiques au système. Vous pouvez, par exemple, configurer des paramètres réseau, des paramètres internationaux et des informations de domaine.
Generalize	Vous permet de configurer `sysprep /generalize` de façon minime, ainsi que de configurer d'autres paramètres Windows qui doivent persister sur votre image de référence. La commande `sysprep /generalize` supprime des informations spécifiques au système. L'ID de sécurité unique (SID), par exemple, tout comme d'autres paramètres spécifiques au matériel sont supprimés de l'image. L'étape *Generalize* s'exécute uniquement si vous exécutez `sysprep /generalize`.
AuditSystem	Traite des paramètres d'installation en mode sans assistance pendant que Windows s'exécute dans un contexte de système, avant qu'un utilisateur se connecte à l'ordinateur en mode audit. L'étape *AuditSystem* s'exécute uniquement si vous démarrez en mode audit.
AuditUser	Traite des paramètres d'installation en mode sans assistance après la connexion d'un utilisateur à l'ordinateur en mode audit. L'étape *AuditUser* s'exécute uniquement si vous démarrez en mode audit.
OobeSystem	Applique des paramètres à Windows avant le démarrage de l'Accueil de Windows.

Le schéma suivant illustre la relation entre les passes de configuration :

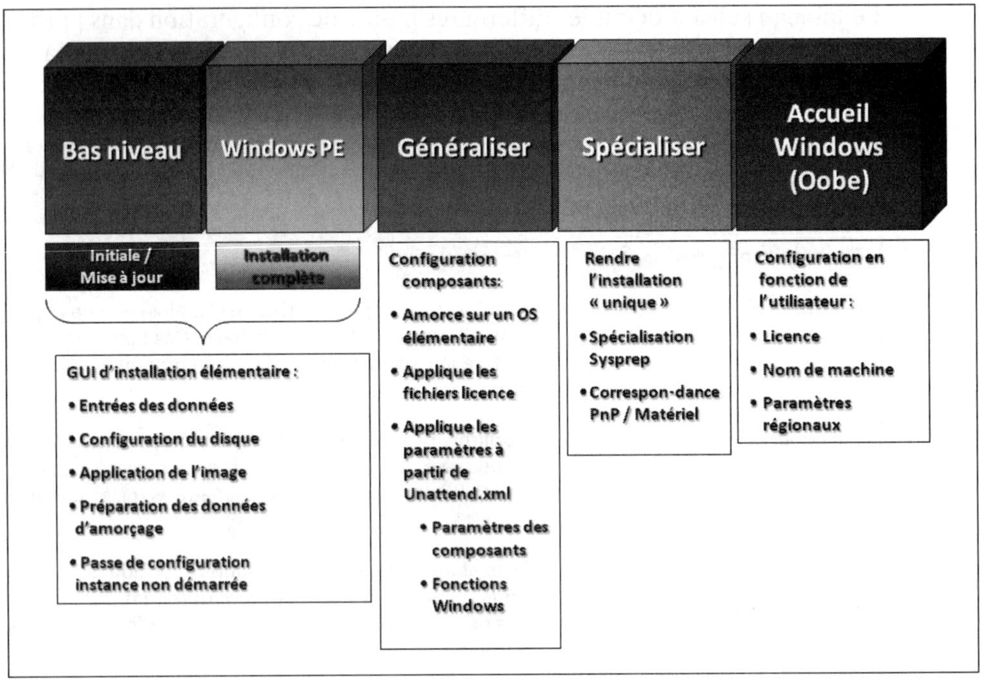

Figure 2-1 : *L'installation de Windows Vista découpée en phases*

Il faut maintenant détailler une par une les différentes passes afin de comprendre toutes les actions qui se déroulent lors d'une installation.

La passe WindowsPE

La passe de configuration *WindowsPE* sert à configurer des paramètres spécifiques à WindowsPE, ainsi que des paramètres qui s'appliquent à l'installation.

Vous pouvez, par exemple, spécifier la résolution d'affichage de WindowsPE, l'emplacement d'enregistrement d'un fichier journal et d'autres paramètres associés à WindowsPE.

La passe de configuration *WindowsPE* vous permet aussi de spécifier des paramètres relatifs à l'installation de Windows, dont le partitionnement et le formatage du disque dur, la sélection d'une image système Windows spécifique à installer, le chemin d'accès à cette image système et toute autre information d'identification requise pour accéder à cette image système, la sélection d'une partition sur l'ordinateur de destination où vous installez Windows, l'application de la clé de produit et du mot de passe d'administrateur, l'exécution des commandes spécifiques au cours de l'installation de Windows.

La passe OfflineServicing

La passe de configuration *OfflineServicing* sert à appliquer des paramètres d'installation sans assistance à une image système Windows qui n'est pas utilisée dans un processus d'installation. Au cours de cette passe de configuration, vous pouvez ajouter des packs de langues, des mises à jour Windows, des Service Packs ou même des applications (packages) à l'image système hors connexion. La passe *OfflineServicing* est utile pour optimiser la durée de vie de l'image : admettons que vous ayez créé une image puis, quelques mois plus tard un nouvel équipement, nouveau type d'ordinateur fait son apparition dans votre entreprise avec un nouveau pilote Vista associé, vous avez la possibilité d'ajouter à froid le pilote à l'image créée précédemment sans avoir à refaire l'image.

Les paramètres du fichier *Unattend.xml* dans la passe de configuration *OfflineServicing* sont appliqués à l'image système Windows hors connexion. Vous utiliserez le Gestionnaire de package (`pkgmgr.exe`) en complément d'un fichier de réponses pour installer des packages.

La passe Generalize

L'étape *Generalize* de l'installation de Windows sert à créer une image système de référence Windows qui peut être utilisée à travers l'organisation. Un paramètre de l'étape *Generalize* vous permet d'automatiser le comportement pour tous les déploiements de cette image de référence. En comparaison, un paramètre associé à l'étape de configuration *Specialize* vous permet de remplacer le comportement d'un déploiement unique et spécifique.

Lorsqu'un système est généralisé, des données de configuration spécifiques concernant une installation donnée de Windows sont supprimées. Lors de l'étape *Generalize*, par exemple, l'identificateur de sécurité unique (SID) tout comme d'autres paramètres spécifiques au matériel sont supprimés de l'image.

La passe de configuration *Generalize* s'exécute uniquement lorsque vous utilisez la commande `sysprep /generalize`. Les paramètres du fichier de réponses dans *Generalize* sont appliqués au système avant que la généralisation de `sysprep` ne se produise. Le système est ensuite arrêté.

Lors du démarrage suivant du système, La passe de configuration *Specialize* s'exécute immédiatement.

La passe Specialize

Des informations spécifiques aux machines associées à l'image sont appliquées lors de l'étape de configuration *Specialize* du programme d'installation Windows. Vous pouvez par exemple configurer les paramètres réseau, les paramètres internationaux et les informations relatives aux domaines.

La passe de configuration *Specialize* est utilisée en conjonction avec l'étape *Generalize*. Celle-ci a pour objet de créer une image de référence Windows qui peut être utilisée dans l'ensemble du parc informatique de l'entreprise. À partir de cette image de référence Windows de base, vous pouvez ajouter d'autres personnalisations associées aux diverses divisions d'une organisation ou à diverses installations de Windows. La passe de configuration *Specialize* permet d'appliquer ces personnalisations spécifiques.

Lors de la passe de configuration *Specialize*, vous pouvez par exemple spécifier diverses pages d'accueil associées dans Internet Explorer aux différents services ou départements de l'entreprise. Ce paramètre remplace alors la page d'accueil par défaut appliquée lors de la passe de configuration *Generalize*.

La passe AuditSystem

La passe *AuditSystem*, qui est facultative, traite des paramètres d'installation en mode sans assistance dans le contexte d'un système en mode audit. La passe *AuditSystem* s'exécute immédiatement avant la passe *AuditUser*.

En général, *AuditSystem* sert à ajouter des pilotes de périphérique supplémentaires et à affecter un nom au système spécifique pour le mode audit.

Le mode Audit vous permet d'installer des pilotes de périphérique supplémentaires, des applications et d'autres mises à jour. Lors du démarrage de Windows en mode audit, les paramètres d'installation de Windows en mode sans assistance *AuditSystem* et *AuditUser* sont traités.

En utilisant le mode Audit, vous pouvez gérer moins d'images système Windows car vous pouvez créer une image de référence avec un ensemble minimal de pilotes. L'image peut être mise à jour à l'aide de pilotes supplémentaires au cours du mode audit. Vous pouvez ensuite tester et résoudre tout problème associé à un dysfonctionnement ou à une installation incorrecte de pilotes sur l'image système Windows.

AuditSystem s'exécute uniquement lorsque vous configurez l'installation de Windows pour un démarrage en mode audit.

La passe AuditUser

La passe de configuration *AuditUser*, qui est facultative, traite les paramètres d'installation sans assistance dans le contexte utilisateur en mode d'audit. Elle est exécutée après l'étape de configuration *AuditSystem*.

En règle générale, *AuditUser* est utilisé pour exécuter des commandes `RunSynchronous` ou `RunAsynchronous`. Ces commandes permettent d'exécuter des scripts, des applications ou autres exécutables en mode d'audit.

Le mode d'audit vous permet d'installer d'autres pilotes de périphérique, applications et mises à jour. Lorsque Windows démarre en mode d'audit, les paramètres *AuditSystem* et *AuditUser* d'installation sans assistance sont traités.

L'utilisation du mode d'audit permet de gérer un nombre inférieur d'images Windows, car vous pouvez créer une image de référence associée à un jeu minimal de pilotes. Vous pouvez intégrer d'autres pilotes à l'image en mode d'audit. Vous pouvez alors identifier et résoudre tout problème relatif à des périphériques qui ne fonctionnent pas correctement ou dont l'installation est incorrecte dans l'image Windows.

AuditUser ne s'exécute que si vous configurez l'installation de Windows de sorte à démarrer en mode d'audit.

La passe OobeSystem

Enfin, la passe de configuration *OobeSystem* configure des paramètres appliqués au cours de l'expérience du premier démarrage pour l'utilisateur final, également appelé Accueil Windows. Les paramètres *OobeSystem* sont traités avant la première ouverture de session d'un utilisateur sous Windows Vista.

OOBE (*Out-of-Box-Experience*) s'exécute lors du premier démarrage d'un nouvel ordinateur. OOBE s'exécute avant que l'environnement Windows ou tout logiciel supplémentaire ne soit exécuté, puis effectue un ensemble restreint de tâches nécessaires à la configuration et à l'exécution de Windows.

Les administrateurs peuvent modifier la passe *OobeSystem* afin d'obtenir un Accueil Windows personnalisé, qui peut s'avérer utile pour y renseigner les liens vers le site intranet du centre d'appel de la société par exemple, ou le lien vers le site intranet des Ressources Humaines ou le lien vers les sites internet des partenaires. OOBE peut rajouter une certaine proximité entre l'utilisateur final et le service informatique par des liens utiles toujours disponible dans l'Accueil Windows.

Vous pouvez configurer Windows pour qu'il démarre à partir de l'Accueil Windows en exécutant la commande `sysprep /oobe`. Par défaut, après l'exécution de l'installation de Windows, l'Accueil Windows démarre.

2.3. La configuration matérielle minimale recommandée

La liste suivante décrit la configuration matérielle minimale recommandée pour les fonctionnalités de base des différentes éditions. De fait, la configuration matérielle varie en fonction de la version, des programmes et des fonctionnalités que vous installez.

Vista Édition Familiale Basique

- Processeur 32 bits x86 ou 64 bits x64 cadencé à 800 MHz ;
- 512 Mo de mémoire système ;
- carte graphique de classe DirectX 9 ;
- 32 Mo de mémoire graphique ;
- disque dur de 20 Go, disposant de 15 Go d'espace libre ;
- lecteur de DVD interne ou externe ;
- accès Internet ;
- dispositif de sortie audio.

Vista Édition Familiale Premium, Professionnel, Entreprise et Intégrale

- Processeur 32 bits x86 ou 64 bits x64 cadencé à 1 GHz ;
- 1 Go de mémoire système ;
- carte graphique compatible Windows Aero ;
- 128 Mo de mémoire graphique ;
- disque dur de 40 Go disposant de 15 Go d'espace libre (pour le stockage des fichiers temporaires lors de l'installation ou de la mise à niveau) ;

- lecteur de DVD interne ou externe ;
- accès Internet ;
- dispositif de sortie audio.

INTERNET

Informations sur la configuration requise

- http://support.microsoft.com/search/?adv=1

Sur le site technique de la base de connaissance Microsoft, sélectionnez la fiche *KB 919183* : "*Configuration requise de Windows Vista*".

2.4. L'installation interactive

Vous pouvez installer Windows de manière interactive à partir du média Windows. L'installation interactive nécessite une intervention de l'utilisateur, qui doit spécifier notamment le lecteur de destination, son nom d'utilisateur et son fuseau horaire.

L'installation standard de Windows Vista ne déroge pas aux règles de simplicité. Windows Vista reste très élémentaire à installer puisqu'il vous suffit de démarrer l'ordinateur avec le DVD d'installation pour que celle-ci se réalise presque seule. Il vous sera demandé d'entrer le numéro de série et de répondre à trois ou quatre questions : votre pays, votre nom, un mot de passe, etc.

REMARQUE

Installation de Windows Vista sur un ordinateur disposant de 3 Go de RAM

Les ordinateurs disposent d'une mémoire vive de plus en plus élevée, et pour cause : celle-ci arrive à des prix très accessibles et, de fait, il n'est pas rare de trouver des ordinateurs disposant de 4 Go de RAM. Dans ce cas, durant l'installation de Windows Vista, le message suivant peut apparaître : "*STOP 0x0000000A (paramètre1, paramètre2, paramètre3, paramètre4) IRQL_NOT_LESS_OR_EQUAL*".

Le problème peut être lié à la quantité de mémoire. Pour résoudre ce problème, Microsoft propose deux correctifs :

- la mise à jour KB929777 pour Windows Vista www.microsoft.com:80/downloads/details.aspx?displaylang=fr&FamilyID=240ac3f3-2b60-4b70-b709-06b2bc5b1336 ;
- la mise à jour KB929777pour Windows Vista, versions 64 bits www.microsoft.com:80/downloads/details.aspx?displaylang=fr&FamilyID=91672c7c-614b-404c-850c-377541e93c18.

Lancez l'installation de la manière suivante :

1. Démarrez le programme d'installation de Windows Vista en insérant le DVD, puis redémarrez votre ordinateur.

Figure 2-2 : *Initialisation de l'installation de Windows Vista*

2. Sélectionnez la langue et les paramètres régionaux et cliquez sur **Suivant**.

Figure 2-3 : *Sélection des paramètres régionaux : la langue, les paramètres liés au pays et les options de clavier*

3. À l'invite d'installation, cliquez sur **Installer**.
4. Dans la partie *Entrez votre clé de produit pour activation*, tapez le numéro de série du produit dans le champ *Clé de produits* (les tirets de séparation sont ajoutés automatiquement). Ce numéro est composé de 25 caractères alphanumériques. Cliquez sur **Suivant** pour continuer.

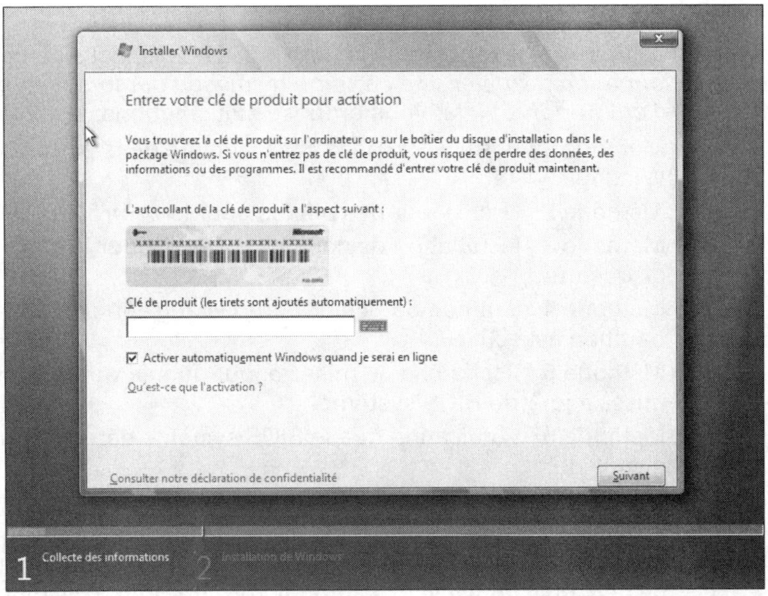

Figure 2-4 : *Écran de saisie pour le déblocage de la version de Windows Vista*

5. Windows Vista ne déroge pas à la règle : dans la fenêtre **Veuillez lire le contrat de licence**, lisez et acceptez les termes du contrat de licence. Activez l'option *J'accepte les termes du contrat de licence* (indispensable pour continuer). Cliquez sur **Suivant**. Si vous ne validez pas cette option, vous serez obligé de mettre fin au programme d'installation de Windows Vista.
6. Dans la fenêtre **Quel type d'installation voulez-vous effectuer ?**, deux choix s'offrent à vous : une *Mise à niveau* ou une installation *Personnalisée (options avancées)*. Sélectionnez *Personnalisée (option avancée)*.

REMARQUE

Impossible de sélectionner ou de formater le disque dur

Lors de l'installation, il peut arriver que l'on ne puisse pas sélectionner ou formater une partition destinée à l'installation de Windows Vista. Dans ce cas le message suivant apparaît : "Windows ne trouve pas de volume système conforme à ses critères d'installation".

Ce problème peut se produire dans les cas suivants :

- Le contrôleur de disque n'est pas compatible avec Windows Vista, voire il est obsolète.
- Les pilotes ne sont pas à jour.
- Le disque dur est un disque converti en dynamique.
- Le disque dur a un problème matériel.
- La partition que vous sélectionnez est en FAT32 ou dans un format incompatible pour Windows Vista.

REMARQUE

Pour répondre à ces problèmes la fiche *KB927520* : "*Vous ne pouvez pas sélectionner ou formater une partition de disque dur lorsque vous essayez d'installer Windows Vista*" vous propose huit solutions possibles.

- Méthode 1 : Vérification de la compatibilité de la partition avec Windows Vista.
- Méthode 2 : Mise à jour des pilotes pour le contrôleur de disque dur.
- Méthode 3 : Installation des pilotes corrects pour le contrôleur de disque dur.
- Méthode 4 : Examen du fichier *Setupact.log* afin de vérifier que la partition est active.
- Méthode 5 : Recherche de mises à jour du microprogramme et de mises à jour du BIOS système.
- Méthode 6 : Vérification que le BIOS système détecte correctement le disque dur.
- Méthode 7 : Utilisation de l'utilitaire *Chkdsk.exe* pour identifier les problèmes.
- Méthode 8 : Utilisation de l'utilitaire *Diskpart.exe* pour nettoyer le disque, puis nouvelle exécution du programme d'installation de Windows Vista.

7. Dans la fenêtre **Où souhaitez-vous installer Windows ?**, cliquez sur **Options de lecteurs (avancées)** pour personnaliser la taille de la partition d'installation.

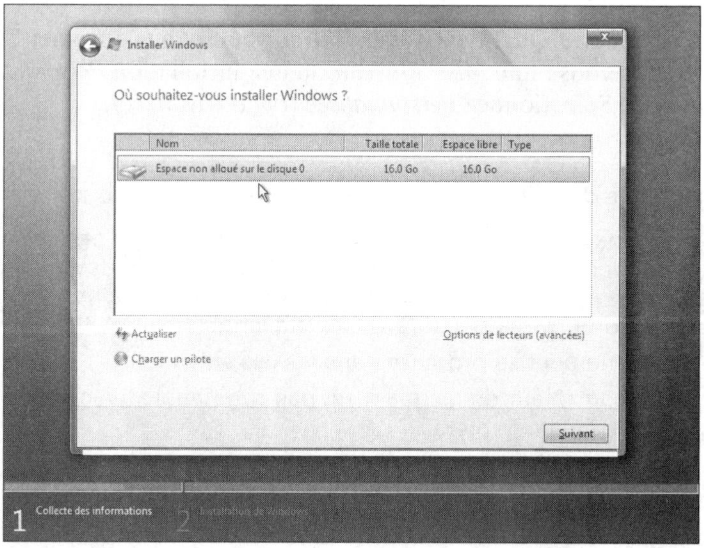

Figure 2-5 : *Personnalisation de la taille de la partition d'installation*

8. Cliquez sur **Suivant** pour démarrer la copie des fichiers.

Les étapes suivantes se succèdent :

- copie des fichiers de Windows ;
- décompression des fichiers ;
- installation des fonctionnalités ;
- installation des mises à jour ;
- fin de l'installation.

REMARQUE

Durée de l'installation

L'installation peut prendre plusieurs dizaines de minutes selon la puissance de votre machine.

9. Dans la fenêtre de Windows Vista, cliquez sur **Suivant**.
10. Sélectionnez une image et entrez un mot de passe. Confirmez ce mot de passe, puis cliquez sur **Suivant**.
11. Changez le nom de l'ordinateur et sélectionnez votre fond d'écran. Cliquez sur **Suivant**.
12. Choisissez ou non d'activer et de configurer le pare-feu.
13. Configurez la *Date* et le *Fuseau horaire*.
14. Démarrez Windows Vista en cliquant sur l'icône *Windows Vista*. Dans la première fenêtre, vous devez entrer votre mot de passe.

La configuration de votre Bureau commence.

Figure 2-6 : *Configuration du Bureau*

2.5. L'activation et la licence

C'est bien connu, l'utilisation de Windows nécessite une licence et, sur ce point, Windows Vista ne déroge pas à la règle. Cela veut dire qu'une fois votre système d'exploitation installé avec un numéro de série, vous disposez d'une période de grâce de 30 jours. Après ce délai, l'utilisation de votre ordinateur deviendra compliquée. Cependant, il peut arriver que l'on veuille faire des tests et que cette période ne suffise pas. Pour répondre à cette contrainte, il existe une commande assez peu documentée qui se nomme `SLMGR`.

Figure 2-7 :
Recherche d'informations sur SLMGR dans l'Aide de Windows Vista

Cette commande vous permet de repousser ce délai trois fois. Pour connaître les extensions liées à cette commande, saisissez `SLMGR /?` dans une fenêtre en ligne de commandes (voir fig. 2-8).

Pour savoir combien de temps il vous reste avant la fin de votre période de grâce, procédez ainsi :

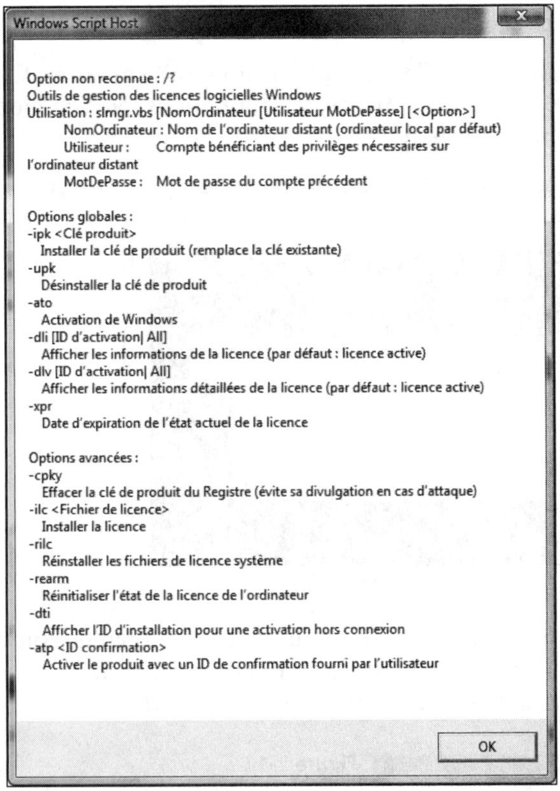

Figure 2-8 : *Extensions de la commande SLMGR*

1. Cliquez sur le menu **Démarrer/Tous les programmes/Accessoires**. Cliquez avec le bouton droit de la souris sur **Invite de commandes**, puis cliquez sur **Exécuter en tant qu'administrateur**.
2. Dans la fenêtre d'Invite de commandes, saisissez `slmgr –dli`.

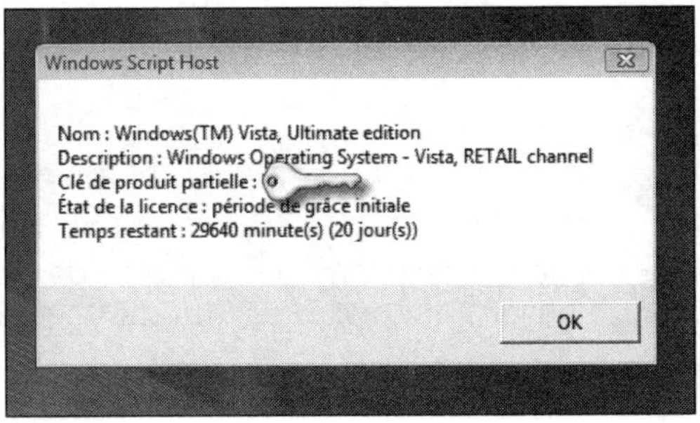

Figure 2-9 : *Informations sur le délai d'enregistrement*

Dans notre exemple, nous pouvons constater que le délai de grâce est de 20 jours.

Pour prolonger ce délai à 30 jours, procédez ainsi :

1. Sélectionnez le menu **Démarrer/Tous les programmes/Accessoires**. Cliquez avec le bouton droit de la souris sur **Invite de commandes**, puis cliquez sur **Exécuter en tant qu'administrateur**.
2. Dans la fenêtre d'Invite de commandes, saisissez `slmgr –rearm`.

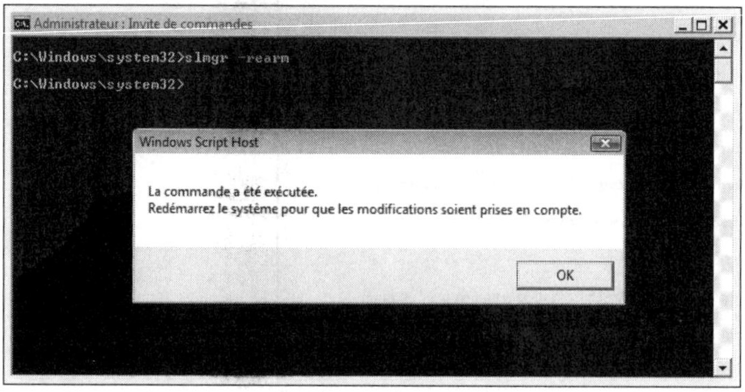

Figure 2-10 : *Renouvellement du délai de 30 jours*

3. Redémarrez votre système d'exploitation pour que la commande soit validée. Pour contrôler, lancer le mode en ligne de commandes en tant qu'administrateur, puis saisissez la commande `slmgr –dli`.

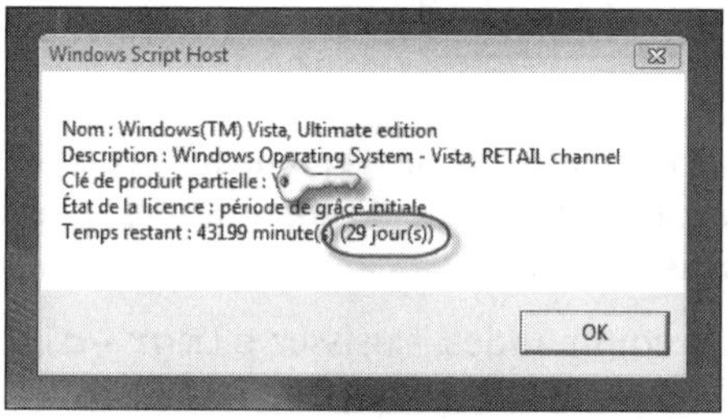

Figure 2-11 : *Information sur le nouveau délai d'enregistrement*

Il reste 29 jours.

REMARQUE

SLMGR

La commande `slmgr -rearm` ne peut pas être utilisée plus de trois fois. Cela veut dire que vous pouvez utiliser Windows Vista durant une période totale de 120 jours.

Si vous souhaitez connaître jusqu'où cette grâce vous conduit, tapez la commande `slmgr -xpr`.

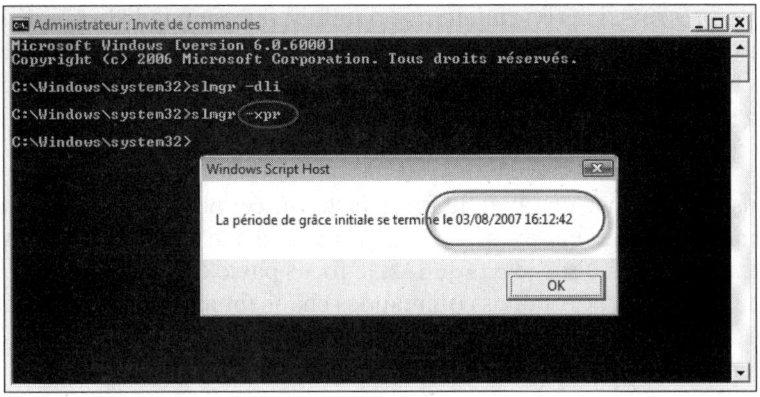

Figure 2-12 : *Informations sur la période de grâce*

2.6. Installer à partir d'une clé USB

L'installation de Windows Vista est l'un des aspects qui ont été retravaillés par Microsoft, au point que son temps total ne dépasse pas celui de Windows XP. Il est même plus court dans la majorité des cas. Toutefois, il existe une méthode qui permet de s'affranchir du DVD, et surtout de s'affranchir plus rapidement de cette étape. Cependant, la manipulation ne prend son sens que si vous réinstallez souvent Windows Vista ou si vous devez lancer l'installation à plusieurs reprises. La méthode consiste à copier l'ensemble des fichiers du DVD sur une clé USB.

Auparavant, voici quelques informations sur Diskpart…

Diskpart en aparté

Il s'agit d'un interpréteur de commandes en mode texte présent dans Windows Vista, Windows XP et la famille Windows Server 2003. Cet outil vous permet de gérer des objets (disques, partitions ou volumes) à l'aide de scripts ou de commandes directes à partir d'une Invite de commandes.

Avant de pouvoir utiliser les commandes `DiskPart` sur un disque, une partition ou un volume, vous devez d'abord répertorier et sélectionner l'objet voulu pour lui donner le focus. Lorsqu'un objet a le focus, toutes les commandes `DiskPart` que vous tapez s'appliquent à cet objet.

Vous pouvez répertorier les objets disponibles et déterminer le numéro ou la lettre de lecteur d'un objet à l'aide des commandes `list disk`, `list volume` et `list partition`. Les commandes `list disk` et `list volume` affichent tous les disques et les volumes présents dans l'ordinateur. Toutefois, la commande list partition n'affiche que les partitions du disque qui ont le focus. Lorsque vous utilisez les commandes list, un astérisque (*) apparaît près de l'objet qui a le focus. Vous sélectionnez un objet à l'aide de son numéro ou de sa lettre de lecteur, comme disque 0, partition 1, volume 3 ou volume C.

Lorsque vous sélectionnez un objet, le focus reste sur cet objet jusqu'à ce que vous en sélectionniez un autre. Par exemple, si le `disque 0` a le focus et que vous sélectionniez le `volume 8` sur le `disque 2`, le focus passe du `disque 0` au `volume 8` du `disque 2`. Certaines commandes changent automatiquement le focus. Par exemple, lorsque vous créez une nouvelle partition, le focus passe automatiquement à la nouvelle partition.

Vous pouvez uniquement donner le focus à une partition du disque sélectionné. Lorsqu'une partition a le focus, le volume associé a également le focus. Lorsqu'un volume a le focus, le disque et la partition associés ont également le focus si le volume est mappé vers une partition spécifique unique. Si tel n'est pas le cas, le disque et la partition perdent le focus.

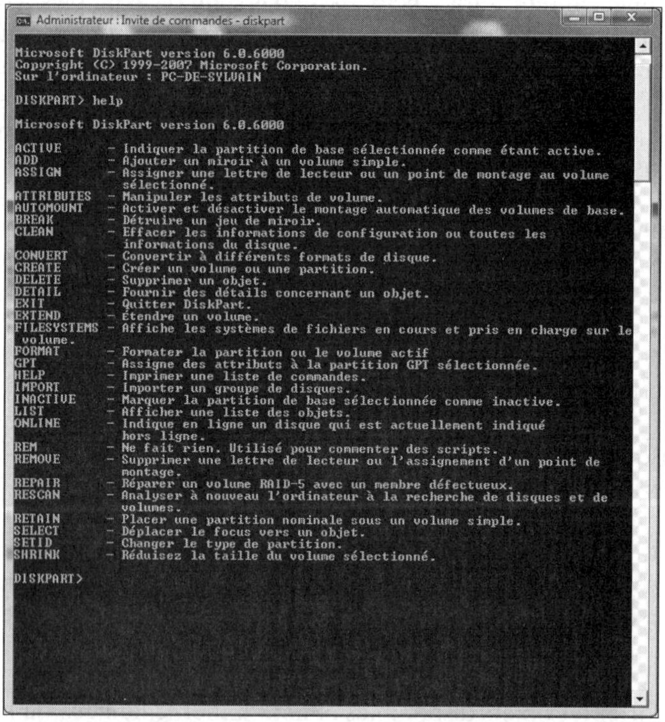

Figure 2-13 : *Commande Diskpart*

Voyons maintenant la préparation de cette clé…

Préparer la clé USB

La préparation de la clé se réalise en deux étapes : la première étape consiste à créer la partition à l'aide de `diskpart`, la seconde à copier les fichiers sur la clé.

Pour préparer votre clé USB, insérez le DVD source de Windows Vista dans le lecteur, insérez également votre clé USB et vérifiez son numéro de disque. Pour vérifier le numéro, procédez ainsi :

1. Appuyez sur la touche [Windows] pour développer le menu **Démarrer**. Cliquez avec le bouton droit de la souris sur le menu **Ordinateur**, puis cliquez sur **Gérer**.

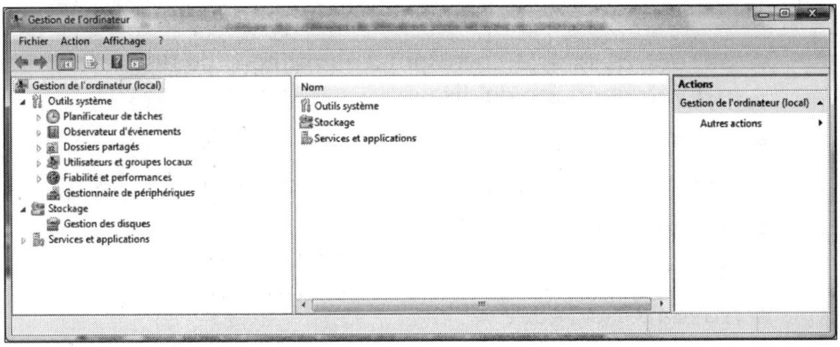

Figure 2-14 : *Console de gestion de l'ordinateur*

2. Dans la console **Gestion de l'ordinateur**, sélectionnez **Gestions des disques**.

3. Dans le volet droit, notez le numéro de disque de votre clé USB, il sera nécessaire pour la commande `diskpart`.

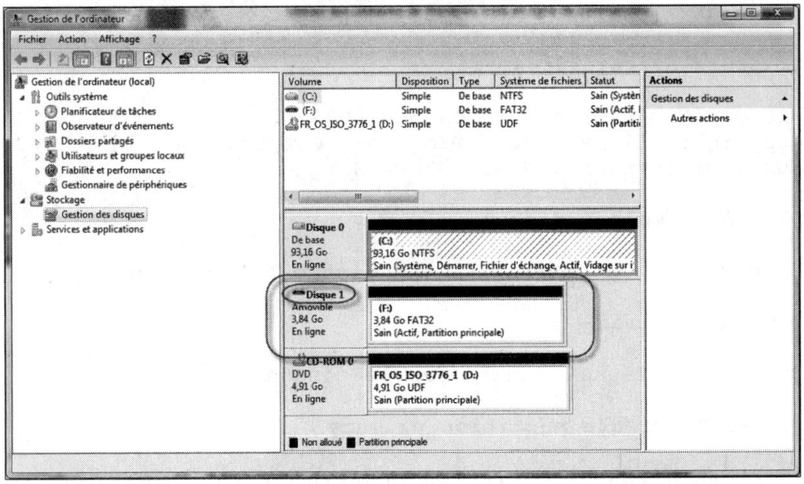

Figure 2-15 : *Numéro de disque de la clé USB*

REMARQUE

Préparation de la clé USB

Il est évident que la préparation de la clé USB peut être beaucoup plus simple en passant par l'interface graphique. Cependant, l'objectif de cet exercice est de vous faire découvrir les fonctions avancées de Windows Vista.

À présent, vous allez utiliser la commande `Diskpart` pour préparer la clé USB.

1. Ouvrez une fenêtre d'Invite de commandes par le menu **Démarrer/Tous les programmes/Accessoires/Invite de commandes**.
2. Tapez la succession de commandes suivantes dans la fenêtre :
   - `select disk 1` (`1` correspond au numéro de disque et doit être remplacé par votre numéro de disque)
   - `clean`
   - `create partition primary`
   - `select partition 1`
   - `active`
   - `format fs=fat32`
   - `assign`
   - `exit`

Vous obtenez le résultat suivant :

```
Microsoft Windows [version 6.0.6000]
Copyright (c) 2006 Microsoft Corporation. Tous droits réservés.

C:\Users\Sylvain>diskpart

Microsoft DiskPart version 6.0.6000
Copyright (C) 1999-2007 Microsoft Corporation.
Sur l'ordinateur : PC-DE-SYLVAIN

DISKPART> select disk 1

Le disque 1 est maintenant le disque sélectionné.

DISKPART> clean

DiskPart a réussi à nettoyer le disque.

DISKPART> create partition primary

DiskPart a réussi à créer la partition spécifiée.
```

```
DISKPART> select partition 1

La partition 1 est maintenant la partition sélectionnée.

DISKPART> active

DiskPart a indiqué la partition actuelle comme étant active.

DISKPART> format fs=fat32

  100 pour cent effectués

DiskPart a formaté le volume.

DISKPART> assign

DiskPart a correctement assigné la lettre de lecteur ou le point de
➥ montage.

DISKPART> exit

Quitte DiskPart...

C:\Users\Sylvain>
```

Lancer la copie

Une fois votre clé USB préparée, il faut copier les sources d'installation du DVD vers la clé. Pour cela, vous allez utiliser une deuxième ligne de commandes nommée `Xcopy`.

Xcopy

Copie des fichiers et des arborescences de répertoires.

Syntaxe :	`XCOPY source [destination] [/A | /M] [/D[:date]] [/P] [/S [/E]] [/V] [/W] / [/C] [/I] [/Q] [/F] [/L] [/G] [/H] [/R] [/T] [/U] [/K] [/N] [/O] [/X] [/Y] [/-Y] [/Z] [/B [/EXCLUDE:fich1[+fich2][+fich3]...]`
`source`	Spécifie le ou les fichiers à copier.
`Destination`	Spécifie l'emplacement et/ou le nom de nouveaux fichiers.
`A`	Copie uniquement les fichiers ayant l'attribut `archive`, ne modifie pas l'attribut.
`M`	Copie uniquement les fichiers ayant l'attribut `archive`, désactive l'attribut archive.

`D:j-m-a`	Copie les fichiers modifiés à partir de la date spécifiée. Si aucune date n'est donnée, copie uniquement les fichiers dont l'heure source est plus récente que l'heure de destination.
`EXCLUDE:fich1 [+fich2] [+fich3]...`	Spécifie une liste de fichiers contenant des chaînes. Chaque chaîne doit être placée sur une ligne séparée dans le fichier. Lorsque l'une des chaînes se retrouve dans le chemin d'accès absolu du fichier devant être copié, ce fichier est exclu de la copie. Par exemple, spécifier une chaîne telle que `\obj\` ou `.obj` exclura respectivement tous les fichiers situés sous le répertoire *obj* ou tous les fichiers dont l'extension est *.obj*.
`P`	Avertissement avant la création de chaque fichier de destination.
`S`	Copie les répertoires et sous-répertoires à l'exception des répertoires vides.
`E`	Copie les répertoires et sous-répertoires, y compris les répertoires vides. Identique à `/S /E`. Peut-être utilisé pour modifier `/T`.
`V`	Vérifie la taille de chaque nouveau fichier.
`W`	Vous demande d'appuyer sur une touche avant la copie.
`C`	Continue la copie même si des erreurs se produisent.
`I`	Si la destination n'existe pas et que plus d'un fichier est copié, considère la destination comme un répertoire.
`Q`	N'affiche pas les noms de fichier lors de la copie.
`F`	Affiche les noms de source et de destination complets lors de la copie.
`L`	Affiche les fichiers devant être copiés.
`G`	Permet la copie des fichiers chiffrés vers des destinations qui ne prennent pas en charge le chiffrement.
`H`	Copie également les fichiers cachés et les fichiers système.
`R`	Remplace les fichiers en lecture seule.
`T`	Crée la structure de répertoires, mais ne copie pas les fichiers. N'inclut pas les répertoires ou sous-répertoires vides. `/T /E` incluent les répertoires et sous-répertoires vides.
`U`	Copie seulement les fichiers existant déjà dans la destination.

`K`	Copie les attributs. La commande normale `Xcopy` rétablira les attributs de lecture seule.
`N`	Copie en utilisant les noms courts générés.
`O`	Copie les fichiers d'appartenance et les informations d'ACL.
`X`	Copie les paramètres d'audit de fichiers (implique `/O`).
`Y`	Supprime la demande de confirmation de remplacement de fichiers de destination existants.
`-Y`	Provoque la demande de confirmation de remplacement d'un fichier de destination existant.
`Z`	Copie les fichiers du réseau en mode de redémarrage.
`B`	Copie le lien symbolique et non la cible du lien.

REMARQUE

Xcopy et Robocopy

Aujourd'hui la commande `Xcopy` est de plus en plus abandonnée au profit de la commande `Robocopy` qui est beaucoup plus puissante et plus performante. Il suffit d'écrire un simple `robocopy /?` dans une Invite de commandes pour se rendre compte de la puissance de l'outil.

Pour notre exemple, il est cependant recommandé car plus simple d'utiliser `xcopy`.

Pour lancer la copie, procédez ainsi :

1. Sélectionnez le menu **Démarrer/Tous les programmes/Accessoires/Invite de commandes**.
2. Dans la fenêtre d'Invite de commandes, tapez `xcopy d:\*.* /s/e/f e:\`.

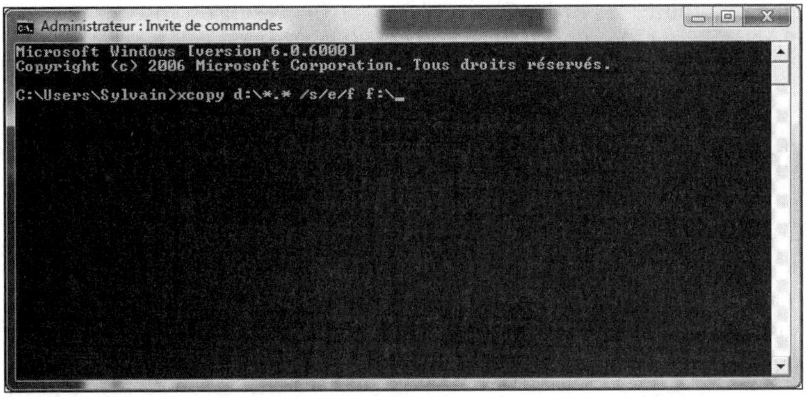

Figure 2-16 : *Commande xcopy*

REMARQUE

Commande Xcopy

La lettre `d:` de la commande `xcopy d:\*.* /s/e/f e:\` correspond ici au lecteur de DVD qui est la source de copie, la lettre `e:` correspond à la lettre du lecteur de la clé USB qui est la destination.

Une fois que la copie des données vers la clé USB est réalisée, vérifiez que votre BIOS démarre sur un périphérique USB de masse.

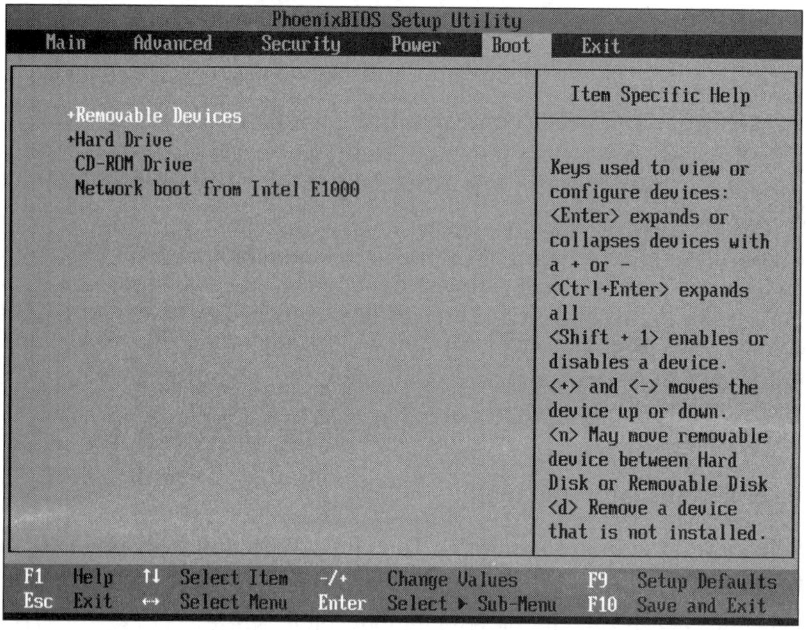

Figure 2-17 : *Exemple de configuration de la partie démarrage d'un bios*

Une fois toutes les opérations et les contrôles réalisés, insérez votre clé USB dans l'ordinateur de destination et démarrez-le.

2.7. Créer sa propre installation de Windows Vista

Comprendre et maîtriser l'installation de Windows Vista est important, mais pour ne pas en rester là, nous vous proposons de quitter l'installation balisée et traditionnelle pour réaliser une installation totalement personnalisée de Windows Vista. L'idée à travers ces quelques manipulations avancées est de personnaliser son support en y ajoutant les pilotes nécessaires et en supprimant les composants que l'on n'utilisera pas. L'objectif est de créer et d'automatiser son installation, et ne plus intervenir jusqu'à la première utilisation de l'ordinateur.

Pour réaliser cette installation, il faut dans un premier temps se procurer un petit utilitaire qui s'appelle VLite. C'est lui qui va être la pierre angulaire de la personnalisation du support de la personnalisation de l'installation, mais également de l'installation en mode automatique.

INTERNET

Téléchargement de VLite

- www.vLite.net/download.html

Une fois téléchargé, vous pouvez installer VLite. Procédez ainsi :

1. Double-cliquez sur l'exécutable que vous venez de télécharger. Dans la fenêtre **Welcome to the VLite Setup Wizard**, cliquez sur **Next**.
2. Dans la fenêtre de licence, sélectionnez *I accept the agreement* et cliquez sur **Next**.
3. La fenêtre **Select Destination Location** vous propose de changer la destination du répertoire d'installation ou de garder le répertoire par défaut. Ici, gardez le répertoire par défaut et cliquez sur **Next**, puis encore sur **Next**.
4. Cochez la case *Create a desktop icon* si vous souhaitez voir apparaître l'icône sur votre Bureau, puis cliquez sur **Next**.
5. Cliquez sur **Finish** pour terminer l'installation.

À présent notre utilitaire est installé, nous allons le lancer pour faire le tour du propriétaire et mieux comprendre ce qui nous attend dans les prochaines étapes.

1. Cliquez sur l'icône *VLite*, puis sur **Accept** dans la fenêtre des termes d'utilisation. La première fenêtre se nomme **Dépendencies** (voir fig. 2-18).
2. Dans la zone *WIM Filter*, cliquez sur **Install**.

Le premier point que l'on peut retenir c'est que le paramétrage de notre installation va s'appuyer fortement sur le nouveau format de Microsoft, le format WIM qui sera détaillé un peu plus loin dans ce chapitre.

À présent nous allons créer notre support d'installation allégé ainsi que notre installation automatisée.

Pour paramétrer l'application, procédez ainsi :

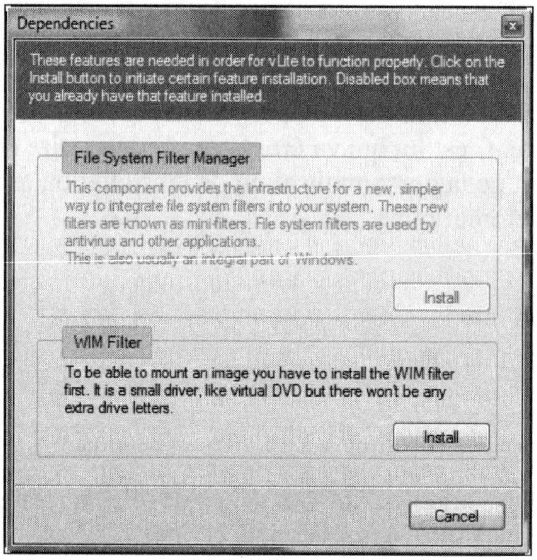

Figure 2-18 :
Fenêtre Dependencies

1. Lancez l'application VLite à partir du menu **Démarrer** ou de l'icône présente sur le Bureau.
2. Sélectionnez pour commencer dans le menu **Langue**, l'option *Français*.

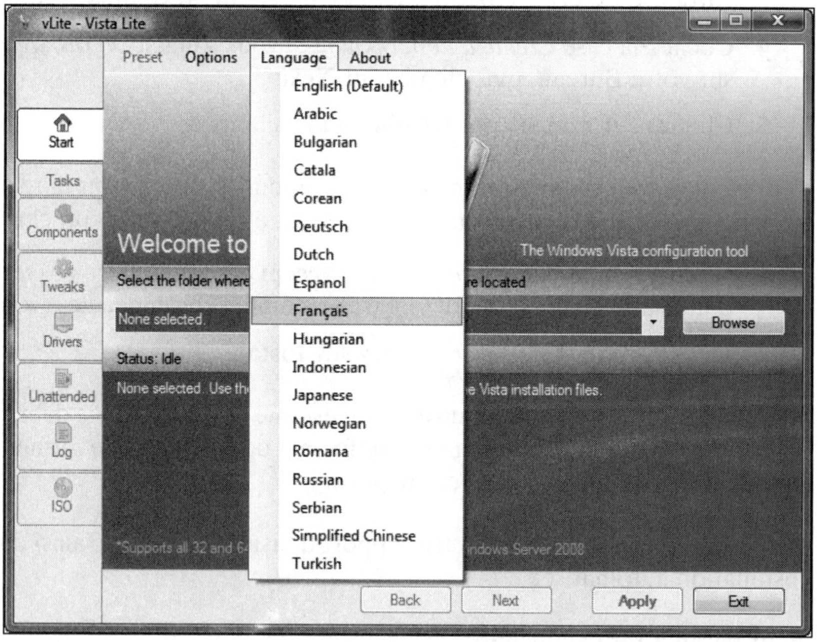

Figure 2-19 :
Sélection de la langue

3. Créez un répertoire d'installation dans lequel vous allez copier les sources d'installation et personnaliser votre installation. Cliquez sur le menu **Démarrer/Ordinateur**, puis sélectionnez un disque dur qui possède au moins 15 Go d'espace libre. Créez un répertoire appelé *Int_Vista*. À l'intérieur de ce répertoire, créez deux sous-répertoires, *DVD* et *ISO*.

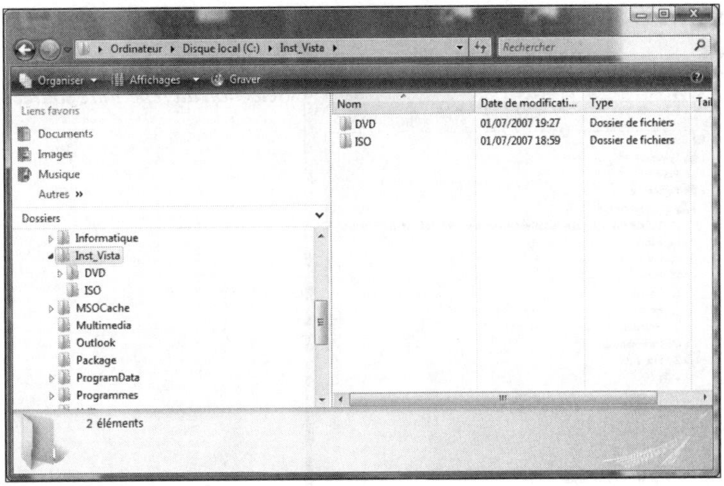

Figure 2-20 : *Création des répertoires d'installation et de paramétrage*

4. Sélectionnez le menu **Option** pour changer le répertoire temporaire, puis cliquez sur **Changer**. Une fenêtre **Rechercher un dossier** s'ouvre. Sélectionnez le répertoire *Int_Vista* créé à l'étape précédente.

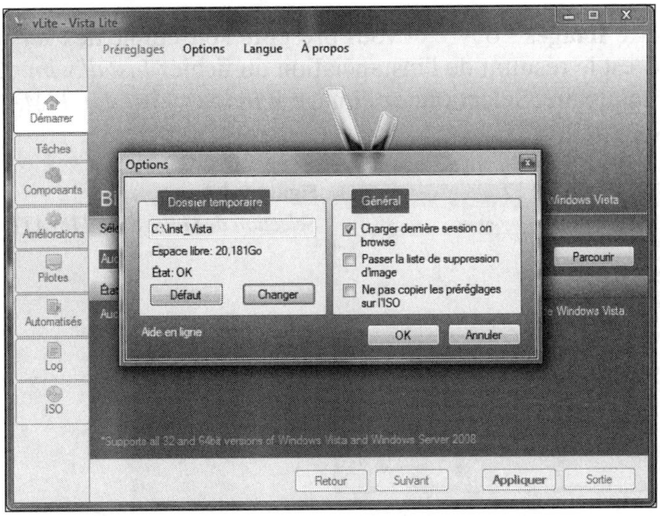

Figure 2-21 : *Sélection du répertoire temporaire*

5. Copiez les fichiers sources du DVD d'installation vers le répertoire temporaire *C:\Inst_vista\dvd* à l'aide de la ligne de commande `xcopy d:\*.* /s/e/f c:\ Inst_vista\dvd\`.

6. Dans la zone *Sélectionner le dossier* qui contient les fichiers d'installation de Windows Vista, cliquez sur **Parcourir** et, dans la fenêtre, sélectionnez le dossier *DVD*, puis cliquez sur OK.

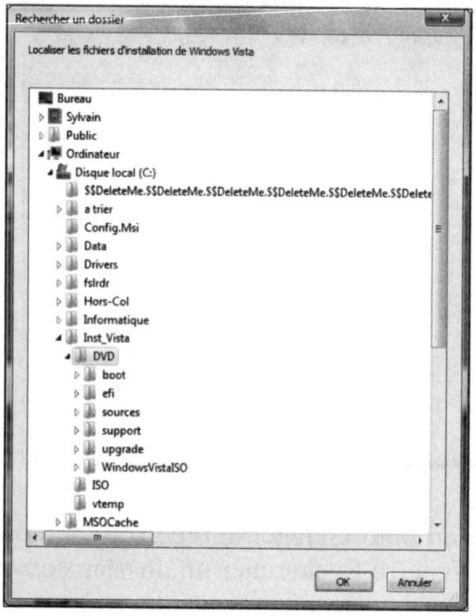

Figure 2-22 : *Sélection du répertoire source*

7. La fenêtre **Images** s'ouvre et vous présente l'ensemble des versions Windows Vista. C'est le résultat de l'instanciation du fichier *Install.wim* et le parcours de son catalogue. Sélectionnez l'image *Windows Vista ULTIMATE* et cliquez sur OK.

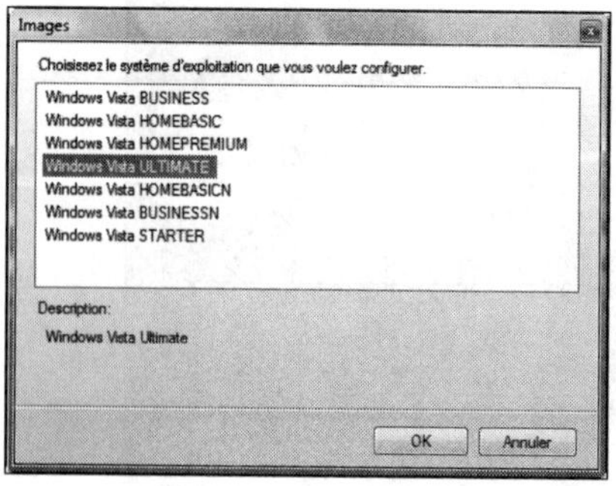

Figure 2-23 : *Sélection de l'image ULTIMATE*

Vous allez procéder maintenant au paramétrage de l'installation et personnaliser l'installation :

1. Dans la fenêtre de bienvenue, sélectionnez l'onglet **Tâches** du volet gauche.
2. Sélectionnez les cinq options qui vous sont proposées, puis cliquez sur **Suivant**.
   - *Suppression de composants* : vous pouvez supprimer les composants de votre choix.
   - *Améliorations* : permet l'application de certaines améliorations pour ne pas avoir à le faire après l'installation.
   - *Intégration de pilotes* : permet d'intégrer des pilotes. Seuls les pilotes détectés sont installés. Les autres restent disponibles, en cache, de telle sorte qu'un périphérique soit reconnu dès sa connexion.
   - *Démarrage automatisé* : automatise votre installation en définissant à l'avance vos réglages pour vous éviter de le faire durant l'installation, qui s'en trouve accélérée.
   - *ISO bootable* : permet de réaliser une image de test ou de la graver sur un CD ou un DVD.

La sélection de ces options débloque les onglets dans le volet gauche.

Figure 2-24 : *Sélection des tâches*

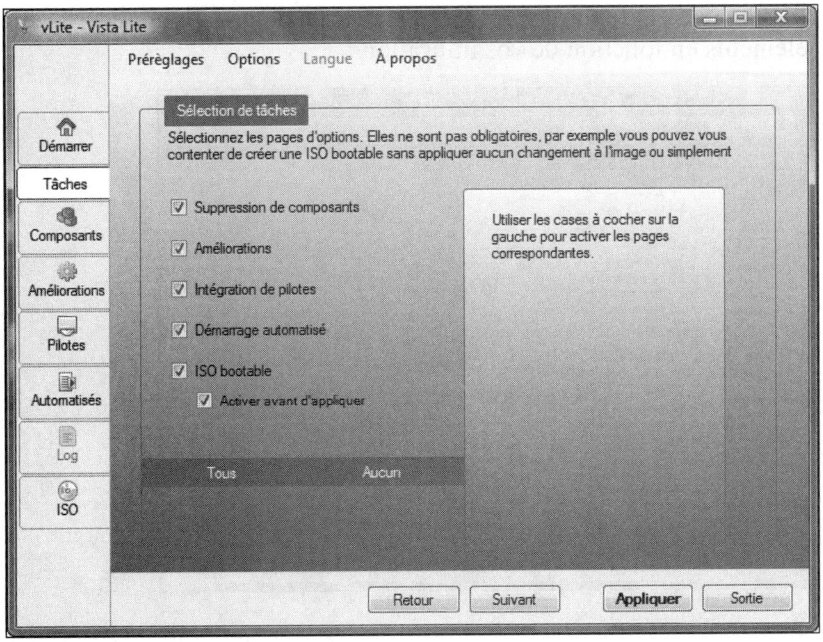

3. L'onglet **Composant** dévoile une fenêtre **Compatibilité** et ses deux onglets. Sous l'onglet **Caractéristiques**, vous pouvez gérer des applications comme Aero, Internet Explorer, etc. Sélectionnez les options que vous souhaitez exploiter en cochant les cases correspondantes. Faites de même avec l'onglet **Applications** et cliquez sur OK.

Figure 2-25 : *Sélections des composants de la fenêtre Compatibilité*

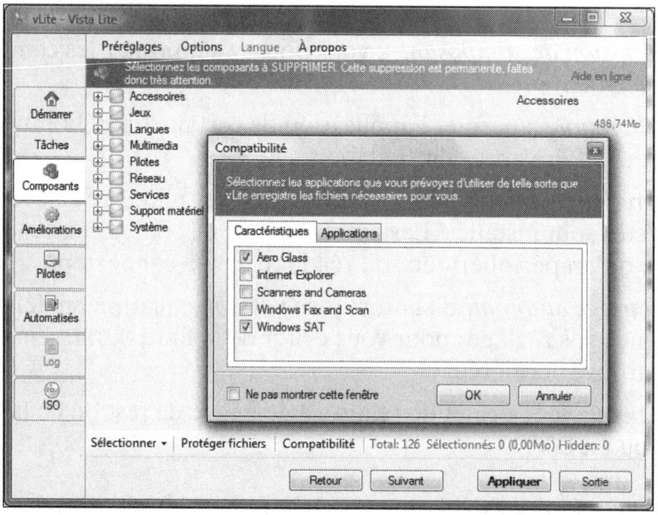

4. À gauche de la fenêtre, développez la section *Accessoires* et sélectionnez les éléments en fonction de vos utilisations.

Figure 2-26 : *Sélection des composants optionnels*

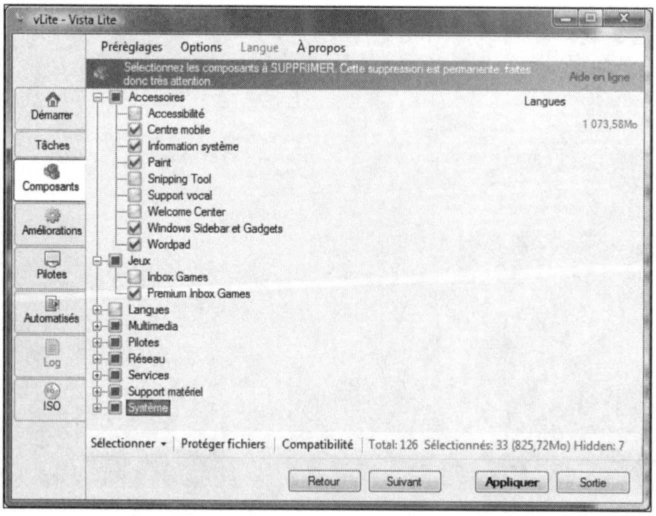

5. Sélectionnez également les options *Jeux*, *Langues*, *Multimédia*, *Pilotes*, *Réseau*, *Services*, *Support matériel* et *Système*. Cliquez sur **Suivant**. Vous passez sous l'onglet **Amélioration** qui se partage en trois parties :
   - La zone *Sécurité* vous permet de désactiver l'UAC si vous le souhaitez ainsi que d'autres options.
   - La zone *Système* vous permet de paramétrer la gestion de l'alimentation.
   - La zone *Explorer* vous permet de configurer des options liées à Explorer.

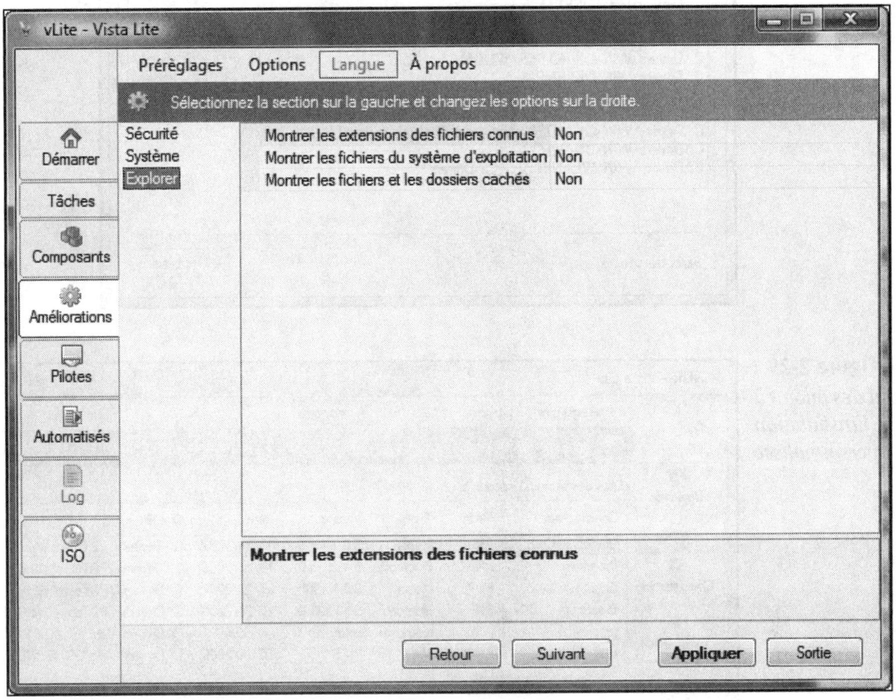

Figure 2-27 : *Onglet Améliorations*

6. Configurez les options d'améliorations, puis cliquez sur **Suivant**. Vous passez sous l'onglet **Pilotes**, qui vous permet d'ajouter des pilotes liés à la configuration matérielle de votre ordinateur. Cliquez sur **Insérer** et choisissez si vous ajoutez un pilote seul ou une arborescence de pilotes. Dans notre exemple, nous ajoutons un répertoire complet de pilotes. Sélectionnez *Dossier de pilotes multiples* dans la fenêtre **Rechercher un dossier**, sélectionnez votre dossier et cliquez sur OK. La liste des pilotes à ajouter apparaît, cliquez sur **Sélectionner tous** et sur OK (voir fig. 2-28).
7. Cliquez sur **Suivant** pour passer sous l'onglet **Automatisés** (voir fig. 2-29).

Figure 2-28 : *Sélection des pilotes à ajouter*

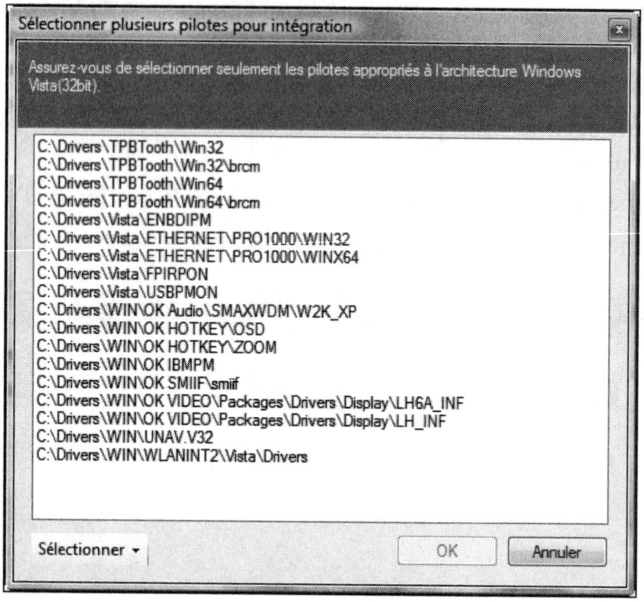

Figure 2-29 : *Ajout des pilotes à l'installation personnalisée*

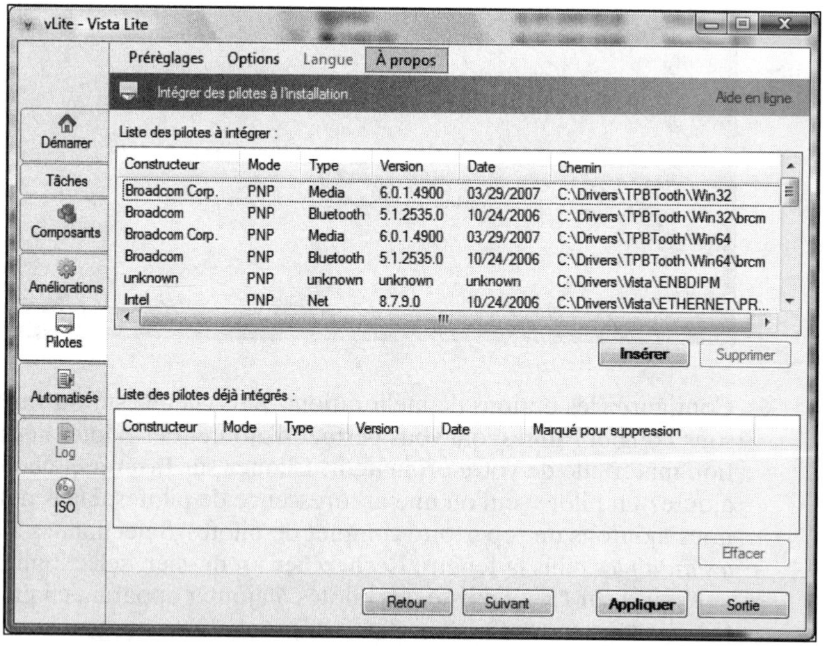

8. Comme son nom l'indique, c'est dans cette partie que vous allez automatiser l'installation en renseignant l'ensemble des paramètres qui vous sont demandés tout au long de l'installation interactive.

Figure 2-30 : *Personnalisation de l'automatisation*

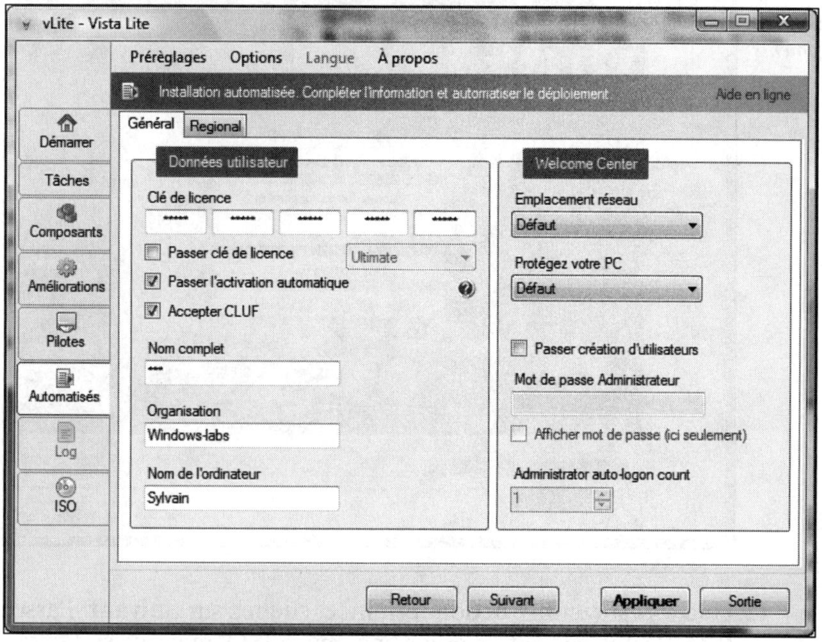

9. Une fois l'ensemble des champs renseignés, cliquez sur **Appliquer**. La fenêtre **Apply method** s'ouvre avec deux possibilités :

- *Appliquer juste les changements* : cette méthode est pratiquement instantanée, mais la taille de l'image ne sera pas réduite. Cependant, l'ensemble des versions sera conservé, l'installation de Windows Vista ne différera pas des options retenues.
- *Appliquer et reconstruire* : cette méthode reconstruira seulement la version choisie de Windows Vista qu'elle sauvegardera. Elle est recommandée si vous n'utilisez qu'une seule version de Windows Vista.

10. Sélectionnez **Appliquer et reconstruire** et cliquez sur OK.

La reconstruction se lance en effectuant les tâches suivantes :

- préparation des tâches sélectionnées ;
- suppression de composants ;
- intégration des pilotes ;

- application des réglages ;
- sauvegarde des changements.

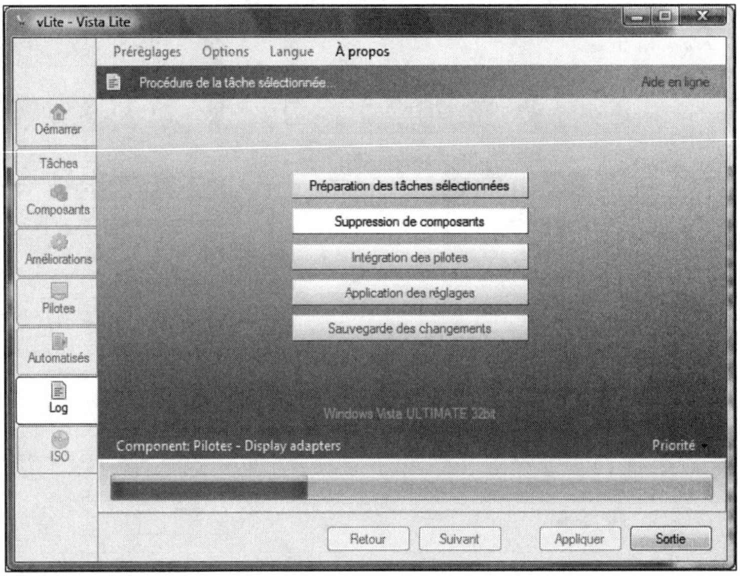

Figure 2-31 : *Reconstruction des changements*

11. Une fois la reconstruction terminée, cliquez sur **Suivant**. Passez sous l'onglet **ISO**. Il vous permet de créer une image ISO, mais aussi de graver un média DVD ou CD. Une fois votre choix effectué, cliquez sur **Créer l'image ISO**. La fenêtre **Recherche de dossier** s'ouvre. Sélectionnez le dossier *C:\inst_vista\ISO* précédemment créé.

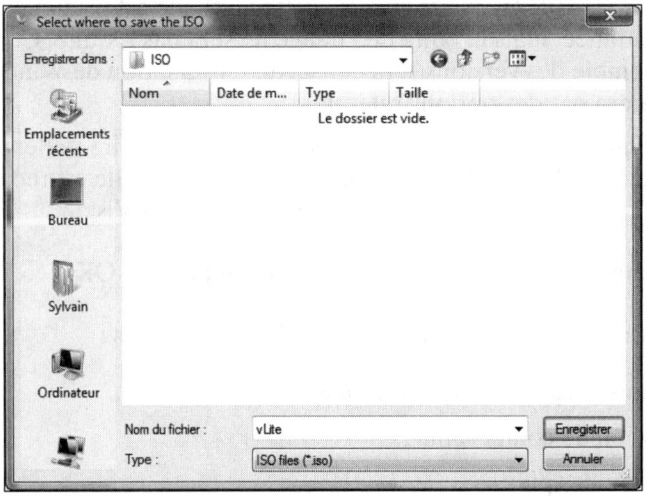

Figure 2-32 : *Sauvegarde de l'image ISO*

12. Une fois l'image créée, cliquez sur **Sortie**.

Maintenant, il ne vous reste plus qu'à graver votre image personnalisée sur un DVD.

2.8. Le format WIM

Nous avons vu précédemment que le format WIM était utilisé pour l'installation de Windows Vista. Mais de quoi s'agit-il exactement ? C'est ce que nous allons voir pour terminer ce chapitre dédié aux installations.

Précisons toutefois que les outils présentés ici sont habituellement réservés aux professionnels car ils sont complexes et utilisables en ligne de commandes.

REMARQUE

WIM

WIM est un nouveau format de fichier contenant une ou plusieurs images Windows compressées. Les fichiers WIM reposent sur des fichiers, plutôt que sur des secteurs, ce qui facilite la mise à jour des images existantes. Ils intègrent également la technologie SIS (*Single Instance Storage*) qui permet d'éviter les doublons de fichiers au sein d'un WIM.

La première étape consiste à se procurer ce qu'on appelle "le WAIK" (*Windows Automated Installation Kit*).

INTERNET

Téléchargement du WAIK

- www.microsoft.com/downloads/details.aspx?displaylang=fr&FamilyID=c7d4bc6d-15f3-4284-9123-679830d629f2

Attention au temps de téléchargement ! En effet, la taille de WAIK dépasse 500 Mo, car il contient l'ensemble des versions professionnelles, à savoir x86, x64 et IA64. Une fois téléchargé, ne gardez sur votre poste que la version qui correspond à votre système.

Pour installer le WAIK, procédez ainsi :

1. Cliquez sur *StartCD* pour que l'Autorun se lance. Un menu **Bienvenue dans le kit d'installation automatisée (Windows AIK)** vous propose un ensemble de tâches. Cliquez sur **Installation du Kit** pour lancer l'installation.

Figure 2-33 : *Menu de démarrage du Resources Kit de déploiement*

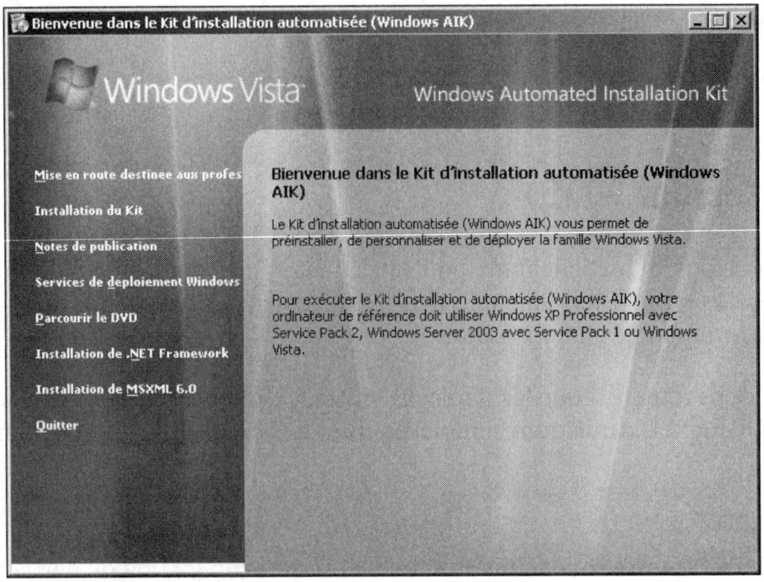

2. Dans la fenêtre **Assistant Installation du logiciel "Kit d'installation automatisée (Windows AIK)"**, cliquez sur **Suivant** pour poursuivre l'installation.
3. Cochez la case *J'accepte les termes du contrat de licence* dans la fenêtre **Contrat de licence** et cliquez sur **Suivant**.

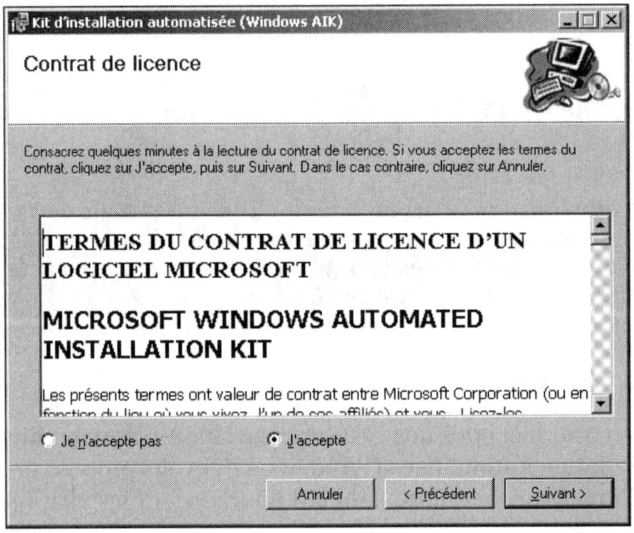

Figure 2-34 : *Validation des termes du contrat de licence*

4. Dans la fenêtre **Sélection du dossier d'installation**, gardez les paramètres par défaut si vous n'avez pas d'objection et cliquez sur **Suivant**.
5. Dans la fenêtre **Confirmation de l'installation**, cliquez sur **Suivant**.
6. Dans la fenêtre **Installation terminée**, cliquez sur **Terminer**.

Vous voyez qu'il y a deux fichiers WIM dans le DVD d'installation.

- La taille du fichier *boot.wim* est de 116 Mo.
- La taille du fichier *install.wim* est de 2,2 Go. Il comporte l'ensemble de versions de Windows Vista.

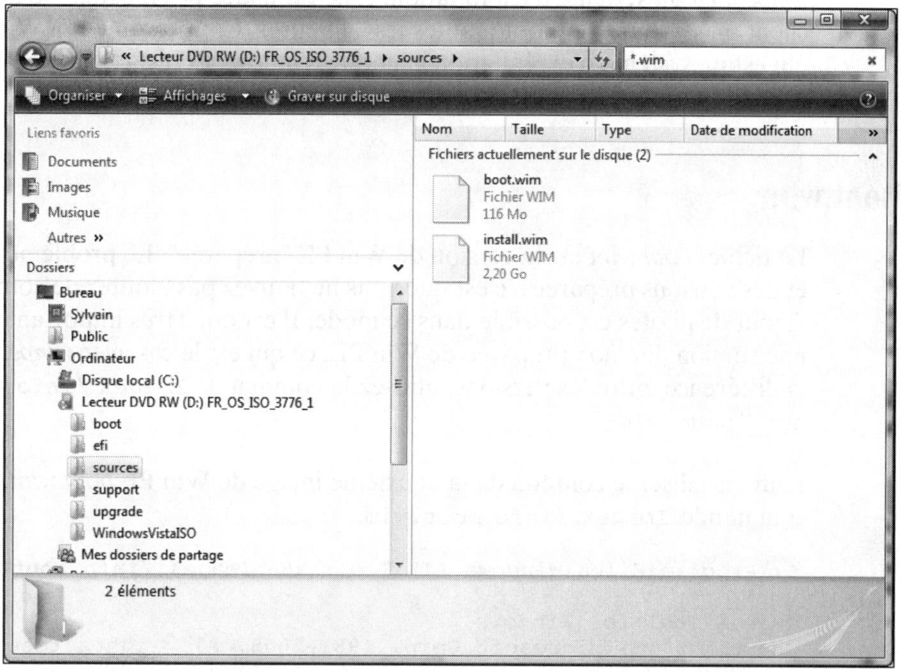

Figure 2-35 : *Fichiers WIM présents sur le DVD d'installation de Windows*

En examinant les fichiers WIM présents dans le Resources Kit (WAIK) et WIN PE, vous pouvez voir qu'il y a deux fichiers WIM

- La taille du fichier *boot.wim* est de 122 Mo.
- La taille du fichier *Winpe.wim* représente 130 Mo.

Que se cache-t-il derrière chaque fichier ? Quel est leur rôle ? Pour vous permettre de le savoir, le Resources Kit (WAIK) met deux outils à votre disposition…

- ImageX : il n'est pas présent dans Win PE, mais vous pouvez le trouver dans le kit de déploiement. Il est utilisé pour l'ajout, la capture et l'application d'images, notamment.
- PEImg : il permet de lister ou d'ajouter des composants en ligne de commandes dans Win PE, mais également de préparer une image.

Avant de voir le contenu de chacun des fichiers, il est nécessaire de connaître WIN PE. Dans sa version 2.0 (*Windows Preinstallation Environnement*), il constitue l'une des bases du déploiement de Windows Vista. Il est conçu pour faciliter les déploiements de ce nouveau système d'exploitation. C'est un environnement bootable limité, fondé sur Windows Vista. Toutefois, Win PE n'est pas une version *Embedded* du système d'exploitation. Il ne remplace pas un système d'exploitation client ou serveur. Il reboote toutes les 24 heures. Contrairement à Windows Vista, qui est un système d'exploitation général, Windows PE est conçu pour être utilisé dans le cadre de l'installation ou du dépannage.

Boot.wim

Le fichier *boot.wim* est la version de Win PE "préparée". Le problème du *boot.wim* et des versions préparées, c'est que vous ne pouvez pas ajouter de composants. Seul l'ajout de pilotes est possible dans ce mode. Il est donc très important de conserver une version dite non préparée de Win PE, ce qui est le cas avec *winpe.wim*. Pour voir la différence entre les versions, utilisez la commande `ImageX /info nom_image.wim`.

Pour visualiser le contenu de la deuxième image de Win PE *boot.wim*, saisissez la commande `ImageX /info boot.wim`.

```
C:\Program Files\Windows AIK\Tools\x86>ImageX /info boot.wim

ImageX Tool for Windows
Copyright (C) Microsoft Corp. 1981-2005. All rights reserved.

WIM Information:
----------------
GUID:        {6c00797e-6e60-4b43-9be6-cf327f16f3f6}
Image Count: 1
Compression: LZX
Part Number: 1/1
Boot Index:  1
Attributes:  0x0

Available Image Choices:
------------------------
<?xml version="1.0" encoding="UTF-16"?>
```

```
<WIM>
<TOTALBYTES>125121945</TOTALBYTES>
  <IMAGE INDEX="1">
  <DIRCOUNT>362</DIRCOUNT>
  <FILECOUNT>2289</FILECOUNT>
  <TOTALBYTES>319894252</TOTALBYTES>
  <CREATIONTIME>
    <HIGHPART>0x1C638CD</HIGHPART>
    <LOWPART>0x196493A</LOWPART>
  </CREATIONTIME>
<NAME>Windows Preinstallation Environment (x86)</NAME><WINDOWS
><ARCH>0</ARCH><PRODUCTNAME>Microsoft "Windows" Operating Syst
em</PRODUCTNAME><PRODUCTTYPE>WinNT</PRODUCTTYPE><PRODUCTSUITE
/><LANGUAGE>00000409</LANGUAGE><VERSION><MAJOR>6</MAJOR><MINOR
>0</MINOR><BUILD>5308</BUILD><SPBUILD>17</SPBUILD></VERSION><S
YSTEMROOT>WINDOWS</SYSTEMROOT></WINDOWS></IMAGE></WIM>
```

Dans la partie `<NAME>` se trouve le nom de l'image `boot.wim` : `Windows Preinstallation Environment (x86)`. C'est la version de démarrage de Windows Vista. À la différence de la version *winpe.wim*, cette version d'image est préparée ; il est donc impossible d'y ajouter des packages, seuls les pilotes peuvent y être ajoutés.

Winpe.wim

Pour visualiser le contenu de la version de *winpe.wim*, tapez la commande `ImageX /info winpe.wim`.

```
C:\Program Files\Windows AIK\Tools\PETools\x86>imagex /info
➥ winpe.wim

ImageX Tool for Windows
Copyright (C) Microsoft Corp. 1981-2005. All rights reserved.


WIM Information:
----------------
GUID:         {d86b36d5-4860-4a9d-baa7-5b251ba821aa}
Image Count:  1
Compression:  LZX
Part Number:  1/1
Boot Index:   1
Attributes:   0x8
              Relative path junction

Available Image Choices:
------------------------
<WIM>
```

```
  <TOTALBYTES>164491669</TOTALBYTES>
  <IMAGE INDEX="1">
    <NAME>Microsoft Windows Vista PE (X86)</NAME>
    <DESCRIPTION>Microsoft Windows Vista PE (X86)</DESCRIPTION>
    <WINDOWS>
      <ARCH>0</ARCH>
      <PRODUCTNAME>Microsoft "Windows" Operating
      ➥ System</PRODUCTNAME>
      <PRODUCTTYPE>WinNT</PRODUCTTYPE>
      <PRODUCTSUITE></PRODUCTSUITE>
      <LANGUAGES>
        <LANGUAGE>fr-FR</LANGUAGE>
        <DEFAULT>fr-FR</DEFAULT>
      </LANGUAGES>
      <VERSION>
        <MAJOR>6</MAJOR>
        <MINOR>0</MINOR>
        <BUILD>6000</BUILD>
        <SPBUILD>16386</SPBUILD>
      </VERSION>
      <SYSTEMROOT>WINDOWS</SYSTEMROOT>
    </WINDOWS>
    <DIRCOUNT>2070</DIRCOUNT>
    <FILECOUNT>8293</FILECOUNT>
    <TOTALBYTES>708015723</TOTALBYTES>
    <CREATIONTIME>
      <HIGHPART>0x01C6FEC8</HIGHPART>
      <LOWPART>0xBFD8DDC6</LOWPART>
    </CREATIONTIME>
    <LASTMODIFICATIONTIME>
      <HIGHPART>0x01C6FEC8</HIGHPART>
      <LOWPART>0xC375E20E</LOWPART>
    </LASTMODIFICATIONTIME>
  </IMAGE>
</WIM>
```

Dans la partie `<NAME>` se trouve le nom de l'image *winpe.wim* : `Microsoft Windows Vista PE (X86)`. Il s'agit de la version de Windows Vista. Cette version d'image n'est pas préparée ; il est donc possible d'y ajouter des packages et des pilotes.

Personnaliser un Win PE non préparé

Pour être utile au déploiement et aussi aux tâches d'administration des postes de travail, il est possible de créer son propre média bootable Win PE (clé USB, CD, etc.) qui réunira les éléments les plus utiles pour vous permettre de mener à bien votre travail. Tout le travail va s'effectuer à partir d'un ordinateur Windows Vista sur lequel le WAIK est installé.

Pour préparer et personnaliser Win PE, rappelez-vous l'image *winpe.wim*, c'est-à-dire le Win PE non préparé. Il faut appliquer son contenu dans un répertoire afin d'utiliser ses fichiers et son arborescence. Vous avez plusieurs possibilités : la première est d'utiliser la commande `ImageX /mountrw`, la seconde d'employer la commande `ImageX /apply`. C'est cette dernière commande que vous utiliserez ici. Voyez la syntaxe `ImageX`, avec le commutateur `/apply` (ce commutateur permet d'appliquer des images), et le nom de l'image WIM suivi du numéro d'indexation de l'image dans le fichier WIM, pour terminer le chemin complet du répertoire de destination :

On obtient la syntaxe suivante : `ImageX /apply winpe.wim 1 c:\extractPE`.

Ajouter des packages

Une fois l'image ouverte et tous les fichiers Win PE accessibles, vous avez la possibilité d'ajouter des packages qui offrent de la valeur ajoutée à l'utilisation de Win PE.

L'ajout de packages est une fonction très pratique de Win PE puisque ce dernier peut également exécuter des fichiers batch, des scripts VBS, des scripts WSH si le composant optionnel WSH est installé, des applications HTA (*HTML Applications*) et des objets ADO. Dans la mesure où Win PE offre un espace temporaire s'appuyant sur la mémoire vive, Win PE peut exécuter des applications qui nécessitent la possibilité d'écrire des fichiers temporaires sur le disque dur, même si aucun disque dur n'est disponible.

Pour réaliser l'installation de packages, il faut disposer d'une version de Win PE non préparée, par exemple *winpe.wim*. Vous devez lister les packages contenus dans cette image. Pour cela, vous disposez de la commande `peimg /list` et vous avez la possibilité de détailler le contenu des packages avec le commutateur `/verbose`. Une fois cette tâche effectuée, vous pouvez ajouter des packages à l'aide de la commande `peimg /install`. Vous pouvez également installer des pilotes avec la commande `peimg /inf`, à condition de posséder son fichier INF. Une fois les ajouts terminés, il vous restera encore deux étapes à suivre pour utiliser votre image : la première consiste à préparer l'image avec la commande `peimg /prep /f` et la seconde, un peu plus complexe, avec la commande `ImageX /boot /compress maximum /capture`, permettra de capturer l'image.

Voici la procédure dans le détail…

Lister les packages contenus dans Win PE

Les images contiennent un ensemble de packages activés ou non. L'outil `peimg` permet de voir les packages de l'image. La commande offre la possibilité de détailler ou non le contenu des packages en utilisant le commutateur `/verbose` derrière le commutateur `/list`. Pour lister les packages, saisissez le code suivant :

```
C:\Program Files\Windows AIK\Tools\x86>peimg c:\extractPE\Windows
➥ /list /verbose
Pre-Installation Environment Image Setup Tool for Windows
Copyright (C) Microsoft Corp. 1981-2005. All rights reserved.

Lang  | Version      | Ins | Name
------+--------------+-----+-----------------------------------
en-US |6.0.5308.17   |  +  | Microsoft-Windows-WinPE-Package
------+--------------+-----+-----------------------------------
Microsoft-Windows-WinPE-Package~31bf3856ad364e35~x86~~6.0.5308
.17
------+--------------+-----+-----------------------------------
en-US |6.0.5308.17   |  -  | WinPE-HTA-Package
------+--------------+-----+-----------------------------------
WinPE-HTA-Package~31bf3856ad364e35~x86~en-US~6.0.5308.17

------+--------------+-----+-----------------------------------
      |6.0.5308.17   |  -  | WinPE-HTA-Package
------+--------------+-----+-----------------------------------
WinPE-HTA-Package~31bf3856ad364e35~x86~~6.0.5308.17

------+--------------+-----+-----------------------------------
en-US |6.0.5308.17   |  -  | WinPE-MDAC-Package
------+--------------+-----+-----------------------------------
WinPE-MDAC-Package~31bf3856ad364e35~x86~en-US~6.0.5308.17

------+--------------+-----+-----------------------------------
      |6.0.5308.17   |  -  | WinPE-MDAC-Package
------+--------------+-----+-----------------------------------
WinPE-MDAC-Package~31bf3856ad364e35~x86~~6.0.5308.17

------+--------------+-----+-----------------------------------
en-US |6.0.5308.17   |  -  | WinPE-Scripting-Package
------+--------------+-----+-----------------------------------
WinPE-Scripting-Package~31bf3856ad364e35~x86~en-US~6.0.5308.17

------+--------------+-----+-----------------------------------
      |6.0.5308.17   |  -  | WinPE-Scripting-Package
------+--------------+-----+-----------------------------------
WinPE-Scripting-Package~31bf3856ad364e35~x86~~6.0.5308.17

------+--------------+-----+-----------------------------------
en-US |6.0.5308.17   |  -  | WinPE-SRT-Package
------+--------------+-----+-----------------------------------
WinPE-SRT-Package~31bf3856ad364e35~x86~en-US~6.0.5308.17
```

```
------+-------------+-----+-----------------------------------
      |6.0.5308.17  |  -  | WinPE-SRT-Package
------+-------------+-----+-----------------------------------
WinPE-SRT-Package~31bf3856ad364e35~x86~~6.0.5308.17

------+-------------+-----+-----------------------------------
en-US |6.0.5308.17  |  -  | WinPE-XML-Package
------+-------------+-----+-----------------------------------
WinPE-XML-Package~31bf3856ad364e35~x86~en-US~6.0.5308.17

------+-------------+-----+-----------------------------------
      |6.0.5308.17  |  -  | WinPE-XML-Package
------+-------------+-----+-----------------------------------
WinPE-XML-Package~31bf3856ad364e35~x86~~6.0.5308.17
```

Il est important de retenir deux informations parmi les informations listées : le nom exact du package, par exemple `WinPE-Scripting-Package`, vous servira pour la syntaxe d'installation ; les signes + et – vous permettront de déterminer les packages installés. Ainsi, le signe + indique un package installé, le signe - indique un package non installé.

Ajouter le package HTA

Une fois les packages listés, il faut installer les packages non installés. Si vous souhaitez utiliser des applications HTML, vous devez ajouter le package HTA (*HTML Applications*). Pour cela, utilisez la commande `peimg` avec le commutateur `/install`, suivi du signe = et du nom exact du package listé précédemment. Pour installer le package HTA, saisissez la commande suivante :

```
C:\Program Files\Windows AIK\Tools\x86>peimg c:\extractPE\Windows
➥ /install=WinPE-HTA-Package
Pre-Installation Environment Image Setup Tool for Windows
Copyright (C) Microsoft Corp. 1981-2005. All rights reserved.

Lang  | Version     | Ins | Name
------+-------------+-----+-----------------------------------
en-US |6.0.5308.17  |  +  | WinPE-HTA-Package
------+-------------+-----+-----------------------------------
      |6.0.5308.17  |  +  | WinPE-HTA-Package
------+-------------+-----+-----------------------------------

Installed 2 packages.

PEIMG completed the operation successfully.
```

Ajouter le package XML

Pour installer le package XML, saisissez la commande suivante :

```
C:\Program Files\Windows AIK\Tools\x86>peimg c:\extractPE\windows
➥ /install=winPE-XML-package
Pre-Installation Environment Image Setup Tool for Windows
Copyright (C) Microsoft Corp. 1981-2005. All rights reserved.

Lang  | Version      | Ins | Name
------+-------------+-----+-----------------------------------
en-US |6.0.5308.17  |  +  | WinPE-XML-Package
------+-------------+-----+-----------------------------------
      |6.0.5308.17  |  +  | WinPE-XML-Package
------+-------------+-----+-----------------------------------

Installed 2 packages.

PEIMG completed the operation successfully.
```

REMARQUE

Ajout de packages

La version 2.0 de Win PE permet de vérifier les packages installés.

Ajouter le package scripting

Pour installer le package scripting, saisissez la commande suivante :

```
C:\Program Files\Windows AIK\Tools\x86>peimg c:\extractPE\windows
➥ /install=winPE-Scripting-package
Pre-Installation Environment Image Setup Tool for Windows
Copyright (C) Microsoft Corp. 1981-2005. All rights reserved.

Lang  | Version      | Ins | Name
------+-------------+-----+-----------------------------------
en-US |6.0.5308.17  |  +  | WinPE-Scripting-Package
------+-------------+-----+-----------------------------------
      |6.0.5308.17  |  +  | WinPE-Scripting-Package
------+-------------+-----+-----------------------------------

Installed 2 packages.

PEIMG completed the operation successfully.
```

Une fois les trois packages installés, il est important de vérifier qu'ils ont été pris en compte. Pour cela, utilisez à nouveau la commande `peimg /list`. Les trois packages doivent être présentés avec un signe + dans la colonne `Ins` :

```
C:\Program Files\Windows AIK\Tools\x86>peimg c:\extractPE\windows
➥ /list
Pre-Installation Environment Image Setup Tool for Windows
Copyright (C) Microsoft Corp. 1981-2005. All rights reserved.

Lang  | Version      | Ins | Name
------+--------------+-----+--------------------------------
en-US |6.0.5308.17   |  +  | WinPE-HTA-Package
------+--------------+-----+--------------------------------
      |6.0.5308.17   |  +  | WinPE-HTA-Package
------+--------------+-----+--------------------------------
en-US |6.0.5308.17   |  +  | WinPE-Scripting-Package
------+--------------+-----+--------------------------------
      |6.0.5308.17   |  +  | WinPE-Scripting-Package
------+--------------+-----+--------------------------------
en-US |6.0.5308.17   |  +  | WinPE-XML-Package
------+--------------+-----+--------------------------------
      |6.0.5308.17   |  +  | WinPE-XML-Package
------+--------------+-----+--------------------------------
en-US |6.0.5308.17   |  -  | WinPE-MDAC-Package
------+--------------+-----+--------------------------------
      |6.0.5308.17   |  -  | WinPE-MDAC-Package
------+--------------+-----+--------------------------------
en-US |6.0.5308.17   |  -  | WinPE-SRT-Package
------+--------------+-----+--------------------------------
      |6.0.5308.17   |  -  | WinPE-SRT-Package
------+--------------+-----+--------------------------------

Listed 10 package(s).

PEIMG completed the operation successfully.
```

Vous pouvez ainsi installer tous les packages que vous souhaitez.

Ajouter des pilotes

Win PE offre également une certaine flexibilité. En effet, si Windows Vista inclut les pilotes pour votre matériel informatique, le matériel fonctionnera probablement aussi avec Win PE car ce dernier inclut la plupart des pilotes Windows Vista. Vous pouvez également ajouter de nouveaux pilotes. Pour réaliser cette tâche, vous devez disposer du pilote et de son fichier *.inf*. Pour installer vos pilotes, utilisez la commande `peimg /inf` :

```
C:\Program Files\Windows AIK\Tools\x86>peimg
➥ /inf:c:\drivers\lan\yukon.inf c:\extractpe\windows
Pre-Installation Environment Image Setup Tool for Windows
Copyright (C) Microsoft Corp. 1981-2005. All rights reserved.

Installing INF package: c:\drivers\lan\yukon.inf

PEIMG completed the operation successfully.

C:\Program Files\Windows AIK\Tools\x86>
```

REMARQUE

Win PE dans les environnements d'entreprise

Vous pouvez ajouter chaque pilote requis par n'importe quel ordinateur de votre organisation à une image Windows PE unique, de sorte que l'image fonctionne avec n'importe lequel de vos ordinateurs.

Préparer l'image

Le mode Non préparé permet l'ajout de packages et de pilotes et le mode Préparé permet d'optimiser votre version de Win PE une fois celle-ci personnalisée. Le passage d'un mode à l'autre ne se fait pas automatiquement, il faut utiliser la commande `peimg /prep` :

```
C:\Program Files\Windows AIK\Tools\x86>peimg c:\extractPE\windows
➥ /PREP
Pre-Installation Environment Image Setup Tool for Windows
Copyright (C) Microsoft Corp. 1981-2005. All rights reserved.

[========================100.0%=========================]
PEIMG completed the operation successfully.

C:\Program Files\Windows AIK\Tools\x86>
```

Créer un CD Win PE personnalisé

Vous allez maintenant créer votre CD Win PE 2.0 qui vous suivra dans vos déplacements d'administrateur :

1. Remplacez le fichier *Boot.wim* par défaut dans le répertoire de création de l'image Win PE par votre nouvelle image préparée. L'image doit être ensuite renommée en *Boot.wim*.

2. Vous disposez maintenant d'une image de disque virtuel de Windows PE personnalisée que vous pouvez placer sur un support de démarrage comme un CD. Sur votre ordinateur de préinstallation, à l'invite de commandes, créez un fichier *.iso* au moyen de la commande `Oscdimg`. Tapez : `oscdimg -n -bc:\extractPE\boot\etfsboot.com c:\extractPE\ c:\winpeISO\winpeISO.iso`
3. Gravez l'image *WinpeISO.iso* sur un CD.

Créer une clé USB Win PE personnalisée

Plus moderne : au lieu de graver l'image sur CD, vous pouvez la copier sur une clé USB et en faire une clé USB de dépannage fort utile et bootable (à condition que le BIOS de l'ordinateur sur lequel vous utilisez la clé permette le démarrage sur clé USB). Pour cela :

1. Remplacez le fichier *Boot.wim* par défaut dans le répertoire de création de l'image Win PE par votre nouvelle image préparée. L'image doit être ensuite renommée en *Boot.wim*.
2. Insérez votre clé USB. Si ce n'est déjà fait, formatez-la en FAT32 et déclarez la partition comme active.
3. Copiez le contenu du répertoire *C:\extractPE* sur la clé USB.

ATTENTION

Configuration de la clé USB

La clé USB doit être formatée en FAT32 et, surtout, la partition de cette clé doit être marquée comme active. Sans quoi, le démarrage ne s'effectuera pas.

Repackager l'image

Une fois votre Win PE préparé, il ne reste plus qu'à remettre l'image au format WIM et à la rendre bootable. Pour réaliser cette tâche, utilisez la commande `ImageX` avec les connecteurs `/boot` si vous souhaitez rendre l'image bootable, `/compress maximum` pour optimiser l'image, suivi du connecteur `/capture` pour capturer l'image.

```
C:\Program Files\Windows AIK\Tools\x86>ImageX /boot /compress
➥ maximum /capture "c:\extractPE" "c:\lab-winPE\WINPE LAB.wim"
➥ WinpeLab"

ImageX Tool for Windows
```

```
Copyright (C) Microsoft Corp. 1981-2005. All rights reserved.

Progress: 100%

Successfully imaged c:\extractPE
```

Win PE doit être le plus petit possible, afin de pouvoir être stocké sur un support amovible comme un CD ou une clé USB, être démarré rapidement et être stocké intégralement dans la mémoire de l'ordinateur. La taille de Windows PE varie en fonction de la façon dont vous personnalisez l'image, mais il consomme généralement moins de 100 Mo lorsqu'il est compressé au format WIM. Les versions 64 bits de Win PE sont plus volumineuses, et la personnalisation de l'image Win PE avec des packs de langues ou des applications augmente sa taille.

Pour réduire l'utilisation de la mémoire, Win PE peut s'exécuter à partir d'une image compressée. Vous pouvez compresser Win PE dans un fichier WIM et l'exécuter à partir de la mémoire sans le décompresser. Vous tirez parti de la compression à la fois lors du stockage de l'image sur un disque et après son chargement dans la mémoire de l'ordinateur.

Pour réduire le stockage sur disque, le format WIM stocke une seule instance des fichiers dupliqués. Par conséquent, si vous disposez d'un fichier WIM avec deux images Win PE, les fichiers partagés par les deux images sont stockés une seule fois.

3

Windows XP et Windows Vista

L'arrivée d'un nouveau système d'exploitation apporte fatalement son lot de problèmes, notamment les logiciels ou les périphériques qui ne fonctionnent plus ou pas encore. Disposer de Windows XP et d'un ordinateur fonctionnel sous Vista pour basculer progressivement peut être une bonne solution. Malheureusement, la cohabitation n'est pas toujours évidente. C'est pourquoi, nous allons voir dans ce chapitre tous les points liés à la cohabitation ou à la migration de Windows XP vers Windows Vista. Qu'il s'agisse de mettre en place un multiboot, de préparer sa migration vers Windows ou encore de récupérer son profil et ses données, pour terminer, et pour les quelques applications irréductibles qui ne voudront pas fonctionner avec Vista, nous verrons comment garder un Windows XP caché dans son Windows Vista grâce à la virtualisation. Comme vous pouvez le constater, les possibilités de passage de Windows XP à Windows Vista sont multiples, à condition de bien comprendre les points de passage obligatoires de l'un à l'autre.

3.1. Faire cohabiter Windows XP et Windows Vista

Dans cette première partie, nous allons voir comment configurer ce que l'on appelle un *Double Boot*. Dans le principe, nous allons créer une configuration à démarrage multiple fonctionnelle et installer la version la plus ancienne du système d'exploitation Windows en premier. Vous installerez ensuite les autres versions plus récentes dans l'ordre chronologique. Toute nouvelle version de Windows possède une compatibilité en amont pour le démarrage des versions de Windows antérieures.

Cette solution permet de disposer de deux systèmes d'exploitation sur la même machine physique. Pour arriver à ce résultat, vous devez réaliser les étapes suivantes :

- installer Windows XP ;
- ajouter un disque dur ou créer une partition ;
- installer Windows Vista ;
- installer un logiciel gratuit pour gérer le multiboot ;
- supprimer Windows Vista du multiboot ;
- dépanner l'installation d'un multiboot.

L'opération demande de répondre aux prérequis suivants :

- un ordinateur qui fonctionne avec Windows XP et compatible Windows Vista ;
- une partition disponible avec au moins 15 Go d'espace libre ou un second disque dur ;
- le DVD d'installation de Windows Vista avec son numéro de série.

Installer Windows XP

REMARQUE

Multiboot

Le fait de passer votre système d'exploitation d'un simple boot Windows XP à un multiboot avec Windows Vista peut mettre votre ordinateur hors service. Pour cette raison, nous vous conseillons de réaliser cette manipulation pour la première fois dans une machine virtuelle et de réaliser une sauvegarde de toutes vos données sensibles. Cela vous permettra en outre de vous familiariser avec ces manipulations.

Pour procéder à l'installation et à la configuration d'un poste Windows XP Professionnel, procédez ainsi :

1. Insérez le CD-Rom de Windows XP Professionnel dans le lecteur, puis redémarrez votre ordinateur.
2. À l'affichage de l'écran de bienvenue, appuyez sur [Entrée].
3. Lisez le contrat de licence, puis appuyez sur [F8] si vous l'acceptez.
4. Suivez les instructions pour supprimer toutes les partitions du disque. Les étapes peuvent différer selon le nombre et le type de partitions déjà présentes sur l'ordinateur. Continuez à supprimer les partitions jusqu'à ce que l'espace disque soit intitulé *Espace non partitionné*.

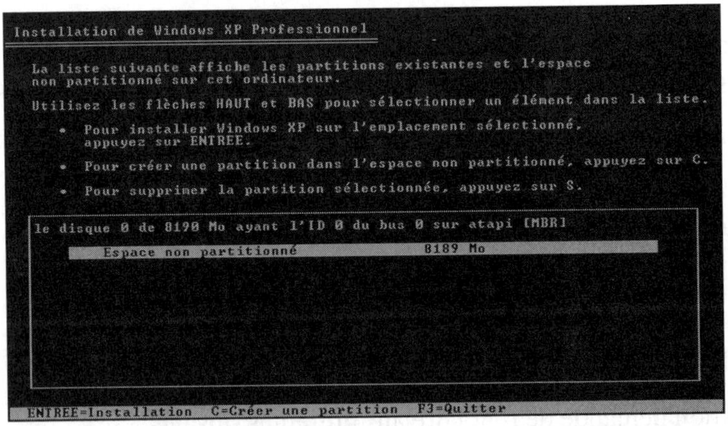

Figure 3-1 : *Suppression des partitions existantes*

5. Une fois que tout l'espace disque apparaît comme *Espace non partitionné*, appuyez sur la touche [C] pour créer une partition dans la zone non partitionnée du premier lecteur de disque.
6. Une fois la *Partition (Nouvelle vierge)* créée, appuyez sur [Entrée].

7. Sélectionnez *Formater la partition en utilisant le système de fichiers NTFS <Rapide>*, puis appuyez sur ↵.
8. Dans la boîte de dialogue **Options régionales et linguistiques**, modifiez si nécessaires les paramètres régionaux, puis cliquez sur **Suivant**.
9. Dans la fenêtre **Personnalisez votre logiciel**, tapez `***` dans la zone *Nom* et `***` dans la zone *Organisation*. Cliquez sur **Suivant** pour continuer.
10. Tapez la clé du produit dans les zones de texte appropriées. Cliquez sur **Suivant** pour continuer.
11. Dans la fenêtre **Nom de l'ordinateur et mot de passe Administrateur**, tapez `XP` dans le champ *Nom de l'ordinateur*.
12. Dans le champ *Mot de passe Administrateur*, tapez `admin`, puis cliquez sur **Suivant**.
13. Modifiez, si nécessaire, les réglages de la date et de l'heure, puis cliquez sur **Suivant**. Le programme d'installation installe les composants réseau. Cette opération peut prendre quelques minutes.
14. Dans la fenêtre **Paramètres Réseau**, cliquez sur **Suivant** pour accepter les paramètres par défaut.
15. Dans la fenêtre **Groupe de travail ou domaine d'ordinateurs**, sélectionnez *Non, cet ordinateur ne se trouve pas sur un réseau*, puis cliquez sur OK.
16. Une fois l'installation terminée, cliquez sur **Terminer** pour redémarrer l'ordinateur.

Créer une partition

Dans notre cas, nous disposons de Windows XP sur le disque *C*. Pour ajouter Windows Vista vous devez soit disposer d'une seconde partition disponible, soit ajouter un nouveau disque dur.

REMARQUE

Installation multiboot

Si vous installez Windows Vista sur la même partition que celle de Windows XP, Windows et ses dossiers seront renommés pour archiver les données, mais le système sera inutilisable.

Partons sur la seconde option (l'ajout d'un second disque dur). Une fois le disque dur ajouté, vérifiez sa présence. Pour cela, procédez ainsi :

1. Cliquez sur **Démarrer**, puis sélectionnez **Poste de travail**. Cliquez avec le bouton droit de la souris, puis sélectionnez **Gérer**.

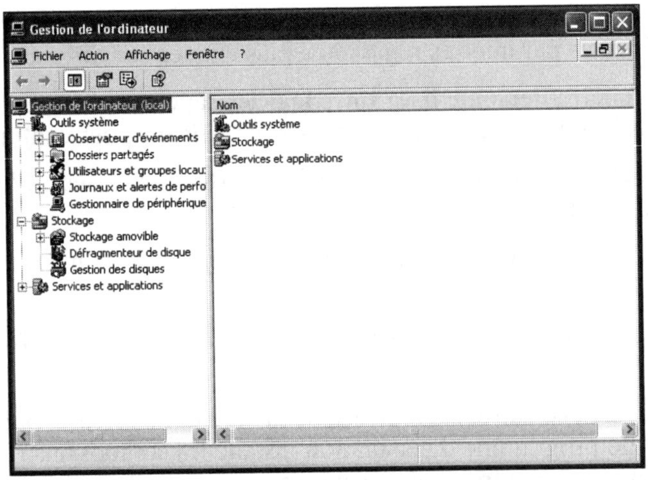

Figure 3-2 : *Gestion de l'ordinateur Windows XP*

2. Dans le gestionnaire d'ordinateur local, sélectionnez *Gestion des disques* et double-cliquez. Le second disque apparaît et l'on peut voir la partition *Non allouée*.

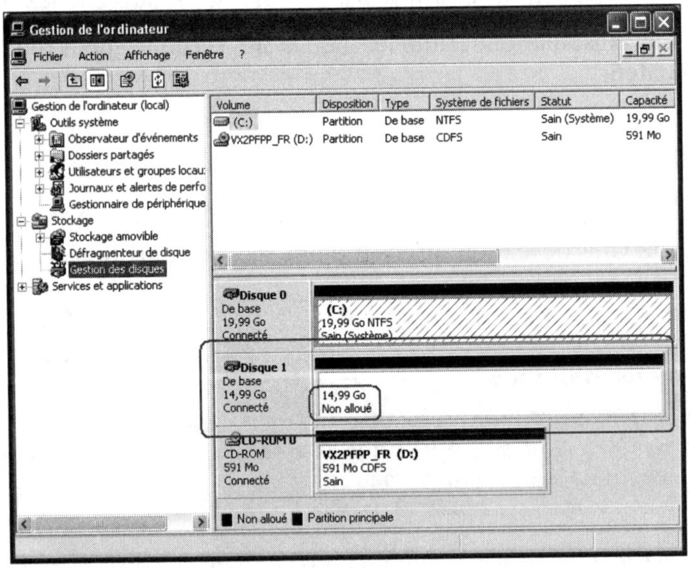

Figure 3-3 : *Gestionnaire de disque de Windows XP*

Installer Windows Vista

À présent, nous allons réaliser l'installation du second système d'exploitation sur le même ordinateur.

REMARQUE

Ordre d'installation

L'installation des systèmes d'exploitation doit se faire, dans l'ordre, du plus ancien au plus récent. Dans notre cas, il faut installer dans un premier temps Windows XP et dans un second temps Windows Vista.

1. Démarrez le programme d'installation de Windows Vista en insérant le DVD, puis redémarrez votre ordinateur.
2. Sélectionnez la langue et les paramètres régionaux et cliquez sur **Suivant**.
3. À l'invite d'installation, cliquez sur **Installer**.
4. Sous la rubrique *Entrez votre clé de produit pour activation*, tapez le numéro de série du produit dans le champ *Clé de produits (les tirets sont ajoutés automatiquement)*. Il est composé de 25 caractères alphanumériques. Cliquez sur **Suivant** pour continuer.

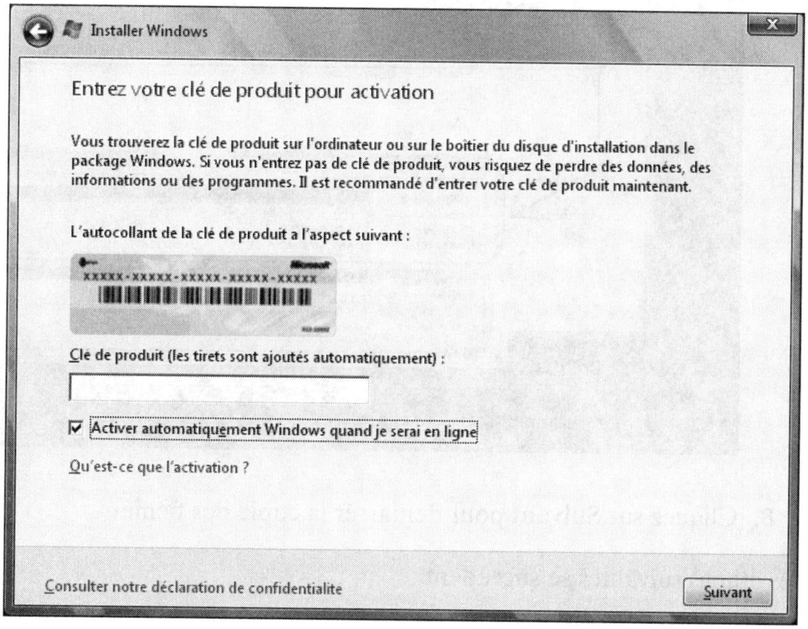

Figure 3-4 : *Écran de saisie pour le déblocage de la version de Windows Vista*

5. Windows Vista ne déroge pas à la règle. Dans la fenêtre **Veuillez lire le contrat de licence**, lisez et acceptez les termes du contrat de licence. Activez la case à cocher *J'accepte les termes du contrat de licence* (indispensable pour continuer). Cliquez sur **Suivant**. Si vous ne validez pas cette option, vous serez obligé de mettre fin au programme d'installation de Windows Vista.
6. C'est à cette étape que se joue l'installation du multiboot. Dans la fenêtre **Quel type d'installation voulez-vous effectuer ?**, vous pouvez choisir une *Mise à niveau* ou une installation *Personnalisée (options avancées)*. Sélectionnez ici *Personnalisée (option avancée)*.
7. Autre point important du multiboot, dans la fenêtre **Où souhaitez-vous installer Windows ?**, cliquez sur **Options de lecteurs (avancées)** pour personnaliser la taille de la partition d'installation. Sélectionnez le **Disque 1** que vous avez ajouté auparavant, puis cliquez sur **Suivant**.

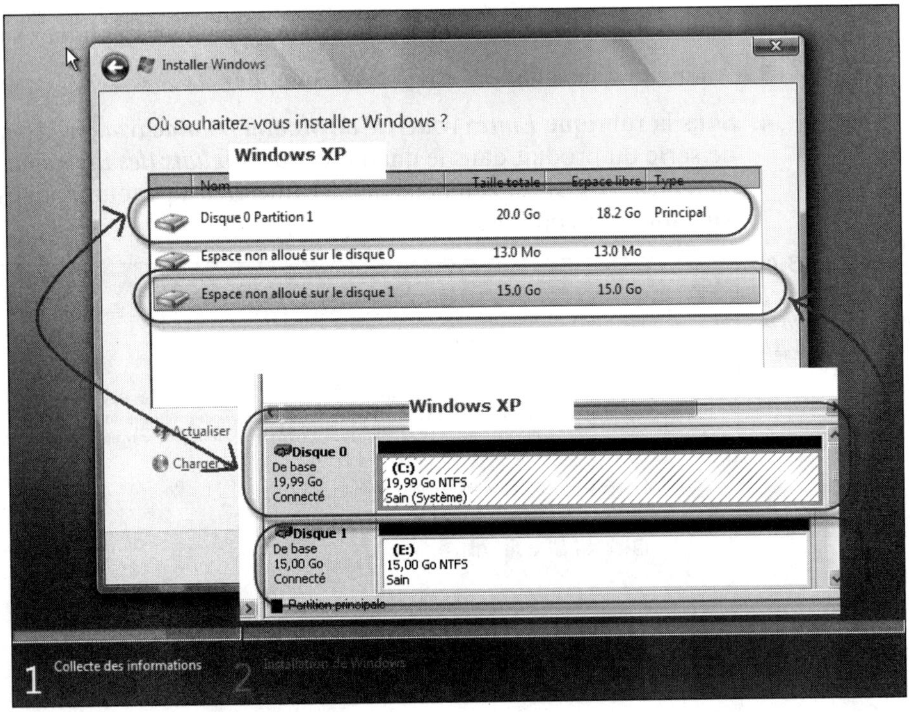

Figure 3-5 : *Sélection de la partition d'installation de Windows qui doit être différente de Windows XP*

8. Cliquez sur **Suivant** pour démarrer la copie des fichiers.

Les étapes suivantes se succèdent :

- copie des fichiers Windows ;
- décompression des fichiers ;

- installation des fonctionnalités ;
- installation des mises à jour ;
- fin de l'installation.

REMARQUE

Durée de l'installation

L'installation peut prendre plusieurs dizaines de minutes selon la puissance de votre machine.

9. dans la fenêtre de Windows Vista, cliquez sur **Suivant**.
10. Sélectionnez une image et entrez un mot de passe. Confirmez ce mot de passe, puis cliquez sur **Suivant**.
11. Changez le nom de l'ordinateur et sélectionnez votre fond d'écran. Cliquez sur **Suivant**.
12. Choisissez ou non d'activer et de configurer le pare-feu.
13. Configurez la **Date** et le **Fuseau horaire**.
14. Démarrez Windows Vista en cliquant sur l'icône *Windows Vista*. Le premier écran vous demande d'entrer votre mot de passe ; la configuration de votre Bureau commence.

Gérer le multiboot

Une fois l'installation des deux systèmes réalisée, le multiboot est géré par BCDEdit. Au démarrage, les deux systèmes d'exploitation sont proposés.

REMARQUE

BCDEdit

L'outil de ligne de commande `Bcdedit.exe` modifie le magasin des données de configuration de démarrage. Le magasin des données de configuration de démarrage contient des paramètres de configuration du démarrage et contrôle le mode de démarrage du système d'exploitation. Ces paramètres figuraient auparavant dans le fichier *Boot.ini* (dans les systèmes d'exploitation BIOS) ou dans les entrées de RAM non volatile (dans les systèmes d'exploitation EFI, *Extensible Firmware Interface*). Vous pouvez utiliser `Bcdedit.exe` pour ajouter, supprimer, modifier et compléter des entrées dans le magasin des données de configuration de démarrage.

REMARQUE

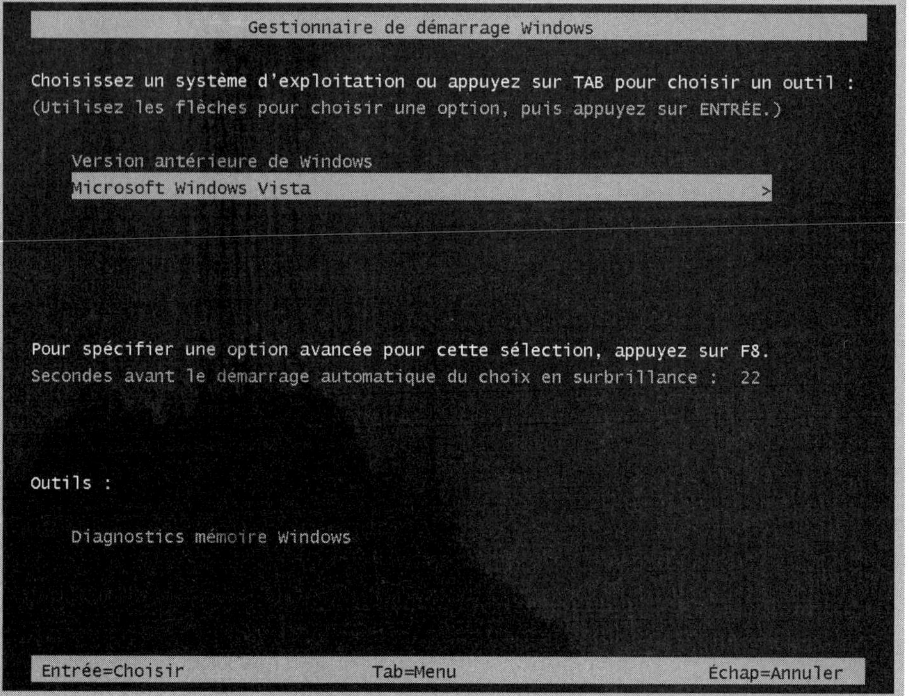

Figure 3-6 : *Le gestionnaire de démarrage Windows après l'installation des deux systèmes d'exploitation*

Pour utiliser la commande `BCDEdit`, procédez ainsi :

1. Cliquez sur **Démarrer/Tous les programmes**, puis sélectionnez **Accessoires**. Cliquez avec le bouton droit de la souris sur **Invite de commandes**. Cliquez sur **Exécutez en tant qu'administrateur**.
2. Dans la fenêtre, saisissez `bcdedit` et appuyez sur ↵.

```
Microsoft Windows [version 6.0.6000]
Copyright (c) 2006 Microsoft Corporation. Tous droits
➥ réservés.

C:\Windows\system32>bcdedit

Gestionnaire de démarrage Windows
--------------------------------
identificateur          {bootmgr}
device                  partition=D:
description             Windows Boot Manager
locale                  fr-FR
```

```
inherit                  {globalsettings}
default                  {current}
displayorder             {ntldr}
                         {current}
toolsdisplayorder        {memdiag}
timeout                  30

Chargeur de système d'exploitation Windows d'ancienne
➥ génération
-----------------------------------------------------------------
➥
identificateur           {ntldr}
device                   partition=D:
path                     \ntldr
description              Version antérieure de Windows

Chargeur de démarrage Windows
-----------------------------
identificateur           {current}
device                   partition=C:
path                     \Windows\system32\winload.exe
description              Microsoft Windows Vista
locale                   fr-FR
inherit                  {bootloadersettings}
osdevice                 partition=C:
systemroot               \Windows
resumeobject             {98277e8b-12e2-11dc-9659-89b9307285ca}
nx                       OptInC:\Windows\system32>
```


Pour mieux gérer votre multiboot, vous pouvez utiliser des logiciels complémentaires gratuits sur Internet. Pour notre exemple, nous allons utiliser VistaBoot Pro 3.3. Pour valider le bon fonctionnement de notre multiboot, nous allons télécharger ce logiciel à partir de Windows XP et l'installer à partir de Windows Vista.

1. À partir d'Internet Explorer, saisissez l'adresse `http://www.pro-networks.org` et téléchargez l'utilitaire VistaBoot Pro 3.3, puis enregistrez-le sous la partition *C* de Windows XP (voir fig. 3-7).
2. Redémarrez votre machine sous Windows Vista.
3. Vous allez installer le logiciel que vous avez déposé sur le lecteur *C* de Windows XP. Pour cela, cliquez sur l'icône *Windows*, puis sur *Ordinateur* et, pour terminer, sur le *Disque Local C*.

Le premier constat que l'on peut faire est que le logiciel n'est pas présent. Voici l'explication : à chaque fois que vous installez un nouveau système d'exploitation sur un nouveau disque, il va nommer sa partition *C* (voir fig. 3-8, 3-9).

Figure 3-7 : *Logiciel enregistré sous la partition C de Windows XP*

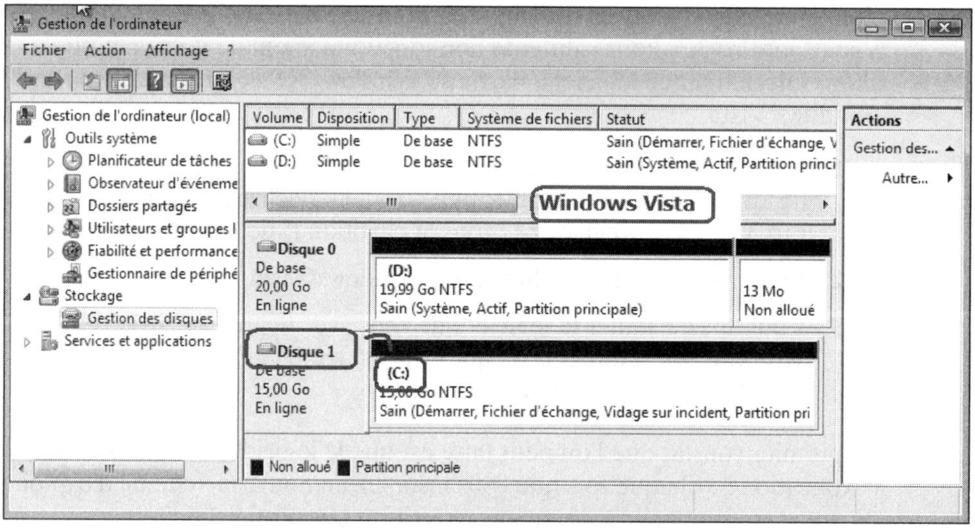

Figure 3-8 : *Gestion des partitions et des disques avec Windows Vista*

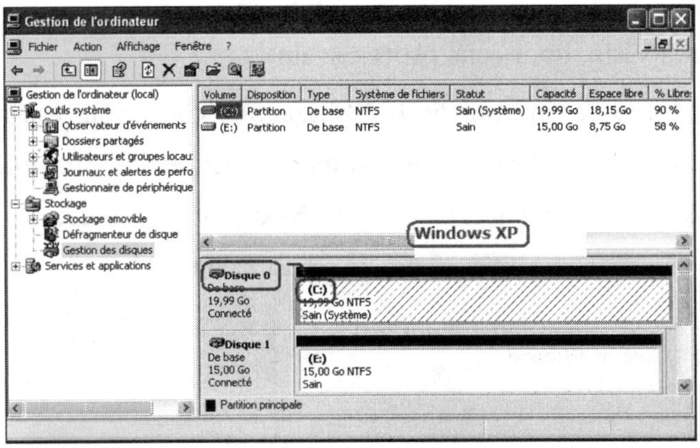

Figure 3-9 : *Gestion des partitions et des disques avec Windows XP*

3

ASTUCE

Partition C

Puisque chaque système d'exploitation va nommer sa partition comme étant la partition *C*, voici une astuce pour ne pas confondre les partitions. Vous pouvez donner le nom du système d'exploitation comme nom de disque, par exemple `Vista` ou `XP`.

Figure 3-10 : *Les partitions renommées avec le nom du système d'exploitation*

À présent, nous allons installer le logiciel de multiboot qui se trouve donc dans la partition *D* de Windows Vista. Pour cela, procédez ainsi :

1. Double-cliquez sur le fichier *BootPRO_3.3.0.exe*, puis cliquez sur **Exécuter**.
2. Dans la fenêtre **Contrôle de compte utilisateur**, sélectionnez **Continuer**.
3. L'assistant d'installation se lance, cliquez sur **Next** pour continuer.

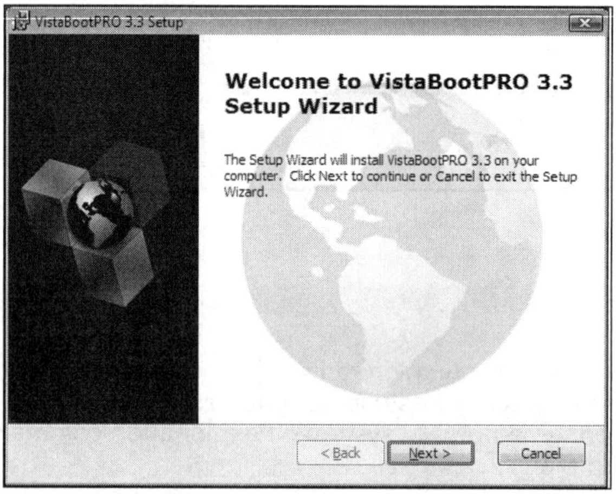

Figure 3-11 : *Assistant d'installation du logiciel VistaBootPro*

4. Dans la fenêtre **End-User License Agreement**, sélectionnez *I accept the therms in the license Agreement* et cliquez sur **Next**.
5. À présent, le logiciel vous propose de mettre votre version à niveau. Gardez l'option par défaut et cliquez sur **Next**.
6. Dans la fenêtre **Ready to Install**, cliquez sur **Install**.

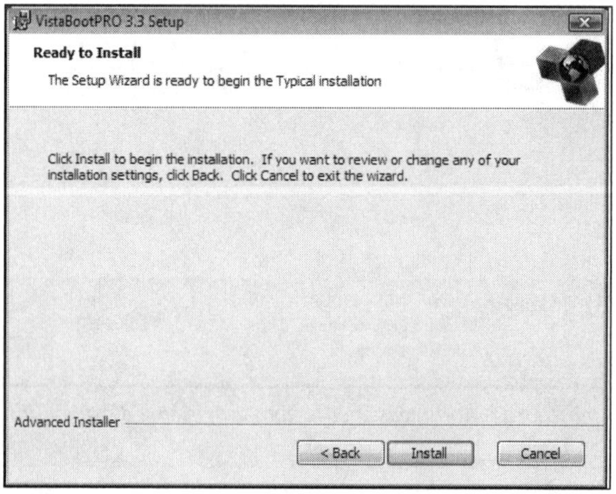

Figure 3-12 : *Installation du logiciel*

7. Une fois l'installation terminée, cliquez sur **Finish**.
8. Au premier lancement le logiciel vous propose de faire une sauvegarde de BDC, cliquez sur OK.

Le logiciel est maintenant installé, vous pouvez effectuer diverses tâches, par exemple renommer les systèmes d'exploitation…

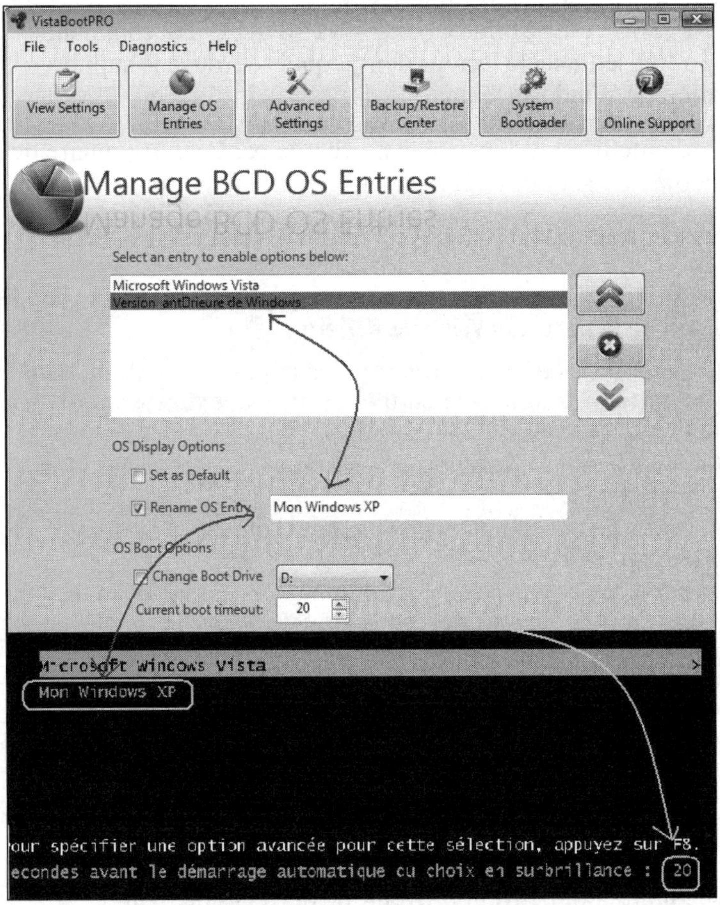

Figure 3-13 : *Modification du nom de démarrage de Windows XP et modification du temps*

Supprimer Windows Vista du multiboot

Maintenant que votre multiboot est réalisé, vous voudrez peut-être supprimer l'un des deux systèmes d'exploitation, sans pour autant réinstaller la totalité de votre machine. Nous allons voir la version la plus complexe, c'est-à-dire la suppression de Windows Vista du multiboot sur un seul disque.

Vous allez devoir suivre les étapes indiquées à partir de la version antérieure de Windows (dans notre cas, Windows XP) ou à partir de Windows Vista. Si vous exécutez ces étapes dans Windows Vista, exécutez les commandes à partir d'une Invite de commandes disposant de droits utilisateurs élevés. Pour cela, cliquez sur **Démarrer/Accessoires**, cliquez avec le bouton droit de la souris sur **Invite de commandes**, puis cliquez sur **Exécuter en tant qu'administrateur**.

1. Restaurez *Ntldr* à l'aide de `Bootsect.exe`. Pour cela, tapez la commande `lecteur:\Boot\ Bootsect.exe –NT52 All`. La commande `lecteur` représente ici le lecteur dans lequel se trouve le support d'installation de Windows Vista.

Une fois que l'ordinateur est redémarré, il ne charge pas le Gestionnaire de démarrage Windows. Ce sont `Netldr.exe` et *Boot.ini* qui en sont chargés.

2. Supprimez la partition dans laquelle Windows Vista est installé.

ATTENTION

Suppression de la partition Windows Vista

Vous ne pouvez supprimer la partition dans laquelle est installé Windows Vista que si cette partition est la partition non active du système. Prenons l'exemple de scénario suivant :

- Windows Vista est installé sur le lecteur *C* qui est la partition 1 et la partition active.
- Windows XP est installé sur le lecteur *D* qui est la partition 2 et la partition non active.

Dans ce cas, vous pouvez exécuter la commande `bootsect`, mais vous ne pouvez pas supprimer la partition dans laquelle Windows Vista est installé. En effet, si vous supprimez cette partition, l'ordinateur ne pourra plus démarrer car les fichiers de démarrage de Windows XP auront été supprimés.

Dépanner le multiboot

Les problèmes de multiboot peuvent provenir de deux cas de figure :

- Vous n'avez pas respecté l'ordre chronologique d'installation.
- Vous avez respecté l'ordre chronologique d'installation.

Ordre chronologique non respecté

Nous avons vu précédemment qu'il était important de respecter l'ordre d'installation des systèmes d'exploitation par ordre chronologique. Cela permet de maintenir une compatibilité en amont pour le démarrage des versions de Windows antérieures. Si, par inattention, vous ne l'avez pas respecté, vous pouvez vous retrouver dans l'un des cas suivants :

- Vous avez installé une version antérieure du système d'exploitation Windows sur un ordinateur Windows Vista, Vista ne démarre plus. Dans ce cas, seule la version antérieure du système d'exploitation Windows fonctionne.
- Vous installez une instance supplémentaire de Microsoft Windows XP sur un ordinateur sur lequel sont déjà installés Windows Vista et Windows XP dans une configuration à double démarrage.

Vous risquez alors de recevoir le message d'erreur suivant : "Une erreur de lecture de disque s'est produite."

Il y a une cause technique à ces problèmes : ils se produisent parce que les versions antérieures du système d'exploitation Windows sont incompatibles avec la nouvelle méthode de démarrage de Windows Vista. Windows Vista utilise un nouveau magasin de bases de données de configuration de démarrage (BCD, *Boot Configuration Database*). Nous l'avons vu précédemment, ce magasin contient un menu de démarrage et toutes les informations concernant les systèmes d'exploitation installés sur l'ordinateur. Par conséquent, un fichier *Boot.ini* provenant d'une version antérieure du système d'exploitation Windows ne peut pas être utilisé pour démarrer Windows Vista.

Dans les versions antérieures du système d'exploitation qui s'exécutent sur un ordinateur BIOS (comme Windows XP), le processus de démarrage se lance à partir du BIOS système. Le BIOS détermine le périphérique de démarrage, puis charge le premier secteur physique, appelé "*enregistrement de démarrage principal*" (MBR, *Master Boot Record*). Le MBR contient la table de partition et le code d'exécution nécessaire. Ce code recherche dans la table de partition la partition active et transmet le contrôle au secteur de démarrage de cette partition. Ce secteur de démarrage charge ensuite le programme `Ntldr`, ce dernier analysant le fichier *Boot.ini*. Ce fichier est utilisé pour énumérer les systèmes d'exploitation installés.

Lorsque Windows Vista démarre sur un ordinateur BIOS, le BIOS charge le MBR, puis le secteur de démarrage. Cependant, le code de démarrage charge le nouveau programme Gestionnaire de démarrage Windows (`Bootmgr`). Ce programme analyse le fichier *Boot.ini* en code binaire décimal, énumère les systèmes d'exploitation installés, puis affiche le menu de démarrage. Si une version antérieure du système d'exploitation Windows est installée dans une configuration à double démarrage avec Windows Vista, le Gestionnaire de démarrage Windows transmet le contrôle au programme Ntldr pour la version antérieure du système d'exploitation

Windows. Le Gestionnaire de démarrage Windows exécute cette opération lorsque vous sélectionnez Windows Vista dans le menu de démarrage.

Lorsque vous installez une version antérieure du système d'exploitation Windows sur un ordinateur Windows Vista, le programme d'installation remplace tout le contenu du MBR, du secteur de démarrage et des fichiers de démarrage. Par conséquent, la version antérieure du système d'exploitation Windows perd sa compatibilité en aval avec Windows Vista.

Pour résoudre ce problème, vous devez procéder ainsi :

REMARQUE

Privilèges nécessaires à la manipulation

Vous pouvez exécuter les commandes suivantes à partir d'une Invite de commandes. Si vous exécutez ces commandes dans Windows Vista, exécutez-les à partir d'une Invite de commandes disposant de droits utilisateurs élevés. Pour cela, cliquez sur **Démarrer/Accessoires**, cliquez avec le bouton droit de la souris sur **Invite de commandes**, puis cliquez sur **Exécuter en tant qu'administrateur**.

1. Utilisez `Bootsect.exe` pour restaurer le MBR Windows Vista et le code de démarrage qui transmet le contrôle au Gestionnaire de démarrage Windows. Pour cela, tapez la commande `lecteur:\boot\Bootsect.exe /NT60 All` à l'invite de commandes. Dans cette commande, `lecteur` représente le lecteur dans lequel se trouve le support d'installation de Windows Vista. Le dossier de démarrage de cette étape figure sur le lecteur de DVD.
2. Utilisez `Bcdedit.exe` pour créer manuellement une entrée dans le fichier *Boot.ini* en code binaire décimal pour la version antérieure du système d'exploitation Windows. Pour cela, tapez les commandes suivantes à l'invite de commandes. Dans ces commandes, `lecteur` représente le lecteur sur lequel Windows Vista est installé.
   - `lecteur:\Windows\system32\Bcdedit /create {ntldr} –d "Windows XP"`
   - `lecteur:\Windows\system32\Bcdedit /set {ntldr} device partition=x:` (La lettre `x:` correspond à la lettre qui désigne le lecteur de la partition active.)
   - `lecteur:\Windows\system32\Bcdedit /set {ntldr} path \ntldr`
   - `lecteur:\Windows\system32\Bcdedit /displayorder {ntldr} –addlast`
3. Redémarrez l'ordinateur

Dans Windows XP, les fichiers *Ntldr*, *Boot.ini*, *Bootfont.bin* se trouvent sur la partition système marquée comme "active". Par défaut, ils sont masqués dans Windows XP. Les utilisateurs peuvent remplacer ces fichiers à l'aide de la console de récupération ou démarrer le système d'exploitation à l'aide d'un disque de démarrage Windows. Windows Vista n'utilise pas ces trois fichiers. Windows Vista démarre en utilisant le fichier système masqué *Bootmgr* et d'autres fichiers requis situés dans le répertoire *\Boot*.

Ordre chronologique respecté

Autre cas possible : vous avez respecté l'ordre chronologique, mais, après l'installation de Windows Vista dans une configuration dualboot avec Microsoft Windows XP, un message d'erreur s'affiche lorsque vous essayez de démarrer l'ordinateur sous Windows XP : "*Windows n'a pas pu démarrer car le fichier suivant est manquant ou endommagé : C:\Windows\system32\ntoskrnl.exe. Veuillez réinstaller une copie du fichier ci-dessus.*"

Ce problème se produit si Windows Vista est installé dans un espace disque non anciennement alloué qui existait avec la partition sur laquelle Windows XP est installé.

Dans ce cas, le programme d'installation de Windows Vista crée une nouvelle partition dans l'espace disque non alloué. Dans la mesure où une nouvelle partition est créée en face de la partition sur laquelle est installé Windows XP, l'entrée Boot.ini relative l'installation de Windows XP pointe sur une partition non valide.

Par exemple :

- Vous disposez d'un disque dur, ou *Disque 0*, qui comporte de l'espace disque dur non alloué en face de la partition Windows XP.
- Le fichier Windows XP *Boot.ini* pointe sur `disk(0)partition(1)` pour les fichiers de démarrage Windows XP.
- Le programme d'installation de Windows Vista crée une partition dans l'espace disque dur non alloué.

Dans cette situation, les fichiers de démarrage Windows XP sont à présent situés sur `disk(0)partition(2)`. Cependant, le fichier *Boot.ini* pointe toujours sur `disk(0)partition(1)` pour ces fichiers. Windows XP ne démarre donc pas.

Pour résoudre ce problème, modifiez le fichier *Boot.ini* de Windows XP pour qu'il pointe sur la partition correcte. Pour cela, procédez ainsi :

1. Démarrez Windows Vista.

2. Cliquez avec le bouton droit de la souris sur **Démarrer**, puis cliquez sur **Explorer**.
3. Dans le menu **Organiser**, cliquez sur **Options des dossiers et de recherche**.

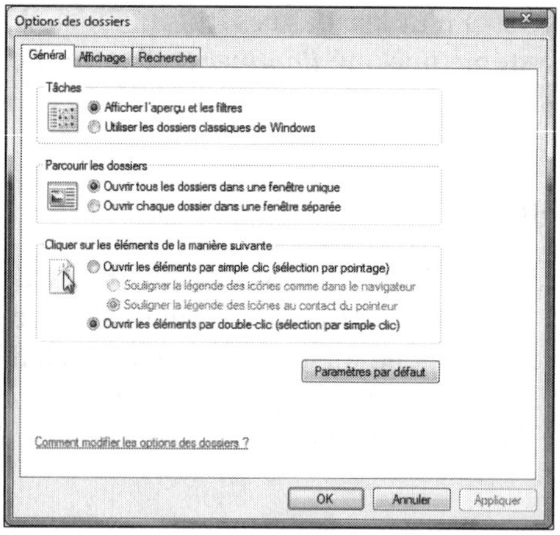

Figure 3-14 :
Options de dossier

4. Dans la boîte de dialogue **Options des dossiers**, cliquez sur l'onglet **Affichage**.
5. Dans la zone *Paramètres avancés*, cliquez sur *Afficher les fichiers et les dossiers cachés*, désactivez les cases à cocher *Masquer les extensions des fichiers dont le type est connu et Masquer les fichiers protégés du système d'exploitation (recommandé), cliquez sur* **Oui** pour confirmer que vous souhaitez afficher les fichiers protégés du système d'exploitation, puis cliquez sur OK.

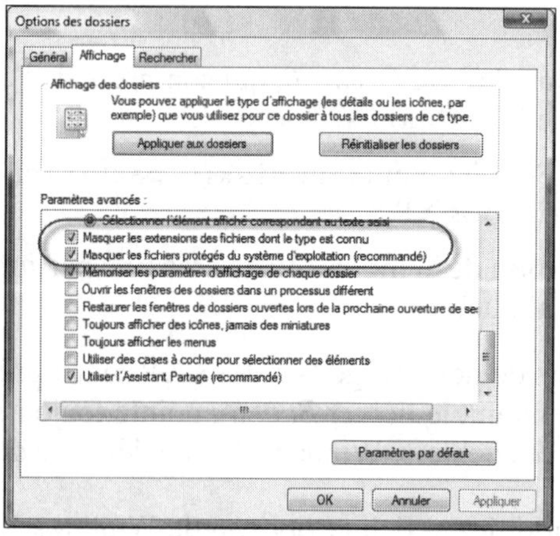

Figure 3-15 :
Afficher les extensions de fichiers et les fichiers cachés

6. Recherchez le lecteur système Windows XP et cliquez dessus. Dans l'Explorateur Windows de Windows Vista, il s'agit probablement du lecteur *D*.
7. Dans le volet droit, cliquez avec le bouton droit de la souris sur *boot.ini*, puis cliquez sur **Propriétés**.
8. Dans la boîte de dialogue **Propriétés de boot.ini**, cliquez sur l'onglet **Sécurité**, puis cliquez sur **Avancé**.
9. Cliquez sur l'onglet **Propriétaire**, puis sur **Modifier**.
10. Sur la liste *Sélectionner un nouveau propriétaire*, cliquez sur votre alias ou conservez l'option *Administrateurs* sélectionnée par défaut, puis cliquez sur OK quatre fois.
11. Cliquez avec le bouton droit de la souris sur *boot.ini*, puis cliquez sur **Modifier**.
12. Remplacez comme il convient le chemin ARC (*Advanced RISC Computing*) par le chemin correct de la partition de démarrage de Windows XP. Par exemple, si le programme d'installation de Windows Vista a créé une partition dans l'espace disque non alloué en face de la partition sur laquelle est installé Windows XP, vous devez incrémenter de 1 la valeur de partition. Par conséquent, si le fichier *Boot.ini* contient `partition(1)` sur le chemin ARC du système d'exploitation Windows XP, modifiez-le afin qu'il utilise `partition(2)`. Dans ce cas, le chemin ARC est semblable à celui-ci : `multi(0)disk(0)rdisk(0)partition(2)\WINDOWS="Microsoft Windows XP Professional" /fastdetect`.
13. Enregistrez les modifications apportées au fichier *Boot.ini*, puis fermez le Bloc-notes.

INTERNET

Informations complémentaires

Vous pouvez trouver plus d'informations sur le fonctionnement d'ARC et de *Boot.ini* en consultant les fiches techniques sur le site support de Microsoft :

- *102873* : conventions d'affectation de noms et utilisation des chemins *BOOT.INI* et *ARC*.
- *155222* : comment déterminer le chemin *ARC*.
- *289022* : comment modifier le fichier *Boot.ini* dans Windows XP.
- *314058* : description de la console de récupération Windows XP.
- *307654* : comment installer et utiliser la console de récupération dans Windows XP.

3.2. Récupérer les données et les paramètres de l'ancien ordinateur

Puisqu'à présent, la partie multiboot est maîtrisée, nous allons continuer notre cheminement de Windows XP vers Windows Vista. Pour cela, nous allons nous rapprocher tranquillement de la mise à niveau de notre système d'exploitation. Mais avant cela, il reste deux étapes importantes à ne pas oublier :

- récupérer les profils, les favoris et les données de chaque utilisateur pour les transférer vers Windows Vista ;
- vérifier que l'ordinateur est compatible avec la version de Windows Vista que vous avez retenue.

Mais, pour le moment, abordons le transfert de paramètres utilisateurs. En effet, l'un des points qui peut être un passage bloquant de Windows XP vers Windows Vista est la perte des données et des favoris ainsi que la configuration de vos profils (il est facile d'imaginer qu'en plusieurs années, vous avez accumulé beaucoup de fichiers…).

Dans cette partie, vous allez :

- transférer les utilisateurs de Windows XP vers Windows Vista ;
- transférer les données de Windows XP vers Windows Vista.

Cette opération demande de répondre aux prérequis suivants :

- Un ordinateur est équipé de Windows XP.
- Un ordinateur est équipé de Windows Vista.
- Les deux ordinateurs sont reliés en réseau.

Pour migrer les données et les paramètres vers le nouvel ordinateur, vous disposez de plusieurs possibilités. À vous de choisir celle qui vous correspond le mieux en fonction de votre situation. Pour cet exemple, nous avons choisi de vous expliquer la méthode la plus complexe. Partant de cette méthode, il vous suffira d'adapter une ou deux étapes pour suivre les autres méthodes.

REMARQUE

Migration des données et paramètres

La migration des données et des paramètres ne peut pas se réaliser à partir d'un ordinateur fonctionnant sur batterie. L'utilitaire de migration va automatiquement vous demander de brancher votre ordinateur sur secteur.

REMARQUE

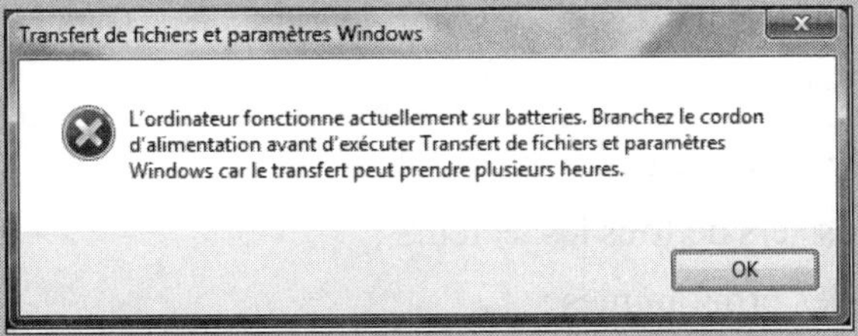

Figure 3-16 : *Il n'est pas possible de démarrer une migration des paramètres si l'ordinateur n'est pas sur secteur*

3.3. Migrer vers Windows Vista

Pour procéder à la migration vers Windows Vista à partir d'une version antérieure de Windows, vous devez disposer d'un ordinateur avec une version prise en charge de Windows contenant les applications, les paramètres et les données à déplacer vers un nouvel ordinateur avec Windows Vista. Les outils de migration de Windows Vista vous offrent trois possibilités pour la migration des paramètres et des fichiers :

- la connexion réseau (dans le premier cas, les deux ordinateurs doivent être en mesure de communiquer directement de l'un à l'autre ; dans le second cas, si l'on utilise un partage réseau, les deux ordinateurs doivent être capables de mapper ce partage) ;
- un support amovible (par exemple une clé USB ou un disque dur externe) ;
- un CD ou un DVD.

Outre la méthode de transfert, vous avez le choix des outils de migration. L'Assistant Migration de PC est inclus dans Windows Vista, mais également dans le DVD d'installation. Il vous permet de faire migrer les paramètres et les fichiers de tous vos utilisateurs d'un ordinateur vers un nouvel ordinateur.

REMARQUE

Migration des utilisateurs

L'utilitaire ne fera migrer que les utilisateurs ayant déjà ouvert une session dans le précédent système d'exploitation si, par exemple, vous avez trois utilisateurs qui ouvrent des sessions sur le poste et un utilisateur que vous n'avez jamais utilisé et qui vous sert d'utilisateur de secours. Seuls les trois utilisateurs auront migré. C'est normal : aucun profil n'a été créé pour ce quatrième utilisateur.

L'Assistant Migration de PC de Windows Vista peut déplacer les paramètres suivants :

- les comptes des utilisateurs ;
- les fichiers et dossiers de tous les lecteurs ;
- les paramètres des programmes ;
- les paramètres et favoris Internet ;
- les paramètres de courrier électronique.

Transférer les fichiers et les paramètres via le réseau

Le transfert s'effectue en deux étapes. La première étape se déroule du côté poste cible, c'est-à-dire le nouvel ordinateur qui exécute Windows Vista. Il va s'agir de préparer le transfert. Dans notre cas, cela se passera par le réseau. Une fois le mode de transfert sélectionné, l'ordinateur cible fournira une clé qui sera utilisée par l'ordinateur source pour initier le transfert. Dans un deuxième temps, l'ordinateur source utilisera la clé pour établir la communication entre les deux ordinateurs. Ensuite, il faudra sectionner les utilisateurs, les paramètres et les fichiers à transférer.

Avant de démarrer les étapes entre les deux postes, il est important de vérifier que ces derniers communiquent entre eux. Deux vérifications peuvent être réalisées. La première consiste à contrôler que les ordinateurs sont présents dans le voisinage réseau (voir fig. 3-17).

L'autre vérification consiste à lancer un ping sur le second ordinateur. En cas de problème avec le ping, vérifier que ce n'est pas lié au pare-feu :

```
C:\Documents and Settings\Sylvain>ipconfig

Configuration IP de Windows


Carte Ethernet Connexion au réseau local:

        Suffixe DNS propre à la connexion :
        Adresse IP. . . . . . . . . . . . : 172.100.16.100
        Masque de sous-réseau . . . . . . : 255.255.240.0
        Passerelle par défaut . . . . . . : 172.100.16.1

C:\Documents and Settings\Sylvain>ping 172.100.16.75

Envoi d'une requête 'ping' sur 172.100.16.75 avec 32 octets de
➥ données :
```

```
Réponse de 172.100.16.75 : octets=32 temps=179 ms TTL=128
Réponse de 172.100.16.75 : octets=32 temps=156 ms TTL=128
Réponse de 172.100.16.75 : octets=32 temps=1074 ms TTL=128
Réponse de 172.100.16.75 : octets=32 temps=184 ms TTL=128

Statistiques Ping pour 172.100.16.75:
    Paquets : envoyés = 4, reçus = 4, perdus = 0 (perte 0%),
Durée approximative des boucles en millisecondes :
    Minimum = 156ms, Maximum = 1074ms, Moyenne = 398ms

C:\Documents and Settings\Sylvain>
```


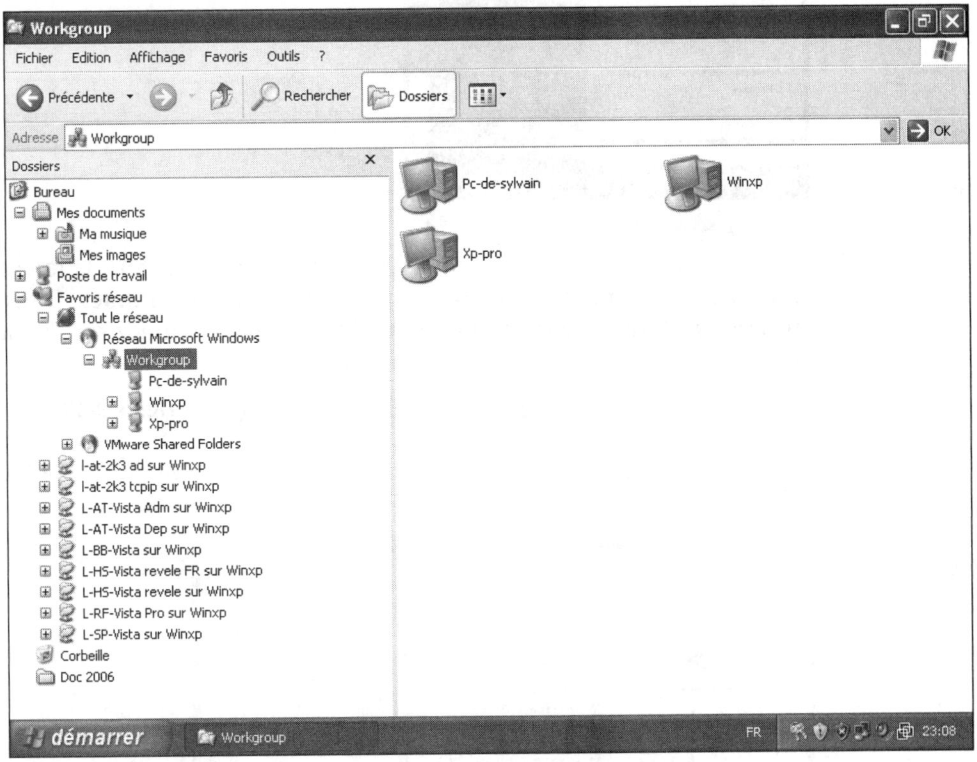

Figure 3-17 : *Vérification de la présence des ordinateurs dans le voisinage réseau*

Côté poste cible

1. Ouvrez l'Assistant Migration de PC sur votre ordinateur Windows Vista. Cliquez sur **Démarrer/Tous les programmes/Accessoires/Outils système/Transfert de paramètres et fichiers Windows**.

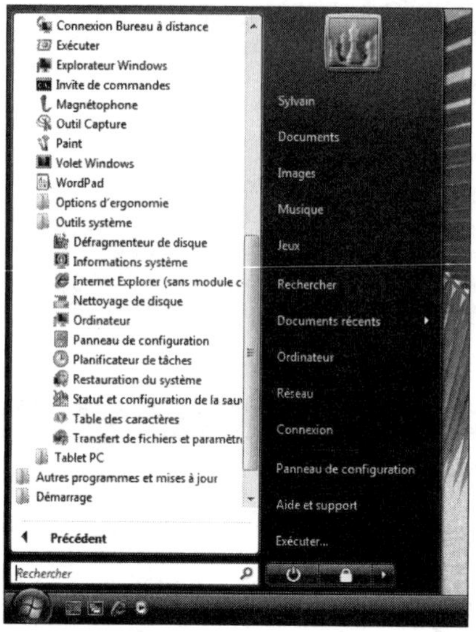

Figure 3-18 : *Lancement de l'utilitaire de transfert depuis Windows Vista*

2. Au lancement de l'interface graphique de l'outil de transfert, la fenêtre **Contrôle du compte utilisateur** s'affiche, cliquez sur **Continuer**. Dans la fenêtre **Transfert de fichiers et paramètres de Windows**, cliquez sur **Suivant** pour continuer.

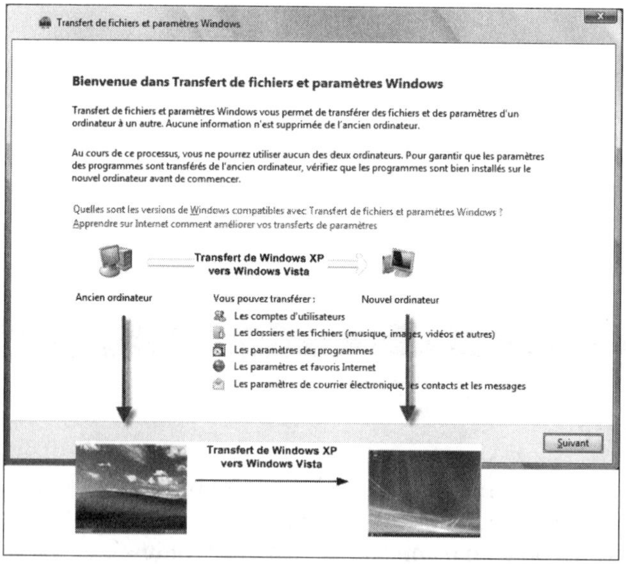

Figure 3-19 : *Assistant de transfert de fichiers et paramètres*

3. Si des programmes sont ouverts, vous êtes invité à les fermer. Vous pouvez choisir d'enregistrer votre travail dans chaque programme, puis de les fermer

individuellement, ou vous pouvez cliquer sur **Tout fermer** dans l'Assistant Migration de PC afin de fermer simultanément tous les programmes en cours d'exécution.

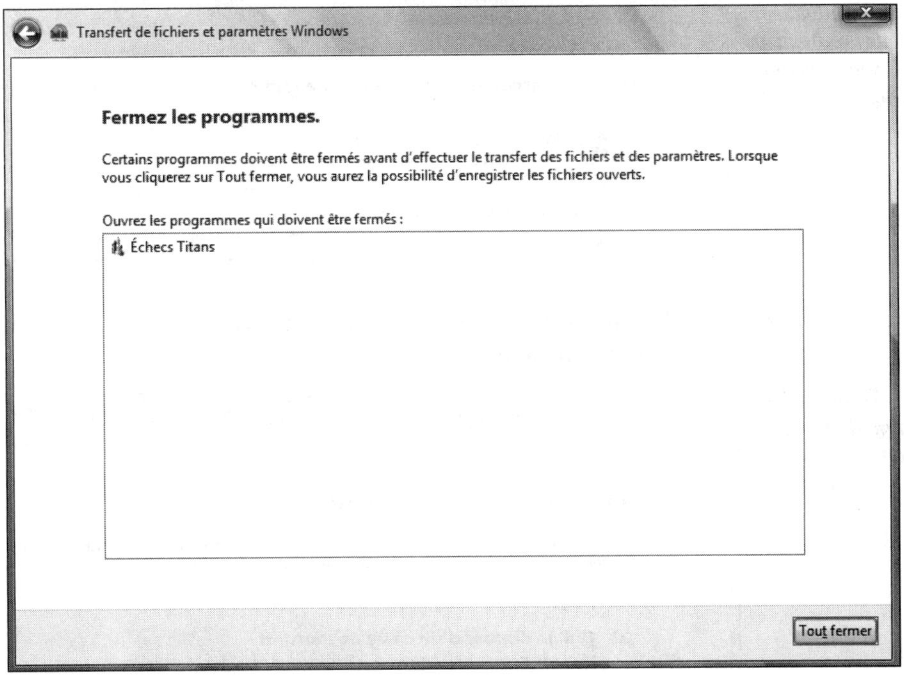

Figure 3-20 : *Fermeture de tous les programmes en cours d'exécution*

4. Dans la fenêtre **Voulez-vous commencer un nouveau transfert ou en continuer un ?**, cliquez sur **Démarrer un nouveau transfert** afin de lancer le processus de préparation de l'Assistant Migration de PC pour la collecte des informations sur les ordinateurs existants.

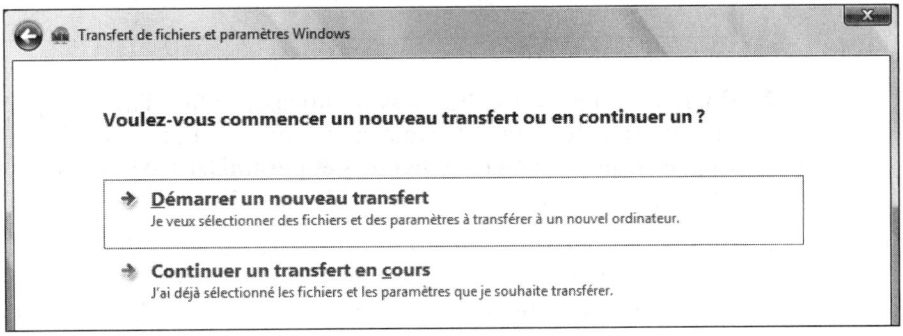

Figure 3-21 : *Lancement d'un nouveau transfert depuis l'ordinateur cible*

5. Dans la fenêtre **Quel ordinateur utilisez-vous maintenant ?**, Cliquez sur **Mon nouvel ordinateur**.

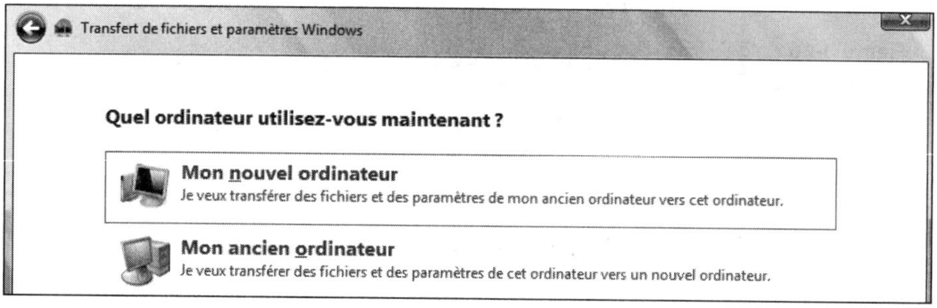

Figure 3-22 : *Choix de l'ordinateur cible ou de l'ordinateur source pour le paramétrage de transfert*

6. Dans la fenêtre **Disposez-vous d'un câble de transfert ?**, choisissez **Non, afficher d'autres options**.

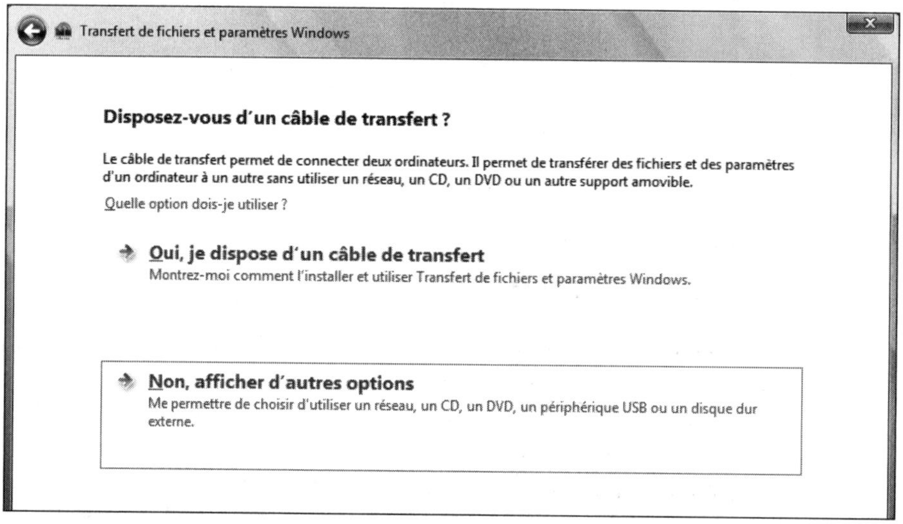

Figure 3-23 : *Sélection du mode de transfert, avec ou sans câble USB*

7. Pour continuer, vous allez devoir anticiper le fait d'avoir déjà installé l'utilitaire de transfert sur votre ancien ordinateur. Pour cela, dans la fenêtre **Avez-vous installé Transfert de fichiers et paramètres Windows sur votre ancien ordinateur ?**, sélectionnez **Oui, je l'ai installé**.
8. C'est à ce stade du paramétrage que vous pouvez sélectionner le mode de transfert, soit en réseau par un support de type CD ou DVD. Sélectionnez **Oui, je vais transférer des fichiers et paramètres via le réseau**.
9. Il va s'agir de sécuriser l'échange entre les deux ordinateurs. Pour cela, vous disposerez d'une clé commune aux deux ordinateurs. Deux choix s'offrent à vous. Vous avez la possibilité de cliquer sur **Non, j'ai besoin d'une clé**. Dans

ce cas, l'utilitaire va générer une clé que vous pourrez fournir à l'ordinateur source. Seconde possibilité : vous démarrez simultanément le paramétrage de l'ordinateur cible et demandez par le biais de l'ordinateur source une clé. Dans ce cas, sélectionnez **Oui, je dispose d'une clé**.

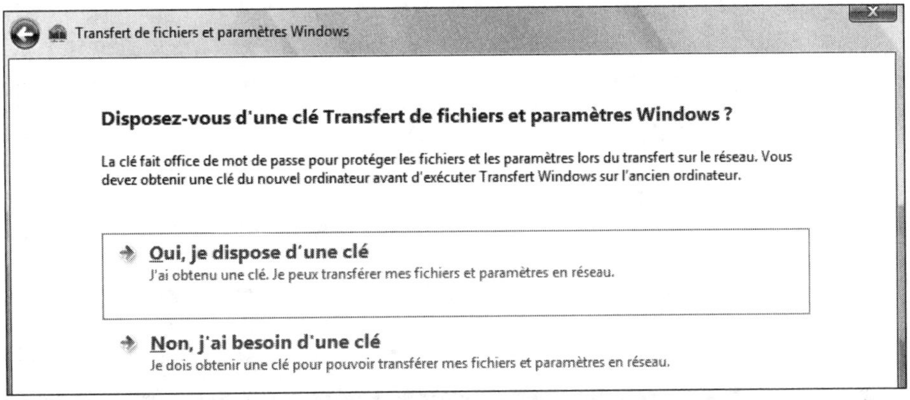

Figure 3-24 : *Demande d'une clé à l'utilitaire de transfert*

10. Pour notre exemple, la clé sera demandée par l'ordinateur cible à l'utilitaire. Sélectionnez **Non, j'ai besoin d'une clé**. Notez la clé.

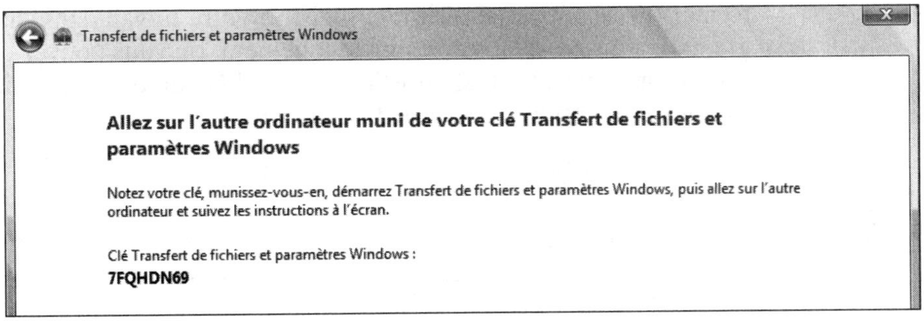

Figure 3-25 : *L'ordinateur vous donne une clé aléatoire composée de chiffres et de lettres en majuscules et minuscules*

La deuxième partie va se dérouler à partir du poste source

Côté poste source

1. Démarrez l'Assistant Migration de PC sur l'ordinateur à partir duquel vous souhaitez faire migrer les paramètres et les fichiers en accédant au support amovible ou au lecteur réseau contenant les fichiers de l'Assistant. Double-cliquez sur *migwiz.exe*.

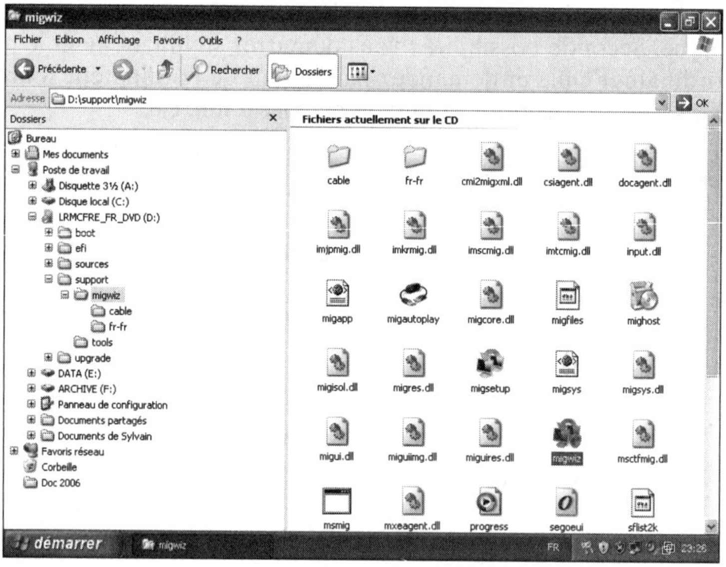

Figure 3-26 : *L'exécutable Migwiz.exe provenant du DVD d'installation de Windows Vista dans le répertoire support\migwiz*

2. Au lancement de l'interface graphique de l'outil de transfert, cliquez sur **Suivant** pour continuer. Si des programmes sont ouverts, vous êtes invité à les fermer. Vous pouvez choisir d'enregistrer votre travail dans chaque programme, puis de les fermer individuellement, ou vous pouvez cliquer sur **Tout fermer** dans l'Assistant Migration de PC afin de fermer simultanément tous les programmes en cours d'exécution.

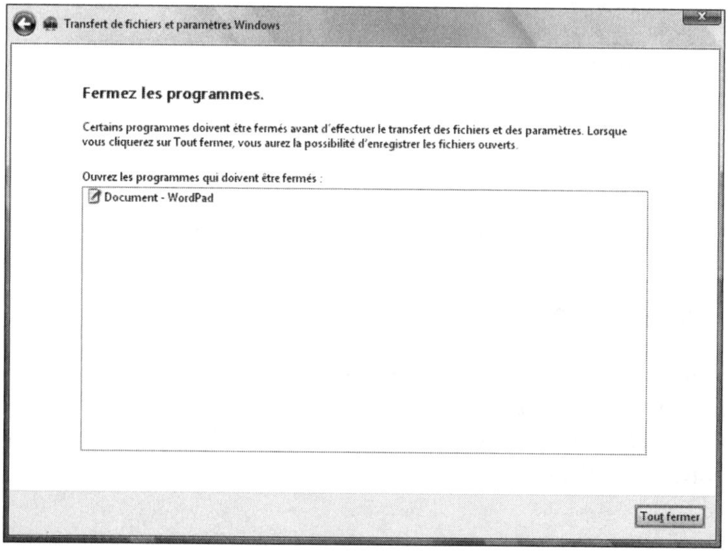

Figure 3-27 : *Fermeture des programmes en cours d'exécution*

3. Dans la fenêtre **Choisissez la méthode de transfert des fichiers et des paramètres vers le nouvel ordinateur**, sélectionnez **Transférer directement, en utilisant une connexion réseau.**

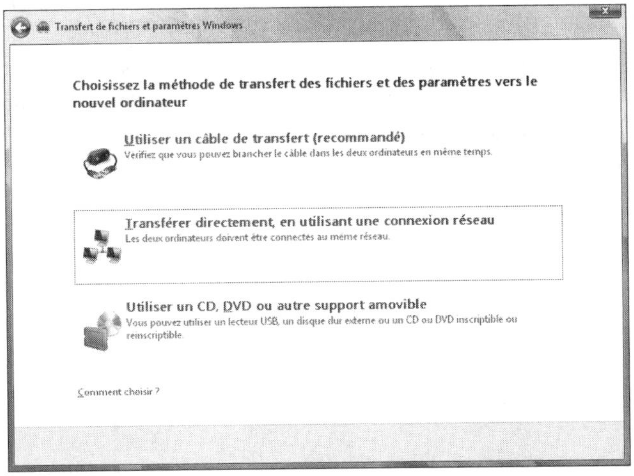

Figure 3-28 : *Sélection de la méthode de transfert*

REMARQUE

Méthode de transfert

Les deux ordinateurs doivent prendre en charge la méthode de transfert choisie. Par exemple, les deux ordinateurs doivent être connectés au même réseau.

4. Cliquez sur **Utiliser une connexion réseau** afin de commencer le transfert. Vous pouvez également cliquer sur **Copier dans et à partir d'un emplacement réseau** si vous souhaitez stocker les fichiers et paramètres dans un fichier afin de le charger ultérieurement. Si vous choisissez de stocker les données dans un emplacement réseau, vous serez invité à indiquer le chemin.

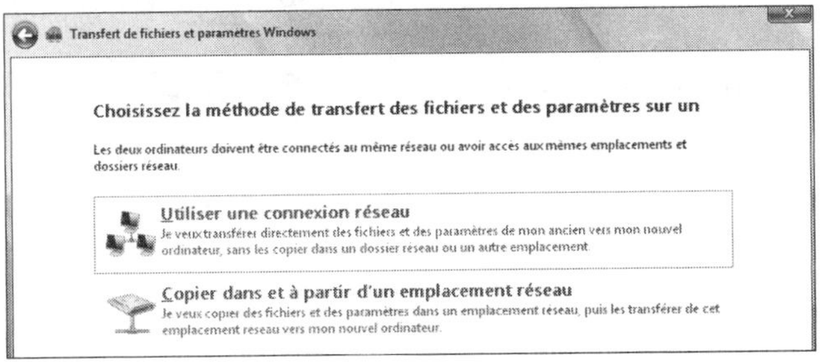

Figure 3-29 : *Sélection du mode de transfert, directement de PC à PC ou de l'ordinateur source vers un partage réseau commun*

5. Dans la partie précédente, l'utilitaire avait posé la question : "Avez-vous ou souhaitez-vous une clé ?" Vous en avez demandé une. Dans la fenêtre **Disposez-vous d'une clé Transfert de fichiers et paramètres Windows ?**, cliquez sur **Oui, je dispose d'une clé**, puis saisissez la clé afin de pouvoir créer la communication entre les deux ordinateurs et continuer.

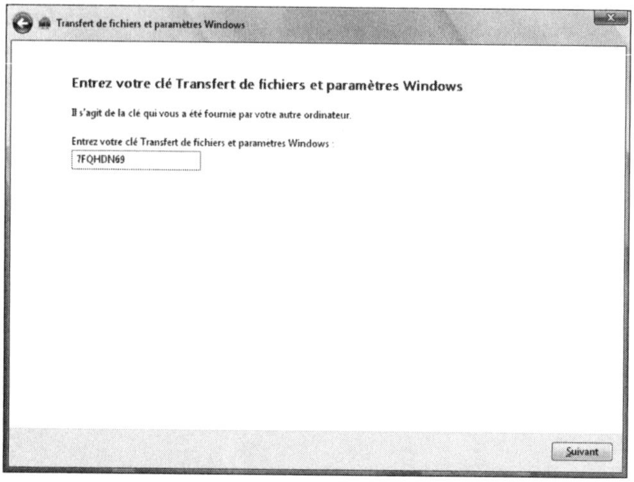

Figure 3-30 : *Clé aléatoire composée de chiffres et de lettres en majuscules et minuscules provenant de l'ordinateur cible*

6. Saisissez la clé demandée et cliquez sur **Suivant**.
7. Puisque la communication entre les deux ordinateurs est réalisée, c'est le moment de choisir ce qui doit être transféré. Trois possibilités : cliquez sur **Tous les comptes d'utilisateurs, fichiers et paramètres (recommandé)** afin de transférer tous les fichiers et paramètres ; vous pouvez également choisir de déterminer exactement les fichiers à faire migrer, en cliquant sur **Uniquement mon compte d'utilisateur, mes fichiers et mes paramètres** ou sur **Options avancées**.

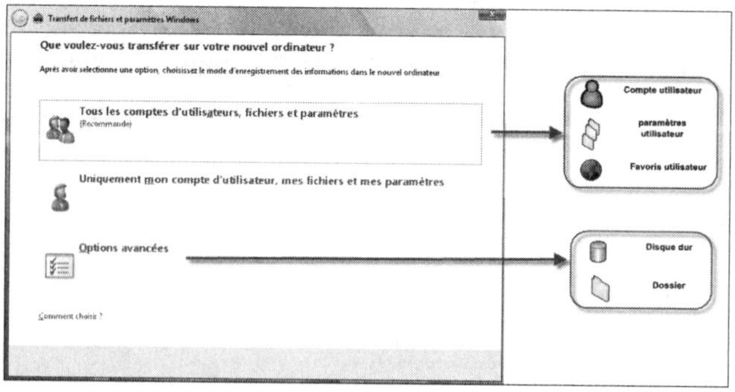

Figure 3-31 : *Fenêtre Que voulez-vous transférer sur votre nouvel ordinateur ?*

8. Dans notre cas, nous allons choisir de tout transférer. Vous devez donc cliquer sur **Tous les comptes d'utilisateurs, fichiers et paramètres (recommandé)**.

9. Examinez la liste des fichiers et des paramètres à transférer, puis cliquez sur **Transférer** pour lancer le transfert. Malgré le fait d'avoir sélectionné **Tous les comptes d'utilisateurs, fichiers et paramètres (recommandé)**, vous avez la possibilité de personnaliser votre sélection. Cela peut vous permettre d'ajouter des données qui ne se trouvent pas forcément dans les paramètres utilisateurs. Pour cela, cliquez sur **Options avancées**, puis sur **Ajouter des répertoires**.

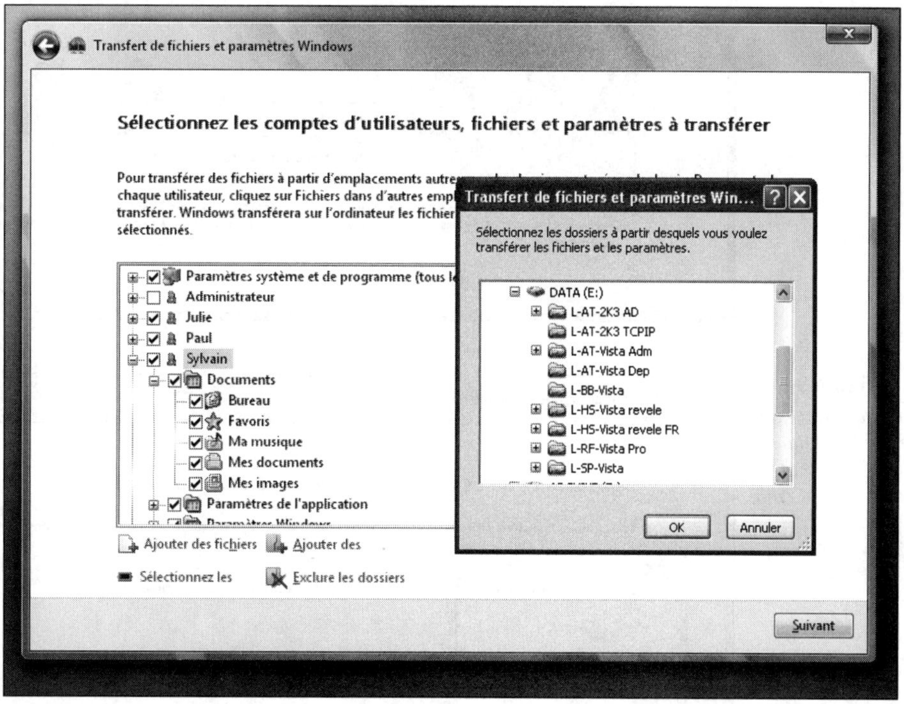

Figure 3-32 : *Sélection des utilisateurs, des paramètres et des fichiers à transférer*

10. Entrez un nouveau nom d'utilisateur ou sélectionnez-le sur la liste. Dans cette fenêtre, vous avez la possibilité de renommer les comptes que vous avez sélectionnés précédemment et de donner le nouveau nom qu'ils porteront sur l'ordinateur cible. Cliquez sur **Suivant** (voir fig. 3-33).

11. Dans le cas où vous posséderiez plusieurs lecteurs logiques ou simplement plusieurs disques durs, vous avez la possibilité de transférer les données, les paramètres et les fichiers sur le lecteur de votre choix. Vous avez même la possibilité de ne posséder qu'un lecteur, par exemple. Cliquez sur **Suivant** pour lancer le transfert (voir fig. 3-34).

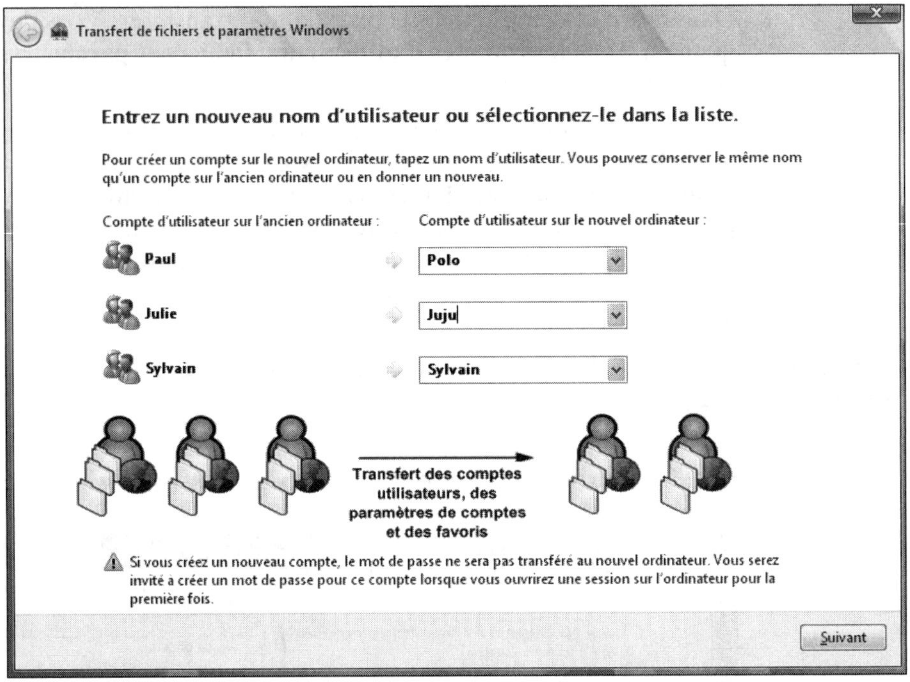

Figure 3-33 : *Sélection des noms utilisateur pour l'ordinateur cible*

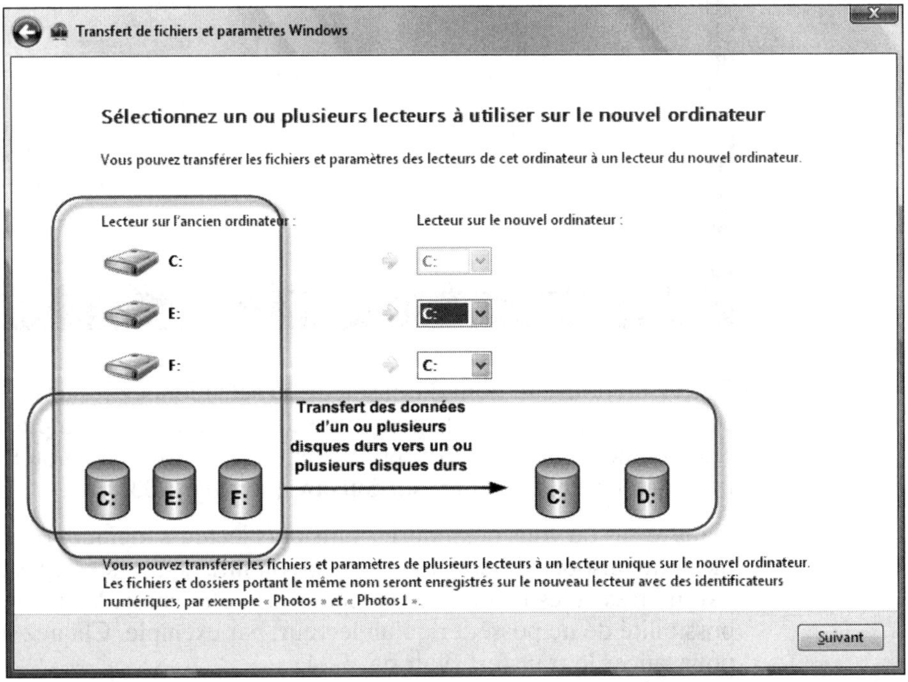

Figure 3-34 : *Correspondance des disques de l'ordinateur source vers l'ordinateur cible*

Une estimation du temps de copie est réalisée, puis la copie est lancée.

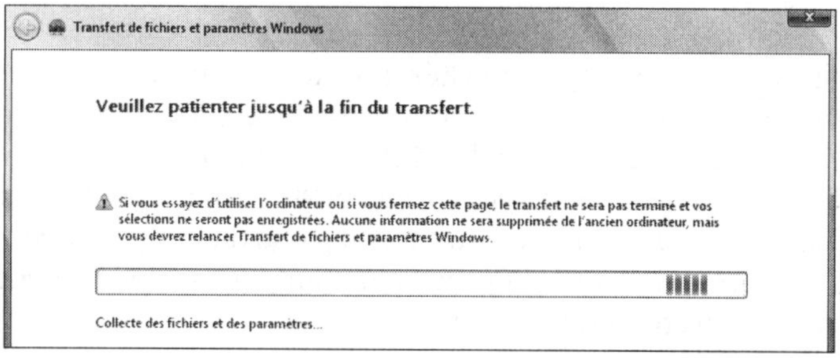

Figure 3-35 : *Estimation du temps de copie et lancement de la copie*

12. Une fois le transfert terminé, un bref résumé s'affiche. Vous avez la possibilité d'obtenir plus de détails sur l'ensemble des fichiers transférés en cliquant sur **Afficher tous les éléments transférés**. Cliquez sur **Fermer** pour fermer l'utilitaire de transfert sur le poste source.

Regardons à présent ce qu'il s'est passé sur l'ordinateur cible. Les utilisateurs et les paramètres ont été transférés. *Paul* a été renommé en *Polo*, *Julie* en *Juju* et *Sylvain* reste *Sylvain*. Seule remarque pour le moment, les profils avec des droits d'administrateurs au départ du transfert se retrouvent avec des droits de simples utilisateurs à l'arrivée ; idem pour les données, elles sont à présent toutes sur le disque *C*.

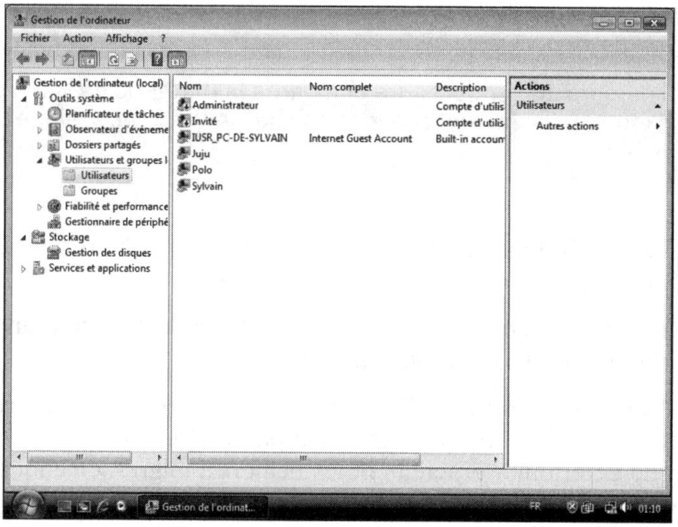

Figure 3-36 : *Contrôle du transfert des profils sur l'ordinateur cible*

Transférer les fichiers et les paramètres à l'aide d'un support amovible

Nous venons de voir en détail comment transférer les utilisateurs, les paramètres et les données de poste à poste, mais il existe d'autres méthodes. Le transfert à l'aide d'un support amovible en est une. Et selon les différentes méthodes, seuls deux ou trois paramètres changent, mais le principe entre le poste source et le poste cible ne change pas (c'est d'ailleurs pour cela que nous avons passé du temps sur ce sujet). Pour ne pas répéter tout ce qui a été écrit précédemment, nous allons parcourir un peu plus rapidement les deux méthodes restantes.

1. Démarrez l'Assistant Migration de PC sur l'ordinateur à partir duquel vous souhaitez faire migrer les paramètres et les fichiers en accédant au support amovible ou au lecteur réseau contenant les fichiers de l'Assistant. Double-cliquez sur *migwiz.exe*.
2. Si des programmes sont ouverts, vous êtes invité à les fermer. Vous pouvez choisir d'enregistrer votre travail dans chaque programme, puis de les fermer individuellement, ou vous pouvez cliquer sur **Tout fermer** dans l'Assistant Migration de PC afin de fermer simultanément tous les programmes en cours d'exécution. Cliquez sur **Suivant**.
3. Déterminez la méthode de transfert à utiliser. Sélectionnez **Sur un CD ou un autre support amovible**, tel qu'un lecteur flash.

REMARQUE

Support

Les deux ordinateurs doivent prendre en charge la méthode de transfert choisie. Par exemple, ils doivent prendre en charge le même type de support amovible.

4. Cliquez sur **Vers un lecteur réseau** afin d'enregistrer les fichiers dans un dossier réseau ou un dossier sur un lecteur amovible.
5. Dans *Où souhaitez-vous enregistrer vos fichiers ?*, tapez le chemin d'un dossier sur le lecteur amovible. Cliquez sur **Suivant**.
6. Cliquez sur **Tous les comptes d'utilisateurs, fichiers et paramètres (recommandé)** afin de transférer tous les fichiers et paramètres. Vous pouvez également choisir de déterminer exactement les fichiers à migrer, en cliquant sur **Seulement mon compte utilisateur, mes fichiers et mes paramètres de programme** ou sur **Personnalisé**.

7. Examinez la liste des fichiers et paramètres à transférer, puis cliquez sur **Démarrer** pour lancer le transfert. Cliquez sur **Personnaliser** si vous souhaitez ajouter ou supprimer des fichiers ou des paramètres.
8. Cliquez sur **Fermer** une fois que l'Assistant Migration de PC a terminé la copie des fichiers.
9. Déplacez le support amovible vers le nouvel ordinateur et lancez l'Assistant Migration de PC. Cliquez sur **Suivant**.
10. Cliquez sur **Continuer un transfert en cours**.
11. Dans *Où avez-vous copié vos fichiers ?*, cliquez sur *Support amovible*. Si l'option *Support amovible* n'est pas disponible, cliquez sur *Lecteur réseau*. Cliquez sur **Suivant**.
12. Dans *Localisez vos fichiers enregistrés*, tapez le chemin vers vos fichiers enregistrés ou cliquez sur **Parcourir**. Cliquez sur **Suivant** une fois que vous avez localisé les fichiers.
13. Choisissez sur le nouvel ordinateur des noms d'utilisateurs qui correspondent à ceux de l'ancien ordinateur. Vous pouvez être amené à créer de nouveaux comptes lors de cette étape. Tapez un nom d'utilisateur afin de créer un compte sur l'ordinateur local. Saisissez un nom d'utilisateur afin de créer un profil.
14. Dans *Choisissez les lecteurs pour les fichiers sur votre nouvel ordinateur*, sélectionnez le lecteur de destination pour chaque emplacement du lecteur source. Par exemple, pour les fichiers provenant du lecteur D: de votre ancien ordinateur, vous devez indiquer vers quel lecteur ils doivent être déplacés sur le nouvel ordinateur.
15. Examinez la liste des fichiers et paramètres à transférer puis cliquez sur **Démarrer** pour lancer le transfert. Cliquez sur **Personnaliser** si vous souhaitez ajouter ou supprimer des fichiers ou des paramètres.
16. Cliquez sur **Fermer** une fois que l'Assistant Migration de PC a terminé la copie des fichiers.

Transférer les fichiers et les paramètres: à l'aide d'un CD ou d'un DVD

Pour clore la partie sur les transferts de ce chapitre, voici de manière très rapide la dernière méthode, celle par CD ou DVD :

1. Démarrez l'Assistant Migration de PC sur l'ordinateur à partir duquel vous souhaitez faire migrer les paramètres et les fichiers en accédant au support

amovible ou au lecteur réseau contenant les fichiers de l'Assistant. Double-cliquez sur *migwiz.exe*.

2. Si des programmes sont ouverts, vous êtes invité à les fermer. Vous pouvez choisir d'enregistrer votre travail dans chaque programme, puis de les fermer individuellement, ou vous pouvez cliquer sur **Fermer tout** dans l'Assistant Migration de PC afin de fermer simultanément tous les programmes en cours d'exécution. Cliquez sur **Suivant**.
3. Déterminez la méthode de transfert à utiliser. Cliquez sur **Graver un CD ou un DVD**.

REMARQUE

Support

Les deux ordinateurs doivent prendre en charge la méthode de transfert choisie. Par exemple, ils doivent être équipés d'un lecteur de CD ou de DVD.

4. Dans *Choisissez votre support*, tapez le chemin vers le support CD ou DVD réinscriptible. Cliquez sur **Suivant**.
5. Cliquez sur **Tous les comptes d'utilisateurs, fichiers et paramètres (recommandé)** afin de transférer tous les fichiers et paramètres. Vous pouvez également choisir de déterminer exactement les fichiers à migrer, en cliquant sur **Seulement mon compte utilisateur, mes fichiers et mes paramètres de programme** ou sur **Personnalisé**.
6. Examinez la liste des fichiers et paramètres à transférer, puis cliquez sur **Démarrer** pour lancer le transfert. Cliquez sur **Personnaliser** si vous souhaitez ajouter ou supprimer des fichiers ou des paramètres. S'il n'y a pas suffisamment d'espace disponible sur le support réinscriptible, l'Assistant Migration de PC indique le nombre de disques vierges nécessaires.
7. Cliquez sur **Suivant** une fois le processus de gravure du CD ou du DVD terminé.
8. Cliquez sur **Fermer** une fois que l'Assistant Migration de PC a terminé la copie des fichiers.
9. Déplacez le CD ou le DVD vers le nouvel ordinateur et lancez l'Assistant Migration de PC. Cliquez sur **Suivant**.
10. Cliquez sur **Continuer un transfert en cours**.
11. Dans *Où avez-vous copié vos fichiers ?*, cliquez sur *Lire le CD ou le DVD*.

12. Dans *Choisissez votre support*, sélectionnez la lettre d'unité du lecteur de CD ou de DVD ou se trouve le disque. Cliquez sur **Suivant** une fois que vous avez localisé les fichiers.
13. Choisissez, sur le nouvel ordinateur, des noms d'utilisateurs qui correspondent à ceux de l'ancien ordinateur. Vous pouvez être amené à créer de nouveaux comptes lors de cette étape. Tapez un nom d'utilisateur afin de créer un compte sur l'ordinateur local.
14. Dans *Choisissez les lecteurs pour les fichiers sur votre nouvel ordinateur*, sélectionnez le lecteur de destination pour chaque emplacement du lecteur source. Par exemple, pour les fichiers provenant du lecteur *D:* de votre ancien ordinateur, vous devez indiquer vers quel lecteur ils doivent être déplacés sur le nouvel ordinateur.
15. Examinez la liste des fichiers et paramètres à transférer, puis cliquez sur **Démarrer** pour lancer le transfert. Cliquez sur **Personnaliser** si vous souhaitez ajouter ou supprimer des fichiers ou des paramètres.
16. Cliquez sur **Fermer** une fois que l'Assistant Migration de PC a terminé la copie des fichiers.

3.4. Préparer la mise à jour vers Windows Vista

Tout au long de ce chapitre, nous avons vu comment faire cohabiter Windows XP et Windows Vista. Nous avons vu également comment transférer nos données d'un poste utilisateur Windows XP vers un nouvel ordinateur équipé de Windows Vista. Nous allons voir à présent comment mettre son ancien ordinateur à niveau vers Windows Vista. Bien que cette opération semble simple, il est quand même nécessaire d'effectuer quelques vérifications d'usage telles que la version vers laquelle l'on souhaite migrer ou encore la compatibilité du matériel. Il ne faut pas oublier également de vérifier les prérequis d'installation et réaliser une sauvegarde. Et pour terminer ce tour d'horizon, vous devez bien comprendre ce qu'il se passe durant la migration. Pour atteindre notre objectif, nous allons devoir réaliser les étapes suivantes :

- la vérification de la compatibilité de l'ordinateur avec Windows Vista ;
- l'installation du Conseiller de mise à niveau Windows Vista ;
- l'installation du Framework .NET 2.0 ;
- l'installation de MSXML ;
- la sauvegarde des données existantes ;
- l'installation de Windows Vista.

Cette opération demande de répondre aux prérequis suivants :

- la mise à jour de Windows Vista avec le numéro de série ;
- un disque dur ou un DVD pour la sauvegarde des données ;
- un espace disque libre d'au moins 12 Go pour la mise à niveau.

Choisir une version de mise à jour

Voici un tableau récapitulatif :

Tableau 3-1 : Installation et mise à niveau vers Windows Vista

Windows XP Professional	Nécessite une nouvelle installation	Nécessite une nouvelle installation	Mise à niveau possible sur la version existante	Mise à niveau possible sur la version existante
Windows XP Familial	Mise à niveau possible sur la version existante	Mise à niveau possible sur la version existante	Mise à niveau possible sur la version existante	Mise à niveau possible sur la version existante
Windows XP Media Center	Nécessite une nouvelle installation	Mise à niveau possible sur la version existante	Nécessite une nouvelle installation	Mise à niveau possible sur la version existante
Windows XP Tablet PC	Nécessite une nouvelle installation	Nécessite une nouvelle installation	Mise à niveau possible sur la version existante	Mise à niveau possible sur la version existante
Windows XP Professionnel x64	Nécessite une nouvelle installation	Nécessite une nouvelle installation	Nécessite une nouvelle installation	Nécessite une nouvelle installation
Windows 2000	Nécessite une nouvelle installation	Nécessite une nouvelle installation	Nécessite une nouvelle installation	Nécessite une nouvelle installation

Une fois l'analyse du tableau réalisée, il est nécessaire d'effectuer quelques tâches préliminaires comme évaluer la configuration requise ou encore valider la version vers laquelle vous souhaitez mettre l'ordinateur à jour. Pour cela, Microsoft propose un outil. Deuxième étape importante : la sauvegarde des données. C'est seulement après avoir réalisé les deux étapes préliminaires que vous pourrez passer à l'étape 3 qui consiste à mettre à niveau un ordinateur possédant déjà un système d'exploitation vers Windows Vista.

À partir de Windows Vista Familiale Basic

Windows Vista Familiale Basic est la première version à fonctionner sur des ordinateurs classiques. Elle fonctionne avec les prérequis suivants :

- un CPU d'au moins 800 MHz ;
- 512 Mo de mémoire ;
- une carte graphique DirectX 9 ;
- un disque de 20 Go, avec 15 Go d'espace libre.

Elle offre uniquement les fonctions de base de Windows Vista.

À partir de Windows Vista Familiale Premium

La version Windows Vista Home Premium est, quant à elle, la première version multimédia de Windows Vista. Elle permet d'activer les fonctions graphiques. Le pilote WDDM permet d'étendre le Bureau, ce qui apporte plusieurs fonctionnalités comme la transparence, mais aussi et surtout la composition du Bureau au sein de la carte graphique. Il va permettre aux processeurs graphiques de délester les processeurs centraux. Cette version fonctionne avec les prérequis supplémentaires suivants :

- un CPU d'au moins 1 GHz ;
- 1 Go de mémoire ;
- une carte graphique avec pilote WDDM.

Vérifier la compatibilité matérielle

Lorsque l'on choisit de mettre à niveau son ancien ordinateur, il est important de vérifier la compatibilité, cela peut épargner bien des problèmes en milieu d'installation. Par exemple, la fiche *KB927688*, intitulée "*Lorsque vous tentez d'installer Windows Vista, l'option de mise à niveau n'est pas disponible*", explique les problèmes liés à la compatibilité matérielle. Pour ne pas rencontrer ce type de désagrément, Microsoft met à votre disposition un Conseiller de mise à niveau Windows Vista. Cependant, il nécessite l'installation de deux prérequis : le Framework .NET et MSXML.

Installer le Framework .NET

L'un des deux prérequis pour l'utilisation de l'utilitaire Upgrade Advisor est l'installation du Framework .NET.

INTERNET

Téléchargement de Framework .NET

- www.microsoft.com/downloads/details.aspx?displaylang=fr&FamilyID=0856eacb-4362-4b0d-8edd-aab15c5e04f5

Une fois le Framework téléchargé, il vous faut procéder à l'installation en respectant les étapes suivantes :

1. Cliquez une première fois sur le fichier téléchargé et, à son ouverture, cliquez sur **Exécuter**.
2. Une fois le Framework décompressé, l'assistant d'installation se lance. Dans la fenêtre **Bienvenue dans le programme d'installation de Microsoft .NET Framework2.0**, cliquez sur **Suivant**.
3. Dans la fenêtre **Contrat de Licence Utilisateur Final**, acceptez les termes du contrat de licence en cochant la case *J'accepte les termes du contrat de licence* et cliquez sur **Installer**.
4. L'installation peut prendre quelques minutes. Dans la fenêtre **Installation terminée**, cliquez sur **Terminer**.

Installer MSXML

Le deuxième prérequis pour l'utilisation de l'outil Upgrade Advisor est MSXML.

INTERNET

Téléchargement de MSXML

- www.microsoft.com/downloads/details.aspx?displaylang=fr&FamilyID=993c0bcf-3bcf-4009-be21-27e85e1857b1

Une fois MSXML téléchargé, procédez à l'installation en respectant les étapes suivantes :

1. Cliquez une première fois sur le fichier téléchargé. À l'ouverture, cliquez sur **Suivant**.
2. Dans la fenêtre **Contrat de licence**, cochez la case *J'accepte les termes du contrat de licence* et cliquez sur **Suivant**.

3. Dans la fenêtre **Information**, remplissez ou modifier les champs *Nom* et *Société*, puis cliquez sur **Suivant**.
4. Cliquez sur **Installer** dans la fenêtre **Prêt à installer le programme** pour lancer l'installation.
5. Pour finir l'installation, cliquez sur **Terminer**.

Installer le Conseiller de mise à niveau Windows Vista

INTERNET

Téléchargement du Conseiller de mise à niveau Windows Vista

- www.microsoft.com/france/windows/products/windowsvista/buyorupgrade/upgradeadvisor.mspx

Sur le site, cliquez sur le lien *Téléchargez le Conseiller de mise à niveau Windows Vista* pour que le téléchargement se lance.

Windows Vista Upgrade Advisor ne fonctionne qu'avec Windows XP. Il n'est pas possible de le faire fonctionner avec Windows 98 ou Windows 2000. Pour l'installer, procédez ainsi :

1. Lancez l'exécutable *WindowsVistaUpgradeAdvisor*. Une fenêtre d'avertissement de sécurité s'ouvre, cliquez sur **Exécuter**.

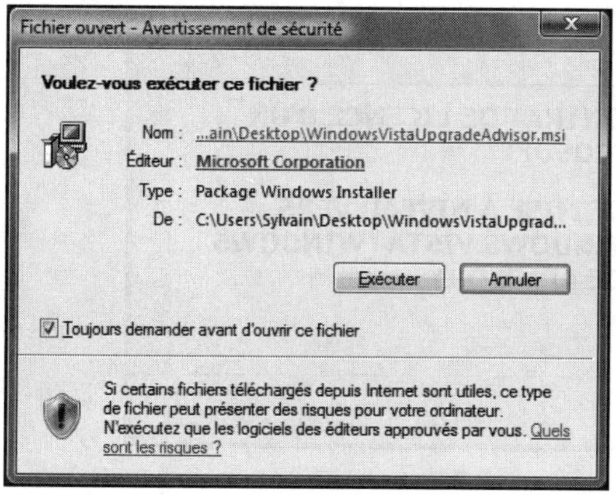

Figure 3-37 : *La fenêtre d'avertissement de sécurité de l'installation du Conseiller de mise à niveau Windows Vista*

2. Dans la fenêtre **Assistant Installation du Conseiller de mise à niveau Windows Vista**, cliquez sur **Suivant** pour continuer.

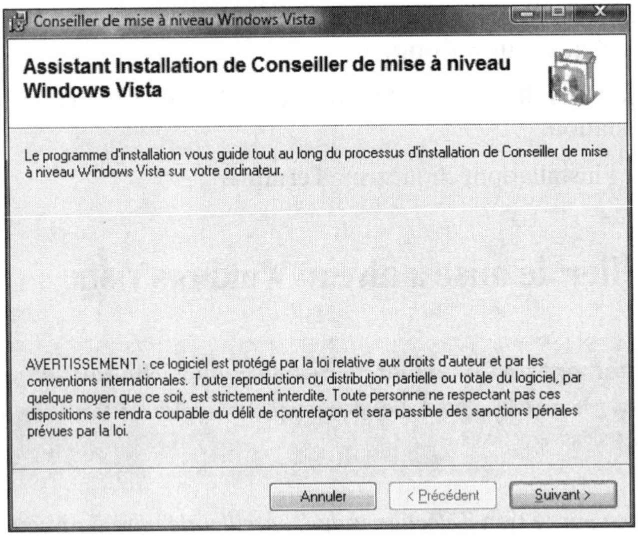

Figure 3-38 : *La fenêtre de l'assistant d'installation*

3. Dans la fenêtre **Contrat de licence**, cliquez sur **J'accepte** pour valider les termes de licence et cliquez sur **Suivant**.

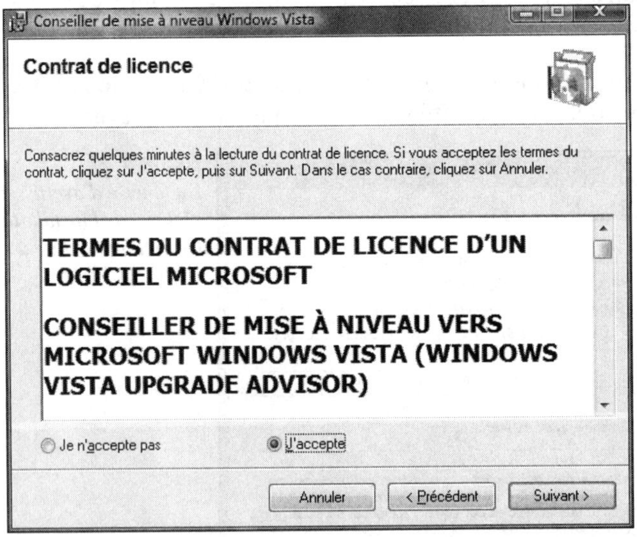

Figure 3-39 : *Validation du contrat de licence*

4. Dans la fenêtre **Sélection du dossier d'installation**, gardez le répertoire par défaut et cliquez sur **Suivant**. Si vous souhaitez modifier le chemin d'installation, cliquez sur **Parcourir**, sélectionnez le nouveau chemin et cliquez sur **Suivant**.

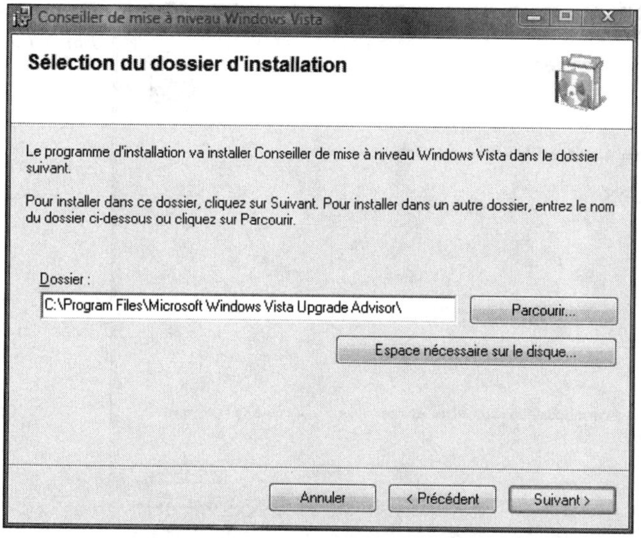

Figure 3-40 : *Sélection du dossier d'installation*

5. L'assistant d'installation vous propose de créer un raccourci sur votre Bureau en sélectionnant par défaut l'option *Créer un raccourci sur le bureau*. Si vous ne souhaitez pas voir de raccourci, cliquez sur *Ne pas créer de raccourci sur le bureau*, puis cliquez sur **Suivant** pour continuer.

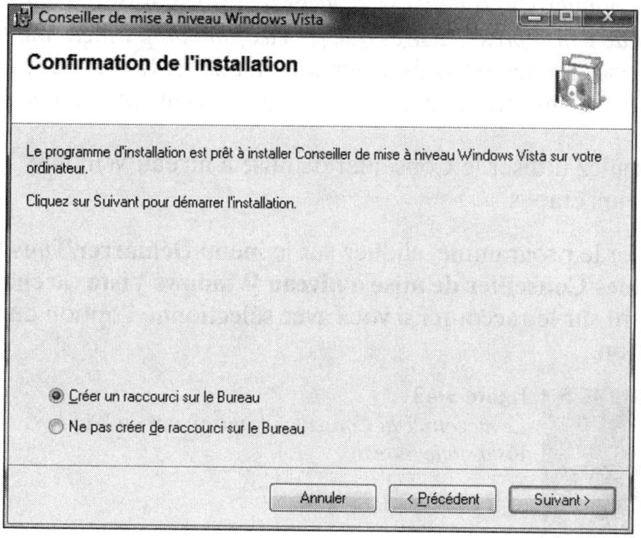

Figure 3-41 : *Confirmation de l'installation*

6. Pour terminer l'installation, cliquez sur **Fermer**.

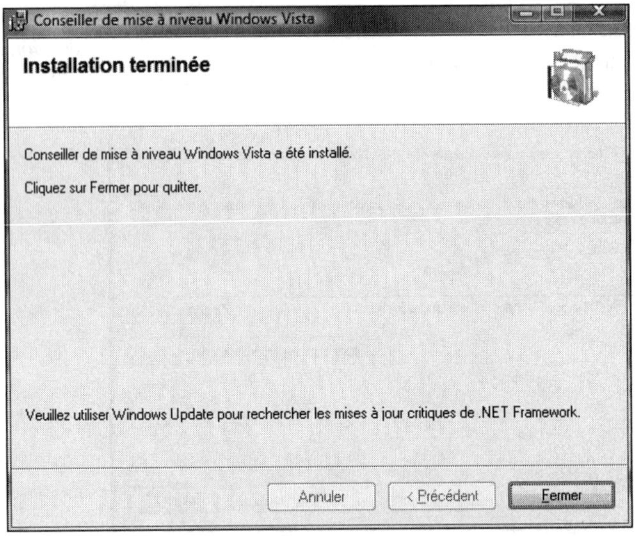

Figure 3-42 : *Fin de l'installation*

Utiliser le Conseiller de mise à niveau Windows Vista

Le Conseiller de mise à niveau Windows Vista permet également de vous aider à choisir la version qu'il vous faut en fonction de vos besoins, en termes de multimédia, de connectivité ou encore d'accès à l'information : "*Qu'est-ce que je veux faire à l'intérieur de l'entreprise ? Est-ce que je veux faire du partage collaboratif ?*" Il va déterminer en fonction des activités la version en adéquation avec ces besoins. Il est capable également de mettre un certain nombre de points bloquants en avant.

À présent, vous allez utiliser le Conseiller de mise à niveau Windows Vista au travers de plusieurs étapes.

1. Pour lancer le programme, cliquez sur le menu **Démarrer/Tous les programmes/Conseiller de mise à niveau Windows Vista** ou cliquez tout simplement sur le raccourci si vous avez sélectionné l'option durant l'installation.

Figure 3-43 : *Le raccourci du Conseiller de mise à niveau Windows Vista sur le Bureau*

2. Démarrez l'analyse de votre ordinateur en cliquant sur **Démarrer l'analyse**. Cette analyse peut être réalisée à partir de Windows XP bien évidemment,

mais également depuis un ordinateur qui possède une version de Windows Vista que vous souhaitez faire évoluer vers une version plus élaborée.

Figure 3-44 : *Lancement de l'analyse de votre ordinateur*

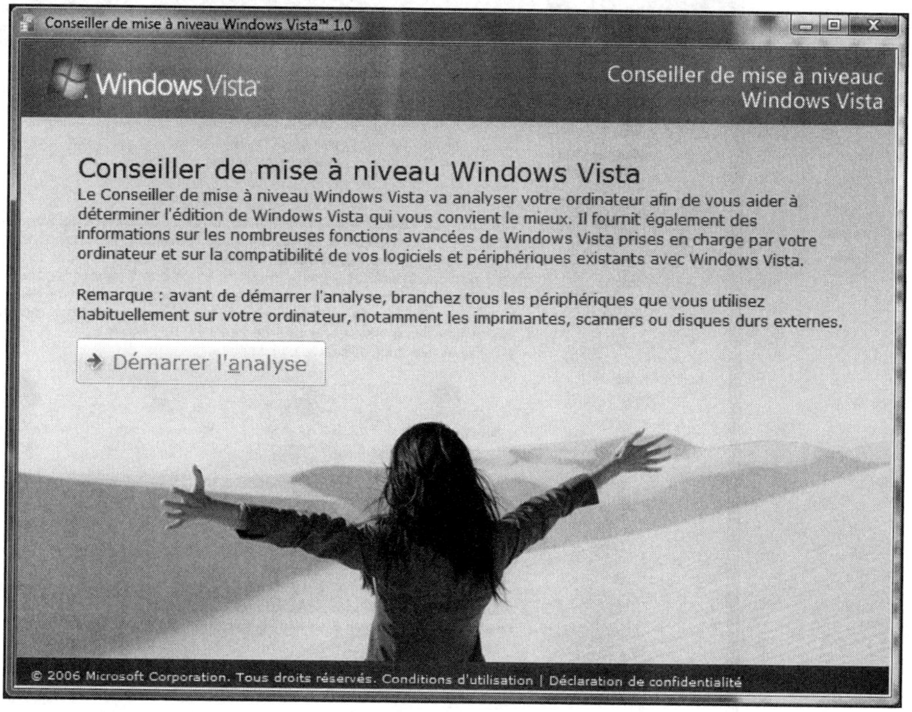

Le Conseiller de mise à niveau Windows Vista se connecte à Internet pour actualiser sa base. Ensuite, il commence à analyser votre ordinateur en fonction de quatre déclinaisons de Windows Vista : Intégrale, Familial Premium, Professionnel et Familial Basic.

Une fois l'analyse terminée, le programme affiche la version de Windows Vista la mieux adaptée à votre ordinateur ainsi que trois rapports détaillés (voir fig. 3-45).

Chaque rapport détaillé présent des recommandations propres à sa partie. Le premier rapport représente le système. Dans chaque rapport, un certain nombre d'actions sont données avec les explications qui les accompagnent.

Le deuxième rapport représente les périphériques. Ce rapport se décompose en trois parties à son tour.

- La partie *Configuration requise* correspond en quelque sorte aux problèmes à passer en revue (voir fig. 3-46).

Figure 3-45 :
Le résultat de l'analyse

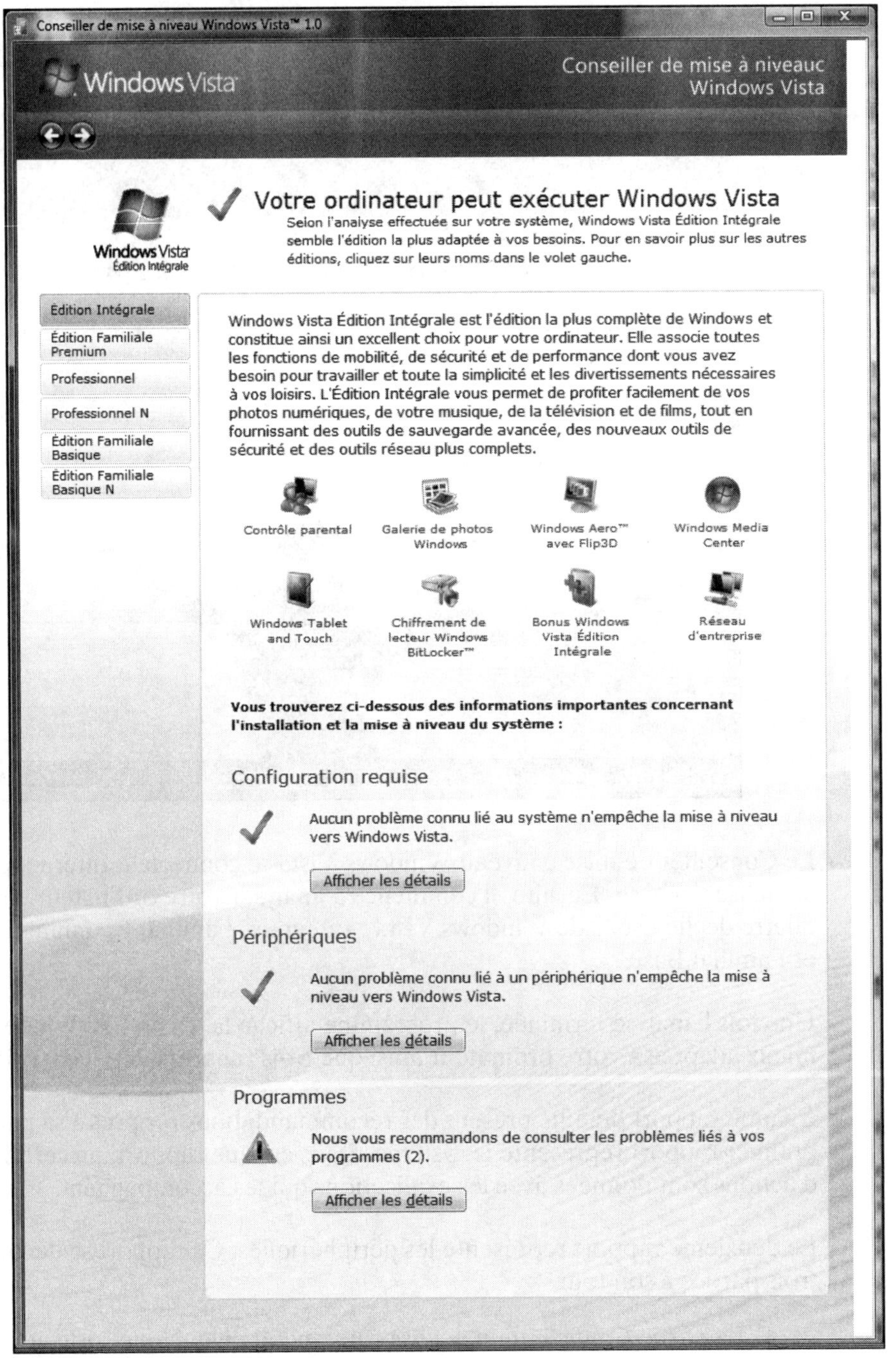

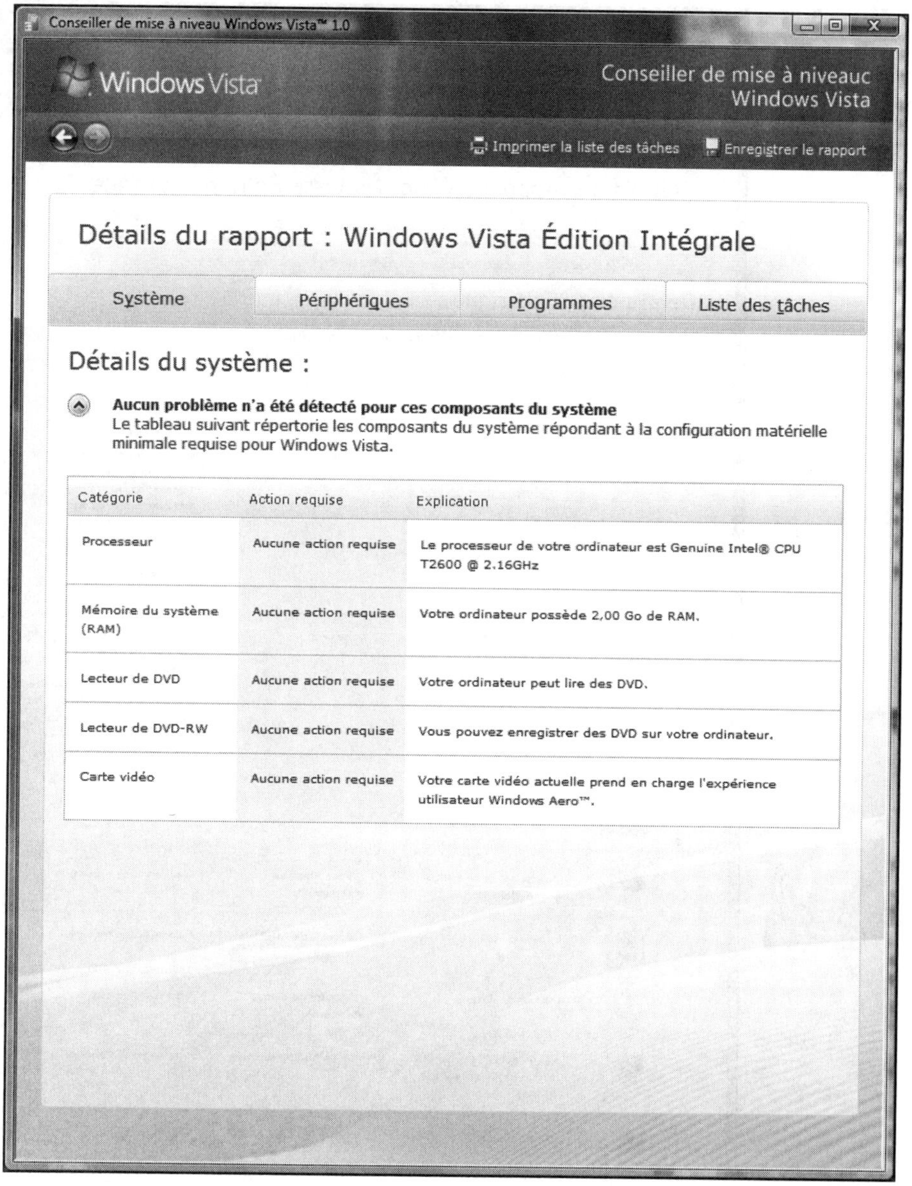

Figure 3-46 : *Le rapport de configuration*

- La partie *Périphériques* correspond à la liste de périphériques pour lesquels le programme n'a pas trouvé d'informations. Cependant, l'utilitaire se met régulièrement à jour sur la base de données qui elle-même est régulièrement actualisée.

Figure 3-47 : *Le rapport sur les périphériques*

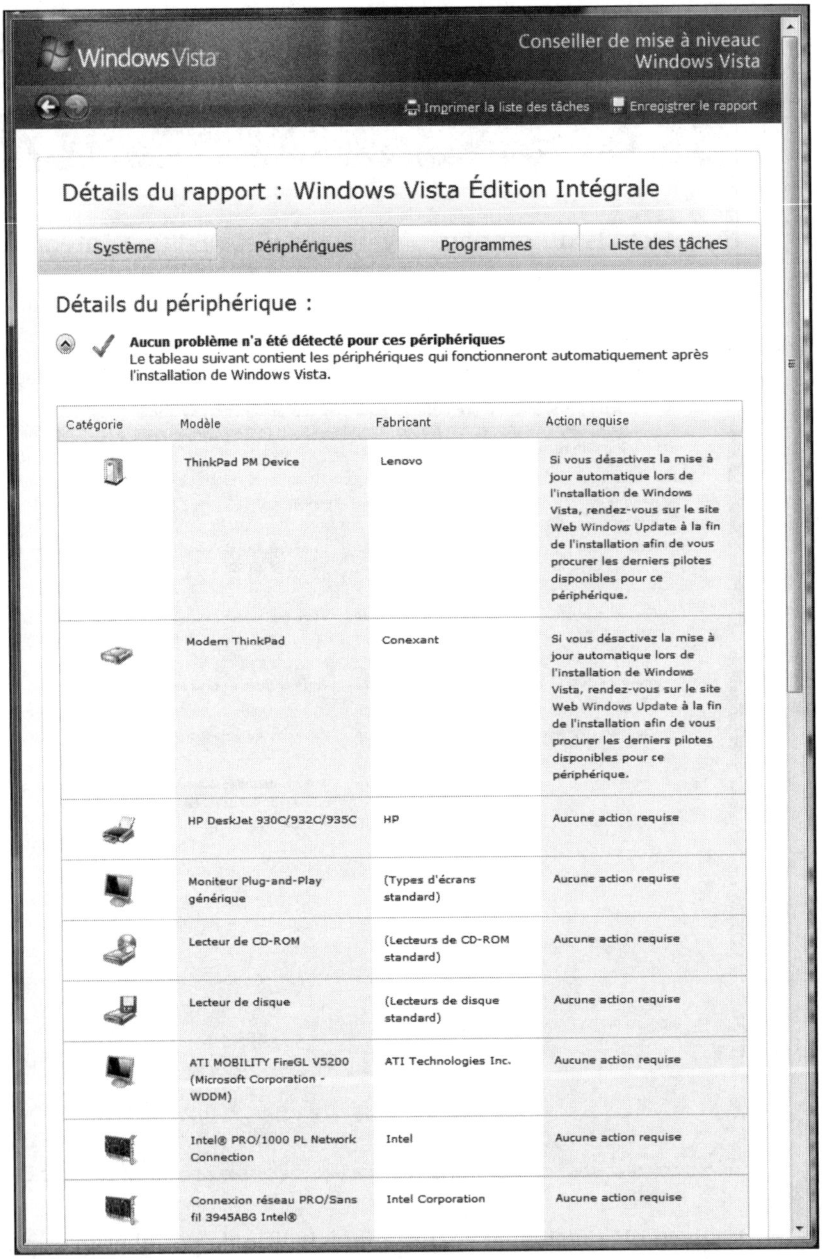

- La partie *Programmes* correspond aux programmes qui sont conformes à Windows Vista, c'est-à-dire qui n'ont pas besoin d'action.

Figure 3-48 : *Le rapport sur les programmes*

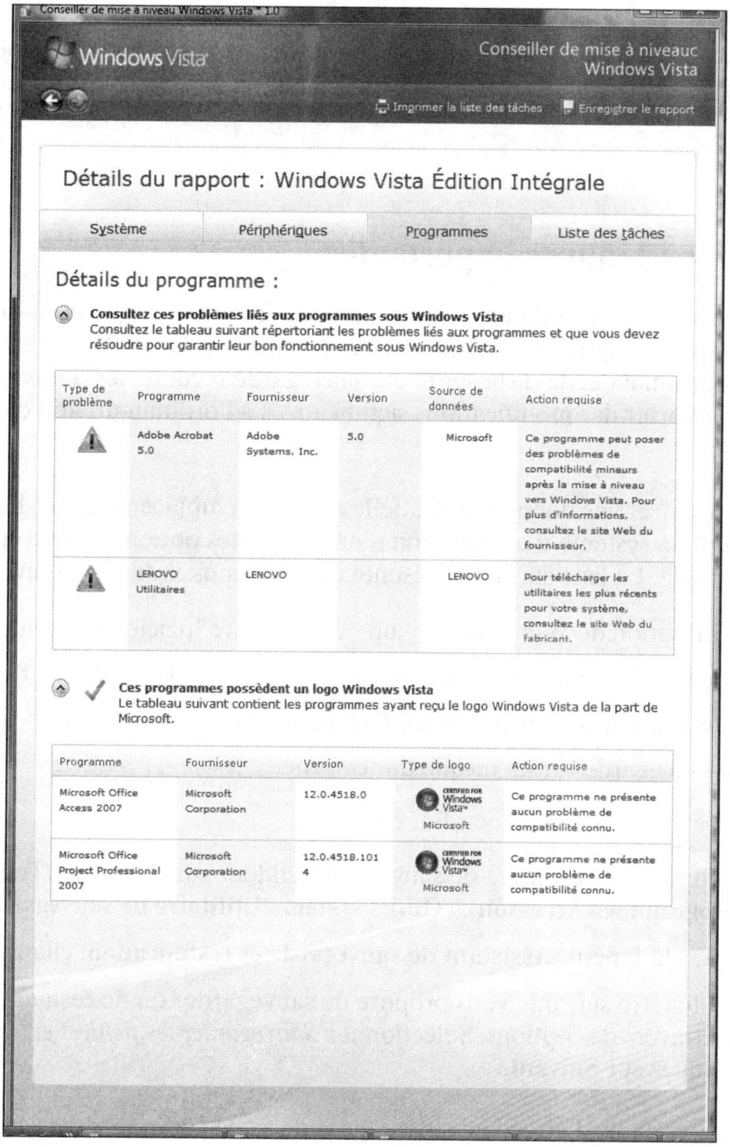

3

REMARQUE

Configuration requise

Les PC qui ne satisfont pas à la configuration matérielle pour le processeur, la mémoire et la carte vidéo peuvent tout de même exécuter Windows Vista, mais ils n'en offriront peut-être pas toutes les fonctionnalités et tous les avantages. Par exemple, les PC avec des cartes graphiques qui ne prennent

REMARQUE

pas en charge WDDM offriront simplement un graphisme comparable à celui de Windows XP avec les bénéfices des fonctionnalités, de la stabilité et des performances ainsi que l'amélioration de la sécurité.

Sauvegarder les données importantes

Avant de mettre son ordinateur à niveau, il est important de réaliser une sauvegarde de ses données importantes. Bien que cette étape soit facultative, il est important, et même recommandé, de disposer d'une sauvegarde récente des données importantes avant d'apporter des modifications significatives à l'ordinateur, afin d'éviter la perte de données.

Pour enregistrer vos données essentielles dans un emplacement sûr, les options dépendent du système d'exploitation d'origine et des options de sauvegarde dont vous disposez. La liste suivante présente quelques possibilités de sauvegarde :

- l'utilisation de Windows Backup ou tout autre logiciel de sauvegarde ;
- la copie des données importantes dans un point de partage sur le réseau ;
- la gravure des données sur un CD ou un DVD ;
- la sauvegarde sur un disque dur externe.

Vous allez ici utiliser Windows Backup :

1. Pour lancer l'utilitaire de sauvegarde, cliquez sur **Démarrer/Tous les programmes/Accessoires/Outils système/Utilitaire de sauvegarde**.
2. Dans la fenêtre **Assistant de sauvegarde et restauration**, cliquez sur **Suivant**.
3. La fenêtre suivante vous propose de sauvegarder ou de restaurer des données au travers des options. Sélectionnez *Sauvegarder les fichiers et les paramètres*. Cliquez sur **Suivant**.

Vous avez le choix d'effectuer quatre types de sauvegarde :

- L'option *Mes documents et paramètres* inclut le dossier *Mes documents*, les favoris, votre Bureau et vos cookies.
- L'option *Les paramètres et les documents de tout le monde* consiste à sauvegarder les paramètres et les documents de tous les utilisateurs.
- L'option *Toutes les informations sur cet ordinateur* permet de sauvegarder toutes les informations sur l'ordinateur. Elle inclut toutes les données de

l'ordinateur et crée un disque de récupération du système qui permettra de restaurer Windows en cas de problème majeur.

- L'option *Me laisser choisir les fichiers à sauvegarder* vous laisse le choix des informations que vous souhaitez sauvegarder.

4. Sélectionnez la quatrième option et cliquez sur **Suivant**.
5. Sélectionnez dans la fenêtre **Éléments à sauvegarder** l'ensemble des éléments que vous souhaitez sauvegarder. Une fois votre sélection réalisée, cliquez sur **Suivant**.
6. Donnez un nom et une destination pour les stocker. Dans la fenêtre **Type, nom et destination de la sauvegarde**, il est possible de sauvegarder vos données sur une clé USB, voire sur un disque dur amovible. Nommez la sauvegarde, par exemple `Sauvegarde avant Vista`. Cliquez sur **Suivant**.
7. Pour mettre fin à l'assistant de sauvegarde, cliquez sur **Fin**.

Une fois la sauvegarde terminée, il vous est possible de consulter le rapport de sauvegarde pour vérifier qu'il n'y a pas eu d'erreur :

```
État de la sauvegarde
Opération : sauvegarde
Destination de sauvegarde active : Fichier
Nom du média : "sauvegarde avant installation de Vista.bkf créé le
➥ 29/08/2007 à 00:02"

Sauvegarde (par clichés instantanés) de "C: "
Jeu de sauvegardes n° 1 sur le média n° 1
Description de la sauvegarde : "Jeu créé le 29/08/2007 à 00:02"
Nom du média : "sauvegarde avant installation de Vista.bkf créé le
➥ 29/08/2007 à 00:02"

Type de sauvegarde : Normale

Sauvegarde débutée le 29/08/2007 à 00:03.
Sauvegarde terminée le 29/08/2007 à 00:05.
Répertoires : 280
Fichiers : 440
Octets : 222 557 106
Durée :  1 minute et  23 secondes
Sauvegarde (par clichés instantanés) de "E: DATA"
Jeu de sauvegardes n° 2 sur le média n° 1
Description de la sauvegarde : "Jeu créé le 29/08/2007 à 00:02"
Nom du média : "sauvegarde avant installation de Vista.bkf créé le
➥ 29/08/2007 à 00:02"

Type de sauvegarde : Normale

Sauvegarde débutée le 29/08/2007 à 00:05.
Sauvegarde terminée le 29/08/2007 à 00:07.
```

```
Répertoires : 93
Fichiers : 1474
Octets : 554 711 280
Durée :  2 minutes et  11 secondes
```

3.5. Mettre à jour le système d'exploitation vers Windows Vista

La procédure de mise à jour vers Windows Vista suppose que vous exécutiez déjà une version antérieure de Windows sur votre ordinateur. Les mises à niveau sont prises en charge pour les versions suivantes de Windows :

- Windows 2000 ;
- Windows XP ;
- Windows Vista.

Dans notre cas, la mise à jour va s'effectuer depuis Windows XP.

ATTENTION

Impératif

Pour pouvoir mettre votre ordinateur à niveau vers Windows Vista, il vous faut plus de 11 Go d'espace disponible. Autrement, l'option de mise à niveau restera grisée. En cas de problème d'installation, il se peut que l'ordinateur se fige et que vous deviez redémarrer l'ordinateur. Dans ce cas, une boîte de dialogue s'ouvre en vous indiquant que l'installation a été arrêtée de façon inattendue. Or, celle-ci aura consommé de l'espace disque, et il se peut qu'il ne vous soit plus possible de mettre à niveau la machine vers Vista à cause d'un manque d'espace disponible et que vous ne puissiez plus utiliser votre ancienne version de Windows. La parade est de redémarrer depuis le DVD d'installation en mode de réparation, d'utiliser l'utilitaire en ligne de commandes et de supprimer les fichiers temporaires de l'installation, puis de répéter l'étape d'installation.

Pour mettre votre ordinateur à jour vers Windows Vista, suivez ces étapes :

1. Démarrez le programme d'installation de Windows Vista en insérant le DVD, puis en cliquant sur **Installer**. Si le programme d'exécution automatique n'ouvre pas la fenêtre d'installation de Windows, accédez au dossier racine du DVD et double-cliquez sur *setup.exe*.
2. Cliquez sur **Suivant** afin de lancer le processus d'installation.

3. Cliquez sur **Rechercher les dernières mises à jour en ligne (recommandé)** afin de rechercher les dernières mises à jour importantes pour Windows Vista. Cette étape est facultative. Si vous choisissez de ne pas rechercher les mises à jour au cours de l'installation, cliquez sur **Ne pas rechercher les dernières mises à jour**.
4. Dans la partie *Clé du produit*, tapez le numéro de série du produit. Il est composé de 25 caractères alphanumériques. Cliquez sur **Suivant** pour continuer.
5. Windows Vista ne déroge pas à la règle : lisez et acceptez les termes du contrat de licence. Sélectionnez *J'accepte les termes du contrat de licence (indispensable pour Windows)*, puis cliquez sur **Suivant**. Si vous ne validez pas cette option, vous serez obligé de mettre fin au programme d'installation de Windows Vista.
6. Dans la fenêtre **Quel type d'installation voulez effectuer ?**, cliquez sur **Mettre à niveau** pour procéder à la mise à jour de votre installation existante de Windows.

Le programme d'installation de Windows Vista se poursuit jusqu'à la fin sans autre interaction de la part de l'utilisateur.

À la fin de la mise à niveau, les partitions, les partages et les paramètres de l'ancienne version n'ont pas bougé. À présent, il ne vous reste plus qu'à restaurer vos anciennes données. Pour cela, vous devez lancer l'utilitaire de sauvegarde et choisir l'option *Restauration de données*. Suivez les instructions de restauration comme à l'étape *Sauvegarder des données* de ce chapitre.

REMARQUE

Journaux d'installation

Les fichiers journaux suivants sont créés lorsqu'une mise à niveau réussit :

- *C:\Windows\Panther\Setupact.log* ;
- *C:\Windows\panther\setuperr.log* ;
- *C:\Windows\inf\setupapi.app.log* ;
- *C:\Windows\inf\setupapi.dev.log* ;
- *C:\Windows\panther\PreGatherPnPList.log* ;
- *C:\Windows\panther\PostApplyPnPList.log* ;
- *C:\Windows\panther\miglog.xml*.

3.6. Dépanner la mise à niveau vers Windows Vista

Bien que ce soit vraiment très rare, il arrive parfois que la mise à niveau vers Windows Vista ne se déroule pas pour le mieux. Quelques informations sont mises à votre disposition durant la migration pour vous permettre de mieux comprendre ce qu'il se passe.

Les fichiers journaux suivants sont créés en cas d'échec d'une mise à niveau pendant l'installation et avant que l'ordinateur redémarre pour la seconde fois :

- *C:\$Windows.~BT\Sources\panther\setupact.log* ;
- *C:\$Windows.~BT\Sources\panther\miglog.xml* ;
- *C:\Windows\setupapi.log*.

Les fichiers journaux suivants sont créés en cas d'échec d'une mise à niveau pendant l'installation et après que l'ordinateur redémarre pour la seconde fois :

- *C:\Windows\panther\setupact.log* ;
- *C:\Windows\panther\miglog.xml* ;
- *C:\Windows\inf\setupapi.app.log* ;
- *C:\Windows\inf\setupapi.dev.log* ;
- *C:\Windows\panther\PreGatherPnPList.log* ;
- *C:\Windows\panther\PostApplyPnPList.log* ;
- *C:\Windows\memory.dmp*.

Les fichiers journaux suivants sont créés en cas d'échec d'une mise à niveau, lors de la restauration du bureau :

- *C:\$Windows.~BT\Sources\panther\setupact.log* ;
- *C:\$Windows.~BT\Sources\panther\miglog.xml* ;
- *C:\$Windows.~BT\sources\panther\setupapi\setupapi.dev.log* ;
- *C:\$Windows.~BT\sources\panther\setupapi\setupapi.app.log* ;
- *C:\Windows\memory.dmp*.

Lorsque vous tentez d'effectuer une mise à niveau vers Windows Vista, il se peut que l'option *Mettre à niveau* située dans la boîte de dialogue **Installer Windows** ne soit pas disponible. Pour tenter de résoudre ce problème, Microsoft met à votre disposition un ensemble de fiches techniques disponibles sur le site de support…

- *927295* : vous ne pouvez pas sélectionner l'option de mise à niveau lorsque vous essayez d'installer Windows Vista, et vous obtenez le message suivant : "*Windows ne peut pas déterminer si un autre système d'exploitation existe sur l'ordinateur.*"
- *927296* : vous ne pouvez pas sélectionner l'option de mise à niveau lorsque vous essayez d'installer Windows Vista, et vous obtenez le message suivant : "*Il existe plusieurs systèmes d'exploitation sur votre partition de mise à niveau.*"
- *927297* : vous ne pouvez pas sélectionner l'option de mise à niveau lorsque vous essayez d'installer Windows Vista, et vous obtenez le message suivant : "*Vous devez renommer ou supprimer <NomDossier> pour que la mise à niveau puisse continuer.*"
- *926069* : vous ne pouvez pas sélectionner l'option de mise à niveau lorsque vous essayez d'installer Windows Vista, et vous obtenez le message suivant : "*La mise à niveau a été désactivée.*"
- *927688* : lorsque vous tentez d'installer Windows Vista, l'option de mise à niveau n'est pas disponible, et un message d'erreur spécifique au matériel installé sur votre ordinateur s'affiche.
- *928432* : l'option de mise à niveau n'est pas disponible lors du démarrage de l'ordinateur à l'aide du DVD Windows Vista.
- *932004* : message d'erreur lorsque vous essayez de mettre à niveau un ordinateur Windows XP vers Windows Vista : "*Le système d'exploitation existant ne remplit pas les conditions logicielles requises : 'Service Pack 2 pour Windows XP'.*"
- *932005* : l'option de mise à niveau n'est pas disponible pour Windows Vista, et le message d'erreur suivant peut s'afficher : "*Vous ne pouvez pas mettre à niveau Windows en mode sans échec.*"
- *932006* : message d'erreur lorsque vous essayez de mettre à niveau un ordinateur vers Windows Vista :"*Impossible de démarrer la mise à niveau car la langue de Windows installée est différente de celle de ce disque.*"
- *932007* : message d'erreur lorsque vous essayez de mettre à niveau un ordinateur vers Windows Vista : "*Le système d'exploitation installé ne prend pas en charge la mise à jour vers Windows Vista.*"
- *932009* : message d'erreur lorsque vous essayez d'installer Windows Vista à partir du support d'installation Windows Vista. Vous recevez le message : "*La mise à niveau a été désactivée — Pour la mise à niveau, démarrez l'installation à partir de Windows.*"

3

3.7. Utiliser Windows XP dans Windows Vista

Au fil du temps, la puissance des ordinateurs poursuit sa course, ils sont de plus en plus puissants et performants. Des processeurs toujours plus rapides avec davantage de cœurs, pas moyen aujourd'hui de trouver une machine avec moins de 2 Go de RAM, et le stockage se rapproche chaque jour un plus du téraoctet. Pour autant, même si Windows Vista reste plus gourmand que son prédécesseur, hormis les jeux, nos ordinateurs sont de plus en plus sous-exploités. Et, dans le pire des cas, on se retrouve avec une machine sous-exploitée et un second ordinateur pour faire fonctionner une ou deux applications sur son bon vieux Windows XP. Dans notre cas, nous allons voir comment en finir avec ce problème. Faire fonctionner un ordinateur dans son ordinateur reste aujourd'hui accessible à tous. Cependant, cela nécessite de comprendre quelques principes de base que nous allons voir. Pour arriver à ce résultat, vous devez suivre ces étapes :

- faire fonctionner plusieurs systèmes d'exploitation à l'intérieur de Windows Vista ;
- continuer à utiliser Windows XP à la demande ;
- optimiser la puissance et les ressources de son ordinateur ;
- ne garder qu'un seul ordinateur.

Cette opération demande de répondre aux prérequis suivants :

- Votre ordinateur est équipé de Windows Vista.
- Vous possédez une version de Windows Vista ou de Windows XP avec un numéro de licence.
- Vous avez un espace de stockage d'au moins 20 Go disponible par machine virtuelle.
- Vous avez une connexion Internet ou vous possédez le logiciel Virtual PC 2007.

Installer Virtual PC 2007

Votre nouvel ordinateur est prêt à satisfaire toutes vos nouvelles exigences, mais pour faire fonctionner l'un de vos vieux programmes préférés, vous pourriez avoir encore besoin de garder votre ancien ordinateur à côté du nouveau. Pas de panique ! À présent, vous avez la possibilité de télécharger un logiciel gratuit de virtualisation. Il s'agit de Virtual PC 2007. Ce logiciel vous permet de faire fonctionner un ou plusieurs ordinateurs (virtuels), en accédant au BIOS au réseau, le tout sans quitter votre Windows Vista.

INTERNET

Téléchargement de Virtual PC 2007

- www.microsoft.com/downloads/details.aspx?FamilyID=04d26402-3199-48a3-afa2-2dc0b40a73b6&DisplayLang=fr

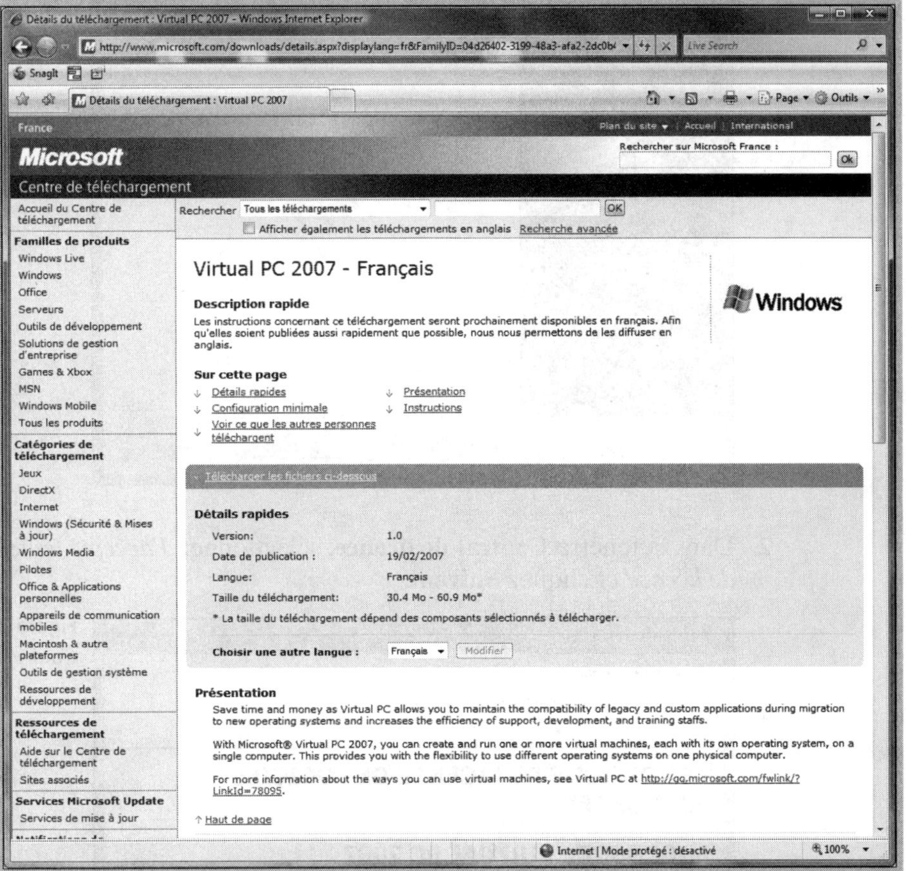

Figure 3-49 : *Site de téléchargement de Virtual PC 2007*

Un ordinateur dans un fichier

L'installation de Virtual PC 2007 est simple et totalement guidée, il suffit de suivre les différentes étapes. Vous serez ensuite prêt à créer votre propre ordinateur virtuel. Pour installer Virtual PC 2007, procédez ainsi :

1. Double-cliquez sur le fichier d'installation nommé *Setup*. Dans la fenêtre **Assistant Installation du logiciel "Microsoft Virtual PC 2007"**, cliquez sur **Suivant**.

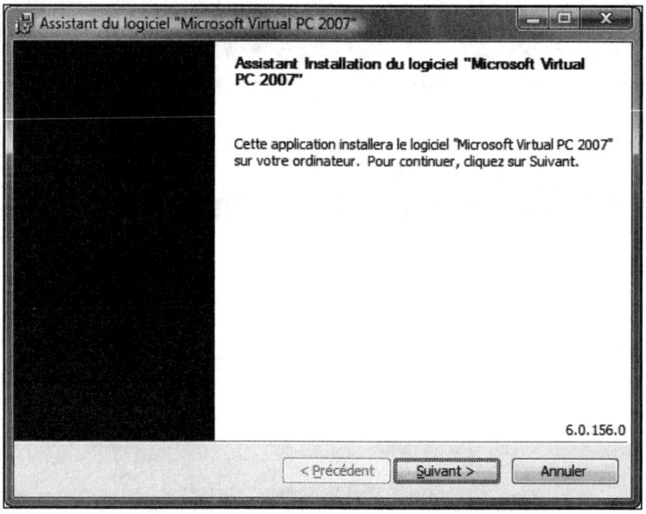

Figure 3-50 : *Fenêtre d'assistant d'installation*

2. Dans la fenêtre **Contrat de licence**, sélectionnez *J'accepte les termes du contrat de licence* et cliquez **Suivant**.

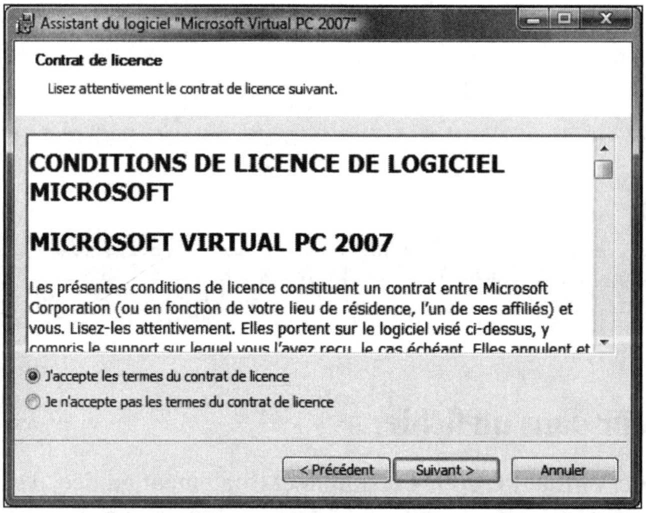

Figure 3-51 : *Contrat de licence*

3. La procédure d'installation propose automatiquement le nom de l'utilisateur et la clé du produit. Vous avez la possibilité de proposer et d'autoriser le logi-

ciel à tous les utilisateurs ou de le réserver à votre seul usage. Cliquez sur **Suivant** pour continuer.

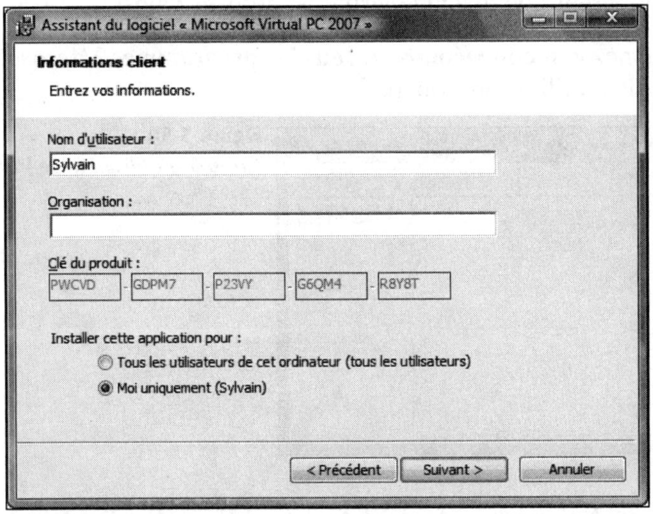

Figure 3-52 : *Informations clients*

4. Dans la fenêtre **Prêt à installer le programme**, gardez le chemin d'installation par défaut et cliquez sur **Installer**. À la fin de l'installation, cliquez sur **Terminer**.

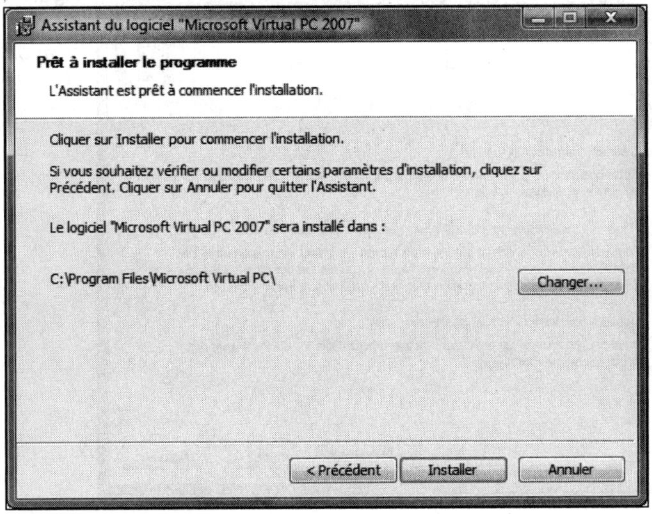

Figure 3-53 : *Installation de Virtual PC 2007-06-26*

Une fois le logiciel installé, une procédure simplifiée vous permet de créer des ordinateurs en sélectionnant la quantité de mémoire allouée ainsi que la taille du disque dur. Pour créer une machine virtuelle, procédez ainsi :

1. Sélectionnez le menu **Démarrer/Tous les programmes/Microsoft Virtual PC**. La console d'utilisation s'ouvre.

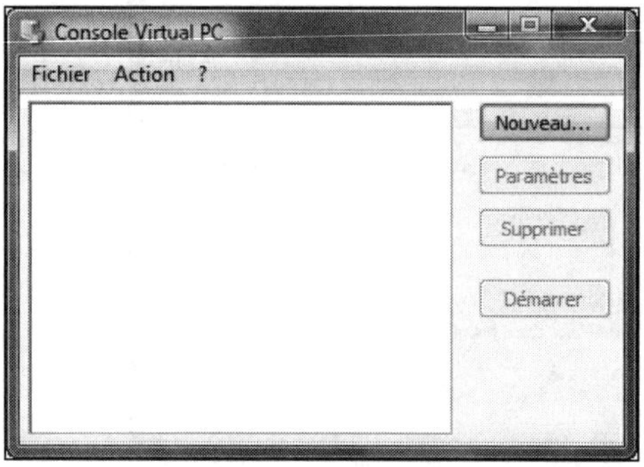

Figure 3-54 : *Console d'utilisation de Virtual PC 2007*

2. Cliquez sur **Nouveau**. La fenêtre **Assistant Nouvel ordinateur virtuel** s'ouvre. Cliquez sur **Suivant** pour continuer.
3. Dans la fenêtre d'options, gardez l'option par défaut *Créer un ordinateur virtuel* et cliquez sur **Suivant**.

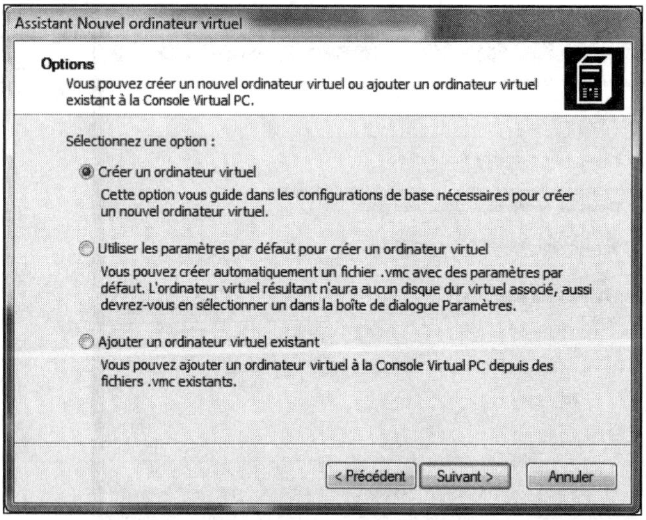

Figure 3-55 : *Fenêtre d'options de création de la machine virtuelle*

4. dans la fenêtre **Nom et emplacement de l'ordinateur virtuel**, nommez votre ordinateur (virtuel). Dans le champ *Nom et emplacement*, tapez `Mon Windows XP` et cliquez sur **Suivant**.

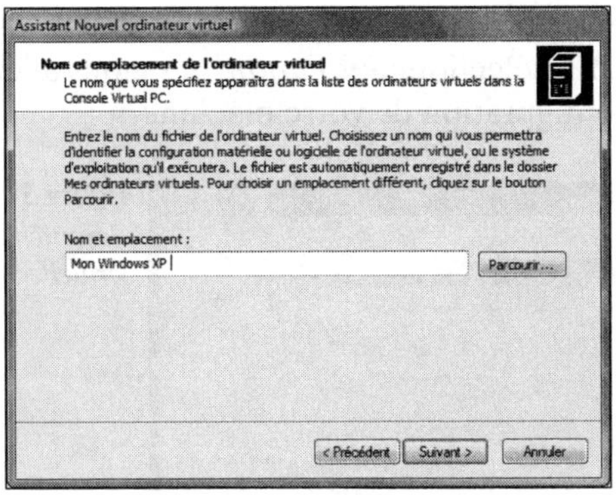

Figure 3-56 :
Nom et emplacement de l'ordinateur virtuel

5. Dans la fenêtre **Système d'exploitation**, sélectionnez *Windows XP* et cliquez sur **Suivant**.
6. Configurez également la mémoire et cliquez sur **Suivant**.

REMARQUE

Considération sur la gestion de la mémoire

Virtual PC 2007 se fonde sur les capacités maximales de la mémoire vive de l'ordinateur hôte. Lorsque vous affectez de la mémoire à un ordinateur virtuel et que vous le démarrez, la quantité de mémoire vive souhaitée est affectée à l'ordinateur virtuel. Faites attention à l'accumulation d'ordinateurs virtuels démarrés : selon la configuration, il se peut que certains ordinateurs virtuels n'aient pas le droit de démarrer car la quantité de mémoire de l'ordinateur hôte atteindrait la limite de fonctionnement.

7. Dans la fenêtre **Options de disque dur Virtuel**, sélectionnez *Un nouveau disque dur virtuel* et cliquez sur **Suivant**. Définissez l'emplacement et la taille du disque et cliquez sur **Suivant**.

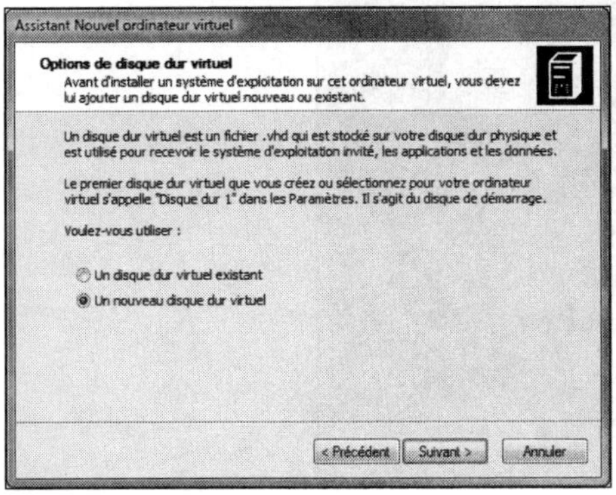

Figure 3-57 :
Création d'un disque dur virtuel

8. À la fin de la création de la machine, cliquez sur **Terminer**. La machine apparaît dans la console. En sélectionnant *Paramètres*, vous allez pouvoir regarder et modifier la configuration de votre machine.

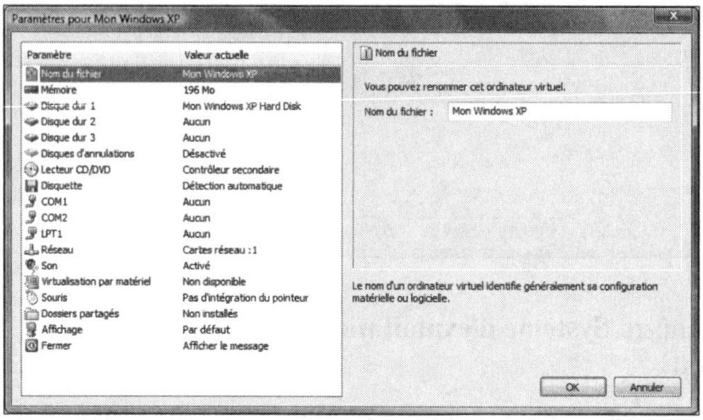

Figure 3-58 : *Paramètres de la machine virtuelle*

REMARQUE

Disque dur virtuel

Durant la configuration du disque dur, l'assistant vous propose 65 565 Mo. Le disque n'occupe pas réellement cette taille, mais il va s'étendre au fur et à mesure de l'utilisation de la capacité demandée.

Pour installer votre système d'exploitation dans la machine virtuelle, insérez le média dans votre lecteur de DVD. Dans la console Virtual PC, sélectionnez votre machine et cliquez sur **Démarrer**.

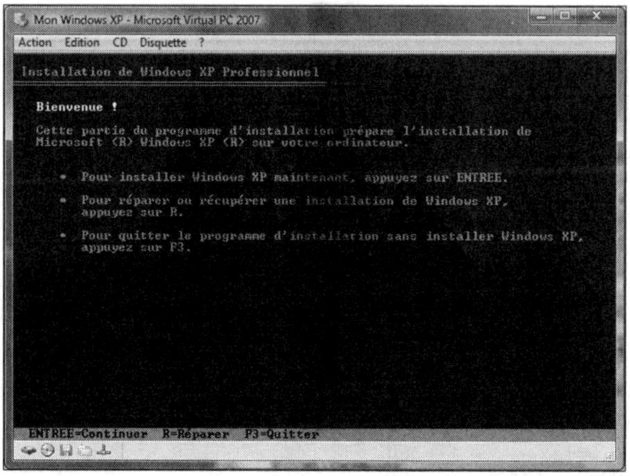

Figure 3-59 : *Machine virtuelle avec l'installation de Windows XP*

Des modifications en toute sécurité

Votre machine virtuelle vous garantit des modifications en toute sécurité car elle peut être arrêtée à tout moment avec l'enregistrement de l'état de la machine. Ensuite, vous pouvez la faire repartir comme si elle ne s'était jamais arrêtée. Dans les paramètres de la machine virtuelle, vous pouvez cocher la case *Activer les disques d'annulations*. Ainsi, toutes les modifications que vous aurez effectuées ne seront pas enregistrées dans le disque dur virtuel.

REMARQUE

Windows Vista dans Windows Vista ? Pas facile !

Pour rester dans la légalité, le système d'exploitation installé dans la machine virtuelle doit être accompagné d'une licence d'utilisation. Autre détail concernant les versions et les licences : les versions Familiale basique, Familiale Premium et Intégrale de Windows Vista ne peuvent pas être installées dans une machine virtuelle avec la même licence que celle de l'ordinateur hôte. Les numéros de licence doivent être différents de celui du système d'exploitation principal. Par conséquent, l'utilisation de Virtual PC 2007 est recommandée pour faire fonctionner des versions de systèmes d'exploitation précédentes.

Pour aller plus loin

Certaines options de Virtual PC 2007 méritent d'être connues pour améliorer l'utilisation de Virtual PC 2007 :

1. Cliquez sur le logo Windows de démarrage, puis sur **Tous les programmes/Microsoft Virtual PC**. La console Virtual PC se lance.
2. Dans la console, cliquez sur **Fichier/Options**. La fenêtre d'options de Virtual PC 2007 s'ouvre.

À partir de cette fenêtre d'options, vous pouvez configurer de nombreux paramètres.

3. Par exemple, cliquez sur la ligne *Performances*. Vous pouvez ainsi définir la façon dont le temps processeur peut être réparti ou alloué entre les ordinateurs virtuels ou entre l'ordinateur hôte et l'ordinateur virtuel.
4. Cliquez sur *Virtualisation par matériel* pour activer ou désactiver la virtualisation assistée par matériel, à condition que votre processeur ait les instructions le permettant.

5. Cliquez sur la ligne *Clavier* pour configurer la touche hôte qui permettra au système d'exploitation hôte de prendre le contrôle du clavier et de la souris de l'ordinateur virtuel.

La touche hôte, dans cet exemple la touche Windows, permet de prendre le contrôle de l'ordinateur virtuel (ou d'en sortir) et remplace certaines combinaisons de touches. Par exemple, si vous pressez les touches Ctrl+Alt+Suppr en croyant interagir sur l'ordinateur virtuel, c'est l'ordinateur hôte qui va répondre à cette commande. Pour reproduire la combinaison de touches équivalente dans l'ordinateur virtuel, il vous faut utiliser les touches Windows+Suppr.

6. Cliquez sur la ligne *Sécurité* pour renforcer l'accès à certaines fonctionnalités uniquement aux administrateurs.

Pour terminer, le tableau suivant récapitule la liste des processeurs actuels qui prennent en charge les instructions de virtualisation :

Tableau 3-2 : Liste des processeurs permettant la virtualisation assistée par matériel

Processeurs Intel	Processeurs AMD
Core 2 Duo extrême	Athlon FX socket AM2
Core 2 Duo E6300, E6400, E6600, E6700	Athlon X2 socket AM2
Pentium extrême 955, 965	Athlon 64 socket AM2
Pentium D 920, 930, 940, 950	
Xeon	
Itanium 9015, 9020, 9030, 9040, 9050	
Core 2 Duo T7200, T7400, T7600, T5600	
Core Duo T2700, T2600, T2500, T2400, T2300, L2500, L2400, L2300, U2400, U2500	
Core Solo U1400, U1300	

4

Les utilisateurs et les groupes

Depuis Windows XP, version qui précède Windows Vista, les utilisateurs et les groupes ont fait leur apparition. Pourtant, la notion de groupes et d'utilisateurs était déjà présente sous Windows NT4 Workstation. La gestion des groupes et des utilisateurs était utilisée alors pour des raisons professionnelles. Avec l'arrivée de Windows XP, l'utilisation des ordinateurs s'est démocratisée. C'est devenu un environnement commun de plus en plus partagé et, paradoxalement, de plus en plus personnel. Aujourd'hui, même si nous partageons nos ordinateurs, avec les périphériques et les applications, nous souhaitons tous garder l'intimité de notre messagerie et de nos documents. Pour des raisons de confort, chacun aime organiser son Bureau comme il le souhaite aussi. En entreprise, la gestion des groupes se fait par le biais d'une organisation, et cela permet de faciliter l'attribution des droits.

Avec l'arrivée de Windows Vista, l'évolution des groupes et des utilisateurs a fait couler beaucoup d'encre à propos du Contrôle de compte utilisateur et, pourtant, ces évolutions ne se limitent pas qu'à cela. En effet, la configuration par défaut des comptes et des groupes locaux a été revue. Nous pouvons citer notamment ces quelques nouveautés :

- Le compte *Administrateur*, Compte Built-in (rid 500), est désactivé par défaut.
- Le groupe *Utilisateur avec pouvoir* est désapprouvé (*deprecated*). Si celui-ci existe toujours pour assurer la compatibilité ascendante, il ne possède cependant pas de droits par défaut, en particulier sur les répertoires *Program Files* et *Windows*. De toute façon, il a été largement démontré que les membres de ce groupe pouvaient élever leurs privilèges vers ceux du groupe *Administrateurs* sans aucun problème. Il pouvait également modifier le répertoire Windows, ce qui avait un impact direct sur le système.
- Les comptes *HelpAssistant* et *Support_388945a0*, utilisés pour des fonctions de support et d'assistance à distance, ont été supprimés. Désormais, l'assistance à distance s'exécute dans un programme classique dans la session utilisateur.
- De nombreux groupes ont été ajoutés pour permettre aux utilisateurs ne disposant pas de droits administrateurs de réaliser des tâches avec privilèges.
- De nouveaux SID on fait leur apparition, comme le SID *Owner Rights* (S-1-3-4).

Autre point revu et enrichi : les droits utilisateurs. Windows Vista introduit six nouveaux droits que voici…

- *Access credential manager as a trusted caller* : le *credential manager* est l'emplacement de stockage "sécurisé" des mots de passe mémorisés par le système (pour mémoire, la case à cocher *Mémoriser le mot de passe* que vous pouvez trouver parfois dans les boîtes de dialogues de connexion aux ressources réseau ; à titre d'informations, Microsoft en détient tout de même le brevet). Windows utilise une API de DPAPI pour chiffrer les mots de passe et les stocker dans la base de Registre. Normalement, les données enregistrées par un utilisateur ne sont visibles que de lui seul tandis que les données enregistrées par le compte machine sont visibles de tous les utilisateurs. Ce comportement a changé avec Windows Vista. À noter que la valeur par défaut est vide.

- *Change time zone* : le nom parle de lui-même. La valeur par défaut est *Administrateurs, Utilisateurs, Local Service*.
- *Create symbolic link* : désormais, Windows Vista prend en charge les liens symboliques. La valeur par défaut est *Administrateurs*.
- *Modify an object label* : le label en question correspond au niveau d'intégrité des processus. Par défaut, la valeur est vide.
- *Synchronize directory service data* : démarrer une synchronisation des annuaires Active Directory. Par défaut, la valeur est vide.
- *Increase a process working set* : Le *working set* correspond à la quantité de mémoire physique allouée au processus, tout ce qui est au-delà est déporté vers le fichier d'échange (*swapfile*). Par défaut, la valeur est *Utilisateurs*.

4.1. Gérer les utilisateurs et les groupes locaux

La gestion des utilisateurs peut se réaliser à deux endroits différents : dans le Panneau de configuration et dans la console de management Microsoft. La gestion par le Panneau de configuration est plutôt réservée à un usage domestique, alors que l'utilisation de la console de management est plutôt réservée aux professionnels.

Gérer des utilisateurs par le Panneau de configuration

Pour accéder à la gestion des comptes d'utilisateurs, procédez ainsi :

1. Sélectionnez le menu **Démarrer**, puis **Panneau de configuration**.
2. Sélectionnez l'icône *Comptes d'utilisateurs* et appuyez sur [↵] (voir fig. 4-1).

La fenêtre **Comptes d'utilisateurs** s'ouvre sur la gestion de votre compte.

3. Vous pouvez modifier votre image : cliquez sur **Modifier votre image**.
4. Pour modifier le nom de votre compte, cliquez sur **Modifier votre nom de compte** (voir fig. 4-2).

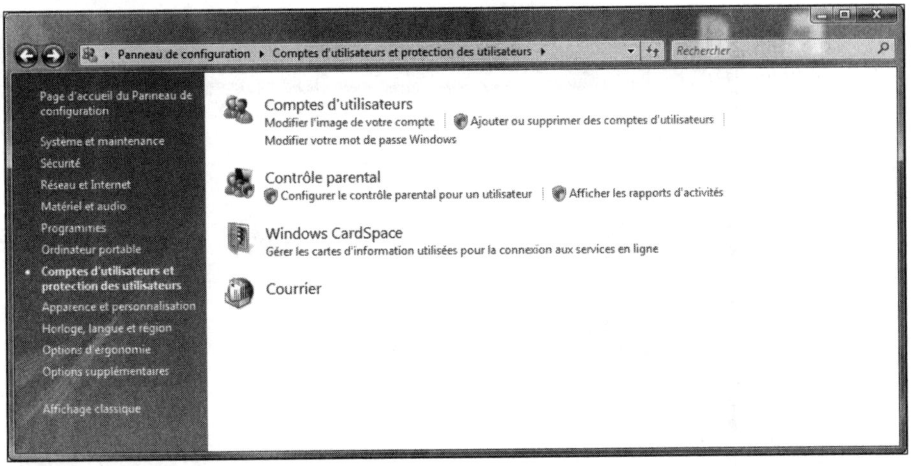

Figure 4-1 : *Comptes d'utilisateurs et protection des utilisateurs*

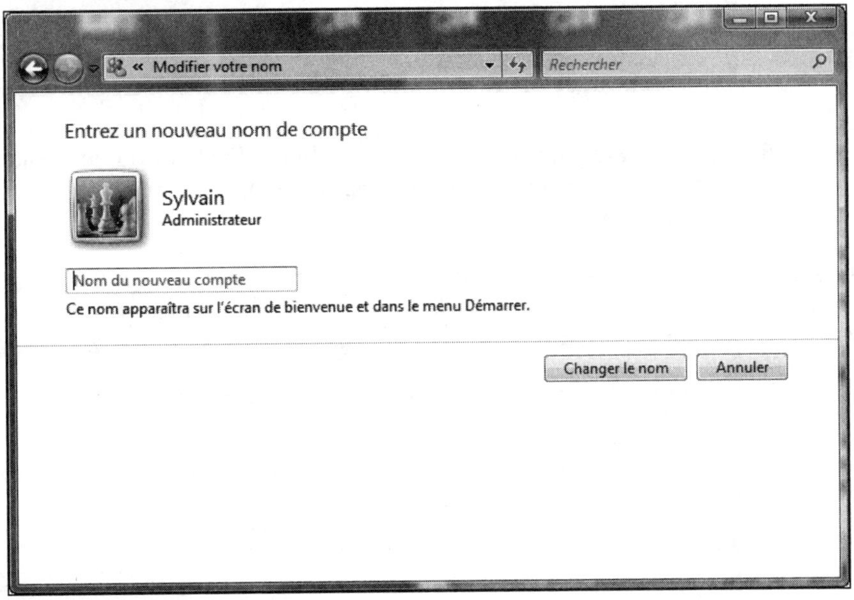

Figure 4-2 : *Modification du nom*

5. Il est également possible de modifier les privilèges du compte en cliquant sur **Modifier votre type de compte**.
6. Pour créer un mot de passe pour votre compte, cliquez sur **Créer un mot de passe pour votre compte**.
7. Vous avez la possibilité de créer un nouveau compte en sélectionnant **Gérer les comptes**, puis **Créer un nouveau compte d'utilisateurs**.

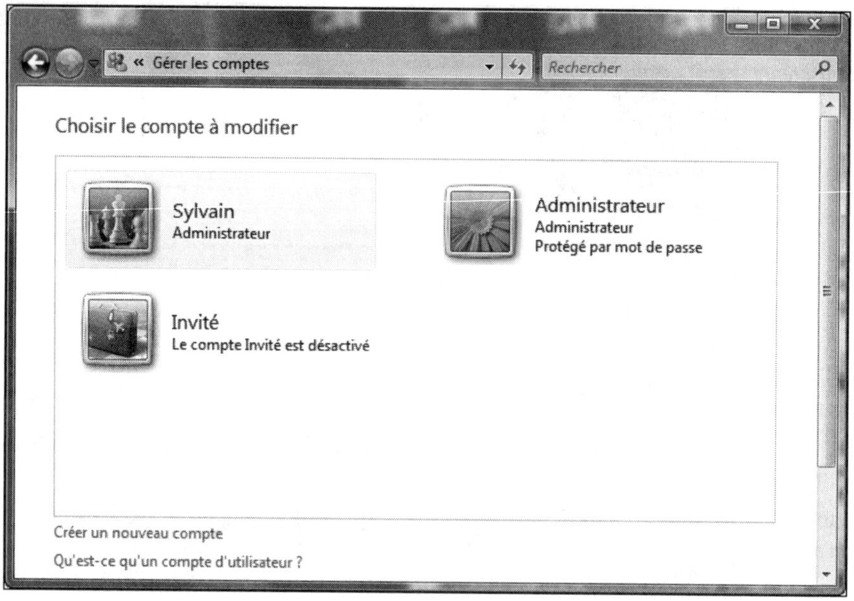

Figure 4-3 : *Création et gestion des comptes*

8. Et, pour terminer, vous avez la possibilité d'activer ou de désactiver le Contrôle des comptes utilisateurs, ce qui bien sûr n'est pas du tout recommandé.

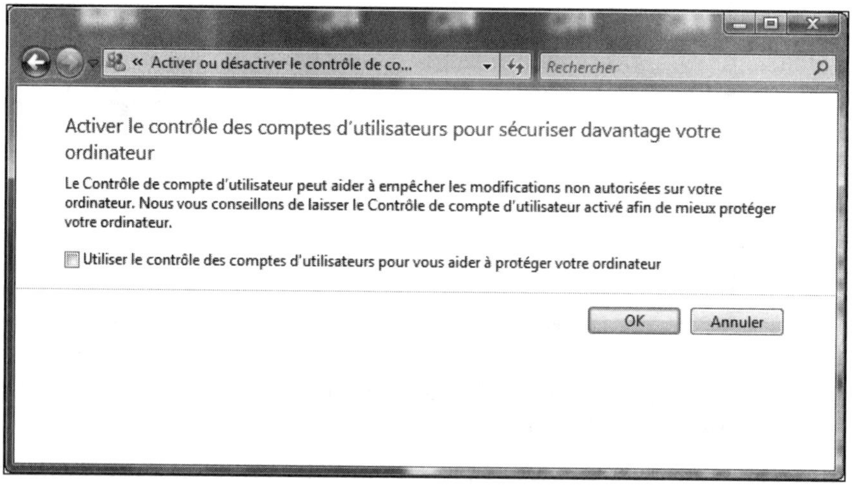

Figure 4-4 : *Gestion du Contrôle des comptes utilisateurs*

Gérer des groupes et des utilisateurs avec la console de management

La seconde façon de gérer des comptes et des groupes d'utilisateurs est d'utiliser la console de management Microsoft. Cette méthode est plutôt réservée aux utilisateurs avertis et à l'environnement d'entreprise. Vous pouvez obtenir cette console de deux manières.

Première méthode :

1. Cliquez sur le menu **Démarrer**, puis cliquez avec le bouton droit de la souris sur **Ordinateur** et sélectionnez **Gérer**.

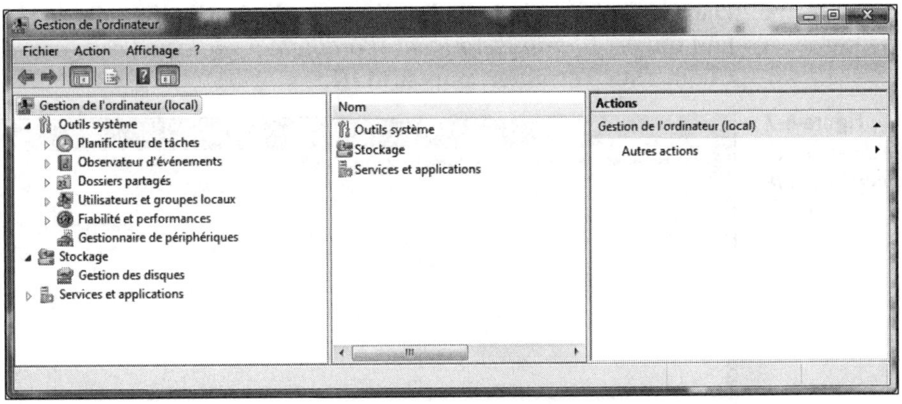

Figure 4-5 : *Gestion de l'ordinateur*

2. Dans la fenêtre **Contrôle du compte utilisateur**, cliquez sur **Continuer**.
3. Dans la console **Gestion de l'ordinateur**, sélectionnez *Utilisateurs et groupes locaux*.

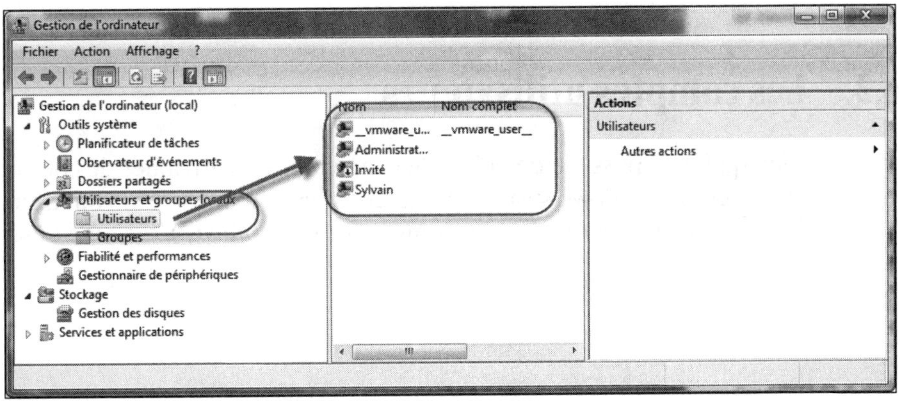

Figure 4-6 : *Gestion des utilisateurs et des groupes locaux à partir de la console Gestion de l'ordinateur*

Deuxième méthode :

1. Cliquez sur **Démarrer**, puis **Exécuter**.
2. Dans la fenêtre **Exécuter**, tapez `mmc` et cliquez sur OK.
3. Dans la fenêtre **Contrôle du compte utilisateur**, cliquez sur **Continuer**.
4. Dans la fenêtre **Console1**, sélectionnez **Fichier**, puis **Ajouter/Supprimer un composant logiciel enfichable**.
5. Dans le volet de la fenêtre **Ajouter ou supprimer des composants logiciels enfichables**, sélectionnez *Utilisateurs et groupes locaux* et cliquez sur **Ajouter**.
6. Dans la fenêtre **Choix de l'ordinateur de destination**, gardez le choix par défaut qui est *L'ordinateur local (l'ordinateur sur lequel cette console s'exécute)*. Cliquez sur **Terminer**, puis sur OK.

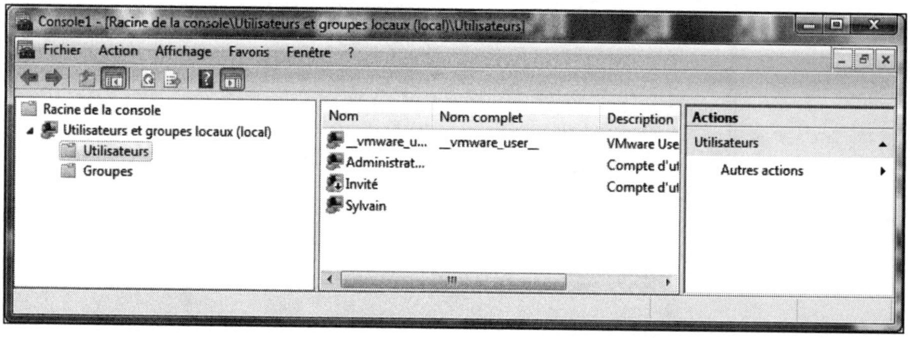

Figure 4-7 : *Console de gestion des utilisateurs et groupes locaux*

7. Pour enregistrer vos paramètres dans la console **Gestion des utilisateurs et des groupes locaux**, sélectionnez **Fichier/Enregistrer sous** et choisissez votre chemin de destination.

4.2. Les comptes utilisateurs

Bien qu'il soit possible de créer, de supprimer et d'attribuer des permissions à des utilisateurs, Windows Vista possède deux types d'utilisateurs qui dérogent à la règle. Il s'agit du compte *Invité* et du compte *Administrateur*. Voici une description de ces deux comptes :

Tableau 4-1 : Comptes d'utilisateurs par défaut

Compte d'utilisateur par défaut	Description
Compte *Invité*	Le compte *Invité* est utilisé par les personnes qui ne possèdent pas de compte sur l'ordinateur. Un utilisateur dont le compte est désactivé (mais pas supprimé) peut également se servir du compte *Invité*. Le compte *Invité* ne demande pas de mot de passe. Ce compte est désactivé par défaut, mais vous pouvez l'activer. Vous pouvez définir des droits et des autorisations pour le compte *Invité*, tout comme vous pouvez le faire pour tout autre compte d'utilisateur. Par défaut, ce compte fait partie du groupe *Invités* qui permet à l'utilisateur de se connecter à un ordinateur. Seul un membre du groupe *Administrateurs* peut accorder des droits supplémentaires et des autorisations au groupe *Invités*. Par défaut, le compte *Invité* est désactivé et il est conseillé de ne pas l'activer.
Compte *Administrateur*	Le compte *Administrateur* est désactivé par défaut, mais vous pouvez l'activer. Lorsqu'il est activé, le compte *Administrateur* possède le contrôle total de l'ordinateur et peut affecter des droits d'utilisateur et des autorisations de contrôles d'accès aux utilisateurs en fonction des besoins. Ce compte ne doit être utilisé que pour les tâches nécessitant des informations d'identification administratives. Il est vivement recommandé de paramétrer ce compte pour qu'il utilise un mot de passe renforcé. Le compte *Administrateur* est un membre du groupe *Administrateurs* sur l'ordinateur. Le compte *Administrateur* ne peut jamais être effacé ou supprimé dans le groupe *Administrateurs*, mais il peut être renommé ou désactivé. Comme il est notoire que le compte *Administrateur* existe sur de nombreuses versions de Windows, le fait de renommer ou de désactiver ce compte rend son accès beaucoup plus compliqué pour des utilisateurs malveillants.

Créer un compte d'utilisateur

Par défaut, Windows Vista ne possède pas plusieurs comptes utilisateurs. Cela vous oblige à utiliser votre ordinateur comme une machine monobloc et, de ce fait, vous ne pouvez pas personnaliser votre environnement, votre messagerie ou encore restreindre l'accès d'Internet par le biais du Contrôle parental. Mais ce n'est que l'utilisation par défaut. Vista va plus loin en reprenant les fonctions de ces parents Windows NT, Windows 2000 et Windows XP. Vous pouvez créer facilement des comptes en fonction de l'organisation que vous souhaitez pour votre ordinateur. Il est par exemple possible de créer deux comptes : un premier compte nommé *Internet* qui permet d'utiliser Internet et les applications autour de ce support et un autre compte *Non Internet* qui, lui, refusera tous les accès à Internet. De façon plus rationnelle, il est possible de créer un compte par utilisateur et de partager ou pas des applications.

REMARQUE

Informations préalables sur la création d'un compte utilisateur

Pour créer un utilisateur, vous devez fournir des informations d'identification pour le compte *Administrateur* sur l'ordinateur local (si le système vous y invite) ou être membre du groupe *Administrateurs* sur l'ordinateur local.

Un nom d'utilisateur doit être différent de celui de tout autre utilisateur ou groupe sur l'ordinateur en cours de gestion. Le nom d'utilisateur peut contenir jusqu'à 20 caractères, majuscules ou minuscules, sauf les caractères suivants : `" / \ [ ] : ; | = , + * ? < > @`. Un nom d'utilisateur ne peut pas être entièrement composé de points (`.`) ou d'espaces.

Dans les zones *Mot de passe* et *Confirmer le mot de passe*, vous pouvez taper un mot de passe (127 caractères au maximum). Toutefois, si le réseau est constitué d'ordinateurs exécutant Windows 95 ou Windows 98, envisagez d'utiliser des mots de passe ne dépassant pas 14 caractères. Si votre mot de passe dépasse 14 caractères, vous ne pourrez peut-être pas ouvrir de session sur le réseau à partir d'ordinateurs exécutant Windows 95 ou Windows 98.

L'utilisation de mots de passe renforcés et de stratégies de mot de passe adéquates peut vous aider à protéger votre ordinateur contre les attaques.

Pour créer un compte utilisateur, procédez ainsi :

1. Cliquez sur le menu **Démarrer**, puis **Exécuter** et, dans la fenêtre **Exécuter**, tapez `mmc`. Cliquez sur OK.
2. Dans la fenêtre **Contrôle du compte utilisateur**, cliquez sur **Continuer.** Dans la fenêtre **Console1**, sélectionnez **Fichier**, puis **Ajouter/Supprimer un composant logiciel enfichable**.
3. Dans le volet de la fenêtre **Ajouter ou supprimer des composants logiciels enfichables**, sélectionnez **Utilisateurs et groupes locaux** et cliquez sur **Ajouter**. Gardez le choix par défaut *L'ordinateur local (l'ordinateur sur lequel cette console s'exécute)* et cliquez sur **Terminer**, puis sur OK.

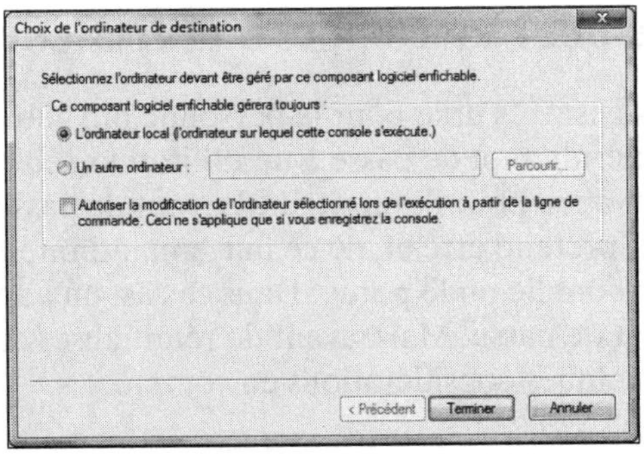

Figure 4-8 : *Choix de l'ordinateur de destination*

4. Sélectionnez *Utilisateurs et groupe locaux*, puis *Utilisateurs*.
5. Dans le menu **Action**, cliquez sur **Nouvel utilisateur**.

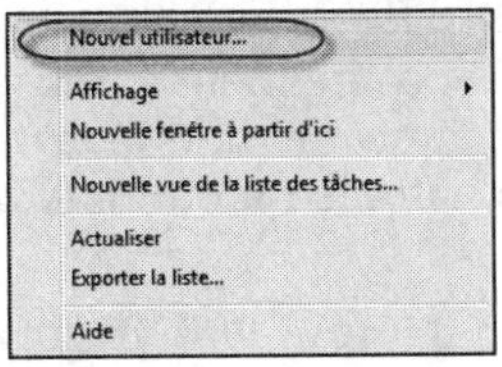

Figure 4-9 : *Création du nouvel utilisateur*

6. Dans la boîte de dialogue **Nouvel utilisateur**, remplissez les champs *Nom d'utilisateur*, *Nom complet* et *Description*.
7. Activez les fonctions liées au compte. Activez ou désactivez les cases à cocher *L'utilisateur doit changer de mot de passe à la prochaine ouverture de session*, *L'utilisateur ne peut pas changer de mot de passe*, *Le mot de passe n'expire jamais*, *Le compte est désactivé*.
8. Cliquez sur **Créer**, puis sur **Fermer**.

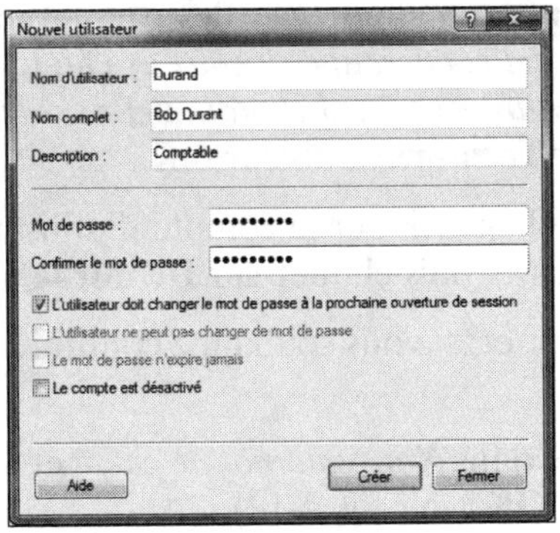

Figure 4-10 : *Boîte de dialogue du nouvel utilisateur*

Réinitialiser le mot de passe pour un compte d'utilisateur local

L'utilisation d'un mot de passe est très utile pour la personne qui gère le ou les ordinateurs car elle peut donner un mot de passe à un utilisateur seulement quand elle le souhaite. C'est pratique aussi pour l'utilisateur. Le mot de passe garantit que l'utilisateur est bien celui qu'il prétend être et, de ce fait, son intimité est protégée. Il arrive parfois que l'utilisateur l'oublie ou le perde. Dans ce cas, un administrateur à la possibilité de changer le mot de passe. Mais, avant de réinitialiser ce mot de passe, il est nécessaire de prendre quelques considérations en compte.

REMARQUE

Informations préalables sur la réinitialisation d'un mot de passe

Pour réinitialiser un mot de passe, vous devez fournir des informations d'identification pour le compte *Administrateur* sur l'ordinateur local ou être membre du groupe *Administrateurs* sur l'ordinateur local.

Le fait de réinitialiser le mot de passe d'un compte local d'utilisateur peut avoir comme conséquence la perte de certaines des données de cet utilisateur, si celui-ci dispose de données chiffrées ou de mots de passe Internet de substitution.

Les mots de passe renforcés permettent de garantir une meilleure sécurité de l'ordinateur et du réseau.

Pour réinitialiser un mot de passe, procédez ainsi :

1. Cliquez sur le menu **Démarrer**, puis **Exécuter** et, dans la fenêtre **Exécuter**, tapez `mmc`. Cliquez sur OK.
2. Dans la fenêtre **Contrôle du compte utilisateur**, cliquez sur **Continuer**. Dans la fenêtre **Console1**, sélectionnez **Fichier**, puis **Ajouter/Supprimer un composant logiciel enfichable**.
3. Dans le volet de la fenêtre **Ajouter ou supprimer des composants logiciels enfichables**, sélectionnez *Utilisateurs et groupes locaux* et cliquez sur **Ajouter**. Gardez le choix par défaut *L'ordinateur local (l'ordinateur sur lequel cette console s'exécute)* et cliquez sur **Terminer**, puis sur OK.
4. Cliquez avec le bouton droit de la souris sur le compte d'utilisateur dont vous voulez réinitialiser le mot de passe, puis cliquez sur **Définir le mot de passe**.
5. Lisez le message d'avertissement et, si vous souhaitez continuer, cliquez sur **Continuer** (voir fig. 4-11).
6. Tapez un nouveau mot de passe dans *Nouveau mot de passe* et dans *Confirmer le mot de passe*, puis cliquez sur OK (voir fig. 4-12).

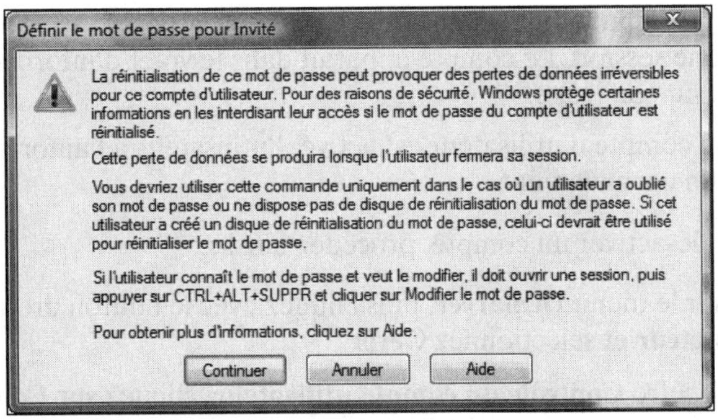

Figure 4-11 : *Avertissement avant la réinitialisation du mot de passe*

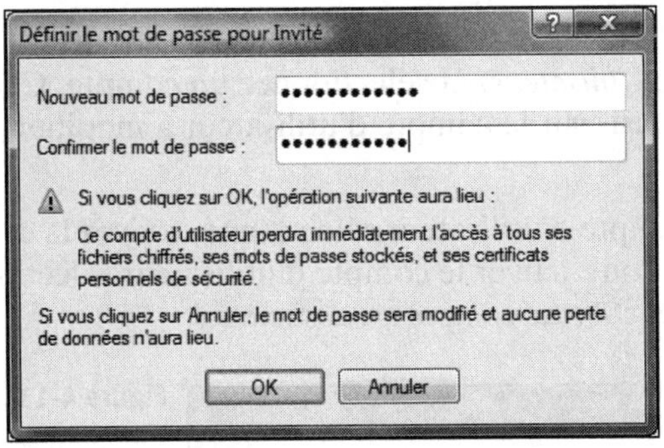

Figure 4-12 : *Changement de mot de passe*

Désactiver ou activer un compte d'utilisateur local

Parfois, il arrive qu'un utilisateur s'absente pendant une certaine période ou parte définitivement. Par sécurité, on peut souhaiter garder son compte utilisateur pour s'assurer de ne pas perdre de documents. Bien que l'on souhaite garder ce compte à l'abri, on ne veut pas pour autant qu'une autre personne puisse l'utiliser. Vous avez la possibilité de désactiver le compte. La désactivation d'un compte peut se faire aussi de façon automatique parce que des paramètres de sécurité font en sorte que le compte se verrouille après plusieurs tentatives infructueuses. Dans ce cas, il est important de savoir pourquoi le compte se retrouve verrouillé et de vérifier qu'il ne s'agit pas d'un problème de sécurité. Avant d'activer ou de désactiver un compte, il est nécessaire de prendre en compte les informations suivantes :

- Pour désactiver ou activer un compte utilisateur, vous devez fournir des informations d'identification pour le compte *Administrateur* sur l'ordinateur local ou être membre du groupe *Administrateurs* sur l'ordinateur local.
- Avant d'activer un compte désactivé, assurez-vous que le compte n'a pas été verrouillé pour des raisons de sécurité.

- Lorsqu'un compte d'utilisateur est activé, l'utilisateur n'a pas l'autorisation d'ouvrir une session. Le compte apparaît dans le volet d'informations avec une croix sur son icône.
- Lorsqu'un compte d'utilisateur est activé, l'utilisateur a l'autorisation d'ouvrir une session normalement.

Pour activer ou désactiver un compte, procédez ainsi :

1. Cliquez sur le menu **Démarrer**, puis cliquez avec le bouton droit de la souris sur **Ordinateur** et sélectionnez **Gérer**.
2. Dans la fenêtre **Contrôle du compte utilisateur**, cliquez sur **Continuer**.
3. Dans la console **Gestion de l'ordinateur**, sélectionnez *Utilisateurs et groupes locaux*.
4. Développez la partie *Utilisateurs* et sélectionnez un compte. Cliquez avec le bouton droit de la souris sur le compte d'utilisateur à modifier, puis cliquez sur **Propriétés**.
5. Pour désactiver le compte d'utilisateur sélectionné, activez la case à cocher *Le compte est désactivé*. Pour activer le compte d'utilisateur sélectionné, désactivez la case à cocher *Le compte est désactivé*.

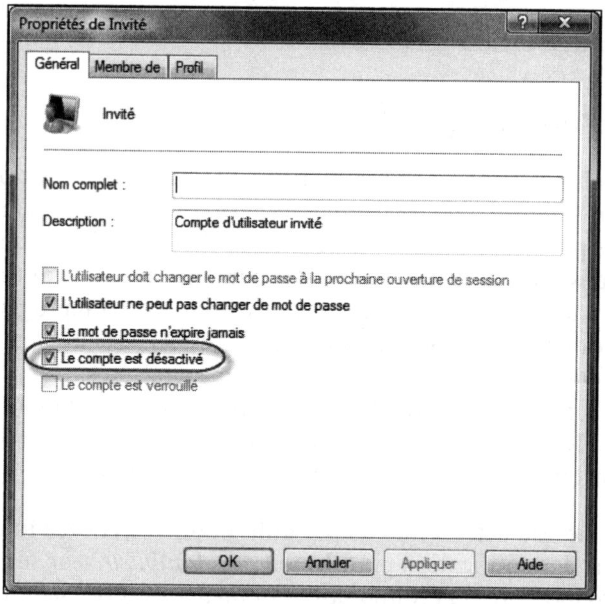

Figure 4-13 : *Compte d'utilisateur désactivé*

Renommer un compte d'utilisateur local

Autre scénario qui arrive parfois avec la gestion des comptes utilisateurs : une personne doit changer de fonction et n'utilisera plus le compte correspondant à ce travail. Dans ce cas, plutôt que de revoir l'ensemble des applications qui sont liées au profil, il est plus pratique de renommer ce profil. Avant de renommer un profil, il est nécessaire de prendre en compte plusieurs considérations…

REMARQUE

Informations préalable avant de renommer un compte d'utilisateur

- Pour exécuter cette procédure, vous devez fournir des informations d'identification pour le compte *Administrateur* sur l'ordinateur local ou être membre du groupe *Administrateurs* sur l'ordinateur local.
- Un nom d'utilisateur doit être différent de celui de tout autre utilisateur ou groupe sur l'ordinateur en cours de gestion. Un nom d'utilisateur peut contenir jusqu'à 20 caractères majuscules ou minuscules, sauf les caractères `" / \ [ ] : ; | = , + * ? < > @`.
- Dans la mesure où un compte renommé conserve son identificateur de sécurité (SID, *Security Identifier*), il conserve également toutes ses autres propriétés, comme la description, le mot de passe, l'appartenance à des groupes, le profil utilisateur, les informations concernant le compte ainsi que les autorisations et les droits qui lui ont été accordés.

Pour renommer un compte d'utilisateur, procédez ainsi :

1. Cliquez sur le menu **Démarrer**, puis cliquez avec le bouton droit de la souris sur **Ordinateur** et sélectionnez **Gérer**.
2. Dans la fenêtre **Contrôle du compte utilisateur**, cliquez sur **Continuer**.
3. Dans la console **Gestion de l'ordinateur**, sélectionnez *Utilisateurs et groupes locaux*.
4. Cliquez avec le bouton droit de la souris sur le compte d'utilisateur à renommer, puis cliquez sur **Renommer**.

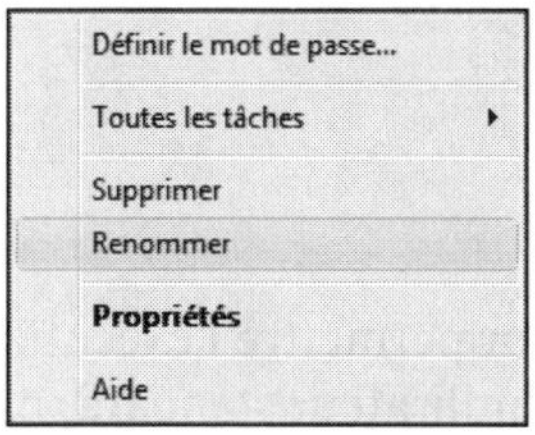

Figure 4-14 : *Renommer le compte de l'utilisateur*

5. Tapez un nouveau nom d'utilisateur et appuyez sur ↵.

Supprimer un compte d'utilisateur local

Nous l'avons vu précédemment, un compte d'utilisateur à un cycle de vie. Tout d'abord, il est créé, il peut être activé ou désactivé et, suite logique, il peut être supprimé. Avant de supprimer un compte, il est nécessaire de prendre en compte plusieurs informations.

REMARQUE

Informations préalables avant de supprimer un compte utilisateur

- Pour supprimer un compte utilisateur, vous devez fournir des informations d'identification pour le compte *Administrateur* sur l'ordinateur local (si le système vous y invite) ou être membre du groupe *Administrateurs* sur l'ordinateur local.
- Il est impossible de récupérer un compte d'utilisateur supprimé.
- Le compte *Administrateur* et le compte *Invité* ne peuvent pas être supprimés.
- Lorsque vous devez supprimer un compte d'utilisateur, il est recommandé de le désactiver d'abord. De cette manière, vous pouvez vérifier que la désactivation du compte ne cause pas de problème. Vous pouvez alors le supprimer en toute sécurité.

Pour supprimer un compte utilisateur, procédez ainsi :

1. Cliquez sur le menu **Démarrer**, puis **Exécuter** et, dans la fenêtre **Exécuter**, tapez `mmc` et cliquez sur OK.
2. Dans la fenêtre **Contrôle du compte utilisateur**, cliquez sur **Continuer**. Dans la fenêtre **Console1**, sélectionnez **Fichier**, puis **Ajouter/Supprimer un composant logiciel enfichable**.
3. Dans le volet de la fenêtre **Ajouter ou supprimer des composants logiciels enfichables**, sélectionnez *Utilisateurs et groupes locaux* et cliquez sur **Ajouter**. Gardez le choix par défaut *L'ordinateur local (l'ordinateur sur lequel cette console s'exécute)* et cliquez sur **Terminer**, puis sur OK.
4. Cliquez avec le bouton droit de la souris sur le compte d'utilisateur à supprimer, puis cliquez sur **Supprimer**.

Le Contrôle de compte utilisateur UAC

Le Contrôle de compte utilisateur est conçu pour permettre l'exécution d'applications aux utilisateurs avec des droits d'utilisateur standard, par opposition aux droits administratifs. Les droits administratifs permettent aux utilisateurs de pouvoir lire et modifier n'importe quelle partie du système d'exploitation, y compris le code et les données d'autres utilisateurs, et Windows lui-même. Sans les droits administratifs, les utilisateurs ne peuvent pas modifier de paramètres système (que ce soit accidentellement ou intentionnellement), les logiciels malveillants ne peuvent pas changer les paramètres de sécurité du système ou désactiver l'antivirus et les utilisateurs ne peuvent pas compromettre les informations sensibles d'autres utilisateurs sur les ordinateurs partagés. L'exécution avec les droits d'utilisateur standard peut donc réduire l'impact des logiciels malveillants, permettre aux ordinateurs domestiques de fonctionner de façon plus fluide et protéger les données sensibles sur les ordinateurs partagés.

Le Contrôle de compte utilisateur devait s'attaquer à plusieurs problèmes pour faciliter l'exécution avec un compte d'utilisateur standard. Tout d'abord, avant Windows Vista, le modèle d'utilisation de Windows était fondé sur des droits administratifs supposés. Les développeurs de logiciels supposaient que leurs programmes pourraient accéder à n'importe quel fichier, clé de Registre ou paramètre du système d'exploitation et les modifier. Les utilisateurs étaient encouragés à utiliser un compte administrateur intégré ou l'un des comptes qui étaient membre du groupe *Administrateurs*.

Le deuxième problème que le Contrôle de compte utilisateur devait résoudre était que les utilisateurs ont parfois besoin des droits administratifs pour exécuter des opérations comme l'installation d'un logiciel, la modification de l'heure du système et l'ouverture de ports dans le pare-feu.

La solution du Contrôle de compte utilisateur à ces problèmes s'appuie sur trois axes :

- exécuter la plupart des applications avec des droits d'utilisateur standard ;
- éviter le besoin systématique des droits d'administrateurs ;
- encourager les développeurs de logiciels à créer des applications qui s'exécutent avec les droits d'utilisateur standard.

À cette fin, le Contrôle de compte utilisateur permet une réduction de la fréquence de demande des droits administratifs et l'exécution d'applications d'héritage avec les droits d'utilisateur standard. Il facilite également l'accès aux droits administratifs par les utilisateurs standards lorsqu'ils en ont besoin, et permet même l'exécution d'utilisateurs avec des privilèges d'administrateur comme s'ils étaient des utilisateurs standards.

REMARQUE

Rôle, fonction et limite de sécurité du Contrôle de compte utilisateur

Le Contrôle de compte utilisateur est une fonctionnalité souvent mal comprise de Windows Vista. Il est important d'être conscient que ces

REMARQUE

élévations du Contrôle de compte utilisateur sont des outils de commodité, en aucun cas des limites de sécurité. Par définition, une limite de sécurité nécessite que cette stratégie de sécurité dicte ce qui peut franchir la limite. Les comptes utilisateurs constituent un exemple d'une limite de sécurité dans Windows, parce qu'un utilisateur ne peut pas accéder aux données appartenant à un autre utilisateur sans son autorisation.

Puisque les élévations ne sont pas des limites de sécurité, il n'y a pas de garantie qu'un logiciel malveillant s'exécutant sur un système avec les droits d'utilisateur standard ne puisse pas compromettre un processus élevé pour gagner des droits administratifs. Par exemple, les boîtes de dialogues d'élévation identifient seulement l'exécutable qui va être élevé : elles ne disent rien sur ce qu'il fera lorsqu'il s'exécute. L'exécutable traitera les arguments de ligne de commandes, chargera des DLL, ouvrira des fichiers de données et communiquera avec d'autres processus. Chacune de ces opérations pourrait, dans l'absolu, permettre à un logiciel malveillant de compromettre le processus élevé et de gagner ainsi des droits administratifs.

Les points douloureux

Bien que répétitif parfois, le mécanisme de fenêtre de validation du Contrôle utilisateur n'a pas fait son apparition par hasard. Il est en fait une réponse à un certain nombre de points "douloureux" que l'on a pu connaître dans le passé au travers de précédentes versions de Windows. Nous pouvons en citer quelques-uns parmi les plus ennuyeux :

- Les virus et les spywares peuvent endommager le système s'ils s'exécutent avec des privilèges élevés. En entreprise, les utilisateurs ayant des privilèges élevés peuvent compromettre l'ensemble du système d'informations.
- Trop souvent, les applications nécessitent des privilèges élevés alors que ce n'est pas nécessaire. La conséquence directe à ce problème et l'obligation de relâcher la sécurité du système pour assurer le fonctionnement de ces applications. Les administrateurs doivent réévaluer les applications pour chaque version de système d'exploitation.
- Certaines tâches nécessitent des privilèges élevés. Il est ainsi difficile de déployer certaines applications sans compromettre la sécurité du système. Des scénarios simples comme le VPN ne fonctionnent pas. Les utilisateurs ne peuvent pas gérer des informations non sensibles de leur propre compte comme l'affichage.

INTERNET

Informations complémentaires sur le Contrôle utilisateur et les niveaux d'exécution

- http://technet2.microsoft.com/WindowsVista/f/?en/library/356e60d0-225e-4f72-857a-17b1dc57a1741033.mspx

Changer les bases du système

Face à ces objectifs de contrôle sur le système et sur les utilisateurs, Microsoft a dû apporter quelques corrections et changement à son système d'exploitation. Parmi les changements, nous pouvons retenir les points suivants :

- Microsoft a corrigé Windows Vista pour qu'il fonctionne correctement lorsqu'un utilisateur standard se connecte. Tout le monde garde à l'esprit les différents problèmes qu'un utilisateur standard pouvait rencontrer avec Windows XP. Par exemple, il était impossible de modifier les paramètres d'affichage et, donc, de passer son ordinateur de la gestion d'énergie à la présentation ou encore d'installer une imprimante de l'entreprise et, pour finir, d'accéder aux fuseaux horaires.
- Windows Vista fait en sorte que tous les utilisateurs, y compris ceux qui sont membres du groupe *Administrateurs*, exécutent leurs applications en tant qu'utilisateurs avec de moindres privilèges (LUA, mode Approbation d'administrateur).
- Le système d'exploitation fournit une méthode sécurisée pour exécuter certaines applications dans un contexte de privilèges élevés. Toutefois, cela nécessite que les applications qui ne sont pas UAC soient marquées.
- Le système d'exploitation virtualise le Registre et les fichiers pour permettre la compatibilité de certaines applications.

Le fonctionnement du Contrôle utilisateur

Puisque nous venons de voir que le système devait être le plus stable possible pour limiter les réinstallations et réduire les coûts, que face à cela le système d'exploitation possédait des points douloureux, que Microsoft y répond au moyen d'objectifs et de changement du système, regardons à présent comment fonctionne le Contrôle utilisateur.

Sous Vista, les membres du groupe local administrateurs ont deux jetons de sécurité : un jeton complet et un jeton restreint filtré. Le jeton filtré est le jeton complet auquel on a retiré tous les privilèges.

INTERNET

Complément d'informations pour mieux comprendre le fonctionnement du Contrôle utilisateur

- http://technet2.microsoft.com/WindowsVista/f/?en/library/00d04415-2b2f-422c-b70e-b18ff918c2811033.mspx
- http://technet2.microsoft.com/WindowsVista/f/?en/library/0d75f774-8514-4c9e-ac08-4c21f5c6c2d91033.mspx
- www.microsoft.com/france/technet/produits/windowsvista/security/uacppr.mspx

Pour visualiser les privilèges d'un administrateur standard, utilisez la commande `whoami /priv /fo list` dans une fenêtre de commande. Voici l'exemple d'un des droits d'un administrateur sans l'élévation de privilège :

```
C:\>WHOAMI /priv /FO LIST

Informations de privilèges----------------------

Nom de privilège: SeShutdownPrivilege
Description:      Arrêter le système
État:             Désactivé

Nom de privilège: SeChangeNotifyPrivilege
Description:      Contourner la vérification de parcours
État:             Activé

Nom de privilège: SeUndockPrivilege
Description:      Retirer l'ordinateur de la station d'accueil
État:             Désactivé

Nom de privilège: SeIncreaseWorkingSetPrivilege
Description:      Augmenter une plage de travail de processus
État:             Désactivé

Nom de privilège: SeTimeZonePrivilege
Description:      Changer le fuseau horaire
État:             Désactivé
```

1. Pour visualiser les privilèges d'un administrateur bénéficiant d'une élévation de privilèges, sélectionnez le menu **Démarrer/Tous les programmes/Accessoires**. Cliquez avec le bouton droit de la souris sur le menu **Invite de commandes** et sélectionnez **Exécuter en tant qu'administrateur**.

2. Dans la fenêtre d'Invite de commandes, tapez `whoami /priv /fo list`.

```
C:\Windows\system32>whoami /priv /FO list

Informations de privilèges----------------------

Nom de privilège: SeIncreaseQuotaPrivilege
Description:      Ajuster les quotas de mémoire pour un
➥ processus
État:             Désactivé

Nom de privilège: SeSecurityPrivilege
Description:      Gérer le journal d'audit et de sécurité
État:             Désactivé

Nom de privilège: SeTakeOwnershipPrivilege
Description:      Prendre possession de fichiers ou d'autres
➥ objets
État:             Désactivé

Nom de privilège: SeLoadDriverPrivilege
Description:      Charger et décharger les pilotes de
➥ périphériques
État:             Désactivé

Nom de privilège: SeSystemProfilePrivilege
Description:      Performance système du profil
État:             Désactivé

Nom de privilège: SeSystemtimePrivilege
Description:      Modifier l'heure système
État:             Désactivé

Nom de privilège: SeProfileSingleProcessPrivilege
Description:      Processus unique du profil
État:             Désactivé

Nom de privilège: SeIncreaseBasePriorityPrivilege
Description:      Augmenter la priorité de planification
État:             Désactivé

Nom de privilège: SeCreatePagefilePrivilege
Description:      Créer un fichier d'échange
État:             Désactivé

Nom de privilège: SeBackupPrivilege
Description:      Sauvegarder les fichiers et les répertoires
État:             Désactivé

Nom de privilège: SeRestorePrivilege
Description:      Restaurer les fichiers et les répertoires
État:             Désactivé

Nom de privilège: SeShutdownPrivilege
```

4

```
Description:        Arrêter le système
État:               Désactivé

Nom de privilège: SeDebugPrivilege
Description:        Déboguer les programmes
État:               Désactivé

Nom de privilège: SeSystemEnvironmentPrivilege
Description:        Modifier les valeurs de l'environnement du
➥ microprogramme
État:               Désactivé

Nom de privilège: SeChangeNotifyPrivilege
Description:        Contourner la vérification de parcours
État:               Activé

Nom de privilège: SeRemoteShutdownPrivilege
Description:        Forcer l'arrêt à partir d'un système distant
État:               Désactivé

Nom de privilège: SeUndockPrivilege
Description:        Retirer l'ordinateur de la station d'accueil
État:               Désactivé

Nom de privilège: SeManageVolumePrivilege
Description:        Effectuer les tâches de maintenance de
➥ volume
État:               Désactivé

Nom de privilège: SeImpersonatePrivilege
Description:        Emprunter l'identité d'un client après
➥ l'authentification
État:               Activé

Nom de privilège: SeCreateGlobalPrivilege
Description:        Créer des objets globaux
État:               Activé

Nom de privilège: SeIncreaseWorkingSetPrivilege
Description:        Augmenter une plage de travail de processus
État:               Désactivé

Nom de privilège: SeTimeZonePrivilege
Description:        Changer le fuseau horaire
État:               Désactivé

Nom de privilège: SeCreateSymbolicLinkPrivilege
Description:        Créer des liens symboliques
État:               Désactivé
```

Vous pouvez vérifier que le jeton dans l'Invite de commandes non élevée n'a aucun privilège.

Les utilisateurs qui ne sont pas membres du groupe local administrateur ont, quant à eux, un seul jeton. Les utilisateurs membres du groupe local administrateur fonctionnent par défaut avec leur jeton restreint. Cependant, lorsqu'une tâche nécessite un privilège élevé, le Contrôle utilisateur demande la permission d'utiliser le jeton complet (élévation de privilèges).

Dans cet exemple, l'administrateur ouvre le Gestionnaire du Poste de travail. Automatiquement, une fenêtre s'ouvre pour lui demander d'élever ses privilèges, c'est-à-dire d'utiliser son jeton complet.

En fonction du paramétrage du Contrôle utilisateur, cela peut être fait de manière transparente, c'est-à-dire sans que la demande passe par l'ouverture d'une fenêtre de consentement ou la saisie de mot de passe. Le mode par défaut pour les membres du groupe des administrateurs est celui du consentement, en l'occurrence Comportement de l'invite d'élévation pour les administrateurs en mode d'approbation Administrateur. Le compte intégré administrateur fonctionne, quant à lui, avec son jeton complet ; il n'est donc pas nécessaire de donner son consentement pour utiliser un autre jeton.

L'élévation de privilèges s'opère pour les comptes disposant de deux jetons. Un utilisateur standard ne possède qu'un jeton, alors que se passe-t-il lorsqu'il demande une élévation de privilèges ?

Devant l'incapacité à fournir un second jeton, le mécanisme de contrôle émet un refus, ouvre une fenêtre **Contrôle du compte utilisateur** et demande à une autorité de signer. Par contre, s'il exécute une application en tant qu'administrateur ou par un `runas`, il ne passe pas par le mécanisme de contrôle utilisateur. En effet, cela crée tout d'abord un nouveau jeton d'administration complet qui est alors utilisé pour lancer l'application (*CreateProcessAsUser* auquel on passe le jeton d'*Admin* en paramètre). C'est pourquoi l'exécution d'une Invite de commandes en tant qu'administrateur ou par la commande `runas /user:admin cmd` vous ouvre une fenêtre dans laquelle vous avez les privilèges complets.

Puisque les principes et les grandes lignes du Contrôle utilisateur sont acquis, nous allons voir qu'il y a quelques problématiques qui vont au-delà du contrôle des utilisateurs. Pour l'illustrer, nous allons prendre le cas de notre utilisateur *Admin* qui possède des droits d'administrateur ; il est membre du groupe local *Administrateurs* en mode Comportement de l'invite d'élévation pour les administrateurs en mode d'approbation Administrateur et, pourtant, lorsqu'*Admin* lance les utilitaires `bcdedit` ou `diskpart` dans une Invite de commandes, *Admin* reçoit un "accès refusé".

Nous vous proposons de faire ce test. Procédez ainsi :

1. Ouvrez une session avec le compte nommé *Admin* (le compte qui possède des droits d'administrateur et donc un second jeton, souvenez-vous).
2. Sélectionnez le menu **Démarrer/Tous les programmes/Accessoires/Invite de commandes**.
3. Dans l'Invite de commandes, tapez `bcdedit`.

Vous devez obtenir le résultat suivant :

```
Microsoft Windows [version 6.0.6000]
Copyright (c) 2006 Microsoft Corporation. Tous droits réservés.
C:\Users\admin>bcdedit
Impossible d'ouvrir le magasin des données de configuration de
➥ démarrage.
Accès refusé.
C:\Users\admin>
```

Pourtant, *Admin* possède un second jeton. Nous pourrions donc être en droit de nous demander pourquoi le système ne lui demande pas une élévation de privilèges par consentement…

La réponse est que les développeurs d'applications pour Windows Vista doivent fournir un fichier manifeste qui décrit, entre autres, le niveau d'exécution requis par l'application, c'est-à-dire le choix d'utilisation du jeton complet ou restreint. Il y a trois niveaux :

- `asInvoker` ;
- `highestAvailable` ;
- `requireAdministrator`.

`AsInvoker` signifie que l'application doit s'exécuter avec le jeton actuel de l'appelant et, donc, ne pas demander d'élévation de privilèges. Par contre, `RequireAdministrator` signifie que l'application doit s'exécuter avec un jeton complet d'administration et, donc, le Contrôle de compte utilisateur peut vous solliciter pour demander l'accès au jeton complet au cas où *Admin* tourne avec le jeton restreint. `Diskpart` et `bcdedit` demandent le niveau d'exécution `AsInvoker`. Si l'administrateur lance une fenêtre d'Invite de commandes avec son jeton restreint, et lance `bcdedit` ou `diskpart` par exemple, le contexte d'exécution est celui du jeton restreint et, comme `AsInvoker` ne demande pas d'élévation de privilèges, un accès refusé est retourné.

En lançant une Invite de commandes par le biais de `runas administrator`, le jeton utilisé pour lancer `bcdedit` ou `diskpart` est lors le jeton complet.

Pour déterminer les niveaux d'exécution nécessaire pour chaque tâche d'administration ou pour une tâche spécifique, vous pouvez utiliser l'utilitaire `String.exe` (disponible notamment sur le site Sysinternal de Marck Russinovitch).

INTERNET

> **Téléchargement de String.exe depuis le site de Microsoft**
>
> www.microsoft.com/technet/sysinternals/default.mspx

Après l'avoir téléchargé, décompressez l'utilitaire et copiez-le dans le répertoire *Windows\system32*.

Vous pouvez à présent déterminer chaque niveau d'exécution…

Déterminer le niveau d'exécution AsInvoker

Pour déterminer le niveau d'exécution `AsInvoker`, procédez ainsi :

1. Cliquez sur le menu **Démarrer/Tous les programmes/Accessoires**. Lancez l'Invite de commandes en tant qu'administrateur.
2. Dans la fenêtre d'Invite de commandes, saisissez `strings.exe *.exe | findstr -i "AsInvoker"`.

Le résultat doit ressembler à ceci (ce listing ne vous présentant qu'une partie de la liste) :

```
Microsoft Windows [version 6.0.6000]
Copyright (c) 2006 Microsoft Corporation. Tous droits réservés.

C:\Windows\system32>strings.Exe *.exe | findstr -i "AsInvoker"
C:\Windows\system32\ACW.exe:        <requestedExecutionLevel
➥ level="asInvoker" u
iAccess="true" />
C:\Windows\system32\alg.exe:                    level="asInvoker"
C:\Windows\system32\ARP.EXE:            level="asInvoker"
C:\Windows\system32\at.exe:                 level="asInvoker"
C:\Windows\system32\attrib.exe:                 level="asInvoker"
...
```

Déterminer le niveau d'exécution highestAvailable

Pour déterminer le niveau d'exécution `highestAvailable`, procédez ainsi :

1. Cliquez sur le menu **Démarrer/Tous les programmes/Accessoires**. Lancez l'Invite de commandes en tant qu'administrateur.
2. Dans la fenêtre d'Invite de commandes, saisissez `strings.exe *.exe | findstr -i "highestAvailable"`.

Le résultat doit ressembler à ceci (ce listing ne vous présentant qu'une partie de la liste) :

```
Microsoft Windows [version 6.0.6000]
Copyright (c) 2006 Microsoft Corporation. Tous droits réservés.

C:\Windows\system32>strings.Exe *.exe | findstr -i
➥ "highestAvailable"
C:\Windows\system32\ComputerDefaults.exe: level="highestAvailable"
C:\Windows\system32\dcomcnfg.exe: <requestedExecutionLevel
➥ level="highes
tAvailable" uiAccess="false"/> </requestedPrivileges>
C:\Windows\system32\dfrgui.exe: <?xml version='1.0'
➥ encoding='UTF-16' standalone ='yes'?>
   <Taskxmlns="http://schemas.microsoft.com/windows/2004/02/mit/task">
➥       <RegistrationInfo>
...
```

Déterminer le niveau d'exécution requireAdministrator

Pour déterminer le niveau d'exécution `requireAdministrator`, procédez ainsi :

1. Cliquez sur le menu **Démarrer/Tous les programmes/Accessoires**. Lancez l'Invite de commandes en tant qu'administrateur.
2. Dans la fenêtre d'Invite de commandes, saisissez `strings.exe *.exe | findstr -i " requireAdministrator"`.

Le résultat doit ressembler à ceci (ce listing ne vous présentant qu'une partie de la liste) :

```
Microsoft Windows [version 6.0.6000]
Copyright (c) 2006 Microsoft Corporation. Tous droits réservés.

C:\Windows\system32>strings.exe *.exe | findstr -i "
➥ requireAdministrator"
C:\Windows\system32\AdapterTroubleshooter.exe:
➥    level="requireAdministrator"
C:\Windows\system32\BitLockerWizard.exe:
➥           level="requireAdministrator"
C:\Windows\system32\chkntfs.exe:
➥                  level="requireAdministrator"
```

```
C:\Windows\system32\cliconfg.exe:
➥                level="requireAdministrator"
C:\Windows\system32\CompMgmtLauncher.exe:
➥         level="requireAdministrator"
C:\Windows\system32\DeviceEject.exe:
➥              <requestedExecutionLevel le
vel="requireAdministrator" uiAccess="false"/>
...
```

Les paramètres du Contrôle utilisateur

Bien que ce ne soit pas recommandé, il est toujours possible de désactiver le Contrôle utilisateur par le biais des paramètres de stratégies de groupe. Ces paramètres sont au nombre de neuf. Pour les trouver, procédez ainsi :

1. Cliquez sur le menu **Démarrer**, puis sélectionnez **Exécuter**.
2. Tapez `mmc` dans la zone de saisie.
3. Dans la fenêtre **Contrôle du compte utilisateur**, cliquez sur **Continuer**.
4. Une fois la console d'administration ouverte, sélectionnez **Fichier**, puis **Ajout/Supprimer un composant logiciel**.
5. Dans le volet gauche de la fenêtre **Ajouter ou supprimer des composants logiciels enfichables**, sélectionnez l'objet *Editeur d'objet de stratégie de groupe*, puis cliquez sur **Ajouter**.
6. Dans la fenêtre **Assistant Stratégie de groupe**, gardez la sélection *Stratégie Ordinateur local* comme objet de stratégie de groupe, puis cliquez sur **Terminer**.

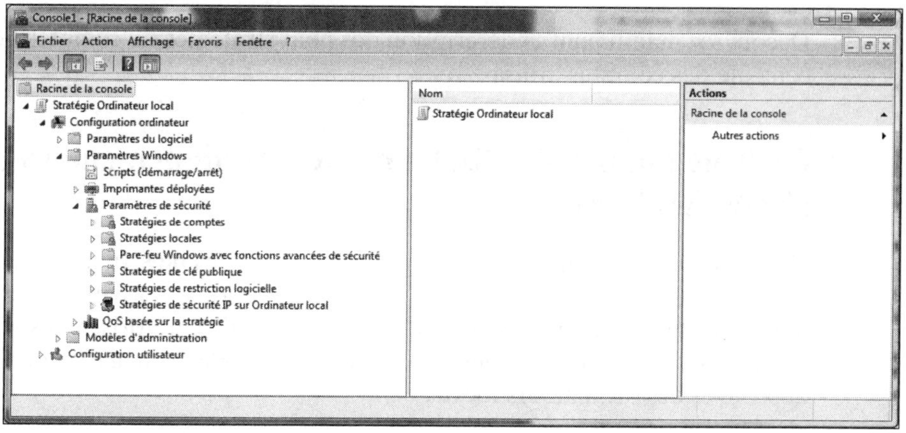

Figure 4-15 : *Fenêtre Assistant Stratégie de groupe*

7. Cliquez sur OK.
8. Dans le volet gauche de la console, développez les entrées *Stratégie*, *Configuration Ordinateur*, *Paramètres Windows*, *Paramètres de sécurité*, puis *Stratégie Locales* et *Options de sécurité*.

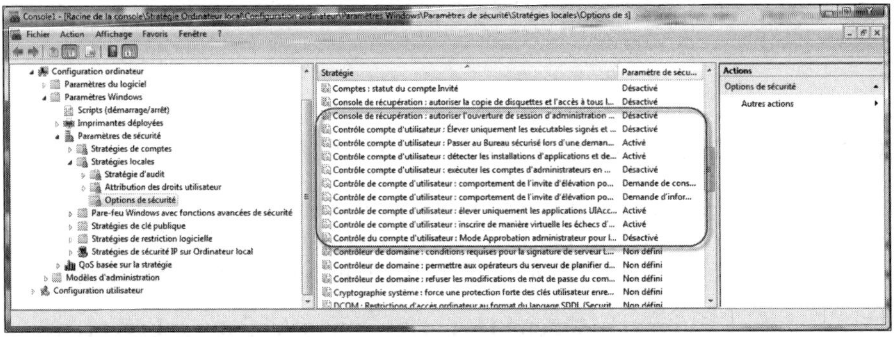

Figure 4-16 : *Stratégies de groupes liées au contrôle des comptes utilisateurs*

Sur cette figure, on peut lire dans la colonne *Paramètres de sécurité*, à la ligne correspondant à la stratégie *Contrôle de compte d'utilisateur* : *comportement de l'invite d'élévation po…*, la valeur *Demande de cons…* .

INTERNET

Informations complémentaires sur le Contrôle utilisateur et les stratégies de groupes

- http://technet2.microsoft.com/WindowsVista/f/?en/library/c6c673db-0e8b-43da-95ad-2280cb0a7ab01033.mspx
- http://technet2.microsoft.com/WindowsVista/f/?en/library/5ae8da2a-878e-48db-a3c1-4be6ac7cf7631033.mspx

Découvrez maintenant la description des neuf stratégies de comptes liées au contrôle des comptes utilisateurs.

Contrôle compte d'utilisateur : Élever uniquement les exécutables signés et validés

Ce paramètre de sécurité appliquera des vérifications de signature PKI sur toutes les applications interactives qui requièrent une élévation de privilège. Les administrateurs d'entreprise peuvent contrôler la liste autorisée des applications d'administration via le remplissage de certificats dans le magasin d'éditeurs approuvés des ordinateurs locaux.

Les options sont les suivantes :

Tableau 4-2 : Uniquement les exécutables signés et validés	
Option	**Description**
Activé	Applique la validation de chaîne de certificats PKI d'un exécutable donné avant qu'il soit autorisé à s'exécuter.
Désactivé	Valeur par défaut. N'applique pas la validation de chaîne de certificats PKI d'un exécutable donné avant qu'il soit autorisé à s'exécuter.

Contrôle compte d'utilisateur : Passer au Bureau sécurisé lors d'une demande d'élévation

Ce paramètre de sécurité détermine si la demande d'élévation doit effectuer la demande sur le Bureau des utilisateurs interactifs ou sur le Bureau sécurisé.

Tableau 4-3 : Passer au Bureau sécurisé lors d'une demande d'élévation	
Option	**Description**
Activé	Valeur par défaut. Toutes les demandes d'élévation iront par défaut vers le Bureau sécurisé.
Désactivé	Les demandes d'élévation iront vers le Bureau des utilisateurs interactifs.

Contrôle de compte d'utilisateur : comportement de l'invite d'élévation pour les utilisateurs standard

Ce paramètre de sécurité détermine le comportement de la détection d'installation d'applications pour la totalité du système.

Tableau 4-4 : Comportement de l'invite d'élévation pour les utilisateurs standards	
Option	**Description**
Activé	Valeur par défaut hors entreprise. Les packages d'installation d'applications qui requièrent une élévation de privilège pour s'installer seront détectés de façon heuristique et déclencheront la demande d'élévation configurée.

Tableau 4-4 : Comportement de l'invite d'élévation pour les utilisateurs standards	
Option	**Description**
Désactivé	Valeur par défaut en entreprise. Les entreprises utilisant des ordinateurs de bureau d'utilisateurs standards qui mettent en œuvre des technologies d'installation telles que GPSI (*Group Policy Software Install*) ou SMS désactiveront cette fonction. Dans ce cas, la détection d'un programme d'installation n'est pas nécessaire et elle n'est donc pas requise.

Contrôle compte d'utilisateur : Exécuter les sessions de tous les utilisateurs, y compris les administrateurs, en tant qu'utilisateur standard

Ce paramètre de sécurité détermine le comportement de toutes les stratégies de Contrôle de compte d'utilisateur pour la totalité du système.

Tableau 4-5 : Exécuter les sessions de tous les utilisateurs, y compris les administrateurs, en tant qu'utilisateurs standards	
Option	**Description**
Activé	Valeur par défaut. Le mode Approbation administrateur et toutes les autres stratégies de Contrôle de compte d'utilisateur sont dépendants de l'activation de cette option. La modification de ce paramètre requiert un redémarrage du système.
Désactivé	Le type d'utilisateur du mode Approbation administrateur et toutes les autres stratégies de Contrôle de compte d'utilisateur qui y sont relatives seront désactivés. Remarque : le Centre de sécurité indiquera que la sécurité globale du système d'exploitation a été réduite.

Contrôle de compte d'utilisateur : comportement de l'invite d'élévation pour les administrateurs en mode d'approbation Administrateur

Ce paramètre de sécurité détermine le comportement de l'invite d'élévation pour les administrateurs.

Tableau 4-6 : Comportement de l'invite d'élévation pour les administrateurs en mode d'approbation Administrateur	
Option	**Description**
Demande de consentement	Valeur par défaut. Une opération qui requiert une élévation de privilège invitera l'administrateur de consentement à choisir entre Autoriser et Refuser. Si l'administrateur de consentement choisit Autoriser, l'opération continuera avec le privilège le plus élevé qui est disponible. Cette option permet aux utilisateurs d'entrer leur nom et leur mot de passe pour effectuer une tâche privilégiée.
Demande d'informations d'identification	Une opération qui requiert une élévation de privilège invitera l'administrateur de consentement à entrer son nom d'utilisateur et son mot de passe. Si l'utilisateur entre des informations d'identification valides, l'opération continuera avec le privilège applicable.
Élever les privilèges sans demander confirmation	Cette option autorise l'administrateur de consentement à effectuer une opération qui requiert une élévation sans consentement ni informations d'identification. Remarque : ce scénario doit être utilisé seulement dans les environnements les plus contraints.

4

Contrôle de compte d'utilisateur : comportement de l'invite d'élévation pour les utilisateurs standard

Ce paramètre de sécurité détermine le comportement de l'invite d'élévation pour les utilisateurs standards.

Tableau 4-7 : Comportement de l'invite d'élévation pour les utilisateurs standards	
Option	**Description**
Demande d'informations d'identification	Valeur par défaut hors entreprise. Une opération qui requiert une élévation de privilège invitera l'utilisateur à entrer un nom d'utilisateur et un mot de passe d'administration. Si l'utilisateur entre des informations d'identification valides, l'opération continuera avec le privilège applicable.
Refuser automatiquement les demandes d'élévation	Valeur par défaut en entreprise. Cette option provoque le renvoi d'un message d'erreur d'accès refusé à l'utilisateur standard lorsqu'il tente d'effectuer une opération qui requiert une élévation de privilège. La plupart des entreprises utilisant des ordinateurs de bureau en tant qu'utilisateur standard configureront cette stratégie pour réduire les appels au support technique.

Contrôle de compte d'utilisateur : Élever uniquement les applications UIAccess qui sont installées dans des emplacements sécurisés

Ce paramètre de sécurité appliquera la règle selon laquelle les applications qui requièrent une exécution avec un niveau d'intégrité UIAccess (via la spécification `UIAccess=true` dans leur manifeste d'application) doivent se trouver à un emplacement sécurisé sur le système de fichiers. Les emplacements sécurisés sont limités aux répertoires suivants :

- ...*Program Files*\\, y compris ses sous-répertoires ;
- ...*Windows**system32*\\ ;
- ...*Program Files (x86)*\\, y compris ses sous-répertoires pour les versions 64 bits de Windows.

REMARQUE

Vérification de signature PKI

Windows applique une vérification de signature PKI à toutes les applications interactives qui requièrent une exécution avec un niveau d'intégrité UIAccess, quel que soit l'état de ce paramètre de sécurité.

Tableau 4-8 : Élever uniquement les applications UIAccess qui sont installées dans des emplacements sécurisés

Option	Description
Activé	Valeur par défaut. Une application se lancera avec une intégrité UIAccess seulement si elle se trouve à un emplacement sécurisé dans le système de fichiers.
Désactivé	Une application se lancera avec une intégrité UIAccess même si elle ne se trouve pas à un emplacement sécurisé dans le système de fichiers.

Contrôle compte d'utilisateur : Virtualiser les échecs d'écritures de fichiers et du Registre sur des emplacements définis par l'utilisateur

Ce paramètre de sécurité active la redirection des échecs d'écriture des applications héritées vers des emplacements définis à la fois dans le Registre et dans le système de fichiers. Cette fonctionnalité permet de prendre en charge les applications qui s'exécutaient traditionnellement avec le statut d'administrateur et qui écrivaient en retour des données d'exécution de l'application dans *%ProgramFiles%, %Windir%; %Windir%\system32 ou HKLM\Software\...*

La virtualisation facilite l'exécution d'applications antérieures à Vista (héritées) dont l'exécution en tant comme utilisateur standard échouait. Un administrateur exécutant seulement des applications conformes à Windows Vista peut choisir de désactiver cette fonctionnalité car elle n'est alors pas nécessaire.

Tableau 4-9 : Virtualiser les échecs d'écritures de fichiers et du Registre sur des emplacements définis par l'utilisateur

Option	Description
Activé	Valeur par défaut. Facilite la redirection des échecs d'écriture des applications à l'exécution vers des emplacements définis pour les utilisateurs, à la fois pour le système de fichiers et pour le Registre.
Désactivé	Les applications qui écrivent des données à des emplacements protégés échoueront simplement, comme c'était le cas dans les versions antérieures de Windows.

Contrôle du compte d'utilisateur : Mode Approbation administrateur pour le compte Administrateur intégré

Ce paramètre de sécurité détermine le comportement du mode Approbation administrateur pour le compte Administrateur intégré.

Tableau 4-10 : Mode Approbation administrateur pour le compte Administrateur intégré

Option	Description
Activé	L'Administrateur intégré ouvrira une session en mode Approbation administrateur. Par défaut, toutes les opérations qui requièrent une élévation de privilège inviteront l'administrateur de consentement à choisir entre *Autoriser* et *Refuser*.
Désactivé	Valeur par défaut. L'Administrateur intégré ouvrira une session en mode Compatible XP et exécutera par défaut toutes les applications avec des privilèges d'administration complets.

Désactiver les fonctionnalités du Contrôle utilisateur

Encore une fois, et nous ne cesserons de le répéter tout au long de ce chapitre, il n'est pas conseillé de désactiver les contrôles liés au compte utilisateur. Cependant puisque cela reste possible, nous allons voir graduellement comment désactiver ce mécanisme pour un utilisateur donné pour le groupe administrateur, puis le système d'exploitation complet.

Désactiver le Contrôle utilisateur pour un utilisateur donné

Pour désactiver le Contrôle utilisateur pour un utilisateur donné, procédez ainsi :

1. Cliquez sur le menu **Démarrer**, puis ouvrez le Panneau de configuration.
2. Dans le volet droit du Panneau de configuration, double-cliquez sur *Comptes d'utilisateurs*.
3. Dans la fenêtre **Modifier votre compte d'utilisateur**, vous avez le choix d'appliquer la désactivation pour votre compte utilisateur ou d'en sélectionner un autre par le lien *Gérer un autre compte*. Une fois le bon compte sélectionné, cliquez sur *Activer ou désactiver le contrôle des comptes utilisateurs*.
4. Dans la fenêtre **Activer le contrôle des comptes d'utilisateurs pour sécuriser d'avantage votre ordinateur**, décochez la case *Utiliser le contrôle des comptes d'utilisateurs pour vous aider à protéger votre ordinateur*, puis cliquez sur OK.

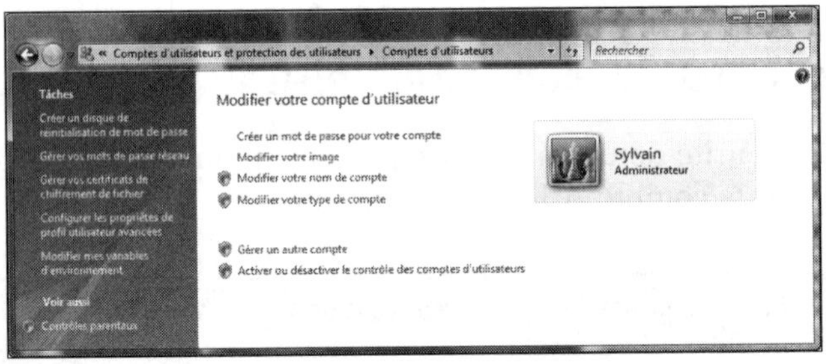

Figure 4-17 : *Désactivation du Contrôle utilisateur pour l'utilisateur uniquement*

5. Cliquez sur **Redémarrer maintenant** dans la fenêtre **Vous devez redémarrer votre ordinateur pour appliquer ces modifications**.

Désactiver le Contrôle utilisateur pour le groupe local Administrateurs

Pour désactiver le Contrôle utilisateur pour les utilisateurs du groupe administrateur, procédez ainsi :

1. Cliquez sur le menu **Démarrer**, puis sur **Exécuter**.
2. Tapez `mmc` dans la zone de saisie.
3. Dans la fenêtre **Contrôle du compte utilisateur**, cliquez sur **Continuer**.
4. Une fois la console d'administration ouverte, sélectionnez **Fichier**, puis **Ajout/Supprimer un composant logiciel**.
5. Dans le volet gauche de la fenêtre **Ajouter ou supprimer des composants logiciels enfichables**, sélectionnez l'objet *Editeur d'objet de stratégie de groupe*, puis cliquez sur **Ajouter**.
6. Dans la fenêtre **Assistant Stratégie de groupe**, gardez la sélection *Ordinateur local* comme objet de stratégie de groupe, puis cliquez sur **Terminer**. Cliquez sur OK.
7. Dans le volet gauche de la console, développez les lignes *Stratégie*, *Configuration Ordinateur*, *Paramètres Windows*, *Paramètres de sécurité*, puis *Stratégie Locales* et *Options de sécurité*.
8. Dans le volet droit de la console, sélectionnez l'option de stratégie *Exécuter les comptes d'administrateurs en mode d'approbation d'administrateur*.
9. Double-cliquez sur la stratégie. Dans la fenêtre **Propriété de Contrôle compte d'utilisateur : exécuter les comptes d'administrateurs en mode d'approbation d'administrateur**, sélectionnez l'option *Désactivé*, puis cliquez sur OK et fermez la console d'administration.

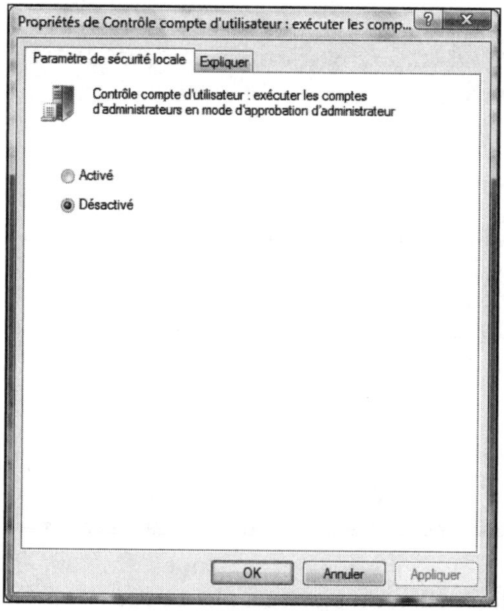

Figure 4-18 : *Désactivation du paramètre*

4

10. Cliquez sur le menu **Démarrer**, puis sélectionnez **Exécuter**. Tapez `cmd` dans la zone de saisie. Dans la fenêtre d'Invite de commandes, tapez `gpupdate /force`.

```
Microsoft Windows [version 6.0.6000]
Copyright (c) 2006 Microsoft Corporation. Tous droits
➥ réservés.

C:\Windows\system32>gpupdate /force
Mise à jour de la stratégie...

La mise à jour de la stratégie utilisateur s'est terminée sans
➥ erreur.
La mise à jour de la stratégie d'ordinateur s'est terminée
➥ sans erreur.

C:\Windows\system32>
```

Les modifications ne seront effectives qu'à la prochaine ouverture de session.

Désactiver totalement le Contrôle utilisateur

Pour désactiver totalement le contrôle des utilisateurs dans le système, procédez ainsi :

1. Cliquez sur le menu **Démarrer**, puis sélectionnez **Exécuter**. Tapez `cmd` dans la zone de saisie. Dans la fenêtre d'Invite de commandes, tapez `msconfig`.

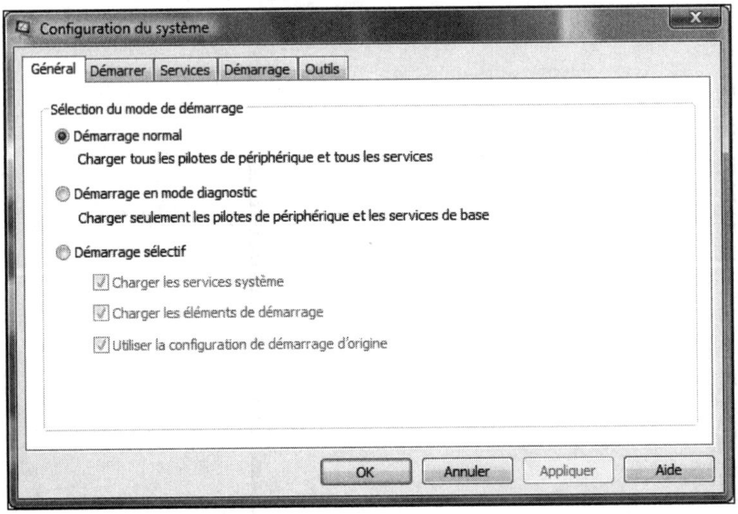

Figure 4-19 : *Msconfig*

2. Dans la fenêtre **Configuration du système**, placez-vous sous l'onglet **Outils**.

3. Sélectionnez *Désactiver le Contrôle de compte d'utilisateur*, puis cliquez sur **Exécuter**.

Une fenêtre d'invite de commandes s'ouvre pour vous informer de la réussite de l'opération.

Le fait d'exécuter l'option *Désactiver le Contrôle de compte d'utilisateur* crée la clé de Registre `[HKEY_LOCAL_MACHINE\SOFTWARE\Microsoft\Windows\Current Version\Policies\System]` avec comme valeur `EnableLUA=dword:00000000`.

4

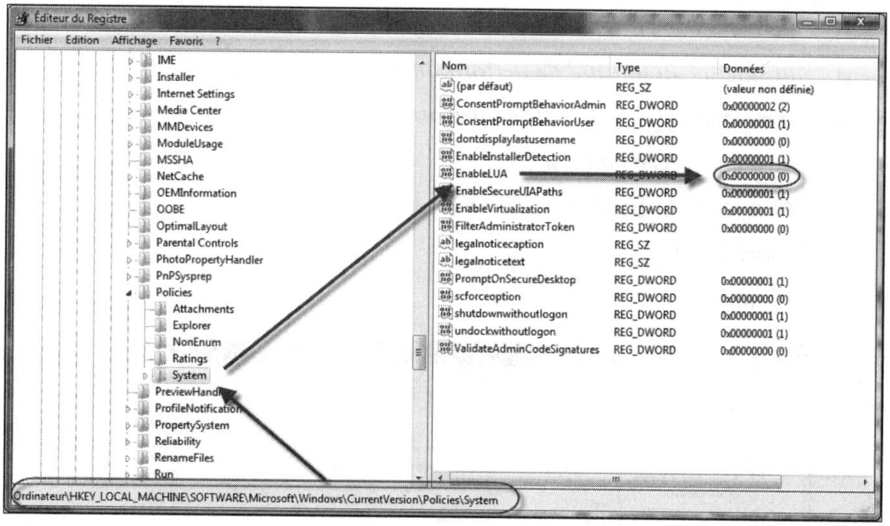

Figure 4-20 : *Clé de Registre*

4.3. Les groupes locaux

Le composant Utilisateurs et groupes locaux est situé dans le module **Gestion de l'ordinateur** qui regroupe un ensemble d'outils administratifs servant à gérer un ordinateur local ou distant. Vous pouvez utiliser le composant Utilisateurs et groupes locaux pour sécuriser et gérer des comptes d'utilisateurs et de groupes stockés localement sur votre ordinateur. Vous pouvez accorder des autorisations et des droits à un compte d'utilisateur ou de groupe local sur un ordinateur particulier.

Les groupes locaux par défaut

Bien qu'il soit possible de créer ses propres groupes, Windows Vista vous propose un certain nombre de groupes intégrés au système d'exploitation.

Les groupes locaux intégrés à Windows Vista :

- *Administrateurs* ;
- *Opérateurs de sauvegarde* ;
- *Opérateurs cryptograph* ;
- *Utilisateurs du modèle COM distribué* ;
- *Invités* ;
- *IIS_IUSRS* ;
- *Opérateurs de configuration réseau* ;
- *Utilisateurs du journal de performance* ;
- *Utilisateurs de l'Analyseur de performances* ;
- *Utilisateurs avec pouvoir* ;
- *Utilisateurs du Bureau à distance* ;
- *Réplicateur* ;
- *Utilisateurs*.

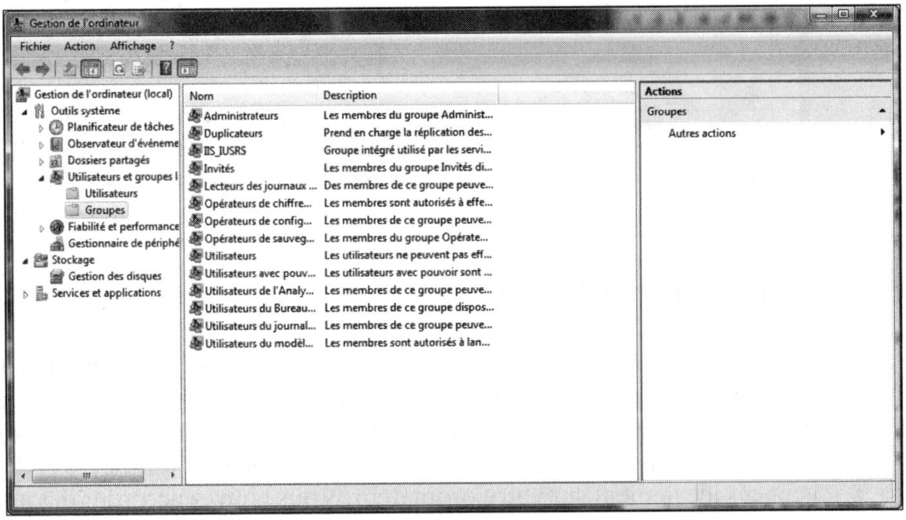

Figure 4-21 : *Groupes d'utilisateurs dans Windows Vista*

Voici une description plus détaillée des groupes intégrés à Windows Vista :

Tableau 4-11 : Description détaillée de groupes

Groupe	Description	Droits d'utilisateur par défaut
Administrateurs	Les membres de ce groupe possèdent le contrôle total de l'ordinateur et peuvent affecter des droits d'utilisateur et des autorisations de contrôles d'accès aux utilisateurs en fonction des besoins. Le compte *Administrateur* fait partie par défaut de ce groupe. Lorsqu'un ordinateur est joint à un domaine, le groupe *Admins* du domaine est automatiquement ajouté à ce groupe. Ce groupe disposant du contrôle total de l'ordinateur, il est conseillé d'y ajouter des utilisateurs avec précaution.	Accéder à cet ordinateur à partir du réseau Ajuster les quotas de mémoire pour un processus Permettre l'ouverture d'une session locale Autoriser l'ouverture de session par les services Terminal Server Sauvegarder des fichiers et des répertoires Contourner la vérification de parcours Modifier l'heure système Changer le fuseau horaire Créer un fichier d'échange Créer des objets globaux Créer des liens symboliques Déboguer des programmes Forcer l'arrêt à partir d'un système distant Emprunter l'identité d'un client après l'authentification Augmenter la priorité de planification Charger et décharger les pilotes de périphériques Ouvrir une session en tant que tâche Gérer le journal d'audit et de sécurité Modifier les valeurs de l'environnement du microprogramme Effectuer les tâches de maintenance de volume Processus unique du profil Performance système du profil Retirer l'ordinateur de la station d'accueil Restaurer des fichiers et des répertoires Arrêter le système Prendre possession de fichiers ou d'autres objets

Tableau 4-11 : Description détaillée de groupes

Groupe	Description	Droits d'utilisateur par défaut
Opérateurs de sauvegarde	Les membres de ce groupe peuvent sauvegarder et restaurer des fichiers sur un ordinateur, quelles que soient les autorisations qui protègent ces fichiers. Cela s'explique par le fait que le droit d'effectuer une sauvegarde est prioritaire sur toutes les autorisations de fichier. Les membres de ce groupe ne peuvent pas modifier les paramètres de sécurité.	Accéder à cet ordinateur à partir du réseau Permettre l'ouverture d'une session locale Sauvegarder des fichiers et des répertoires Contourner la vérification de parcours Ouvrir une session en tant que tâche Restaurer des fichiers et des répertoires Arrêter le système
Opérateurs cryptograph	Les membres de ce groupe sont autorisés à réaliser des opérations de chiffrement.	Aucun droit d'utilisateur par défaut
Utilisateurs du modèle COM distribué	Les membres de ce groupe sont autorisés à démarrer, activer et utiliser des objets DCOM sur un ordinateur.	Aucun droit d'utilisateur par défaut
Invités	Les membres de ce groupe ont un profil temporaire lors de l'ouverture de session, et ce profil est supprimé lorsque la session est fermée. Le compte *Invité* (qui est désactivé par défaut) est également un membre par défaut de ce groupe.	Aucun droit d'utilisateur par défaut
IIS_IUSRS	Il s'agit d'un groupe prédéfini utilisé par les services Internet (IIS).	Aucun droit d'utilisateur par défaut
Opérateurs de configuration réseau	Les membres de ce groupe peuvent apporter des modifications aux paramètres TCP/IP et libérer ou renouveler des adresses TCP/IP. Ce groupe ne possède aucun membre par défaut.	Aucun droit d'utilisateur par défaut

Tableau 4-11 : Description détaillée de groupes

Groupe	Description	Droits d'utilisateur par défaut
Utilisateurs du journal de performances	Les membres de ce groupe peuvent gérer les compteurs de performances, les journaux et les alertes d'un ordinateur, localement et à partir de clients distants, sans être membres du groupe *Administrateurs*.	Aucun droit d'utilisateur par défaut
Utilisateurs de l'Analyseur de performances	Les membres de ce groupe peuvent surveiller les compteurs de performances d'un ordinateur, localement et à partir de clients distants, sans être membres du groupe *Administrateurs* ou des groupes *Utilisateurs* du journal de performances.	Aucun droit d'utilisateur par défaut
Utilisateurs avec pouvoir	Par défaut, les membres de ce groupe ne possèdent pas davantage d'autorisations ou de droits d'utilisateur qu'un compte d'utilisateur standard. Dans les versions antérieures de Windows, le groupe *Utilisateurs avec pouvoir* était conçu de manière à accorder aux utilisateurs des autorisations et des droits d'administrateur spécifiques pour réaliser des tâches système courantes. Dans cette version de Windows, les comptes d'utilisateur standard peuvent, par défaut, réaliser la plupart des tâches de configuration courantes, telles que la modification des fuseaux horaires. Pour les applications héritées qui exigent les mêmes autorisations et droits d'utilisateur avec pouvoir que ceux définis dans les versions antérieures de Windows, les administrateurs peuvent appliquer un modèle de sécurité qui autorise le groupe *Utilisateurs avec pouvoir* à assumer les mêmes droits et autorisations que ceux configurés dans les versions antérieures de Windows.	Aucun droit d'utilisateur par défaut

Tableau 4-11 : Description détaillée de groupes

Groupe	Description	Droits d'utilisateur par défaut
Utilisateurs du Bureau à distance	Les membres de ce groupe peuvent se connecter à distance à l'ordinateur.	Autoriser l'ouverture de session par les services Terminal Server
Réplicateur	Ce groupe prend en charge les fonctions de réplication. L'unique membre du groupe *Duplicateurs* doit être un compte d'utilisateur de domaine utilisé pour se connecter aux services Duplicateurs d'un contrôleur de domaine. N'ajoutez pas de compte d'utilisateur réel à ce groupe.	Aucun droit d'utilisateur par défaut
Utilisateurs	Les membres de ce groupe peuvent effectuer des tâches courantes : exécuter des applications, utiliser les imprimantes locales ou du réseau et verrouiller l'ordinateur. Les membres de ce groupe ne peuvent pas partager des répertoires, ni créer des imprimantes locales. Par défaut, les groupes *Utilisateurs de domaine, Utilisateurs authentifiés* et *Interactif* sont membres de ce groupe. Par conséquent, tout compte d'utilisateur créé dans le domaine devient membre de ce groupe.	Accéder à cet ordinateur à partir du réseau Permettre l'ouverture d'une session locale Contourner la vérification de parcours Changer le fuseau horaire Augmenter une plage de travail de processus Retirer l'ordinateur de la station d'accueil Arrêter le système
Proposer des applications d'assistance à distance	Les membres de ce groupe peuvent proposer une assistance à distance aux utilisateurs de cet ordinateur.	Aucun droit d'utilisateur par défaut

REMARQUE

Groupes locaux intégrés à Windows Vista

Il est impossible de supprimer un groupe local intégré par défaut dans Windows Vista.

Créer un groupe local

Si vous souhaitez créer vos propres groupes locaux, parce qu'ils cernent mieux la réalité de vos besoins ou de votre organisation, cela reste possible. Cependant, il est nécessaire de prendre en compte quelques points importants.

REMARQUE

Informations préalables pour la création d'un groupe local

- Pour créer un groupe local, vous devez fournir des informations d'identification pour le compte *Administrateur* sur l'ordinateur local ou être membre du groupe *Administrateurs* sur l'ordinateur local.
- Un nom de groupe local doit être différent de tout autre nom de groupe ou nom d'utilisateur de l'ordinateur local dont la gestion est en cours. Le nom du groupe local peut contenir jusqu'à 256 caractères, majuscules ou minuscules, sauf `" / \ [ ] : ; | = , + * ? < > @`.

Pour créer un compte à partir de l'interface graphique, procédez ainsi :

1. Cliquez sur le menu **Démarrer**, puis cliquez avec le bouton droit de la souris sur **Ordinateur** et sélectionnez **Gérer**.
2. Dans la fenêtre **Contrôle du compte utilisateur**, cliquez sur **Continuer**.
3. Dans la console **Gestion de l'ordinateur**, sélectionnez *Utilisateurs et groupes locaux*, puis *Groupe*.
4. Dans le menu **Action**, cliquez sur **Nouveau groupe**.
5. Dans la zone *Nom du groupe*, tapez le nom choisi pour le nouveau groupe.
6. Dans la zone *Description*, tapez une description du nouveau groupe.
7. Dans la boîte de dialogue **Nouveau groupe**, cliquez sur **Créer**, puis sur **Fermer**.

Ajouter un membre à un groupe local

Une fois les groupes créés, vous devez les peupler avec les utilisateurs. Avant cela, il est nécessaire de prendre en compte quelques considérations.

REMARQUE

Ajouter des membres dans un groupe utilisateur

- Pour ajouter des utilisateurs à un groupe, vous devez fournir des informations d'identification pour le compte *Administrateur* sur

REMARQUE

l'ordinateur local ou être membre du groupe *Administrateurs* sur l'ordinateur local.

- Tous les droits et les autorisations affectés à un groupe sont attribués à tous les membres de ce groupe.
- Limitez le nombre d'utilisateurs dans le groupe *Administrateurs*. Les membres du groupe *Administrateurs* sur un ordinateur local possèdent l'autorisation Contrôle total sur cet ordinateur.
- Si l'ordinateur est joint à un domaine, vous pouvez ajouter des comptes d'utilisateurs, d'ordinateurs et de groupes à partir de ce domaine et des domaines approuvés.

Pour ajouter des utilisateurs à un groupe, procédez ainsi :

1. Cliquez sur le menu **Démarrer**, puis **Exécuter**. Dans la fenêtre **Exécuter**, tapez `mmc` et cliquez sur OK.
2. Dans la fenêtre **Contrôle du compte utilisateur**, cliquez sur **Continuer**. Dans la fenêtre **Console1**, sélectionnez **Fichier**, puis **Ajouter/Supprimer un composant logiciel enfichable**.
3. Dans le volet de la fenêtre **Ajouter ou supprimer des composants logiciels enfichables**, sélectionnez *Utilisateurs et groupes locaux* et cliquez sur **Ajouter**. Gardez le choix par défaut *L'ordinateur local (l'ordinateur sur lequel cette console s'exécute)* et cliquez sur **Terminer**, puis sur OK.
4. Cliquez avec le bouton droit de la souris sur le groupe auquel vous voulez ajouter un membre, cliquez sur **Ajouter au groupe**, puis sur **Ajouter**.
5. Dans la boîte de dialogue **Choisir des utilisateurs**, sélectionnez l'utilisateur, puis cliquez sur OK.

Supprimer un groupe local

Comme pour les comptes utilisateurs, il se peut que vous n'ayez plus besoin d'un groupe utilisateur. Dans ce cas, vous avez la possibilité de le supprimer en procédant ainsi :

1. Cliquez sur le menu **Démarrer**, puis cliquez avec le bouton droit de la souris sur **Ordinateur** et sélectionnez **Gérer**.
2. Dans la fenêtre **Contrôle du compte utilisateur**, cliquez sur **Continuer**.
3. Dans la console **Gestion de l'ordinateur**, sélectionnez *Utilisateurs et groupes locaux*.

4. Cliquez avec le bouton droit de la souris sur le groupe et sélectionnez **Supprimer**. Prenez connaissance du message d'avertissement et cliquez sur **Oui** si vous souhaitez poursuivre la suppression du groupe.

REMARQUE

Suppression d'un groupe local

La suppression d'un groupe local ne touche que le groupe. Elle épargne les comptes d'utilisateurs, les comptes d'ordinateurs et les comptes de groupes qui étaient membres de ce groupe.

Si vous supprimez un groupe et créez un autre groupe portant le même nom, vous devez définir de nouvelles autorisations pour le nouveau groupe. Le nouveau groupe hérite les autorisations qui étaient affectées à l'ancien groupe.

5

Les fichiers, les dossiers et le Registre

Une étude menée en 2006 montre que les entreprises dépensent des sommes énormes en recherche d'informations ; en moyenne, de 7000 à 11 000 euros par utilisateur et par an ! Elle indique également que les utilisateurs passent de 15 % à 30 % de leur temps de travail à rechercher des informations, et 50 % à 75 % de leurs recherches se font directement auprès de leurs collaborateurs. Cela nous est arrivé à tous de demander à un collègue où se trouvent des fichiers !

Autre problématique : l'explosion volumétrique. Une étude de l'université de Berkeley (Californie) prévoit que le volume des données stockées va presque doubler d'ici deux ans. Avec l'arrivée de l'écriture perpendiculaire, des disques durs de 750 Go font déjà leur apparition !

Windows Vista a été conçu pour augmenter la productivité de l'utilisateur. Au tableau des évolutions figurent les outils destinés à mieux organiser son travail. Leur création ou leurs améliorations suivent deux grands axes :

- la recherche et la gestion des données ;
- l'ergonomie et la puissance d'utilisation à la base.

La gestion des contrôles d'accès (ACL) est également concernée par ces évolutions :

- Les listes de contrôle d'accès de Windows Vista permettent un contrôle très précis des utilisateurs et des processus au sujet de leur capacité à utiliser des ressources telles que les fichiers et les dossiers.
- La gestion des ACL peut constituer une des tâches les plus compliquées en ce qui concerne la protection de la sécurité des systèmes des utilisateurs. Heureusement, il existe plusieurs utilitaires intéressants.

De même, la base de Registre ne manque pas au rendez-vous :

- Le Registre est virtualisé pour pouvoir en contrôler les modifications et permettre aux applications, qui l'utilisent en lecture seule (*read-only*) et qui sont dépourvues des privilèges administrateurs, d'être exécutées.
- Windows Vista dispose d'une clé virtuelle "globale" par utilisateur, ce qui permet aux applications de l'utiliser, mais seuls les membres de la branche *HKEY_LOCAL_MACHINE\Software* sont virtualisés.

5.1. Gérer les dossiers et les fichiers

Le fichier informatique ressemble beaucoup au document tapé que l'on trouve sur un bureau ou dans un classeur. C'est un élément qui contient un ensemble d'informations. Il peut s'agir de documents texte, de feuilles de calcul, d'images numériques et même de morceaux de musique. Chaque image prise avec un appareil photo numérique, par exemple, est un fichier distinct, et un CD audio peut contenir une dizaine de fichiers audio individuels. L'ordinateur représente les fichiers sous forme d'icônes. L'aspect d'une icône vous permet de déterminer rapidement le type du fichier.

Un dossier est davantage assimilé à un conteneur dans lequel vous pouvez stocker des fichiers. Parmi des milliers de documents éparpillés sur un bureau, il serait pratiquement impossible de retrouver un fichier spécifique à un moment donné. C'est pourquoi, il est indispensable de les classer dans des dossiers, à l'intérieur d'un classeur. L'organisation des fichiers en groupes logiques facilite la recherche.

Si les dossiers informatiques contiennent des fichiers, ils peuvent également contenir d'autres dossiers, généralement nommés "sous-dossiers". Vous pouvez créer autant de sous-dossiers que vous en avez besoin, chacun pouvant comprendre un nombre quelconque de fichiers et de sous-dossiers supplémentaires.

Organiser les fichiers et les dossiers sous Windows Vista

Pour ce qui concerne l'organisation de vos fichiers, vous n'êtes pas obligé de partir de zéro. En effet, Windows est fourni avec un ensemble de dossiers communs que vous pouvez utiliser comme points de départ pour commencer à organiser vos fichiers. Voici quelques-uns des dossiers communs dans lesquels vous pouvez stocker vos fichiers et dossiers...

- *Documents* : utilisez ce dossier pour stocker vos fichiers de traitement de texte, feuilles de calcul, présentations et autres fichiers à caractère professionnel ou personnel.
- *Images* : utilisez ce dossier pour stocker toutes vos images numériques, qu'elles proviennent de votre appareil photo numérique, de votre scanneur ou d'un courrier électronique.
- *Musique* : utilisez ce dossier pour stocker tous vos fichiers audio numériques, tels que des morceaux copiés d'un CD audio ou téléchargés sur Internet.
- *Vidéos* : utilisez ce dossier pour stocker vos vidéos, telles que des clips de votre appareil photo numérique ou des fichiers vidéo que vous avez téléchargés sur Internet.
- *Téléchargements* : utilisez ce dossier pour stocker des fichiers et des programmes téléchargés sur Internet.

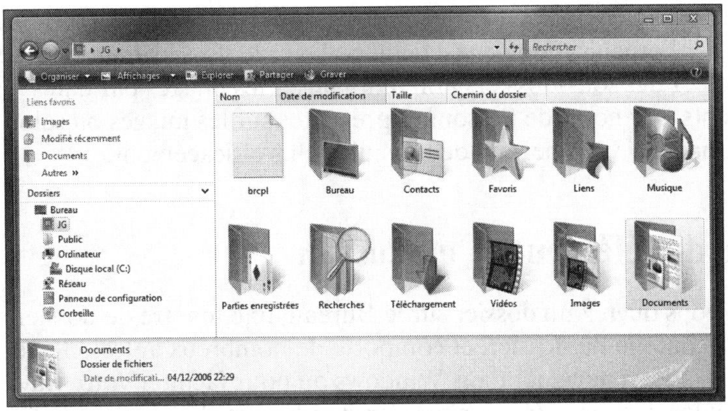

Figure 5-1 :
Les dossiers par défaut sous Windows Vista

Pour rechercher ces dossiers, vous avez le choix entre diverses méthodes. La plus simple consiste à ouvrir le dossier personnel, qui regroupe tous vos dossiers communs en un seul endroit. Le nom du dossier personnel n'est pas "personnel" ; il correspond au nom d'utilisateur que vous avez utilisé pour ouvrir une session sur l'ordinateur. Pour l'ouvrir, développez le menu **Démarrer**, puis cliquez sur votre nom d'utilisateur dans la partie supérieure du volet droit.

Vous pouvez également trouver les dossiers *Documents*, *Images* et *Musique* dans le menu **Démarrer**, juste en dessous de votre dossier personnel.

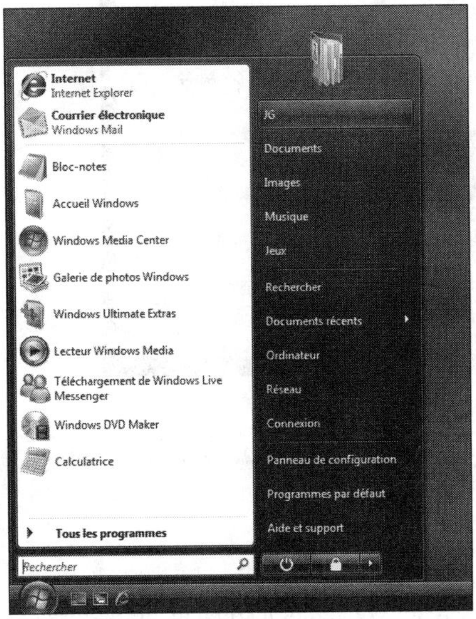

Figure 5-2 :
Les dossiers par défaut dans le menu Démarrer

N'oubliez pas que vous pouvez créer des sous-dossiers dans ces dossiers, afin d'améliorer l'organisation de vos fichiers. Dans le dossier *Images* par exemple, vous pouvez créer des sous-dossiers afin d'organiser les images par dates, par événements, par noms de personnes présentes sur les images ou selon la classification qui vous permet de travailler plus efficacement.

Présentation des éléments d'un dossier

Lorsque vous ouvrez un dossier sur le Bureau, une fenêtre de dossier apparaît. Elle affiche le contenu du dossier, et comporte de nombreux autres éléments conçus pour vous aider à naviguer dans Windows ou pour faciliter votre travail sur les fichiers et les dossiers. Voici un dossier standard et chacun de ses éléments :

Figure 5-3 : *Description de l'Explorateur Windows*

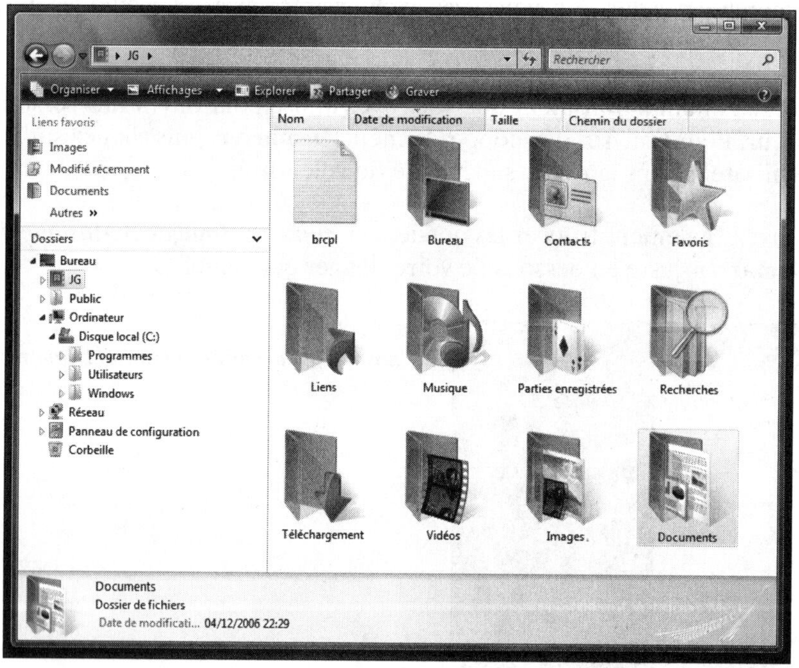

Tableau 5-1 : Présentation de l'interface de gestion des dossiers et fichiers	
Élément du dossier	**Utilisation**
Barre d'adresse	Utilisez la barre d'adresse pour naviguer jusqu'à un autre dossier, sans fermer la fenêtre de dossier active.

Tableau 5-1 : Présentation de l'interface de gestion des dossiers et fichiers

Élément du dossier	Utilisation
Boutons **Précédent** et **Suivant**	Utilisez les boutons **Précédent** et **Suivant** pour naviguer jusqu'aux dossiers que vous avez déjà ouverts, sans fermer la fenêtre active. Ces boutons fonctionnent en association avec la barre d'adresse. Par exemple, si vous avez utilisé la barre d'adresse pour changer de dossier, vous pouvez utiliser le bouton **Précédent** pour revenir au dossier d'origine.
Zone de recherche	Tapez un mot ou une phrase dans la zone de recherche, pour localiser un fichier ou un sous-dossier stocké dans le dossier actif. La recherche commence dès que vous commencez à taper. Ainsi, dès que vous tapez la lettre B, par exemple, tous les fichiers dont le nom commence par B s'affichent sur la liste des fichiers du dossier.
Barre d'outils	La barre d'outils permet d'effectuer des tâches courantes, par exemple modifier l'aspect de vos fichiers et dossiers, copier des fichiers sur un CD ou lancer un diaporama de photos numériques. Les boutons de la barre d'outils changent pour afficher uniquement les commandes utiles. Par exemple, si vous cliquez sur un fichier image, la barre d'outils affiche des boutons différents de ceux qui se seraient affichés si vous aviez cliqué sur un fichier audio.
Volet de navigation	Comme la barre d'adresse, le volet de navigation vous permet d'afficher d'autres dossiers. La section des liens favoris permet d'accéder rapidement à un dossier commun ou de lancer une recherche précédemment sauvegardée. Si vous accédez souvent au même dossier, vous pouvez le glisser dans le volet de navigation pour en faire un de vos liens favoris.
Liste des fichiers	C'est dans cette zone que le contenu du dossier actif est affiché. Si vous avez tapé du texte dans la zone de recherche pour localiser un fichier, seuls les fichiers correspondant à la recherche s'affichent.
En-têtes de colonnes	Utilisez les en-têtes de colonnes pour modifier l'organisation des fichiers sur la liste des fichiers. Vous pouvez trier, regrouper ou empiler les fichiers dans la vue active.
Volet d'informations	Le volet d'informations affiche les propriétés les plus courantes associées au fichier sélectionné. Les propriétés d'un fichier sont des informations concernant le fichier, telles que son auteur, la date de la dernière modification et toutes les balises que vous avez pu ajouter au fichier.
Volet de visualisation	Utilisez le volet de visualisation pour voir le contenu de nombreux types de fichiers. Si vous sélectionnez un message électronique, un fichier texte ou une image par exemple, vous pouvez voir son contenu sans l'ouvrir dans un programme. Par défaut, le volet de visualisation ne s'affiche pas dans la plupart des dossiers. Pour le voir, cliquez sur le bouton **Organiser** dans la barre d'outils, cliquez sur **Disposition**, puis sur **Volet de visualisation**.

Afficher des fichiers dans un dossier

Lorsque vous ouvrez un dossier et que les fichiers s'affichent, vous pouvez choisir des grandes (ou petites) icônes, ou une organisation des fichiers qui vous permette de voir différents types d'informations sur chaque fichier. Pour effectuer ce type de changement, utilisez le bouton **Affichages** dans la barre d'outils.

Chaque fois que vous cliquez sur le bouton **Affichages**, l'affichage des icônes de fichier et de dossier dans la fenêtre de dossier est modifié, alternant entre des grandes icônes, des icônes plus petites appelées *Mosaïques* et un mode appelé Détails qui affiche plusieurs colonnes d'informations sur le fichier.

Si vous cliquez sur la flèche en regard du bouton **Affichages**, vous avez davantage de choix. Glissez le curseur vers le haut pour affiner le réglage de la taille des icônes de fichier et de dossier. La taille des icônes change lorsque vous déplacez le curseur.

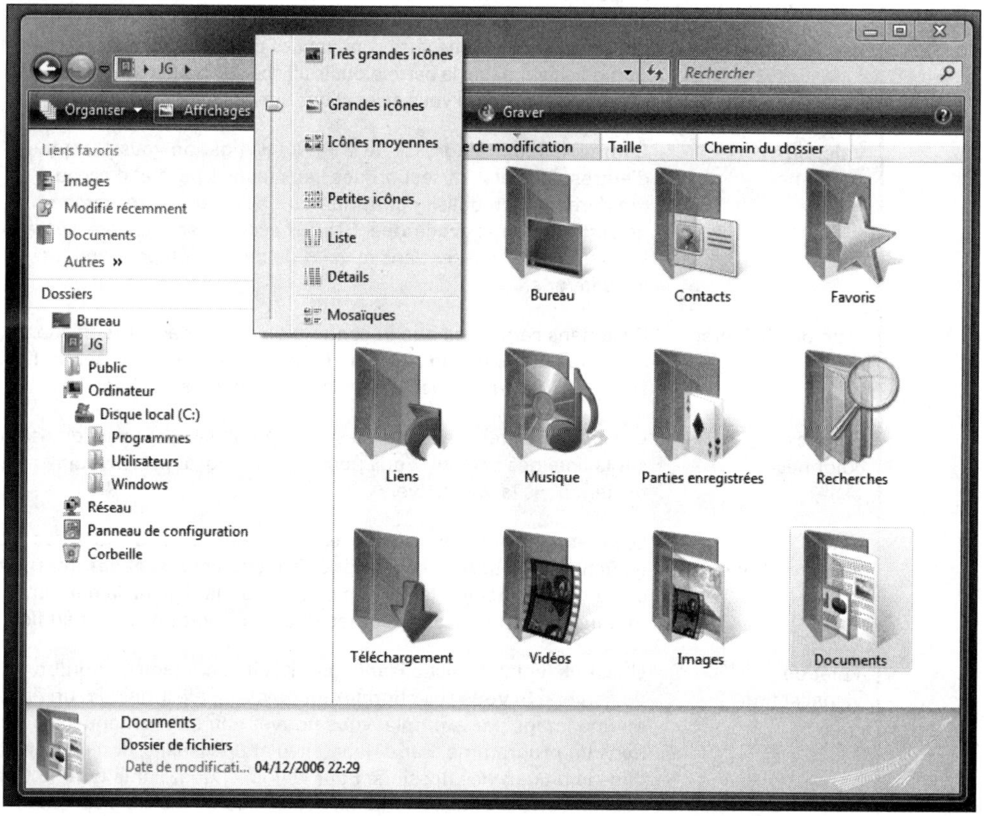

Figure 5-4 : *Les options du bouton Affichages*

Rechercher des fichiers

Lorsque vous avez besoin de rechercher un fichier spécifique, vous savez qu'il est situé quelque part dans un dossier commun tel que *Documents* ou *Images*. Malheureusement, l'opération qui consiste à rechercher ce fichier peut signifier avoir à parcourir des centaines de fichiers et de sous-dossiers, ce qui n'est pas une tâche aisée. Utilisez la zone de recherche pour localiser votre fichier, vous gagnerez du temps et économiserez de l'énergie.

La zone de recherche se trouve dans la partie supérieure de chaque dossier. Pour rechercher un fichier, ouvrez le dossier contenant ce fichier, cliquez sur la zone de recherche et commencez à taper votre texte. La zone de recherche filtre la vue active en fonction du texte que vous avez tapé. Les fichiers sont affichés dans la zone de résultats de la recherche si le terme recherché correspond au nom du fichier, aux balises ou à toute autre propriété du fichier. Les documents texte sont affichés si le terme recherché est présent dans une partie du texte de ces documents. Votre recherche parcourt le dossier actif ainsi que tous les sous-dossiers.

Si vous n'avez aucune idée de l'endroit où rechercher un fichier, vous pouvez élargir votre recherche pour inclure l'intégralité de l'ordinateur, et non seulement un seul dossier.

Copier et déplacer des fichiers et des dossiers

Vous pouvez modifier l'emplacement de stockage des dossiers sur votre ordinateur. Vous pouvez déplacer des fichiers dans un dossier différent, par exemple les copier sur un support amovible (tel qu'une clé USB ou une carte mémoire) pour les partager avec d'autres personnes.

La méthode la plus utilisée pour copier et déplacer des fichiers est le glisser-déposer.

1. Pour commencer, ouvrez le dossier contenant le fichier ou le dossier à déplacer. Ouvrez ensuite le dossier vers lequel vous souhaitez le déplacer. Placez les fenêtres de dossier sur le Bureau afin de voir le contenu des deux fenêtres.
2. Ensuite, glissez le fichier ou le dossier du premier dossier vers le second dossier. C'est aussi simple que cela.

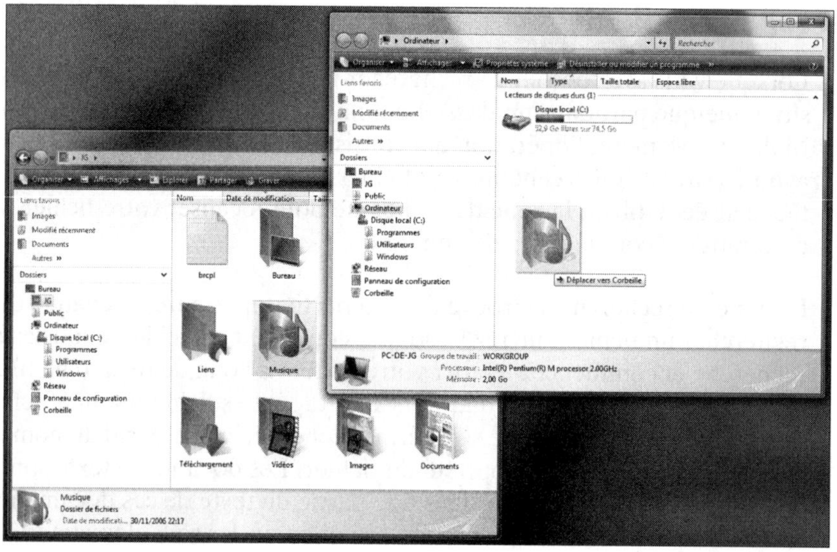

Figure 5-5 : *La fonction Glisser-déposer*

REMARQUE

Copier ou déplacer

Lorsque vous utilisez la méthode du glisser-déposer, parfois le fichier ou le dossier est copié et parfois il est déplacé. Pourquoi ? Si vous glissez un élément entre des dossiers qui se trouvent sur le même disque dur, les éléments sont déplacés pour éviter que des doublons du même fichier ou dossier ne soient créés sur un disque dur. Si vous glissez un élément vers un dossier qui se trouve sur un autre disque dur (tel qu'un emplacement réseau) ou vers un support amovible tel qu'un CD, l'élément est copié. Ainsi, le fichier ou le dossier n'est pas supprimé de son emplacement d'origine.

Créer et supprimer des fichiers

La méthode la plus courante pour créer des fichiers consiste à utiliser un programme. Par exemple, vous pouvez créer un document texte dans un programme de traitement de texte ou un fichier vidéo dans un programme de montage vidéo.

Certains programmes créent un fichier à leur ouverture. Lorsque vous ouvrez WordPad par exemple, il démarre avec une page blanche, qui représente un fichier vide (et non enregistré).

1. Commencez à taper du texte et lorsque vous êtes prêt à enregistrer votre travail, cliquez sur **Fichier** dans la barre de menus, puis sur **Enregistrer sous**.

2. Dans la boîte de dialogue qui s'affiche, tapez un nom de fichier qui vous permettra de retrouver le fichier ultérieurement, puis cliquez sur **Enregistrer**.

Par défaut, la plupart des programmes enregistrent les fichiers dans des dossiers communs tels que *Documents*, *Images* et *Musique*, ce qui facilite la recherche ultérieure de fichiers.

Lorsque vous n'avez plus besoin d'un fichier, vous pouvez le supprimer de votre ordinateur. Vous libérez ainsi de l'espace en évitant de surcharger votre disque dur avec des documents inutiles.

3. Pour supprimer un fichier, ouvrez le dossier qui le contient, puis sélectionnez-le. Appuyez sur la touche [Suppr]. Dans la boîte de dialogue **Supprimer le fichier**, cliquez sur **Oui**.

Lorsque vous supprimez un fichier, il est stocké temporairement dans la Corbeille. Considérez la Corbeille comme un dossier de sécurité qui vous permet de récupérer les fichiers ou les dossiers que vous avez accidentellement supprimés. Vous devez de temps en temps vider la Corbeille pour libérer l'espace occupé par ces fichiers non souhaités sur le disque dur.

Ouvrir un fichier existant

Pour ouvrir un fichier, double-cliquez dessus. Le fichier s'ouvre dans le programme que vous avez utilisé pour le créer ou le modifier. S'il s'agit d'un fichier texte par exemple, il s'ouvre dans votre programme de traitement de texte.

Cependant, ce n'est pas toujours le cas. Si vous double-cliquez sur une image numérique par exemple, c'est généralement une visionneuse d'images qui s'ouvre. Pour modifier l'image, vous devez utiliser un autre programme :

1. Cliquez avec le bouton droit de la souris sur le fichier, cliquez sur **Ouvrir avec**.
2. Cliquez sur le nom du programme que vous souhaitez utiliser.

5.2. Rechercher et organiser

La recherche et l'organisation des données ont toujours été très compliquées à gérer. Plus le volume des disques durs augmente, plus nous avons tendance à stocker d'énormes quantités de données, et plus la recherche et l'organisation deviennent complexes et longues. C'est alors que l'on commence à s'interroger sur la réelle utilité de certaines données stockées.

La réponse de Windows Vista a été d'assouplir la recherche et l'organisation des fichiers. De nouvelles fonctions, notamment la recherche rapide et les dossiers de recherche, font leur apparition et facilitent la gestion de grandes quantités de données.

La fonction de recherche rapide

Avec la masse d'informations contenue de nos jours sur les disques durs, se rappeler où trouver un fichier en particulier organisé dans une arborescence complexe de répertoires pouvait devenir pénible. Surtout que l'accès à une zone de recherche n'était pas aisé.

Windows Vista facilite la recherche de fichiers. Il n'est plus nécessaire de se rappeler où vous avez stocké chaque fichier. Pour le retrouver, il vous suffit désormais de vous souvenir d'un élément le concernant, par exemple un mot contenu dans le document. Cette puissante fonctionnalité de recherche intégrée vous aide à trouver rapidement tout ce que vous souhaitez sur votre ordinateur, sans parcourir tous les dossiers. De plus, cette fonctionnalité est disponible depuis n'importe quelle fenêtre d'explorateur, pour un accès facile, quand vous le souhaitez.

Par exemple :

1. Ouvrez l'Explorateur Windows en cliquant sur le logo de démarrage, puis sur **Tous les programmes/Accessoires/Explorateur Windows**.

Figure 5-6 : *L'Explorateur Windows*

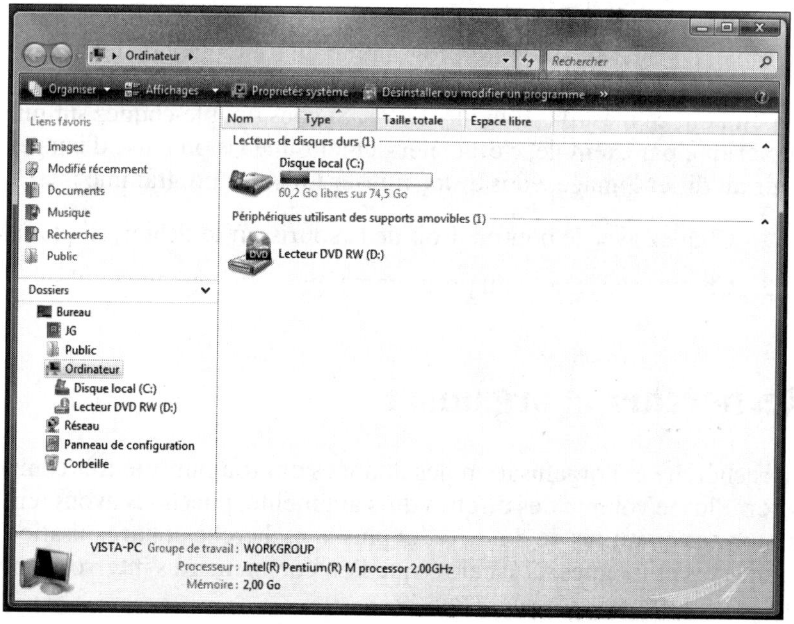

2. Vous visualisez la barre de recherche rapide en haut à droite de la fenêtre. Tapez un mot contenu dans un document. Dans cet exemple, saisissez `Vista`.

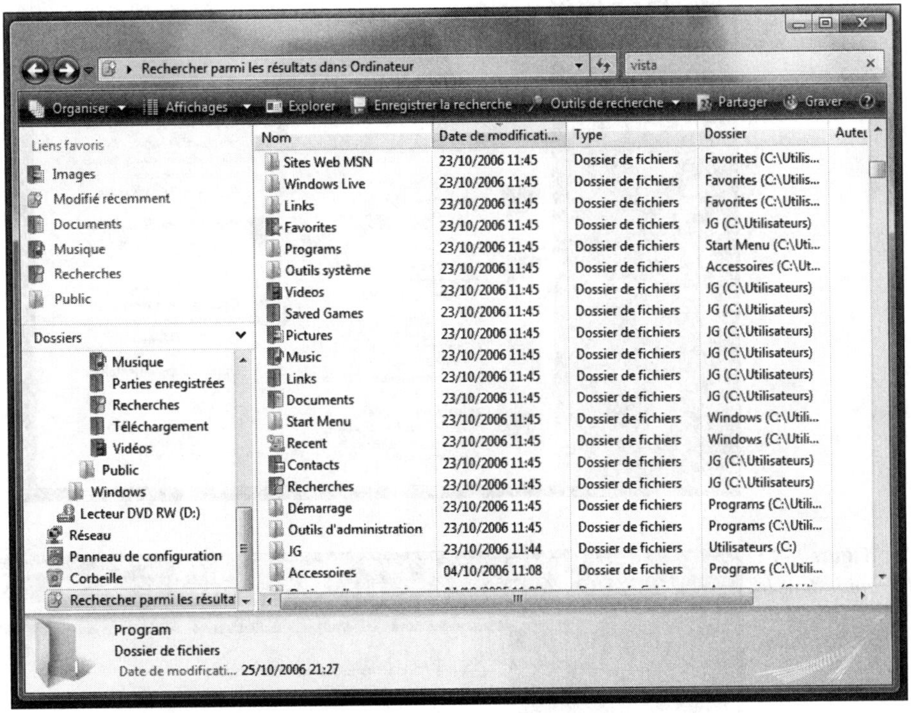

Figure 5-7 : *Résultat d'une recherche rapide*

Le résultat de votre recherche aboutit non seulement aux fichiers dont le nom contient le mot `Vista`, mais aussi aux fichiers dont le contenu offre le mot `Vista`. L'étendue des fichiers est importante : du document au message de newsgroups en passant par des images.

3. Ensuite, sélectionnez le document qui correspond le mieux à votre attente.

Autre exemple, cette fois-ci à partir du Panneau de configuration :

1. Ouvrez le Panneau de configuration en cliquant sur le logo de démarrage, puis sur la commande **Panneau de configuration** (voir fig. 5-8).
2. Vous visualisez la barre de recherche rapide en haut à droite de la fenêtre. Tapez par exemple le mot `instal` (voir fig. 5-9).

Figure 5-8 : *Le Panneau de configuration*

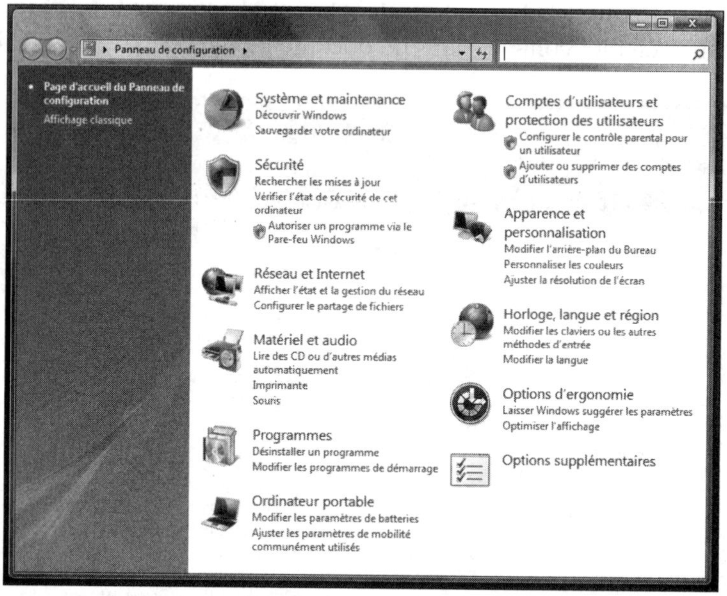

Figure 5-9 : *Recherche rapide dans le Panneau de configuration*

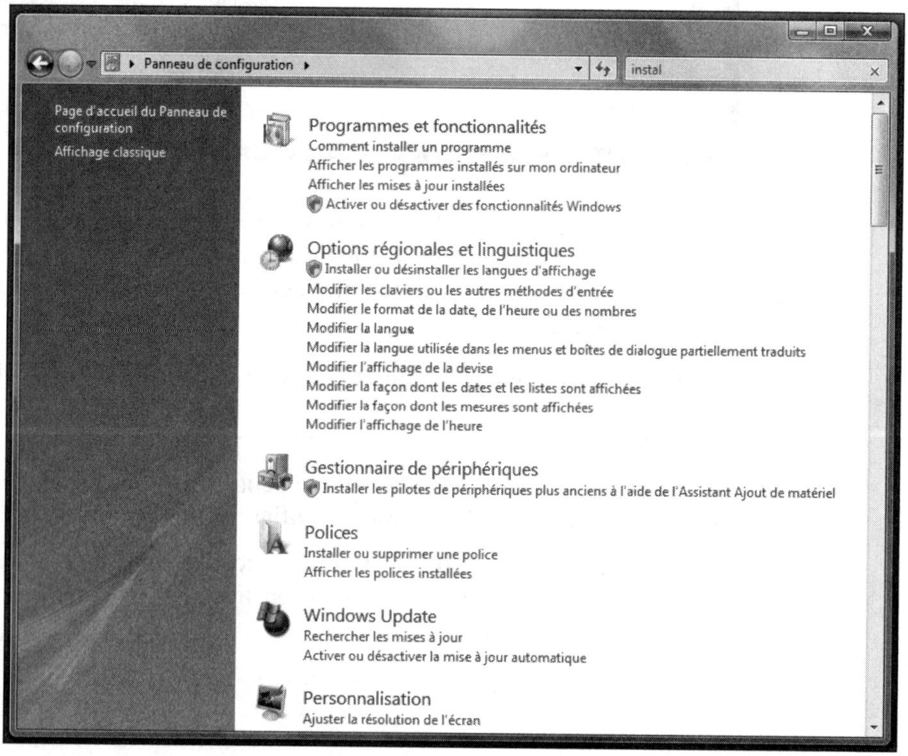

3. Tous les liens du Panneau de configuration relatifs à l'installation sont listés. Vous n'avez plus qu'à sélectionner le plus approprié pour ce que vous voulez faire.

Dernier exemple, qui a déjà été détaillé, dans la fenêtre de recherche rapide du nouveau menu **Démarrer**, il vous suffit d'entrer un mot, une phrase, une propriété ou une partie du nom d'un fichier pour trouver instantanément le fichier ou l'application recherchés.

Figure 5-10 : *Recherche rapide dans le menu de démarrage*

Vous trouverez également une barre de recherche rapide dans la Galerie de photos Windows et dans le Lecteur Windows Media. Une recherche dans le Lecteur Windows Media vous permettra avantageusement de retrouver votre musique et votre vidéo de façon organisée. Bref, partout où vous verrez cette barre toujours située en haut à droite de la fenêtre, cherchez et trouvez facilement.

Les dossiers de recherche

Windows Vista propose désormais des dossiers de recherche, un nouvel outil puissant qui facilite la recherche et l'organisation de vos fichiers, n'importe où sur votre ordinateur. Un dossier de recherche correspond à une recherche spécifique que vous avez enregistrée. L'ouverture d'un dossier de recherche entraîne l'exécution instantanée de la recherche sauvegardée, qui affiche immédiatement les résultats mis à jour.

Windows Vista offre par défaut des dossiers de recherche préconfigurés tels que le dossier *Documents récents* qui recense les derniers documents utilisés ou *Courrier récent* qui recense les messages électroniques, etc.

Pour visualiser les dossiers de recherche :

1. Ouvrez l'Explorateur Windows en cliquant sur le logo de démarrage, puis sur **Tous les programmes/Accessoires/Explorateur Windows**.
2. Cliquez sur le dossier *Recherches* en haut à gauche de l'Explorateur.

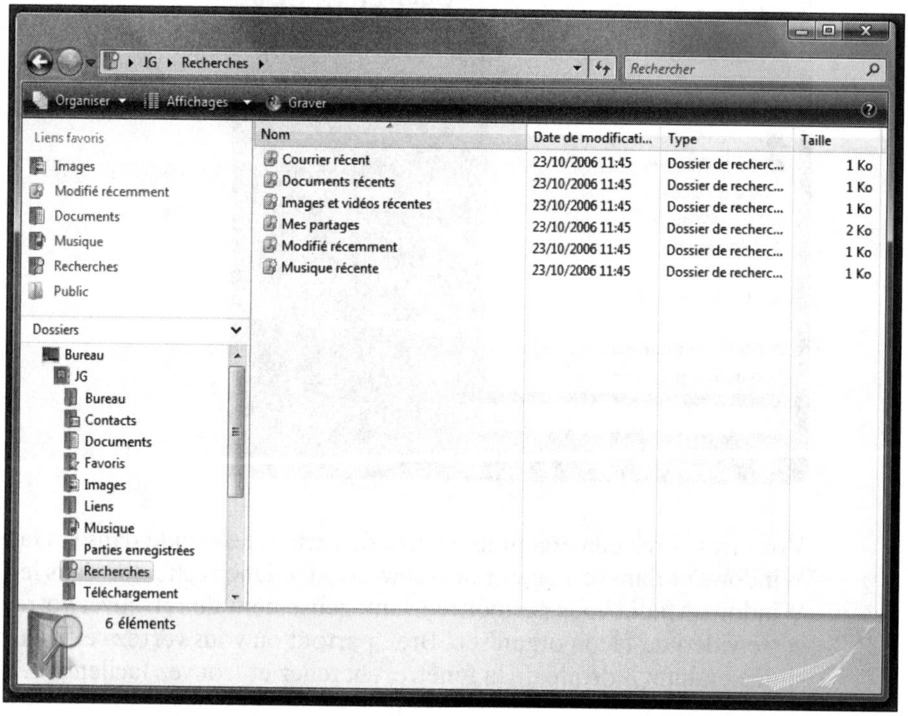

Figure 5-11 : *Accès aux dossiers de recherche*

3. Ouvrez un dossier de recherche (sa couleur bleue signifie qu'il s'agit d'un répertoire virtuel), par exemple les fichiers modifiés récemment.

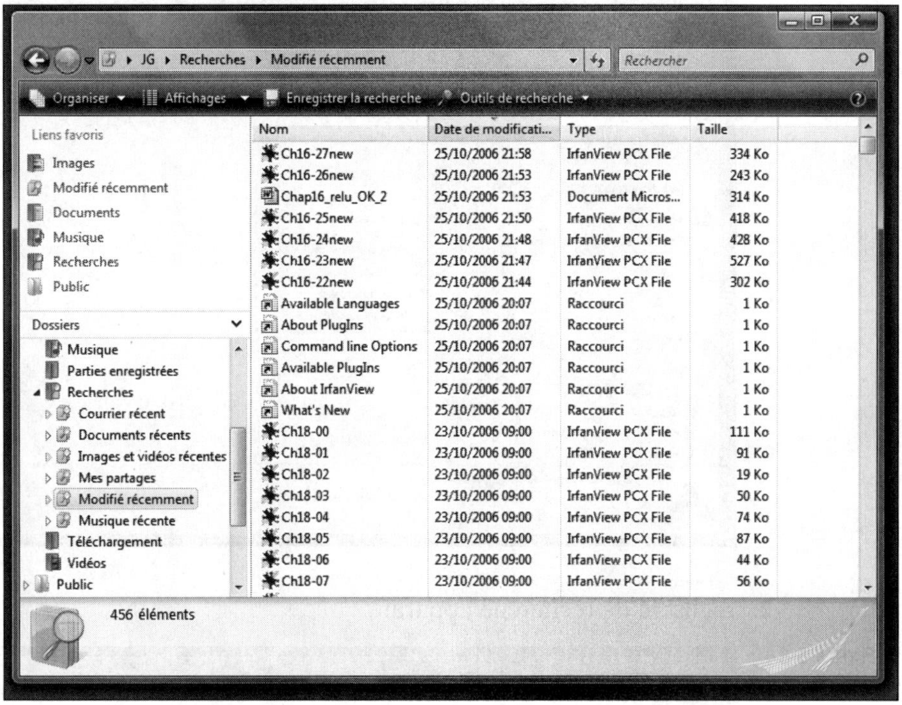

Figure 5-12 : *Résultat du dossier de recherche sur les fichiers modifiés récemment*

4. Vous visualisez et accédez facilement à tous vos courriels non lus.

Autre exemple, vous pouvez créer une recherche pour tous les documents créés par `Bob` et contenant le mot `projet`. Vous sauvegardez cette recherche, par exemple avec le nom `Auteur Bob/Mot clé Projet` en tant que dossier de recherche. Et lorsque vous ouvrez ce dossier, la recherche commence et les résultats s'affichent immédiatement. Si de nouveaux fichiers créés par Bob et contenant le mot `projet` ont été ajoutés entre-temps, ils apparaissent également dans le dossier *Recherche*, quel que soit leur emplacement sur l'ordinateur.

Cette recherche étant enregistrée comme un fichier, l'intérêt est que vous pourrez y retourner régulièrement pour savoir s'il y a eu des modifications dans les résultats de la recherche.

Pour enregistrer un nouveau dossier de recherche :

1. Dans l'Explorateur Windows, cliquez sur **Organiser**, puis sur **Disposition**. Cliquez sur **Volet de Recherche**.

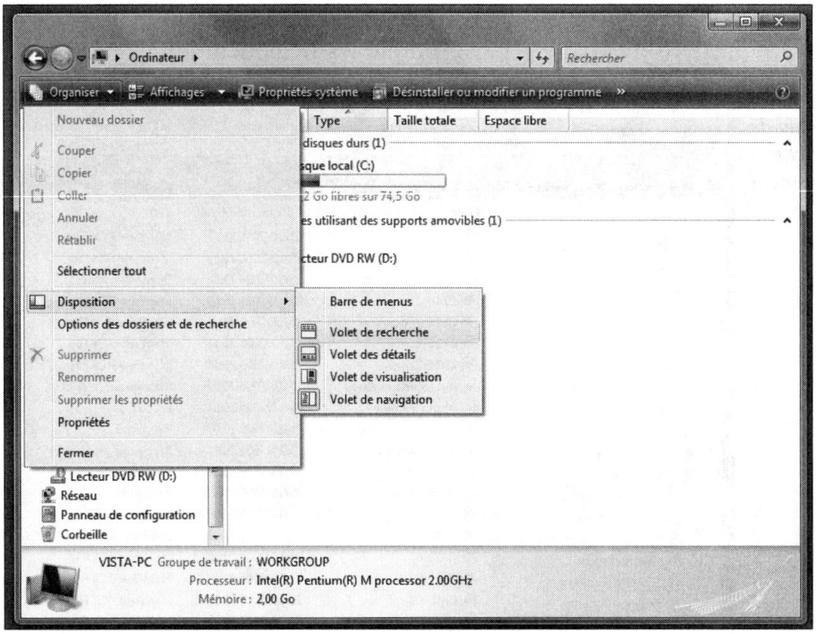

Figure 5-13 : *Procédure d'affichage de la barre de recherche*

2. La barre de recherche apparaît.

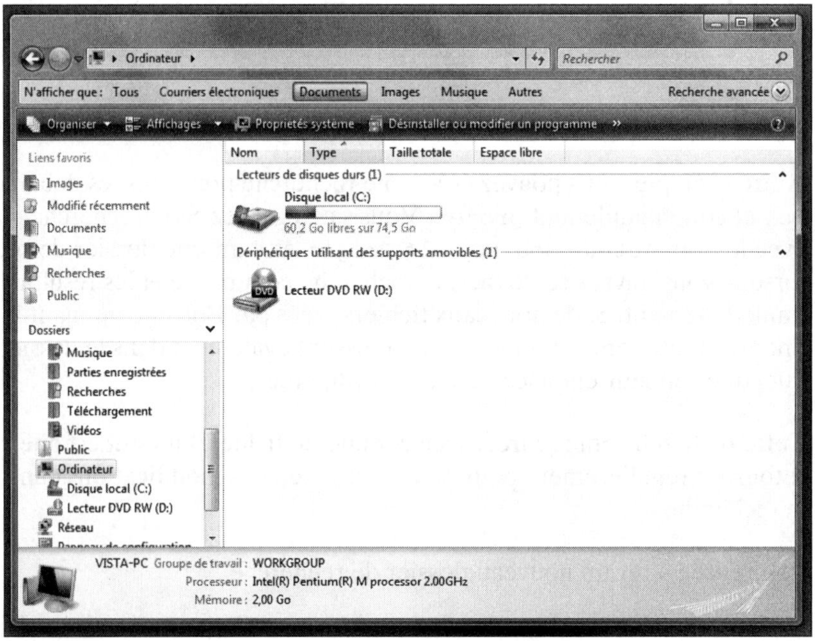

Figure 5-14 : *La barre de recherche*

3. Tapez votre requête dans la barre de recherche rapide. Dans cet exemple, saisissez le mot `Vista`.

Figure 5-15 :
Résultat d'une recherche

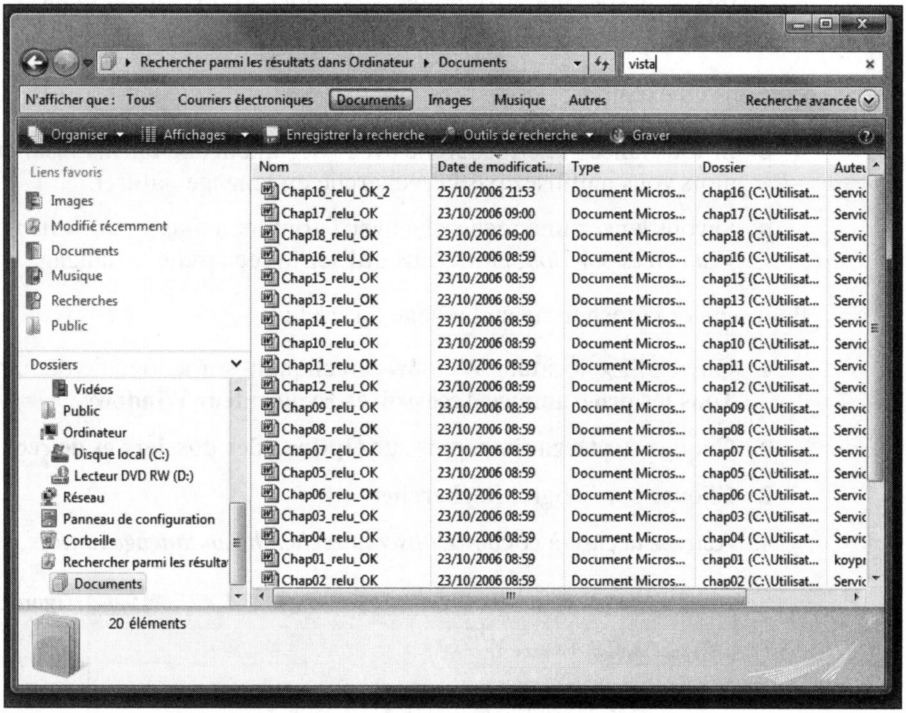

4. Cliquez sur le bouton **Enregistrer la recherche**, puis donnez un nom à votre recherche.

La sauvegarde de vos recherches est un atout considérable dans l'organisation de vos données. En créant des dossiers de sauvegarde avec des critères fins pour chacun de vos projets, vous pouvez retrouver vos données au plus vite.

La recherche en langage naturel

Windows Vista propose, en option, d'activer la recherche : au lieu de taper des mots précis, vous tapez une phrase ou expression entière qui s'apparente à ce que vous pensez ou diriez à quelqu'un. C'est la recherche en langage naturel.

L'utilisation d'arguments précis dans la zone de recherche présente un inconvénient, elle oblige à structurer votre recherche d'une manière très spécifique, plutôt que de suivre la façon habituelle de parler ou d'écrire. Si vous activez la recherche en langage naturel, vous pouvez effectuer des recherches d'une manière beaucoup plus spontanée, pratiquement comme si vous vous adressiez à une autre personne. De plus, vous n'êtes pas obligé d'indiquer les mots "et" et "ou" en majuscules lorsque vous procédez à une recherche en langage naturel.

Prenons un exemple :

- Si vous lancez une recherche avec l'argument *documents Vista auteur Bob*, alors vous n'utilisez pas la recherche en langage naturel.
- Si vous lancez une recherche avec l'argument *tous les documents du projet Vista créés par Bob*, alors vous utilisez la recherche en langage naturel.

Pour activer la recherche en langage naturel :

1. Ouvrez l'Explorateur Windows en cliquant sur le logo de démarrage, puis sur **Tous les programmes/Accessoires/Explorateur Windows**.
2. Cliquez sur **Organiser**, puis sur **Options des dossiers et de recherche**.
3. Cliquez sur l'onglet **Rechercher**.
4. Activez la case à cocher *Utiliser la recherche en langage naturel*, puis validez.

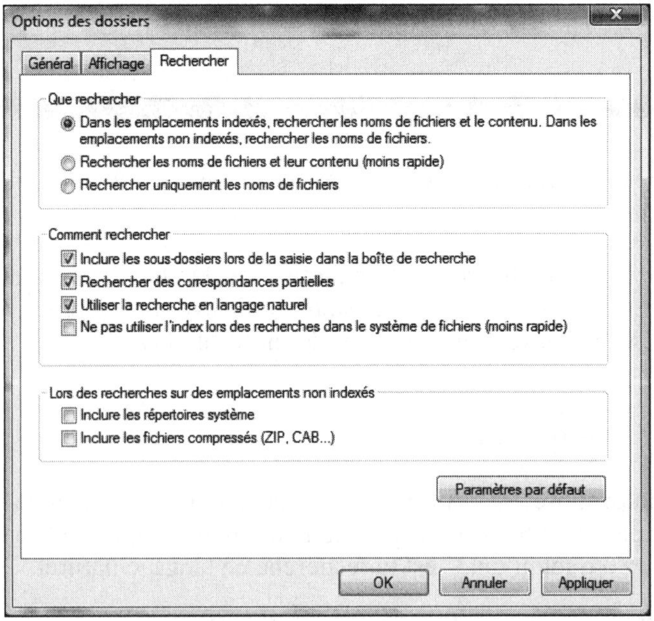

Figure 5-16 : *Activation de la recherche en langage naturel*

Cette option n'est pas activée par défaut sur Windows Vista mais même si l'option de recherche en langage naturel est activée, vous pouvez continuer à utiliser la zone de recherche exactement de la même manière. Si vous voulez utiliser les filtres booléens ou exploitez des filtres avec le signe deux-points et les parenthèses, vous le pouvez. De plus, vous avez toujours la possibilité de vous servir des propriétés pour affiner vos recherches en langage naturel. La différence se fait dans les recherches énoncées plus naturellement au quotidien car vous pouvez effectuer des recherches de façon plus spontanée.

La barre de recherche avancée

Pour encore plus de détails et de précision dans vos recherches, vous pouvez utiliser la barre de recherche avancée qui vous permet de lancer des recherches multicritères.

À l'instar de l'exemple précédent, la barre de recherche avancée vous permet de lancer une recherche sur un mot-clé et un auteur. Autre exemple, une recherche sur un mot-clé et une période, un type de fichier et des e-mails, etc. Une fois la recherche terminée, vous pouvez la sauvegarder en tant que dossier de recherche afin de pouvoir la relancer facilement au moment voulu.

1. Ouvrez l'Explorateur Windows en cliquant sur le logo de démarrage, puis sur **Tous les programmes/Accessoires/Explorateur Windows**.
2. Cliquez sur **Organiser**, puis sur **Disposition**. Cliquez sur **Volet de Recherche**, puis déployez la liste *Recherche avancée*.
3. Vous pouvez entrer de multiples critères, par exemple rechercher les fichiers dont le titre contient le mot "Vista" et dont l'extension de fichier est *.doc*.

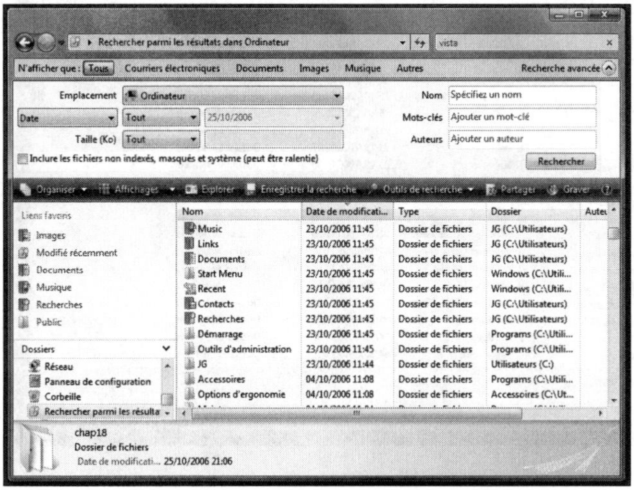

Figure 5-17 : *Résultat d'une recherche multicritère*

Sachez également que vous pouvez inclure tout type de disque dur externe, clé USB ou autre dans vos recherches multicritères, puis dans vos dossiers de recherche.

Les vues personnalisées des fichiers

En termes d'organisations, vous avez certainement remarqué, quand vous avez ouvert l'Explorateur Windows de Windows Vista, la présence des répertoires d'organisation que sont *Documents* (pour les documents), *Images* (pour les images), *Musique* (pour la musique) et *Modifié récemment* (pour les fichiers modifiés récemment).

En plus de ces répertoires, Windows Vista vous permet de créer des vues personnalisées de vos fichiers en combinant la fonctionnalité de recherche rapide et la possibilité d'organiser les fichiers par nom, type, auteur ou marque descriptive.

Par exemple, vous pouvez demander l'affichage de vos données classées par dates de modification.

1. Ouvrez l'Explorateur Windows en cliquant sur le logo de démarrage, puis sur **Tous les programmes/Accessoires/Explorateur Windows**.
2. Naviguez jusqu'au répertoire souhaité et cliquez sur la colonne *Date de modification*.

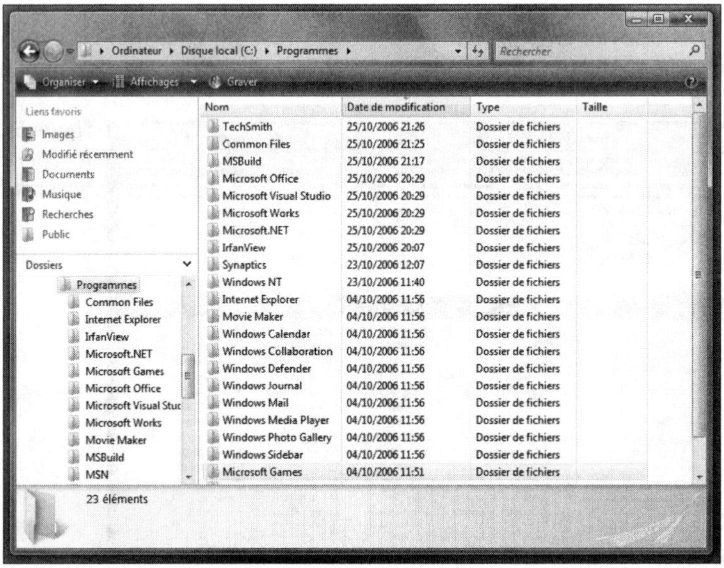

Figure 5-18 : *Classement par dates de modification*

Si vous le souhaitez, vous pouvez demander l'affichage de vos données classées par types :

1. Ouvrez l'Explorateur Windows en cliquant sur le logo de démarrage, puis sur **Tous les programmes/Accessoires/Explorateur Windows**.
2. Naviguez jusqu'au répertoire souhaité et cliquez sur la colonne *Type*.

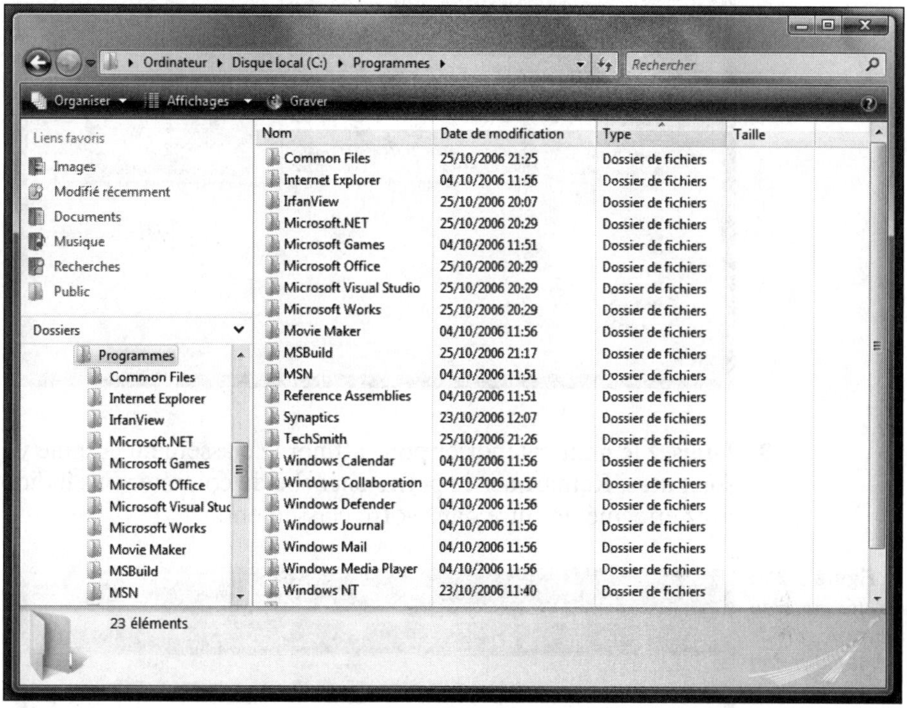

Figure 5-19 : *Classement par types*

L'en-tête de colonne avancé

Pour classer encore plus finement vos données lorsque vous choisissez de les trier par types ou par auteurs par exemple, chaque colonne de classement de l'Explorateur Windows contient un menu déroulant qui offre des fonctions d'organisation.

Si vous souhaitez classer par dates, cliquez sur l'en-tête de colonne pour faire apparaître le menu déroulant ; un mini-calendrier fait son apparition. Sélectionnez les dates que vous voulez pour effectuer votre classement.

1. Ouvrez l'Explorateur Windows en cliquant sur le logo de démarrage, puis sur **Tous les programmes/Accessoires/Explorateur Windows**.

2. Naviguez jusqu'au répertoire souhaité et cliquez sur la flèche de menu à droite de la colonne *Date de modification*.

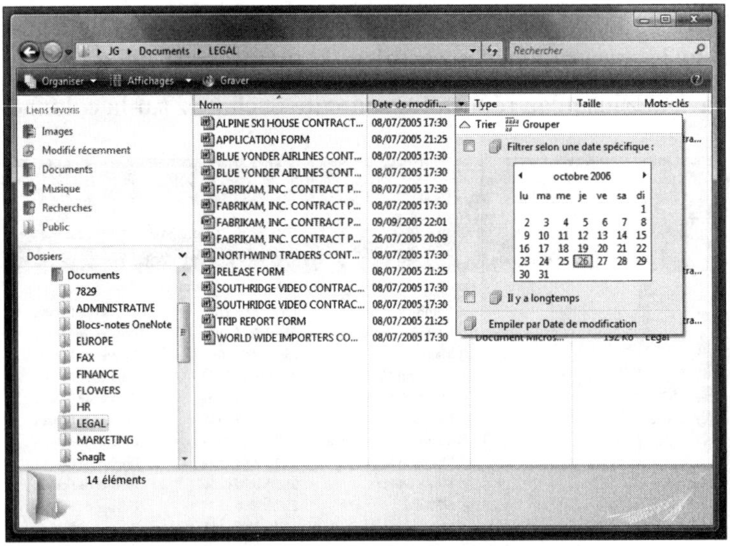

Figure 5-20 : *Menu déroulant de la colonne Date de modification*

3. Utilisez le mini-calendrier pour affiner le classement comme vous le souhaitez. Remarquez la petite encoche de colonne vous indiquant que vous avez effectué un filtre dans votre classement.

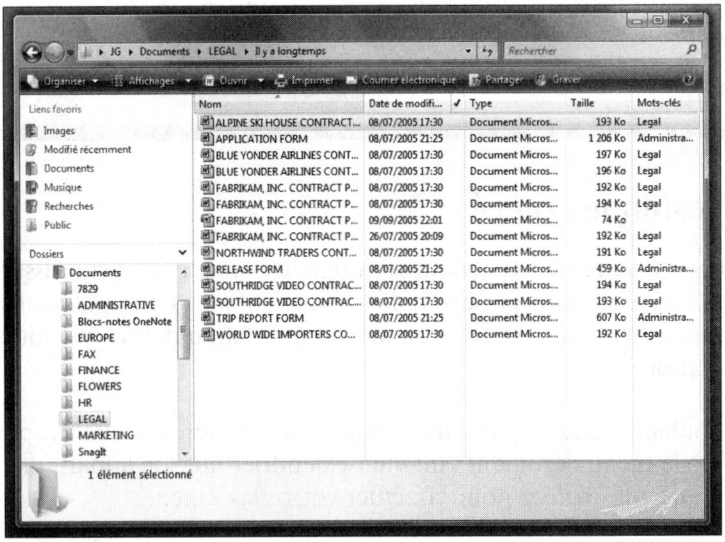

Figure 5-21 : *Classement effectué selon un critère de date de modification*

Autre exemple, si vous souhaitez classer par types de fichier, faites apparaître le menu déroulant de la colonne *Type* et sélectionnez l'extension de fichier que vous souhaitez voir apparaître dans les fichiers de votre classement.

1. Ouvrez l'Explorateur Windows en cliquant sur le logo de démarrage, puis sur **Tous les programmes/Accessoires/Explorateur Windows**.
2. Naviguez jusqu'au répertoire souhaité et cliquez sur la flèche de menu à droite de la colonne *Type*.

Figure 5-22 : *Menu déroulant de la colonne Type*

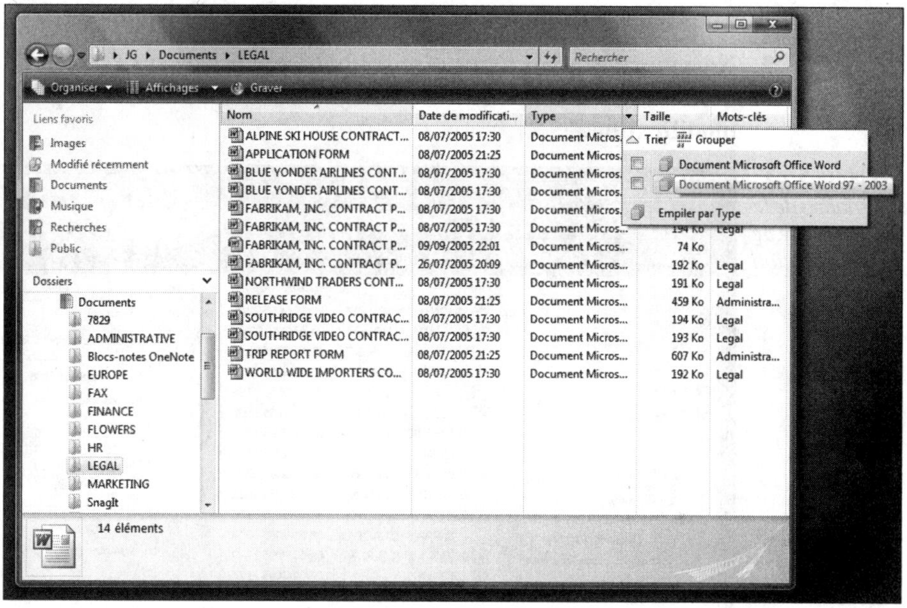

3. Sélectionnez l'extension pour affiner le classement comme vous le souhaitez.

Les piles

Avec la fonctionnalité de tri et d'organisation avancée fournie par les menus compris dans les en-têtes de colonne, Windows Vista apporte en plus la possibilité de créer des vues dites en pile.

La vue en pile vous permet de visualiser vos fichiers empilés, rangés dans des pseudo-répertoires, selon un critère d'organisation comme le nom d'auteur, la date, le type ou une marque descriptive.

Ces piles se comportent comme des répertoires classiques : vous pouvez les ouvrir ou les fermer. Mais les piles ne sont pas vraiment des répertoires car elles n'ont pas d'emplacement physique. En un sens, ce sont des vues virtuelles de votre contenu. Plus important, si par exemple un fichier a deux auteurs, Bob et Patrick, et si vous créez des piles par auteurs, le fichier est inclus dans la pile *Bob* et également dans la pile *Patrick*, ce qui accroît la flexibilité de votre organisation de fichiers.

1. Ouvrez l'Explorateur Windows en cliquant sur le logo de démarrage, puis sur **Tous les programmes/Accessoires/Explorateur Windows**.
2. Naviguez jusqu'au répertoire souhaité et cliquez sur la flèche de menu à droite de la colonne *Date de modification*. Cliquez sur **Empiler par Date de modification**.

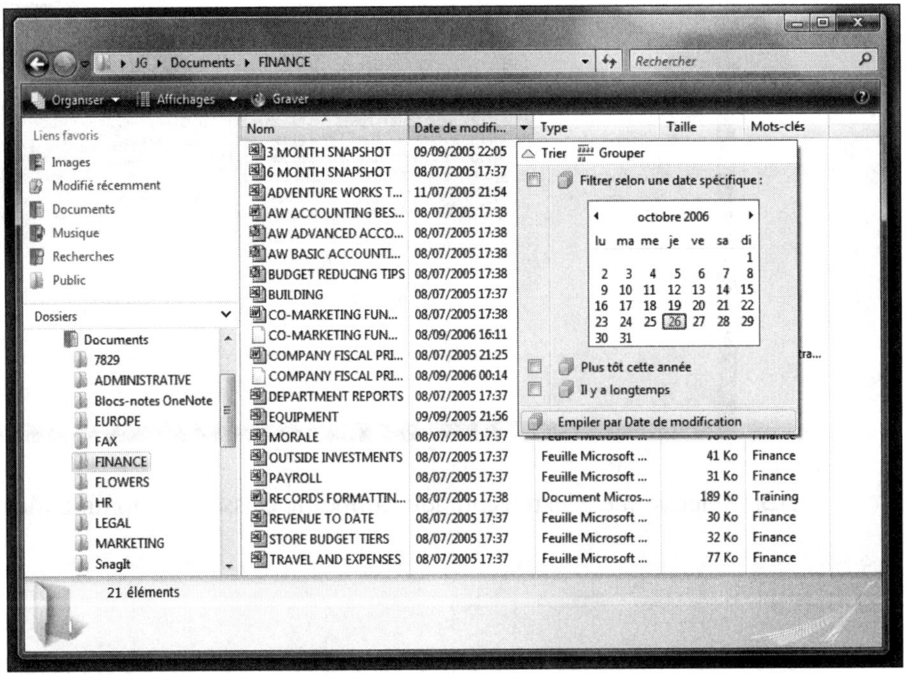

Figure 5-23 : *Menu déroulant de la colonne Date de modification*

3. Vos documents sont répartis dans des piles différentes ordonnancées selon des critères de dates.

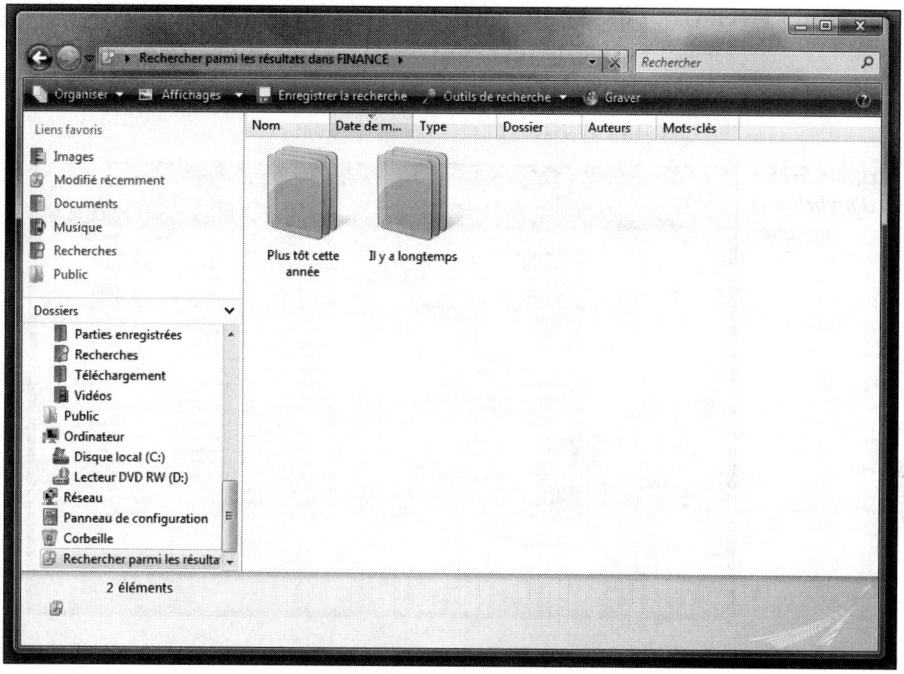

Figure 5-24 : *Les piles par dates de modification*

Les mots-clés

Les fonctionnalités de recherche et d'organisation de Windows Vista permettent d'étendre l'utilisation des propriétés d'un fichier en y ajoutant une balise, c'est-à-dire un ou plusieurs mots-clés qui vous permettront de repérer le fichier avec une définition qui vous est propre. Ce peut être par exemple le nom du projet auquel est rattaché le document, un événement relatif à une photo, un mot-clé qui vous évoque un souvenir, etc. Comme le référencement est libre, tout mot-clé est envisageable et donc vous simplifie le classement.

Par exemple, lorsque vous sauvegardez un document Word, l'application renseigne certains champs dont la date, le nom de l'auteur, etc. À ce moment-là, vous pouvez y ajouter des mots-clés. De même, lorsque vous importez des photos de votre appareil photo numérique, vous pouvez marquer les photos avec les souvenirs qu'elles vous évoquent. Vous pouvez ajouter ces balises facilement, soit sur un fichier à la fois, soit sur un groupe de fichiers.

Pour marquer les fichiers en utilisant le panneau de prévisualisation de l'Explorateur Windows :

1. Ouvrez l'Explorateur Windows en cliquant sur le logo de démarrage, puis sur **Tous les programmes/Accessoires/Explorateur Windows**.
2. Naviguez jusqu'au répertoire souhaité et sélectionnez le document que vous désirez marquer.

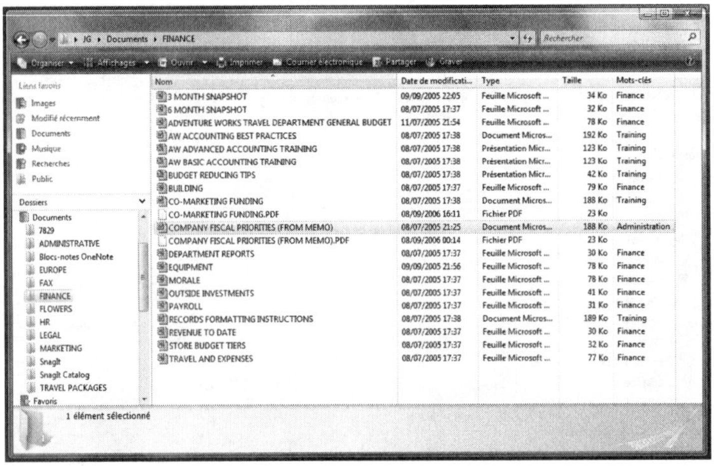

Figure 5-25 : *Sélection d'un fichier à marquer*

3. Cliquez avec le bouton droit de la souris sur le document en question et cliquez sur **Propriétés**, puis sur l'onglet **Détails**.

Figure 5-26 : *La fenêtre des propriétés du document*

4. La fenêtre des propriétés du document s'ouvre. Dans le champ *Mots-clés*, entrez un ou plusieurs mots-clés et validez.

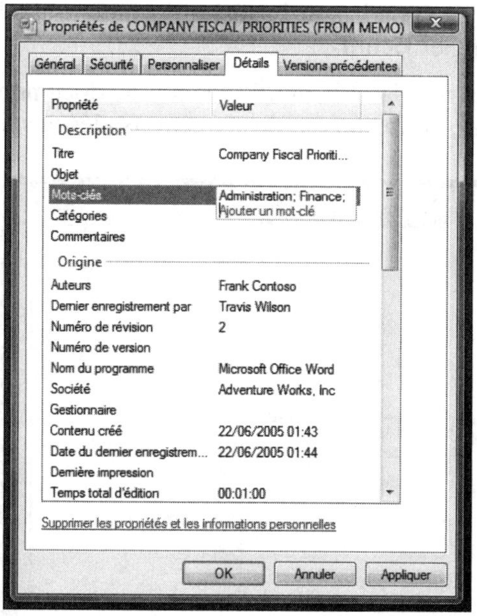

Figure 5-27 : *Les mots-clés du document*

Pour marquer plusieurs fichiers en même temps :

1. Ouvrez l'Explorateur Windows en cliquant sur le logo de démarrage, puis sur **Tous les programmes/Accessoires/Explorateur Windows.**
2. Naviguez jusqu'au répertoire souhaité et sélectionnez les documents que vous désirez marquer.

Figure 5-28 : *Sélection d'un fichier à marquer*

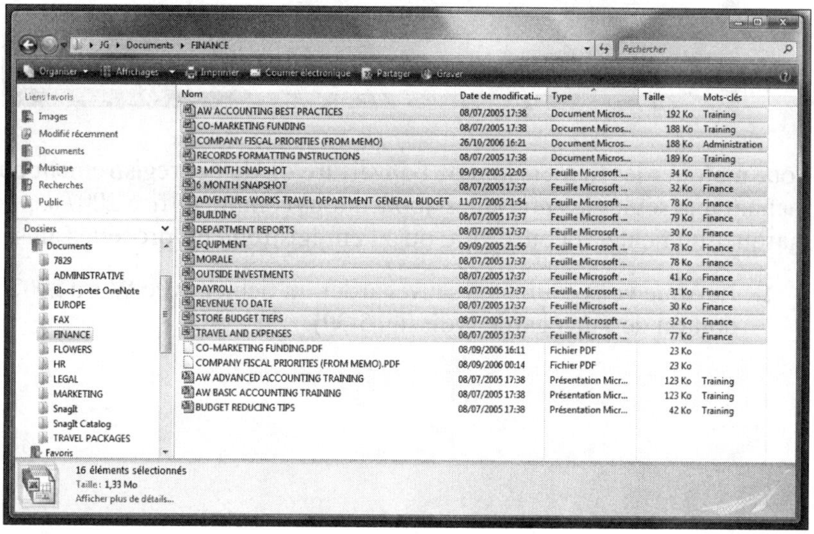

3. Cliquez avec le bouton droit de la souris sur les documents et cliquez sur **Propriétés**, puis sur l'onglet **Détails**.
4. La fenêtre de propriétés relative à la multisélection de documents s'ouvre. Dans le champ *Mots-clés*, entrez un ou plusieurs mots-clés et validez.

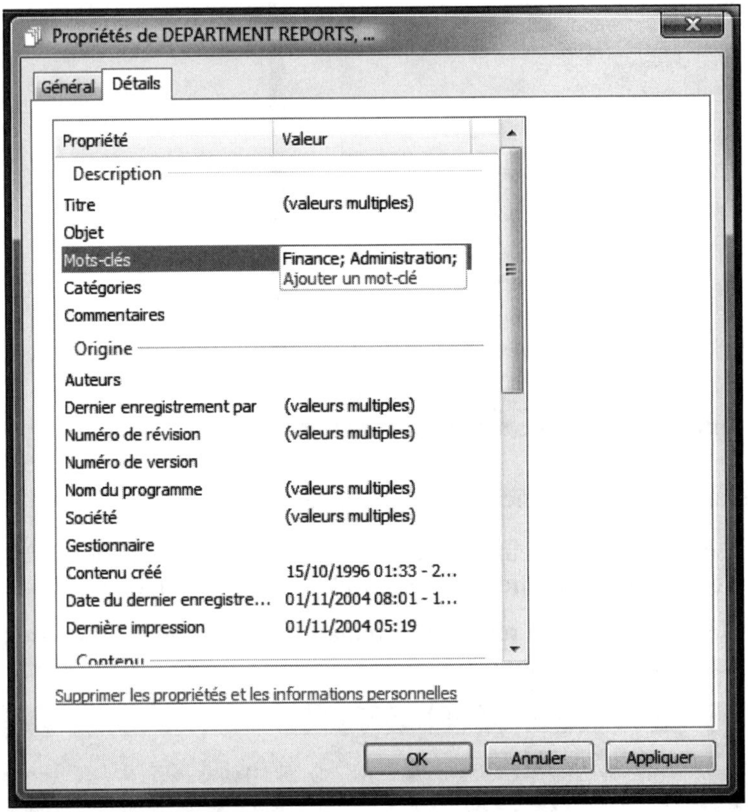

Figure 5-29 : *Des mots-clés de documents*

Pour marquer les fichiers lors de l'ouverture ou de l'enregistrement du document, sachant que seules les nouvelles applications comme Office 2007 sont capables de marquer un fichier à l'ouverture ou à l'enregistrement, procédez ainsi :

1. Lorsque vous souhaitez sauvegarder un fichier avec Word 2007, cliquez sur le bouton de sauvegarde (voir fig. 5-30).

2. La fenêtre de sauvegarde s'ouvre. Dans le champ *Mots-clés*, entrez un ou plusieurs mots-clés et validez (voir fig. 5-31).

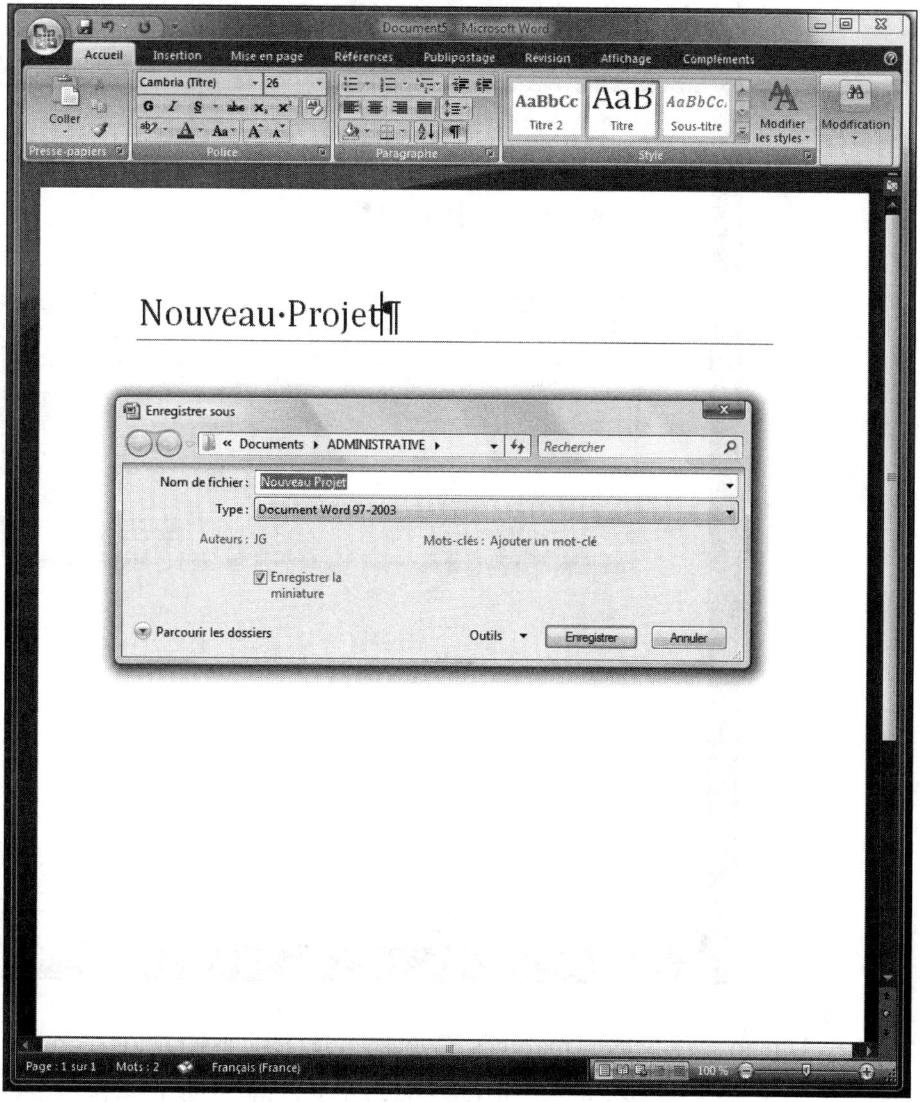

Figure 5-30 : *Sauvegarde de document Word 2007*

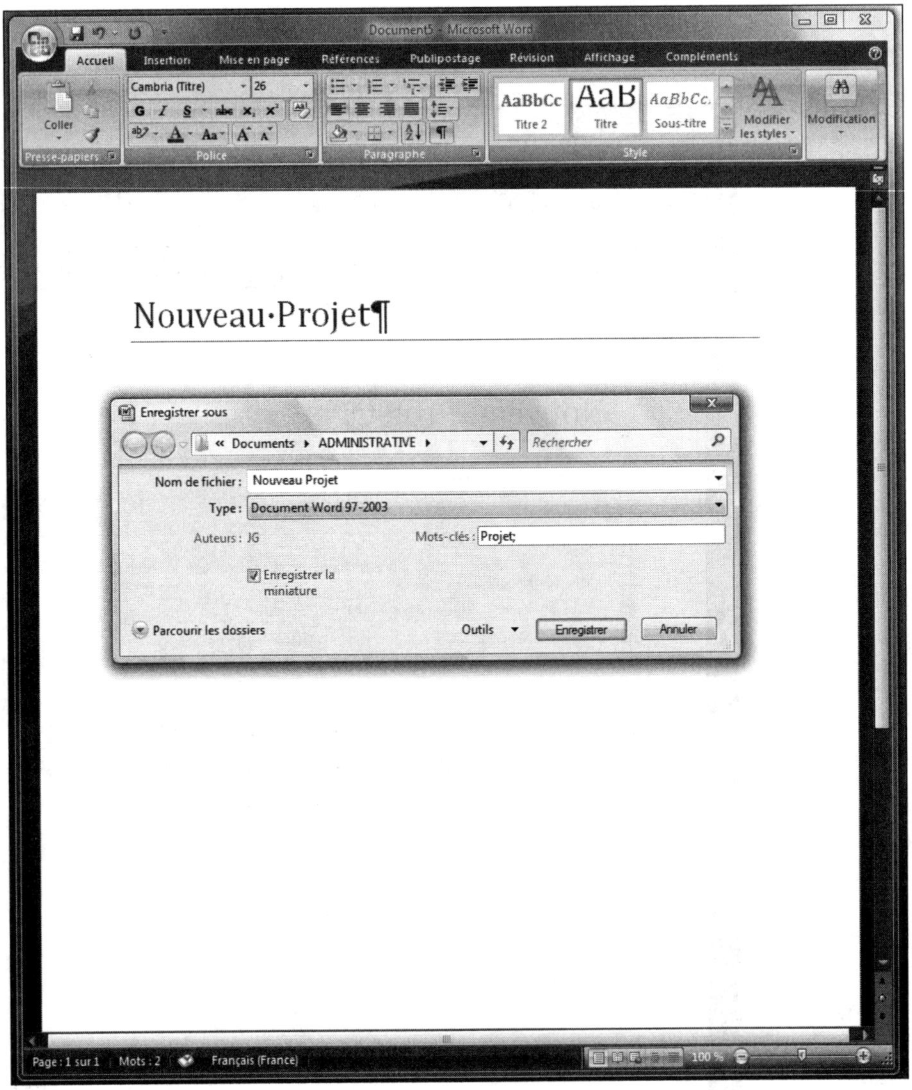

Figure 5-31 : *Sauvegarde avec mot-clé du document Word 2007*

Une fois vos fichiers marqués, si vous voulez les classer selon le mot-clé :

1. Ouvrez l'Explorateur Windows en cliquant sur le logo de démarrage, puis sur **Tous les programmes/Accessoires/Explorateur Windows**.
2. Naviguez jusqu'au répertoire souhaité et cliquez sur la flèche de menu à droite de la colonne *Mots-clés*.
3. Sélectionnez la ou les balises pour affiner le classement comme vous le souhaitez.

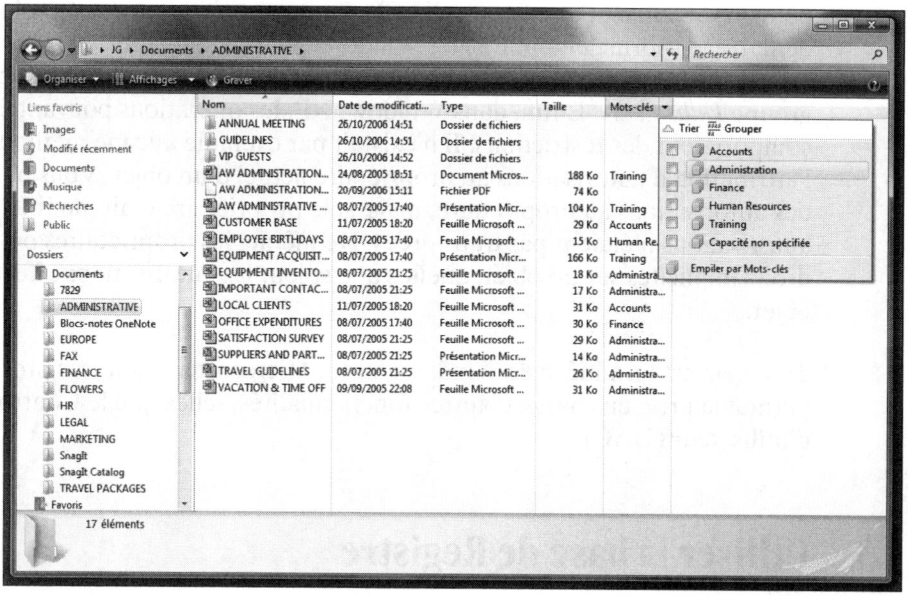

Figure 5-32 : *Classement des fichiers marqués*

Vous pouvez également coupler l'application de mots-clés en créant un dossier de recherche. Vous voyez alors toute la puissance et la flexibilité de ces outils de recherche et d'organisation de Windows Vista et à quel point ils peuvent vous rendre la gestion de documents plus facile.

De Windows XP à Windows Vista

Depuis l'arrivée de Windows XP et la démocratisation des ordinateurs dans tous les foyers, certaines modifications sont devenues nécessaires car les ACL intervenaient dans plusieurs problèmes.

Sous Windows XP, la plupart des utilisateurs travaillent en tant qu'administrateurs. C'est-à-dire qu'ils utilisent un compte qui est membre du groupe *Administrateurs* intégré. C'est normal puisque tous les comptes créés à l'installation font partie du groupe *Administrateurs*. Par conséquent, tout utilisateur exécute les programmes avec les privilèges d'administrateur, en leur donnant l'accès sans limites au système d'exploitation. C'est bien sûr particulièrement problématique si ces programmes sont de source douteuse.

Le second problème qui devait être pris en compte était que les ACL par défaut des versions précédentes de Windows rendaient beaucoup de gens nerveux car elles comprenaient des entrées d'ACL (les ACE) pour Tout le monde, Utilisateurs avec pouvoir, et autres. Par exemple, l'ACL par défaut sur la racine du volume de démarrage (normalement *C:*) de Windows XP donnait accès en lecture à *Tout le monde* et accordait l'autorisation de création de dossiers à tous les membres du groupe *Utilisateurs*. Enfin, dans Windows XP, les opérations pouvant être effectuées comportaient des restrictions. Il n'existait par exemple aucune méthode pour l'attribution d'autorisations au propriétaire actuel d'un objet. Vous pouviez donner des autorisations au propriétaire, mais, si le propriétaire était modifié, ces autorisations n'étaient pas transférées. De même, les propriétaires possédaient des droits implicites sur un objet, quelles que soient les autorisations affectées à cet objet.

Tout cela est terminé avec Windows Vista, Microsoft a résolu ces problèmes et permet la prise en charge d'autres fonctionnalités, telles que le Contrôle de compte d'utilisateur (UAC).

5.3. Utiliser la base de Registre

Le Registre (connu et reconnu depuis le début de Windows) est une base de données dans Windows qui contient des informations importantes sur le matériel du système, les programmes et les paramètres installés ainsi que les profils de chaque compte d'utilisateur sur votre ordinateur. Windows consulte sans cesse les informations du Registre.

Vous ne devez pas effectuer de modifications manuelles dans le Registre, les programmes et les applications effectuent généralement toutes les modifications nécessaires automatiquement. Une modification erronée apportée au Registre de votre ordinateur peut rendre celui-ci inutilisable. Cependant, si un fichier endommagé apparaît dans le Registre, vous devrez peut-être modifier celui-ci.

Il est fortement recommandé d'effectuer une sauvegarde du Registre avant d'effectuer des modifications. Changez uniquement les valeurs du Registre que vous connaissez ou pour lesquelles vous avez reçu des instructions de la part d'une source fiable.

L'Éditeur du Registre

L'Éditeur du Registre est un outil destiné aux utilisateurs avancés. Il permet d'afficher et de modifier les paramètres dans le Registre système qui contient les informations sur le fonctionnement de votre ordinateur. Windows se réfère à ces informations et les met à jour lorsque vous apportez des modifications à votre ordinateur, telles que l'installation d'un nouveau programme, la création d'un profil utilisateur ou l'ajout de nouveau matériel. L'Éditeur du Registre vous permet d'afficher les dossiers, les fichiers du Registre ainsi que les paramètres de chaque fichier du Registre.

Normalement, vous ne devez pas effectuer de modifications dans le Registre. Celui-ci contient des informations système complexes essentielles au fonctionnement de votre ordinateur, et tout changement incorrect apporté au Registre de votre ordinateur peut rendre celui-ci inutilisable. Cependant, un fichier du Registre endommagé peut nécessiter des modifications. Il est fortement recommandé d'effectuer une sauvegarde du Registre avant d'effectuer des modifications. Changez uniquement les valeurs du Registre que vous connaissez ou pour lesquelles vous avez reçu des instructions.

5

Pour accéder à l'Éditeur du Registre et se connecter au Registre local du Poste de travail, procédez ainsi :

1. Cliquez sur le logo Windows de démarrage.
2. Tapez `regedit` et validez.

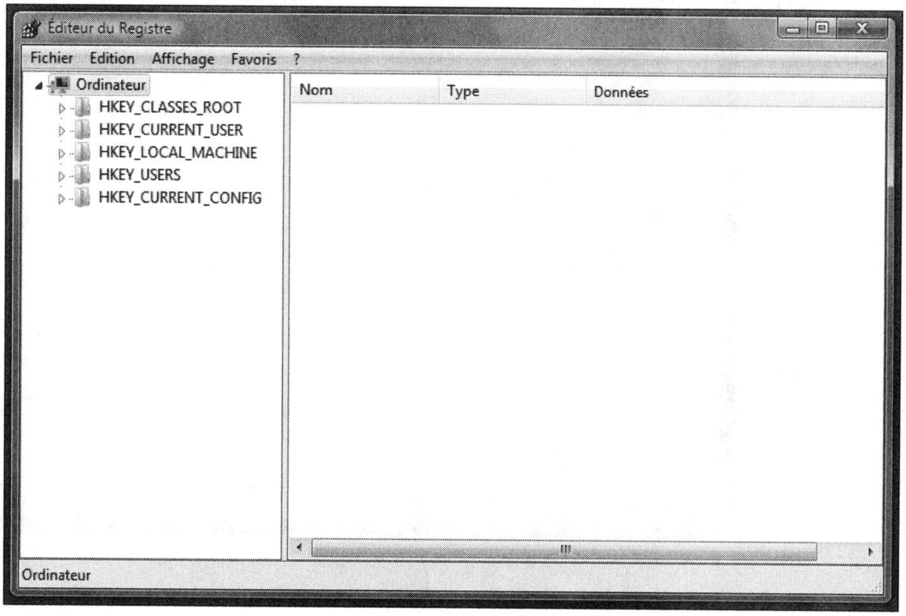

Figure 5-33 : *l'Éditeur de Registre*

Se connecter au Registre

Vous pouvez avoir besoin, notamment si vous êtes administrateur, d'accéder à des registres d'autres stations de travail à distance. Pour gérer des Registres à distance, utilisez l'Éditeur du Registre. Une fois que vous avez ouvert l'Éditeur du Registre, vous pouvez réaliser toutes les actions décrites ci-après.

ATTENTION

Mise en garde sur les actions liées au Registre

Toute modification incorrecte du Registre peut endommager gravement votre système. Avant d'apporter des modifications au Registre, sauvegardez toutes les données importantes présentes sur l'ordinateur.

Pour se connecter à un Registre sur un réseau :

1. Dans l'Éditeur du Registre, dans le menu **Fichier**, cliquez sur **Connexion au Registre réseau**.

Figure 5-34 : *Connexion au Registre distant*

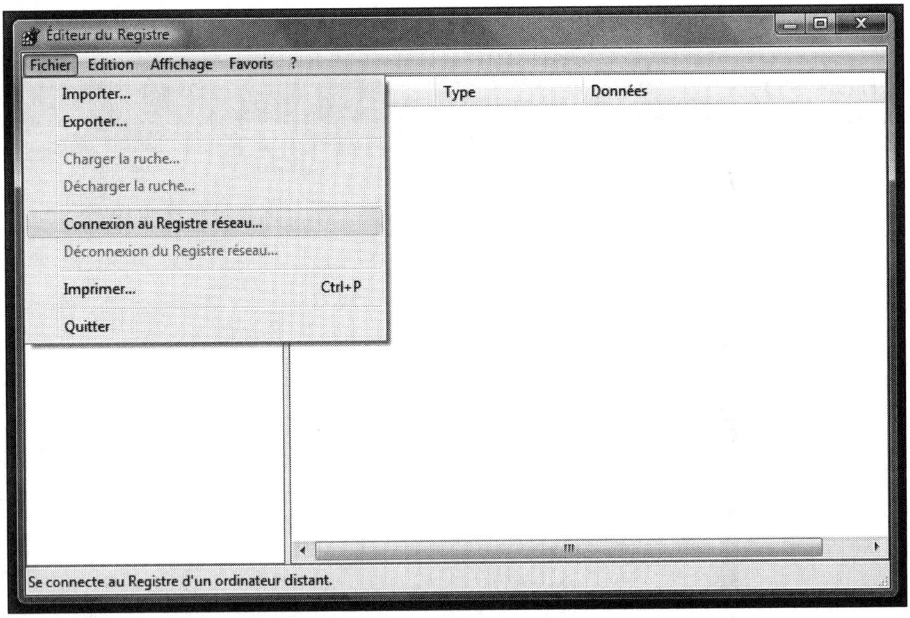

2. Dans la boîte de dialogue **Sélectionner un ordinateur**, cliquez sur *Types d'objet*, sélectionnez l'objet spécifique que vous recherchez (en général *Ordinateurs*), puis cliquez sur OK.
3. Cliquez sur *Emplacements*, spécifiez l'emplacement où vous voulez effectuer la recherche, puis cliquez sur OK.

4. Tapez le nom de l'ordinateur dont vous voulez vous connecter au Registre dans *Entrez le nom de l'objet à sélectionner*, puis cliquez sur **Vérifier les noms**.
5. Quand le nom de l'ordinateur est résolu, cliquez sur OK.

Pour vous connecter à un Registre distant, il n'est pas nécessaire d'ouvrir une session en tant qu'administrateur, ni comme membre du groupe *Administrateurs* sur votre ordinateur, mais vous devez avoir des droits d'administrateur sur l'ordinateur distant. Pour modifier un Registre distant, vous devez avoir ouvert une session en tant qu'administrateur ou que membre du groupe *Administrateurs* sur votre ordinateur local.

Les deux ordinateurs doivent exécuter le service d'accès à distance au Registre. Si le service d'accès à distance au Registre n'a pas démarré sur l'un ou l'autre des ordinateurs, vous devez ouvrir une session en tant qu'administrateur ou que membre du groupe *Administrateurs* sur l'ordinateur de façon à démarrer le service. Faites attention tout de même car les paramètres de stratégie réseau peuvent vous empêcher d'effectuer cette procédure.

Figure 5-35 : *Le service d'accès à distance au Registre*

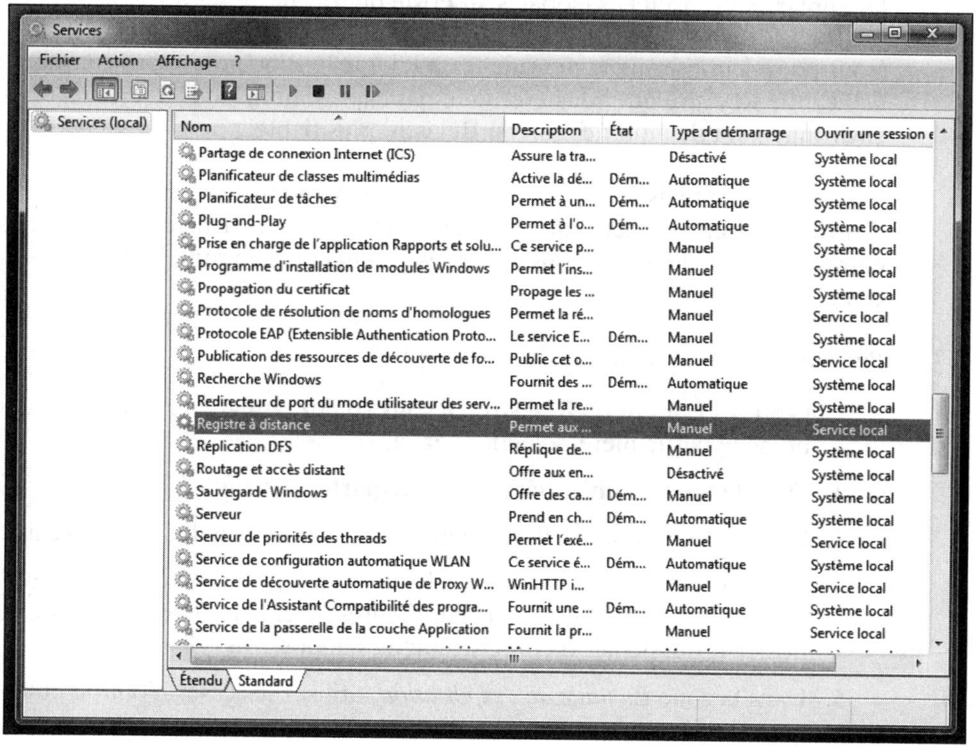

Pour se déconnecter d'un Registre sur un réseau :

1. Dans l'Éditeur du Registre, dans le menu **Fichier**, cliquez sur **Déconnexion du Registre réseau**.
2. Dans la boîte de dialogue **Déconnexion du Registre réseau**, cliquez sur le nom de l'ordinateur dont vous voulez vous déconnecter dans le Registre, puis cliquez sur OK.

Exporter et importer des fichiers du Registre

Pour exporter à distance tout ou partie du Registre, utilisez l'Éditeur du Registre. Une fois que vous avez ouvert l'Éditeur du Registre, vous pouvez exporter le Registre vers un fichier texte ou un fichier ruche.

Les ruches sont les conteneurs spécifiques du Registre. Elles ont un rôle et un cloisonnement bien précis, et stockent les clés et les valeurs importantes du Registre ; par exemple, tout sur le profil de la session utilisateur en cours ou tout sur les applications installées globales au Poste de travail.

Vous pouvez utiliser un éditeur de texte tel que le Bloc-notes pour travailler avec les fichiers de Registre que vous avez créé par exportation. Vous pourrez alors avoir un environnement de modification du Registre plus fiable.

Vous pouvez enregistrer les fichiers au format Windows, en tant que fichiers d'enregistrement, fichiers binaires ou fichiers texte. Les fichiers de Registre sont enregistrés avec des extensions *.reg* et les fichiers texte le sont, bien sûr, avec des extensions *.txt*.

Pour exporter tout ou partie du Registre :

1. Ouvrez l'Éditeur du Registre. Si vous voulez enregistrer seulement une branche particulière, sélectionnez-la.
2. Dans le menu **Fichier**, cliquez sur **Exporter** (voir fig. 5-36).
3. Dans la zone *Nom du fichier*, entrez un nom pour le fichier de Registre.
4. Dans la zone *Type*, sélectionnez le type de fichier que vous voulez utiliser pour le fichier enregistré (fichier d'enregistrement, fichier ruche de Registre, fichier texte, fichier d'enregistrement Windows 98/NT 4.0).
5. Dans la zone *Étendue de l'exportation*, utilisez les cases d'option pour indiquer si vous voulez exporter la totalité du Registre ou seulement la branche sélectionnée.

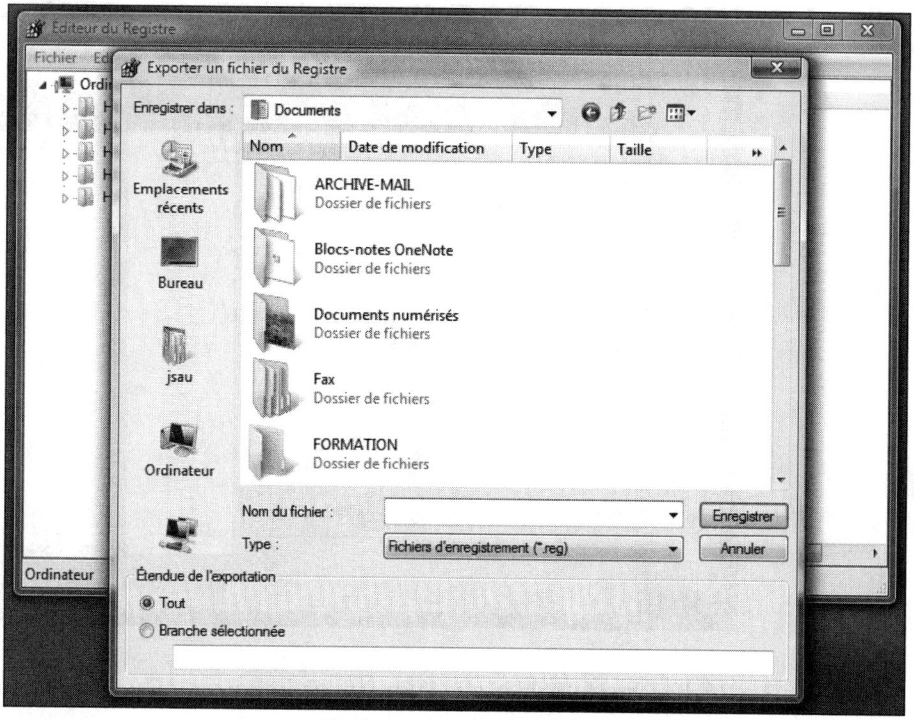

Figure 5-36 : *Exportation de clés*

6. Cliquez sur **Enregistrer**.

L'Éditeur du Registre fournit plusieurs commandes qui sont essentiellement conçues pour la gestion de votre système. Par exemple, les commandes **Charger la ruche** ou **Décharger la ruche** permettent le déchargement temporaire de votre système vers un autre système pour effectuer la maintenance. Avant qu'une ruche puisse être chargée ou restaurée, elle doit être enregistrée en tant que clé, sur une disquette ou sur votre disque dur.

En ce qui concerne l'importation, la commande **Importer** de l'Éditeur du Registre permet d'importer des fichiers de Registre de tous les types, y compris des fichiers texte et des fichiers ruche.

Pour importer tout ou partie du Registre :

1. Ouvrez l'Éditeur du Registre.
2. Dans le menu **Fichier**, cliquez sur **Importer**.

5

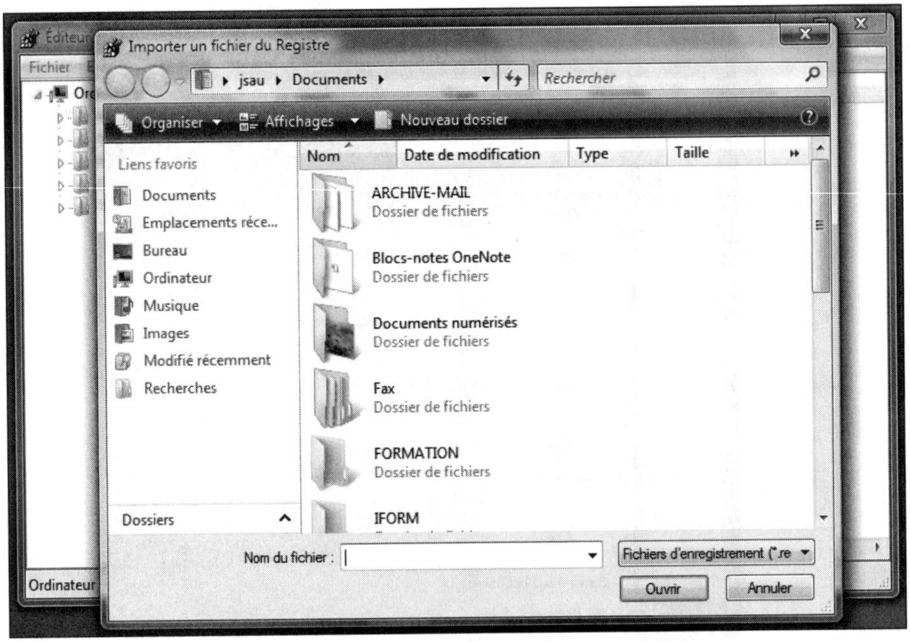

Figure 5-37 : *Importation de clés*

3. Recherchez le fichier que vous voulez importer, cliquez sur le fichier pour le sélectionner, puis cliquez sur **Ouvrir**.

Dans l'Explorateur Windows, le fait de double-cliquer sur un fichier avec l'extension *.reg* importe le fichier dans le Registre de l'ordinateur.

ATTENTION

Cas de la restauration de ruche

Une ruche restaurée remplace une clé de Registre existante et devient une partie permanente de votre configuration. Par exemple, pour effectuer la maintenance sur une partie de votre système, vous pouvez utiliser la commande **Exporter** pour enregistrer une ruche sur un disque. Quand vous êtes prêt, vous pouvez alors utiliser la commande **Importer** dans le menu **Fichier** pour restaurer la clé enregistrée sur votre système.

Charger et décharger une ruche du Registre

Pour charger ou décharger des ruches du Registre, utilisez l'Éditeur du Registre. Les commandes **Charger la ruche** et **Décharger la ruche** affectent seulement les clés

HKEY_USERS et *HKEY_LOCAL_MACHINE*. Par ailleurs, elles sont actives seulement quand ces clés prédéfinies sont sélectionnées.

Quand vous chargez une ruche dans le Registre, la ruche devient une sous-clé de ces clés.

Pour charger une ruche dans le Registre :

1. Ouvrez l'Éditeur du Registre.
2. Cliquez sur la clé *HKEY_USERS* ou sur la clé *HKEY_LOCAL_MACHINE*.
3. Dans le menu **Fichier**, cliquez sur **Charger la ruche**.

Figure 5-38 : *Chargement d'une ruche*

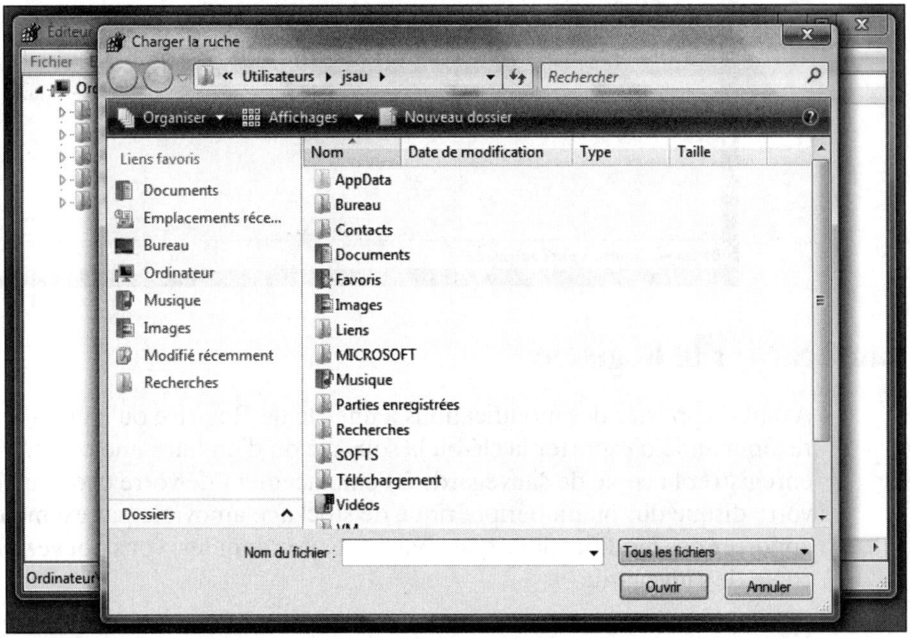

4. Recherchez la ruche à charger et cliquez sur celle-ci.
5. Cliquez sur **Ouvrir**.
6. Dans la zone *Nom de la clé*, tapez le nom que vous voulez attribuer à la ruche, puis cliquez sur OK.

Pour décharger une ruche du Registre :

1. Ouvrez l'Éditeur du Registre.
2. Sélectionnez une ruche précédemment chargée sur le système.

3. Dans le menu **Fichier**, cliquez sur **Décharger la ruche**.

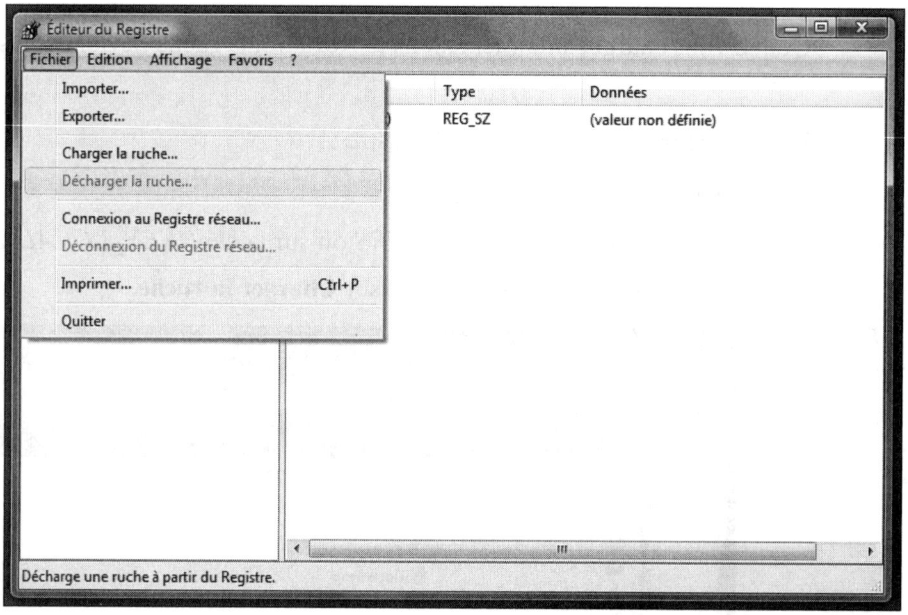

Figure 5-39 : *Déchargement d'une ruche*

Sauvegarder le Registre

Avant d'apporter des modifications à une clé de Registre ou à une sous-clé, il est recommandé d'exporter la clé ou la sous-clé ou d'en faire une copie. Vous pouvez enregistrer la copie de sauvegarde à l'emplacement de votre choix, un dossier sur votre disque dur ou un périphérique de stockage amovible par exemple. Si vous apportez des modifications que vous souhaitez annuler, vous pouvez importer la copie de sauvegarde.

Vous devez avoir ouvert une session en tant qu'administrateur pour effectuer ces étapes. Sinon, vous pouvez uniquement modifier les paramètres de votre compte d'utilisateur.

1. Cliquez sur le logo Windows de démarrage, puis sur **Exécuter**.
2. Dans la zone de saisie, tapez `regedit` et validez.
3. Recherchez et cliquez sur la clé ou la sous-clé à sauvegarder.
4. Cliquez sur le menu **Fichier**, puis sur **Exporter**.

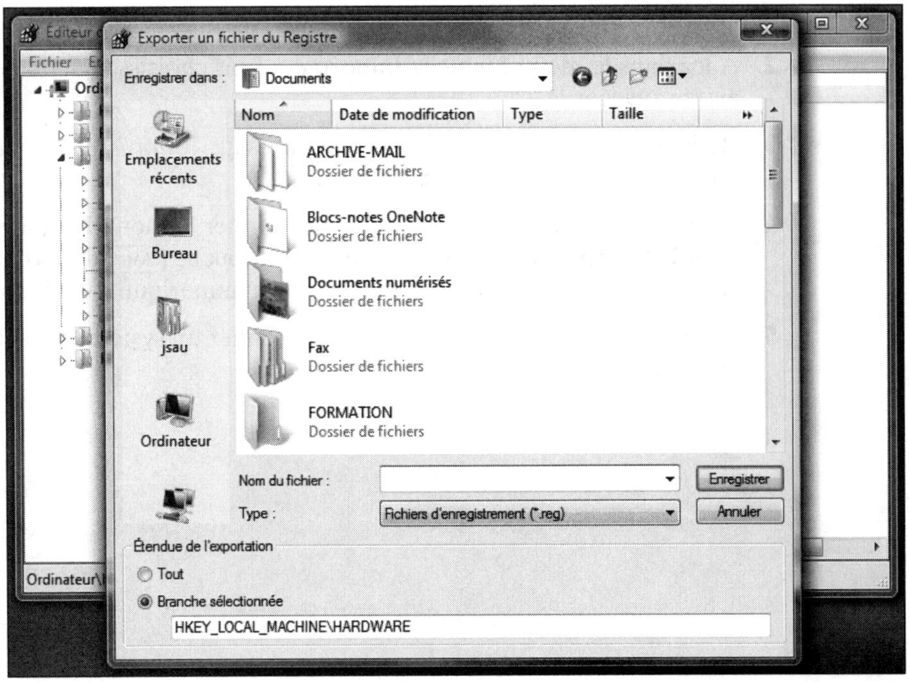

Figure 5-40 : *Sauvegarde de clé*

5. Dans la zone *Enregistrer*, sélectionnez l'emplacement où vous souhaitez enregistrer la copie de sauvegarde, puis nommez votre fichier de sauvegarde dans la zone *Nom de fichier*.
6. Cliquez sur **Enregistrer**.

Même si vous pouvez sauvegarder davantage d'informations que la clé ou la sous-clé de Registre que vous modifiez, sachez que cette opération augmente la taille du fichier de sauvegarde. Avant de modifier le Registre, il est recommandé de créer un point de restauration à l'aide de la Restauration système. Le point de restauration contient des informations sur le Registre et vous pouvez utiliser le point de restauration pour annuler les modifications dans votre système.

Restaurer le Registre

Si certaines clés ou valeurs de la clé de Registre *HKLM\System\CurrentControlSet* sont supprimées ou reçoivent des valeurs incorrectes, une restauration du Registre peut être nécessaire pour pouvoir continuer à utiliser l'ordinateur.

Pour restaurer le Registre :

1. Ouvrez l'Éditeur du Registre.
2. Allez dans le menu **Fichier / Importer**... puis choisissez le fichier que vous aviez sauvegardé.
3. Redémarrez l'ordinateur. Lorsque le message "*Choisissez le système d'exploitation à démarrer apparaît*", appuyez sur [F8].
4. Utilisez les touches fléchées pour sélectionner le menu **Dernière bonne configuration connue**, puis appuyez sur [↵] (la touche [Verr Num] doit être désactivée pour que les touches fléchées du pavé numérique fonctionnent).
5. Utilisez les touches fléchées pour sélectionner un système d'exploitation, puis appuyez sur [↵].

6

Le système

La partie système ! Elle représente forcément un gros morceau dans Windows Vista ; normal, lorsqu'on redémarre un système d'exploitation de 70 millions de lignes à partir de zéro... Pour cette raison, nous n'avons pas la prétention de détailler les nouveautés ou les changements, mais plutôt de vous faire partager notre connaissance de quelques mécanismes situés sous le capot de Windows et qui font que ce système d'exploitation donne une impression de confort d'utilisation. Nous verrons également quelques manipulations qui vous permettront de modifier les partitions de vos disques durs ou encore de contrôler l'état de fiabilité de votre Windows.

REMARQUE

Informations système

Pour expliquer les mécanismes et le nouveau fonctionnement, nous avons regroupé et synthétisé un grand nombre d'articles que Mark Russinovich le bien connu a mis à notre disposition sur les différents sites de Microsoft.

6.1. Le démarrage et l'arrêt

Tout d'abord, commençons par le commencement avec le démarrage et l'arrêt de Windows Vista.

Les processus de démarrage

Dans les versions antérieures de Windows, la relation entre les divers processus système n'était pas intuitive. Par exemple, lorsque le système démarre, le gestionnaire d'ouverture de session interactive, *%SystemRoot%\System32\Winlogon.exe*, lance le service LSASS (*Local Security Authority Subsystem Service*), *Lsass.exe*, et le Gestionnaire de contrôle des services, `Services.exe`. Par ailleurs, Windows utilise un conteneur d'espace de noms, appelé *Session*, pour isoler les processus s'exécutant dans différentes sessions d'ouverture de session. Mais avant Windows Vista, l'utilisateur connecté à la console partageait la *Session 0*, utilisée par les processus système, ce qui créait des problèmes de sécurité potentiels. L'un de ces problèmes survenait, par exemple, lorsqu'un service Windows mal écrit exécuté dans la *Session 0* affichait une interface utilisateur sur la console interactive, permettant ainsi aux logiciels malveillants d'attaquer la fenêtre avec des techniques comme les attaques destructrices (*Shatter*) et, éventuellement, de s'accaparer des privilèges administratifs.

Pour résoudre ces problèmes, plusieurs processus système ont été restructurés dans Windows Vista. Le gestionnaire de session (`Smss.exe`) est le premier processus de mode utilisateur créé pendant le démarrage comme dans les versions antérieures de Windows, mais, dans Windows Vista, le gestionnaire de session se lance une deuxième fois pour configurer la *Session 0*, qui est uniquement consacrée aux processus système. Le processus du Gestionnaire de session lance, pour la *Session 0*, l'application de démarrage Windows (`Wininit.exe`) et un processus de sous-système Windows, puis il se ferme. L'application de démarrage Windows poursuit en démarrant le Gestionnaire de contrôle des services, le sous-système d'autorité de sécurité locale et un nouveau processus, le Gestionnaire de session locale (`Lsm.exe`) qui gère les connexions aux serveurs terminaux pour l'ordinateur.

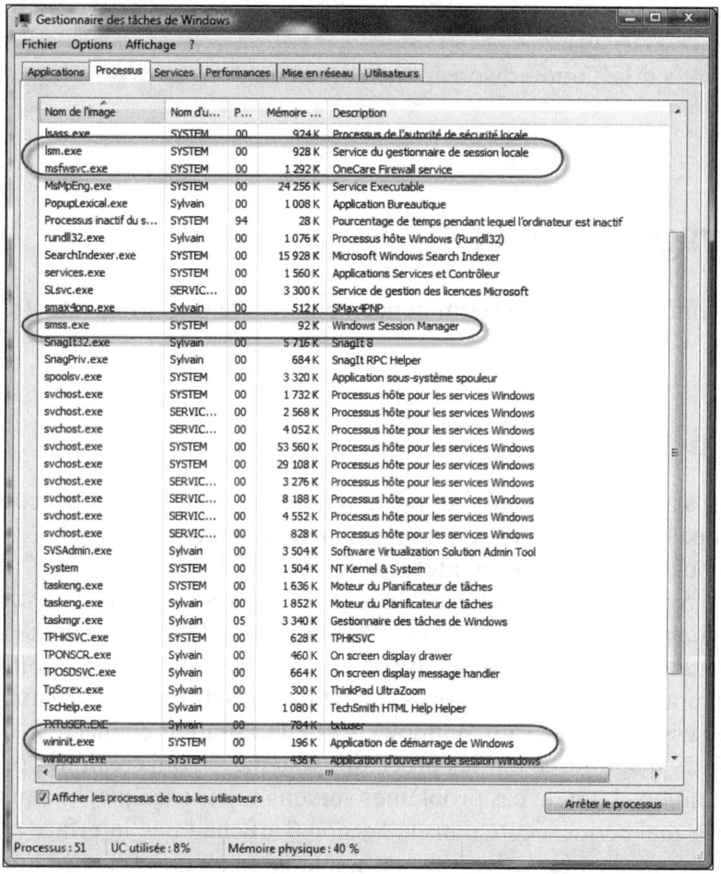

Figure 6-1 : *Processus de démarrage et sessions de Windows Vista*

Lorsqu'un utilisateur se connecte au système, le Gestionnaire de session initial crée une nouvelle instance de lui-même pour configurer la nouvelle session. Le nouveau processus `Smss.exe` démarre un processus de sous-système Windows et un processus Winlogon pour la nouvelle session. Le fait que le Gestionnaire de session primaire utilise des copies de lui-même pour initialiser de nouvelles sessions n'offre aucun avantage sur un système client, mais sur les systèmes Windows Server 2008 servant de serveurs terminaux, plusieurs copies peuvent s'exécuter simultanément pour permettre une connexion plus rapide de plusieurs utilisateurs.

Les services de démarrage automatique retardé

Si vous vous êtes déjà connecté à un système Windows tout de suite après son démarrage, vous avez sans doute été confronté à des retards avant que votre Bureau ne soit entièrement configuré et que vous puissiez interagir avec toute application lancée. Pendant que vous ouvrez une session, le Gestionnaire de contrôle des services démarre les nombreux services Windows qui sont configurés en tant que services à démarrage automatique et qui s'activent donc au moment du démarrage. De nombreux services réalisent des initialisations sollicitant le processeur et le disque en même temps que vos activités d'ouverture de session. Pour en tenir compte, Windows Vista introduit un nouveau type de démarrage de service appelé "démarrage automatique retardé", que les services peuvent utiliser s'ils ne doivent pas être actifs tout de suite après les démarrages de Windows.

6

Le Gestionnaire de contrôle des services démarre les services configurés pour le démarrage automatique retardé une fois que les services à démarrage automatique ont fini de démarrer et il définit la priorité de leur thread initial sur `THREAD_PRIORITY_LOWEST`. En raison de ce niveau de priorité, toutes les E/S (entrées/sorties) de disque réalisées par le thread ont une priorité très basse. Lorsqu'un service a fini de s'initialiser, le Gestionnaire de contrôle des services définit sa priorité sur *Normal*. La combinaison du démarrage retardé, de la priorité basse du processeur et de la mémoire et la priorité du disque à l'arrière-plan réduit considérablement les interférences avec une ouverture de session d'utilisateur. De nombreux services Windows, notamment le service de transfert intelligent à l'arrière-plan, le client Windows Update et Windows Media Center, utilisent le nouveau type de démarrage pour aider à améliorer les performances des ouvertures de session après un démarrage.

La Configuration système

L'outil avancé Configuration du système vous permet d'identifier les problèmes qui peuvent empêcher les fichiers système de Windows de démarrer correctement. Vous pouvez démarrer Windows en ayant désactivé les programmes de démarrage et les services courants que vous pouvez ensuite réactiver, individuellement. Si un problème ne se produit pas lorsqu'un service est désactivé, mais qu'il se produit lorsque le service est activé, ce service est sans doute la cause du problème.

L'outil Configuration du système est destiné à rechercher et à isoler les problèmes, mais il ne s'agit pas d'un programme de gestion de démarrage.

Pour ouvrir l'outil Configuration du système :

1. Cliquez sur le logo Windows de démarrage.
2. Cliquez sur le menu **Panneau de configuration/Outils d'administration/Configuration du système**.

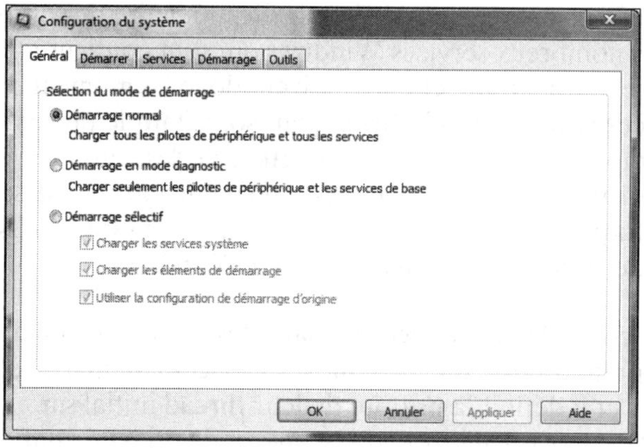

Figure 6-2 : *L'outil Configuration du système*

Le tableau suivant décrit les onglets et les options disponibles dans la Configuration du système :

Tableau 6-1 : Description des onglets de l'outil Configuration du système

Onglet	Description
Général	Répertorie les options pour les modes de configuration de démarrage. *Démarrage en mode normal* : démarre Windows normalement. Ce mode vous permet de démarrer Windows au terme de l'utilisation des deux autres modes pour résoudre le problème. *Démarrage en mode diagnostic* : Windows démarre en n'utilisant que les services et les pilotes de base. Ce mode vous permet d'éliminer les fichiers Windows de base comme la source du problème. *Démarrage en mode sélectif* : Windows démarre en n'utilisant que les services et les pilotes de base ainsi que les autres services et les programmes de démarrage de votre choix.

Tableau 6-1 : Description des onglets de l'outil Configuration du système

Onglet	Description
Démarrer	Affiche les options de configuration pour le système d'exploitation et les paramètres de débogage avancés, notamment... *Démarrage sécurisé : minimal* : démarre l'interface utilisateur graphique Windows (l'Explorateur Windows) en mode sécurisé en n'exécutant que les services système critiques. La gestion du réseau est désactivée. *Démarrage sécurisé : shell alternatif* : démarre l'Invite de commandes Windows en mode sécurisé en n'exécutant que les services système critiques. La gestion du réseau et l'interface utilisateur graphique sont désactivées. *Démarrage sécurisé : Réparer Active Directory* : démarre l'interface utilisateur graphique Windows en mode sécurisé en n'exécutant que les services système critiques et Active Directory. *Démarrage sécurisé : Réseau* : démarre l'interface utilisateur graphique Windows en mode sécurisé en n'exécutant que les services système critiques. La gestion du réseau est activée. *Ne pas démarrer l'interface utilisateur graphique* : n'affiche pas l'image de démarrage Windows au démarrage. *Journaliser le démarrage* : stocke toutes les informations du processus de démarrage dans le fichier *%SystemRoot%Ntbtlog.txt.* *Vidéo de base* : démarre l'interface graphique utilisateur Windows en mode VGA minimal. Cette opération charge les pilotes VGA standards au lieu des pilotes d'affichage propres au matériel vidéo de l'ordinateur. *Informations sur le démarrage du système d'exploitation* : affiche les noms de pilote durant leur chargement au cours du processus de démarrage. *Rendre tous les paramètres permanents* : n'assure pas le suivi des modifications apportées dans la Configuration du système. Les options peuvent être modifiées ultérieurement dans la Configuration du système, mais elles doivent être modifiées manuellement. Si cette option est sélectionnée, vous ne pouvez pas restaurer vos modifications en sélectionnant le mode Démarrage en mode normal sous l'onglet **Général**.

Tableau 6-1 : Description des onglets de l'outil Configuration du système

Onglet	Description
Services	Répertorie tous les services qui démarrent lorsque l'ordinateur s'initialise ainsi que leur statut actuel (En cours d'exécution ou Arrêté). L'onglet **Services** vous permet d'activer ou de désactiver les services individuels au démarrage pour dépanner les services qui contribuent aux problèmes de démarrage. Sélectionnez *Masquer tous les services Microsoft* pour n'afficher que les applications tierces sur la liste des services. Désactivez la case à cocher d'un service pour le désactiver au prochain démarrage. Si vous avez choisi *Démarrage en mode sélectif* sous l'onglet **Général**, vous devez soit choisir *Démarrage en mode normal* sous l'onglet **Général**, soit activer la case à cocher du service pour le redémarrer lors de l'initialisation. La désactivation des services qui s'exécute normalement lors de l'initialisation peut entraîner un dysfonctionnement de certains programmes ou créer une instabilité du système. Ne désactivez pas de services sur cette liste, sauf si vous êtes certain qu'ils ne sont pas essentiels au fonctionnement de l'ordinateur. L'option *Désactiver tout* ne désactive pas certains services Microsoft sécurisés nécessaires au démarrage du système d'exploitation.
Démarrage	Répertorie les applications qui s'exécutent au démarrage de l'ordinateur ainsi que le nom de leur éditeur, le chemin d'accès du fichier exécutable et l'emplacement de la clé de Registre ou du raccourci responsable de l'exécution de l'application. Désactivez la case à cocher d'un élément de démarrage pour le désactiver au prochain démarrage. Si vous avez choisi *Démarrage en mode sélectif* sous l'onglet **Général**, vous devez soit choisir *Démarrage en mode normal* sous l'onglet **Général**, soit activer la case à cocher de l'élément de démarrage pour le redémarrer lors de l'initialisation. Si vous pensez qu'une application est compromise, examinez la colonne *Commande* pour consulter le chemin d'accès du fichier exécutable. La désactivation d'applications qui s'exécutent normalement au démarrage peut ralentir le démarrage d'applications connexes ou entraîner leur exécution inattendue.
Outils	Fournit une liste pratique d'outils de diagnostic et d'autres outils avancés que vous pouvez exécuter.

Vous allez découvrir maintenant ce que cet outil permet de faire. Voici quelques-unes des opérations les plus intéressantes…

Pour démarrer Windows en mode de diagnostic :

1. Cliquez sur le logo Windows de démarrage.

2. Cliquez sur **Panneau de configuration/Outils d'administration/Configuration du système**.

3. Sous l'onglet **Général**, cliquez sur *Démarrage en mode diagnostic*. Validez par OK et cliquez sur **Redémarrer**.

Figure 6-3 : *Démarrage en mode de diagnostic*

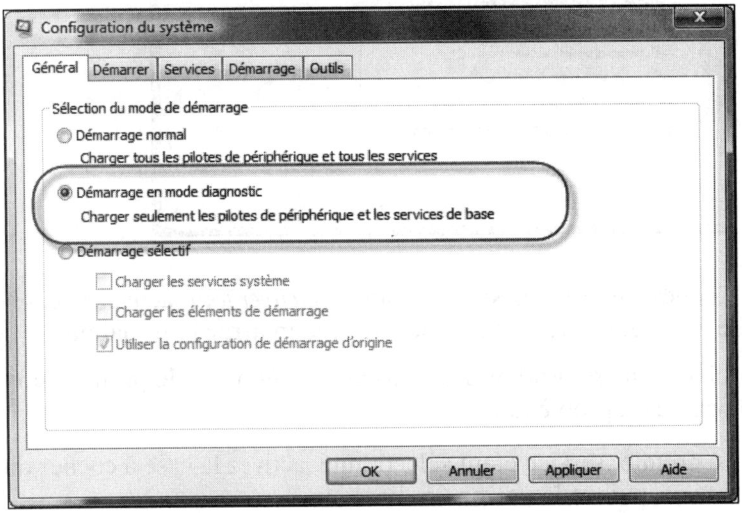

Si le problème qui nécessite un diagnostic se produit, des fichiers ou des pilotes Windows de base peuvent être endommagés. Si le problème ne se produit pas, utilisez le démarrage en mode sélectif pour tenter d'identifier le problème en activant ou en désactivant les services et les programmes de démarrage individuels.

Pour démarrer Windows en mode sélectif :

1. Cliquez sur le logo Windows de démarrage.

2. Cliquez sur **Panneau de configuration/Outils d'administration/Configuration du système**.

3. Cliquez sur l'onglet **Général** et sur l'option *Démarrage sélectif*, puis désactivez la case à cocher *Charger les éléments de démarrage*.

4. Activez la case à cocher *Charger les services système*, validez par OK, puis cliquez sur **Redémarrer** (voir fig. 6-4).

Si le problème se produit après le redémarrage, effectuez l'une de ces tâches (ou les deux si nécessaire)…

Pour identifier le service système responsable du problème :

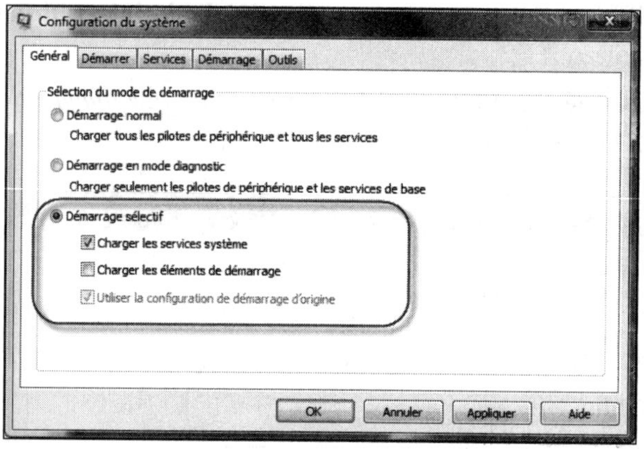

Figure 6-4 : *Charger les services système*

1. Cliquez sur l'onglet **Services**, sur *Désactiver tout*, activez la case à cocher pour le premier service répertorié, puis redémarrez l'ordinateur.

Si le problème ne se produit pas, vous pouvez éliminer le premier service comme étant la cause du problème.

2. Le premier service étant sélectionné, activez la case à cocher du second service, puis redémarrez l'ordinateur.
3. Répétez ce processus jusqu'à reproduire le problème.

Si vous ne pouvez pas reproduire le problème, vous pouvez éliminer les services système comme étant la cause du problème. Effectuez la tâche suivante :

1. Identifiez l'élément de démarrage responsable du problème.
2. Cliquez sur l'onglet **Général**, puis activez la case à cocher *Charger les éléments de démarrage*.
3. Cliquez sur l'onglet **Démarrage**, sur *Désactiver tout*, activez la case à cocher pour le premier élément de démarrage répertorié, puis redémarrez l'ordinateur. Si le problème ne se produit pas, vous pouvez éliminer le premier élément de démarrage comme étant la cause du problème.
4. Le premier élément de démarrage étant sélectionné, activez la case à cocher du second élément de démarrage, puis redémarrez l'ordinateur. Répétez ce processus jusqu'à reproduire le problème.

L'arrêt de Windows Vista

Pendant l'arrêt de Windows, les services Windows ont, par défaut, 20 secondes au maximum pour exécuter un nettoyage. Les versions de Windows antérieures à Windows Vista ne prenaient pas en charge un arrêt propre en attendant la fermeture de tous les services parce qu'un service bogué peut empêcher l'arrêt indéfiniment. Certains services, comme ceux dont certaines opérations d'arrêt sont liées au réseau ou ceux qui doivent enregistrer de grandes quantités de données sur le disque, pourraient avoir besoin de plus de temps. Pour résoudre ce problème, Windows Vista permet aux services de demander une notification de pré-arrêt.

Lorsque Windows Vista s'arrête, le Gestionnaire de contrôle des services commence par notifier les services demandant une notification de pré-arrêt. Il attendra indéfiniment que ces services se ferment, mais s'ils ont un bogue et qu'ils ne répondent pas aux requêtes, le Gestionnaire de contrôle des services renonce et poursuit sur sa lancée au bout de 3 minutes. Une fois que tous ces services sont fermés ou que le délai a expiré, le Gestionnaire de contrôle des services procède à l'arrêt des services de type hérité pour le reste des services. La Stratégie de groupe et les services Windows Update inscrivent la notification de pré-arrêt dans une nouvelle installation de Windows Vista.

La Stratégie de groupe et les services Windows Update utilisent également une autre fonctionnalité des services Windows Vista : le tri des arrêts. Les services ont toujours pu spécifier les dépendances de démarrage que le Gestionnaire de contrôle des services honore pour démarrer des services dans un ordre qui les satisfait, mais, avant Windows Vista, ils étaient incapables de spécifier les dépendances d'arrêt. À présent, les services qui s'inscrivent pour recevoir une notification de pré-arrêt peuvent également s'insérer sur la liste stockée dans *HKLM\System\CurrentControlSet\Control\PreshutdownOrder* pour que le Gestionnaire de contrôle des services les ferme en fonction de leur ordre.

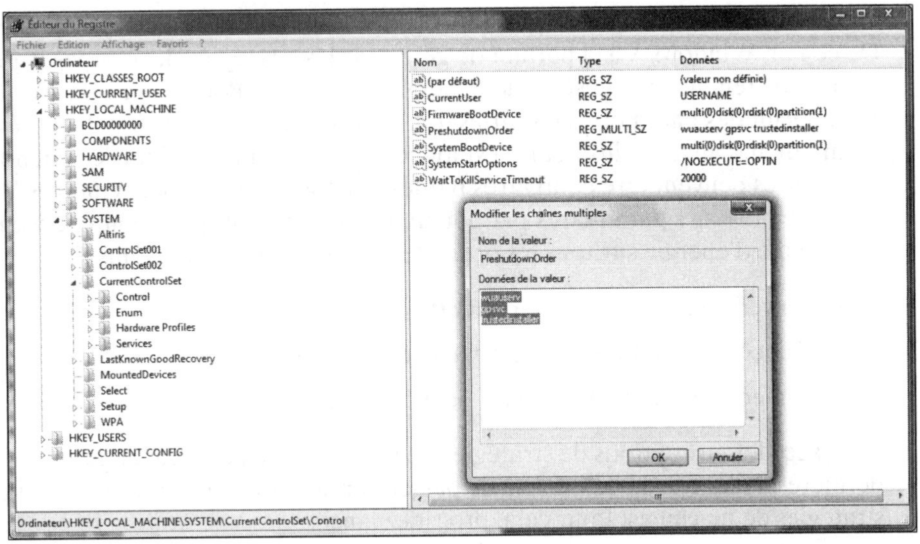

Figure 6-5 : *Clé de Registre HKLM\System\CurrentControlSet\Control\PreshutdownOrder*

La gestion de l'alimentation

La veille et la veille prolongée sont d'autres formes d'arrêt. La mauvaise gestion de l'alimentation concernant les pilotes et les applications gâchait la vie des personnes utilisant des portables depuis l'introduction par Windows 2000 de la gestion de l'alimentation dans la gamme des systèmes d'exploitation Windows basés sur Windows NT. De nombreux utilisateurs s'attendaient à ce que leur système portable s'interrompe ou se mette en veille prolongée lorsqu'ils le refermaient avant d'entreprendre un voyage… À leur arrivée, ils étaient surpris de trouver l'étui chaud et la batterie morte, et certaines de leurs données avaient disparu. C'est parce que Windows a toujours demandé l'accord des pilotes de périphérique et des applications pour changer d'état, et il suffisait qu'un seul pilote ou qu'une seule application ne réponde pas pour que la transition soit empêchée.

Dans Windows Vista, le gestionnaire de l'alimentation du noyau informe toujours les pilotes et les applications des changements d'état de l'alimentation pour qu'ils puissent s'y préparer, mais leur autorisation n'est plus demandée. De plus, le gestionnaire de l'alimentation attend, pendant 20 secondes au maximum, une réponse des applications aux notifications de changements, plutôt que les 2 minutes des versions antérieures de Windows. Par conséquent, les utilisateurs de Windows Vista peuvent être plus sûrs que leurs systèmes respectent les veilles prolongées et s'interrompent correctement.

La gestion de l'énergie

Le contrôle de gestion d'énergie contrôle la consommation électrique des écrans. De ce fait, Windows Vista permet de gérer par les stratégies de groupes la gestion d'énergie étendue et la gestion de l'énergie par défaut. Pour gérer cela, Windows Vista inclut des paramètres par utilisateur, mais également un plan de gestion séparé quand aucun utilisateur n'est logué. Toutefois, même si un certain nombre de paramètres peuvent être configurés par les stratégies de groupe, Windows Vista applique quelques paramètres par défaut. Ces paramètres par défaut activent l'économie d'énergie sur tous les ordinateurs. En voici quelques-uns :

- La veille est le comportement *off* par défaut du système.
- Timeout de veille système est activé par défaut.
- Timeout de veille d'écran est activé par défaut.

Pour accéder aux options de stratégies de la gestion de l'énergie et gérer ces dernières, vous avez la possibilité de passer par les stratégies utilisateurs ou par les stratégies de machines. Pour cela, procédez ainsi :

1. Cliquez sur le logo Windows Vista (anciennement menu **Démarrer**), puis sur **Exécuter**. Tapez `mmc` dans la zone de saisie. Appuyez sur ↵.
2. Une fenêtre de contrôle du compte utilisateur apparaît. Cliquez sur **Continuer**. Une fois que la MMC est ouverte, sélectionnez **Fichier**, puis **Ajouter/supprimer un composant logiciel enfichable**. Choisissez le composant enfichable *Editeur de stratégie de groupe* et cliquez sur **Ajouter**. Ce composant apparaît maintenant à droite dans la partie des composants logiciels enfichables sélectionnés. Cliquez sur OK.
3. Dans la fenêtre **Assistant Stratégie de groupe**, choisissez le nom de la station que vous souhaitez configurer ou gardez *Ordinateur Local* pour configurer votre station. Cliquez sur **Terminer**.
4. Dans le volet de gauche, sélectionnez successivement *Stratégie Ordinateur Local*, puis *Configuration ordinateur*, *Modèles d'administration*, *Système*, *Gestion de l'alimentation* et, pour terminer, *Options de sécurité*. Plusieurs catégories vous sont proposées.
5. Pour configurer les options au niveau de la machine, sélectionnez *Stratégie d'ordinateur local*, puis *Configuration utilisateur*, *Modèles d'administration*, *Système*, *Gestion de l'alimentation* et, pour terminer, *Options de sécurité*.

Les modes de gestion de l'alimentation

Les paramètres de l'alimentation de Windows Vista se fondent sur les modes de gestion de l'alimentation. Un mode de gestion de l'alimentation est un ensemble de paramètres matériels et de paramètres système qui permettent de gérer la manière dont votre ordinateur utilise l'énergie. Les modes de gestion de l'alimentation vous permettent d'économiser de l'énergie, d'optimiser les performances système ou de parvenir à un équilibre entre les deux. Les trois modes de gestion de l'alimentation (Équilibre, Économies d'énergie et Performances élevées) répondent aux besoins de la plupart des utilisateurs. Vous pouvez modifier les paramètres de chacun de ces modes ou, si ces modes ne répondent pas à vos besoins, vous pouvez créer vos propres modes de gestion de l'alimentation en vous basant sur l'un de ces modes.

Il est possible que le fabricant de l'ordinateur fournisse des modes de gestion de l'alimentation supplémentaires (voir fig. 6-6).

Lorsque vous démarrez Windows, le mode de gestion de l'alimentation Équilibre est le mode actif par défaut. Ce mode permet des performances système maximales lorsque votre travail ou votre activité en a besoin, et économise l'énergie lorsque vous n'utilisez pas votre ordinateur.

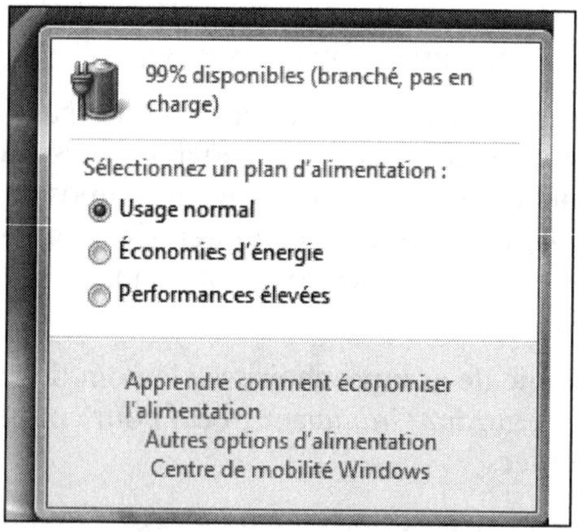

Figure 6-6 :
Les trois modes de base de la gestion de l'alimentation

Le tableau suivant décrit chaque mode de gestion de l'alimentation par défaut :

Tableau 6-2 : Les modes de gestion de l'alimentation

Mode	Description
Équilibre	Ce mode établit l'équilibre entre la consommation d'énergie et les performances système en adaptant la vitesse du processeur de l'ordinateur à votre activité.
Économies d'énergie	Ce mode économise l'énergie sur votre ordinateur portable en réduisant les performances système. Son objectif principal est d'optimiser la durée de vie de la batterie.
Performances élevées	Ce mode fournit le niveau le plus élevé de performances sur votre ordinateur portable en adaptant la vitesse du processeur à votre travail ou activité et en optimisant les performances système.

Vous pouvez gérer tous les paramètres des modes de gestion de l'alimentation à l'aide des Options d'alimentation dans le Panneau de configuration. Vous pouvez optimiser davantage la consommation d'énergie et les performances système de votre ordinateur en modifiant les paramètres d'alimentation avancés. Peu importe le nombre de paramètres que vous modifiez, vous avez toujours la possibilité de les restaurer à leurs valeurs d'origine.

Figure 6-7 : *Les Options d'alimentation*

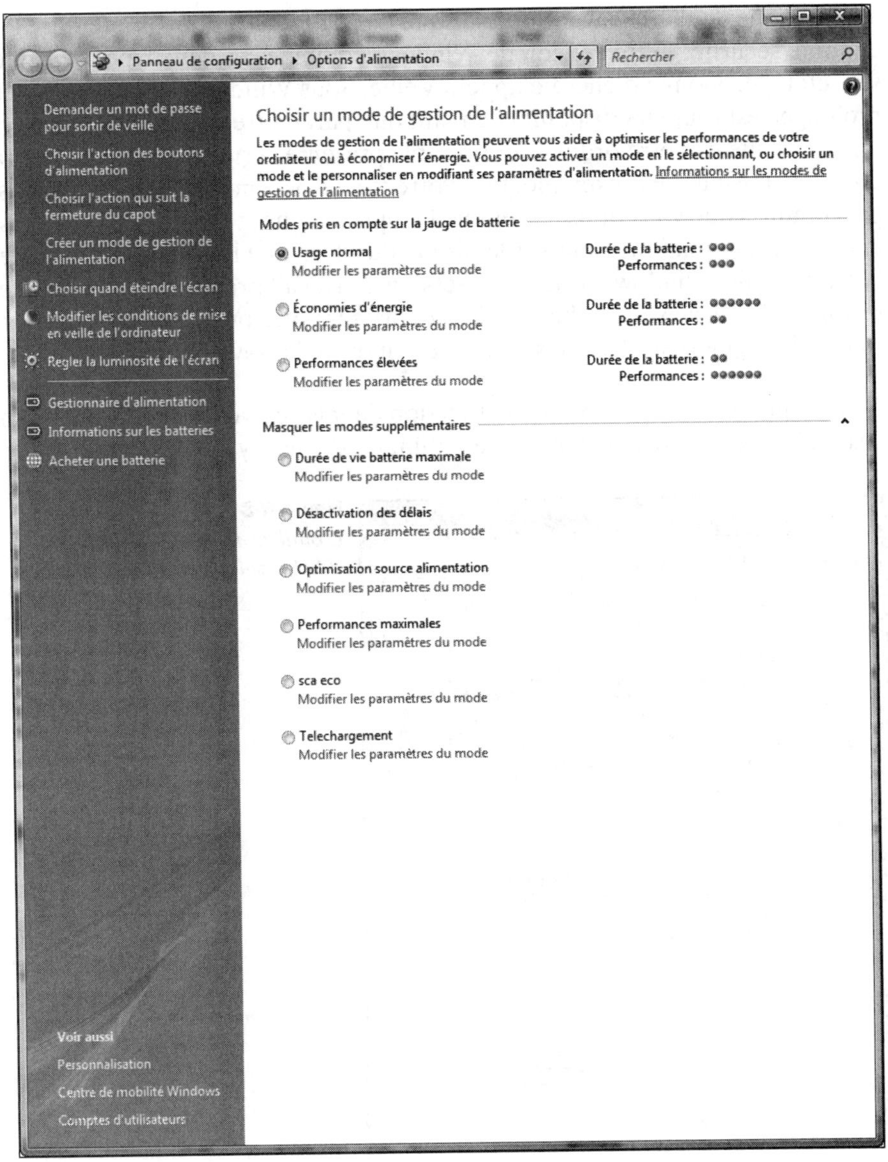

6

La mise en veille prolongée

Dans les précédentes versions de Windows, la mise en veille permettait de conserver votre travail en mémoire tout en basculant l'ordinateur portable en mode d'économie d'énergie. La mise en veille prolongée offrait également un état d'économie d'énergie à l'ordinateur portable, mais elle impliquait l'enregistrement automatique de votre travail sur le disque dur de façon à pouvoir éteindre l'appareil en toute sécurité. Cette version de Windows combine ces deux types de veille en un seul état d'économie d'énergie appelé Veille. Sous Windows Vista, la mise en veille prolongée est toujours disponible en tant que paramètre d'alimentation avancé. La mise en veille de votre ordinateur portable présente certains avantages par rapport à un arrêt classique. Par exemple, tout votre travail, y compris les informations sur les programmes que vous utilisez, comme l'emplacement et la taille des fenêtres, est enregistré automatiquement sur le disque dur. Lorsque l'ordinateur portable quitte l'état de veille, Windows restaure la session de travail précédente en quelques secondes. Vous n'avez pas besoin de redémarrer votre ordinateur portable, ni de rouvrir les fichiers sur lesquels vous étiez en train de travailler.

Cependant, il arrive parfois que la fonction de mise en veille prolongée ne soit plus disponible, cela provient souvent de l'utilitaire de nettoyage des fichiers.

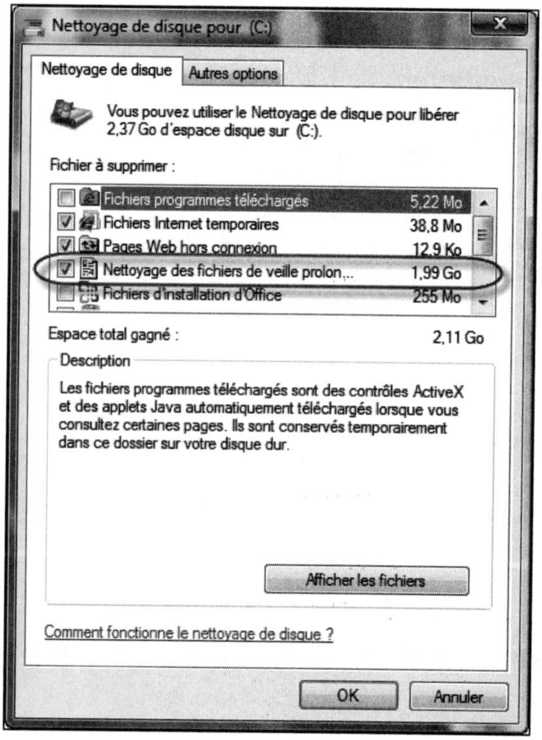

Figure 6-8 : *L'outil de nettoyage de disques et fichiers de veille prolongée*

Dans ce cas, vous pouvez réactiver la mise en veille prolongée par l'utilitaire `powercfg` en ligne de commandes : saisissez `powercfg /hibernate on`.

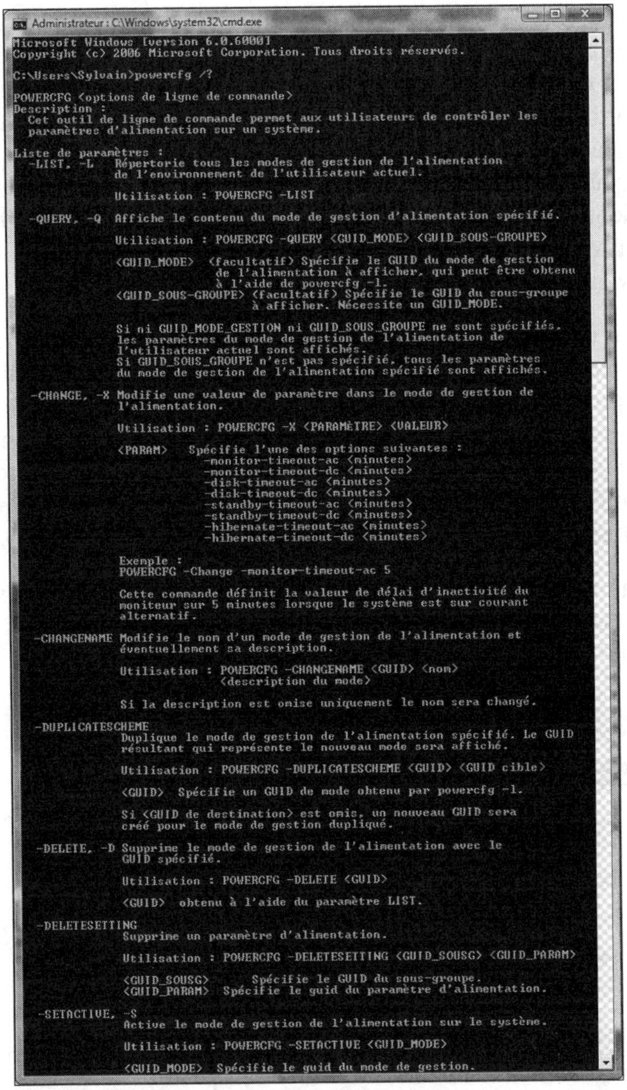

Figure 6-9 : *La commande powercfg /?*

6

Les services de gestion de la mémoire

SuperFetch

La façon dont le Gestionnaire de mémoire gère la mémoire physique représente un changement important. La gestion de la liste *En attente* utilisée par les versions antérieures de Windows a deux limites : d'abord, la mise en priorité des pages repose uniquement sur le comportement antérieur récent des processus et elle ne prévoit pas leurs besoins de mémoire futurs ; ensuite, les données utilisées pour la mise en priorité sont limitées à la liste des pages appartenant à un processus, à un moment donné. Ces lacunes peuvent entraîner des scénarios du type "syndrome post-déjeuner" (quand vous vous absentez de votre ordinateur pendant un moment et qu'une application système sollicitant beaucoup de mémoire est exécutée, par exemple une analyse antivirus ou une défragmentation du disque). Cette application remplace le code et les données que vos applications actives avaient mis en cache dans la mémoire par les activités sollicitant la mémoire. À votre retour, vous trouvez que les performances sont ralenties étant donné que les applications doivent récupérer leurs données et le code sur le disque.

Windows XP a introduit une prise en charge de prérécupération qui améliorait les performances de démarrage et de lancement des applications en exécutant de grandes E/S de disque pour précharger la mémoire avec le code et les données de système de fichiers attendues, en fonction des redémarrages et des lancements d'applications précédents. Windows Vista va encore plus loin avec SuperFetch, un mode de gestion de la mémoire qui améliore l'approche de l'accès le moins récent avec des informations historiques et une gestion proactive de la mémoire.

SuperFetch est implémenté dans *%SystemRoot%\System32\Sysmain.dll* en tant que service Windows qui s'exécute dans un processus Hôte de service (*%SystemRoot%\System32\Svchost.exe*).

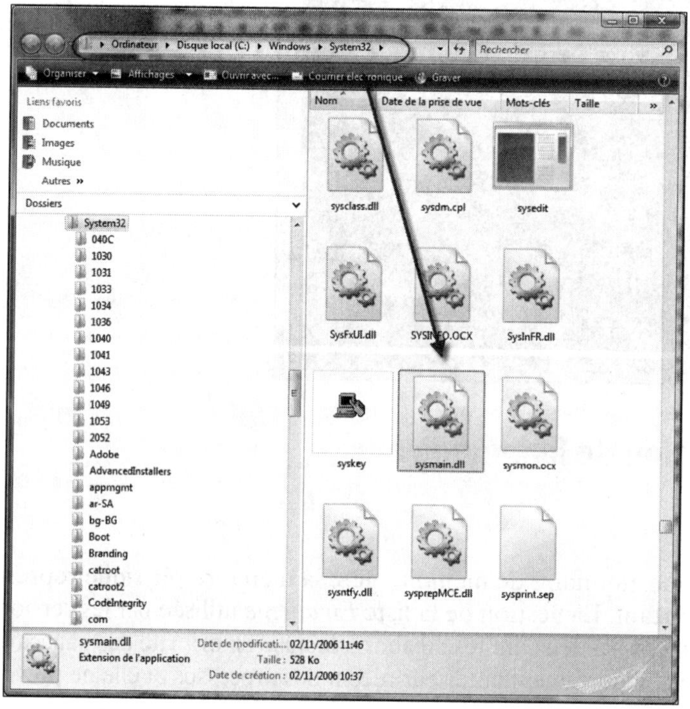

Figure 6-10 : *%SystemRoot% \System32 \Sysmain.dll gère SuperFetch*

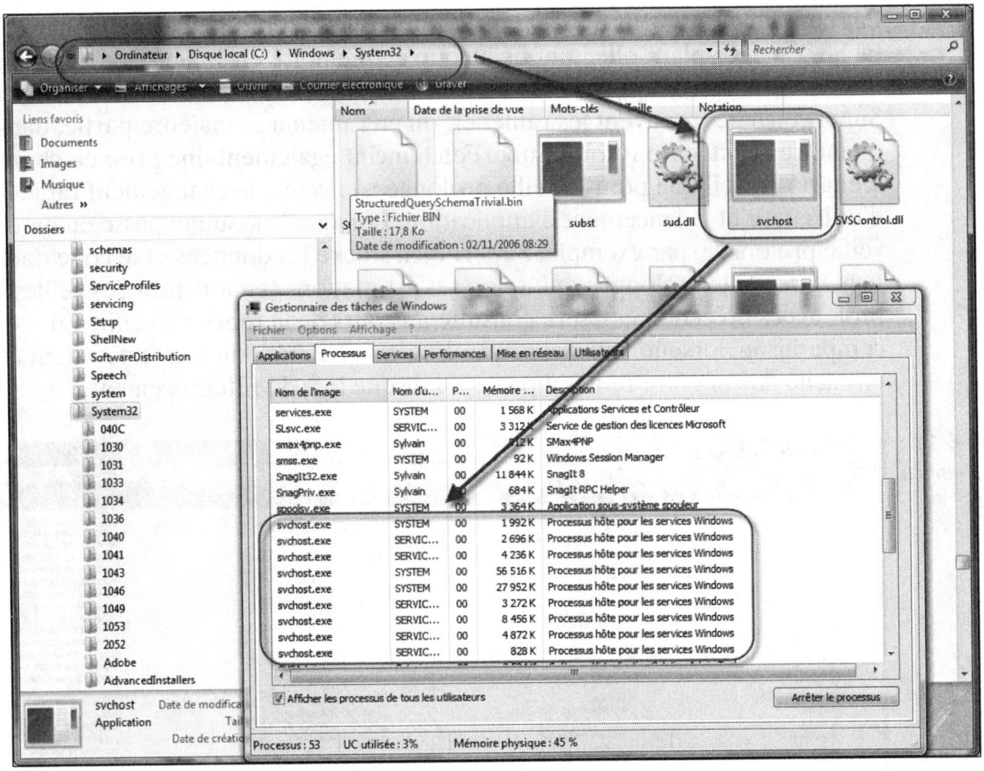

Figure 6-11 : *Le processus Svchost*

Ce mode s'appuie sur la prise en charge du Gestionnaire de mémoire pour récupérer les historiques d'utilisation des pages ; il demande au Gestionnaire de mémoire de précharger des données et du code à partir de fichiers du disque ou d'un fichier de pagination de la liste *En attente* et attribue des priorités aux pages. Le service *SuperFetch* étend en fait le suivi des pages aux données et au code qui étaient auparavant dans la mémoire, mais que le gestionnaire de mémoire a réutilisés pour faire de la place à de nouvelles données et du nouveau code. Il stocke ces informations dans des fichiers de scénario ayant une extension *.db* dans le répertoire *%SystemRoot%\Prefetch*, en compagnie des fichiers de prérécupération standards utilisés pour optimiser le lancement des applications. Grâce à cette connaissance approfondie de l'utilisation de la mémoire, SuperFetch peut précharger les données et le code lorsque la mémoire physique devient disponible (voir fig. 6-12).

Lorsque de la mémoire se libère (par exemple, lorsqu'une application se ferme ou qu'elle libère de la mémoire), SuperFetch demande au Gestionnaire de mémoire d'extraire les données et le code qui viennent d'être expulsés. Cela se produit à un rythme de quelques pages par seconde avec des E/S de priorité très basse pour que le préchargement n'ait aucun impact sur l'utilisateur ou d'autres applications actives.

Par conséquent, si vous quittez votre ordinateur le temps d'aller déjeuner et qu'une tâche d'arrière-plan sollicitant beaucoup de mémoire entraîne l'expulsion du code et des données de vos applications actives de la mémoire pendant votre absence, SuperFetch peut souvent les ramener, ou en ramener la majeure partie, dans la mémoire avant votre retour. SuperFetch inclut également une prise en charge des scénarios spécifique pour la veille prolongée, la veille, le changement rapide d'utilisateur et le lancement d'application. Lorsque le système passe en mode de veille prolongée, par exemple, SuperFetch stocke les données et le code dans le fichier de veille prolongée qui, selon ses estimations (en fonction des veilles prolongées précédentes), sera consulté au cours de la reprise à venir. En comparaison, lorsque vous reprenez Windows XP, les données qui avaient été mises en cache doivent être relues à partir du disque lors du référencement.

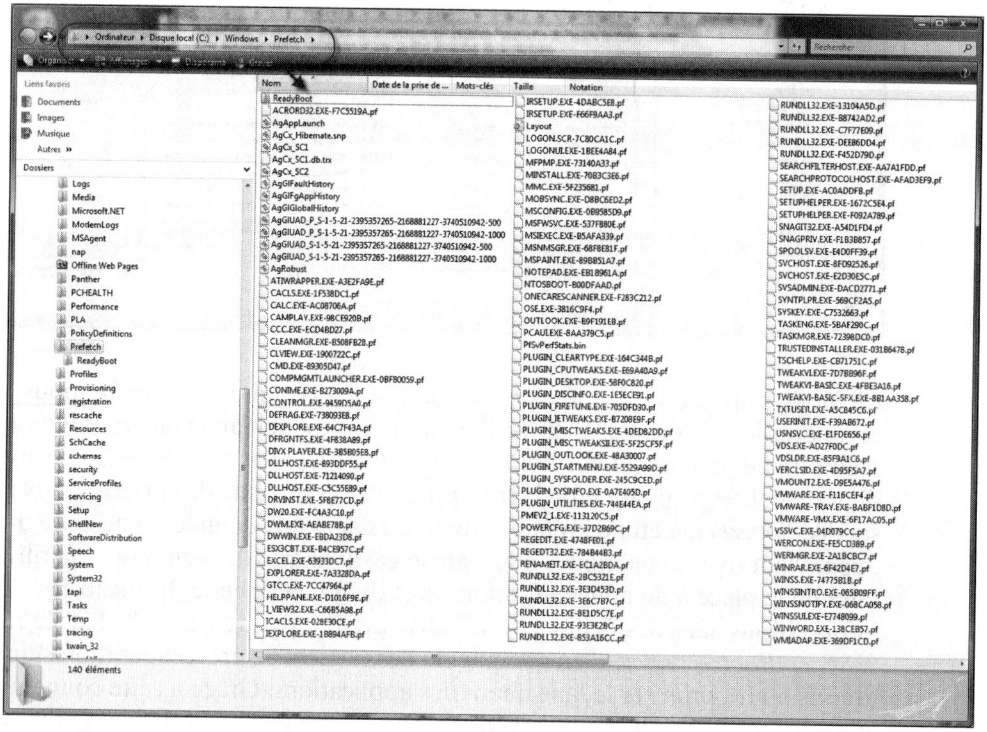

Figure 6-12 : *Prefetch*

Les priorités de mémoire

Tout comme il ajoute des priorités d'E/S, Windows Vista implémente également des priorités de mémoire. Pour comprendre comment Windows utilise les priorités de mémoire, il faut comprendre comment le Gestionnaire de mémoire implémente son cache de mémoire, appelé "liste En attente". Sur toutes les versions de Windows antérieures à Windows Vista, lorsqu'une page physique (dont la taille est généralement de 4 ko) appartenant à un processus était récupérée par le système, le gestionnaire de mémoire la plaçait généralement à la fin de la liste *En attente*. Si le processus souhaitait accéder à nouveau à la page, le gestionnaire de mémoire prenait la page sur la liste *En attente* et la réaffectait au processus. Lorsqu'un processus souhaitait utiliser une nouvelle page de la mémoire physique et qu'il n'y avait pas de mémoire disponible, le Gestionnaire de mémoire donnait au processus la page figurant au début de la liste *En attente*. Ce schéma traitait toutes les pages en attente de la même façon, en utilisant uniquement l'heure à laquelle elles avaient été placées dans la liste pour les trier.

Avec Windows Vista, chaque page de mémoire a une priorité comprise entre 0 et 7 et, donc, le Gestionnaire de mémoire divise la liste *En attente* en huit listes qui contiennent chacune des pages d'une priorité particulière. Lorsque le Gestionnaire de mémoire veut prendre une page sur la liste *En attente*, il commence par prendre les pages de priorité basse. La priorité d'une page reflète habituellement la priorité du thread qui entraîne son allocation à l'origine (si la page est partagée, elle reflète la priorité de mémoire la plus élevée des threads en partage). Un thread hérite sa valeur de priorité de page du processus auquel il appartient. Le Gestionnaire de mémoire utilise des priorités basses pour les pages qu'il lit à partir du disque en spéculant lorsqu'il anticipe des accès à la mémoire d'un processus.

Par défaut, les processus ont une valeur de priorité de page de 5, mais des fonctions permettent aux applications et au système de modifier les valeurs de priorité de page des processus et des threads. Il n'est possible de réaliser la véritable puissance des priorités de mémoire que lorsqu'on comprend les priorités relatives des pages à un niveau macro, ce qui est le rôle de SuperFetch.

ReadyBoost

La vitesse des processeurs et de la mémoire est en train de dépasser rapidement celles des disques durs, si bien que les disques constituent un goulet d'étranglement courant des performances du système. Les E/S de disque aléatoires sont particulièrement chères car les temps de recherche des têtes de disques sont de l'ordre de 10 millisecondes, une éternité pour les processeurs de 3 GHz d'aujourd'hui. La mémoire vive est idéale pour mettre en cache les données de disque, mais elle est relativement chère. La mémoire flash, en revanche, est généralement meilleur marché et propose les lectures aléatoires jusqu'à 10 fois plus rapides qu'un disque dur classique. Windows Vista inclut donc une fonctionnalité appelée ReadyBoost qui tire parti des périphériques de stockage à mémoire flash en créant sur eux une couche de mise en cache intermédiaire qui repose logiquement entre la mémoire et les disques.

ReadyBoost consiste en un service implémenté dans *%SystemRoot%\System32\Emdmgmt.dll* qui s'exécute dans un processus Hôte de service et un pilote de filtre de volume, *%SystemRoot%\System32\Drivers\Ecache.sys*.

REMARQUE

Emd

Emd est l'abréviation d'*External Memory Device*, ou "*périphérique de mémoire externe*". C'est le nom de ReadyBoost pendant son développement.

Lorsque vous insérez un périphérique flash tel qu'une clé USB dans un système, le service ReadyBoost étudie le périphérique pour déterminer ses caractéristiques de performances et stocke les résultats de son test dans *HKEY_LOCAL_MACHINE\Software\Microsoft\Windows NT\Currentversion \Emdmgmt*.

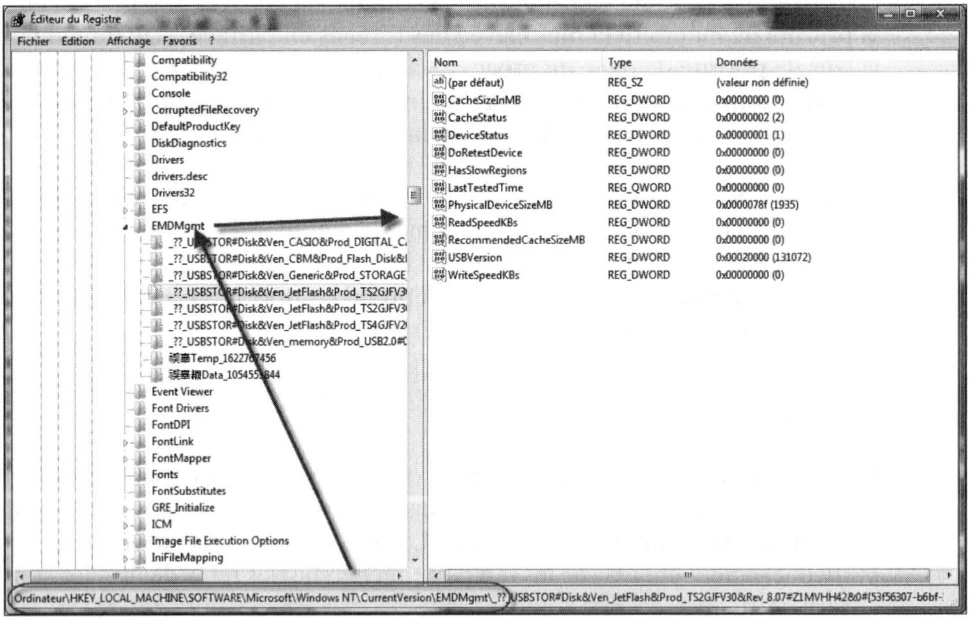

Figure 6-13 : *La clé de Registre HKEY_LOCAL_MACHINE\Software\Microsoft\Windows NT\Currentversion\Emdmgmt*

Si vous n'utilisez pas déjà un périphérique pour la mise en cache et que la taille du nouveau périphérique est comprise entre 256 Mo et 32 Go, qu'il a un taux de transfert de 2,5 Mo/s ou plus pour des lectures aléatoires de 4 ko et que son taux de transfert est de 1,75 Mo/s ou plus pour des écritures aléatoires de 512 ko, ReadyBoost vous demandera si vous souhaitez consacrer jusqu'à 4 Go du stockage pour la mise en cache du disque (bien que ReadyBoost puisse utiliser le système

NTFS, il limite la taille maximale du cache à 4 Go pour tenir compte des restrictions FAT32). Si vous acceptez, le service crée un fichier de mise en cache appelé *Readyboost.sfcache* dans la racine du périphérique et demande à SuperFetch de préremplir le cache à l'arrière-plan. Une fois que le service ReadyBoost a initialisé la mise en cache, le pilote de périphérique *Ecache.sys* intercepte toutes les lectures et écritures vers des volumes du disque dur local (*C:*, par exemple) et copie toutes les données écrites dans le fichier de mise en cache que le service a créé. *Ecache.sys* compresse les données, généralement avec un taux de compression de 2:1. Un fichier de cache de 4 Go contiendra donc habituellement 8 Go de données. Le pilote chiffre chacun des blocs écrits à l'aide d'un chiffrement AES (*Advanced Encryption Standard*) en utilisant une clé de session générée de façon aléatoire par démarrage afin de garantir la confidentialité des données dans le cache si le périphérique est supprimé du système. Lorsque ReadyBoost voit des lectures aléatoires qui peuvent être satisfaites à partir du cache, il les gère à partir de cet endroit, mais comme les disques durs ont un meilleur accès en lecture séquentielle que la mémoire flash, il laisse les lectures qui font partie de modèles d'accès séquentiels atteindre le disque directement, même si les données sont dans le cache.

ReadyBoot

Windows Vista utilise la même prérécupération de démarrage que celle que Windows XP utilisait si le système possédait moins de 512 Mo de mémoire, mais si le système possède 700 Mo de mémoire vive ou plus, il utilise un cache dans la mémoire vive afin d'optimiser le processus de démarrage. La taille du cache dépend du total de mémoire vive disponible, mais il est assez grand pour créer un cache raisonnable tout en laissant au système la mémoire dont il a besoin pour démarrer facilement. Après chaque démarrage, le service ReadyBoost (même service que celui qui implémente la fonctionnalité ReadyBoost qui vient d'être décrite) utilise le temps d'inactivité du processeur pour calculer un plan de mise en cache pour le démarrage suivant. Il analyse les informations de suivi de fichier des cinq démarrages précédents et identifie les fichiers qui ont été consultés et leur emplacement sur le disque. Il stocke les suivis traités dans *%SystemRoot%\Prefetch\Readyboot* sous la forme de fichiers *.fx* et enregistre le plan de mise en cache sous *HKLM\System\CurrentControlSet\Services\Ecache\Parameters* dans des valeurs *REG_BINARY* nommées en fonction des volumes de disque internes auxquels elles se rapportent (voir fig. 6-14).

Le cache est implémenté par le pilote de périphérique qui implémente la mise en cache ReadyBoost (*Ecache.sys*) (voir fig. 6-15).

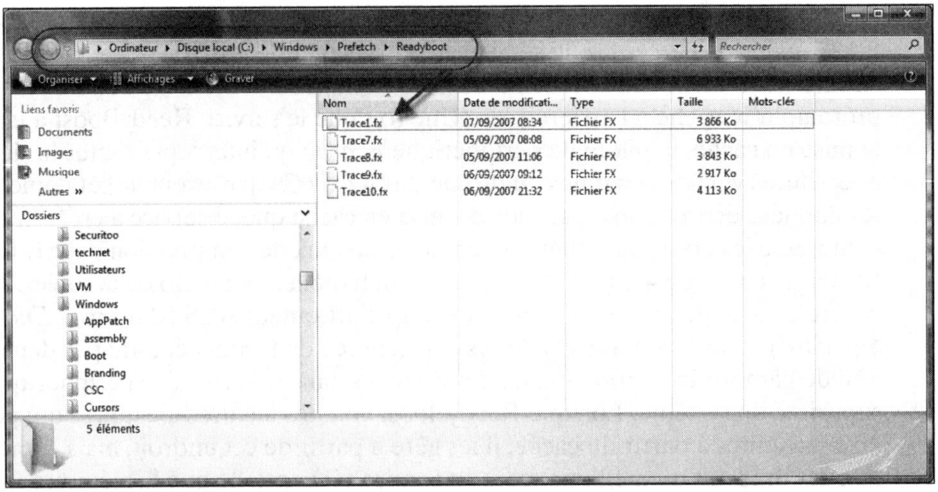

Figure 6-14 : *Les fichiers .fx de ReadyBoot*

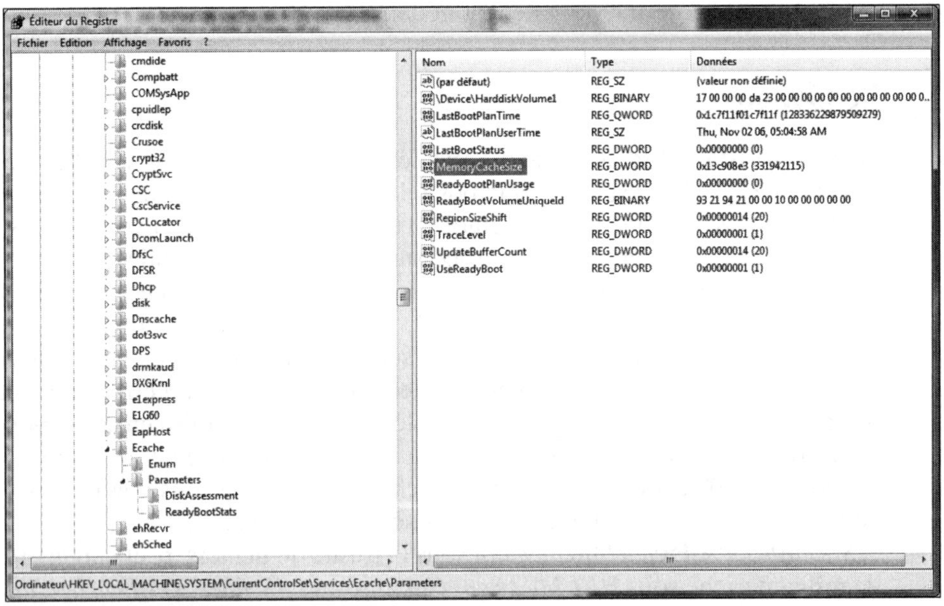

Figure 6-15 : *La clé de registre HKLM\System\CurrentControlSet\Services\Ecache\Parameters*

Mais le remplissage du cache est guidé par le service ReadyBoost au démarrage du système, tandis que le cache de démarrage est compressé de la même façon que le cache ReadyBoost. Une autre différence entre ReadyBoost et la gestion de cache ReadyBoot réside dans le fait que, dans le mode ReadyBoot, le cache ne change pas pour refléter les données qui sont lues ou écrites pendant le démarrage (sauf pour les mises à jour du service ReadyBoost). Le service ReadyBoost supprime le cache 90 secondes après le début du démarrage ou si d'autres demandes de mémoire le justifient, et enregistre les statistiques du cache dans *HKLM\System\CurrentControl Set\Services\Ecache\Parameters\ReadyBootStats*.

ReadyDrive

ReadyDrive est une fonctionnalité de Windows Vista qui tire parti des nouveaux disques durs hybrides appelés H-HDD. Un H-HDD est un disque avec une mémoire flash non volatile intégrée (également appelée NVRAM). En général, les H-HDD comprennent entre 50 Mo et 512 Mo de cache, mais la limite de cache de Windows Vista est de 2 To. Windows Vista utilise des commandes ATA-8 pour définir les données de disque à conserver dans la mémoire flash. Par exemple, Windows Vista enregistre les données de démarrage dans le cache lorsque le système s'arrête, pour permettre un redémarrage plus rapide. Il stocke également des portions des données du fichier de veille prolongée dans le cache lorsque le système est mis en veille prolongée pour que la reprise ultérieure soit plus rapide. Comme le cache est activé même lorsque le disque est mis en veille, Windows peut utiliser la mémoire flash comme un cache d'écriture sur disque, ce qui évite de se servir du disque lorsque le système fonctionne sur batterie. De cette façon, vous pouvez économiser une grande partie de l'énergie consommée par le lecteur de disque en temps normal.

6.2. La fiabilité et les performances

La surveillance des ressources est un point important si l'on souhaite garder les bonnes performances de son ordinateur. Dans ce cas, la surveillance a un rôle proactif. Mais il peut arriver que l'on ait besoin de savoir ce qui a conduit à un dysfonctionnement. Pour cela, Windows Vista propose un ensemble d'outils capables de vous informer sur la fiabilité de votre machine durant les derniers jours, mais aussi des journaux consolidant des historiques d'événements, un suivi en temps réel ou encore un rapport de santé détaillé. C'est ce qui va vous être présenté dans ce chapitre.

Le Moniteur de fiabilité et de performances de Windows est un composant enfichable MMC qui fournit des outils pour l'analyse des performances du système. À partir d'une simple console, vous pouvez suivre les performances des logiciels et des matériels en temps réel, personnaliser les données que vous souhaitez collecter dans des journaux, définir des seuils d'alerte et des actions automatiques, générer des rapports et afficher les données des performances passées de nombreuses manières.

Le Moniteur de fiabilité et de performances de Windows combine les fonctionnalités des outils autonomes précédents, notamment le service PLA (journaux et alertes de performances), le service SPA (conseiller de performances du serveur) et le Gestionnaire du système. Il fournit une interface graphique pour la personnalisation des ensembles de collecteurs de données et des sessions de suivi d'événements.

Le Moniteur de fiabilité et de performances de Windows est constitué de trois outils d'analyse :

- l'Affichage des ressources ;
- l'Analyseur de performances ;
- le Moniteur de fiabilité.

La collecte et la journalisation des données sont effectuées à l'aide d'ensembles de collecteurs de données.

Pour lancer le Moniteur de fiabilité et de performances, procédez de la façon suivante :

1. Cliquez sur le logo Windows de démarrage, puis sur **Panneau de configuration/Système et maintenance**.
2. Dans la fenêtre **Système et maintenance**, cliquez sur **Informations et outil de performance**.
3. Dans le volet gauche de la fenêtre **Evaluez et améliorez les performances de votre ordinateur**, sélectionnez **Outils avancés**.
4. Sélectionnez **Ouvrir l'analyseur de performance et de fiabilité**.
5. Dans la fenêtre **Contrôle du compte utilisateur**, cliquez sur **Continuer**.

Figure 6-16 : *Le Moniteur de fiabilité et performances*

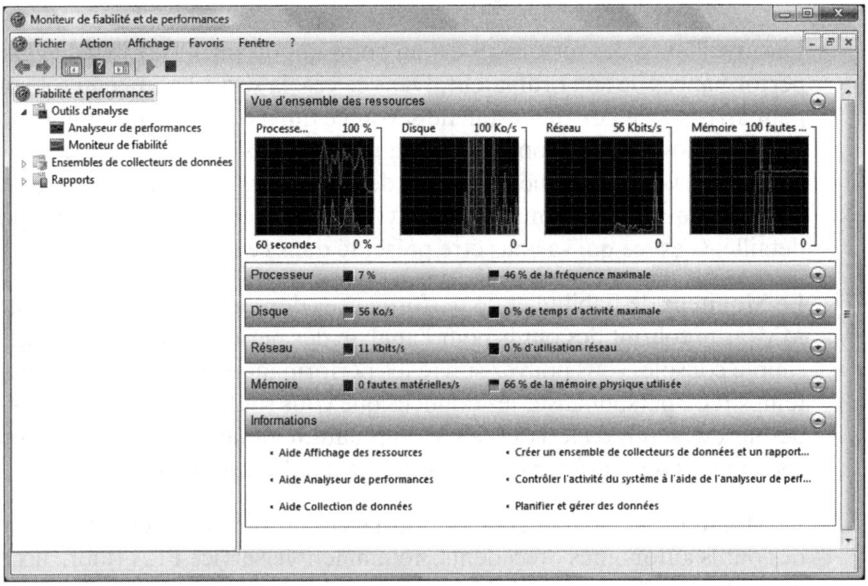

L'Affichage des ressources

L'Affichage des ressources est la page d'accueil du Moniteur de fiabilité et de performances de Windows. Lorsque vous exécutez le Moniteur de fiabilité et de performances de Windows en tant que membre du groupe local *Administrateurs*, vous pouvez analyser en temps réel l'utilisation et les performances du processeur, du disque, du réseau et de la mémoire. Vous pouvez obtenir des détails supplémentaires, y compris des informations sur les processus et les ressources qu'ils utilisent, en développant les quatre ressources.

L'Affichage des ressources du Moniteur de fiabilité et performances offre une vue d'ensemble des ressources en temps réel.

Il propose une vue **Processeur** avec l'activité qui lui est liée :

Figure 6-17 : *Analyse en temps réel de l'utilisation du processeur*

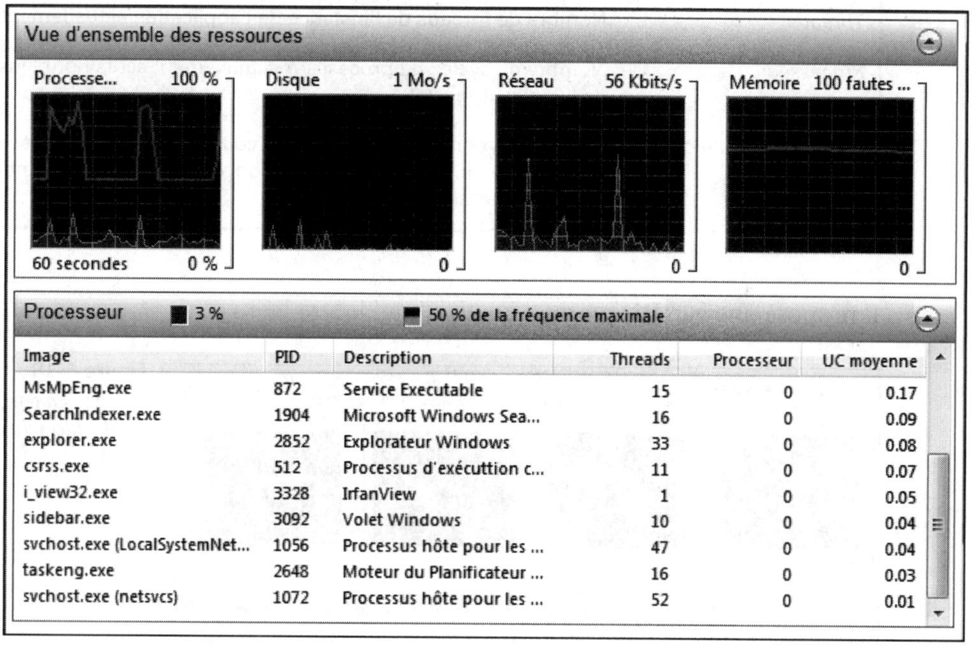

Tableau 6-3 : Explication de la vue Processeur	
Étiquette	**Description**
Processeur	L'étiquette du processeur affiche en vert le pourcentage total de capacité du processeur actuellement utilisé, et en bleu la fréquence maximale du processeur. Sur certains ordinateurs portables, la fréquence maximale du processeur est réduite lorsque l'ordinateur n'est pas relié à une source d'énergie électrique de manière à diminuer l'utilisation de la batterie.
Image	Application utilisant les ressources du processeur.
ID du processus	Identificateur du processus de l'instance de l'application.
Description	Nom de l'application.
Threads	Nombre de threads de l'instance de l'application actuellement actifs.
Processeur	Nombre de cycles du processeur actuellement actifs pour l'instance de l'application.
Charge moyenne du processeur	Charge moyenne du processeur au cours des 60 dernières secondes résultant de l'instance de l'application, exprimée en pourcentage de la capacité totale du processeur.

Il propose une vue **Disque** avec l'activité qui lui est liée :

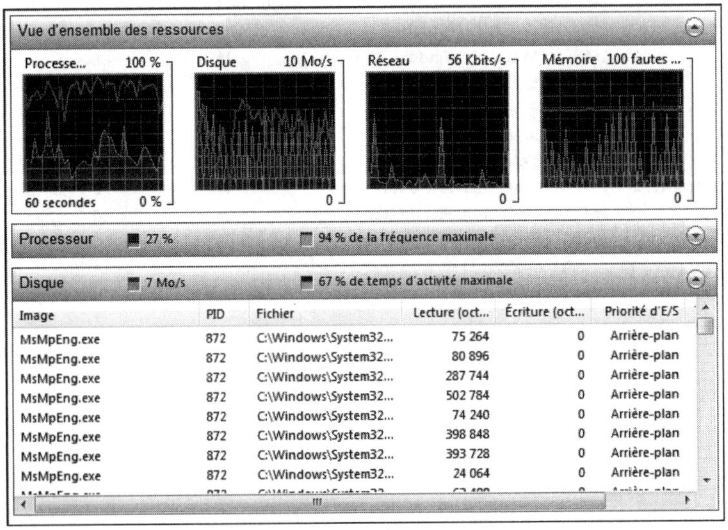

Figure 6-18 *: Analyse en temps réel de l'utilisation du disque*

Tableau 6-4 : Explication de la vue disque	
Étiquette	**Description**
Disque	L'étiquette de disque affiche en vert le nombre total d'entrées/sorties actuelles, et en bleu le pourcentage de temps d'activité le plus élevé du disque.
Image	Applications utilisant les ressources du disque.
ID du processus	Identificateur du processus de l'instance de l'application.
Fichier	Fichier en cours de lecture et/ou d'écriture par l'instance de l'application.
Lecture	Vitesse actuelle (en octets par minute) de lecture des données du fichier par l'instance de l'application.
Écriture	Vitesse actuelle (en octets par minute) d'écriture des données dans le fichier par l'application.
Priorité d'Entrées/Sorties	Priorité de la tâche d'entrées/sorties pour l'application.
Temps de réponse	Temps de réponse de l'activité du disque en millisecondes.

Il propose une vue **Réseau** avec l'activité qui lui est liée :

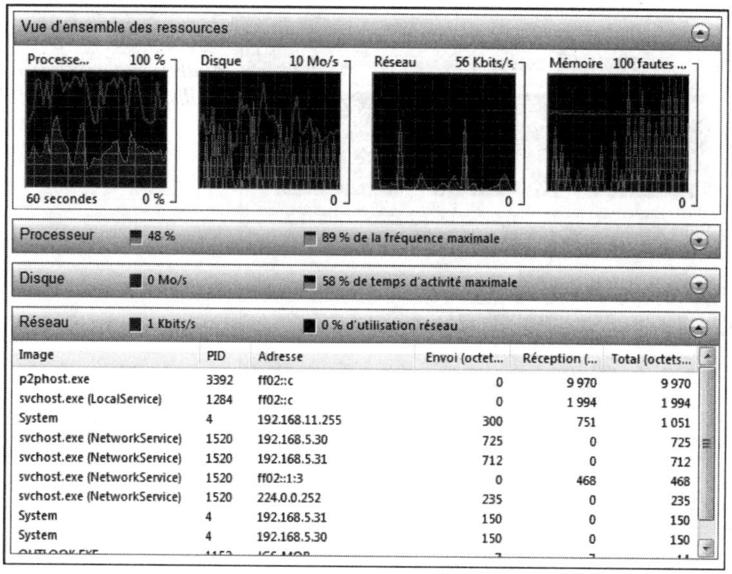

Figure 6-19 : *Analyse en temps réel de l'utilisation du réseau*

Tableau 6-5 : Explication de la vue Réseau	
Étiquette	**Description**
Réseau	L'étiquette Réseau affiche en vert le trafic total actuel du réseau (en kilobits par seconde), et en bleu le pourcentage de capacité réseau utilisé.
Image	Application utilisant les ressources du réseau.
ID du processus	Identificateur du processus de l'instance de l'application.
Adresse	Adresse réseau avec laquelle l'ordinateur local échange des informations. Elle peut être exprimée sous forme d'un nom d'ordinateur, d'une adresse IP ou d'un nom de domaine complet (FQDN).
Envois	Quantité de données (en octets par minute) envoyée actuellement par l'instance de l'application depuis l'ordinateur local vers l'adresse.
Réception	Quantité de données (en octets par minute) actuellement reçus par l'instance de l'application depuis l'adresse.
Total	Largeur de bande totale (en octets par minute) actuellement envoyée et reçue par l'instance de l'application.

Il propose une vue **Mémoire** avec l'activité qui lui est liée :

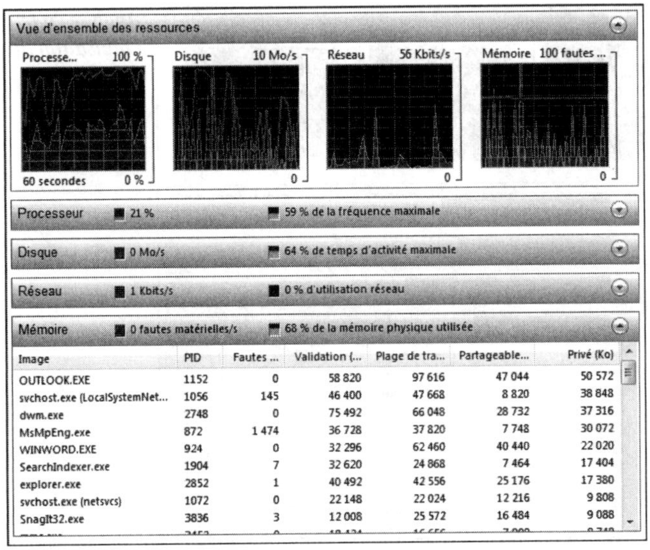

Figure 6-20 *:*
Analyse en temps réel de l'utilisation de la mémoire

Tableau 6-6 : Explication de la vue mémoire	
Étiquette	**Description**
Mémoire	L'étiquette Mémoire affiche en vert le nombre actuel de fautes matérielles par seconde, et en bleu le pourcentage de mémoire physique actuellement utilisé.
Image	Application utilisant les ressources de la mémoire.
ID du processus	Identificateur du processus de l'instance de l'application.
Fautes matérielles/min	Nombre de fautes matérielles par minute résultant actuellement de l'instance de l'application.
Plage de travail (ko)	Nombre de kilo-octets résidant actuellement dans la mémoire pour l'instance de l'application.
Partageable (ko)	Nombre de kilo-octets de la plage de travail de l'instance de l'application qui peuvent être disponibles pour être utilisés par d'autres applications.
Privé (ko)	Nombre de kilo-octets de la plage de travail de l'instance de l'application qui sont dédiés au processus.

L'Analyseur de performances

L'Analyseur de performances (le célèbre `Perfmon`) fournit un affichage visuel des compteurs de performances Windows intégrés, en temps réel ou pour revoir des données historiques. Vous pouvez ajouter des compteurs de performances à l'Analyseur de performances par un glisser-déposer, ou en créant des ensembles de collecteurs de données personnalisés. Il comporte plusieurs affichages graphiques vous permettant d'examiner visuellement les données du journal de performances. Vous pouvez créer dans l'Analyseur de performances des affichages personnalisés qui peuvent être exportés comme ensembles de collecteurs de données pour être utilisés avec les fonctionnalités de performance et de journalisation.

L'Analyseur de performances est un outil connu de tous les administrateurs depuis Windows NT 4.0. Voici quelques-unes des procédures d'administration à connaître…

Les compteurs de performances inclus dans Windows Vista ou installés dans le cadre d'une autre application que Microsoft peuvent être ajoutés à un ensemble de collecteurs de données ou à une session de l'Analyseur de performances. La boîte de dialogue **Ajouter des compteurs** vous permet d'accéder à la liste complète des compteurs disponibles.

1. Dans le Moniteur de fiabilité et de performances, cliquez sur **Outils d'analyse**, puis sur **Analyseur de performances**.
2. Cliquez sur le bouton **Ajouter (+)** dans l'Analyseur de performances pour ajouter un compteur à l'écran actuel de l'Analyseur de performances.

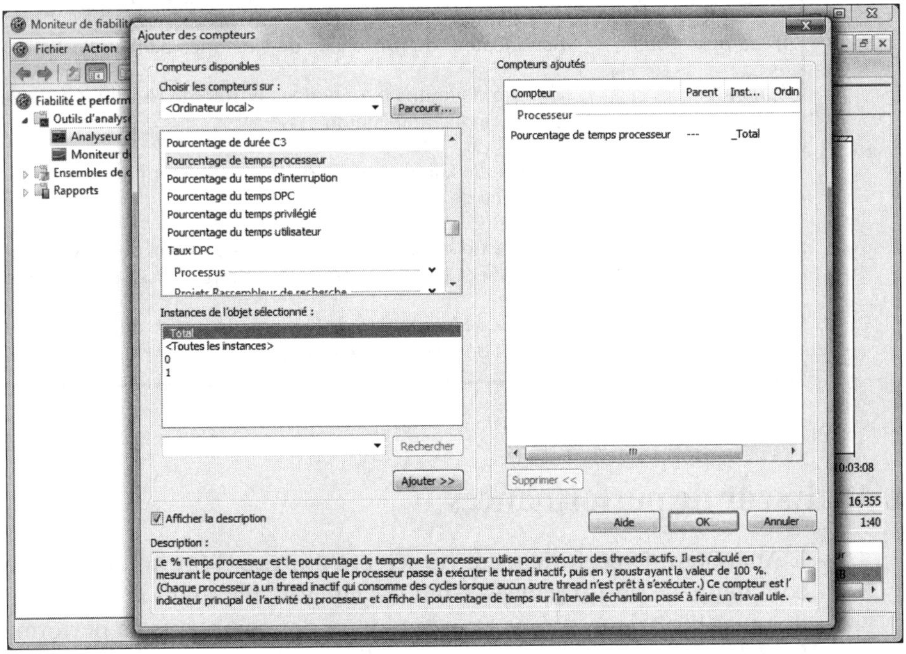

Figure 6-21 : *Ajout de compteurs à l'Analyseur de performances*

Voici la liste des tâches que vous pouvez effectuer à partir de la fenêtre d'ajout de compteurs :

Tableau 6-7 : Actions à réaliser lors de l'ajout de compteurs

Tâche	Procédure
Choisir des compteurs d'un ordinateur distant	Sélectionnez un ordinateur sur la liste déroulante ou cliquez sur **Parcourir** pour rechercher d'autres ordinateurs. Vous pouvez ajouter des compteurs provenant de l'ordinateur local ou d'un autre ordinateur du réseau auquel vous avez accès.

Tableau 6-7 : Actions à réaliser lors de l'ajout de compteurs	
Tâche	**Procédure**
Afficher une description du groupe de compteurs sélectionné	Sélectionnez **Afficher la description** dans l'angle inférieur gauche de la page. La description sera mise à jour au fur et à mesure de la sélection d'autres groupes.
Ajouter un groupe de compteurs	Mettez le nom du groupe en surbrillance et cliquez sur **Ajouter**.
Ajouter des compteurs individuels	Développez le groupe en cliquant sur la flèche vers le bas, mettez le compteur en surbrillance, puis cliquez sur **Ajouter**.
Rechercher les instances d'un compteur	Mettez en surbrillance le groupe de compteurs ou développez le groupe et mettez en surbrillance le compteur que vous voulez ajouter, tapez le nom du processus sur la liste déroulante située sous la case *Instances de l'objet sélectionné*, puis cliquez sur **Rechercher**. Le nom du processus que vous tapez sera disponible sur la liste déroulante pour vous permettre de répéter la recherche avec d'autres compteurs. Si aucun résultat n'est renvoyé et que vous souhaitez effacer votre recherche, vous devez mettre un autre groupe en surbrillance. La fonction de recherche ne sera pas disponible s'il n'existe pas plusieurs instances d'un compteur ou d'un groupe de compteurs.
Ajouter seulement certaines instances d'un compteur	Mettez en surbrillance sur la liste un compteur ou un groupe de compteurs, sélectionnez le processus voulu sur la liste qui apparaît dans la case *Instances de l'objet sélectionné*, puis cliquez sur **Ajouter**. Plusieurs processus peuvent créer le même compteur, mais le choix d'une instance permettra de collecter uniquement les compteurs produits par le processus sélectionné.

Maintenant que vos compteurs sont rajoutés avec pertinence, vous pouvez lancer votre analyse des performances.

Vous pouvez afficher les fichiers journaux ou les données des journaux fournies par une base de données dans l'Analyseur de performances afin de disposer d'une représentation visuelle des données de performances collectées par les ensembles de collecteurs de données, collecteurs de données qui sont décrits plus loin dans cet atelier.

Pour ouvrir des fichiers journaux dans l'Analyseur de performances :

1. Dans le panneau de navigation du Moniteur de fiabilité et de performances, développez *Outils d'analyse* et cliquez sur *Analyseur de performances*.

2. Dans la barre d'outils du volet de la console, cliquez sur le bouton **Affiche les données du journal**. La page des propriétés de l'Analyseur de performances s'ouvre sur l'onglet **Source**.

Figure 6-22 :
Sélection du journal

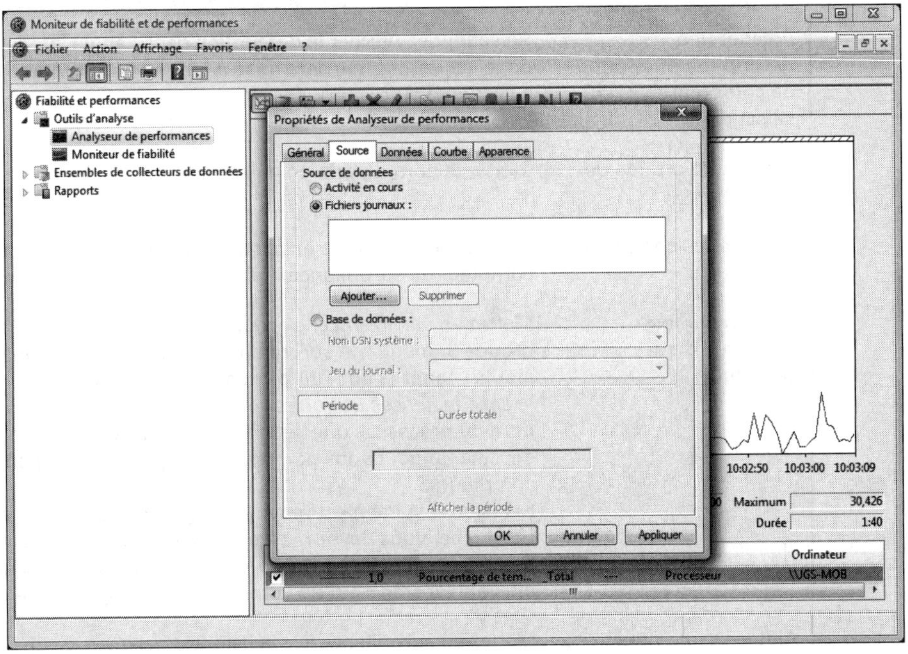

3. Dans la section *Source des données*, sélectionnez *Fichiers journaux*, puis cliquez sur **Ajouter**.

4. Recherchez le fichier journal à afficher, puis cliquez sur **Ouvrir**. Pour ajouter plusieurs fichiers journaux à l'affichage de l'Analyseur de performances, cliquez une nouvelle fois sur **Ajouter**.

5. Cliquez sur *Période* pour voir les périodes incluses dans le ou les journaux sélectionnés. Avec plusieurs fichiers journaux, vous pouvez déplacer les curseurs de début et de fin de période pour choisir la période (dans tous les fichiers journaux sélectionnés) à afficher dans l'Analyseur de performances. Si un journal comprend des données de la période sélectionnée, elles seront affichées (voir fig. 6-23).

6. Quand vous avez terminé de sélectionner des fichiers journaux, cliquez sur OK.

7. Cliquez avec le bouton droit de la souris dans la fenêtre de l'Analyseur de performances, puis cliquez sur **Ajouter des compteurs**. La boîte de dialogue

Ajouter des compteurs s'ouvre. Seuls les compteurs inclus dans le ou les fichiers journaux au préalablement sélectionnés seront disponibles.

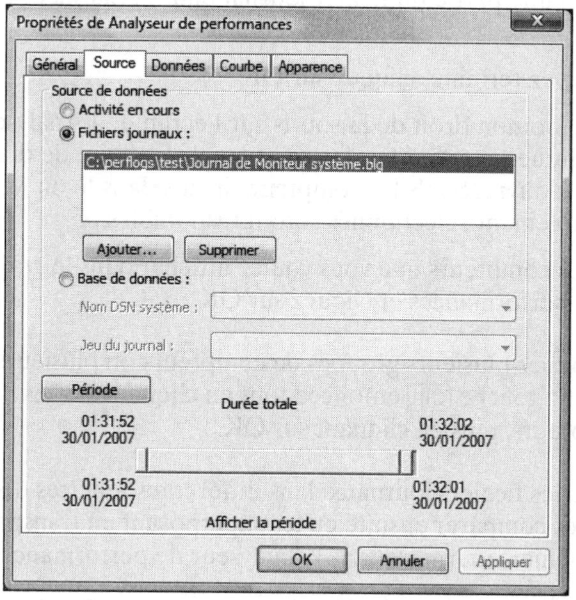

Figure 6-23 : *Réglage de la période*

8. Sélectionnez les compteurs que vous voulez afficher dans le graphique de l'Analyseur de performances et cliquez sur OK.

Vous pouvez sélectionner plusieurs groupes de compteurs ou plusieurs compteurs à la fois en maintenant la touche [Ctrl] enfoncée tout en cliquant sur les noms des groupes ou des compteurs, puis en cliquant sur OK.

Pour accéder à une source de données du journal dans l'Analyseur de performances :

1. Dans le panneau de navigation du Moniteur de fiabilité et de performances, développez *Outils d'analyse* et cliquez sur *Analyseur de performances*.
2. Dans la barre d'outils du volet de la console, cliquez sur le bouton **Affiche les données du journal**. La page des propriétés de l'Analyseur de performances s'ouvre sur l'onglet **Source**.
3. Dans la section *Source des données*, sélectionnez *Base de données*.
4. Choisissez un nom de source de données (DSN) système et un ensemble de journaux sur les listes déroulantes.

5. Cliquez sur *Période* pour voir les périodes incluses dans le journal sélectionné. Vous pouvez déplacer les curseurs de début et de fin de période afin de n'afficher qu'une partie du fichier journal dans l'Analyseur de performances.
6. Lorsque vous avez terminé, cliquez sur OK.
7. Cliquez avec le bouton droit de la souris sur l'écran de l'Analyseur de performances, puis cliquez sur **Ajouter des compteurs**. La boîte de dialogue **Ajouter des compteurs** s'ouvre. Seuls les compteurs inclus dans le ou les fichiers journaux au préalablement sélectionnés seront disponibles.
8. Sélectionnez les compteurs que vous voulez afficher dans le graphique de l'Analyseur de performances et cliquez sur OK.

Vous pouvez sélectionner plusieurs groupes de compteurs ou plusieurs compteurs à la fois en maintenant la touche [Ctrl] enfoncée tout en cliquant sur les noms des groupes ou des compteurs, puis en cliquant sur OK.

Vous pouvez afficher les fichiers journaux dans différentes fenêtres de l'Analyseur de performances et les comparer ensuite en les superposant en transparence. Pour comparer plusieurs fichiers journaux dans l'Analyseur de performances :

1. Cliquez sur le logo Windows de démarrage, tapez `perfmon /sys`, puis cliquez sur OK. L'Analyseur de performances s'ouvre alors en mode autonome.

ATTENTION

Comparaison des fenêtres de l'Analyseur de performances (voir fig. 6-24)

Vous êtes obligé d'utiliser la ligne de commande `perfmon /sys` pour que la comparaison avec transparence fonctionne. Si vous ouvrez classiquement l'Analyseur de performances par le Panneau de configuration, cela ne fonctionnera pas.

2. Pour créer un affichage qui servira de base de comparaison, ouvrez les journaux ou une autre source de données et ajoutez les compteurs de ces journaux ou sources de données à l'écran de l'Analyseur de performances.
3. Lorsque vous avez terminé la création de votre affichage de base, répétez les étapes précédentes pour ouvrir une autre instance de l'Analyseur de performances en mode autonome.
4. Pour créer un affichage qui servira de base de comparaison, ouvrez les journaux ou une autre source de données et ajoutez les compteurs de ces journaux ou sources de données à l'écran de l'Analyseur de performances.

Figure 6-24 : *Perfmon /sys*

5. Dans la fenêtre de l'Analyseur de performances que vous voulez comparer à votre base, cliquez sur **Définir la transparence** dans le menu **Comparer** et sélectionnez soit *70% de transparence*, soit *40% de transparence*.

Figure 6-25 : *Fenêtre transparente à 40 %*

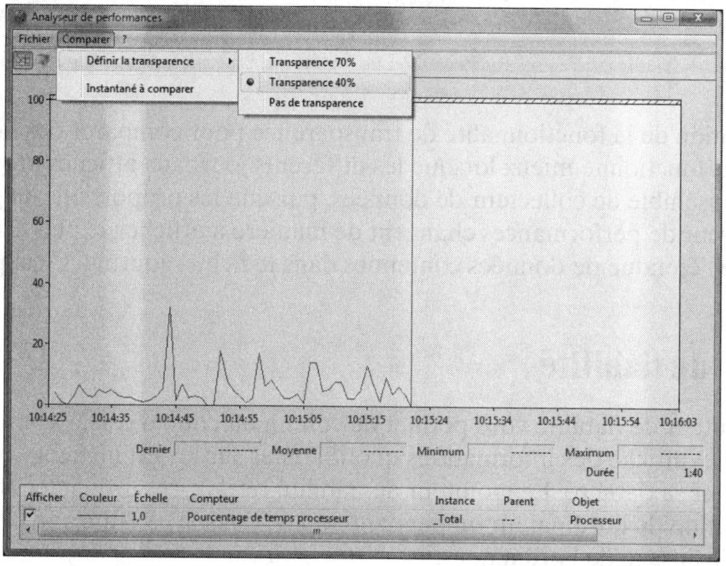

6. Dans la fenêtre de l'Analyseur de performances que vous souhaitez comparer à votre base, cliquez sur **Instantané à comparer** dans le menu **Comparer**. La

fenêtre active de l'Analyseur de performances s'aligne automatiquement avec l'autre fenêtre de l'Analyseur de performances.

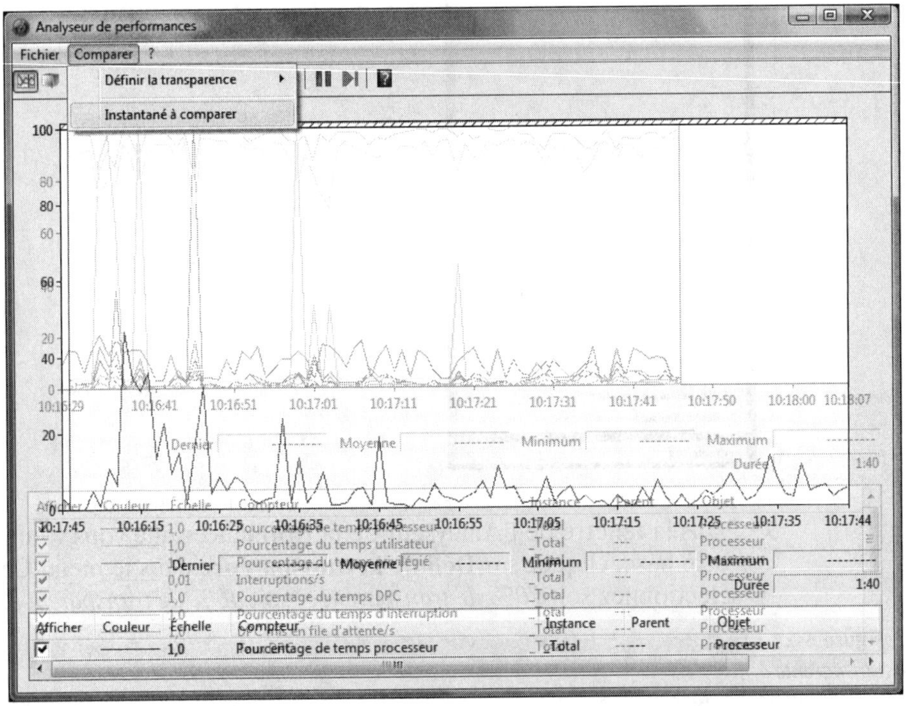

Figure 6-26 : *Superposition des deux fenêtres*

L'utilisation de la fonctionnalité de transparence pour comparer des fichiers journaux fonctionne mieux lorsque les différents journaux affichés proviennent du même ensemble de collecteur de données, puisque les proportions du graphique de l'Analyseur de performances changent de manière à afficher le plus efficacement possible l'étendue de données contenues dans le fichier journal. C'est plus lisible.

Le Moniteur de fiabilité

Le Moniteur de fiabilité vous permet de voir en un coup d'œil la stabilité de votre système et affiche des informations quotidiennes sur les événements qui ont un impact sur sa fiabilité. Le moniteur de fiabilité retrace ces événements depuis l'installation de l'ordinateur ou pendant un an. Vous avez donc une vue au fil du temps de l'usage de l'ordinateur.

Ce nouvel outil s'avère très important pour les administrateurs car il leur permet, en cas d'incident détecté par un utilisateur, d'avoir une vision temporelle des événements qui se sont passés avant, pendant et après l'incident. Tous les administrateurs ont été confrontés un jour au fameux "*ça ne marche pas !*" provenant d'un utilisateur qui a un problème sur son ordinateur, suivi du non moins fameux et très utile "*je n'ai rien fait !*" qui est d'un grand secours dans la phase de diagnostic de l'administrateur ! Le Moniteur de fiabilité va permettre enfin à l'administrateur d'avoir rapidement et efficacement une vue sur l'utilisation globale de l'ordinateur et du déclenchement du problème. De plus, le Moniteur de fiabilité est un outil qui va permettre de juger noir sur blanc de la stabilité de Windows Vista dans le temps, bien que la stabilité soit directement liée à l'usage que l'on fait de l'ordinateur, ce que, peut-être, ce nouvel outil tendra à montrer avant tout.

Cette rubrique vous aide à comprendre les résultats et à prendre des mesures pour améliorer la fiabilité en fonction de ce que vous apprenez.

Ouvrir le Moniteur de fiabilité

Pour ouvrir le Moniteur de fiabilité, procédez comme suit :

1. Cliquez sur le logo de démarrage. Avec le bouton droit de la souris, cliquez sur **Ordinateur**, puis cliquez sur **Gérer**. La console s'ouvre.
2. Dans le panneau de navigation, développez les liens *Fiabilité et performance/Outils d'analyse*, puis cliquez sur *Moniteur de fiabilité*.

Activer la collecte de données pour le Moniteur de fiabilité

Le Moniteur de fiabilité utilise des données fournies par la tâche planifiée *RACAgent*. Le Moniteur de fiabilité commencera à afficher un taux d'index de stabilité et des informations d'événements spécifiques 24 heures après l'installation de Windows Vista.

La tâche planifiée *RACAgent* est exécutée par défaut sur une nouvelle installation de Windows Vista. Si elle est désactivée, il faut l'activer manuellement depuis le composant enfichable Planificateur de tâches.

Pour mener à bien cette procédure, il est nécessaire d'appartenir au groupe local *Administrateurs* ou à un groupe équivalent.

Pour activer la tâche planifiée *RACAgent*, procédez comme suit :

1. Cliquez sur **Démarrer**, cliquez avec le bouton droit de la souris sur **Ordinateur**, puis cliquez sur la commande de menu contextuel **Gérer**.

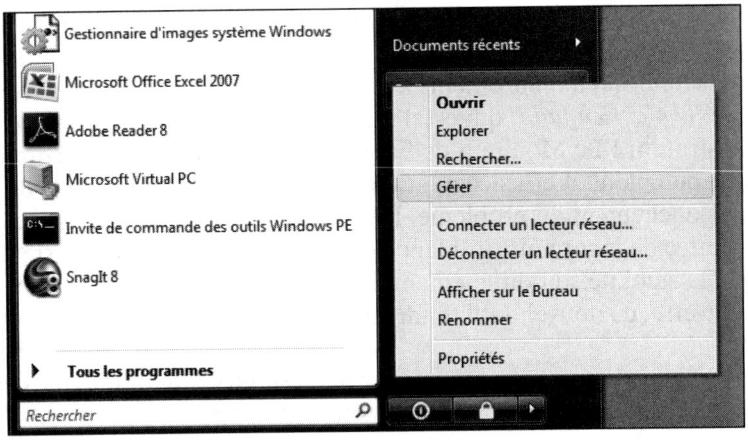

Figure 6-27 : *Ouverture de la console de management de l'ordinateur*

2. Dans le volet de navigation, développez les liens *Planificateur de tâches/Bibliothèque du planificateur de tâches/Microsoft/Windows*.

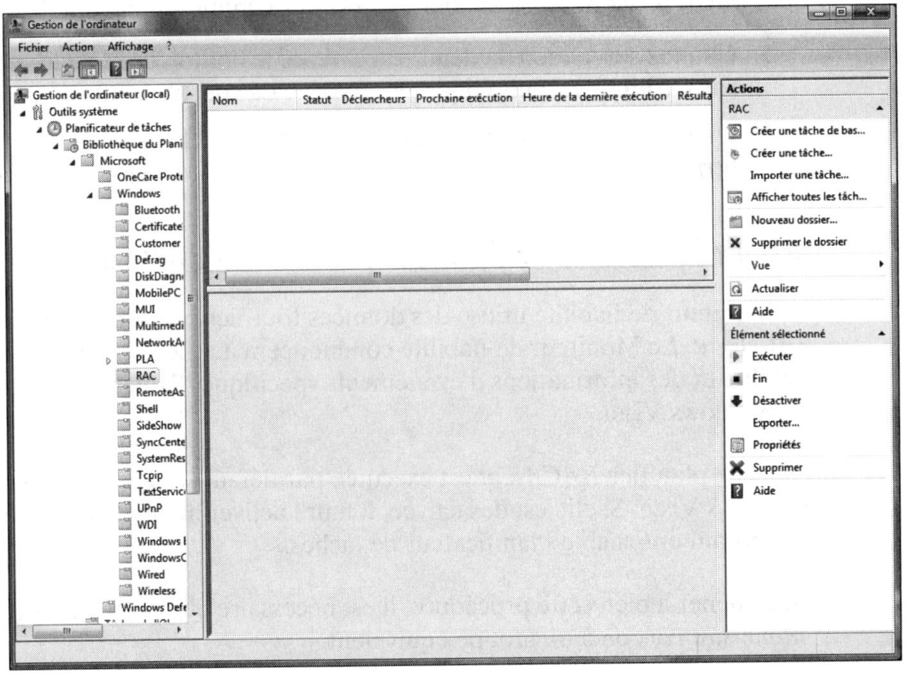

Figure 6-28 : *Le Planificateur de tâches*

3. Cliquez à droite sur *RAC*, puis sur *Affichage* et cliquez sur *Afficher les tâches masquées*.
4. Sélectionnez *RACAgent* dans le volet de résultats.

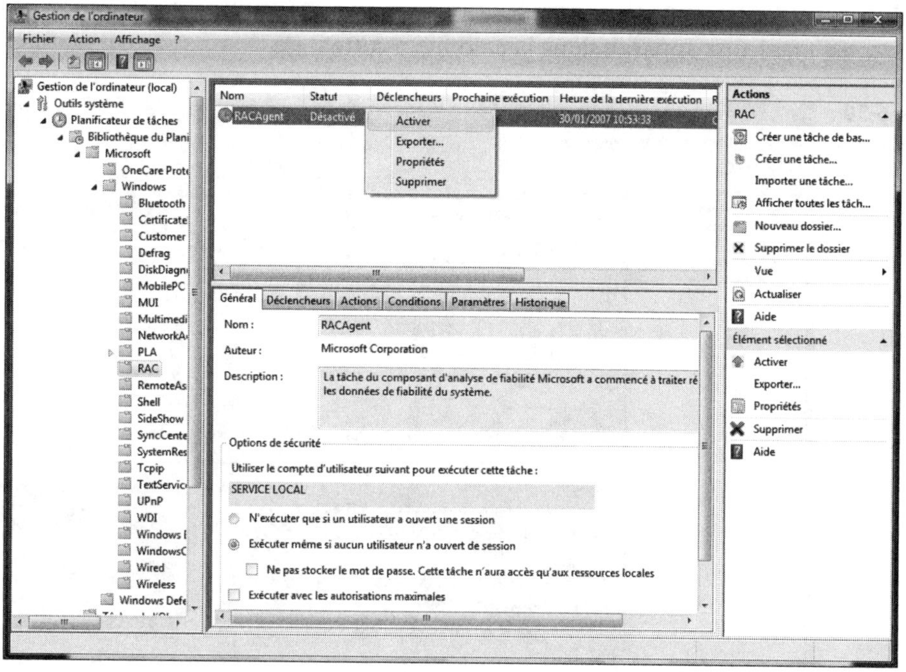

Figure 6-29 : *Activation de RACAgent*

REMARQUE

> **RACAgent**
>
> Le nom de la tâche *RACAgent* n'est peut-être pas complètement visible. Si vous ne le trouvez pas, développez la colonne *Nom* dans le volet de résultats.

5. Dans le menu **Action**, cliquez sur **Activer**.

Le graphique de stabilité du système

Le Moniteur de fiabilité conserve un historique d'un an relatif à la stabilité du système et aux événements de fiabilité. Le graphique de stabilité du système affiche un graphique continu organisé par date (voir fig. 6-30).

La partie supérieure du graphique de stabilité du système affiche un graphique de l'index de stabilité. Dans la partie inférieure du graphique, cinq rangées suivent les événements de fiabilité qui soit contribuent à la mesure de la stabilité du système, soit fournissent des informations en rapport pour l'installation et la désinstallation de logiciels. Si un ou plusieurs événements de fiabilité de chaque type sont détectés, une icône apparaît dans la colonne à cette date.

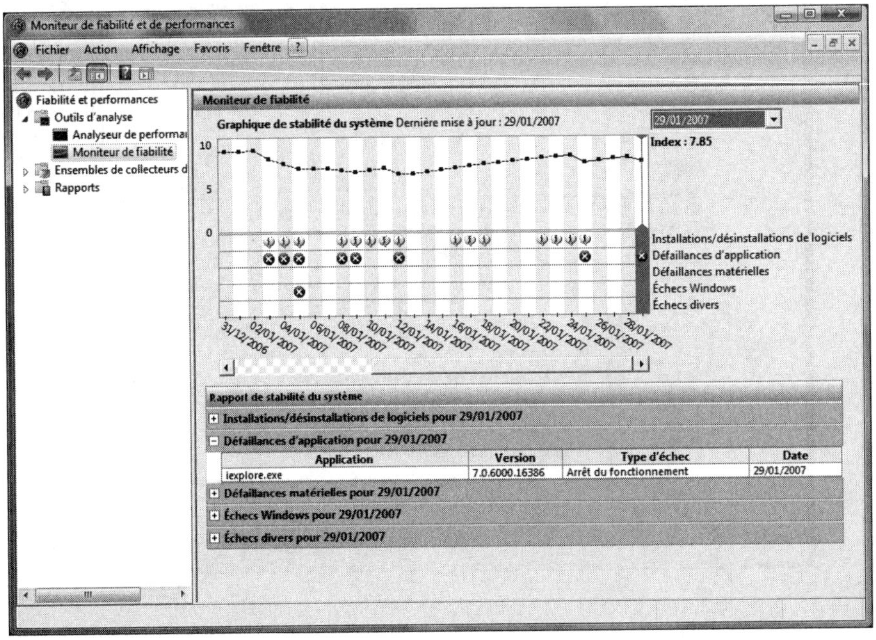

Figure 6-30 : *Le Moniteur de fiabilité*

Les résultats du Moniteur de fiabilité

Si le Moniteur de fiabilité fait état de fréquents événements de défaillance de fiabilité, utilisez les données qu'il fournit pour décider des mesures à prendre pour améliorer la stabilité de votre système d'exploitation.

Installations et désinstallations de logiciels

Les installations et désinstallations de logiciels, y compris des composants du système d'exploitation, des mises à jour de Windows, des pilotes et des applications, sont suivies dans cette catégorie.

Figure 6-31 : *Installations et désinstallations de logiciels*

Installations/désinstallations de logiciels pour 25/01/2007

Logiciel	Version :	Activité	État de l'activité	Date
Lecteur de disque	6.0.6000.16386	Installation du pilote	Réussite	25/01/2007
Microsoft Office Live Meeting 2005	7.9.2205.0	Installation de l'application	Réussite	25/01/2007
Pilote de volume de système de fichiers Microsoft WPD	6.0.6000.16386	Installation du pilote	Réussite	25/01/2007
Volume générique	6.0.6000.16386	Installation du pilote	Réussite	25/01/2007

Tableau 6-8 : Installations/désinstallations de logiciels	
Type de données	**Description**
Logiciel	Indique le système d'exploitation, le nom de l'application, le nom de la mise à jour de Windows ou le nom du pilote.
Version	Spécifie la version du système d'exploitation, de l'application ou du pilote (ce champ n'est pas disponible pour les mises à jour de Windows).
Activité	Indique si l'événement est une installation ou une désinstallation.
État de l'activité	Indique si l'action a réussi ou échoué.
Date	Spécifie la date de l'action.

Défaillances d'application

Si le moniteur de fiabilité fait état de défaillances logicielles répétées, de défaillances de Windows ou d'échecs pendant l'installation ou la désinstallation de logiciels, il vous faudra peut-être mettre à jour l'application ou les composants du système d'exploitation défaillants. Utilisez les services Windows Update et Rapports et solutions aux problèmes pour rechercher des mises à jour d'applications susceptibles de résoudre vos problèmes.

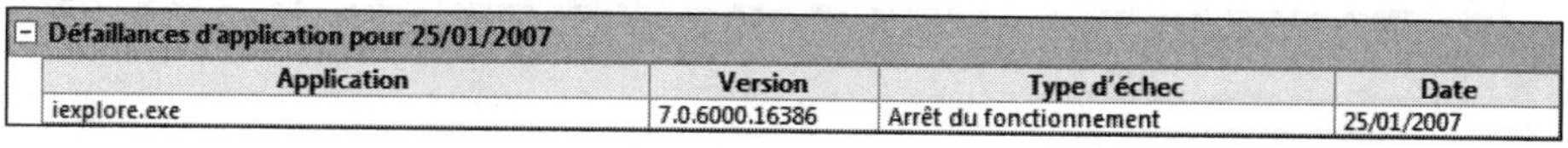

Défaillances d'application pour 25/01/2007

Application	Version	Type d'échec	Date
iexplore.exe	7.0.6000.16386	Arrêt du fonctionnement	25/01/2007

Figure 6-32 : *Défaillances d'application*

Tableau 6-9 : Défaillances d'applications	
Type de données	**Description**
Application	Spécifie le nom du programme exécutable de l'application qui a cessé de fonctionner ou de répondre.
Version	Spécifie le numéro de version de l'application.
Type de défaillance	Indique si l'application a cessé de fonctionner ou de répondre.
Date	Spécifie la date de la défaillance de l'application.

Défaillances matérielles

Si le moniteur de fiabilité fait état de défaillances matérielles répétées, il est possible que votre ordinateur connaisse de graves problèmes techniques impossibles à résoudre au moyen d'une mise à jour logicielle. Contactez le fabricant du périphérique matériel pour obtenir des informations et des procédures de dépannage supplémentaires.

Figure 6-33 : *Défaillances matérielles*

Défaillances matérielles pour 29/01/2007

Type de composant	Périphérique	Type d'échec	Date
Aucun événement du type sélectionné n'est disponible pour cette période. Si vous avez sélectionné la plage de dates complète, aucun événement du type sélectionné n'est disponible.			

Tableau 6-10 : Défaillances matérielles

Type de données	Description
Type de composant	Indique si la défaillance s'est produite sur le disque dur ou dans la mémoire.
Périphérique	Identifie le périphérique défaillant.
Type de défaillance	Indique s'il s'agit d'une panne du disque dur résultant d'un disque endommagé, ou d'une défaillance de la mémoire due au mauvais état de la mémoire.
Date	Spécifie la date de la défaillance du matériel.

Echecs Windows

Les défaillances du système d'exploitation et du démarrage sont suivies dans cette catégorie.

Figure 6-34 : *Echecs Windows*

Échecs Windows pour 05/01/2007

Type d'échec	Version	Détail de l'échec	Date
Le système d'exploitation a cessé de fonctionner.	6.0.6000	0x00000116 (0x83249990, 0x88afacde, 0x00000000, 0x00000002)	05/01/2007

Tableau 6-11 : Échecs Windows

Type de données	Description
Type de défaillance	Indique si l'événement est une défaillance du démarrage ou un incident sur le système d'exploitation.

Tableau 6-11 : Échecs Windows	
Type de données	**Description**
Version	Identifie les versions du système d'exploitation et du Service Pack.
Détail de la défaillance	Fournit des détails sur le type de défaillance : - Défaillance du système d'exploitation : indique le code d'arrêt. - Défaillance au démarrage : indique le code du motif.
Date	Spécifie la date de la défaillance de Windows.

Echecs divers

Les défaillances qui ont un impact sur la stabilité mais qui ne rentrent pas dans les catégories précédentes, y compris les arrêts inattendus du système d'exploitation, sont suivies dans cette catégorie.

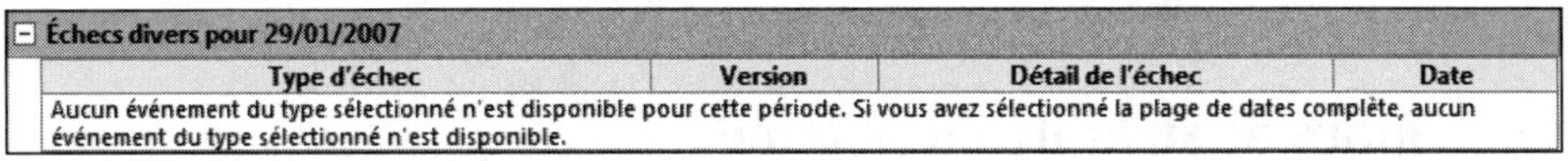
Échecs divers pour 29/01/2007

Type d'échec	Version	Détail de l'échec	Date
Aucun événement du type sélectionné n'est disponible pour cette période. Si vous avez sélectionné la plage de dates complète, aucun événement du type sélectionné n'est disponible.			

Figure 6-35 : *Echecs divers*

Tableau 6-12 : Echecs divers	
Type de données	**Description**
Type de défaillance	Indique si le système a été brutalement arrêté.
Version	Identifie les versions du système d'exploitation et du Service Pack.
Détail de la défaillance	Indique si la machine n'a pas été arrêtée proprement.
Date	Spécifie la date d'une défaillance diverse.

Rassembler les informations

Le graphique du Moniteur de fiabilité vous permet non seulement d'identifier des problèmes liés à des applications individuelles et des composants logiciels, mais également de voir, d'un simple coup d'œil, si d'importants changements de la stabilité ont commencé à se manifester en même temps. Comme vous pouvez voir l'ensemble de l'activité d'une date précise dans un seul rapport, vous disposez d'informations pour décider de la manière de résoudre les problèmes. Par exemple, si vous constatez que de fréquentes défaillances d'application ont commencé à se manifester à la même date que des défaillances de la mémoire qui sont apparues dans la section *Matériel*, la première étape sera de remplacer la mémoire défaillante. Si les défaillances de l'application cessent, cela signifie sans doute qu'elles étaient dues à des problèmes d'accès à la mémoire. Si les défaillances de l'application se poursuivent, la prochaine étape sera de réparer l'installation de cette application.

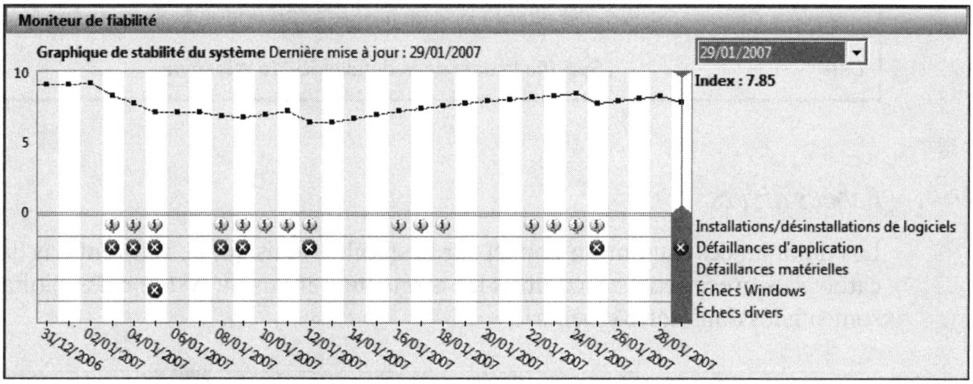

Figure 6-36 : *Le graphique du Moniteur de fiabilité*

L'index de stabilité du système

Chaque date du graphique de stabilité du système est fondée sur des données collectées pendant toute la durée de vie du système, et comprend un point graphique évaluant l'index de stabilité du système pour ce jour-là. L'index de stabilité du système est un chiffre entre 1 (le moins stable) et 10 (le plus stable), qui est une mesure pondérée dérivant du nombre de pannes spécifiées, observées pendant une période historique continue. Les événements de fiabilité contenus dans le rapport de stabilité du système décrivent les pannes spécifiques.

Quelques règles sont à connaître :

- Les pannes récentes pèsent plus lourd que les pannes anciennes, ce qui permet de refléter l'amélioration qui s'est produite au cours du temps dans un index de stabilité du système ascendant lorsqu'un problème de fiabilité a été résolu.
- Les jours où le système est éteint ou en veille ne sont pas pris en compte dans le calcul de l'index de stabilité du système.
- En l'absence d'un nombre suffisant de données pour calculer un index de stabilité du système solide, les données seront présentées sous forme d'une ligne en pointillé. S'il y a suffisamment de données enregistrées pour générer un index de stabilité du système solide, la ligne sera continue.

- En cas de modification significative de l'horloge système, une icône d'information apparaîtra dans le graphe pour chaque jour où l'horloge système a été réglée.

Accéder au moniteur de fiabilité d'une machine distante

Vous pouvez afficher les données du Moniteur de fiabilité sur un ordinateur distant à l'aide de la console MMC si vous possédez les identifications suffisantes sur l'ordinateur distant et si le service d'accès à distance au Registre est activé et en fonctionnement sur l'ordinateur auquel vous voulez accéder.

L'emplacement des fichiers de données du Moniteur de fiabilité est stocké dans le Registre. Sans accès à distance au Registre, le Moniteur de fiabilité ne peut pas ouvrir les données sur l'ordinateur distant.

Vous devez d'abord activer le service d'accès à distance au Registre :

1. Sur l'ordinateur contenant les données du Moniteur de fiabilité auxquelles vous souhaitez accéder, cliquez sur le logo Windows de démarrage, cliquez avec le bouton droit de la souris sur **Ordinateur**, puis cliquez sur **Gérer**.
2. Dans le volet de navigation, développez *Services et Applications*, puis cliquez sur *Services*.
3. Dans l'arborescence de la console, cliquez avec le bouton droit de la souris sur *Registre à distance*, puis cliquez sur **Démarrer**.

Figure 6-37 : *Démarrage du service Registre distant*

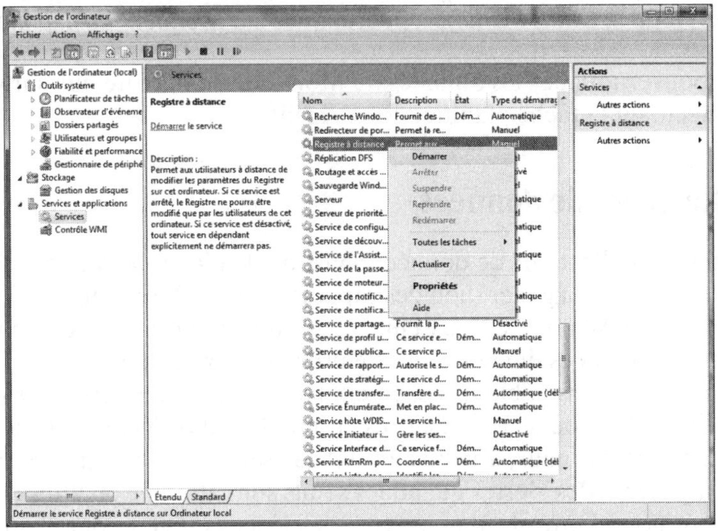

Pour ouvrir le Moniteur de fiabilité sur un ordinateur distant :

1. Cliquez sur le logo Windows de démarrage, cliquez avec le bouton droit de la souris sur **Ordinateur**, puis cliquez sur **Gérer**.
2. Dans le volet de navigation, cliquez à droite sur *Gestion de l'ordinateur (local)*, puis cliquez sur *Connexion à un autre ordinateur*.

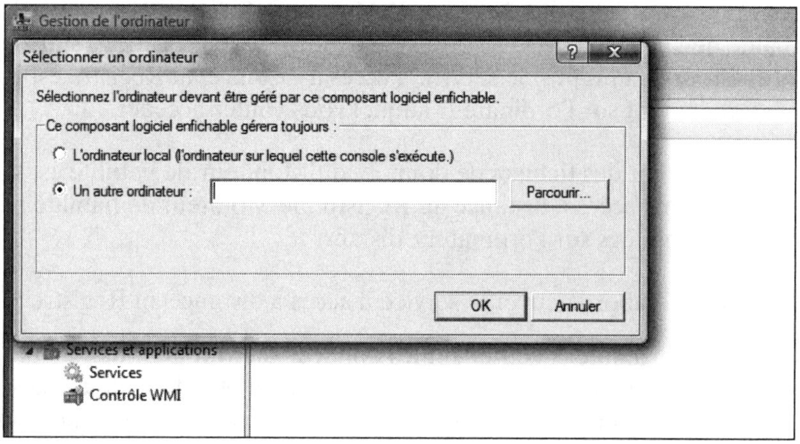

Figure 6-38 : *Connexion à un autre ordinateur*

3. Tapez le nom de l'ordinateur auquel vous voulez vous connecter ou cliquez sur **Parcourir** pour rechercher l'ordinateur dans les répertoires du réseau. Cliquez ensuite sur OK.
4. Dans le panneau de navigation, développez *Diagnostics de performances*, développez *Outils d'analyse*, puis cliquez sur *Moniteur de fiabilité*.

Vous ne pouvez afficher les données du Moniteur de fiabilité que sur un ordinateur distant exécutant la tâche planifiée RACAgent.

Les collecteurs de données

L'ensemble de collecteurs de données constitue le bloc fonctionnel du suivi des performances et de la génération des rapports dans le Moniteur de fiabilité et de performances de Windows. Il rassemble dans un composant unique plusieurs points de collecte de données qui peuvent être utilisés pour examiner ou journaliser les performances. Un ensemble de collecteurs de données peut être créé puis enregistré individuellement, groupé avec d'autres ensembles de collecteurs de données et intégré dans des journaux, affiché dans l'Analyseur de performances, configuré de manière à générer des alertes quand les seuils sont atteints, ou utilisé par d'autres applications non Microsoft. Il peut être associé à des règles pour planifier la collecte des données à des moments précis. Les tâches de l'interface de gestion de Windows (WMI) peuvent être configurées pour être exécutées jusqu'à ce que la collecte d'un ensemble de collecteurs de données soit terminée.

Les ensembles de collecteurs de données peuvent contenir les types suivants de collecteurs de données :

- *Compteurs de performances* ;
- *Données de suivi d'événement* ;
- *Informations de configuration du système* (valeurs de clés du Registre).

Pour créer un ensemble de collecteurs de données à partir de l'Analyseur de performances :

1. Démarrez l'Analyseur de performances et ajoutez des compteurs pour créer un affichage personnalisé que vous enregistrerez comme un ensemble de collecteurs de données.
2. Cliquez avec le bouton droit de la souris dans le volet d'informations, sur *Analyseur de performances*, pointez sur **Nouveau**, puis cliquez sur **Ensemble de collecteurs de données**. L'Assistant Créer un nouvel ensemble de collecteurs de données démarre. L'ensemble de collecteurs de données créé contiendra tous les collecteurs de données sélectionnés dans l'affichage actuel de l'Analyseur de performances.

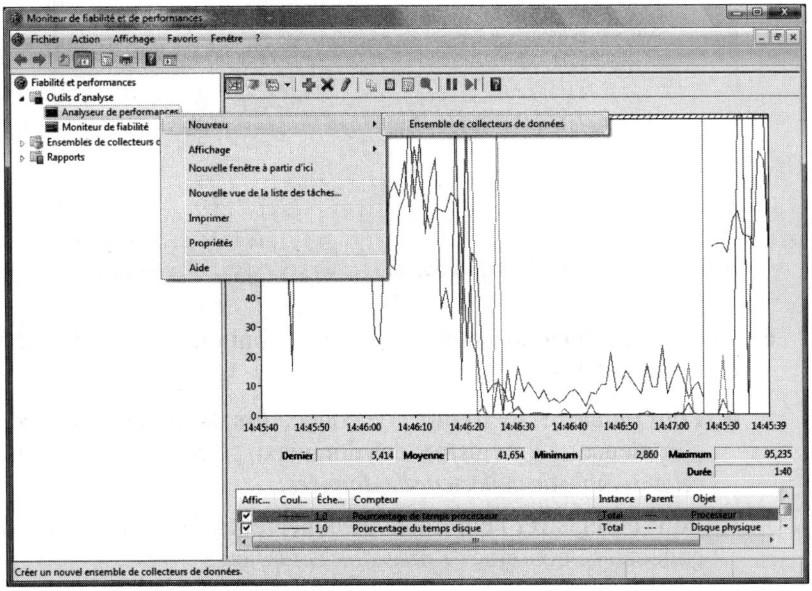

Figure 6-39 : *Nouvel ensemble de collecteurs de données*

3. Entrez un nom pour votre ensemble de collecteurs de données, puis cliquez sur **Suivant**.
4. Le répertoire racine contiendra les données collectées par l'ensemble de collecteurs de données. Modifiez ce paramètre si vous voulez stocker vos données de l'ensemble de collecteurs de données dans un autre emplacement que celui par défaut. Recherchez et sélectionnez le répertoire ou entrez le nom du répertoire. Cliquez sur **Suivant** pour définir un utilisateur pour l'ensemble de collecteurs de données, ou cliquez sur **Terminer** pour enregistrer les paramètres actuels et quitter.
5. Après avoir cliqué sur **Suivant**, vous pouvez configurer l'ensemble de collecteurs de données afin qu'il soit exécuté comme un utilisateur spécifique. Cliquez sur le bouton **Modifier** pour entrer le nom et le mot de passe d'un autre utilisateur que celui par défaut.

Figure 6-40 : *Création d'un ensemble de collecteur de données*

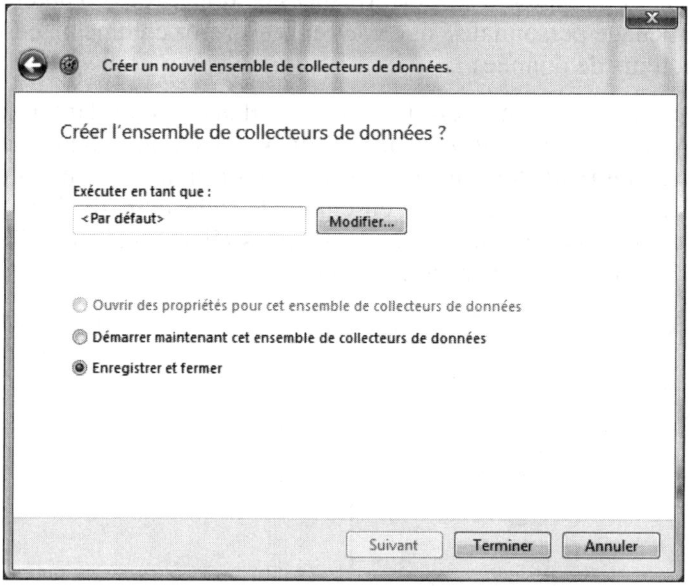

6. Cliquez sur **Terminer** pour revenir au Moniteur de fiabilité et de performances de Windows.
   - Pour démarrer l'ensemble de collecteurs de données immédiatement (et commencer à enregistrer des données), sélectionnez *Démarrer maintenant cet ensemble de collecteur de données*.
   - Pour enregistrer l'ensemble de collecteurs de données sans démarrer la collecte, sélectionnez *Enregistrer et fermer*.

Le moyen le plus simple de créer un nouvel ensemble de collecteurs de données est d'utiliser l'Assistant du Moniteur de fiabilité et de performances de Windows. Windows Vista inclut plusieurs modèles qui s'intéressent particulièrement aux informations générales de diagnostic du système ou qui collectent des données de performances spécifiques à des rôles de serveur ou des applications. Vous pouvez en outre importer des modèles créés sur d'autres ordinateurs et enregistrer l'ensemble de collecteurs de données que vous avez créé afin de l'utiliser ailleurs.

Figure 6-41 : *Ensembles de collecteurs de base système sous Windows Vista*

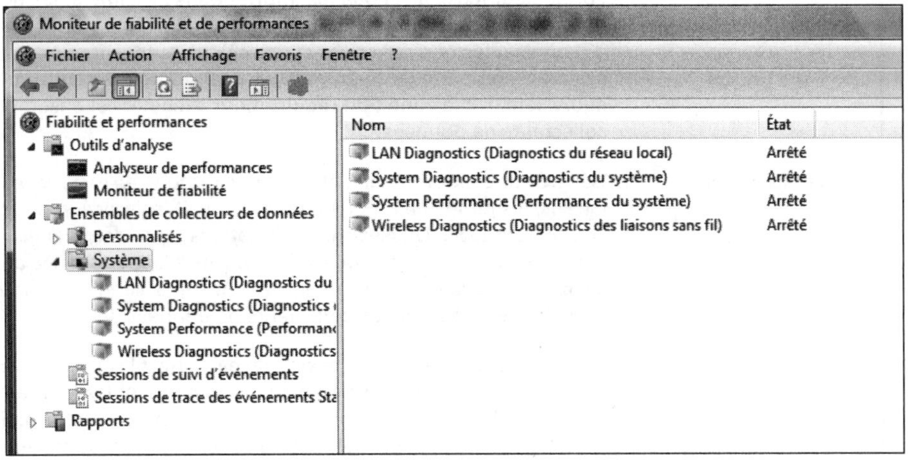

Ce tableau récapitule les diagnostics des ensembles de collecteurs de base système :

Tableau 6-13 : Le rôle des ensembles de collecteurs système inclus à la base dans Windows Vista

Collecteurs de données	Description
LAN Diagnostics	Rassemble les données associées au service réseau sur le système local. Les données à collecter incluent notamment les journaux de débogage du réseau câblé, les clés de Registre, les informations sur le matériel système susceptibles de contribuer à résoudre les problèmes du service réseau.

Tableau 6-13 : Le rôle des ensembles de collecteurs système inclus à la base dans Windows Vista	
Collecteurs de données	**Description**
System Diagnostics	Générez un rapport détaillant l'état des ressources matérielles locales, les temps de réponse du système et les processus sur l'ordinateur local, ainsi que les informations système et les données de configuration. Ce rapport inclut des suggestions sur les manières d'optimiser les performances et d'accélérer le fonctionnement du système. L'appartenance au groupe local *Administrateurs*, ou son équivalent, est la condition requise pour exécuter cet ensemble de collecteurs de données.
System Performance	Générez un rapport détaillant l'état des ressources matérielles locales, les temps de réponse du système et les processus sur l'ordinateur local. Utilisez ces informations pour identifier les causes possibles des problèmes de performances. L'appartenance au groupe local *Administrateurs*, ou son équivalent, est la condition requise pour exécuter cet ensemble de collecteurs de données.
Wireless Diagnostics	Collecte les données associées au réseau sans fil sur votre système local. Les données à collecter incluent notamment les journaux de débogage du réseau sans fil, les clés de Registre, les informations sur le matériel système susceptibles de contribuer à résoudre les problèmes du réseau sans fil.

Les modèles de l'ensemble des collecteurs de données

Les modèles de l'ensemble de collecteurs de données sont stockés sous forme de fichiers XML et peuvent être importés directement depuis le disque dur local, à partir de disques amovibles ou d'autres disques du réseau.

- Pour importer un modèle d'ensemble de collecteurs de données, exécutez l'Assistant Créer un nouvel ensemble de collecteurs de données et cliquez sur **Parcourir** sur l'écran du modèle de collecteurs de données. Naviguez jusqu'à l'emplacement du fichier XML que vous voulez utiliser, sélectionnez le nom du fichier, puis cliquez sur OK.
- Pour exporter un ensemble de collecteurs de données que vous avez créé comme modèle à utiliser sur d'autres ordinateurs, ouvrez le Moniteur de fiabilité et performances de Windows, développez les ensembles de collecteurs de données à exporter, sélectionnez celui que vous souhaitez et cliquez avec le bouton droit de la souris, puis cliquez sur **Enregistrer le**

modèle. Sélectionnez un répertoire pour y stocker le fichier XML et cliquez sur **Enregistrer**.

Pour créer un ensemble de collecteurs de données à partir d'un modèle :

1. Dans le volet de navigation du Moniteur de fiabilité et de performances de Windows, développez les ensembles de collecteurs de données, cliquez avec le bouton droit de la souris sur *Personnalisés*, pointez sur **Nouveau**, puis cliquez sur **Ensemble de collecteurs de données**. L'Assistant Créer un nouvel ensemble de collecteurs de données démarre.
2. Entrez un nom pour votre ensemble de collecteurs de données.
3. Sélectionnez *Créer à partir d'un modèle*, puis cliquez sur **Suivant**.

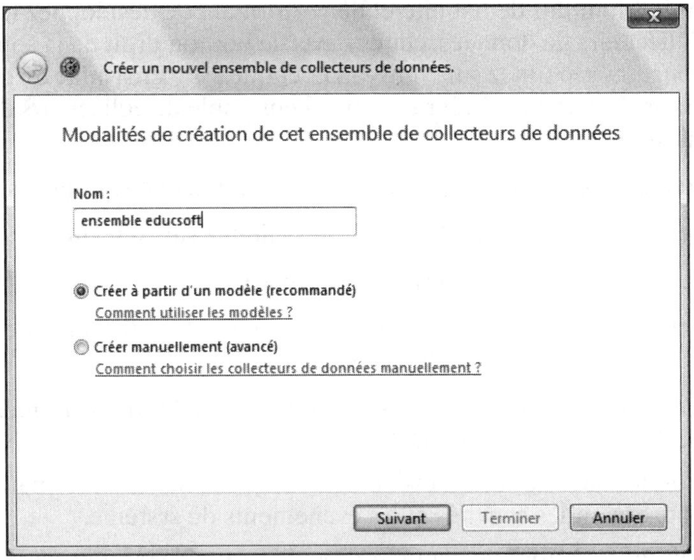

Figure 6-42 : *Nouvel ensemble de collecteurs de données à partir d'un modèle*

4. Sélectionnez le modèle que vous voulez utiliser pour créer votre ensemble de collecteurs de données à partir du menu.
5. Cliquez sur **Suivant** pour choisir un emplacement personnalisé pour enregistrer les données ou définir des options supplémentaires, ou cliquez sur **Terminer** pour enregistrer les paramètres actuels et quitter. Le répertoire racine contiendra des données collectées par l'ensemble de collecteurs de données. Modifiez ce paramètre si vous voulez stocker vos données de l'ensemble de collecteurs de données dans un autre emplacement que celui par défaut. Recherchez et sélectionnez le répertoire ou entrez le nom du répertoire.

6

6. Cliquez sur **Suivant** pour définir un utilisateur pour l'ensemble de collecteurs de données, ou cliquez sur **Terminer** pour enregistrer les paramètres actuels et quitter.
7. Après avoir cliqué sur **Suivant**, vous pouvez configurer l'ensemble de collecteurs de données afin qu'il soit exécuté comme un utilisateur spécifique. Cliquez sur le bouton **Modifier** pour entrer le nom et le mot de passe d'un autre utilisateur que celui par défaut.
8. Cliquez sur **Terminer** pour revenir au Moniteur de fiabilité et de performances de Windows.

Pour créer manuellement un ensemble de collecteurs de données :

1. Dans le Moniteur de fiabilité et de performances, développez les ensembles de collecteurs de données, cliquez avec le bouton droit de la souris sur *Personnalisés*, pointez sur **Nouveau** et cliquez sur **Ensemble de collecteurs de données**. L'Assistant Créer un nouvel ensemble de collecteurs de données démarre.
2. Entrez un nom pour votre ensemble de collecteurs de données.
3. Sélectionnez *Créer manuellement*, puis cliquez sur **Suivant**.
4. Sélectionnez *Créer des journaux de données*.
5. Sélectionnez les cases situées à côté des types de collecteurs de données que vous voulez utiliser, puis cliquez sur **Suivant**.
   - Les compteurs de performances fournissent des données métriques sur les performances du système.
   - Les données de suivi d'événements fournissent des informations concernant les activités et les événements du système.
   - Les informations de configuration du système vous permettent d'enregistrer l'état et les modifications des clés de Registre (voir fig. 6-43).

Selon les types de collecteurs de données que vous avez sélectionnés, des boîtes de dialogues apparaîtront pour vous permettre d'ajouter des collecteurs de données à votre ensemble de collecteurs de données.

6. Cliquez sur **Ajouter** pour ouvrir la boîte de dialogue **Ajouter des compteurs**. Lorsque vous avez fini d'ajouter des compteurs de performances, cliquez sur **Suivant** pour poursuivre la configuration ou sur **Terminer** pour quitter et enregistrer la configuration actuelle.

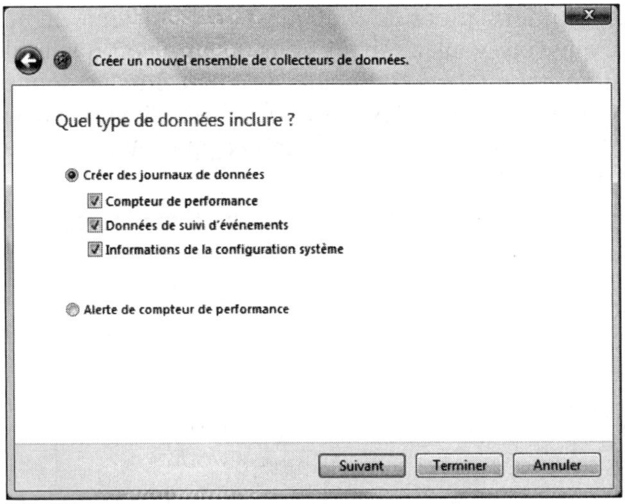

Figure 6-43 : *Type de données à inclure dans l'ensemble de collecteur de données*

6

7. Des fournisseurs de suivi d'événements peuvent être installés avec le système d'exploitation ou dans le cadre d'une application tierce. Cliquez sur **Ajouter** pour effectuer une sélection sur la liste des fournisseurs de suivi d'événements disponibles. Vous pouvez sélectionner plusieurs fournisseurs en maintenant la touche Ctrl enfoncée pendant la sélection. Lorsque vous avez fini d'ajouter des fournisseurs de suivi de performances, cliquez sur **Suivant** pour poursuivre la configuration ou sur **Terminer** pour quitter et enregistrer la configuration actuelle.

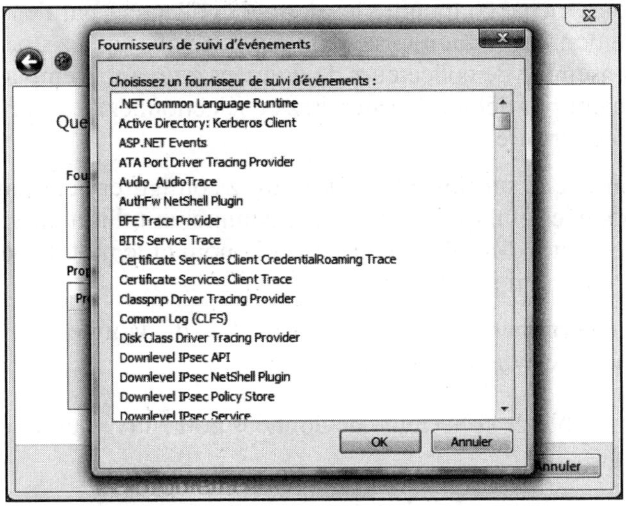

Figure 6-44 : *Liste des fournisseurs de suivi d'événements*

8. Enregistrez les informations de configuration du système en entrant les clés de Registre que vous voulez suivre. Vous devez savoir quelle clé exactement vous souhaitez inclure dans l'ensemble de collecteurs de données. Lorsque vous avez terminé d'ajouter des clés de Registre, cliquez sur **Suivant** pour poursuivre la configuration ou sur **Terminer** pour quitter et enregistrer la configuration actuelle.

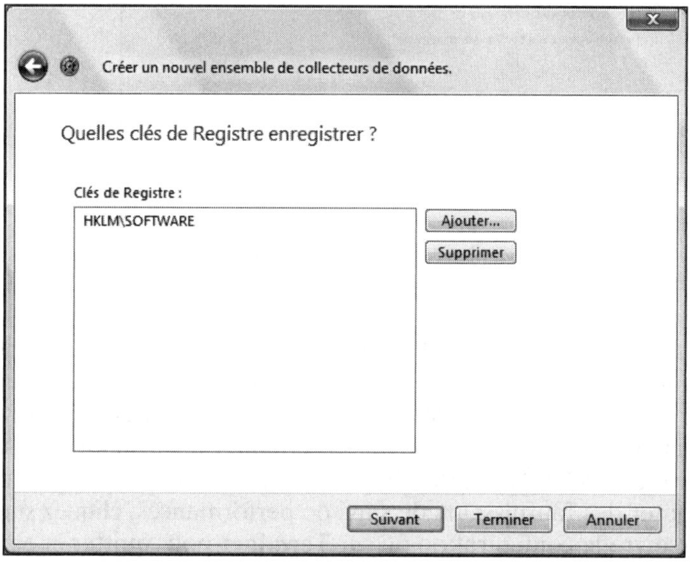

Figure 6-45 : *Liste des clés de Registre à suivre*

9. Le répertoire racine contiendra les données collectées par l'ensemble de collecteurs de données. Modifiez ce paramètre si vous voulez stocker vos données de l'ensemble de collecteurs de données à un autre emplacement que l'emplacement par défaut. Recherchez et sélectionnez le répertoire ou entrez le nom du répertoire.

10. Après avoir cliqué sur **Suivant**, vous pouvez configurer l'ensemble de collecteurs de données afin qu'il soit exécuté comme un utilisateur spécifique. Cliquez sur le bouton **Modifier** pour entrer le nom et le mot de passe d'un autre utilisateur que celui par défaut.

11. Cliquez sur **Terminer** pour revenir à la console du Moniteur de fiabilité et de performances de Windows Vista.

Pour créer un ensemble de collecteurs de données pour surveiller les compteurs de performance :

1. Dans le Moniteur de fiabilité et de performances, développez *Ensemble de collecteurs de données*, cliquez avec le bouton droit de la souris sur

Personnalisés, pointez sur **Nouveau**, puis cliquez sur **Ensemble de collecteurs de données**. L'Assistant Créer un nouvel ensemble de collecteurs de données démarre.

2. Entrez un nom pour votre ensemble de collecteurs de données.
3. Sélectionnez l'option *Créer manuellement*, puis cliquez sur **Suivant**.
4. Sélectionnez l'option *Alerte de compteur de performances*, puis cliquez sur **Suivant**.

Figure 6-46 : *Configuration d'un ensemble de collecteurs de données pour surveiller les compteurs de performance*

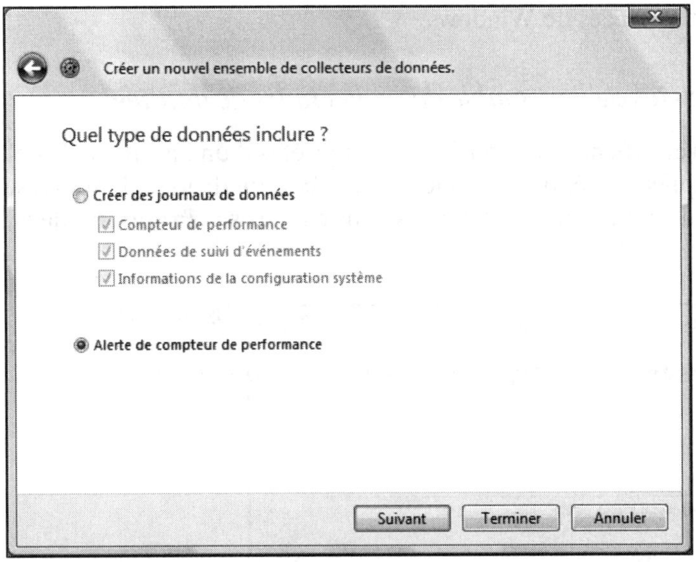

5. Cliquez sur **Ajouter** pour ouvrir la boîte de dialogue **Ajouter des compteurs**. Lorsque vous avez fini d'ajouter des compteurs, cliquez sur OK pour revenir à l'assistant.
6. Définissez des alertes en fonction des valeurs des compteurs de performances que vous avez sélectionnées.
   - Sur la liste des compteurs de performances, sélectionnez le compteur à surveiller et déclenchez une alerte.
   - Sur la liste déroulante *Déclencher une alerte lorsque*, choisissez si l'alerte doit être déclenchée lorsque la valeur du compteur de performances est au-dessus ou en dessous de la limite.
   - Dans la zone *Limite*, entrez la valeur du seuil.

6

7. Lorsque vous avez terminé de définir les alertes, cliquez sur **Suivant** pour poursuivre la configuration ou sur **Terminer** pour quitter et enregistrer la configuration actuelle.
8. Après avoir cliqué sur **Suivant**, vous pouvez configurer l'ensemble de collecteurs de données afin qu'il soit exécuté comme un utilisateur spécifique. Cliquez sur le bouton **Modifier** pour entrer le nom et le mot de passe d'un autre utilisateur que celui par défaut.
9. Cliquez sur **Terminer** pour revenir au Moniteur de fiabilité et de performances de Windows.

Les propriétés de l'ensemble des collecteurs de données

Vous pouvez afficher ou modifier les propriétés d'un ensemble de collecteurs de données après sa création : cliquez avec le bouton droit de la souris sur le nom d'un ensemble de collecteurs de données, puis cliquez sur **Propriétés** dans le menu contextuel.

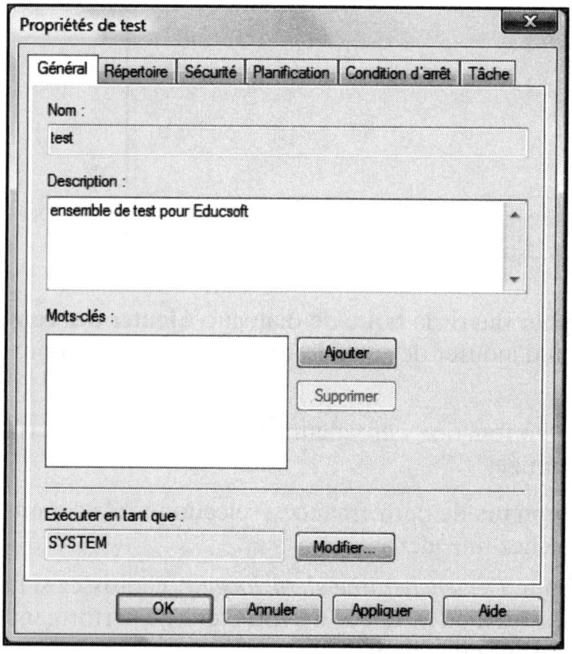

Figure 6-47 *:*
Les propriétés d'un ensemble de collecteurs de données

Le tableau ci-dessous vous explique les différents onglets de cette fenêtre :

Tableau 6-14 : Les options de la fenêtre de personnalisation de l'ensemble des collecteurs de données	
Onglet	**Détails**
Général	L'onglet **Général** contient la description et les mots-clés associés à l'ensemble de collecteurs de données. Si vous avez créé l'ensemble de collecteurs de données à partir d'un modèle qui contient une description et des mots-clés, ceux-ci seront inclus ici. Si vous avez créé un ensemble de collecteurs de données personnalisé, vous pouvez ajouter des données ici pour vous aider à l'identifier plus tard, ou pour fournir des informations aux autres ensembles si vous l'exportez comme modèle. Vous pouvez modifier l'utilisateur sous lequel l'ensemble de collecteurs de données sera exécuté en cliquant sur **Modifier** et en entrant un nom d'utilisateur et un mot de passe.
Répertoire	Vous pouvez non seulement définir un répertoire racine pour stocker les données d'un ensemble de collecteurs de données, mais vous pouvez également spécifier un seul sous-répertoire ou créer un format de nom de sous-répertoire en cliquant sur la flèche située à droite du champ d'entrée de texte.
Sécurité	Vous pouvez modifier les autorisations des groupes ou des utilisateurs pour l'ensemble de collecteurs de données en sélectionnant le nom du groupe ou de l'utilisateur, et en sélectionnant ensuite les cases à cocher *Autoriser* ou *Refuser* pour chaque type d'autorisation. Pour ajouter, supprimer ou modifier des types d'autorisation, cliquez sur le bouton **Avancé**.
Planification	L'onglet **Planification** comprend des options permettant de configurer le moment où commence la collecte des données.
Condition d'arrêt	Il est possible d'utiliser une seule condition d'arrêt ou une combinaison de plusieurs critères pour arrêter ou redémarrer automatiquement la collecte de données depuis un ensemble de collecteurs de données. Sélectionnez les cases à cocher pour choisir une ou toutes les conditions d'arrêt que vous souhaitez appliquer à l'ensemble de collecteurs de données. Si aucune condition d'arrêt n'est sélectionnée sur cet onglet, l'ensemble de collecteurs de données collectera des données à partir du moment où il démarre (soit manuellement, soit automatiquement) et jusqu'à ce qu'il soit arrêté manuellement. Le paramètre *Durée totale* entraîne l'arrêt de la collecte de données par l'ensemble de collecteurs de données lorsque le temps configuré est écoulé. Le paramètre définissant la durée totale a priorité sur tous les autres paramètres définis comme limites. Il est possible d'utiliser des limites en complément, ou en remplacement, de la condition d'arrêt *Durée totale*. Pour redémarrer automatiquement la collecte de l'ensemble de collecteurs de données lorsque les limites de durée, de taille, ou les deux, sont atteintes, sélectionnez la case à cocher. Combinés avec la condition d'arrêt *Durée totale*, les démarrages automatiques entraîneront la collecte de données dans des fichiers journaux différents pour chaque période de temps ou pour chaque taille spécifiée, jusqu'à ce que la condition d'arrêt *Durée totale* soit atteinte.

6

Tableau 6-14 : Les options de la fenêtre de personnalisation de l'ensemble des collecteurs de données	
Onglet	**Détails**
Tâche	Vous pouvez exécuter une tâche WMI jusqu'à ce que la collecte de l'ensemble de collecteurs de données soit terminée en entrant la commande dans la case *Exécuter cette tâche* quand l'ensemble de collecteurs de données s'arrête.

6.3. Les processus protégés

Le contenu multimédia de prochaine génération, représenté notamment par les DVD HD, BluRay et d'autres formats autorisés par le système AACS (*Advanced Access Content System*), sera plus répandu lors des années à venir. Windows Vista inclut plusieurs technologies, appelées PMP (*Protected Media Path*), exigées par la norme AACS pour que ce contenu soit lu. Les PMP incluent le PUMA (*Protected User-Mode Audio*) et le PVP (*Protected Video Path*), lesquels fournissent à eux deux les mécanismes nécessaires aux pilotes audio et vidéo, ainsi que les applications de lecteurs de supports numériques, afin d'empêcher les logiciels ou le matériel non autorisé de capturer du contenu de haute définition. PUMA et PVP définissent les interfaces et la prise en charge spécifiques aux lecteurs audio et vidéo, aux pilotes de périphérique et au matériel, mais PMP se base également sur un mécanisme de noyau général introduit dans Windows Vista, appelé "*processus protégé*". Les processus protégés se fondent sur la construction de processus standards Windows qui encapsulent une image exécutable en cours de fonctionnement, ses DLL, son contexte de sécurité (le compte sous lequel le processus s'exécute et ses privilèges de sécurité) et les fils qui exécutent le code dans le processus, mais empêchent certains types d'accès. Les processus standards mettent en place un modèle de contrôle d'accès qui octroie au propriétaire du processus et des comptes administrateurs un accès complet, grâce au privilège Déboguer les programmes. L'accès complet permet à un utilisateur de visualiser et de modifier l'espace d'adressage du processus, y compris le code et les données mappés dans le processus. Les utilisateurs peuvent également injecter des fils dans le processus. Ces types d'accès ne sont pas conformes aux exigences de PMP parce qu'ils permettraient au code non autorisé d'avoir accès au contenu haute définition et aux clés de gestion des droits numériques (DRM) stockées dans un processus qui lit le contenu. Les processus protégés restreignent l'accès à un ensemble limité d'interfaces de gestion des informations et des processus qui incluent les requêtes de nom d'image du processus, ainsi que l'arrêt ou la suspension du processus. Mais le noyau met à disposition les informations diagnostiques des processus protégés via les fonctions générales de requêtes de processus. Celles-ci retournent des données concernant tous les processus d'un système particulier, et ne nécessitent donc pas un accès direct au processus. Les accès qui pourraient corrompre les supports numériques sont uniquement autorisés par d'autres processus protégés. De plus, afin d'empêcher les corruptions de l'intérieur, tout le code exécutable chargé dans un processus protégé, y compris son image et ses DLL exécutables, doit être signé par Microsoft (WHQL) avec un indicateur Environnement protégé (PE) ou, s'il s'agit d'un codec audio, par un développeur disposant d'un certificat de signature DRM obtenu auprès de Microsoft. Puisque le code en mode noyau peut avoir un accès complet à tous les processus, y compris les processus protégés, et que Windows 32 bits autorise le chargement du code non signé en mode noyau, le noyau fournit une API pour les processus protégés afin d'interroger la "propreté" de l'environnement en mode noyau et d'utiliser le résultat pour déverrouiller le contenu essentiel, seulement si aucun code non signé est chargé.

7

La sécurité

La sécurité, voilà un sujet qui fait polémique lorsque l'on parle d'un système d'exploitation Microsoft. Seulement, vouloir présenter la sécurité d'un logiciel de 70 millions de lignes de code et de 6 milliards de dollars en coût de développement en quelques lignes semble mission impossible…

Bien que la rumeur n'accompagne pas toujours Windows Vista dans la bonne direction, ce n'est qu'une rumeur, et il s'avère que le résultat est tout autre. Si l'on oublie que la "faille zéro" n'existe pas, Windows Vista se révèle être le système d'exploitation le plus sécurisé que Microsoft ait jamais livré. Il a été conçu tout d'abord pour donner à l'utilisateur plus de confiance, ensuite pour lui donner un meilleur contrôle, la volonté étant d'améliorer la sécurité, mais aussi de réduire les coûts opérationnels pour les entreprises.

L'objectif est la sécurité permanente, et cela durant toute l'existence du système ; l'utilisateur doit savoir qu'il exécute des logiciels de confiance. Ce concept oblige à concevoir de nouvelles approches en ce qui concerne les mises à jour.

Une première analyse rapide en matière de sécurité nous conduit à constater que nous sommes confrontés à deux problèmes majeurs :

- Aujourd'hui, le nombre d'ordinateurs de bureau ou de portables est en constante augmentation. Au-delà de ce constat, les experts en sécurité nous prédisent que le nombre de nouvelles failles dans les systèmes d'exploitation va continuer d'augmenter pour l'ensemble des systèmes d'exploitation et des plateformes matérielles.
- Le nombre de menaces et de risques est en constante augmentation. Certaines personnes sont passées d'un contexte d'ego et de défi à un contexte de professionnalisation des menaces où il devient nécessaire de gagner de l'argent.

Les nouveautés en quatre points…

Avant de parler de sécurité sous Windows Vista, il faut être capable de définir la liste des nouveautés et des fonctions. Les nouveautés en matière de sécurité sont nombreuses ; nous pouvons les répertorier en quatre rubriques essentielles…

Une sécurité présente de bout en bout

Windows Vista offre la possibilité de chiffrer la partition entière du disque dur au niveau du secteur de boot.

L'authentification de l'OS par TPM 1.2 permet l'accès à la clé de chiffrement. TPM (*Trusted Platform Module*) est un composant matériel qui associé à une API d'utilisation appelée TSS (*TPM Software Stack*) offre des fonctionnalités de sécurité avancées pour l'ordinateur et le système d'exploitation. TPM et TSS sont développés et enrichis par le TGC (*Trusted Computing Group*) dont AMD, HP, IBM, Infineon, Intel, Microsoft et Sun sont les promoteurs.

INTERNET

Tout savoir sur le TPC

www.trustedcomputinggroup.org

La clé de chiffrement est scellée pour le loader autorisé et seul le bon OS peut en déverrouiller l'accès. Le démarrage est donc sécurisé. Tout cela permet la protection des fichiers systèmes et de travail. Cette méthode de cryptage (*encryption*) a été conçue spécifiquement pour protéger le patrimoine informationnel résidant sur les postes utilisateurs (80 % des informations de l'utilisateur). Il a pour vocation d'empêcher qu'une personne mal intentionnée démarre depuis un autre OS ou exécute un outil de hacking pour casser les protections système et fichiers de Windows Vista. Bien sûr, vous l'aurez compris, il faut que votre PC soit équipé d'une puce TPM 1.2. Si ce n'est pas le cas, vous devrez stocker la clé de chiffrement, sur une clé USB par exemple.

La fonction d'intégrité du code préserve les fichiers de Windows Vista. Code Integrity protège les fichiers du système d'exploitation lorsque celui-ci est en cours d'exécution. Grâce à la signature de tous les exécutables et les DLL du système d'exploitation. Il vérifie la validité des signatures lors du chargement en mémoire. Le but ici est de s'assurer qu'un logiciel malveillant ne remplace pas un fichier du système d'exploitation afin de compromettre une partie du système d'exploitation. Pour résumer, il y a vérification du code de façon à contrôler que le code qu'on exécute est bien celui que l'on pense exécuter.

Une exécution plus sécurisée

Nous ne pouvions pas démarrer cette section sans parler d'UAC (*User Account Protection*). L'objectif d'UAC est de corriger le système pour qu'il fonctionne correctement lorsqu'on est un utilisateur standard, de faire en sorte que tous les utilisateurs, y compris ceux qui sont membres du groupe des administrateurs, exécutent leurs applications en tant qu'utilisateurs avec de "moindres privilèges" ; globalement, fournir une méthode sécurisée pour exécuter certaines applications dans un contexte de privilèges élevés et indiquer clairement que les actions ont alors un impact sur la machine tout entière.

Il est également intéressant de noter que certaines vérifications administratives inappropriées ont été rectifiées ou tout simplement supprimées. Terminé le cauchemar des utilisateurs nomades (nous pensons par exemple à l'horloge système) !

Quand on parle d'exécution plus sécurisée, on parle également de nouvelle gestion des mises à jour. Ici, les améliorations apportées tournent autour de deux axes :

- Le premier concerne les administrateurs qui doivent passer de moins en moins de temps à corriger les machines. C'est pour cela que les correctifs sont plus petits et qu'ils offrent la possibilité de faire du delta-patch. Côté outil, l'Agent d'inventaire permettra de faire un inventaire complet de la machine et de définir son niveau de sécurité. Enfin, l'administrateur gagnera du temps sur le déploiement des postes de travail et aura la possibilité d'inclure les correctifs dans les images système (images WIM).
- Le second axe, quant à lui, concerne davantage les utilisateurs. Le nombre de redémarrages sera divisé par deux grâce à la possibilité de mettre à jour uniquement un service ou une application.

L'arrivée de Windows Vista apporte naturellement une nouvelle version d'Internet Explorer. Après les critiques essuyées par la version 6, sa longue durée de vie et la concurrence de plus en plus pressante, Microsoft se devait de réagir, et c'est ce qui a été fait. Internet Explorer 7 intégré à Windows Vista ne déroge pas à la règle de défense en profondeur. Il s'appuie sur UAC et MIC pour protéger les données et les paramètres de l'utilisateur. Il tourne en mode de lecture seule dans la Zone Internet, à l'exception du répertoire *Temporary Internet Files*. L'objectif est de se protéger contre deux fléaux : l'ingénierie sociale et les exploits.

Enfin, pour ne plus être des cibles attractives pour les logiciels malveillants, les services s'exécuteront sans interactions avec l'utilisateur. Ils ne communiqueront plus entre eux, d'un point de vue conceptuel, ils seront segmentés, ce qui permettra, en cas de compromission d'un service, que les autres ne le soient pas aussi. Le nombre de services tournant en autorité *LocalSystem* sera réduit. Les services et les pilotes tourneront en mode *Utilisateurs* et non plus en *LocalSystem*, ce qui veut dire, qu'ils n'auront plus tous les droits sur le système. Microsoft a appliqué pour cela le principe de "*moindre privilège*" au travers de deux actions : la première, appelée *Refactoring*, consiste à passer du *LocalSystem* à un compte moins privilégié ; la seconde, appelée *Profiling*, ou plus simplement "*services restreints*", consiste à pouvoir appliquer des permissions explicites par service sur des ressources de types Registre et fichiers.

Des communications plus sécurisées

En ce qui concerne l'amélioration de la sécurité des communications, nous notons l'arrivée de NAP (*Network Access Protection*) qui permet de vérifier l'état de santé d'un poste (hotfixes, antivirus, etc.) avant qu'il ne se connecte au réseau. Nous n'abordons pas ce point en détail car, pour que NAP fonctionne, il faut que les contrôleurs de domaine soient en Active Directory, version Longhorn Server. Le principe donc consiste à apporter une surcouche de santé au réseau. Cette surcouche valide le bon état "sanitaire" de votre machine (nombre de patchs, version du moteur de l'antivirus, etc.). Si ce n'est pas le cas, une mise à jour est effectuée, ou bien vous ne pouvez plus accéder au réseau de l'entreprise.

Une autre amélioration concerne le pare-feu Windows. Les protocoles IPv4 et IPv6 sont bien évidemment gérés, mais une nouvelle MMC et un assistant beaucoup plus intuitif font également leur apparition. Le changement le plus important s'attache aux contrôles qui peuvent être maintenant opérés sur les flux sortants et entrants. À noter également que le pare-feu et IPSec fonctionnent parfaitement ensemble.

Une sécurité permanente

Sur ce point, Microsoft a renforcé Windows Vista au travers de deux outils : MSRT et Windows Defender. Ces outils sont actuellement disponibles en téléchargement sur les sites de Microsoft.

- MSRT (*Microsoft Malicious Software Removal Tool*) permet de supprimer virus, bots et chevaux de Troie (il les supprime, mais ne les détecte pas en temps réel, ce n'est pas un antivirus). Son contenu est mis à jour sur une base mensuelle.
- Windows Defender (anciennement connu sous le nom Microsoft AntiSpyware) est une fonction intégrée de détection, de nettoyage et de blocage en temps réel des spywares ; son intégration dans Internet Explorer permet une analyse antispyware avant un téléchargement. Il utilise neuf agents de surveillance qui scannent le système de façon rapide et intelligente.

La gestion des périphériques reste encore compliquée aujourd'hui sur Windows XP. La raison est assez simple : elle reste totalement binaire ; en quelques mots, soit vous avez le droit de tout faire, soit vous n'avez le droit de rien faire. De nos jours, en examinant un peu plus concrètement les besoins des entreprises, nous pourrions les résumer ainsi, selon l'expression d'un administrateur : "*J'ai besoin dans un premier temps de définir l'ensemble des périphériques qui sont autorisés dans mon entreprise et, dans un second temps, de gérer de manière plus flexible les permis d'installer ces périphériques, même si les personnes concernées restent de simples utilisateurs*". Mission accomplie avec l'arrivée de Drive Store puisque la gestion des pilotes se fera en deux étapes : d'abord, c'est l'administrateur qui ajoute les pilotes dans le driver Store ; l'installation peut ensuite être réalisée par n'importe quel utilisateur. De plus, les administrateurs pourront signer les pilotes et définir des politiques de confiance en fonction des pilotes signés.

Pour conclure ce survol du sujet sécurité (car il ne s'agit que d'un survol), parlons des cartes à puce. L'amélioration de l'infrastructure des clés publiques (PKI) va permettre la mise en œuvre de scénarios d'applications de PKI de bout en bout (par exemple, Wi-Fi sécurisé, VPN, IPSec, EFS, ouverture de session par carte à puce, SSL/TLS, S/MIME et signatures numériques), d'étendre la gestion du cycle de vie des lettres de créance et la montée en charge des services de révocation pour toutes les applications.

La sécurité en sept étapes...

Il existe aujourd'hui un certain nombre d'articles traitant de la sécurité de Windows Vista. L'objectif ici n'est pas forcément l'exhaustivité, mais plutôt la complémentarité : nous voulons vous donner des informations techniques, mais aussi pratiques, avec quelques ateliers qui pourront vous aider, étape par étape, à mieux comprendre la sécurité de votre ordinateur.

Vous découvrirez ainsi comment renforcer votre sécurité de manière constructive en suivant ces sept étapes :

1. Garder son système d'exploitation à jour.
2. Maîtriser le pare-feu avancé pour protéger son système des attaques externes.
3. Mettre en place un audit de sécurité pour suivre les événements de sécurité.
4. Mettre en place des stratégies de groupe locales multiples pour garantir la sécurité.
5. Utiliser les outils d'atténuation des menaces proposés par Windows Vista.
6. Installer la documentation avancée sur la sécurité du système d'exploitation.
7. Comprendre le fonctionnement de certaines nouveautés apportées par Windows Vista.

7.1. Le Centre de sécurité

La grande polémique du moment concerne le Centre de sécurité (WSC). Cette fonctionnalité n'est pas à proprement parler nouvelle puisqu'elle a vu le jour avec l'arrivée du Services Pack 2 de Windows XP. Cependant, sous Windows XP cet élément du système peut être totalement désactivé, et bien des éditeurs de solutions de sécurité en ont profité pour installer à la place leur propre centre de sécurité – souvent à des fins publicitaires pour leurs autres productions. Sous Windows Vista, le Centre de sécurité est désormais inamovible au grand dam des éditeurs de sécurité qui perdent ainsi un argument de vente et doivent, par conséquent, revoir leur suite, le Centre de sécurité maison embarquant souvent les modules des mises à jour automatiques.

Figure 7-1 : *Le centre de sécurité*

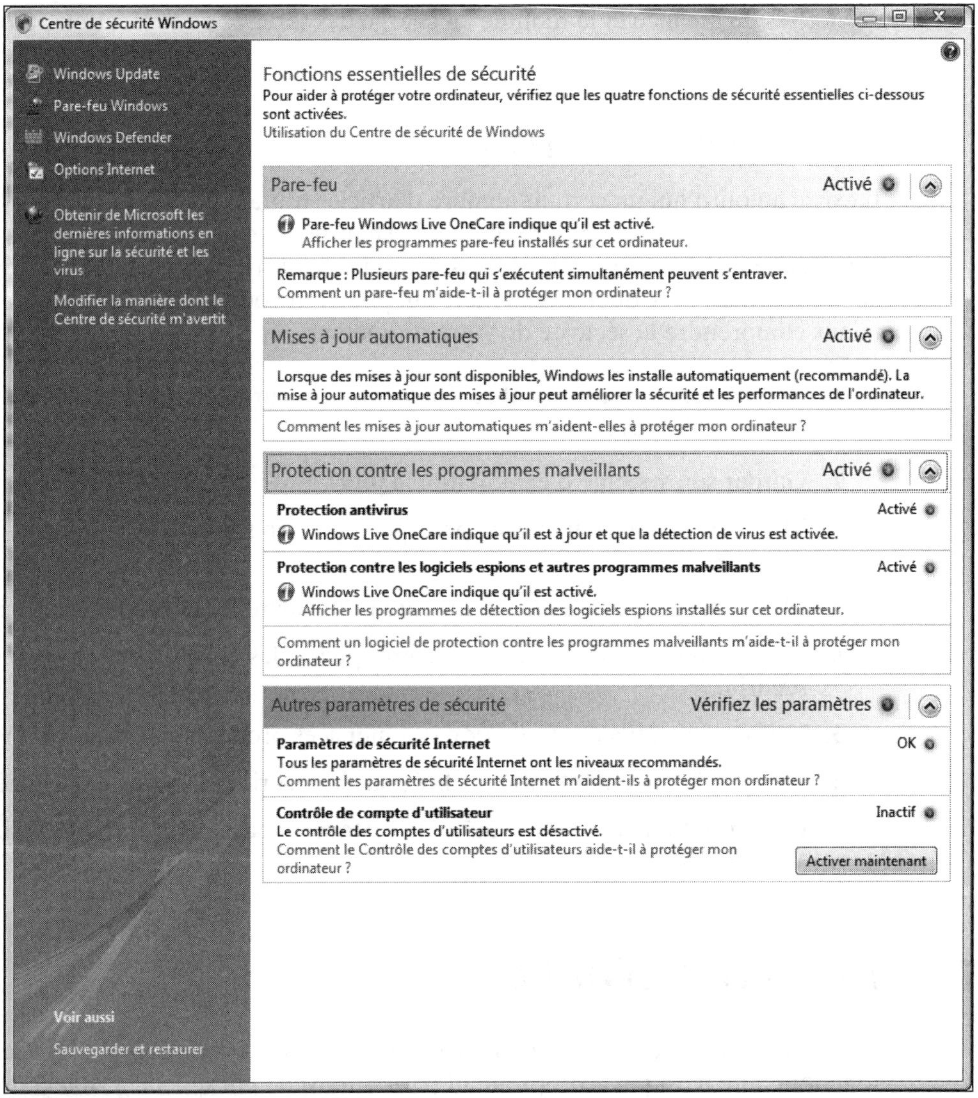

Le Centre de sécurité est avant tout conçu pour permettre aux utilisateurs de comprendre rapidement l'état de leur ordinateur et de ses protections. Avec Windows Vista, ce tableau de bord prend en compte davantage de critères et fournit davantage de conseils. Si Microsoft a souhaité le rendre inamovible, c'est avant tout pour les deux raisons suivantes :

- Tout d'abord, parce que les éditeurs qui désactivaient le Centre de sécurité à l'installation ne le rétablissaient pas à la désinstallation de leur produit, laissant ainsi les utilisateurs sans contrôle de sécurité.
- Second point, parce que le Centre de sécurité a aussi en charge la vérification du bon téléchargement et de l'application des mises à jour de sécurité, notamment dans les contextes d'entreprise avec l'outil WSUS. À ce sujet, nous remarquons que cette fonctionnalité est souvent oubliée des centres de sécurité alternatifs.

Hors la mise à jour de Windows Vista est l'une des clés fondamentale de l'inviolabilité et de la sécurité à long terme du système. À juste titre, il est dès lors normal que Microsoft ait considéré le sujet comme critique.

Avec Windows Vista, le centre de sécurité surveille non seulement les mises à jour mais également le pare-feu, les protections antimalwares (antivirus, antispyware) ainsi que d'autres paramètres de sécurité, comme le réglage de sécurité du navigateur, l'activation du mode protégé d'Internet Explorer 7, etc.

L'une des supériorités du Centre de sécurité sur d'éventuelles alternatives, c'est que le système sait prendre en compte la présence de protections multiples, même si celles-ci sont redondantes (par exemple plusieurs pare-feu ou plusieurs antivirus) et même si elles proviennent d'éditeurs très différents. Une qualité que l'on ne retrouve pas sur d'autres centres de sécurité.

L'insistance de certains éditeurs à vouloir reprendre le contrôle du Centre de sécurité semble assez incompréhensible. Le Centre de sécurité dispose d'une qualité essentielle que n'ont pas les autres solutions dans un contexte professionnel : les administrateurs peuvent disposer de réglages applicables aux politiques de groupes afin de définir le comportement du Centre de sécurité ; il peut aussi être désactivé pour les ordinateurs faisant parti d'un domaine et l'on peut également contrôler si le Centre de sécurité doit avertir ou nom l'utilisateur, se contenter d'afficher une icône en cas de risque ou ne rien afficher à l'utilisateur.

Dans l'éditeur des politiques de groupes, les paramètres du Centre de sécurité sont situés dans l'arborescence *Configuration ordinateur/modèles d'administration/Templates/Composant Windows/centre de sécurité* (voir fig. 7-2).

Ce paramètre de stratégie spécifie si le Centre de sécurité est activé ou désactivé pour les ordinateurs des utilisateurs qui sont joints à un domaine Active Directory. Lorsque le Centre de sécurité est activé, il surveille les paramètres de sécurité essentiels et prévient l'utilisateur dès qu'il détecte que l'ordinateur court un risque. L'affichage par catégories du Panneau de configuration et du Centre de sécurité présente également une section *Statut* dans laquelle s'affichent des recommandations permettant d'améliorer la sécurité de l'ordinateur. Lorsque le Centre de sécurité n'est pas activé sur le domaine, ni les notifications ni la section *Statut* ne sont affichées.

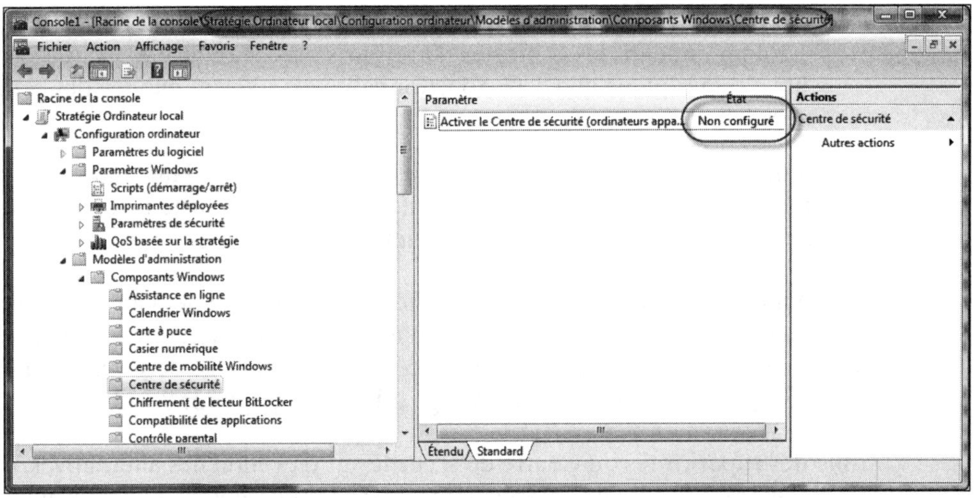

Figure 7-2 : *Paramétrage de stratégie d'activation du centre de sécurité*

Notez que le Centre de sécurité ne peut être désactivé que sur les ordinateurs qui ont joint un domaine Windows. Lorsqu'un ordinateur n'est pas associé à un domaine Windows, ce paramètre de stratégie n'a aucun effet.

Lorsque ce paramètre n'est pas configuré, le Centre de sécurité est désactivé pour les membres du domaine. Lorsque ce paramètre est activé, le Centre de sécurité est activé pour tous les utilisateurs. Lorsque ce paramètre est désactivé, le Centre de sécurité est désactivé pour tous les membres du domaine.

Dans Windows XP SP2, les paramètres de sécurité essentiels qui sont analysés par le Centre de sécurité comprennent le pare-feu, l'antivirus et les mises à jour automatiques. Notez que le Centre de sécurité peut ne pas être disponible après une modification de ce paramètre de stratégie, jusqu'au redémarrage de l'ordinateur.

Dans Windows Vista, ce paramètre gère les paramètres de sécurité essentiels, qui comprennent le pare-feu, le programme antivirus, le programme contre les logiciels espions, les paramètres de sécurité Internet, le contrôle du compte utilisateur et les mises à jour automatiques. Les ordinateurs Windows Vista n'ont pas besoin de redémarrer après l'application de ce paramètre.

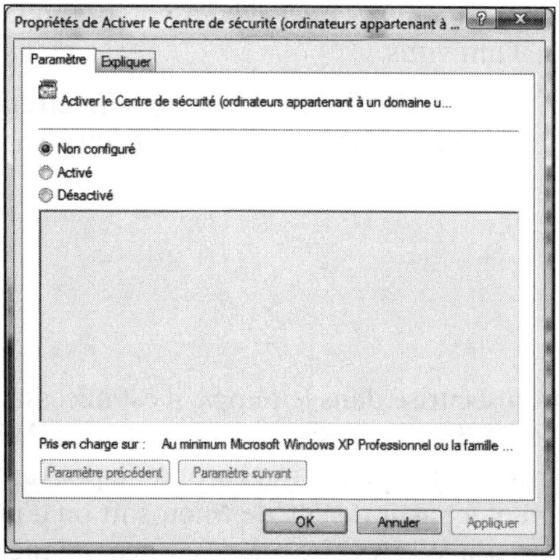

Figure 7-3 : *Paramètre de configuration du centre de sécurité*

Pour découvrir le Centre de sécurité Windows, procédez ainsi :

1. Ouvrez le menu **Démarrer** et cliquez sur **Panneau de configuration**.
2. Dans le Panneau de configuration, cliquez sur les liens *Sécurité*, puis sur *Centre de Sécurité Windows*.

Figure 7-4 : *Sélection du centre de sécurité*

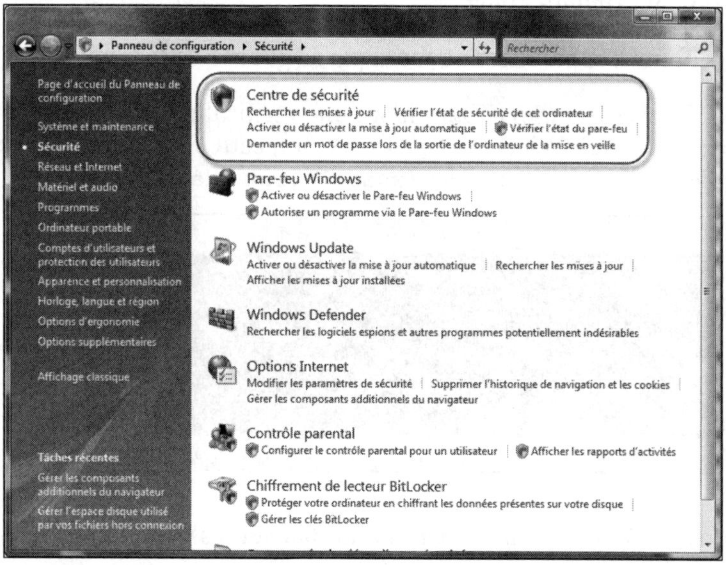

Dans la fenêtre **Centre de Sécurité Windows**, deux nouvelles catégories ont fait leur apparition :

- La rubrique *Protection contre les programmes malveillants* comprend les logiciels antispywares ainsi que l'antivirus.
- La rubrique *Autres paramètres de sécurité* affiche l'état des paramètres d'Internet Explorer *Paramètres de sécurité Internet* et *Contrôle du compte utilisateur*.

7.2. Windows Update

Pour garder son système d'exploitation sécurisé dans le temps, il est nécessaire de le mettre régulièrement à jour. Pour cela, Windows Vista dispose de l'agent WUA (*Windows Update Agent*). C'est désormais une application autonome pouvant télécharger des mises à jour directement à partir du site de Microsoft ou d'un serveur WSUS interne. Dans la mesure où WUA offre une interface unique vers les mises à jour téléchargées à partir du site de Microsoft ou d'un serveur d'entreprise interne, les utilisateurs n'ont pas à apprendre comment utiliser deux outils distincts.

Pour découvrir les nouvelles options des mises à jour automatiques (Windows Update) :

1. Dans la partie gauche de la fenêtre, cliquez sur *Windows Update*. La fenêtre **Windows Update** s'ouvre.

Plusieurs options apparaissent dans la partie gauche de la fenêtre.

- *Rechercher les mises à jour* : lance une vérification des mises à jour sans passer par le site web Windows Update. Avant, cette fonctionnalité n'était disponible qu'en ligne de commandes (`wuauclt.exe /detectnow`).

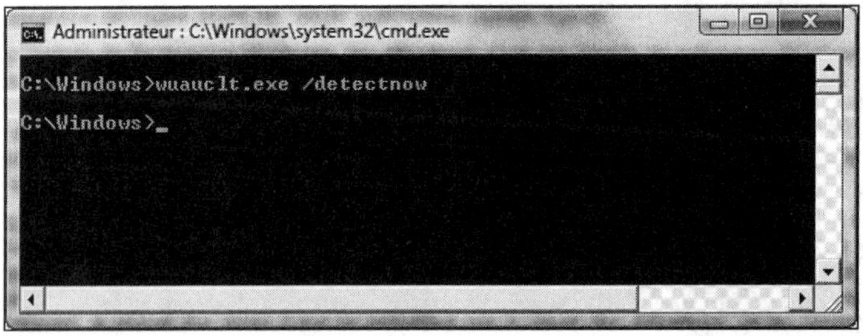

Figure 7-5 : *Lancement de la recherche de mises à jour en ligne de commandes*

- *Modifier les paramètres* : permet de changer les paramètres de Windows Update.

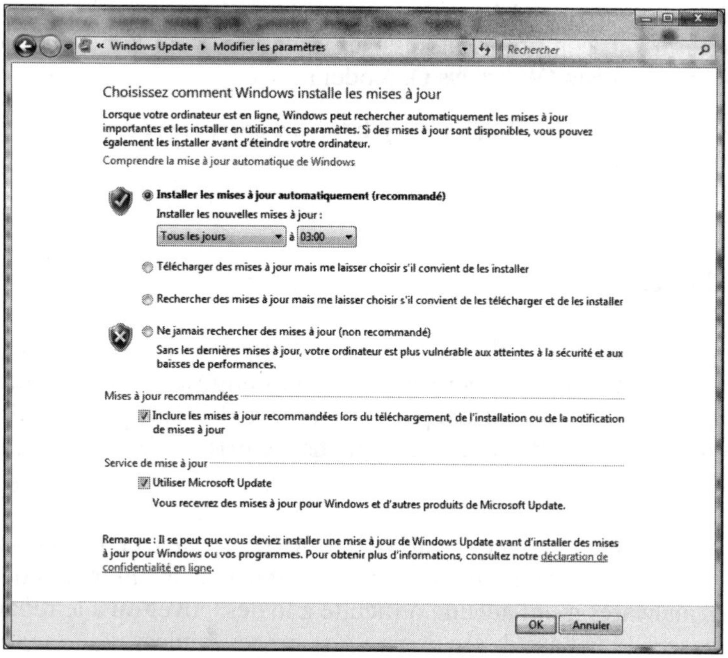

Figure 7-6 : *Modification des paramètres de mises à jour*

- *Afficher l'historique des mises à jour* : affiche l'historique des mises à jour. L'historique comprend le nom, la date, le statut de l'installation et l'importance de la mise à jour pour la sécurité.

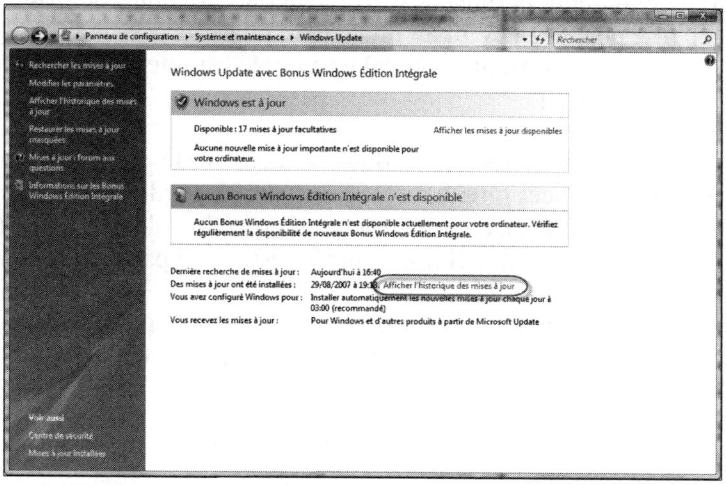

Figure 7-7 : *Afficher l'historique des mises à jour*

- *Restaurer les mises à jour maquées* : restaure les mises à jour cachées. Les mises à jour comprennent aussi les signatures pour l'antispyware intégré à Windows Vista (Windows Defender).

2. Fermez la fenêtre **Windows Update**, le Centre de sécurité et le Panneau de configuration.

7.3. Le pare-feu

Il est impossible de parler de la sécurité de Windows Vista sans parler de son nouveau pare-feu. Une première constatation s'impose : bien que décrié et dénigré par les différents concurrents, le pare-feu interne du Service Pack 2 de Windows XP est déjà redoutable d'efficacité. Il n'a jamais été pris en défaut et ne laisse rien entrer.

Malheureusement, il n'agit que sur les entrées (*inbound*), en protégeant le système uniquement contre l'extérieur. Dès lors, il n'empêche aucun troyen de sortir. En outre, les malwares n'ont aucune difficulté à le désactiver ou à le reparamétrer par un simple accès à la base de Registre. C'est sur ces faiblesses que se sont appuyés les éditeurs de systèmes de sécurité pour le dénigrer, en oubliant par la même occasion qu'il en était ainsi parce que le système était infecté et, dans ce cas, nous pouvons nous demander quelle est l'efficacité réelle de leurs antivirus et antimalwares ? Bref... Il était déjà trop tard. De plus, ils omettent tout autant de signaler que leurs pare-feu prétendument perméables aux techniques de fuites de troyens et aux échanges par le port 80, ne sont au final guère plus efficaces et utiles que celui de Windows XP ! C'est bien connu quand le système est infecté, le pare-feu ne peut plus faire grand-chose !

Tout comme Windows XP SP2, Windows Vista active le pare-feu par défaut avant l'activation des interfaces réseau, protégeant ainsi les ordinateurs au moment de la phase de démarrage. Mais, contrairement au précédent, le pare-feu est bidirectionnel. Certes, seul le filtrage entrant est activé par défaut.

Le filtrage entrant est sous l'entière gestion des administrateurs réseau et permet de protéger les ressources du système contre des comportements inattendus. Windows Vista offre deux outils de gestion du pare-feu :

- une version simplifiée destinée au grand public ;
- une version enrichie s'appuyant sur la MMC et permettant un réglage fin des filtres entrants et sortants. Certes, les réglages sortants nécessitent des

compétences et sont loin d'être simple à mettre en œuvre pour un utilisateur standard contrairement à certains autres éditeurs.

Il est important de préciser également, que ce pare-feu est aussi activé avec les protocoles IPv4 et IPv6. Les paramétrages des deux protocoles sont gérés par la même console MMC avec les paramétrages d'IPSec (pour le support des échanges de clés, de l'authentification, de l'intégrité de données et optionnellement de l'encryptage).

Utiliser le pare-feu standard

Avant de vous lancer dans l'utilisation du pare-feu avancé, nous allons vous rappeler en quelques lignes l'utilisation du pare-feu standard et les quelques réflexes à avoir.

Pour lancer le pare-feu Windows, procédez de la façon suivante :

1. Cliquez sur le menu **Démarrer/Panneau de configuration**.
2. Sélectionnez **Centre de sécurité**.
3. Dans le volet gauche de la fenêtre **Centre de sécurité Windows**, sélectionnez *Pare-feu Windows*.

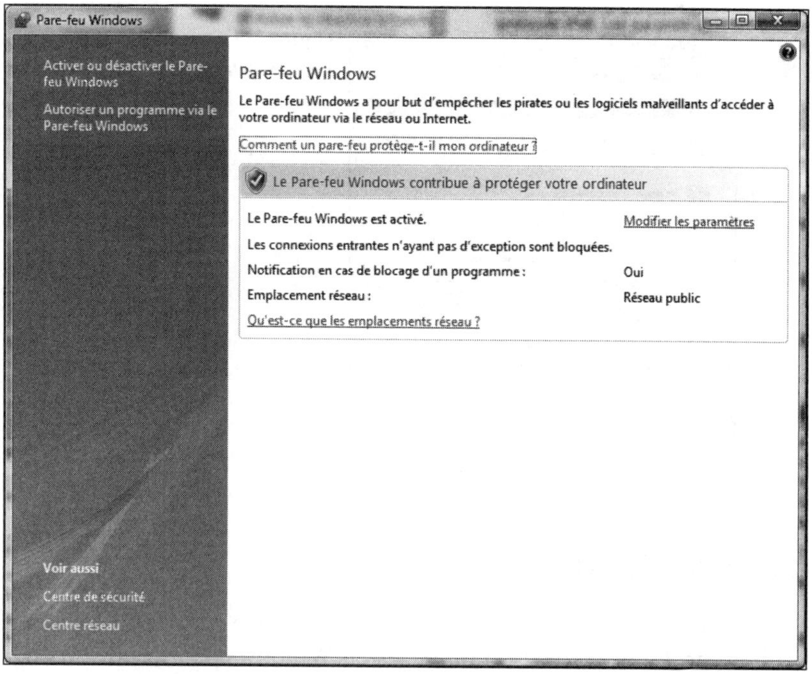

Figure 7-8 : *Le pare-feu standard*

L'onglet **Général** du pare-feu Windows comporte trois paramètres que nous vous présentons maintenant…

L'option Activé

Ce paramètre est sélectionné par défaut. Lorsque le pare-feu Windows est activé, la communication est bloquée pour la plupart des programmes. Si vous souhaitez débloquer un programme, vous pouvez l'ajouter à la liste des exceptions (sous l'onglet **Exceptions**). Par exemple, vous ne pourrez peut-être pas envoyer des photos à l'aide d'un programme de messagerie instantanée avant d'avoir ajouté ce programme sur la liste des exceptions.

Pour activer le pare-feu Windows, procédez de la façon suivante :

1. Cliquez sur le menu **Démarrer/Panneau de configuration**.
2. Sélectionnez la commande **Centre de sécurité**.
3. Dans le volet gauche de la fenêtre **Centre de sécurité Windows**, sélectionnez *Pare-feu Windows*.
4. Cliquez sur *Activer ou Désactiver le pare-feu Windows*.
5. Cliquez sur *Activé (recommandé)*, puis sur OK.

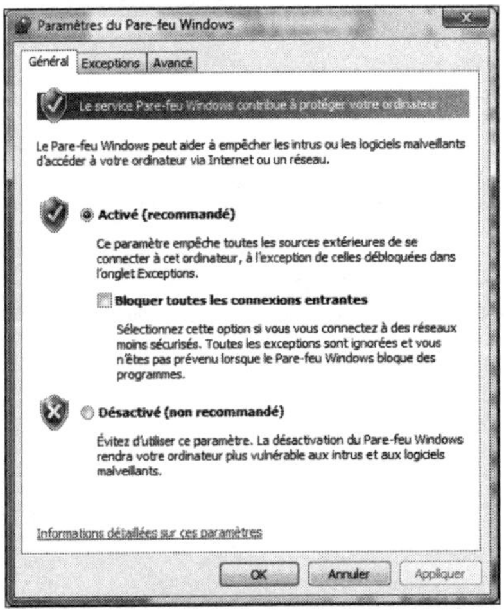

Figure 7-9 *:*
Le pare-feu standard est activé

L'option Désactivé

Évitez d'utiliser ce paramètre à moins qu'un autre pare-feu ne soit exécuté sur votre ordinateur. La désactivation du pare-feu Windows peut rendre votre ordinateur (et votre réseau si vous en utilisez un) plus vulnérable à des attaques de pirates informatiques ou de logiciels malveillants tels que des vers.

Pour désactiver le pare-feu Windows, procédez de la façon suivante :

1. Cliquez sur **Démarrer/Panneau de configuration**.
2. Cliquez sur la commande **Centre de sécurité**.
3. Dans le volet gauche de la fenêtre **Centre de sécurité Windows**, sélectionnez le lien *Pare-feu Windows*.
4. Cliquez sur *Activer ou Désactiver le pare-feu Windows*.
5. Cliquez sur *Désactivé (non recommandé)*, puis sur OK.

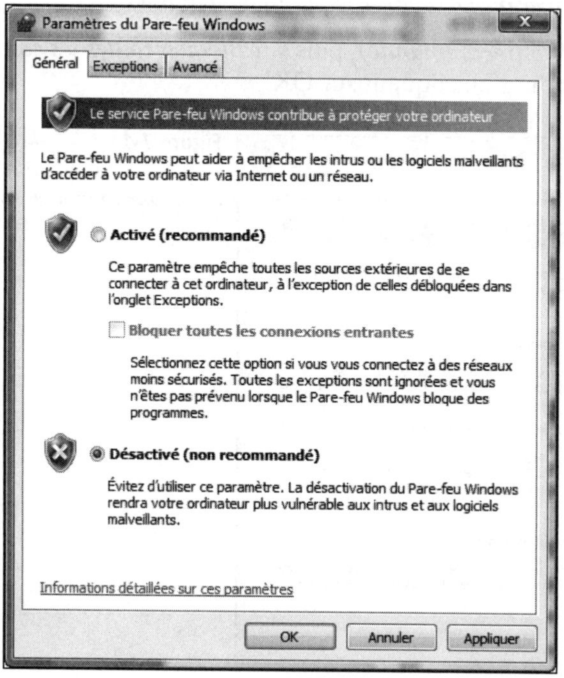

Figure 7-10 : *Le pare-feu standard est désactivé*

L'option Bloquer toutes les connexions

Ce paramètre bloque toutes les tentatives non sollicitées de connexion à votre ordinateur. Utilisez ce paramètre lorsque vous avez besoin d'une protection maximale pour votre ordinateur, par exemple lorsque vous vous connectez à un réseau public dans un hôtel ou un aéroport ou lorsqu'un ver dangereux se répand sur Internet. Si ce paramètre est activé, vous n'êtes pas averti lorsque le pare-feu Windows bloque tous les programmes, et les programmes de la liste des exceptions sont ignorés.

Lorsque vous sélectionnez l'option *Bloquer toutes les connexions*, vous pouvez quand même afficher la plupart des pages web, recevoir et envoyer du courrier électronique ainsi que des messages instantanés.

1. Cliquez sur **Démarrer/Panneau de configuration**.
2. Cliquez sur la commande **Centre de sécurité**.
3. Dans le volet gauche de la fenêtre **Centre de sécurité Windows**, sélectionnez *Pare-feu Windows*.
4. Cliquez sur *Activer ou Désactiver le pare-feu Windows*.
5. Cliquez sur *Activé (recommandé)*, puis sur *Bloquer toutes les connexions entrantes* et terminez en cliquant sur OK.

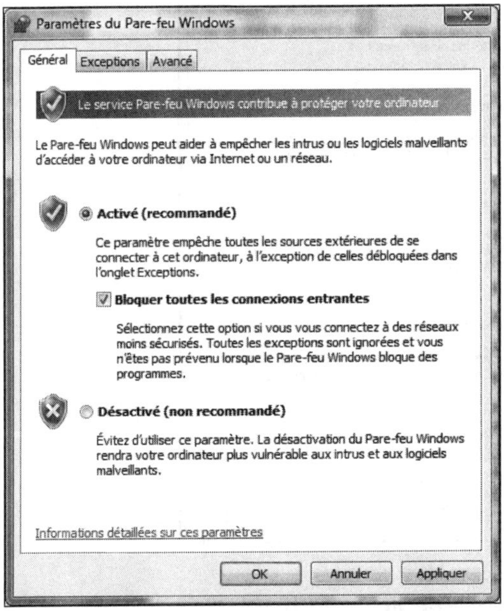

Figure 7-11 : *Le pare-feu standard : toutes les connexions entrantes sont bloquées*

L'aspect technique du pare-feu

Entrons un peu plus dans le détail… Le pare-feu de Windows Vista est avant tout une plateforme de filtrage (*Windows Filtering Platform*). Elle se compose des éléments suivants :

- un ensemble d'API destinées aux éditeurs tiers et leur permettant d'inclure leur moteur de filtrage et de disposer ainsi d'un filtrage beaucoup plus évolué ;
- des fonctionnalités de filtrage avancées :
  - des communications authentifiées ;
  - une configuration dynamique et robuste du pare-feu avec les appels WinSock ;
  - une association du pare-feu Windows et d'IPSec ;
  - un fonctionnement avec du trafic chiffré (par exemple RPC dans Windows Vista) ;
- un *hooking* (passage dans la stack) plus documenté, ce qui réduit considérablement les risques d'incompatibilité.

L'architecture Windows Filtering Platform

Pour mieux comprendre, voici une présentation de l'architecture Windows Filtering Platform.

Filtering Engine est placé dans le Kernel. L'utilisateur utilisant un pare-feu et un antivirus fait appel aux API de Windows Filtering Platform et va pouvoir les contrôler depuis le BFE (*Base Filtering Engine*). Il y a plusieurs niveaux, notamment IPSec, ALE (*Application Layer Enforcement*)… Toutes les applications d'éditeurs tiers vont venir s'inclure dans le système sous forme de *call-out*, et Windows Filtering Platform par l'intermédiaire des API va faire appel de manière standard aux différents composants quel que soit leur éditeur.

Windows Authenticated Firewall (comprenez le pare-feu de Microsoft qui est livré par défaut avec Windows Vista) utilise un filtrage directionnel. Par défaut, Windows Vista bloque tous les programmes entrants à quelques exceptions près, c'est-à-dire les éléments du réseau de base, mais aussi les exceptions relatives au réseau auquel nous sommes connectés. Il est également possible d'autoriser des programmes, des services, des utilisateurs, des machines, des protocoles et des ports.

En sortie, Windows Vista laisse par défaut les applications utilisateurs et les services restreints. Mais vous avez la possibilité de bloquer des programmes, des services, des utilisateurs, des machines, des protocoles et des ports.

Voici un petit comparatif entre le pare-feu de Windows XP et celui de Windows Vista :

Tableau 7-1 : Comparatif des pare-feu Windows XP SP2 et Windows Vista

	Windows XP SP2	Windows Vista
Sens	Entrant	Entrant et sortant
Réglage par défaut	Bloquer	Dépend du sens
Filtres de paquets	TCP, UDP, ICMP	Tout type
Critères de règles	Application, Port, Types ICMP	Multiples combinaisons
Action	Bloquer	Bloquer, autoriser, ignorer
Configuration	Panneau de configuration et Netsh	Panneau de configuration, Netsh enrichi et MMC
Administration à distance	Aucune	Via RPC
GPO	Fichier ADM	MMC et Netsh
Terminologie	Exceptions, profils	Règles, catégorie *Profiles*

L'interface du pare-feu de Windows Vista est toujours présente dans le Panneau de configuration, c'est la même que sous Windows XP SP2. La véritable interface se trouve dans la MMC 3.0.

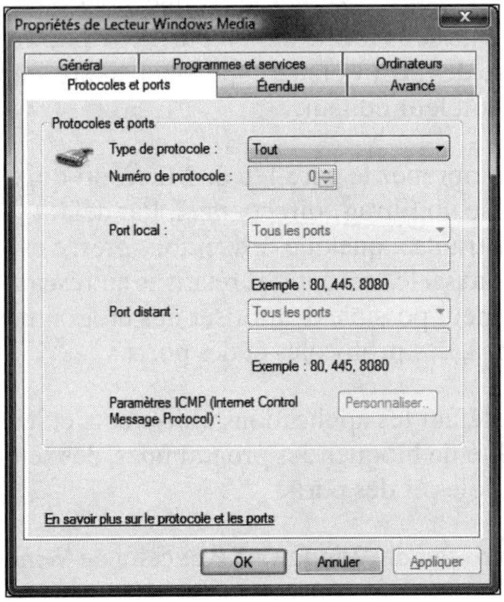

Figure 7-12 :
Filtrage par ports et protocoles

Activer le pare-feu avancé

Pour ouvrir le pare-feu avancé de Windows par la MMC (*Microsoft Management Console*), procédez ainsi :

1. Dans le menu **Démarrer**, sélectionnez la commande **Exécuter**, puis tapez `mmc` dans le champ de saisie et validez par [↵].

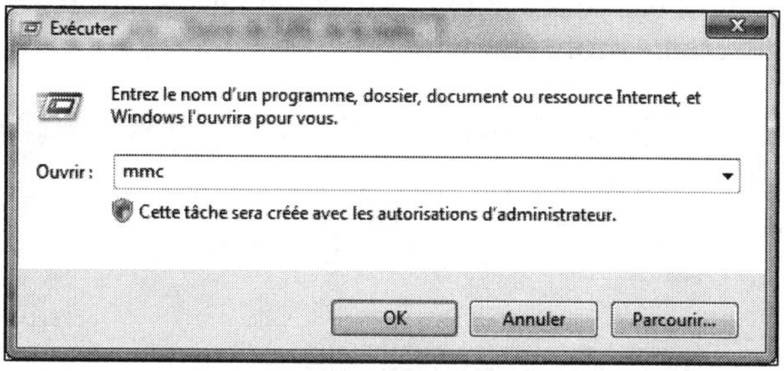

Figure 7-13 : *Démarrer la MMC*

2. Dans la fenêtre **Contrôle du compte utilisateur**, cliquez sur **Continuer**.
3. Dans la fenêtre de la console, cliquez sur **Fichier**, puis sur **Ajouter/Supprimer un composant logiciel enfichable** ([Ctrl]+[M]).
4. Sur la liste *Composants logiciels enfichables disponibles*, sélectionnez *Pare-feu Windows avec sécurité avancée*, puis cliquez sur **Ajouter**.

Figure 7-14 : *Sélection du composant avancé du pare-feu*

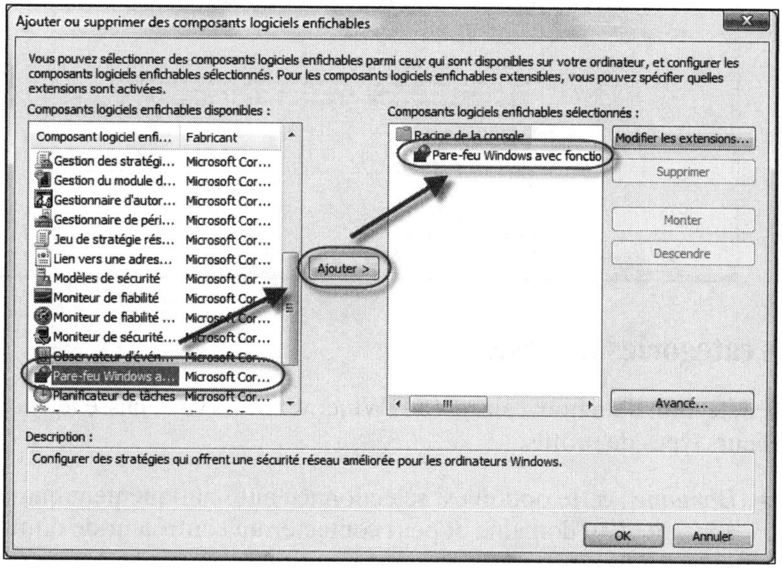

5. Une fenêtre s'ouvre vous invitant à sélectionner un ordinateur. Cliquez sur **L'ordinateur local** (l'ordinateur sur lequel cette console s'exécute) et cliquez sur **Terminer**.
6. Dans la MMC, cliquez sur OK.
7. Dans la partie droite de la console, cliquez sur le lien *Pare-feu Windows avec sécurité avancée Ordinateur Local*. La partie centrale présente les paramètres généraux du pare-feu. Prenez le temps d'examiner les paramètres par défaut affectés aux différents profils du pare-feu

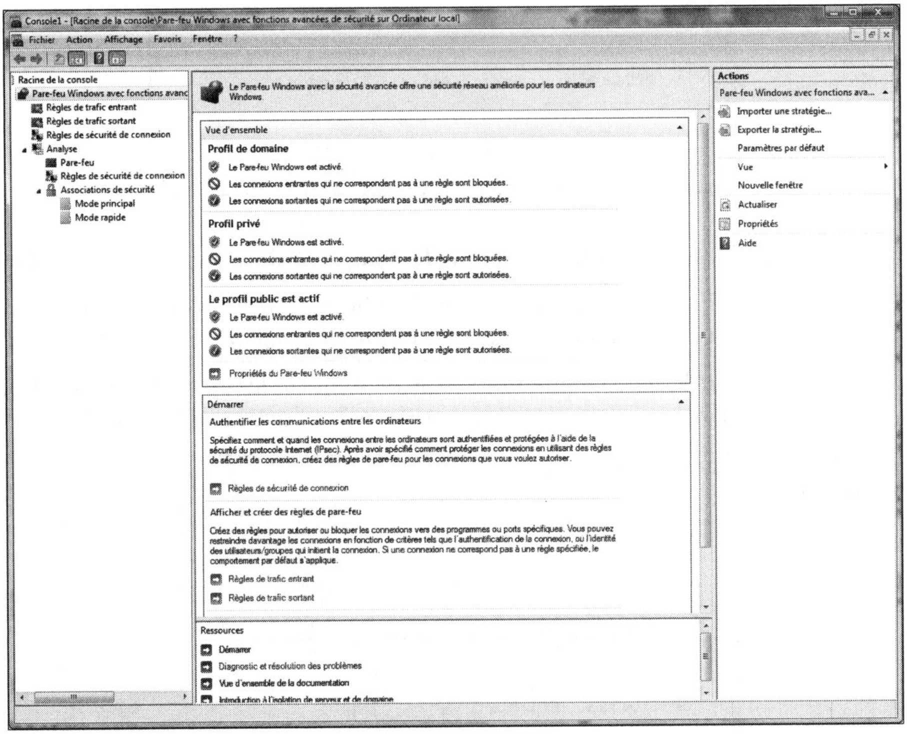

Figure 7-15 : *Pare-feu avancé*

Les catégories de réseaux

À la détection d'un nouveau réseau, Windows Vista vous laisse le choix entre plusieurs types de profils.

- *Domaine* : cette option est sélectionnée automatiquement quand la machine appartient au domaine et peut contacter un contrôleur de domaine.
- *Privé* : choisissez ce profil si Windows Vista est connecté à un réseau défini comme privé.

- *Public* : choisissez cette option pour tout autre type de réseau.

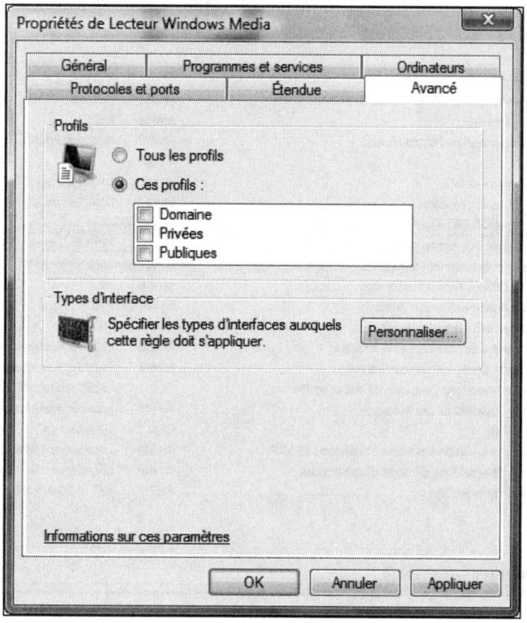

Figure 7-16 : *Les profils réseaux*

REMARQUE

Profil Domaine

Vous ne pouvez pas sélectionner le profil *Domaine*. Il est détecté automatiquement quand la machine est présente sur un réseau d'entreprise et qu'elle peut dialoguer avec un contrôleur de domaine.

Si un utilisateur ne dispose pas de droits administratifs suffisamment élevés, le seul profil qu'il pourra choisir sera *Public* ; c'est le profil le plus restrictif en termes d'ouverture de ports et de sécurité.

La détection se fait par le service *NlaSvc* qui détecte le changement des paramètres standards comme l'adresse mac d'une passerelle (voir fig. 7-17).

À chaque détection de changement par NlaSvc, le Network Profil Service crée un profil relatif à cette connexion et à chaque reconnexion à ce réseau, la bascule va se faire automatiquement. Celle-ci est détectée et réalisée en 200 ms.

Pour consulter les profils réseau en ligne de commandes, vous pouvez utiliser la commande `Netsh` :

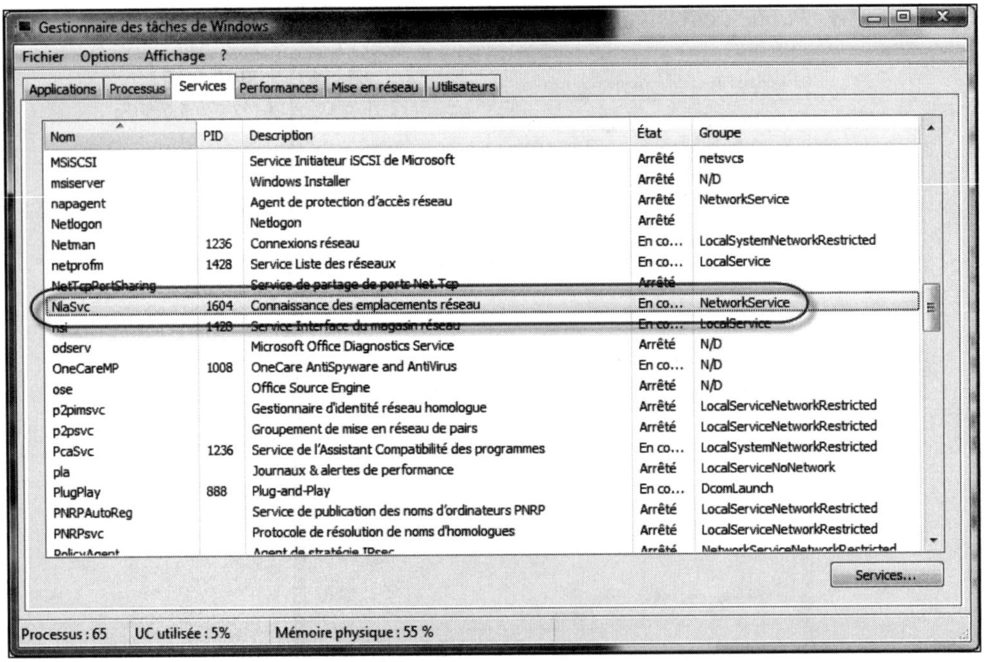

Figure 7-17 : *Le service NlaSvc*

1. Sélectionnez le menu **Démarrer/Tous les programmes/Accessoires**.
2. Cliquez avec le bouton droit de la souris sur le menu **Invites de commandes** et sélectionnez **Exécuter en tant qu'administrateur.**

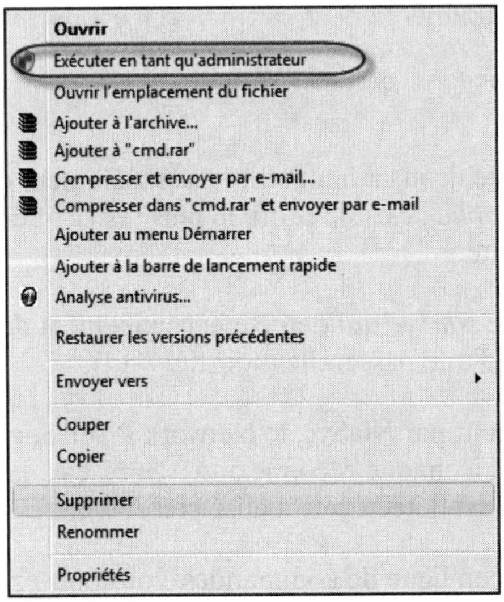

Figure 7-18 : *Exécuter en tant qu'administrateur*

3. Dans la fenêtre **Invite de commandes**, tapez `netsh`, puis appuyez sur la touche [Entrée].
4. Derrière la commande `Netsh`, tapez `advfirewall`, puis validez par [Entrée].
5. Derrière la commande `Netsh advfirewall`, tapez `show allprofiles`, puis validez par [Entrée]

Vous devez obtenir le résultat suivant :

```
Microsoft Windows [version 6.0.6000]
Copyright (c) 2006 Microsoft Corporation. Tous droits réservés.

C:\Users\Sylvain>netsh
netsh>advfirewall
netsh advfirewall>show allprofiles

Paramètres Profil de domaine :
----------------------------------------------------------------
État                          ON
Stratégie de pare-feu         BlockInbound,AllowOutbound
LocalFirewallRules            N/A (magasin d'objets de stratégie de
➥ groupe uniquement)
LocalConSecRules              N/A (magasin d'objets de stratégie de
➥ groupe uniquement)
InboundUserNotification       Enable
RemoteManagement              Disable
UnicastResponseToMulticast    Enable

Journalisation :
LogAllowedConnections         Disable
LogDroppedConnections         Disable
FileName
➥            C:\Windows\system32\LogFiles\Firewall\pfirewall.log
MaxFileSize                   4096


Paramètres Profil privé :
----------------------------------------------------------------
État                          ON
Stratégie de pare-feu         BlockInbound,AllowOutbound
LocalFirewallRules            N/A (magasin d'objets de stratégie de
➥ groupe uniquement)
LocalConSecRules              N/A (magasin d'objets de stratégie de
➥ groupe uniquement)
InboundUserNotification       Enable
RemoteManagement              Disable
UnicastResponseToMulticast    Enable

Journalisation :
LogAllowedConnections         Disable
LogDroppedConnections         Disable
```

7

```
FileName
➥              C:\Windows\system32\LogFiles\Firewall\pfirewall.log
MaxFileSize                           4096

Paramètres Profil public :
----------------------------------------------------------------------
État                                  ON
Stratégie de pare-feu                 BlockInbound,AllowOutbound
LocalFirewallRules                    N/A (magasin d'objets de stratégie de
➥ groupe uniquement)
LocalConSecRules                      N/A (magasin d'objets de stratégie de
➥ groupe uniquement)
InboundUserNotification               Enable
RemoteManagement                      Disable
UnicastResponseToMulticast            Enable

Journalisation :
LogAllowedConnections                 Disable
LogDroppedConnections                 Disable
FileName
➥              C:\Windows\system32\LogFiles\Firewall\pfirewall.log
MaxFileSize                           4096

Ok.

netsh advfirewall>
```

La commande d'administration `Netsh` pour le pare-feu se décompose en deux parties : `firewall` et `advfirewall`.

Elle représente bien plus qu'une simple commande puisqu'il s'agit du Shell de Microsoft, son fonctionnement est un fonctionnement à tiroir.

`Netsh` comporte les fonctions suivantes :

Tableau 7-2 : Les fonctions de Netsh

Fonctions de Netsh	Description
`abort`	Rejette les changements effectués en mode déconnecté
`add`	Ajoute une entrée de configuration à une liste d'entrées
`advfirewall`	Modifications pour le contexte `netsh advfirewall`
`alias`	Ajoute un alias
`bridge`	Modifications pour le contexte `netsh bridge`

Tableau 7-2 : Les fonctions de Netsh	
Fonctions de Netsh	**Description**
bye	Quitte le programme
commit	Valide les changements effectués en mode déconnecté
delete	Supprime une entrée de configuration d'une liste d'entrées
dhcpclient	Modifications pour le contexte netsh dhcpclient
exit	Quitte le programme
firewall	Modifications pour le contexte netsh firewall
http	Modifications pour le contexte netsh http
interface	Modifications pour le contexte netsh interface
ipsec	Modifications pour le contexte netsh ipsec
lan	Modifications pour le contexte netsh lan
nap	Modifications pour le contexte netsh nap
netio	Modifications pour le contexte netsh netio
offline	Définit le mode courant comme non connecté
online	Définit le mode courant comme connecté
p2p	Modifications pour le contexte netsh p2p
popd	Retire un contexte de la pile
pushd	Émet le contexte actuel sur la pile
quit	Quitte le programme
ras	Modifications pour le contexte netsh ras
rpc	Modifications pour le contexte netsh rpc
set	Met à jour les paramètres de configuration
show	Affiche les informations
unalias	Supprime un alias
winhttp	Modifications pour le contexte netsh winhttp

Tableau 7-2 : Les fonctions de Netsh	
Fonctions de Netsh	**Description**
`winsock`	Modifications pour le contexte `netsh winsock`
`wlan`	Modifications pour le contexte `netsh wlan`

Chaque fonction contient un ensemble de sous-fonctions, comme `Firewall` ou `Advfirewall`, elles-mêmes comportant d'autres fonctions appelées "*contextes*", et chaque contexte permettant d'exécuter des sous-fonctions spécifiques…

Tableau 7-3 : Netsh Firewall	
Commandes de Netsh Firewall	**Description**
`add`	Ajoute la configuration du pare-feu
`delete`	Supprime la configuration du pare-feu
`dump`	Affiche un script de configuration
`help`	Affiche une liste de commandes
`reset`	Active la configuration par défaut du pare-feu
`set`	Définit la configuration du pare-feu
`show`	Affiche la configuration du pare-feu

Tableau 7-4 : Netsh Advfirewall	
Commandes de Netsh Advfirewall	**Description**
`consec`	Modifications pour le contexte `netsh advfirewall consec`
`dump`	Affiche un script de configuration
`export`	Exporte la stratégie actuelle dans un fichier
`firewall`	Modifications pour le contexte `netsh advfirewall firewall`

Tableau 7-4 : Netsh Advfirewall	
Commandes de Netsh Advfirewall	**Description**
`help`	Affiche une liste de commandes
`import`	Importe un fichier de stratégie dans le magasin de stratégies actuel
`monitor`	Modifications pour le contexte `netsh advfirewall monitor`
`reset`	Redéfinit la stratégie sur la stratégie fournie par défaut
`set`	Définit les paramètres par profils ou les paramètres globaux
`show`	Affiche les propriétés des profils ou les paramètres globaux

Voici l'exemple de la commande `netsh advfirewall` et de son contexte `set` :

```
netsh advfirewall>set

Les commandes suivantes sont disponibles :

Commandes héritées du contexte netsh :
set file       - Copier la sortie console à un fichier.
set machine    - Définit l'ordinateur actuel sur lequel opérer.
set mode       - Définit le mode actuel à connecter ou à
➥ déconnecter.

Commandes dans ce contexte :
set allprofiles - Définit les propriétés dans tous les profils.
set currentprofile - Définit les propriétés dans le profil actif.
set domainprofile - Définit les propriétés dans le profil du
➥ domaine.
set global     - Définit les propriétés globales.
set privateprofile - Définit les propriétés dans le profil du
➥ domaine.
set publicprofile - Définit les propriétés dans le profil public.
set store      - Définit le magasin de stratégies pour la session
➥ interactive actuelle.
netsh advfirewall>
```

Les critères de filtrage

Le nouveau pare-feu dans ses fonctions avancées vous permet de définir des règles selon les critères de filtrage suivants :

- groupe utilisateurs/machine Active Directory ;

- IP source et destination (individuelle ou plage) ;
- ports TCP/UDP source et destination ;
- liste des ports délimités (;) ;
- numéro de protocole IP ;
- type d'interface (filaire, sans fil, VPN/RAS) ;
- type/code ICMP ;
- service.

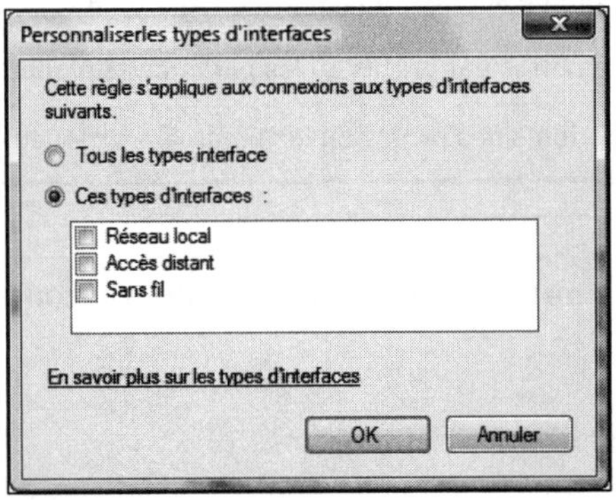

Figure 7-19 : *Filtrage par type d'interface*

Créer une règle de sécurité avec le pare-feu avancé

Vous allez à présent créer une règle qui interdira le fonctionnement de Windows Media Player sur Internet. Pour créer et valider cette règle de pare-feu, trois étapes sont nécessaires :

1. Lancer Windows Media Player et l'utiliser sur Internet.
2. Créer la règle de blocage.
3. Vérifier le bon fonctionnement de la règle.

Utiliser Windows Media Player

Dans un premier temps, le test consiste à lancer une station de radio sur Internet à partir du lecteur Windows Media. Pour ouvrir une radio en ligne dans Windows Media Player, procédez ainsi :

1. Dans le menu **Démarrer**, cliquez sur **Tous les programmes**, puis sur **Lecteur Windows Media**.

2. Dans le lecteur Windows Media, appuyez sur les touches Ctrl+U pour ouvrir la fenêtre **Ouvrir une URL**.

3. Dans la fenêtre **Ouvrir une URL**, tapez l'URL de la radio en ligne, ici `http://www.ouirock.com/player/metafile/windows.asx`. Cliquez sur OK. Le lecteur Windows Media accède à l'URL indiquée. Par défaut, toutes les applications sont autorisées à traverser le pare-feu.

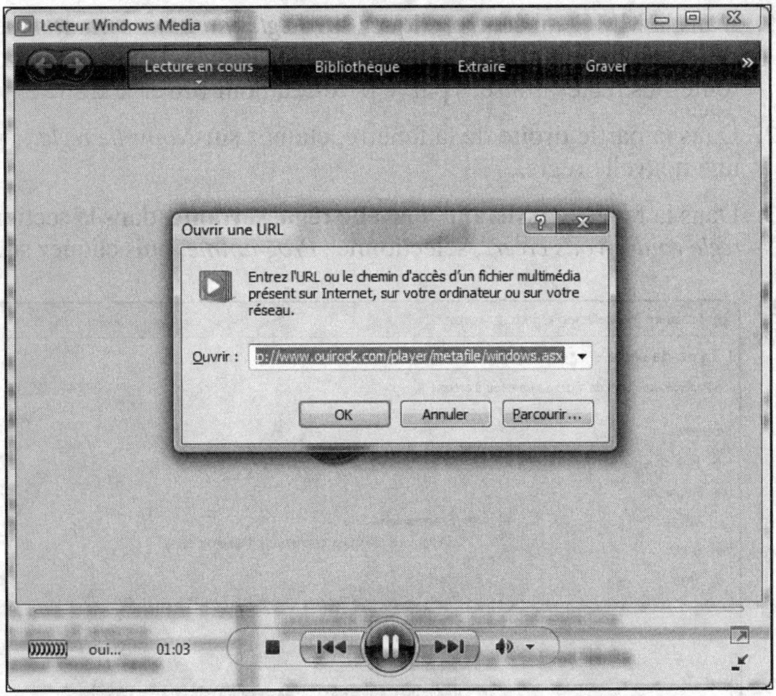

Figure 7-20 : *Saisie de l'URL de la radio dans le lecteur Windows Media*

REMARQUE

URL

Il s'agit ici d'une URL prise à titre d'exemple. Il existe un grand nombre d'autres liens sur Internet pouvant être utilisé pour cet exercice.

4. Fermez le lecteur Windows Media.

L'accès à la radio fonctionnant, il est possible de le restreindre en créant une règle dont les caractéristiques seront les suivantes…

- *Nom : Lecteur Windows Media.*

- *Appliquer à* : *%ProgramFiles%\Windows Media Player\wmplayer.exe*.
- *Action* : *Block*.

Créer la règle de blocage

Pour créer la règle qui pourra bloquer le lecteur Windows Media, procédez ainsi :

1. Dans la MMC, au centre, cliquez sur *Règles du trafic sortant* situé dans la catégorie *Démarrer*. Vous retrouvez dans la partie centrale de la fenêtre toutes les règles utilisées par le pare-feu pour filtrer le trafic entrant.
2. Dans la partie droite de la fenêtre, cliquez sur *Nouvelle règle…* pour créer une nouvelle règle.
3. Dans la fenêtre **Assistant Nouvelle règle sortante**, dans la section *Quel type de règle voulez-vous créer?*, sélectionnez *Programme*, puis cliquez sur **Suivant**.

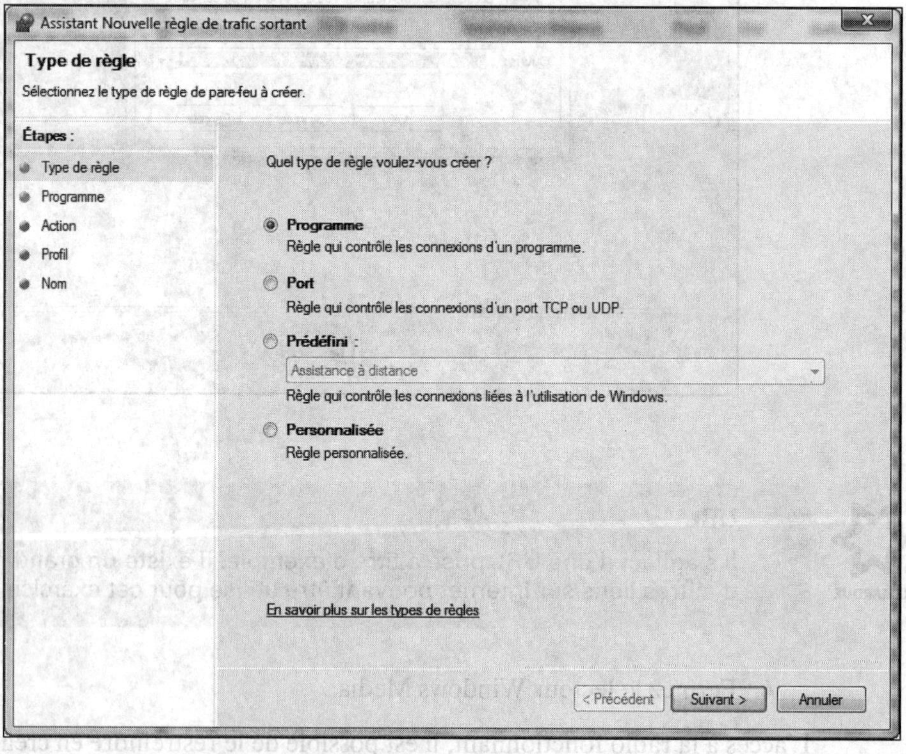

Figure 7-21 : *Sélection du type de règles*

Dans la section *Quels programmes sont concernés par cette règle?*, deux choix vous sont proposés.

- *Tous les programmes* : la règle s'appliquera à tout le trafic de l'ordinateur.
- *Ce programme* : cette règle permet de restreindre l'accès à un programme uniquement en spécifiant son chemin.

4. Sélectionnez *Ce Programme* et saisissez `%ProgramFiles%\Windows Media Player\wmplayer.exe`, puis cliquez sur **Suivant**.

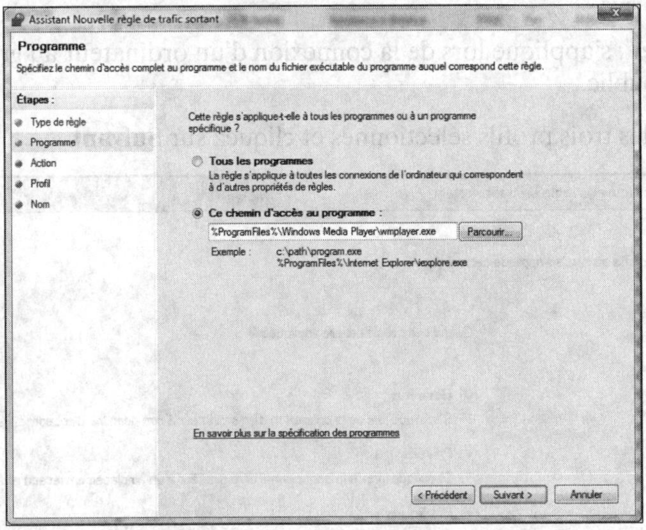

Figure 7-22 : *Spécification du chemin d'accès du programme pour lequel la règle va s'appliquer*

5. Dans la section *Action*, sélectionnez *Bloquer la connexion*, puis cliquez sur **Suivant**.

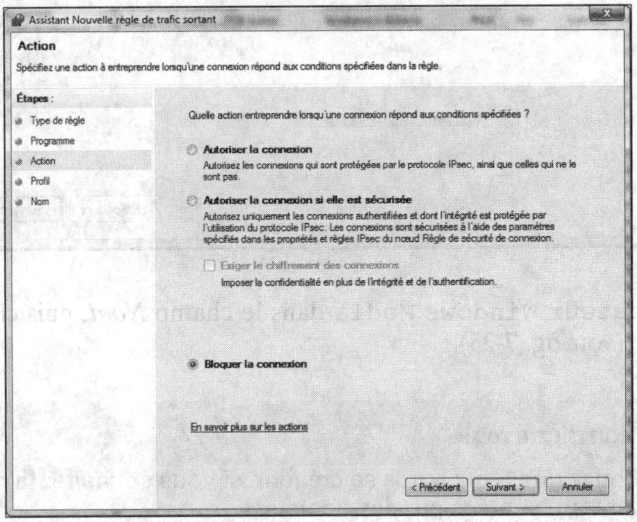

Figure 7-23 : *Action de blocage de la connexion*

Dans la fenêtre **Profil**, sous la rubrique *Quels profils sont concernés par cette règle?*, vous pouvez définir trois possibilités.

- *Domaine* : s'applique lors de la connexion d'un ordinateur à son domaine d'entreprise.
- *Privées* : s'applique lors de la connexion d'un ordinateur à un groupe de réseau privé.
- *Publiques* : s'applique lors de la connexion d'un ordinateur au groupe de réseau public.

6. Laissez les trois profils sélectionnés et cliquez sur **Suivant**.

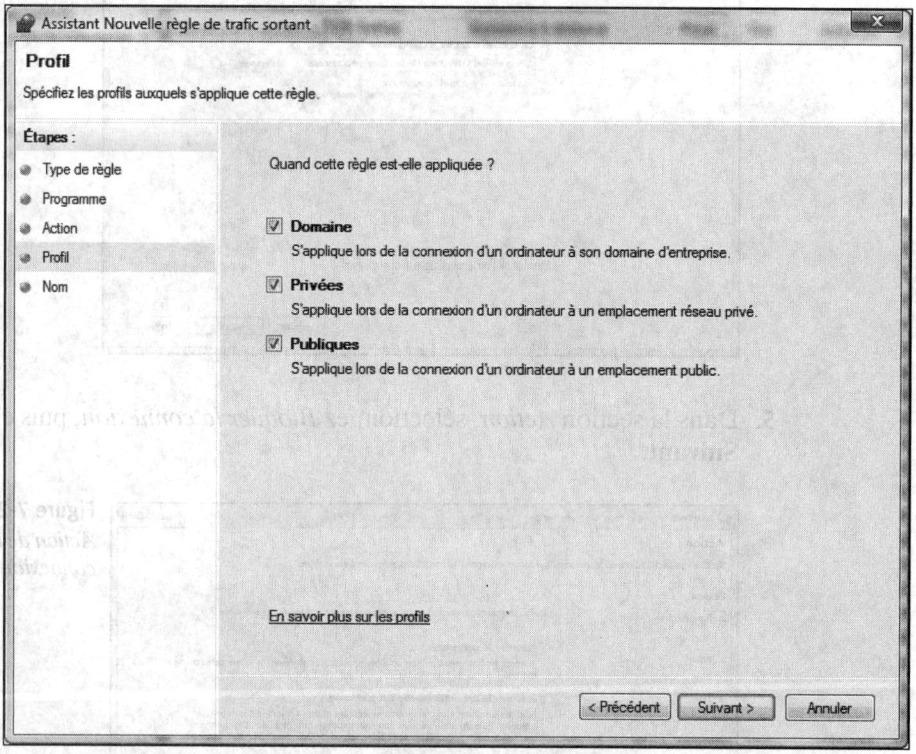

Figure 7-24 : *Sélection des profils de blocage*

7. Tapez `Lecteur Windows Media` dans le champ *Nom*, puis cliquez sur **Terminer** (voir fig. 7-25).

REMARQUE

Modification d'une règle

Double-cliquez une règle après sa création si vous souhaitez la modifier. Les étapes sont représentées par des onglets.

REMARQUE

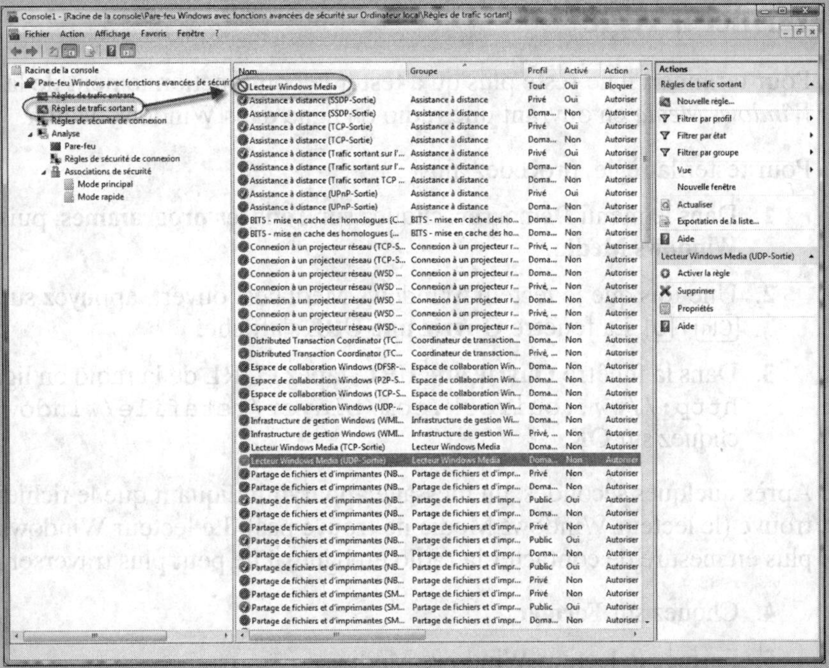

Figure 7-25 : *Les règles du trafic sortant*

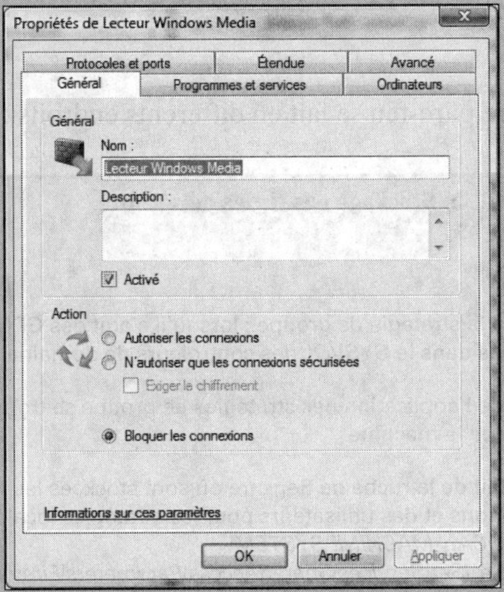

Figure 7-26 : *Modification d'une règle*

Vérifier la règle

Pour terminer, il ne reste plus qu'à tester le bon fonctionnement de la règle *Lecteur Windows Media* en ouvrant une radio en ligne dans Windows Media.

Pour tester la règle, procédez ainsi :

1. Dans le menu **Démarrer**, cliquez sur **Tous les programmes**, puis sur **Lecteur Windows Media**.
2. Une fois que le lecteur Windows Media est ouvert, appuyez sur les touches [Ctrl]+[U]. La fenêtre **Ouvrir une URL** s'affiche.
3. Dans la fenêtre **Ouvrir une URL**, tapez l'URL de la radio en ligne, ici `http://www.ouirock.com/player/metafile/windows.asx`, puis cliquez sur OK.

Après quelques secondes, un message apparaît indiquant que le fichier n'a pas été trouvé (le lecteur Windows Media ne trouve pas). Le lecteur Windows Media n'est plus en mesure de contacter la radio en ligne, il ne peut plus traverser le pare-feu.

4. Cliquez sur **Fermer**.
5. Fermez le lecteur Windows Media.
6. Fermez la Console Microsoft Management et cliquez sur **Non**.

Le stockage des règles

Le stockage des règles de votre pare-feu se fait en différents endroits :

Tableau 7-5 : Stockage des règles de sécurité

Stockage	Description
GPO	Stockage de la stratégie de groupe ; lorsqu'il s'agit des GPO, les règles sont stockées dans le *SYSVOL* des contrôleurs de domaine.
GP_RSOP	Le résultat de l'application des stratégies de groupe se trouve dans la base de Registre de la machine.
Local	Il s'agit en fait de la ruche de Registre où sont stockées les informations des applications et des utilisateurs pour les stratégies locales ; le chemin est *HKEY-LOCAL_MACHINE\SYSTEM\CurrentControlSet\Services\SharedAccess\Parameters\FirewallPolicy*.
Dynamique	Stratégie actuellement appliquée par le pare-feu.

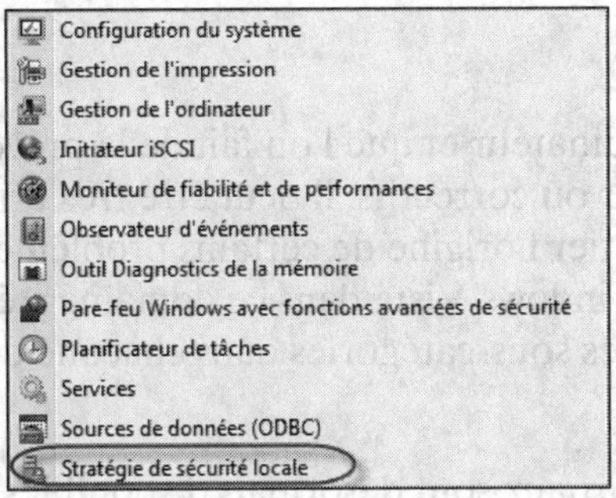

Figure 7-27 :
La base de Registre et les règles restrictives

Il est important de signaler deux points :

- La totalité de ces règles peuvent être importées ou exportées à partir de la commande `Netsh` ou de la MMC.
- Même si le paramétrage des règles de sécurité est possible à partir de la base de Registre, ce n'est ni recommandé ni pris en charge par Microsoft.

L'ordre d'application des règles

Nous avons vu tout long de présentation du pare-feu de Windows Vista que l'on pouvait créer et paramétrer des règles entrantes, sortantes, par port, etc. Pour terminer cette partie sur le pare-feu, nous allons voir dans quel ordre Windows Vista applique les règles.

Tableau 7-6 : Ordre d'application des règles

Ordre	Restriction	Description
1	Restriction des services	Restreint les communications des services.
2	Règles de connexion	Limite les connexions depuis certains ordinateurs ; utilisateurs IPSec pour l'autorisation/authentification.
3	Flux authentifiés	Autorise des machines/utilisateurs authentifiées à supplanter d'autres règles.
4	Règle de blocage	Bloque un trafic entrant ou sortant.
5	Règle d'autorisation	Autorise un trafic entrant ou sortant.
6	Règle par défaut	Comportement par défaut.

7.4. Auditer son ordinateur

Lorsque l'on surveille la sécurité de son ordinateur et que l'on fait de la prévention avec l'application des dernières mises à jour ou correctifs, il peut être très utile de configurer également les audits pour identifier l'origine de certains problèmes. Pour être réactif sur ce sujet, la granularité de Windows Vista dans ce domaine a été grandement améliorée par l'introduction des sous-catégories dans chacune des catégories principales d'audit.

Une des grandes nouveautés est que les journaux sont désormais disponibles au format XML, donc interrogeables via des requêtes XPath et facilement analysables par des outils tiers. Pour faciliter encore un peu plus l'analyse, les événements de Windows Vista ont été renumérotés selon les règles.

Lister les catégories d'audit

Vous pouvez, si vous le souhaitez, lister les catégories et les sous-catégories de l'audit par le biais de la commande `auditpol /list /subcategory:*` :

```
 Microsoft Windows [version 6.0.6000]
Copyright (c) 2006 Microsoft Corporation. Tous droits réservés.

C:\Users\Sylvain>auditpol /list /subcategory:*
Catégorie/Sous-catégorie
Système
  Modification de l'état de la sécurité
  Extension système de sécurité
  Intégrité du système
  Pilote IPSEC
  Autres événements système
Ouverture/Fermeture de session
  Ouvrir la session
  Fermer la session
  Verrouillage du compte
  Mode principal IPsec
  Mode rapide IPsec
  Mode étendu IPsec
  Ouverture de session spéciale
  Autres événements d'ouverture/fermeture de session
Accès aux objets
  Système de fichiers
  Registre
  Objet de noyau
  SAM
  Services de certification
  Généré par application
  Manipulation de handle
  Partage de fichiers
  Rejet de paquet par la plateforme de filtrage
```

```
  Connexion de la plateforme de filtrage
  Autres événements d'accès à l'objet
Utilisation d'un privilège
  Utilisation de privilèges sensibles
  Utilisation de privilèges non sensibles
  Autres événements d'utilisation de privilèges
Suivi détaillé
  Création du processus
  Fin du processus
  Activité DPAPI
  Événements RPC
Changement de stratégie
  Auditer les modifications de stratégie
  Modification de la stratégie d'authentification
  Modification de la stratégie d'autorisation
  Modification de la stratégie de niveau règle MPSSVC
  Modification de la stratégie de plateforme de filtrage
  Autres événements de modification de stratégie
Gestion des comptes
  Gestion des comptes d'utilisateur
  Gestion des comptes d'ordinateur
  Gestion des groupes de sécurité
  Gestion des groupes de distribution
  Gestion des groupes d'applications
  Autres événements de gestion des comptes
Accès DS
  Accès Active Directory
  Modification du service d'annuaire
  Réplication du service d'annuaire
  Réplication du service d'annuaire détaillé
Connexion de compte
  Validation des informations d'identification
  Événements de ticket Kerberos
  Autres événements d'ouverture de session

C:\Users\Sylvain>
```

La commande `Auditpol` permet de nombreuses actions en ligne de commandes. En voici le descriptif…

Audipol

Syntaxe :	`AuditPol [<sous-commande><options>]`
`/?`	Aide (contextuelle).
`/get`	Affiche la stratégie d'audit actuelle.
`/set`	Définit la stratégie d'audit.
`/list`	Affiche les éléments de stratégie sélectionnables.

7

`/backup`	Enregistre une stratégie d'audit dans un fichier.
`/restore`	Restaure une stratégie d'audit à partir d'un fichier.
`/clear`	Efface une stratégie d'audit.
`/remove`	Supprime une stratégie d'audit par utilisateur pour un compte d'utilisateur.

Vous pouvez contrôler (ou auditer) tous les mouvements enregistrés sur un ordinateur afin de renforcer sa sécurité. L'audit permet de déterminer qui s'est connecté à l'ordinateur, qui a créé un compte d'utilisateur, qui a modifié une stratégie de sécurité ou qui a ouvert un document. L'audit n'empêche pas pour autant une personne mal intentionnée ou une personne disposant d'un compte sur votre ordinateur d'effectuer des modifications, il permet simplement de savoir à quel moment une modification a eu lieu et qui l'a effectuée. Vous pouvez auditer cinq types d'événements : la gestion des comptes, la connexion, l'accès aux objets, les modifications de stratégie et les événements système. Si vous choisissez d'auditer l'un de ces types d'événements, Windows enregistre les événements dans un journal consultable à l'aide de l'Observateur d'événements.

Tableau 7-7 : Catégories d'audit

Catégories	Description
Gestion des comptes	Ce paramètre de sécurité détermine s'il convient d'auditer chaque événement de gestion des comptes sur un ordinateur. Exemples d'événements de gestion des comptes : - Un compte ou un groupe d'utilisateurs est créé, modifié ou supprimé. - Un compte d'utilisateur est renommé, désactivé ou activé. - Un mot de passe est défini ou changé. Si vous définissez ce paramètre de stratégie, vous pouvez spécifier s'il convient d'auditer les réussites, les échecs, ou de ne pas du tout auditer le type d'événement. Les audits de réussite génèrent une entrée d'audit lorsqu'un événement de gestion de compte réussit. Les audits d'échec génèrent une entrée d'audit lorsqu'un événement de gestion de compte échoue. Pour définir cette valeur à *Pas d'audit*, dans la boîte de dialogue **Propriétés** de ce paramètre de stratégie, activez la case à cocher *Définir ces paramètres de stratégie* et désactivez les cases à cocher *Réussite* et *Échec*. **Valeur par défaut** - *Réussite sur les contrôleurs de domaine* - Pas d'audit sur les serveurs membres **Audit** Auditer les tentatives des types : - *Réussite* - *Échec*

Tableau 7-7 : Catégories d'audit

Catégories	Description
Événements de connexion	Ce paramètre de sécurité détermine s'il convient d'auditer chaque instance d'une ouverture ou d'une fermeture de session par un utilisateur sur un ordinateur. Les événements de connexion à un compte sont générés sur les contrôleurs de domaine pour une activité de compte de domaine et sur les ordinateurs locaux pour une activité de compte local. Si les catégories de connexion à un compte et de stratégie d'audit de connexion sont toutes deux activées, les connexions qui utilisent un compte de domaine génèrent un événement d'ouverture de session ou de fermeture de session sur la station de travail ou le serveur, et elles génèrent un événement de connexion à un compte sur le contrôleur de domaine. En outre, les connexions interactives à un serveur membre ou à une station de travail qui utilisent un compte de domaine génèrent un événement de connexion sur le contrôleur de domaine car les scripts et stratégies de connexion sont récupérés lorsqu'un utilisateur se connecte. Pour plus d'informations sur les événements de connexion à un compte, voir Auditer les événements de connexion aux comptes. Si vous définissez ce paramètre de stratégie, vous pouvez spécifier s'il convient d'auditer les réussites, d'auditer les échecs, ou de ne pas du tout auditer le type d'événement. Les audits de réussite génèrent une entrée d'audit lorsqu'une tentative de connexion aboutit. Les audits d'échec génèrent une entrée d'audit lorsqu'une tentative de connexion échoue. Pour définir cette valeur à *Pas d'audit*, dans la boîte de dialogue **Propriétés** de ce paramètre de stratégie, activez la case à cocher *Définir ces paramètres de stratégie* et désactivez les cases à cocher *Réussite* et *Échec*. **Valeur par défaut** *Réussite* **Audit** Auditer les tentatives des types : - *Réussite* - *Échec*

Tableau 7-7 : Catégories d'audit

Catégories	Description
Accès au service d'annuaire	Ce paramètre de stratégie détermine s'il convient d'auditer l'événement d'un accès utilisateur à un objet Active Directory dont la propre liste de contrôle d'accès système (SACL) est spécifiée. Par défaut, cette valeur est définie à Pas d'audit dans l'objet de stratégie de groupe (GPO) du contrôleur de domaine par défaut, et reste non définie pour les stations de travail et les serveurs où elle n'est pas significative. Si vous définissez ce paramètre de stratégie, vous pouvez spécifier s'il convient d'auditer les réussites, d'auditer les échecs, ou de ne pas du tout auditer le type d'événement. Les audits de réussite génèrent une entrée d'audit lorsqu'un utilisateur accède à un objet Active Directory pour lequel une liste SACL a été spécifiée. Les audits d'échecs génèrent une entrée d'audit lorsqu'un utilisateur effectue une tentative infructueuse d'accès à un objet Active Directory pour lequel une liste SACL a été spécifiée. Pour définir cette valeur à *Pas d'audit*, dans la boîte de dialogue **Propriétés** pour ce paramètre de stratégie, activez la case à cocher *Définir ces paramètres de stratégie* et désactivez les cases à cocher *Réussite* et *Échec*. Notez que vous pouvez définir une liste SACL sur un objet Active Directory sous l'onglet **Sécurité** dans la boîte de dialogue **Propriétés** de cet objet. Cette opération est identique à un accès à un objet Audit, sauf qu'elle s'applique uniquement aux objets Active Directory et non aux objets du système de fichiers et du Registre. **Valeur par défaut** - *Réussite sur les contrôleurs de domaine* - Non défini pour un ordinateur membre **Audit :** Auditer les tentatives des types : - *Réussite* - *Échec*

Tableau 7-7 : Catégories d'audit	
Catégories	**Description**
Accès aux objets	Ce paramètre de sécurité détermine s'il convient d'auditer l'événement d'accès à un objet par un utilisateur, par exemple, un fichier, un dossier, une clé de Registre, une imprimante, etc., dont la propre liste de contrôle d'accès système (SACL) est spécifiée. Si vous définissez ce paramètre de stratégie, vous pouvez spécifier s'il convient d'auditer les réussites, d'auditer les échecs, ou de ne pas du tout auditer le type d'événement. Les audits de réussite génèrent une entrée d'audit lorsqu'un utilisateur réussit à accéder à un objet pour lequel une liste SACL appropriée est spécifiée. Les audits d'échec génèrent une entrée d'audit lorsqu'un utilisateur tente en vain d'accéder à un objet pour lequel une liste SACL est spécifiée. Pour définir cette valeur à *Pas d'audit*, dans la boîte de dialogue **Propriétés** de ce paramètre de stratégie, activez la case à cocher *Définir ces paramètres de stratégie* et désactivez les cases à cocher *Réussite* et *Échec*. Notez que vous pouvez définir une liste SACL sur un objet de système de fichiers sous l'onglet **Sécurité** dans la boîte de dialogue **Propriétés** de cet objet. **Valeur par défaut** *Pas d'audit* **Audit** Auditer les tentatives des types : *- Réussite* *- Échec*
Modifications de stratégie	Ce paramètre de stratégie détermine s'il convient d'auditer chaque incident d'une modification aux stratégies d'affectation de droits de l'utilisateur, aux stratégies d'audit ou aux stratégies d'approbation. Si vous définissez ce paramètre de stratégie, vous pouvez spécifier s'il convient d'auditer les réussites, d'auditer les échecs, ou de ne pas du tout auditer le type d'événement. Les audits de réussite génèrent une entrée d'audit lorsqu'une modification aux stratégies d'affectation de droits de l'utilisateur, aux stratégies d'audit ou aux stratégies d'approbation aboutit. Les audits d'échec génèrent une entrée d'audit lorsqu'une modification aux stratégies d'affectation de droits de l'utilisateur, aux stratégies d'audit ou aux stratégies d'approbation échoue. Pour définir cette valeur à *Pas d'audit*, dans la boîte de dialogue **Propriétés** de ce paramètre de stratégie, activez la case à cocher *Définir ces paramètres de stratégie* et désactivez les cases à cocher *Réussite* et *Échec*. **Valeur par défaut** *- Réussite sur les contrôleurs de domaine* - Pas d'audit sur les serveurs membres **Audit** Auditer les tentatives des types : *- Réussite* *- Échec*

7

Tableau 7-7 : Catégories d'audit

Catégories	Description
Utilisation d'un privilège	Ce paramètre de sécurité détermine s'il convient d'auditer chaque instance d'un utilisateur exerçant un droit de l'utilisateur. Si vous définissez ce paramètre de stratégie, vous pouvez spécifier s'il convient d'auditer les réussites, d'auditer les échecs, ou de ne pas du tout auditer le type d'événement. Les audits de réussite génèrent une entrée d'audit lorsque l'exercice d'un droit de l'utilisateur réussit. Les audits d'échec génèrent une entrée d'audit lorsque l'exercice d'un droit de l'utilisateur échoue. Pour définir cette valeur à *Pas d'audit*, dans la boîte de dialogue **Propriétés** de ce paramètre de stratégie, activez la case à cocher *Définir ces paramètres de stratégie* et désactivez les cases à cocher *Réussite* et *Échec*. **Valeur par défaut** *Pas d'audit* Des audits ne sont pas générés pour l'utilisation des droits de l'utilisateur suivants, même si des audits de réussite ou des audits d'échec sont spécifiés pour *Auditer l'utilisation des privilèges*. L'activation de l'audit de ces droits de l'utilisateur tend à générer de nombreux événements dans le journal de sécurité, ce qui peut compromettre les performances de votre ordinateur. Pour auditer les droits de l'utilisateur suivants, activez la clé de Registre *FullPrivilegeAuditing*. - *Contourner la vérification de parcours* - *Déboguer les programmes* - *Créer un objet-jeton* - *Remplacer un jeton de niveau processus* - *Générer des audits de sécurité* - *Sauvegarder les fichiers et les répertoires* - *Restaurer les fichiers et les répertoires* **Audit** Auditer les tentatives des types : - *Réussite* - *Échec*

Tableau 7-7 : Catégories d'audit	
Catégories	**Description**
Suivi des processus	Ce paramètre de sécurité détermine s'il convient d'auditer les informations de suivi détaillé pour des événements tels que l'activation d'un programme, la fin d'un processus, la duplication d'un descripteur et l'accès indirect à un objet. Si vous définissez ce paramètre de stratégie, vous pouvez spécifier s'il convient d'auditer les réussites, d'auditer les échecs, ou de ne pas du tout auditer le type d'événement. Les audits de réussite génèrent une entrée d'audit lorsque le processus suivi réussit. Les audits d'échec génèrent une entrée d'audit lorsque le processus suivi échoue. Pour définir cette valeur à *Pas d'audit*, dans la boîte de dialogue **Propriétés** de ce paramètre de stratégie, activez la case à cocher *Définir ces paramètres de stratégie* et désactivez les cases à cocher *Réussite* et *Échec*. **Valeur par défaut** *Pas d'audit* **Audit** Auditer les tentatives des types : - *Réussite* - *Échec*
Connexion aux comptes	Ce paramètre de stratégie détermine s'il convient d'auditer chaque instance d'ouverture ou de fermeture de session sur un autre ordinateur dans laquelle cet ordinateur est utilisé pour valider le compte. Des événements d'ouverture de session de compte sont générés lorsqu'un compte d'utilisateur de domaine est authentifié sur un contrôleur de domaine. L'événement est enregistré dans le journal de sécurité du contrôleur de domaine. Des événements d'ouverture de session sont générés lorsqu'un utilisateur local est authentifié sur un ordinateur local. L'événement est enregistré dans le journal de sécurité local. Aucun événement de fermeture de session de compte n'est généré. Si vous définissez ce paramètre de stratégie, vous pouvez spécifier s'il convient d'auditer les réussites, d'auditer les échecs, ou de ne pas du tout auditer le type d'événement. Les audits de réussite génèrent une entrée d'audit lorsqu'une ouverture de session de comptes aboutit. Les audits d'échec génèrent une entrée d'audit lors de l'échec d'une ouverture de session de compte. Pour définir cette valeur à *Pas d'audit*, dans la boîte de dialogue **Propriétés** de ce paramètre de stratégie, activez la case à cocher *Définir ces paramètres de stratégie* et désactivez les cases à cocher *Réussite* et *Échec*. Si l'audit de réussite des événements d'ouverture de session de compte est activé sur un contrôleur de domaine, une entrée est enregistrée pour chaque utilisateur qui est validé sur ce contrôleur de domaine, même si l'utilisateur est actuellement connecté sur une station de travail qui est jointe au domaine. **Valeur par défaut** *Réussite* **Audit** Auditer les tentatives des types : - *Réussite* - *Échec*

Tableau 7-7 : Catégories d'audit	
Catégories	**Description**
Événements système	Ce paramètre de sécurité détermine s'il convient d'auditer lorsqu'un utilisateur redémarre ou arrête l'ordinateur ou lorsqu'un l'événement qui se produit affecte la sécurité du système ou le journal de sécurité. Si vous définissez ce paramètre de stratégie, vous pouvez spécifier s'il convient d'auditer les réussites, d'auditer les échecs, ou de ne pas du tout auditer le type d'événement. Les audits de réussite génèrent une entrée d'audit lorsqu'un événement système est exécuté avec succès. Les audits d'échec génèrent une entrée d'audit lorsqu'un événement système est tenté sans succès. Pour définir cette valeur à *Pas d'audit*, dans la boîte de dialogue **Propriétés** de ce paramètre de stratégie, activez la case à cocher *Définir ces paramètres de stratégie* et désactivez les cases à cocher *Réussite* et *Échec*. **Valeur par défaut** - *Réussite sur les contrôleurs de domaine* - Pas d'audit sur les serveurs membres **Audit** Auditer les tentatives des types : - *Réussite* - *Échec*

Activer l'audit

Pour activer l'audit sur votre ordinateur, vous devez être l'administrateur. Procédez de la manière suivante :

1. Sélectionnez le menu **Démarrer/Outils d'administration/Stratégie de sécurité locale**.

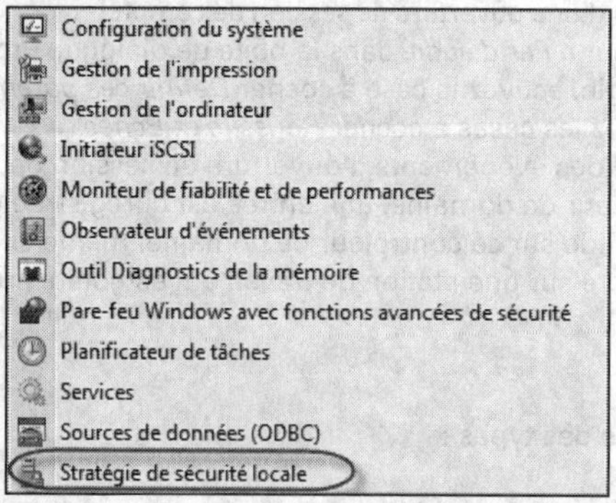

Figure 7-28 : *L'éditeur de stratégie de groupe*

2. Cliquez sur **Stratégies locales**, puis double-cliquez sur **Stratégie d'audit**.

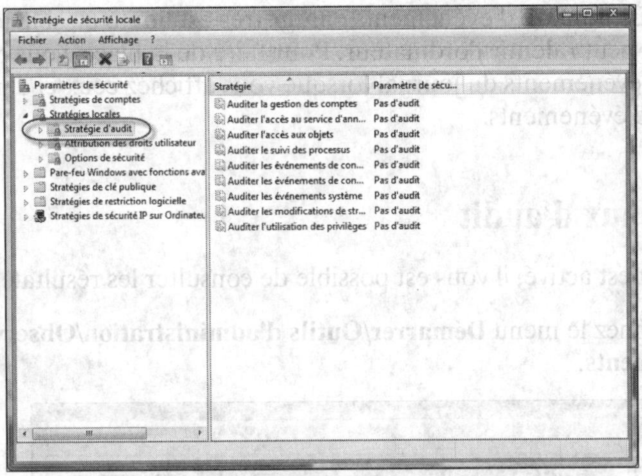

Figure 7-29 *:*
Stratégie d'audit

3. Double-cliquez sur le type d'événement que vous souhaitez auditer. Vous disposez de neuf paramètres d'audit.
4. Activez l'une ou l'autre des cases à cocher *Réussite* et *Échec*, ou les deux, puis cliquez sur OK.

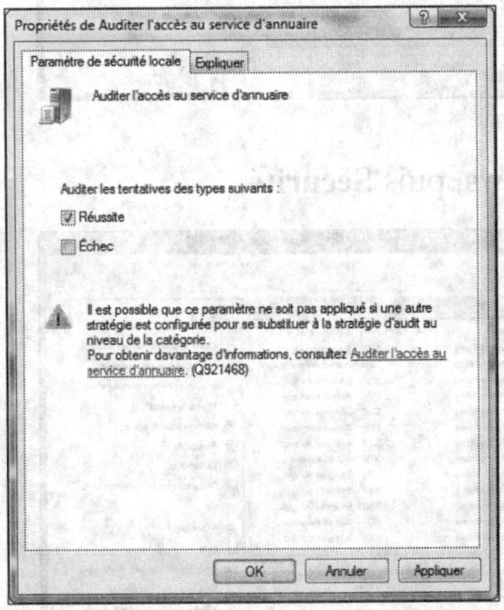

Figure 7-30 *:*
Paramétrage d'un audit

Si vous activez la case à cocher *Réussite*, Windows enregistre toutes les tentatives réussies pour réaliser le type d'événement que vous auditez. Par exemple, si vous auditez des événements de connexion, chaque connexion d'un utilisateur à votre ordinateur est considérée comme un événement réussi. Si vous activez la case à cocher *Échec*, toute tentative ratée de connexion à votre ordinateur est enregistrée. Si vous activez les deux cases à cocher *Réussite* et *Échec*, Windows enregistre toutes les tentatives. Le nombre d'événements enregistrés est limité et, si le journal d'audit est saturé, cela peut ralentir l'ordinateur. Pour faire de la place, vous pouvez supprimer des événements du journal lorsque vous affichez ceux-ci dans l'Observateur d'événements.

Afficher les journaux d'audit

Lorsque l'audit est activé, il vous est possible de consulter les résultats des journaux :

1. Sélectionnez le menu **Démarrer/Outils d'administration/Observateur d'événements**.

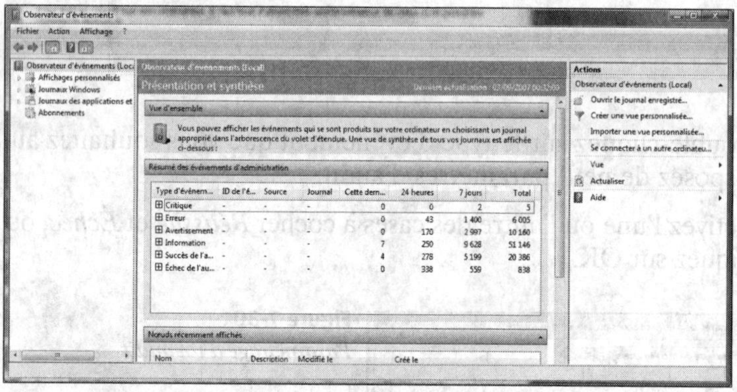

Figure 7-31 : *L'Observateur d'événements*

2. Sélectionnez **Journaux Windows**, puis **Sécurité**.

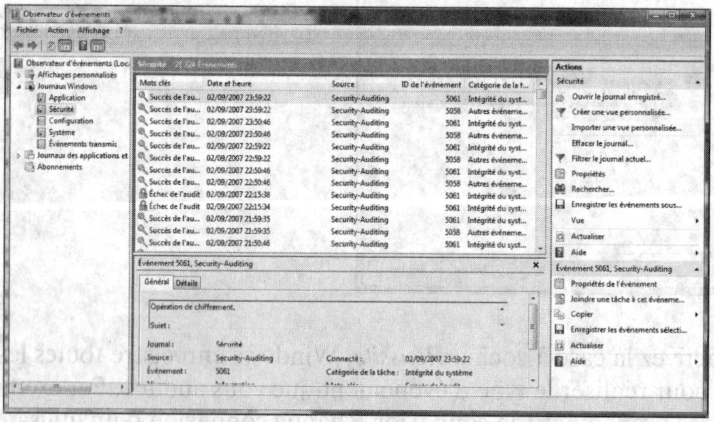

Figure 7-32 : *Journaux de sécurité de l'audit*

3. Double-cliquez sur un événement pour le consulter.

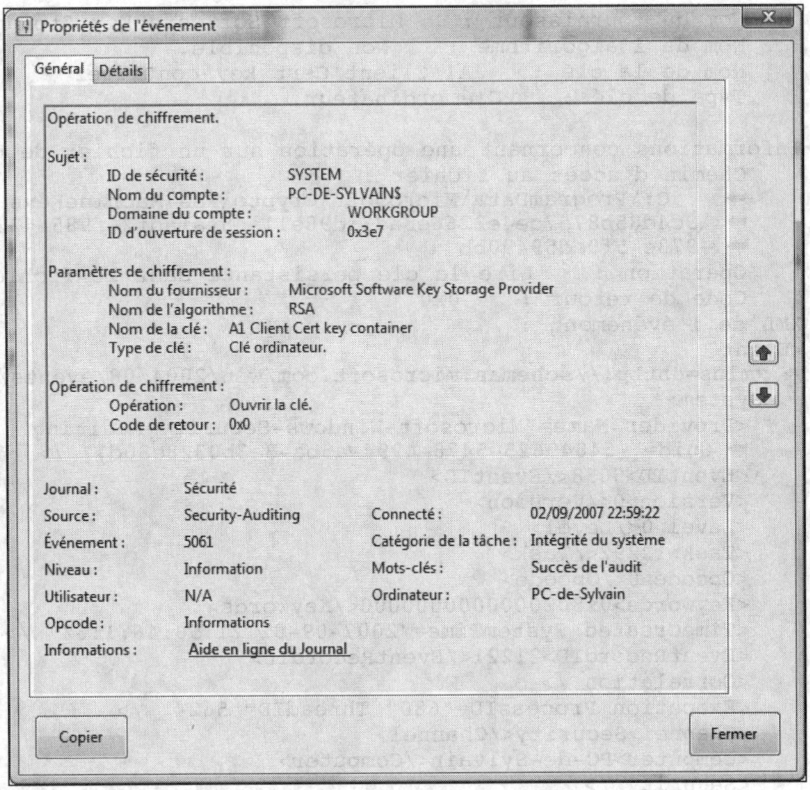

Figure 7-33 : *L'événement de sécurité*

Voici le détail d'un événement au format XML :

```
Nom du journal :Security
Source :        Microsoft-Windows-Security-Auditing
Date :          02/09/2007 23:50:46
ID de l'événement :5058
Catégorie de la tâche :Autres événements système
Niveau :        Information
Mots clés :     Succès de l'audit
Utilisateur :   N/A
Ordinateur :    PC-de-Sylvain
Description :
Opération sur un fichier de clé.

Sujet :
   ID de sécurité :          SYSTEM
   Nom du compte :         PC-DE-SYLVAIN$
   Domaine du compte :          WORKGROUP
   ID d'ouverture de session :         0x3e7

Paramètres de chiffrement :
```

```
    Nom du fournisseur :    Microsoft Software Key Storage Provider
    Nom de l'algorithme :    Non disponible.
    Nom de la clé :    A1 Client Cert key container
    Type de clé :    Clé ordinateur.

Informations concernant une opération sur un fichier de clé :
    Chemin d'accès au fichier :
    ➥    C:\ProgramData\Microsoft\Crypto\RSA\MachineKeys
    ➥ \9c4d85b87d7ce4e2266e3ad33d98e11e_5fafadf2-f985-422a
    ➥ -973e-5f0ed59490bb
    Opération :    Lire la clé persistante dans le fichier.
    Code de retour :    0x0
XML de l'événement :
<Event
➥ xmlns="http://schemas.microsoft.com/win/2004/08/events/event">
  <System>
    <Provider Name="Microsoft-Windows-Security-Auditing"
    ➥ Guid="{54849625-5478-4994-a5ba-3e3b0328c30d}" />
    <EventID>5058</EventID>
    <Version>0</Version>
    <Level>0</Level>
    <Task>12292</Task>
    <Opcode>0</Opcode>
    <Keywords>0x8020000000000000</Keywords>
    <TimeCreated SystemTime="2007-09-02T21:50:46.116Z" />
    <EventRecordID>21221</EventRecordID>
    <Correlation />
    <Execution ProcessID="680" ThreadID="5624" />
    <Channel>Security</Channel>
    <Computer>PC-de-Sylvain</Computer>
    <Security />
  </System>
  <EventData>
    <Data Name="SubjectUserSid">S-1-5-18</Data>
    <Data Name="SubjectUserName">PC-DE-SYLVAIN$</Data>
    <Data Name="SubjectDomainName">WORKGROUP</Data>
    <Data Name="SubjectLogonId">0x3e7</Data>
    <Data Name="ProviderName">Microsoft Software Key Storage
    ➥ Provider</Data>
    <Data Name="AlgorithmName">%%2432</Data>
    <Data Name="KeyName">A1 Client Cert key container</Data>
    <Data Name="KeyType">%%2499</Data>
    <Data Name="KeyFilePath">C:\ProgramData\Microsoft\Crypto\RSA
    ➥ \MachineKeys\9c4d85b87d7ce4e2266e3ad33d98e11e_5fafadf2-f985
    ➥ -422a-973e-5f0ed59490bb</Data>
    <Data Name="Operation">%%2458</Data>
    <Data Name="ReturnCode">0x0</Data>
  </EventData>
</Event>
```

Là où les éléments de l'audit prennent toutes leurs valeurs, c'est dans le fait de pouvoir associer une tâche à un événement d'audit. À partir de ce moment, vous pouvez créer vos propres tâches ou utiliser celles qui sont proposées en standard dans Windows pour qu'il puisse réagir automatiquement.

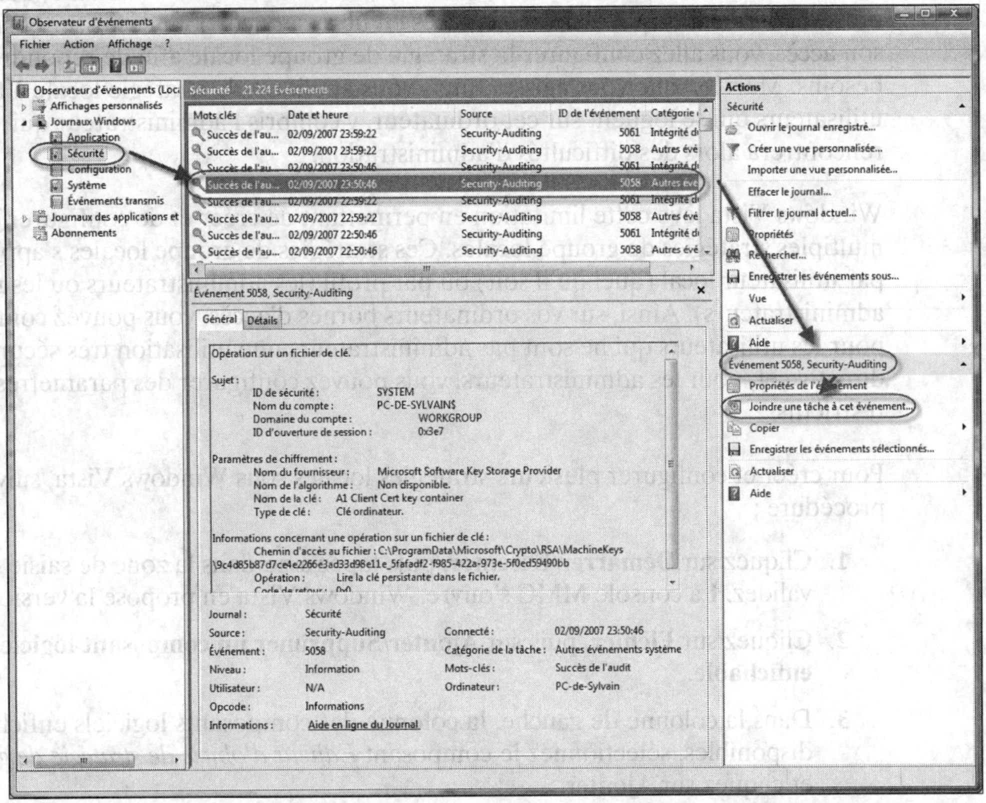

Figure 7-34 : *Paramétrage d'un événement*

Les stratégies de groupe locales multiples

Dans les étapes précédentes, nous avons gardé l'ordinateur à jour pour corriger les dernières failles de sécurité. Autre point, nous avons sécurisé les flux sortants et les flux entrants par le pare-feu de Windows Vista. À présent, nous allons sécuriser l'utilisation de Windows Vista en fonction des utilisateurs afin de préserver sa stabilité et sa sécurité. Tout cela est maintenant possible avec l'évolution des stratégies de groupe locales qui deviennent multiples.

La stratégie de groupe locale vous permet d'appliquer localement des paramètres liés à la configuration de l'utilisateur (le fond d'écran, Internet Explorer, etc.) et/ou liés à la configuration de l'ordinateur (les droits d'accès à l'ordinateur, par exemple). Dans les versions antérieures de Windows, une seule stratégie de groupe locale existait. Cela peut paraître normal : une seule stratégie locale pour contrôler soit les paramètres d'ordinateur, soit les paramètres d'utilisateur. Mais dans certains cas, le fait qu'il n'y ait qu'une stratégie de groupe locale peut entraîner certaines limitations. En effet, si vous avez un ordinateur Windows, hors domaine, que vous utilisez comme kiosque ou borne d'accès en libre-service, pour sécuriser et simplifier son accès, vous allez configurer la stratégie de groupe locale afin de répondre à vos besoins. Mais lorsque vous agissez ainsi, vous appliquez la stratégie locale à tous les utilisateurs qui se loguent sur cet ordinateur, y compris l'administrateur qui rencontrera alors des difficultés d'administration.

Windows Vista lève cette limitation en permettant de créer et de configurer de multiples stratégies de groupe locales. Ces stratégies de groupe locales s'appliquent par utilisateur local (quel qu'il soit) ou par profil (les administrateurs ou les non-administrateurs). Ainsi, sur vos ordinateurs bornes d'accès, vous pouvez configurer pour les utilisateurs qui ne sont pas administrateurs une utilisation très sécurisée et directive et, pour les administrateurs, vous pouvez configurer des paramètres moins restrictifs.

Pour créer et configurer plusieurs stratégies locales sous Windows Vista, suivez cette procédure :

1. Cliquez sur **Démarrer/Exécuter**, puis tapez `mmc` dans la zone de saisie et validez. La console MMC s'ouvre. Windows Vista en propose la version 3.
2. Cliquez sur **Fichier**, puis sur **Ajouter/Supprimer un composant logiciel enfichable**.
3. Dans la colonne de gauche, la colonne des composants logiciels enfichables disponibles, sélectionnez le composant *Editeur d'objets de stratégie de groupe* et cliquez sur **Ajouter** >.

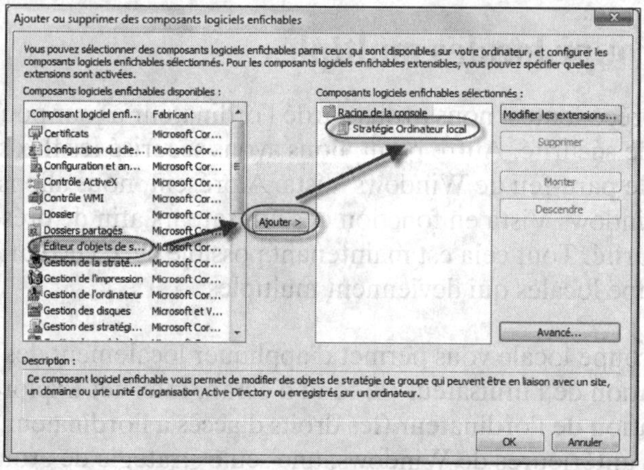

Figure 7-35 :
La fenêtre de sélection de la stratégie de groupe

4. Cliquez sur le bouton **Parcourir**.

5. Une fenêtre s'ouvre dans laquelle vous pouvez choisir une stratégie de groupe. Cliquez sur l'onglet **Utilisateurs**.

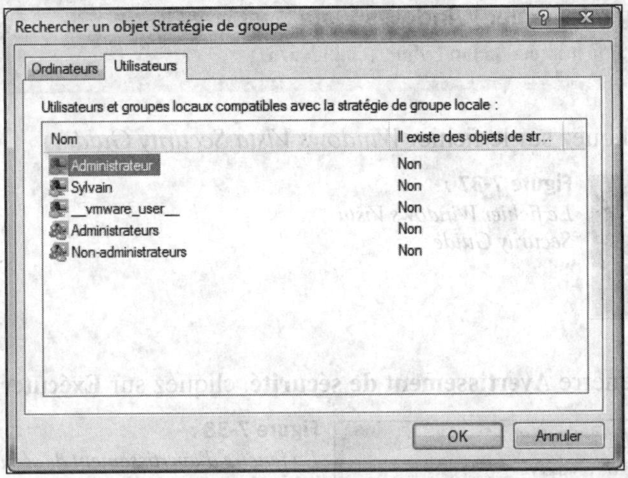

Figure 7-36 : *L'onglet Utilisateurs*

6. Choisissez l'utilisateur local ou le groupe local que vous souhaitez configurer. Tous vos groupes locaux ne sont pas listés ici, uniquement deux catégories : les administrateurs et les non-administrateurs. Validez puis cliquez sur OK. Répétez cette opération pour tous les utilisateurs que vous souhaitez configurer.

Vous obtenez la console de configuration suivante : plusieurs stratégies de groupe locales sont basées sur des utilisateurs locaux ou sur des catégories d'utilisateurs locaux (les administrateurs ou les non-administrateurs).

Vous pouvez alors procéder à des paramétrages différents.

7.5. La documentation avancée – installer le Guide de sécurité

Le Guide de sécurité de Windows Vista est un ensemble de documents destinés à vous aider à évaluer et à contrer les risques liés à la sécurité spécifique à cette version de Windows dans un environnement d'entreprise. Il contient des informations détaillées sur la configuration des paramètres de sécurité avancés et des fonctionnalités de cette version de Windows pour protéger votre environnement des menaces identifiées. Il expose également les bonnes pratiques et fournit des instructions, des procédures et des recommandations détaillées concernant la sécurité pour vous aider à sécuriser les ordinateurs qui exécutent cette version de Windows.

INTERNET

Télécharger le fichier Windows Vista Security Guide

- http://go.microsoft.com/fwlink/?LinkId=67571

1. Double-cliquez sur le fichier *Windows Vista Security Guide*.

Figure 7-37 *:*
Le fichier Windows Vista Security Guide

2. Dans la fenêtre **Avertissement de sécurité**, cliquez sur **Exécuter**.

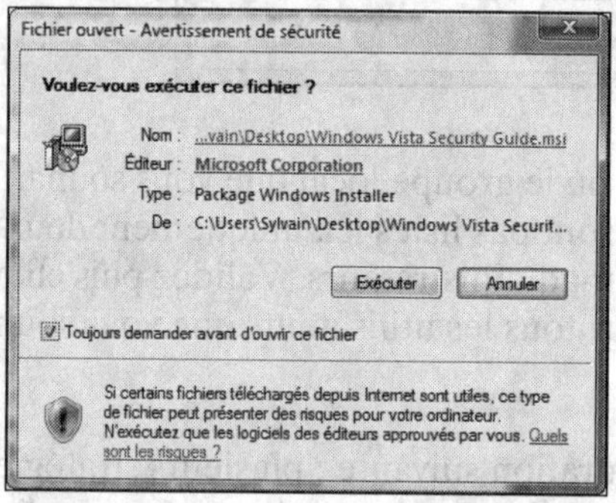

Figure 7-38 *:*
La fenêtre d'avertissement de sécurité

3. Dans la fenêtre **Welcome to the Windows Vista Security guide Setup Wizard**, cliquez sur **Next**.

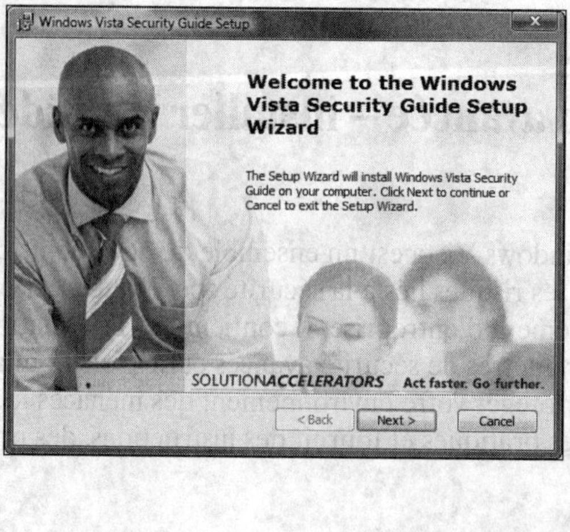

Figure 7-39 *:*
La fenêtre d'assistant d'installation

4. Acceptez les termes de licence de la fenêtre **End-User License Agreement** en sélectionnant *I accept the terms in the License Agreement*, puis cliquez sur **Next**.
5. Dans la fenêtre **Features to install**, sélectionnez les options et le chemin d'installation, puis cliquez sur **Next**.

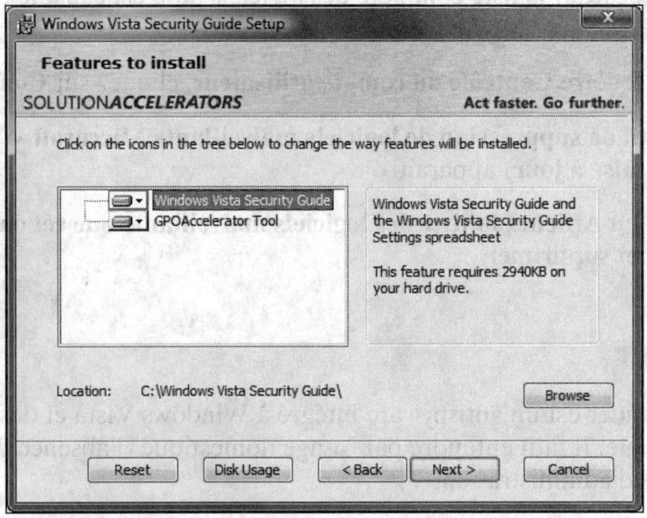

Figure 7-40 : *Les options d'installation*

6. Cliquez sur **Install** pour commencer l'installation.
7. À la fin de l'installation, cliquez sur **Finish**. Pour consulter la documentation et les outils, rendez-vous dans le répertoire d'installation.

7.6. Rappel sur les outils de base

Pour vous aider à atténuer les menaces qui pèsent sur votre ordinateur, comme ces outils sont déjà assez bien documentés, nous avons souhaité uniquement en décrire les quelques principes et étapes pour rappel.

Malicious Software Removal Tool

Malicious Software Removal Tool est un outil de nettoyage. Il ne remplace en rien un antivirus, mais il permet de détecter un grand nombre de logiciels malveillants. La liste des logiciels malveillants est régulièrement mise à jour par Microsoft.

Pour lancer Malicious Software Removal Tool, procédez de la façon suivante :

1. Cliquez sur **Démarrer/Tous les programmes/Accessoires/Invites de commandes**.
2. À l'ouverture de l'Invite de commandes, tapez `mrt`, puis appuyez sur [Entrée].

Si vous désirez connaître les programmes malveillants, l'utilitaire vous offre la possibilité de regarder la liste complète des logiciels qu'il est capable de reconnaître et de supprimer.

3. Dans la fenêtre **Contrôle du compte utilisateur**, cliquez sur **Continuer**.

La fenêtre **Outil de suppression de logiciels malveillants Microsoft Windows - (mois de la dernière mise à jour)** apparaît.

4. Cliquez sur **Affichez la liste des logiciels malveillants que cet outil peut détecter et supprimer**.

Windows Defender

Windows Defender est un antispyware intégré à Windows Vista et destiné à un usage domestique. Il faut entendre par "usage domestique" l'absence de fonctionnalités d'administration.

Windows Defender est le logiciel de Microsoft pour lutter contre les malwares, il est intégré à Windows Vista. Il rassemble des fonctions de détection, de nettoyage et de blocage en temps réel des spywares. Parmi ces actions, Windows Defender est ainsi capable de surveiller Internet Explorer et les composants logiciels chargés dans le navigateur, de vérifier les téléchargements. Windows Defender surveille aussi un certain nombre de points d'entrée fréquemment utilisés sur la machine par les spywares. Il peut s'agir par exemple de la clé de registre *HKLM\… \RUN* qui permet à des logiciels de se maintenir à chaque redémarrage. La technologie de Windows Defender repose sur neuf agents de surveillance. Il offre la possibilité de réaliser une analyse du système rapide ou complète.

Pour découvrir l'interface de Windows Defender, sélectionnez le menu **Démarrer/Tous les programmes/Windows Defender**.

Dans la partie supérieure de la fenêtre de Windows Defender, vous voyez les menus proposés :

- Le menu **Accueil** affiche l'état général de Windows Defender. Vous y retrouvez la date de la dernière recherche (*Last scan*), l'état de la protection en temps réel (*Real-time protection*) et la version des signatures utilisées par Windows Defender (*Spyware signatures*).

- Le menu **Analyser** analyse l'ordinateur à la recherche de spywares. Différentes analyses sont proposées (*Quick Scan*, *Full Scan*, *Custom Scan*…).
- Le menu **Historique** affiche l'historique de toutes les activités de Windows Defender.
- Le menu **Outils** regroupe plusieurs paramètres et outils et se décompose en quatre sections :
  - *Options* affiche les paramètres généraux de Windows Defender.
  - *Microsoft SpyNet* permet d'échanger de conseils avec la communauté Spynet.
  - *Eléments en quarantaine* contient les éléments qui ont été mis en quarantaine.
  - *Explorateur de logiciels* affiche les logiciels qui s'exécutent sur la machine, qui écoutent le réseau et le niveau de classification associé.

REMARQUE

Utilisation de Windows Defender

Les utilisateurs visés par Windows Defender se limitent aux particuliers. Windows Defender ne rentre pas dans le cadre de la gestion d'entreprise, c'est-à-dire qu'il n'exploite pas les stratégies de groupe ou la console d'administration centralisée. Il sera possible d'utiliser une version d'entreprise pour la gestion des malwares, mais cela sera proposé dans une version payante du produit qui s'appelle Microsoft Client Protection. Cette version ne se limitera pas à la simple gestion de spywares, elle intégrera également l'antivirus de Microsoft et sera administrable sous forme de solution.

Utiliser Windows Defender

Même si Windows Defender n'est pas un logiciel d'entreprise car il ne possède pas de fonctions d'administration centralisées, il possède plusieurs fonctions, il est possible de paramétrer des analyses automatiques et il est nécessaire de le mettre à jour.

Pour mettre Windows Defender à jour, procédez ainsi :

1. Sélectionnez le menu **Démarrer/Tous les programmes/Windows Defender**.
2. Cliquez sur **Vérifier maintenant**. Dans la fenêtre **Contrôle de compte utilisateur**, sélectionnez **Continuer**. Une fois la mise à jour terminée, le bouclier devient vert et il est possible de voir la date de la dernière définition de signatures.

Pour planifier les analyses automatiques, suivez ces étapes :

1. Sélectionnez le menu **Démarrer/Tous les programmes/Windows Defender**.

Dans la partie supérieure de la fenêtre de Windows Defender, vous retrouvez les sections de l'outil.

2. Sélectionnez **Outils**, dans la fenêtre **Outils et options**, cliquez sur **Options** sous la rubrique *Paramètres*.
3. Vérifiez que la case *Analyser automatiquement mon ordinateur (recommandé)* est cochée. C'est impératif pour pouvoir paramétrer les différentes options.
4. Dans *Fréquence d'analyse*, sélectionnez *Mercredi*. Dans *Heure*, choisissez *13:00*. Pour le type d'analyse, laissez *(Analyse rapide)*. Cochez les cases *Rechercher les définitions mises à jour avant l'analyse* et *Appliquer les actions par défaut aux éléments détectés lors d'une analyse*.
5. Cliquez sur **Enregistrer**.

Pour lancer une analyse manuelle, procédez ainsi :

1. Sélectionnez le menu **Démarrer/Tous les programmes/Windows Defender**. Dans la partie supérieure de la fenêtre de Windows Defender, vous retrouvez les sections de l'outil.
2. Sélectionnez la flèche du menu **Analyser**.

La fenêtre de sélection vous propose trois options d'analyse :

- *Analyse rapide* ;
- *Analyse complète* ;
- *Analyser les fichiers et les dossiers sélectionnés*.

3. Choisissez une des options d'analyse proposée, puis cliquez sur **Analyser maintenant**.

Pour désactiver ou activer la protection en temps réel de Windows Defender, procédez ainsi :

1. Cliquez sur le menu **Démarrer**, puis sur **Panneau de configuration**.
2. Sélectionnez l'icône *Sécurité*.
3. Cliquez sur l'icône *Windows Defender*.
4. Cliquez sur **Outils**, puis sur **Options**.

5. Sous la rubrique *Options de protection en temps réel*, activez la case à cocher *Utiliser la protection en temps réel (recommandé)*.
6. Sélectionnez les options voulues. Pour préserver vos données personnelles et protéger votre ordinateur, il est recommandé de sélectionner toutes les options de protection en temps réel.
7. Choisissez enfin si Windows Defender doit vous avertir lors de certains événements. Sélectionnez les options requises, puis cliquez sur **Enregistrer**.

Consulter l'historique

Vous pouvez si vous le souhaitez connaître l'activité de Windows Defender car il garde une trace d'un grand nombre d'actions. Pour afficher l'historique de Windows Defender, procédez de la façon suivante :

1. Sélectionnez le menu **Démarrer/Tous les programmes/Windows Defender**.
2. Cliquez sur **Historique**.
3. Pour supprimer tous les éléments de la liste, cliquez sur **Effacer l'historique**. Si vous êtes invité à fournir un mot de passe administrateur ou une confirmation, fournissez-les.

7.7. La base de Registre

La base de Registre est maintenant connue de tout le monde puisqu'elle a fait son apparition avec Windows 95 et qu'elle se trouve depuis dans tous les systèmes d'exploitation de Microsoft, qu'ils soient destinés au grand public ou aux professionnels.

Le Registre est un sujet sensible dans la mesure où le moindre changement est immédiat et peut avoir un impact important sur votre machine. De ce fait, Microsoft n'a cessé de rappeler aux programmeurs que la base de Registre est avant tout une partie intégrante du système, il a toujours déconseillé son utilisation. Cependant, au fil du temps et des programmeurs, son usage est devenu de plus en plus courant et a souvent posé des problèmes, notamment sous Windows XP où les utilisateurs ont besoin de lancer le compte *Administrateur* pour utiliser une application de bureautique ou un jeu. De plus, les vers et les troyens s'ajoutant au Registre pour être exécutés en même temps que le système, son usage est devenu de plus en plus négatif.

Pour toutes ces raisons, Microsoft est arrivé dans Vista à virtualiser le Registre pour permettre d'en contrôler les modifications et permettre aux applications dépourvues des privilèges administrateurs, qui l'utilisent en lecture seule, d'être exécutées.

Windows Vista dispose d'une clé virtuelle "globale" par utilisateur, ce qui permet aux applications de l'utiliser, mais seuls les membres de la branche *HKEY_LOCAL_MACHINE\Software* sont virtualisés, tout cela dans une redirection transparente pour l'utilisateur. Si l'application essaie d'ouvrir la clé avec le flag `WRITE_ACCESS` et une API de type `Reg*` la fonction retournera `MAX_ALLOWED` pour en rejeter l'accès.

Mais, dans certaines conditions, Windows Vista ne virtualise pas le Registre :

- si l'application est lancée et identifiée en tant qu'*admin mode* ;
- si les clés sont qualifiées de "non modifiables" par l'administrateur, c'est-à-dire les WRP (*Windows Resources Protected*) ;
- si l'appel se fait en CPL 0 (*Current Privilege Level*) ;
- si l'appel se fait après une imitation (*impersonation*), par exemple avec l'usage de l'API `LogonUser()` ;
- si l'application est de type 64 bits ;
- si la clé fait partie de l'ensemble de la branche *HKEY_LOCAL_MACHINE\Software\Classes*.

7.8. Les niveaux d'intégrité

Le niveau d'intégrité d'un processus est un label qui peut prendre quatre valeurs.

- *Bas* : c'est le niveau 100 destiné à tout le monde.
- *Moyen* : c'est le niveau 200 destiné aux jetons LUA (filtrés), aux utilisateurs authentifiés, c'est également le niveau d'exécution du Bureau.
- *Haut* : c'est le niveau 300 destiné au service local, au service réseau, aux jetons élevés (complets).
- *Système* : c'est le niveau 400 destiné au système local.

Le niveau par défaut est attaché au fichier exécutable du processus sous la forme d'ACE (*Access Control Entry*). Par défaut, un processus sans label est de niveau *Moyen*, tandis qu'un processus exécuté en tant qu'administrateur est de niveau *Haut*.

Le concept du niveau d'intégrité est intéressant car il s'agit en fait d'un glissement dans le modèle de sécurité Windows du contrôle d'accès par utilisateur au contrôle d'accès par processus.

8

Les applications

On peut considérer que Windows Vista n'est qu'un socle sur lequel la plupart des applications doivent pouvoir fonctionner. Ce point est extrêmement important. Il en va de l'adoption de Windows Vista et de votre satisfaction. Windows Vista améliore nettement la portabilité des applications d'une version antérieure de Windows vers Windows Vista.

Première constatation : selon une étude, plus de 95 % des logiciels grand public les plus vendus depuis 2005 sont compatibles avec Windows Vista. C'est un chiffre excellent ! Mais qu'en est-il des exceptions ? Voyons ce qu'apporte Windows Vista en matière de compatibilité des applications, et quelle technologie met-il à notre disposition pour l'améliorer encore.

8.1. La compatibilité des applications

La compatibilité des programmes est un mode de Windows Vista qui vous permet d'exécuter des programmes développés dans les anciennes versions de Windows. La plupart des programmes développés pour Windows XP fonctionnent aussi sous Windows Vista, mais des programmes plus anciens peuvent mal s'exécuter ou ne pas s'exécuter du tout. Si une ancienne application ne s'exécute pas correctement, démarrez l'Assistant Compatibilité des programmes pour simuler des versions antérieures de Windows.

Le module d'assistance Compatibilité des programmes détecte les problèmes connus de compatibilité dans les applications les plus anciennes. Après l'exécution d'un programme plus ancien dans cette version de Windows, le système vous avertit de tout problème et vous invite à le corriger la prochaine fois que vous exécutez le programme. Si le problème de compatibilité est grave, le module d'assistance Compatibilité des programmes peut vous en avertir ou empêcher l'exécution du programme. Dans ce cas, vous pouvez rechercher des solutions possibles en ligne.

Le module d'assistance Compatibilité des programmes s'exécute automatiquement lorsqu'il détecte une ancienne application ayant un problème de compatibilité. Vous ne pouvez pas le lancer manuellement (voir fig. 8-1).

Cependant, vous pouvez utiliser le module Compatibilité des programmes, une fonctionnalité connexe mais distincte de Windows Vista, sur un programme ou un fichier d'installation si celui-ci ne fonctionne pas ou ne s'installe pas correctement.

1. Pour modifier manuellement les paramètres de compatibilité d'un programme, cliquez avec le bouton droit de la souris sur l'icône du programme, puis cliquez sur **Propriétés** (voir fig. 8-2).

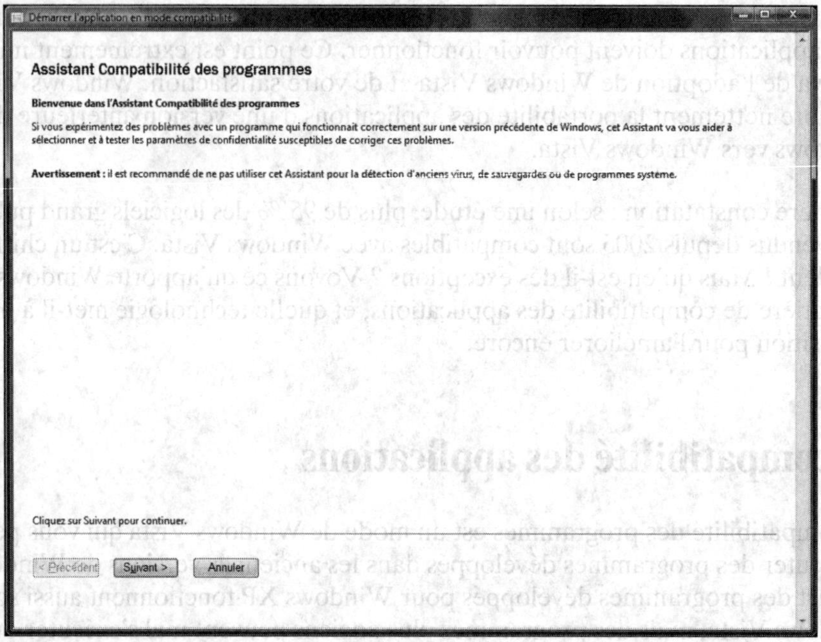

Figure 8-1 : *Le module d'assistance Compatibilité des programmes*

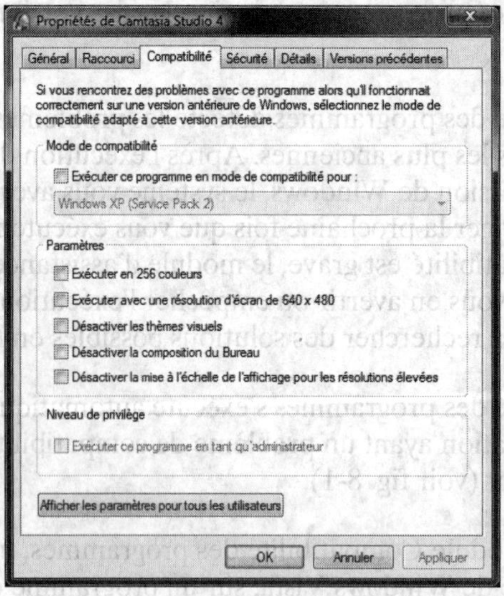

Figure 8-2 : *L'onglet Compatibilité d'un programme*

2. Dans la fenêtre affichée, sélectionnez l'onglet **Compatibilité**. C'est là que vous pouvez modifier les paramètres.

Voyez dans le tableau suivant les différentes options de configuration qui vous sont proposées :

Tableau 8-1 : Options de compatibilité d'un programme disponibles sous Windows Vista

Option	Description
Mode de compatibilité	Exécute le programme en utilisant les paramètres issus d'une version précédente de Windows. Utilisez ce paramètre si vous êtes sûr que le programme est conçu pour (fonctionner dans) une version précédente spécifique de Windows.
Exécuter en 256 couleurs	Utilise un jeu de couleurs limité dans le programme. Certains programmes anciens sont conçus pour utiliser moins de couleurs.
Exécuter avec une résolution d'écran de 640 x 480	Exécute le programme dans une fenêtre plus petite. Utilisez ce paramètre si l'interface graphique utilisateur présente une apparence irrégulière ou un rendu de mauvaise qualité.
Désactiver les thèmes visuels	Désactive les thèmes dans le programme. Utilisez ce paramètre si des problèmes se produisent avec les menus ou les boutons de la barre de titre du programme.
Désactiver la composition du Bureau	Désactive la transparence et d'autres fonctionnalités d'affichage avancées. Utilisez ce paramètre si le mouvement des fenêtres est imprévisible ou si d'autres problèmes d'affichage se produisent.
Désactiver la mise à l'échelle de l'affichage pour les résolutions élevées	Désactive le redimensionnement automatique des programmes lorsqu'une grande police est utilisée. Utilisez ce paramètre si la taille élevée d'une police perturbe l'apparence du programme.
Niveau de privilège	Exécute le programme en tant qu'administrateur. Certains programmes requièrent des privilèges d'administrateur pour fonctionner correctement. Si vous avez ouvert la session en tant qu'administrateur, cette option n'est pas disponible.
Afficher les paramètres pour tous les utilisateurs	Permet de choisir les paramètres qui s'appliqueront à tous les utilisateurs de l'ordinateur.

8.2. La virtualisation applicative

Qu'appelle-t-on virtualisation applicative ? Vous connaissez déjà certains concepts de virtualisation, notamment la virtualisation du système d'exploitation au travers de produits comme Virtual PC 2007, Virtual Server 2005 R2 ou VMware Workstation qui permettent de faire tourner virtuellement un ou plusieurs systèmes d'exploitation, quels qu'ils soient, sur un seul et même ordinateur et de façon plus ou moins isolée. Pour aller plus loin dans la définition, nous pouvons dire que la virtualisation de système d'exploitation de type Virtual PC est la capacité à virtualiser (isoler et rendre autonome) un ou plusieurs systèmes d'exploitation en quelques fichiers (dont les fameux fichiers *.vhd*) sur un seul et même ordinateur, sans conséquences sur l'ordinateur hôte.

Et bien, nous pouvons dire que la virtualisation applicative reprend la même définition, mais à un niveau supérieur : la virtualisation applicative est la capacité à virtualiser (isoler et rendre autonome) une ou plusieurs applications en quelques fichiers (des couches) sur un seul et même ordinateur, sans conséquences sur l'ordinateur hôte. Vous commencez à comprendre ce que cela signifie : avec la virtualisation applicative, vous allez être capable de virtualiser uniquement l'application, sans virtualiser le système d'exploitation, sans impact au niveau de l'ordinateur hôte (pas d'interaction ou de modification des DLL du système d'exploitation hôte, des clés de registre, du répertoire d'installation, etc.). Bref, vous allez installer une application sans vraiment l'installer.

Pour vous aider à bien comprendre, le schéma suivant synthétise les différents niveaux de virtualisation connus dans l'industrie en comparaison avec une installation classique sur un ordinateur :

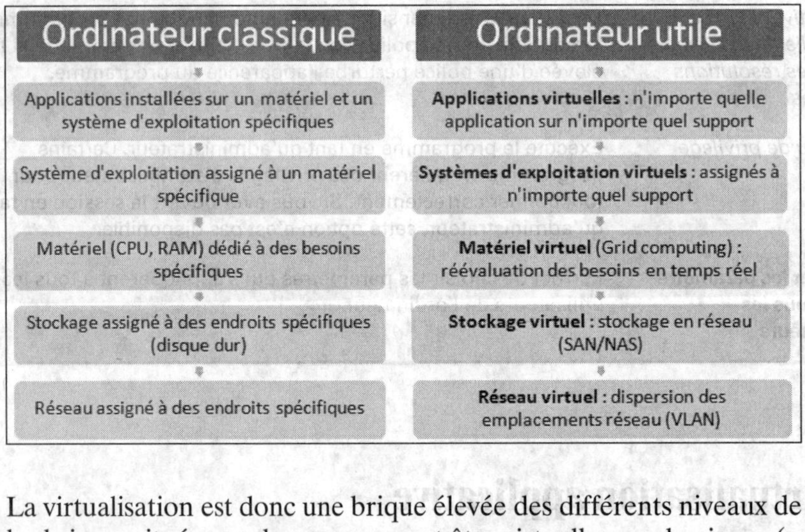

Figure 8-3 : *L'ordinateur utile face à l'ordinateur classique*

La virtualisation est donc une brique élevée des différents niveaux de virtualisation, les briques situées en dessous pouvant être virtuelles ou classiques (système d'exploitation, matériel, stockage, etc.).

Ce schéma mentionne que n'importe quelle application virtuelle peut s'installer sur n'importe quel support. Cela ouvre des avantages colossaux. Avec la virtualisation applicative, vous allez être capable de gérer l'installation et le fonctionnement de vos applications :

- Vous pourrez faire fonctionner n'importe quelle application sous Windows Vista (même si celle-ci n'est pas déclarée compatible avec Windows Vista). Cela vous aidera à migrer en douceur vers Windows Vista, même si vous utilisez encore d'anciennes applications.
- Vous pourrez faire fonctionner côte à côte les versions différentes d'une même application alors que l'éditeur même de cette application l'interdit ou le déconseille. Cela vous permettra de passer en douceur d'une version à une autre, ou tout simplement d'évaluer sans risque la nouvelle version.
- Vous pourrez faire fonctionner côte à côte des applications pourtant connues comme n'étant pas compatibles entre elles. Cela augmentera votre productivité en diminuant le nombre d'ordinateurs ou de machines virtuelles nécessaires.
- Vous pourrez stabiliser et fiabiliser Windows Vista. On le sait depuis longtemps déjà, la plus grande source d'erreurs sous Windows provient des applications qui, parfois, ont besoin d'installer de nouveaux pilotes, de modifier les fichiers système, de rajouter des clés de Registre, etc. De plus, ces applications ne sont pas toutes développées suivant les niveaux de certification d'application de Microsoft ; en multipliant le nombre d'applications installées sur votre ordinateur, vous pouvez provoquer des conflits entre les DLL ou les valeurs de clé de Registre conduisant à des écrans bleus ou à des messages d'erreur. Avec la virtualisation applicative, comme les applications sont virtualisées (isolées) du reste du système d'exploitation, il n'y a aucun risque d'interférences et de modification des fichiers système de Windows Vista, ce qui va participer à une plus grande stabilité de Windows Vista qui reposera sur ces propres paramétrages, sans modifications applicatives.
- Vous pourrez réparer aisément une application en cas d'erreur puisque tous les outils de virtualisation applicative possèdent une fonctionnalité de retour à une configuration applicative de base.

8

Principe de fonctionnement de la virtualisation applicative

À l'instar de la virtualisation de système d'exploitation et de Virtual PC 2007 par exemple, la virtualisation applicative s'appuie sur un produit. Il en existe plusieurs sur le marché (nous détaillons l'outil SVS que nous avons choisi au paragraphe suivant).

Le principe de fonctionnement est toujours découpé en trois phases, peu importe le produit.

- La phase de packaging de l'application : aujourd'hui, une application est fournie à l'installation sous la forme d'un exécutable (`install.exe` ou `setup.exe`) ou bien d'un package d'installation (comme un fichier *.msi*). Pour la virtualiser, il faut transformer ce package au format d'une application virtuelle (différent selon le produit utilisé). C'est tout l'objet de cette phase, la plus importante : transformer, virtualiser une application standard.
- La phase de livraison de l'application ainsi virtualisée : c'est la distribution de l'application virtualisée sur l'ordinateur. Nous n'aborderons pas cette phase dans le détail car elle met en jeu d'autres outils. Nous partirons du principe que nous virtualisons une application à destination de notre propre ordinateur. Cette phase concerne davantage les entreprises qui ont besoin de distribuer de façon automatisée l'application virtualisée sur des dizaines, des centaines, voire des milliers d'ordinateurs.
- La phase de configuration du client de virtualisation sur l'ordinateur : il faut que le client du produit de virtualisation soit installé sur l'ordinateur en question pour permettre à l'application virtualisée de jouer son rôle. C'est un peu comme la virtualisation de système d'exploitation ; les fichiers *.vhd* d'un système d'exploitation virtualisé restent de simples fichiers, à plat, si Virtual PC 2007, ou un autre client, n'est pas installé sur l'ordinateur pour en tirer toute la valeur.

Figure 8-4 : *Les phases de fonctionnement de la virtualisation applicative*

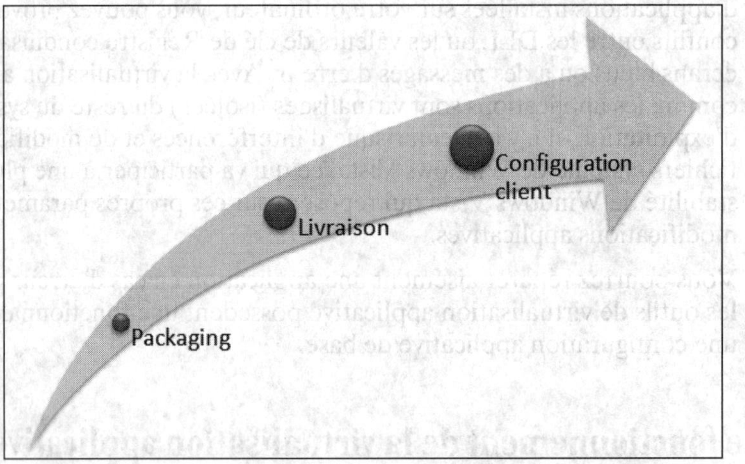

Utiliser Symantec Altiris SVS

La société Altiris, qui a été rachetée par la société Symantec, propose un outil de virtualisation applicative nommé SVS (*Software Virtualization Solution*). Cet outil a la particularité de regrouper les trois phases de fonctionnement de la virtualisation applicative précédemment expliquées dans le même outil et de pouvoir les utiliser de façon autonome sur le même ordinateur (ce n'est pas le cas avec tous les outils de virtualisation applicative). C'est-à-dire que SVS inclut un outil de packaging de l'application, il permet de déployer les applications virtuelles où vous souhaitez et fournit un client compatible Windows Vista. SVS présente également l'avantage d'être gratuit pour un usage non commercial.

C'est la version 2.1 de SVS qui est proposée actuellement. Son téléchargement ne pèse que quelques mégaoctets.

INTERNET

Téléchargement de SVS

www.altiris.com/Products/SoftwareVirtualizationSolution.aspx

Sans entrer dans des explications techniques trop complexes, SVS repose sur le principe d'un filtre qui va rediriger tous les appels entre Windows Vista et les applications (virtuelles ou non). C'est ce principe de redirection qui fait que l'application est virtualisée et, donc, qu'elle ne va pas interférer avec le système d'exploitation. Ce principe de redirection a l'avantage que des applications virtualisées (et donc isolées) vont pouvoir tout de même communiquer entre elles au travers du filtre. Avec SVS, une application virtualisée est appelée "une couche". Elle est au format VSP.

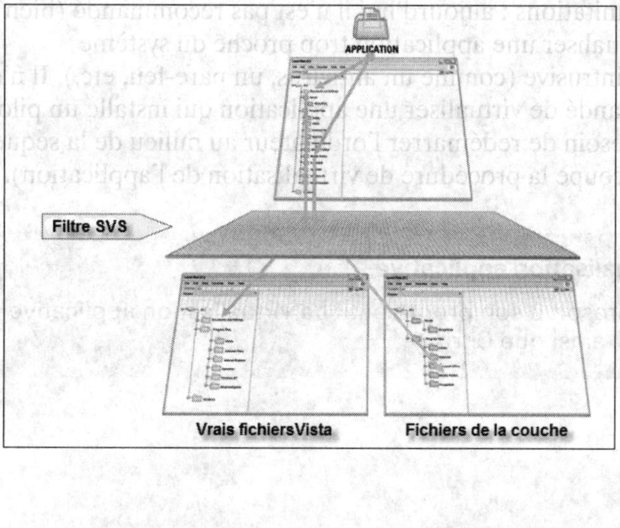

Figure 8-5 : *Le principe de redirection de SVS*

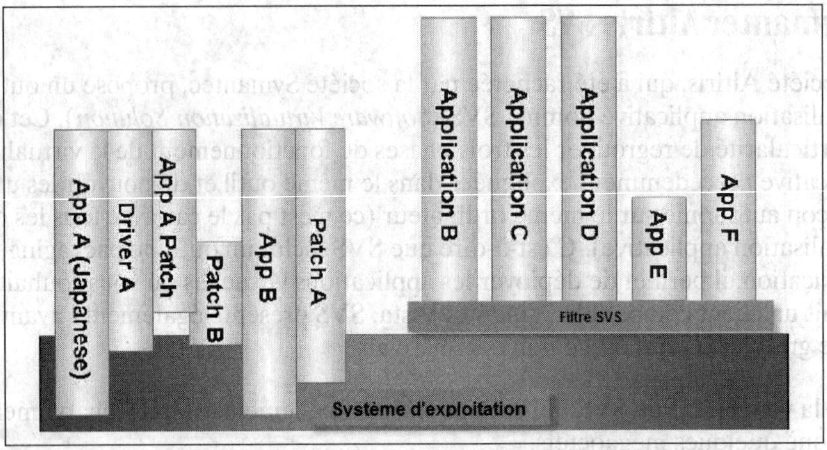

Figure 8-6 : *Comportement des applications virtualisées par rapport à des applications classiques*

Vous allez utiliser SVS pour transformer une installation d'application en couche. Cette couche est une somme de fichiers, elle est localisée dans un répertoire caché nommé *fslrdr* (le filtre). Ainsi, l'application redirige ses appels par le filtre et est donc virtualisée.

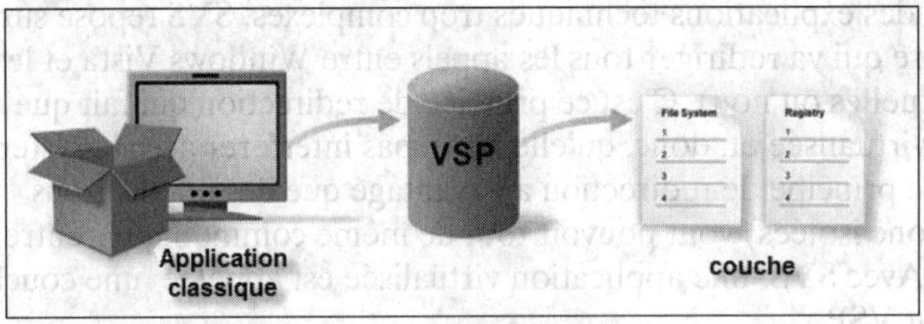

Figure 8-7 : *Transformation de l'application classique en couche*

SVS a cependant des limitations : aujourd'hui il n'est pas recommandé (bien que cela fonctionne) de virtualiser une application trop proche du système d'exploitation, ou trop intrusive (comme un antivirus, un pare-feu, etc.). Il n'est également pas recommandé de virtualiser une application qui installe un pilote et une application qui a besoin de redémarrer l'ordinateur au milieu de la séquence d'installation (car cela coupe la procédure de virtualisation de l'application).

REMARQUE

Produits de virtualisation applicative

Hormis SVS, Microsoft a son propre outil de virtualisation applicative nommé SoftGrid, ainsi que Citrix.

Installer SVS

Maintenant que le concept de virtualisation applicative est entendu, regardons de plus près le fonctionnement technique de SVS. Commençons par l'installation du client (troisième phase du principe de fonctionnement de la virtualisation applicative) :

1. Après avoir téléchargé SVS sur le site de Symantec Altiris, lancez l'exécutable d'installation. Dans la fenêtre de bienvenue, cliquez sur **Next**.

ATTENTION

Langue d'installation de SVS

Il n'existe qu'une version téléchargeable de SVS : elle est en anglais. Vous remarquerez que les étapes d'installation de SVS sont également en anglais, mais, une fois l'installation effectuée, si votre version de Windows Vista est en français, alors les interfaces graphiques de SVS seront en français.

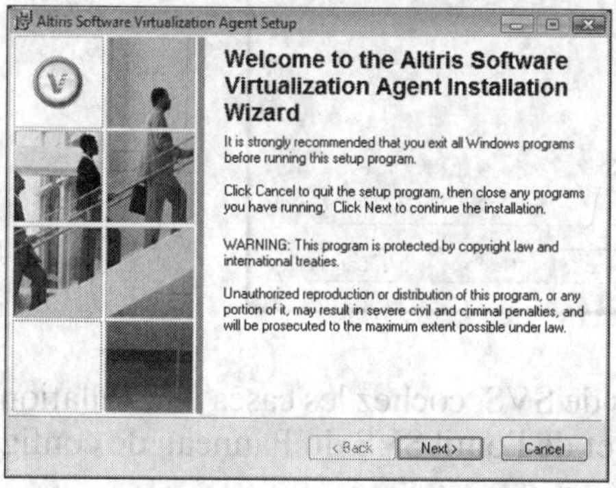

Figure 8-8 : *La fenêtre d'accueil de l'installation de SVS*

8

2. Dans la fenêtre suivante, le programme demande une clé logicielle de SVS. Comme vous êtes un particulier, cliquez sur le bouton **Get it free**.

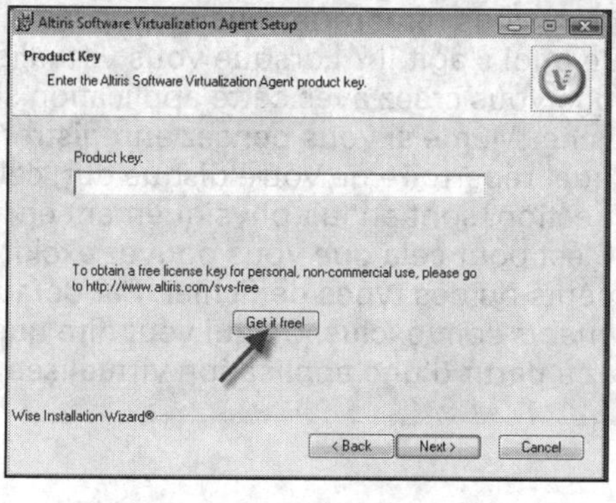

Figure 8-9 : *Il faut indiquer la clé logicielle SVS*

3. Vous êtes redirigé vers le site Internet de Symantec Altiris afin d'accepter le contrat d'utilisateur et de télécharger un fichier contenant votre numéro de licence. Attention, vous ne devez utiliser ce numéro de licence que si vous utilisez SVS pour un usage domestique non commercial. Vous n'utiliserez pas ce numéro de licence en entreprise ; vous devez contacter Symantec Altiris pour cela.
4. Une fois le numéro de licence récupéré, entrez-le dans le champ correspondant et cliquez sur **Next**.

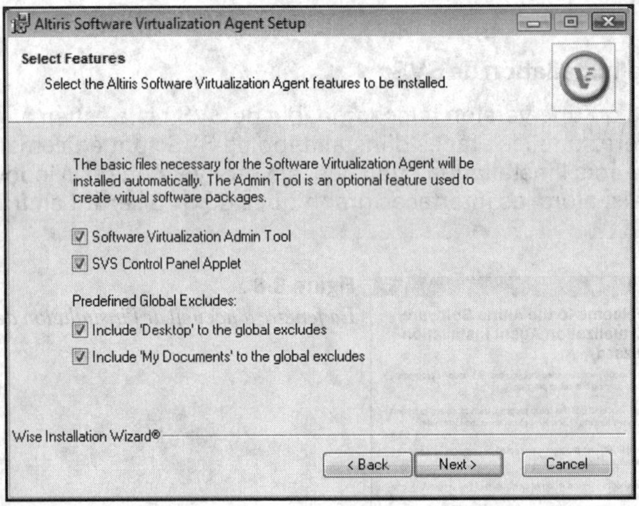

Figure 8-10 : *Liste des composants de SVS*

5. Dans la fenêtre des composants de SVS, cochez les cases d'installation de l'outil d'administration de SVS et de l'outil SVS du Panneau de configuration, puis cliquez sur **Next**.

ATTENTION

Exclusions et gestion des données

À cette étape de l'installation, vous remarquez que vous pouvez configurer les exclusions globales. De quoi s'agit-il ? Lorsque vous virtualisez une application, les données que vous créez avec cette application sont par défaut situées dans la couche. Même si vous pensez enregistrer vos données dans n'importe quel répertoire de votre disque dur, celles-ci, à cause du système de redirection, sont en fait physiquement enregistrées dans le répertoire *fslrdr*. C'est pour cela que vous pouvez exclure de la redirection des emplacements ou des types de fichier. Par défaut, le Bureau et le répertoire *Mes documents* sont exclus. Ce qui veut dire que tous les documents que vous créez à partir d'une application virtualisée sur le

ATTENTION

Bureau ou dans *Mes documents* sont physiquement bel et bien situés à cet emplacement. Cette notion est très importante.

L'installation se déroule puis se termine.

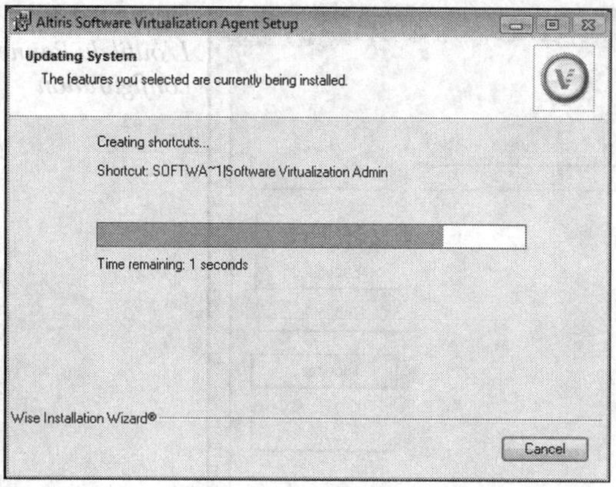

Figure 8-11 : *Déroulement de l'installation de SVS*

6. À la fin de l'installation, redémarrez votre ordinateur.

SVS est maintenant installé. Il se compose de deux outils.

- L'outil d'administration : celui-ci va vous permettre de créer des couches, de les activer, les désactiver, les réinitialiser, etc. Comme son nom l'indique, vous pourrez effectuer toutes les tâches d'administration de SVS, vous devez être administrateur pour les exécuter. Pour accéder à cet outil, cliquez sur **Démarrer/Tous les Programmes/Altiris/Software Virtualization/Software Virtualization Admin**. Son interface est très épurée.

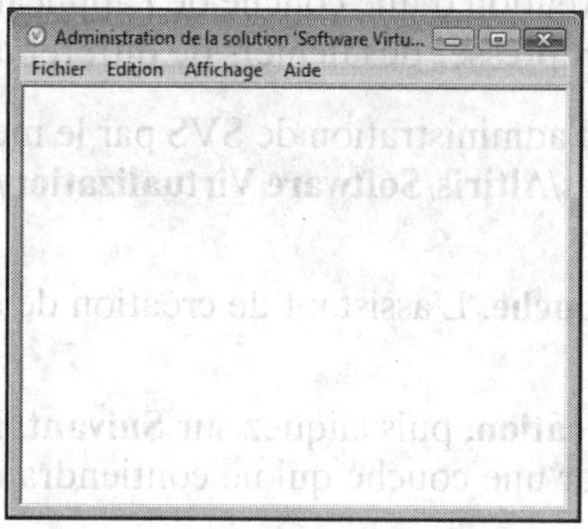

Figure 8-12 : *L'outil d'administration à l'interface très épurée*

- L'outil du Panneau de configuration : il vous permet d'effectuer les tâches de base liées à l'utilisation de SVS sur cet ordinateur seulement. Vous pouvez créer des couches également, mais vous ne disposez pas, entre autres, des options avancées qui permettent d'activer ou de désactiver des couches, voire de les réparer. Pour y accéder, activez le menu **Démarrer/Panneau de configuration**, cliquez sur **Programmes**, puis sur **Altiris SVS**.

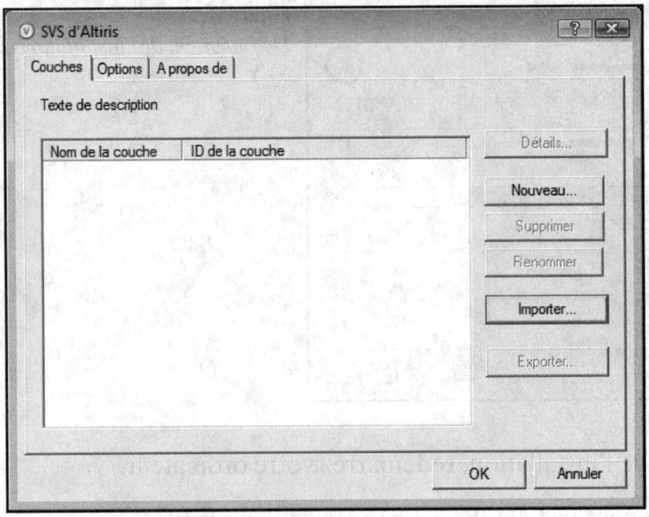

Figure 8-13 : *L'outil du Panneau de configuration*

Créer une couche

C'est la partie la plus importante. Vous allez transformer une installation classique d'application en une couche (application virtualisée) sous SVS. Pour cela, vous allez utiliser l'outil d'administration de SVS.

Nous prendrons comme exemple la création d'une couche de l'application WinRAR qui permet de compresser et de décompresser des fichiers de différents formats.

1. Commencez par lancer l'outil d'administration de SVS par le menu **Démarrer/Tous les Programmes/Altiris/Software Virtualization/Software Virtualization Admin**.

2. Cliquez sur **Fichier/Nouvelle couche**. L'assistant de création de couche s'ouvre (voir fig. 8-14).

3. Cliquez sur **Installer une application**, puis cliquez sur **Suivant**. Notez que vous pouvez, au besoin, installer une couche qui ne contiendra que des données, ou bien une couche vide.

4. Nommez la couche, ici saisissez `WinRAR`, puis cliquez sur **Suivant** (voir fig. 8-15).

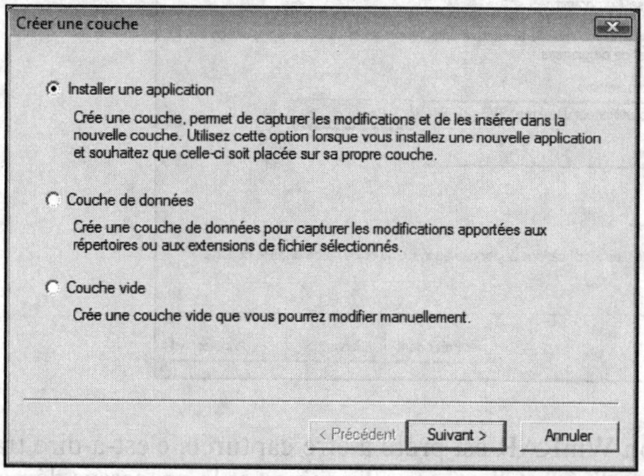

Figure 8-14 : *L'assistant de création d'une couche*

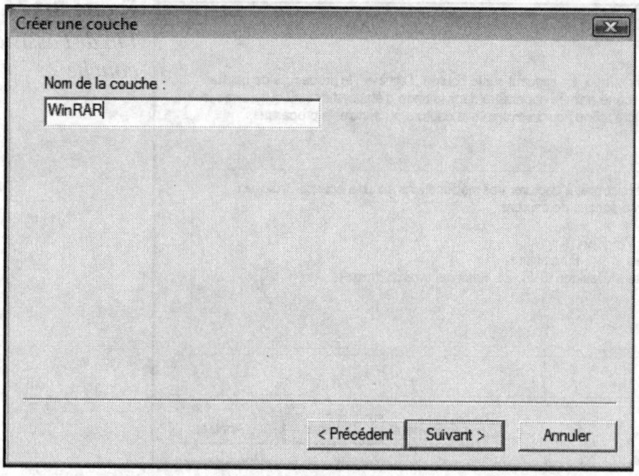

Figure 8-15 : *Nom de la couche*

5. Dans la fenêtre d'installation du logiciel qui s'ouvre alors, vous pouvez sélectionner l'option de capture d'un seul programme (si le programme d'installation de l'application ne comporte qu'un seul fichier, ce qui est le cas pour WinRAR) ou bien l'option de capture globale (si le programme d'installation de l'application se compose d'une multitude de fichiers, par exemple Microsoft Office). Notez que la capture globale signifie que tous les appels du système d'exploitation sont inclus dans la couche. Dans cet exemple, sélectionnez l'option *Capture d'un seul programme*, cliquez sur **Parcourir** et naviguez jusqu'au programme d'installation de WinRAR, puis cliquez sur **Suivant**.

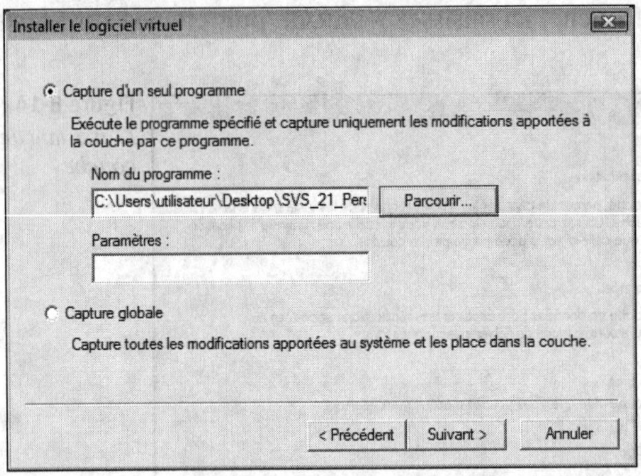

Figure 8-16 : *Capture d'un seul programme*

6. L'application WinRAR est prête à être capturée, c'est-à-dire transformée en couche (virtualisée). Cliquez sur **Terminer** et le processus démarre.

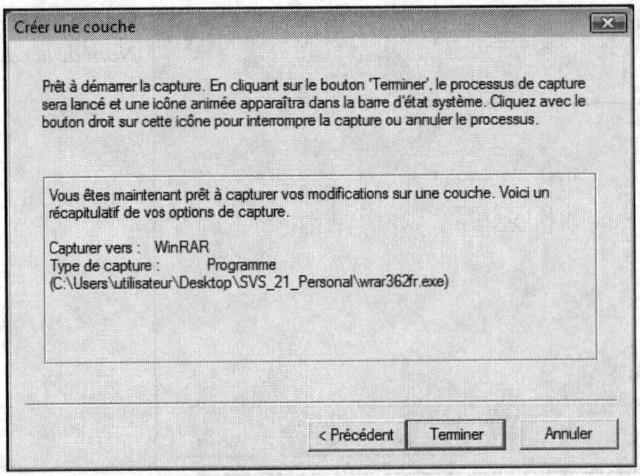

Figure 8-17 : *Fin de l'assistant de création de couche*

7. Vous remarquez alors que le processus d'installation classique de l'installation en question se lance ; à cela près qu'une petite icône SVS tournoyante à droite dans la barre des tâches est présente, vous signifiant que tout ce que vous paramétrez pendant la phase d'installation de l'application est capturé dans une couche (voir fig. 8-18).

8. Suivez la procédure habituelle d'installation de l'application à virtualiser (c'est comme si vous l'installiez classiquement, sauf qu'en fait elle est transformée en couche).

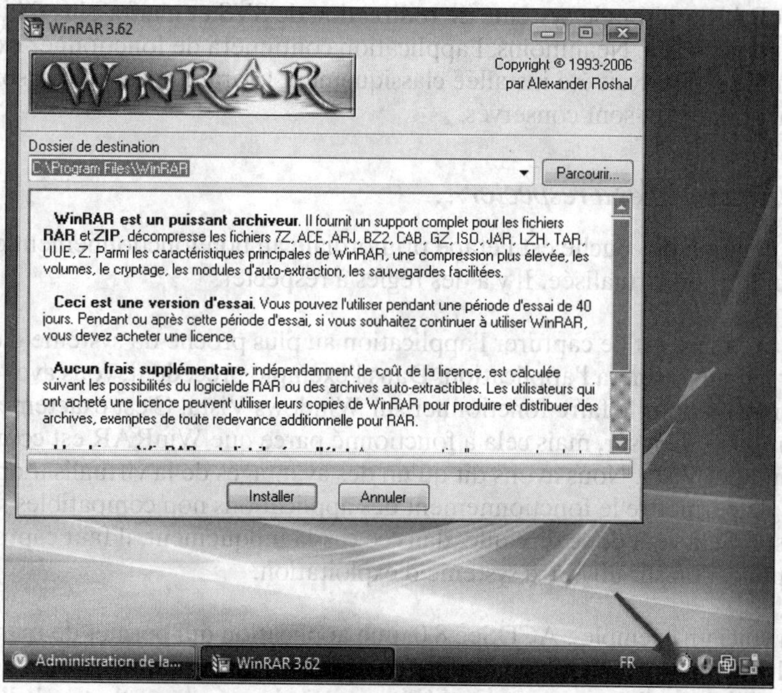

Figure 8-18 :
Capture en cours

9. À la fin de l'installation de l'application à virtualiser, la capture se termine, l'outil d'administration de SVS réapparaît et vous montre la couche active (en gras).

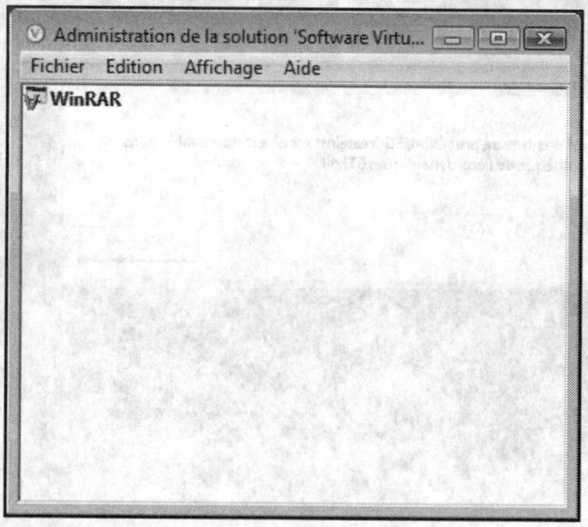

Figure 8-19 *:*
Vue d'une couche active

Vous venez de créer votre première couche, votre première application virtualisée. À la fin d'une création de couche, celle-ci est activée par défaut. Dorénavant,

WinRAR utilisera le système de redirection de SVS et n'aura plus d'influence sur Windows Vista. Néanmoins, l'application continuera de fonctionner exactement comme si elle avait été installée classiquement : paramétrages et personnalisations fonctionnent et sont conservés.

Quelques règles à respecter…

La création de couche est l'étape primordiale au bon fonctionnement de l'application virtualisée. Il y a des règles à respecter.

La première est de capturer l'application au plus proche du système d'exploitation sur lequel tournera l'application. Dans l'exemple précédent, vous avez capturé WinRAR pour le faire fonctionner sur Windows Vista. C'est exactement ce qu'il faut faire, bien sûr, mais cela a fonctionné parce que WinRAR est compatible avec Windows Vista. Nous avons dit qu'un des avantages de la virtualisation applicative est de permettre le fonctionnement des applications non compatibles sous Windows Vista. Cela veut donc dire que, dans ce cas-là uniquement, il faut capturer l'application sur un autre système d'exploitation.

En voici un exemple : ACDSee 8.0, une application qui permet de manipuler des fichiers multimédias. Elle n'est pas compatible avec Windows Vista. Vous pouvez l'installer classiquement sans problème, mais, lorsque vous tentez de l'ouvrir, un message d'erreur peu compréhensible fait son apparition, et l'application ne se lance jamais.

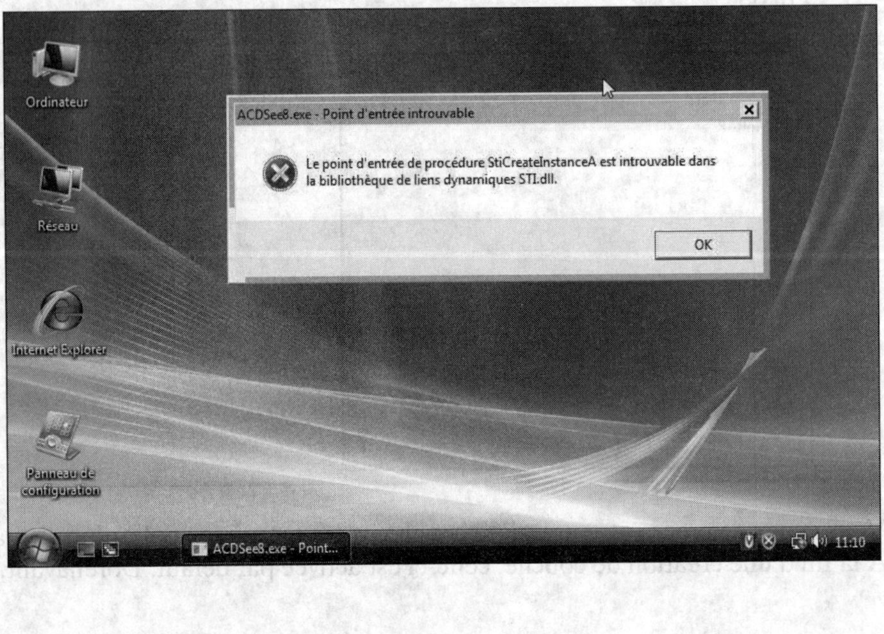

Figure 8-20 : *ACDSee ne fonctionne pas sous Windows Vista*

ACDSee 8.0 fonctionne correctement sous Windows 2000. Pour le faire fonctionner sous Windows Vista, capturez l'installation de l'application sous Windows 2000, puis exportez la couche et réimportez-la sous Windows Vista (les procédures d'exportation et d'importation sont décrites un peu plus loin).

Le système de redirection de SVS va alors cacher à l'application qu'elle dialogue avec un système d'exploitation qu'elle ne connaît pas, et l'application va fonctionner. C'est à ce prix que vous pourrez faire fonctionner des applications non compatibles sous Windows Vista. Le même principe s'applique pour des versions différentes non compatibles entre elles d'une même application.

Figure 8-21 : *ACDSee, capturé sous Windows 2000 et virtualisé sous Windows Vista, fonctionne*

Une autre bonne pratique consiste à désactiver toutes les couches lorsque vous capturez une application. C'est d'ailleurs plus qu'une bonne pratique, puisque vous ne pourrez pas créer de couche si toutes les autres ne sont pas inactives.

INTERNET

Juice, une communauté d'utilisateurs SVS

- http://juice.altiris.com/svs

8

INTERNET

Récupérer des applications virtualisées toutes faites et libres de droit

- www.svsdownloads.com

Utiliser une application virtualisée

Maintenant que vous avez créé une ou plusieurs applications virtualisées, voyons les principales manipulations concernant l'utilisation de SVS et la procédure de réparation d'une application virtualisée.

Pour désactiver une couche, procédez ainsi :

1. Commencez par lancer l'outil d'administration de SVS par le menu **Démarrer/Tous les Programmes/Altiris/Software Virtualization/Software Virtualization Admin.**
2. Sélectionnez la couche que vous souhaitez désactiver, cliquez avec le bouton droit de la souris et sélectionnez **Désactiver la couche.**

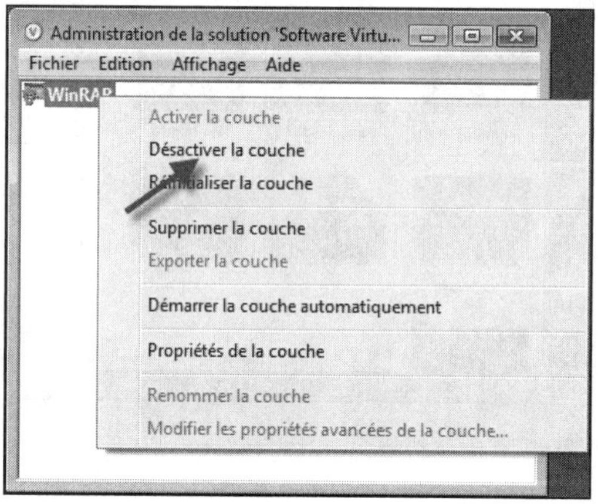

Figure 8-22 : *Désactiver la couche*

La couche est immédiatement désactivée et n'apparaît plus en gras dans l'interface de l'outil d'administration.

La désactivation de la couche a des conséquences immédiates : l'application n'est plus utilisable, les raccourcis du Bureau ou du menu de démarrage, les fichiers d'installation dans *Program Files*, les clés de Registre, les données créées ailleurs que dans les répertoires d'exclusion, tous les liens de l'application dans le module **Ajout/Suppression de programmes** et ailleurs disparaissent instantanément. Enfin, ils ne disparaissent pas vraiment : ils sont masqués, mais ils restent disponibles dans le répertoire *fslrdr* (par défaut sur *C:\fslrdr*). C'est en fait le système de redirection qui est interrompu lorsque vous désactivez une couche.

Si vous souhaitez réactiver une couche, procédez ainsi :

1. Lancez l'outil d'administration de SVS par le menu **Démarrer/Tous les Programmes/Altiris/Software Virtualization/Software Virtualization Admin**.
2. Sélectionnez la couche que vous souhaitez activer, cliquez avec le bouton droit de la souris et sélectionnez **Activer la couche**.

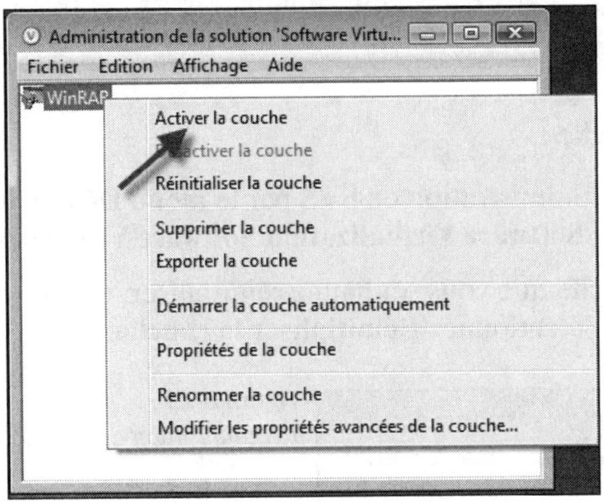

Figure 8-23 : *Activer la couche*

3. Si vous souhaitez que l'application virtualisée soit active dès le lancement de Windows Vista, sélectionnez la couche, cliquez avec le bouton droit de la souris et sélectionnez **Démarrer la couche automatiquement**.

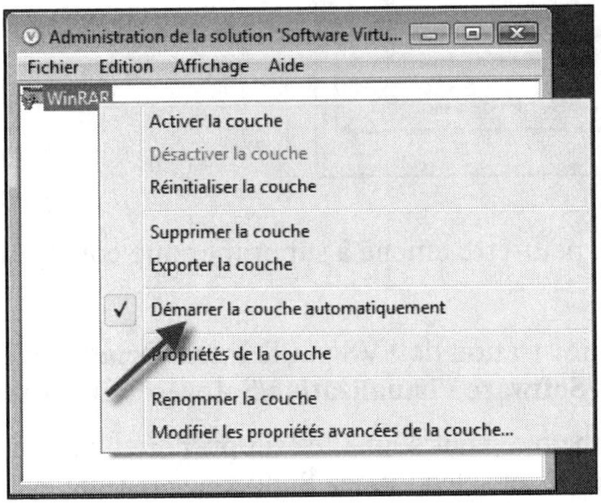

Figure 8-24 : *Démarrage automatique de la couche*

SVS possède une fonction de réparation d'une application virtualisée. Cette fonction réinitialise la couche en l'état de premier lancement à la suite d'une capture. Toutes les modifications de configuration et de personnalisation sont perdues lorsque vous réinitialisez une couche, mais cette fonction peut vous permettre de retrouver un fonctionnement normal en cas de problème.

REMARQUE

Évolution de SVS

Dans les versions futures de SVS, Altiris prévoit une fonction de réparation plus évoluée où il sera possible de réinitialiser l'application virtualisée à des états intermédiaires déterminés, et pas uniquement à l'état initial ; un peu comme les versions précédentes d'un fichier sous Windows Vista.

Pour réinitialiser une couche :

1. Démarrez l'outil d'administration de SVS par le menu **Démarrer/Tous les Programmes/Altiris/Software Virtualization/Software Virtualization Admin**.
2. Sélectionnez la couche que vous souhaitez réinitialiser, cliquez avec le bouton droit de la souris et sélectionnez **Réinitialiser la couche**.

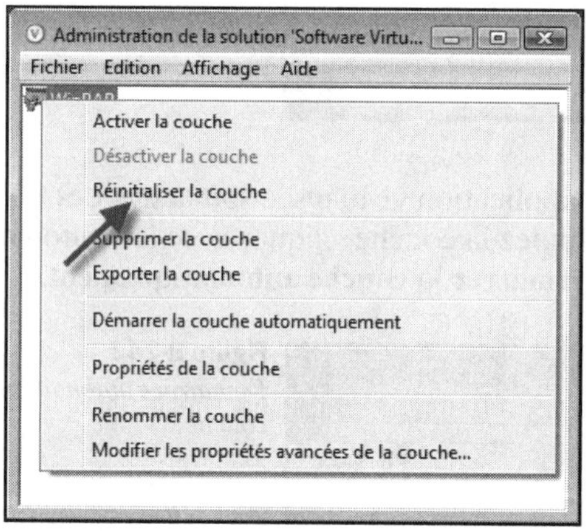

Figure 8-25 : *Réinitialisation de la couche*

En dernier lieu, vous serez peut-être amené à supprimer une couche. Procédez ainsi :

1. Lancez l'outil d'administration de SVS par le menu **Démarrer/Tous les Programmes/Altiris/Software Virtualization/Software Virtualization Admin**.
2. Sélectionnez la couche que vous souhaitez supprimer et cliquez avec le bouton droit de la souris et sélectionnez **Supprimer la couche**.

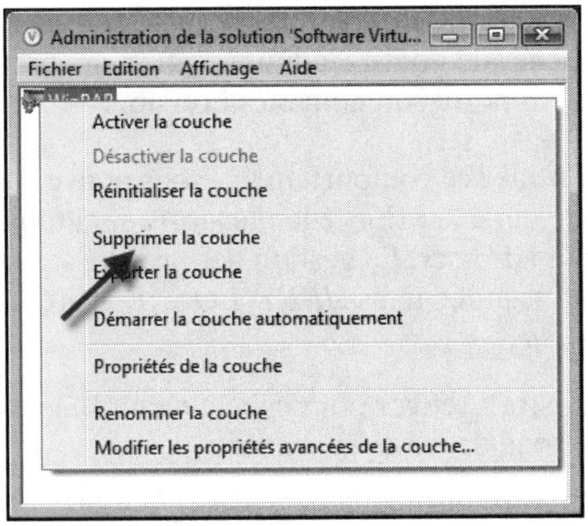

Figure 8-26 : *Supprimer la couche*

La suppression de la couche peut s'apparenter à une désactivation suivie d'une suppression des fichiers de la couche contenus dans le répertoire *fslrdr*.

Gérer des extensions de fichiers et des priorités

En général, lorsque vous installez une application, celle-ci associe son fonctionnement à une extension de fichier. Par exemple, Microsoft Word détermine en s'installant qu'elle est l'application principale de création et d'utilisation des fichiers ayant l'extension *.doc*. Avec SVS, vous pouvez de faire fonctionner deux versions différentes d'une même application, sans interaction avec Windows Vista, faire fonctionner deux applications incompatibles entre elles, mais gérant la même extension de fichier, virtualiser deux applications différentes capables de manipuler la même extension de fichier. Dans ces différents cas, que se passe-t-il lorsque vous double-cliquez sur un fichier dont l'extension est gérée par une application virtualisée ?

Par exemple, vous avez virtualisé Word 2000 et Word 2007 sur Windows Vista (alors qu'en théorie Word 2000 n'est pas censé s'installer sur Windows Vista), quelle version se lance lorsque vous double-cliquez sur un fichier *.doc* ? Vous avez virtualisé WinRAR et WinZip : quelle application démarre lorsque vous double-cliquez un fichier *.zip* ?

Dans le cadre d'une installation classique, si vous parvenez à installer deux versions d'une même application, alors c'est la version la plus récente de l'application qui prend la main. Si vous installez deux outils qui gèrent les mêmes types de fichiers, ce sont les configurations de ces applications qui font la différence.

8

Avec SVS, c'est l'application virtualisée chargée en premier (activée en premier) dans l'ordre de lecture des couches de l'outil d'administration qui prend la main sur l'extension de fichier, et ce peu importe son nom ou sa version.

Maintenant si vous souhaitez affiner ce comportement, vous pouvez modifier la priorité des couches. La couche qui a la priorité la plus forte sera toujours prioritaire sur le type de fichier qu'elle sait adresser. La gestion des priorités se fait à l'aide de la clé de Registre `PriorityHKCR` située dans *HKEY_LOCAL_MACHINE\System \Altiris\FSL\numéro_de_la_couche*.

1. Lancez l'Éditeur de Registre. Activez pour cela le menu **Démarrer/Exécuter**, tapez `regedit` dans la zone de saisie et validez.
2. Parcourez la base de Registre jusqu'à la clé *HKEY_LOCAL_MACHINE \System\Altiris\FSL\numéro_de_la_couche*.

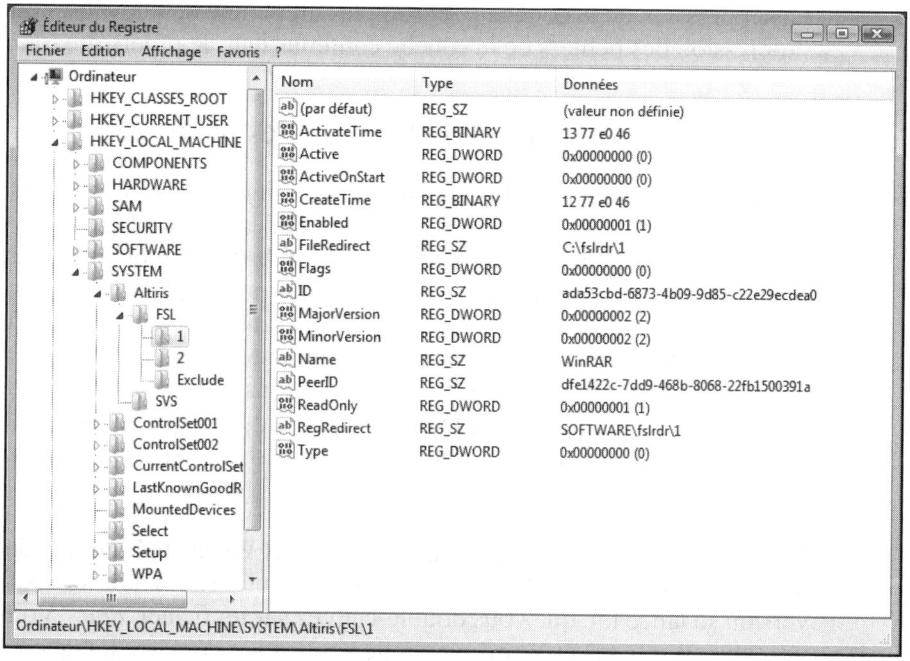

Figure 8-27 : *Gérer les priorités des couches dans la base de Registre*

3. Si elle n'existe pas, créez la clé `PriorityHKCR` et assignez-lui la valeur par défaut `65.5`.

Pour manipuler la priorité, vous pouvez modifier la valeur de la clé `PriorityHKCR` de `65.5` à `65.0`. La priorité la plus forte étant *65.0*, une application virtuelle ayant cette priorité sera, quoi qu'il en soit, prioritaire à l'ouverture et pour l'utilisation des fichiers ayant l'extension qu'elle sait gérer.

Importer et exporter une couche

Dans la deuxième phase du fonctionnement d'une application virtualisée, il est dit que l'application doit pouvoir être distribuée, livrée aisément. L'outil d'administration de SVS permet d'exporter une couche en archive (VSA) pour qu'elle soit portable, distribuable à volonté sur de nombreux ordinateurs (attention tout de même d'être bien en adéquation avec le nombre de licences logicielles que vous détenez !) et permet d'importer facilement l'archive en tant que couche sur un autre ordinateur.

Pour exporter une couche, vous devez d'abord vous assurer qu'elle est désactivée :

1. Commencez par lancer l'outil d'administration de SVS par le menu **Démarrer/Tous les Programmes/Altiris/Software Virtualization/Software Virtualization Admin**.
2. Sélectionnez la couche que vous souhaitez exporter, cliquez avec le bouton droit de la souris et sélectionnez **Exporter la couche**.

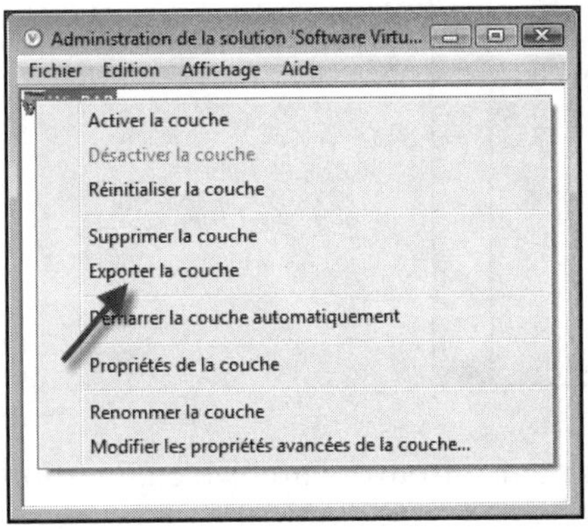

Figure 8-28 *:* *L'option d'exportation de la couche*

3. Donnez un nom l'archive et indiquez un chemin d'exportation, puis validez. L'exportation s'effectue.

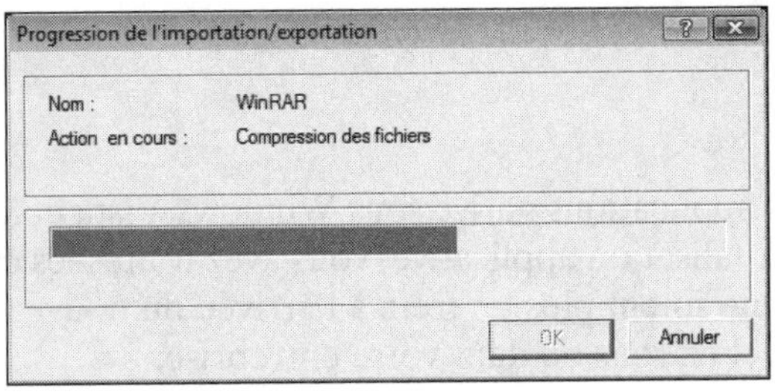

Figure 8-29 *:* *Exportation d'une couche en cours*

8

Une fois l'archive VSA créée, il est très facile de la porter, de la déplacer, de la déployer ailleurs. Vous pouvez même vous servir de cette procédure afin de sauvegarder vos applications et pour les réinstaller très simplement en cas de problème (lors d'un changement de disque dur par exemple).

Pour installer simplement une couche sur un ordinateur possédant le client SVS ou en cas de problème, vous serez peut-être amené à importer une archive VSA qui va la transformer en couche.

Pour importer une archive, procédez ainsi :

1. Lancez l'outil d'administration de SVS par le menu **Démarrer/Tous les Programmes/Altiris/Software Virtualization/Software Virtualization Admin**.
2. Cliquez sur **Fichier**, puis sur **Importer depuis archive**.

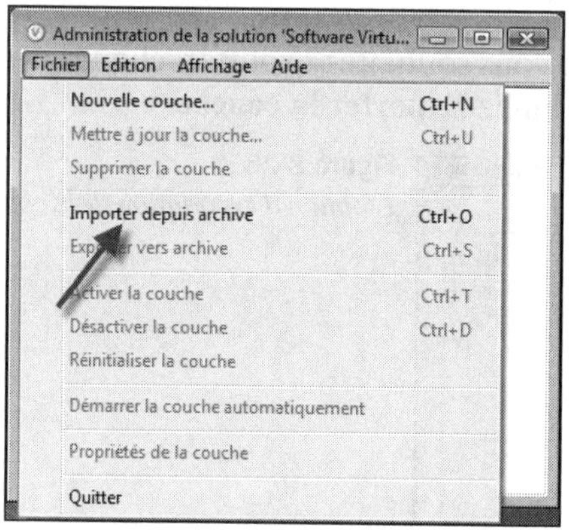

Figure 8-30 : *L'option d'importation d'une archive*

3. Parcourez votre ordinateur pour retrouver l'archive en question et validez. L'importation s'effectue.

Lorsque l'importation est achevée, vous pouvez remarquer que la couche n'est pas active. Il vous faut le faire manuellement.

8.3. En résumé

Entre la compatibilité des applications native sous Windows Vista et le champ des possibles apports de la virtualisation applicative, vous avez toutes les cartes en main pour que vos applications ne soient plus un frein à l'arrivée du nouveau système d'exploitation, que ce soit chez vous ou dans votre entreprise.

9

Le réseau

La mise en réseau d'un ordinateur, la connectivité permanente en entreprise, est devenue obligatoire. Pour pousser plus loin le raisonnement, plus personne ne voit l'intérêt d'un ordinateur si celui-ci n'est pas relié à Internet, à la messagerie ou à l'intranet de son entreprise. De plus, depuis quelques années, les méthodes de connexion au réseau ont évolué, qu'il s'agisse de la connexion sans fil ou filaire au réseau de votre entreprise, du partage d'une connexion Internet et des imprimantes, de la copie des fichiers d'un ordinateur à un autre ou de la portabilité de vos applications multimédias préférées partout où vous le souhaitez ; sans oublier bien sûr la connexion Internet à domicile, le plus souvent sans fil, avec les fameuses *boxes* Internet.

Windows Vista propose de nouvelles fonctionnalités qui facilitent la configuration et l'utilisation du réseau, tout en le rendant plus sûr et plus fiable.

9.1. L'architecture de la nouvelle suite de protocoles TCP/IP

Le schéma suivant détaille le principe de fonctionnement de la nouvelle suite de protocoles TCP/IP de Windows Vista.

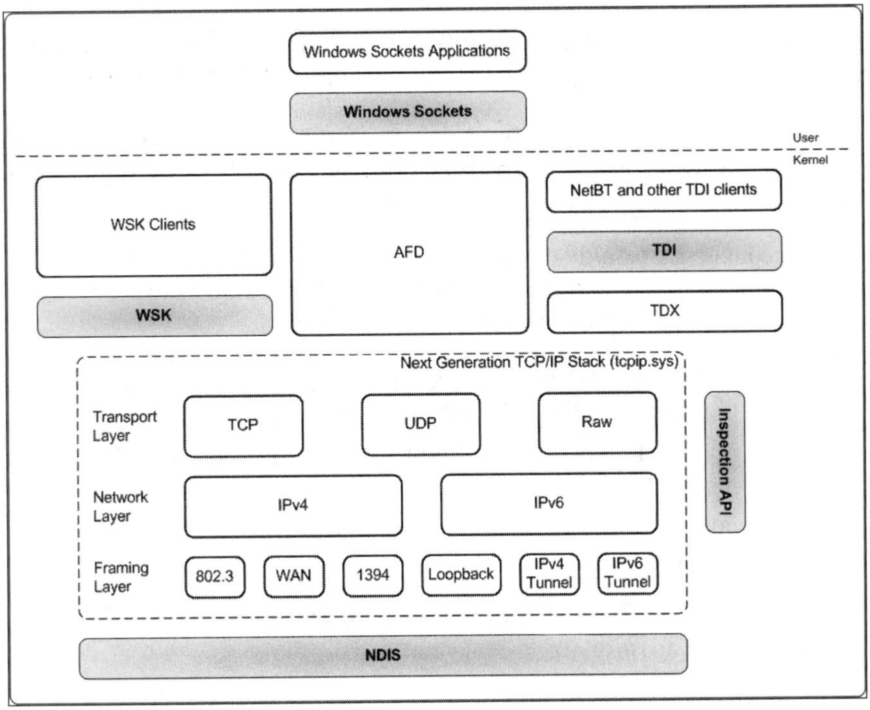

Figure 9-1 : *Architecture de la nouvelle suite de protocoles TCP/IP*

9

C'est par trois API principales que les applications, les services et les composants système accèdent à la nouvelle suite de protocoles TCP/IP :

- **WSK** est utilisée par les clients WSK.
- **Windows Sockets (Winsock)** est utilisée par toutes les applications et tous les services développés sur ce modèle. L'API **Windows Sockets** opère au niveau utilisateur et passe par l'AFD (*Ancillary Function Driver*) pour atteindre la suite de protocoles TCP/IP. AFD est le pilote de fonction auxiliaire.

INTERNET

Informations sur le pilote de fonction auxiliaire AFD

http://fr.wikipedia.org/wiki/Ancillary_Function_Driver

- **TDI** est utilisée par NetBT (*NetBIOS over TCP/IP*) et d'autres clients TDI. TDX est une couche de transition entre TDI et la suite de protocoles TCP/IP.

La nouvelle suite de protocoles TCP/IP inclut maintenant une API d'inspection (*Inspection API*) qui travaille au niveau des couches Transport et Réseau selon le modèle OSI. Celle-ci propose une interface permettant une analyse et une inspection des performances.

La nouvelle suite de protocoles TCP/IP de Windows Vista travaille au niveau des couches suivantes du modèle OSI :

- La couche Transport contient les implémentations de TCP, d'UDP et d'un mécanisme d'envoi de paquets IP bruts sans en-têtes TCP ou UDP (*Raw*).
- La couche Réseau contient les implémentations d'IPv4 et d'IPv6.
- La couche Liaison de données contient les modules permettant l'encapsulation des paquets IPv4 ou IPv6. Des modules existent pour les types de réseaux physiques suivants :
  - les réseaux filaires IEEE 802.3 ;
  - les réseaux sans fil IEEE 802.11 ;
  - les réseaux longue distance dont le trafic est fondé sur PPP (*Point-to-Point Protocol*) ;
  - les interfaces IEEE 1394 ;
  - les interfaces de bouclage ;
  - les tunnels IPv4 (qui sont utilisés pour la transition vers IPv6) ;
  - les tunnels IPv6.

Windows Vista inclut donc une implémentation mise à jour de la pile TCP/IP, qui présente des améliorations significatives remédiant à plusieurs des problèmes principaux, offrant de meilleures performances et des débits plus élevés, une architecture Wi-Fi native et des API pour la vérification des paquets réseau.

Pour optimiser l'utilisation du réseau, un réglage complexe des paramètres de configuration TCP/IP est nécessaire. Windows Vista élimine le besoin d'effectuer cette opération manuellement en détectant les conditions du réseau et en optimisant automatiquement les performances. Sur les réseaux à fortes pertes, comme les réseaux sans fil, Windows Vista récupère mieux après les pertes de paquets, qu'elles soient simples ou multiples. Il peut augmenter ou diminuer dynamiquement la fenêtre de réception TCP pour utiliser le lien complètement. Les utilisateurs transférant des fichiers sur un réseau WAN à haut débit et à latence élevée ou téléchargeant des fichiers sur Internet devraient remarquer la réduction des temps de transfert.

Windows Vista inclut également une architecture réseau sans fil (Wi-Fi natif) intégrée à la pile réseau. Les avantages concernent un déploiement flexible sur plusieurs marques et modèles de matériels, des expériences utilisateurs comparables sur tout type de matériel et des pilotes de carte réseau tiers sans fil plus fiables. Une mise en réseau sans fil sur Windows Vista peut être centralisée car elle prend en charge les derniers protocoles de sécurité et offre à l'utilisateur un réseau homogène.

La plateforme Windows WFP (*Filtering Platform*) est une nouvelle architecture incluse dans la pile TCP/IP nouvelle génération, fournissant des API que les développeurs de logiciels tiers peuvent utiliser pour participer aux décisions de filtrage prises sur plusieurs couches dans la pile de protocoles TCP/IP sans devoir écrire leurs propres applications en mode noyau. La plateforme fournit également la prise en charge des nouvelles fonctionnalités de pare-feu, telles que la communication authentifiée et la configuration de pare-feu dynamique fondée sur une utilisation des applications de l'API Windows Sockets (stratégie basée sur les applications).

9.2. Les méthodes de sécurité des réseaux sans fil

Abordons maintenant la façon dont Windows Vista sécurise et renforce les réseaux.

Si vous envisagez d'utiliser un réseau sans fil, vous devez le configurer afin que seules certaines personnes puissent y accéder. Ces quelques options sont nécessaires pour la sécurité de votre réseau sans fil…

- WEP (*Wired Equivalent Privacy*) : c'est une méthode de sécurité réseau sans fil très utilisée. Lorsque vous activez WEP, vous configurez une clé de sécurité réseau. Cette clé chiffre les informations envoyées par un ordinateur à un autre ordinateur sur le réseau. L'ordinateur récepteur requiert la clé pour décoder les informations afin de rendre difficile, pour une personne utilisant un autre ordinateur, l'accès à votre réseau et aux fichiers qu'il contient sans votre autorisation.
- WPA (*Wi-Fi Protected Access*) : cette méthode a été créée pour améliorer la sécurité du chiffrement WEP. Tout comme WEP, WPA chiffre des informations, mais vérifie également que la clé de sécurité réseau n'a pas été modifiée. Par ailleurs, WPA authentifie les utilisateurs pour garantir que seules les personnes autorisées peuvent accéder au réseau. Si votre matériel de mise en réseau fonctionne avec la sécurité WEP et WPA, nous vous recommandons d'utiliser WPA.
- WPA2 : il existe deux types d'authentification WPA : WPA et WPA2. Le premier est conçu pour fonctionner avec toutes les cartes réseau sans fil, mais peut ne pas fonctionner avec des routeurs ou des points d'accès anciens. WPA2 est plus sûr que WPA, mais ne fonctionnera pas avec certaines cartes réseau anciennes. WPA est conçu pour fonctionner avec un serveur d'authentification 802.1X qui distribue des clés différentes pour chaque utilisateur. On parle de WPA-Enterprise ou WPA2-Enterprise. Il peut également être utilisé en mode de clé prépartagée (PSK), où un mot de passe identique est attribué à tous les utilisateurs. On parle de WPA-Personal ou WPA2-Personal.
- Authentification 802.1X : elle permet de renforcer la sécurité des réseaux sans fil 802.11 et des réseaux câblés Ethernet. 802.1X utilise un serveur d'authentification pour valider les utilisateurs et fournir un accès réseau. Sur les réseaux sans fil, 802.1X ne fonctionne pas avec des clés WEP (*Wired Equivalent Privacy*) ou WPA (*Wi-Fi Protected Access*). Ce type d'authentification s'utilise généralement lors des connexions à un réseau d'entreprise.

Il existe plusieurs types de menaces : des utilisateurs accédant à des réseaux sans fil trompeurs, des ordinateurs invités défectueux se connectant à un réseau d'entreprise et des ressources non gérées tentant d'accéder à des ressources qui leur sont interdites. Ces menaces sont suffisantes pour remplir la journée entière d'un administrateur réseau et l'inquiéter toute la nuit. Windows Vista peut aider dans la résolution de tous ces scénarios, grâce à ses fonctionnalités améliorées de sécurité réseau complètes mais pourtant simples à configurer.

L'architecture Wi-Fi native de Windows Vista est assez étendue pour prendre en charge les derniers protocoles de sécurité, comme WPA2, entreprise et personnel,

PEAP-TLS (*Protected Extensible Authentification Protocol-Transport Layer Security*) et PEAP-MS-CHAP v2 (*Protected Extensible Authentification Protocol-Microsoft Challenge Handshake Authentication Protocol*). Cette large prise en charge assure l'interopérabilité entre Windows Vista et presque toutes les infrastructures sans fil. Les possibilités de la carte réseau sans fil sont examinées par Windows Vista et le protocole le plus sécurisé est sélectionné par défaut lors de la connexion ou de la création de réseaux sans fil. À l'aide de l'infrastructure EAP-HOST, Windows Vista est capable de prendre en charge des procédures d'authentification personnalisées définies par un fabricant de matériels ou par une organisation.

Windows Vista apporte de nombreuses améliorations au comportement du client sans fil pour réduire les attaques sans fil courantes. Le client se connectera automatiquement aux seuls réseaux que l'utilisateur a explicitement demandés ou identifiés dans ses préférences, et non aux réseaux ad hoc. Le client envoie également un avertissement si l'utilisateur est sur le point d'initier une connexion sur un réseau non sécurisé. De plus, le client demandera activement quelques réseaux préférés et, uniquement si l'utilisateur le lui indique, il créera un réseau leurre portant le même nom, rendant plus difficile l'identification par les pirates du réseau auquel le client tente de se connecter.

Le client sans fil natif Windows Vista prend en charge une fonctionnalité d'authentification unique, qui exécute une authentification réseau de couche 2 au moment opportun indiqué dans la configuration de sécurité réseau, tout en effectuant l'intégration de la connexion Windows de l'utilisateur. Une fois le profil d'authentification unique configuré, la connexion au réseau précédera la connexion à Windows. Cette fonctionnalité permet des scénarios tels que des mises à jour de stratégie de groupe, des scripts de connexion et des programmes d'amorçage sans fil, qui nécessitent une connectivité réseau avant la connexion de l'utilisateur.

Le pare-feu Windows avec sécurité avancée fournit un nouveau niveau de sécurité réseau sur la plateforme Windows, prenant en charge les filtrages entrants et sortants, ainsi que Windows Service Hardening. Si le pare-feu détecte un service Windows présentant un comportement anormal selon la définition des règles réseau de Windows Service Hardening, le pare-feu le bloque. Le pare-feu Windows avec sécurité avancée prend également en charge un contournement authentifié, qui permet à certains ordinateurs authentifiés par IPSec de court-circuiter les règles du pare-feu pour des tâches telles que la gestion à distance.

Une des modifications les plus importantes du pare-feu Windows est son intégration à IPSec. Auparavant, les administrateurs devaient compter sur deux outils distincts, un pare-feu et un outil de gestion et de déploiement IPSec, pour créer un ensemble en couches de règles de sécurité réseau. Avec Windows Vista, les administrateurs peuvent créer des règles de sécurité réseau simples pouvant combiner à la fois le port du pare-feu et les règles IPSec pour protéger le réseau contre tout accès non autorisé. Cette intégration fournit une méthode simple pour renforcer des communications réseau de bout en bout authentifiées, donnant un accès évolutif à plusieurs niveaux aux ressources réseau sécurisées et/ou protégeant la confidentialité et l'intégrité des données.

L'administrateur peut logiquement isoler le réseau en zones accessibles par n'importe quel ordinateur (y compris les invités) ou simplement par les ordinateurs authentifiés au domaine (isolation des domaines). L'administrateur peut également isoler les serveurs spécifiques qui ne doivent être accessibles que par un ensemble d'utilisateurs ou d'ordinateurs.

9.3. Le renforcement de la sécurité du réseau

Si vous configurez un réseau de petite entreprise, voici les méthodes conseillées pour renforcer la sécurité de votre ordinateur et de votre réseau :

- Maintenez votre ordinateur à jour. Pour sécuriser les ordinateurs de votre réseau, activez les mises à jour automatiques sur chaque ordinateur. Les mises à jour sont des ajouts effectués sur un logiciel qui peuvent empêcher ou résoudre des problèmes, améliorer la sécurité ou les performances d'un ordinateur.
- Utilisez un pare-feu. Un pare-feu vous aide à empêcher les utilisateurs ou logiciels non autorisés (tels que les vers) d'accéder à votre ordinateur via un réseau ou Internet. Un pare-feu peut également empêcher votre ordinateur d'envoyer des éléments logiciels nuisibles à d'autres ordinateurs.
- Exécutez un logiciel antivirus sur chaque ordinateur. Les pare-feu permettent d'éloigner les vers et les pirates informatiques, mais ils ne sont pas conçus pour protéger les ordinateurs contre les virus. Vous devez par conséquent installer et utiliser un logiciel antivirus. Les virus peuvent provenir de pièces jointes à des messages électroniques, de fichiers contenus sur des CD ou des DVD, ou de fichiers téléchargés sur Internet. Vérifiez que le logiciel antivirus est à jour et défini pour effectuer une analyse régulière.
- Utilisez un routeur pour partager une connexion Internet. Pensez à utiliser un routeur (également appelé passerelle Internet résidentielle) pour partager une connexion Internet. Ces périphériques comportent généralement des pare-feu, ou d'autres fonctionnalités intégrées, contribuant à protéger votre réseau contre les pirates informatiques.
- Ne restez pas connecté en tant qu'administrateur. Lorsque vous utilisez des programmes qui requièrent un accès Internet, tels qu'un navigateur web ou un

programme de messagerie électronique, il est recommandé d'ouvrir une session en tant qu'utilisateur standard plutôt qu'administrateur. En effet, de nombreux virus et vers peuvent être stockés et exécutés sur votre ordinateur uniquement si vous ouvrez une session en tant qu'administrateur.

- Utilisez une clé de sécurité réseau. Si vous utilisez un réseau sans fil, vous devez configurer une clé de sécurité réseau, qui active le chiffrement. Le chiffrement empêche que des personnes ne se connectent au réseau sans la clé de sécurité. Par ailleurs, toutes les informations envoyées via le réseau sont chiffrées afin que seuls les ordinateurs qui possèdent la clé pour déchiffrer ces informations puissent les lire. Cela peut contribuer à empêcher les tentatives d'accès au réseau et aux fichiers sans votre autorisation. Les méthodes de chiffrement de réseau sans fil courantes sont WEP (*Wired Equivalent Privacy*), WPA (*Wi-Fi Protected Access*) et WPA-2.
- Modifiez le nom et le mot de passe d'administrateur par défaut sur votre routeur ou votre point d'accès. Si vous utilisez un routeur ou un point d'accès, vous avez probablement utilisé un nom et un mot de passe par défaut pour configurer l'équipement. La plupart des fabricants utilisent les mêmes noms et mots de passe par défaut pour tous leurs équipements, ce qui facilite leur utilisation par toute personne souhaitant accéder à votre routeur ou votre point d'accès, sans que vous ne vous en rendiez compte. Pour éviter que cela ne se produise, modifiez le nom d'utilisateur et le mot de passe d'administrateur pour votre routeur. Consultez la documentation fournie avec votre périphérique pour obtenir des instructions sur la modification de nom et de mot de passe.
- Modifiez le SSID par défaut. Les routeurs et les points d'accès utilisent un nom de réseau sans fil intitulé SSID (*Service Set Identifier*). La majorité des fabricants utilise le même SSID pour tous les routeurs et points d'accès. Il est par conséquent recommandé de modifier le SSID par défaut pour empêcher que votre réseau sans fil n'interfère avec d'autres réseaux sans fil utilisant le SSID par défaut. Cela facilite également l'identification de votre réseau sans fil, si plusieurs réseaux sont détectés, car le SSID s'affiche généralement dans la liste des réseaux disponibles. Consultez la documentation fournie avec votre périphérique pour obtenir des instructions sur la modification du SSID par défaut.
- Placez soigneusement votre routeur ou votre point d'accès. Les signaux sans fil peuvent être transmis dans un rayon d'une trentaine de mètres, de sorte que le signal de votre réseau peut être diffusé en dehors de votre maison. Vous pouvez limiter la zone de couverture du signal en positionnant votre routeur ou votre point d'accès au centre de votre maison plutôt que près d'un mur ou d'une fenêtre donnant sur l'extérieur.

9.4. Le Centre Réseau et partage

Voyons maintenant comment Windows Vista prend en compte la gestion de TCP/IP, ces nouveautés et les besoins réseau de plus en plus grands : besoin de connexion quasi permanente, besoin de collaboration, de fiabilité et de protection.

Avec la démocratisation des connexions réseau sans fil et des connexions VPN, Microsoft a souhaité simplifier la connexion au réseau au travers d'une interface de connexion automatique, intuitive et visuelle. Microsoft a souhaité également fortifier sensiblement les protocoles de communication et renforcer la sécurité.

Pour cela, Windows Vista inaugure le Centre Réseau et partage, un seul outil pour gérer tous vos besoins en matière de réseau. Il vous indique à quel réseau votre ordinateur est connecté, vérifie s'il peut accéder correctement à Internet, affiche ces informations graphiquement pour vous aider à déterminer l'état de votre connexion au réseau et à Internet et diagnostique le réseau afin de vous aider à identifier la cause d'un éventuel problème et à y remédier à l'aide de solutions proposées. C'est un outil aussi bien destiné au débutant en informatique, par son aspect visuel et par ses tâches automatiques, qu'à l'administrateur d'entreprise, par la puissance de ces options.

Pour exécuter le Centre Réseau et partage :

1. Cliquez sur **Démarrer/Panneau de configuration**.
2. Dans le Panneau de configuration, cliquez sur les liens *Réseau et Internet*, puis *Centre Réseau et partage* (voir fig. 9-2).

Le Centre Réseau et partage est divisé en quatre parties dans une seule interface :

- La colonne verte, à gauche, contient des liens vers des options de configuration du réseau.
- Une partie représente visuellement votre connexion au réseau.
- Une partie vous permet de configurer au plus juste toutes les options réseau (nom du réseau, type, catégorie, adresse IP, DHCP, DNS, etc.).
- Une partie *Partage et découverte* vous permet de configurer l'accès des ordinateurs du réseau au partage de fichiers et d'imprimantes de l'ordinateur Windows Vista.

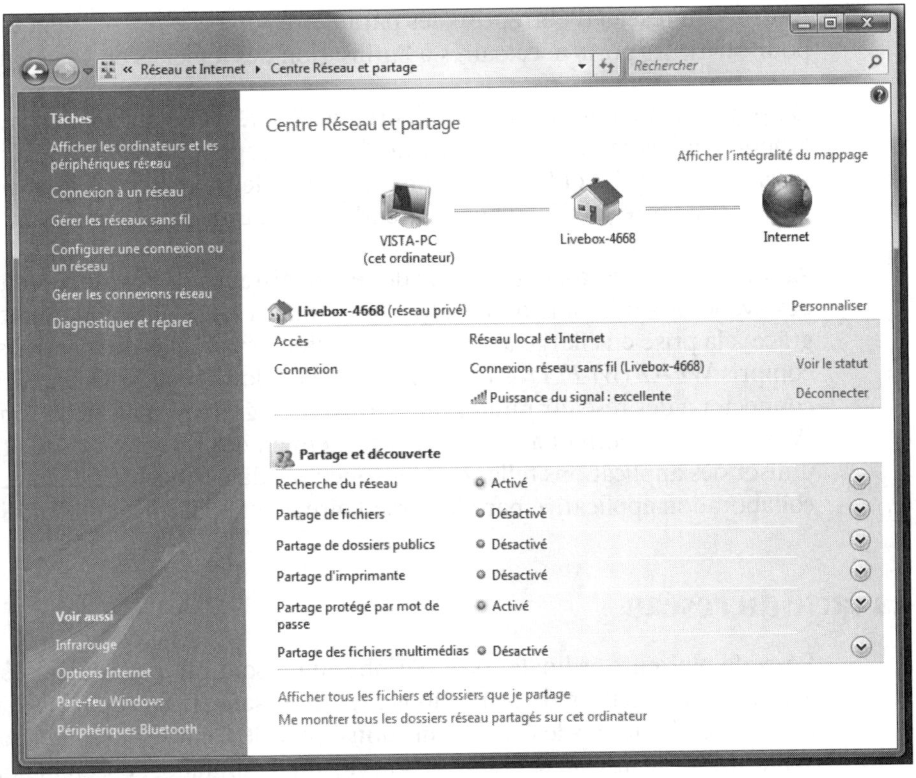

Figure 9-2 : *Premier contact avec le Centre Réseau et partage*

9

La reconnaissance du réseau

Le Centre Réseau et partage possède de puissantes fonctionnalités de reconnaissance du réseau. Il y a de fortes chances que votre connexion réseau, qu'elle soit filaire ou sans fil, s'établisse automatiquement sans que vous ayez à paramétrer quoi que ce soit dans le Centre Réseau et partage. Et ce, que ce soit pour votre connexion à Internet chez vous ou pour votre connexion au réseau de l'entreprise. Pour cela, Windows Vista capitalise sur le retour d'expérience de Windows XP.

En plus, Windows Vista ajoute une fonction de reconnaissance du réseau qui signale aux applications tout changement dans la connectivité réseau afin d'éviter au maximum les interruptions. Par exemple, si vous possédez un ordinateur portable, lorsque vous vous connectez à différents réseaux, cette modification est communiquée aux applications prises en charge par la reconnaissance du réseau. Celles-ci peuvent alors se reconfigurer automatiquement pour se connecter au nouveau réseau. Lorsque vous passez de votre réseau à la maison connecté à

Internet au réseau d'entreprise, les paramètres du pare-feu peuvent être configurés pour ouvrir les ports nécessaires à l'utilisation des logiciels de votre entreprise.

De plus, si votre entreprise a configuré une Stratégie de groupe qui valide des fonctionnalités réseau filaires ou sans fil, celle-ci peut détecter la reconnexion au réseau d'entreprise et lancer automatiquement le traitement des modifications associées à votre profil, au lieu d'attendre le cycle de détection suivant.

Au rang des autres fonctionnalités de reconnaissance du réseau, vous pouvez ajouter des avancées sur le sans-fil. En effet, les données sont également mieux protégées grâce à la prise en charge avancée des derniers protocoles de sécurité sans fil, y compris WPA2 (*Wi-Fi Protected Access 2*). Windows Vista vous empêche de vous connecter à des réseaux pirates qui paraissent légitimes, mais ne le sont pas. Windows Vista permet aussi de créer facilement des réseaux sans fil ad hoc pour utiliser des applications telles que les fonctions de partage de fichiers et la collaboration applicative par l'intermédiaire de l'Espace de collaboration Windows.

La carte du réseau

Lorsque plusieurs ordinateurs et périphériques sont raccordés à un même réseau, avec une combinaison de connexions câblées et sans fil, il est parfois difficile d'appréhender toutes les interconnexions. Avec le Centre Réseau et partage, Windows Vista affiche clairement, sous forme graphique, l'ensemble du réseau avec les appareils connectés et leurs connexions. Cela vous aide à optimiser la structure du réseau, à améliorer ses performances et à localiser plus facilement les problèmes.

Vous avez plusieurs méthodes pour accéder à cette carte : d'abord, si vous avez ouvert le Centre Réseau et partage, elle apparaît devant vous. Si vous souhaitez en visualiser tous les détails :

1. Cliquez sur **Démarrer/Panneau de configuration**.
2. Dans le Panneau de configuration, cliquez sur les liens *Réseau et Internet*, puis *Centre Réseau et partage*.
3. Cliquez sur *Afficher l'intégralité du mappage* (voir fig. 9-3).

La carte du réseau propose une vision graphique des ordinateurs et des périphériques de votre réseau, en affichant la manière dont ils sont connectés. Il arrive que Windows Vista ne puisse pas détecter tous les ordinateurs d'un réseau ou placer tous les ordinateurs à l'emplacement correct dans le mappage. Cela peut se produire pour plusieurs raisons, la première étant parce que votre ordinateur est membre d'un domaine et que les administrateurs empêchent le mappage du réseau. Il y a aussi d'autres raisons :

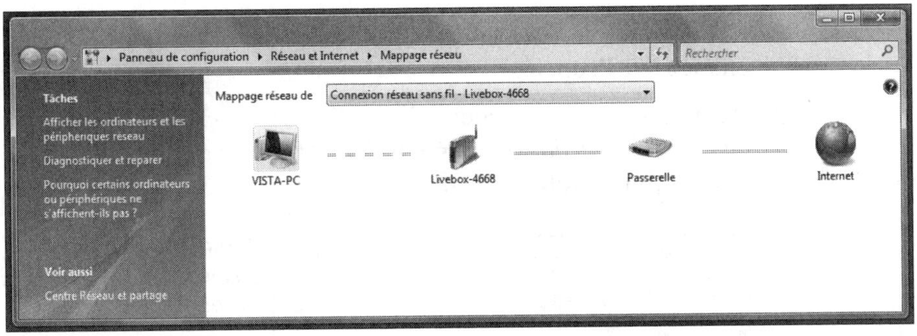

Figure 9-3 : *Carte complète du réseau*

- La découverte réseau est désactivée sur votre ordinateur Windows Vista.

1. Pour activer la découverte réseau, cliquez sur **Démarrer/Panneau de configuration**. Dans le Panneau de configuration, cliquez sur les liens *Réseau et Internet*, puis *Centre Réseau et partage*.
2. Si la découverte réseau est désactivée, cliquez sur le bouton de direction pour développer la section, cliquez sur *Activer la découverte de réseau (recommandé)*, puis cliquez sur **Appliquer**. Si vous êtes invité à fournir une confirmation, fournissez-la.

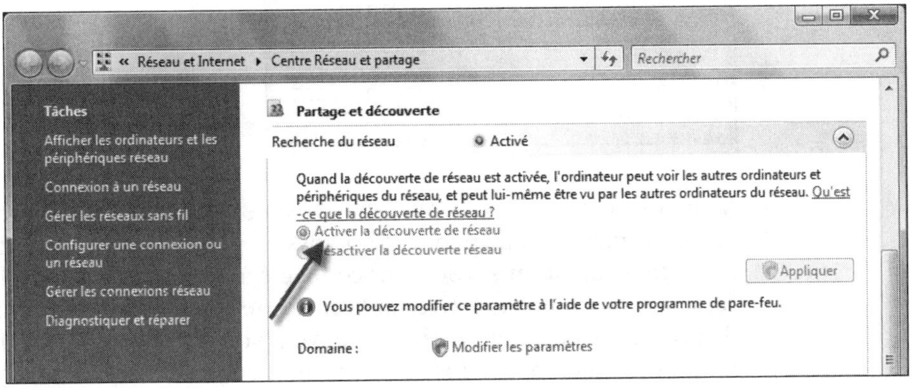

Figure 9-4 : *Activation de la découverte du réseau*

- Votre ordinateur exécute Windows Vista et le protocole *Pilote d'E/S du mappage de découverte de topologie de la couche de liaison* est désactivé sur la carte réseau. Windows utilise le protocole *Pilote d'E/S du mappage de découverte de topologie de la couche de liaison* pour mapper les ordinateurs et les périphériques sur un réseau.

9

1. Pour activer ce protocole, cliquez sur **Démarrer/Panneau de configuration**. Dans le Panneau de configuration, double-cliquez sur l'icône *Connexions réseau* (en affichage classique).
2. Cliquez avec le bouton droit de la souris sur l'icône de la carte réseau, puis cliquez sur **Propriétés**.
3. Activez les cases à cocher *Pilote d'E/S du mappage de découverte de topologie de la couche de liaison* et *Répondeur de découverte de topologie de la couche de liaison*, puis cliquez sur OK.

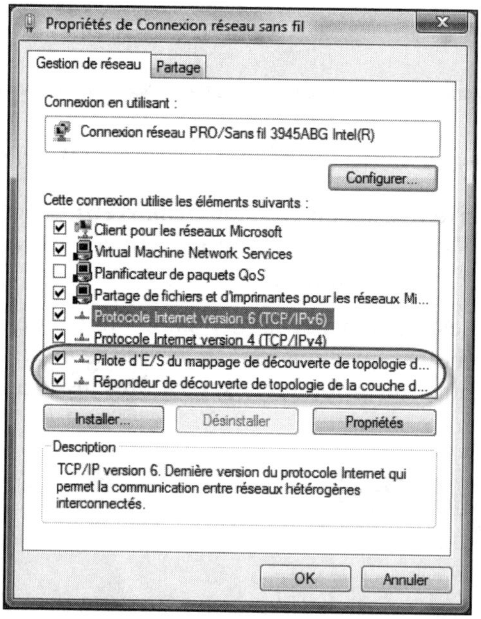

Figure 9-5 : *Activation des protocoles de la découverte du réseau*

- Votre ordinateur exécute Windows Vista et est connecté à un réseau affecté à l'emplacement réseau public. Windows ne peut pas créer le mappage réseau sur votre ordinateur si vous êtes connecté à un réseau affecté à l'emplacement réseau public. Si vous activez la découverte réseau sur votre ordinateur, d'autres personnes sur le réseau peuvent voir votre ordinateur dans la partie inférieure du mappage réseau, dans une section consacrée aux ordinateurs qui ne peuvent pas être placés correctement dans le mappage.

La découverte du réseau

La Découverte réseau est un paramètre qui :

- affecte la visibilité des autres ordinateurs et périphériques à partir de votre ordinateur et permet aux autres ordinateurs du réseau de voir votre ordinateur ;
- influe sur votre accès à des périphériques et des fichiers partagés sur d'autres ordinateurs sur le réseau et si des personnes utilisant d'autres ordinateurs sur le réseau peuvent accéder à des périphériques et fichiers partagés sur votre ordinateur ;
- aide à fournir le niveau de sécurité et l'accès adéquats à votre ordinateur, en fonction de l'emplacement des réseaux auxquels vous vous connectez.

Il existe deux états de Découverte réseau…

- *Activé* : cet état vous permet d'afficher d'autres ordinateurs et périphériques sur le réseau à partir de votre ordinateur et permet à des personnes d'autres ordinateurs du réseau de voir votre ordinateur. Vous pouvez aussi accéder à des fichiers et des périphériques partagés, tandis que d'autres personnes peuvent accéder aux périphériques et fichiers partagés sur votre ordinateur.
- *Désactivé* : cet état vous empêche d'afficher d'autres ordinateurs et périphériques sur le réseau à partir de votre ordinateur et empêche les personnes d'autres ordinateurs du réseau de voir votre ordinateur. Vous ne pouvez pas accéder à des fichiers et des périphériques partagés sur d'autres ordinateurs, tandis que les autres personnes ne peuvent pas accéder aux périphériques et fichiers partagés sur votre ordinateur.

Lorsque vous vous connectez à un réseau, vous devez choisir un emplacement réseau. En fonction de l'emplacement réseau que vous choisissez, Windows affecte un état de Découverte réseau au réseau et ouvre les ports appropriés du pare-feu Windows pour cet état.

Configurer le réseau

Dans certains cas, il se peut que vous soyez amené à configurer votre connexion réseau. Windows Vista opère une distinction entre le réseau, l'endroit où vous vous connectez (par exemple le réseau d'entreprise, le réseau de votre domicile, etc.) et l'adaptateur réseau, la carte réseau, qu'elle soit filaire ou sans fil, associée à un réseau. Vous le verrez, plusieurs adaptateurs peuvent être associés au même réseau. Dans la section située sous la carte du réseau du Centre Réseau et partage, de nombreuses informations et des liens sont mis à votre disposition pour vous permettre de configurer votre réseau comme vous le souhaitez.

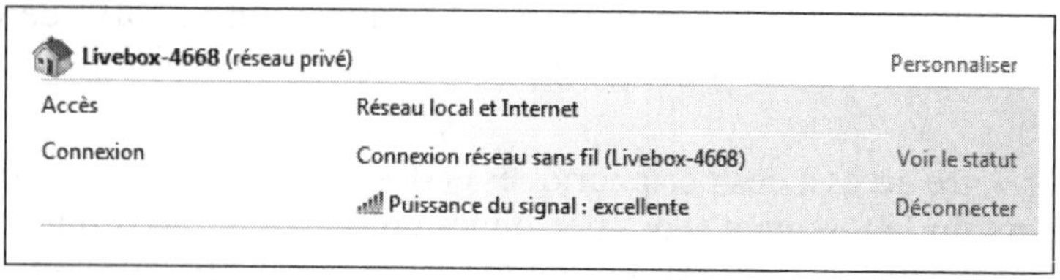

Figure 9-6 : *Les informations de la connexion réseau du Centre Réseau et partage*

Le profil réseau

Vous remarquez ici de nombreuses informations, comme le nom de la connexion réseau, le type de connexion réseau ou la catégorie. Qu'est-ce qu'une catégorie de réseau ? Windows Vista ajoute la possibilité de classer les connexions au réseau par catégories, afin de définir le périmètre d'action de la connexion réseau donc son niveau de sécurité. Trois catégories existent :

- *Réseau privé* désigne un réseau privé, destiné à un usage à domicile ou en petite entreprise et dédié aux personnes que vous connaissez. La fonction de découverte d'autres périphériques sur le réseau est activée.
- *Réseau public* désigne un réseau public, destiné aux bornes Internet ou aux cybercafés et dédié à tous. Cette catégorie est plus restrictive que la précédente et la fonction de découverte d'autres périphériques sur le réseau est désactivée.
- *Réseau de domaine* désigne un réseau d'entreprise. Cette catégorie est automatiquement appliquée lorsque vous rejoignez le domaine dont votre ordinateur fait partie.

Lorsque vous vous connectez à un réseau, Windows Vista crée automatiquement un profil réseau et le stocke sur votre ordinateur. Comme cela, votre ordinateur pourra se connecter automatiquement au réseau et rendre disponibles vos préférences pour ce réseau.

Si un réseau sans fil auquel vous souhaitez vous connecter n'apparaît pas dans la liste des réseaux disponibles, le cas échéant, vous pouvez créer un profil pour le réseau qui vous permettra de vous connecter automatiquement à ce réseau à tout moment.

Si vous souhaitez créer un profil réseau, procédez de la sorte :

1. Cliquez sur **Démarrer/Panneau de configuration**.
2. Dans le Panneau de configuration, cliquez sur les liens *Réseau et Internet*, puis *Centre Réseau et partage*.
3. Dans la colonne de gauche (en vert), cliquez sur *Connexion à un réseau*.

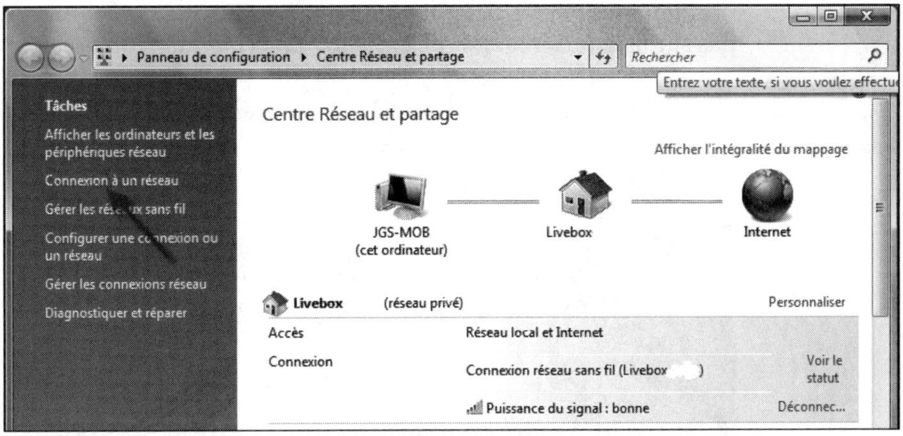

Figure 9-7 : *Accès à Connexion à un réseau*

Une liste des réseaux actuellement disponibles s'affiche.

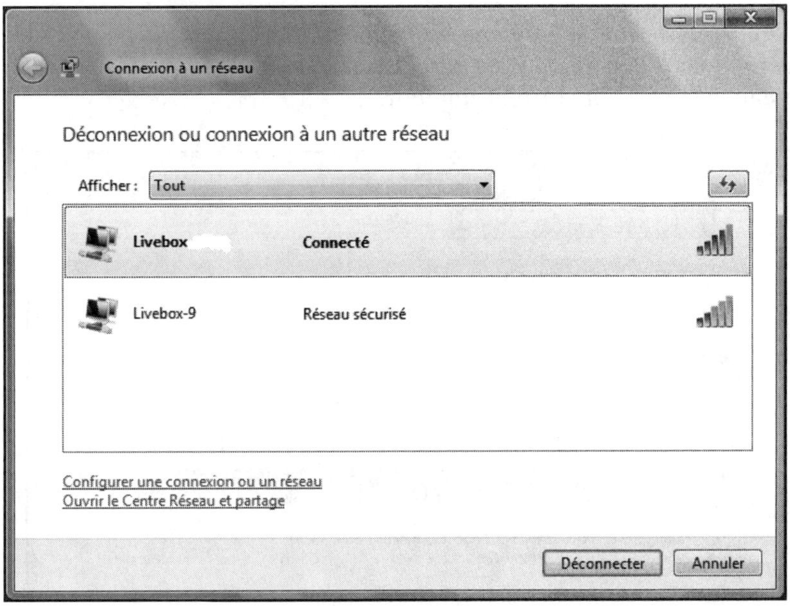

Figure 9-8 : *Liste des réseaux sans fils détectés*

4. Si le réseau pour lequel vous souhaitez créer un profil apparaît sur la liste, cliquez dessus, puis cliquez sur **Connexion**. Si vous enregistrez le réseau, un profil pour ce réseau est stocké sur votre ordinateur. La prochaine fois que vous ouvrirez la fenêtre **Connexion à un réseau**, le réseau sera répertorié sur la liste de réseaux disponibles, s'il se trouve dans la portée de votre

ordinateur. Si le réseau pour lequel vous souhaitez créer un profil n'apparaît pas sur la liste, cliquez sur *Configurer une connexion ou un réseau*.

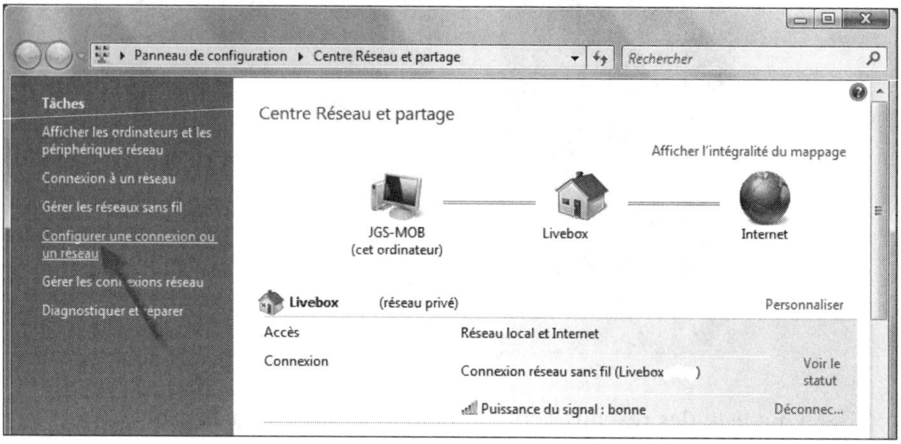

Figure 9-9 : *Accès à Configurer une connexion réseau*

5. Cliquez sur *Se connecter manuellement à un réseau sans fil* et suivez les instructions à l'écran. Si vous enregistrez le réseau, un profil sera créé pour le réseau et stocké sur votre ordinateur.

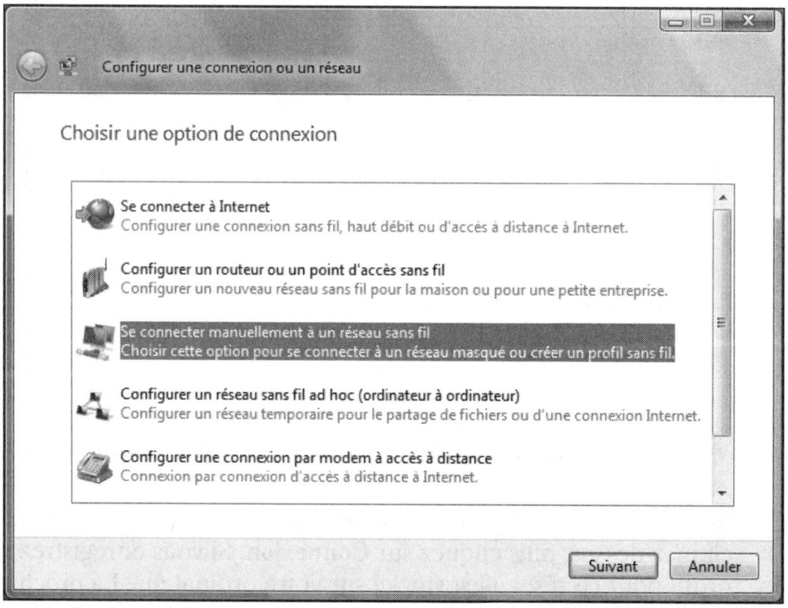

Figure 9-10 : *Connexion manuelle à un réseau sans fil*

Vous pouvez également modifier un profil réseau. Vous devez pour cela être connecté à ce réseau. Procédez ainsi :

1. Cliquez sur **Démarrer/Panneau de configuration**.
2. Dans le Panneau de configuration, cliquez sur les liens *Réseau et Internet*, puis *Centre Réseau et partage*.

Chez vous, vous choisirez *Réseau privé* pour votre configuration à Internet.

1. Affinez vos réglages en cliquant sur **Personnaliser**.

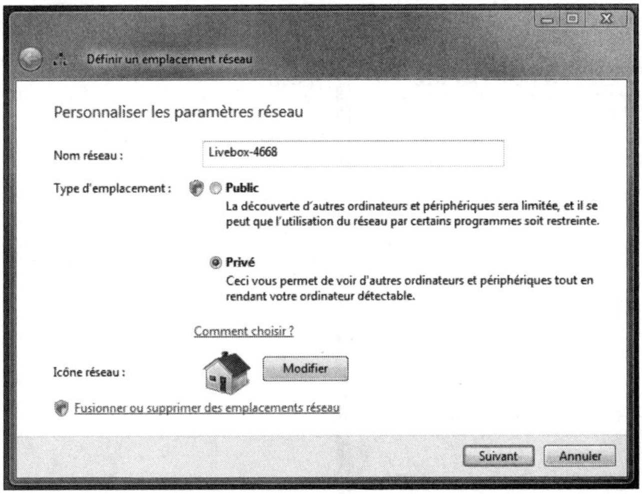

Figure 9-11 : *La fenêtre Personnaliser les paramètres réseaux du Centre Réseau et partage*

2. Une fenêtre de personnalisation s'ouvre. Vous pouvez changer le nom du réseau pour une meilleure identification dans le champ *Nom réseau*. Vous pouvez changer l'icône du réseau en cliquant sur **Modifier**.

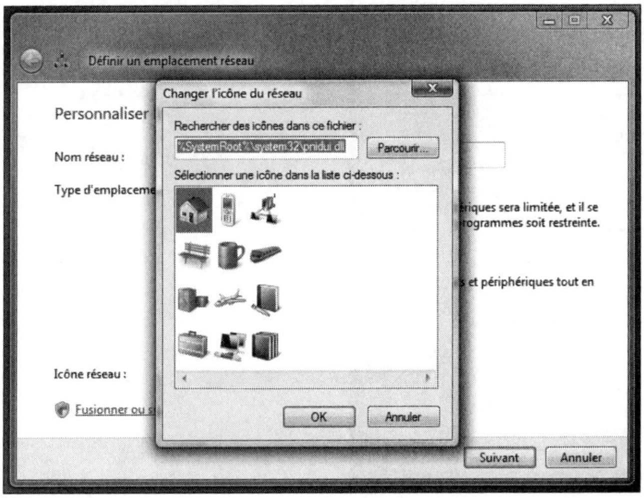

Figure 9-12 : *Vous pouvez changer l'icône représentant votre réseau*

3. Changez la catégorie en cliquant au choix sur *Public* ou *Privé*.
4. Cliquez *sur Fusionner ou supprimer les emplacements réseau* afin d'associer plusieurs adaptateurs réseau au même réseau. Par exemple, cela peut être très utile si vous avez un adaptateur filaire et un adaptateur sans fil pour vous connecter au réseau d'entreprise selon le lieu où vous êtes. Dans ce cas, en associant les deux adaptateurs au même réseau, la connexion au réseau d'entreprise sera automatique, peu importe le lieu où vous serez.

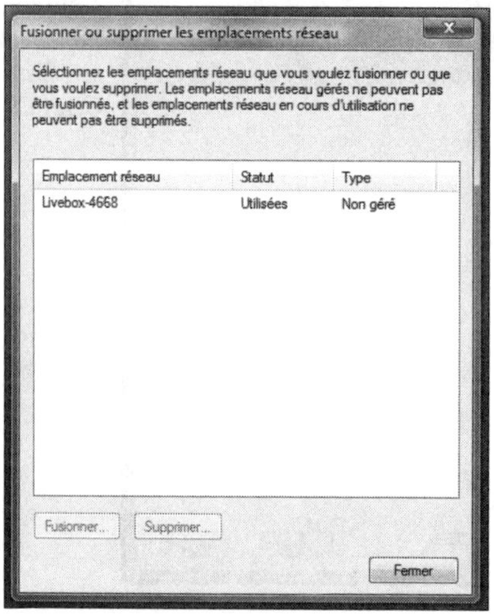

Figure 9-13 : *Vous pouvez associer plusieurs adaptateurs au même réseau*

5. Fermez les fenêtres afin de revenir au Centre Réseau et partage et cliquez sur **Voir le statut**.

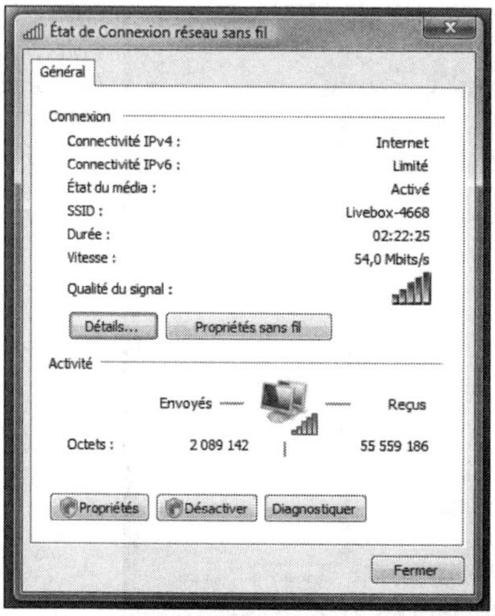

Figure 9-14 : *La fenêtre des propriétés de la connectivité réseau*

Configurer l'état de connexion

Continuons à partir de la démonstration précédente. Après avoir cliqué sur **Voir le statut**, vous voyez s'afficher la fenêtre des propriétés. Elle vous est familière, c'est l'interface classique de statut d'utilisation de l'adaptateur réseau.

1. Dans la fenêtre, cliquez sur **Propriétés**. Vous accédez à la fenêtre de configuration de l'adaptateur réseau, qui vous est également familière.

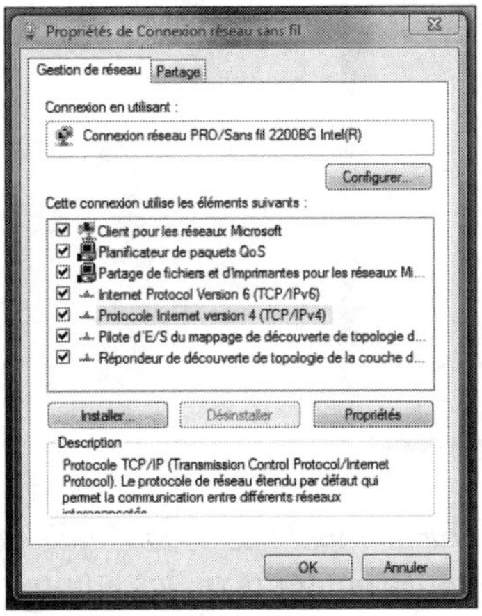

Figure 9-15 *:*
La fenêtre des propriétés de l'adaptateur réseau

Dorénavant, quatre protocoles sont installés par défaut :

- *Internet Protocol Version 4 (TCP/IPv4)* est le protocole de connexion le plus utilisé et le plus connu. Vous connaissez le format des adresses IP à base de 4 octets (par exemple, 192.168.100.1). Vous configurez l'utilisation ou non de DHCP, WINS, DNS, etc.

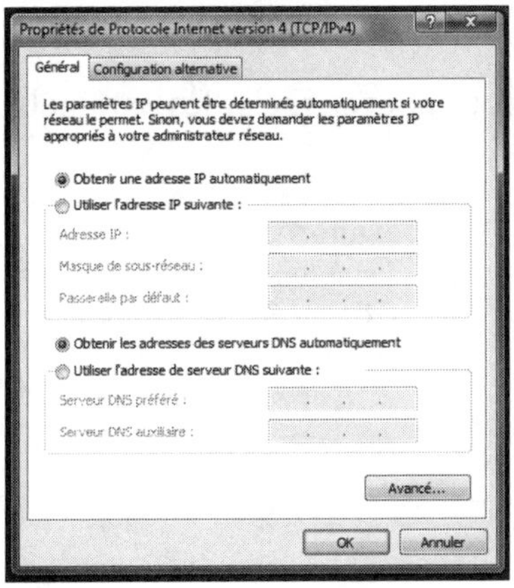

Figure 9-16 *:*
La fenêtre des propriétés du protocole IPv4

- *Internet Protocol Version 6 (TCP/IPv6)* est une nouveauté. Maintenant, le protocole IPv6 est activé par défaut. C'est l'évolution du protocole IPv4 comme vous le connaissez aujourd'hui avec un nouveau format d'adressage. Pour l'instant, peu d'éléments réseau IPv6 sont en activité, mais Windows Vista se devait de prendre en compte l'arrivée de cette version.

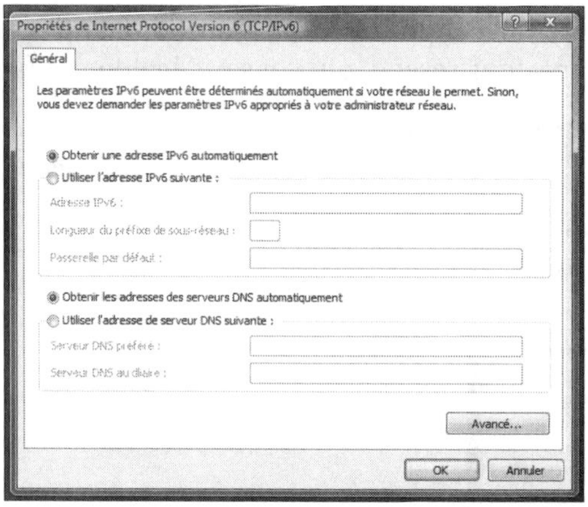

Figure 9-17 : *La fenêtre des propriétés du protocole IPv6*

- *Pilote d'E/S du mappage de découverte de topologie de la couche de liaison* est utilisé pour découvrir et localiser des ordinateurs ou les équipements réseaux sur le réseau. Il est aussi employé pour déterminer la bande passante du réseau.
- *Répondeur de découverte de topologie de la couche de liaison* est utilisé pour la détection et la localisation de votre ordinateur sur le réseau.

2. Fermez toutes ces fenêtres, revenez à la fenêtre du Centre Réseau et partage.

Partage et découverte

Dans la section *Partage et découverte*, vous pouvez régler les paramètres de découverte et de partage sur le réseau.

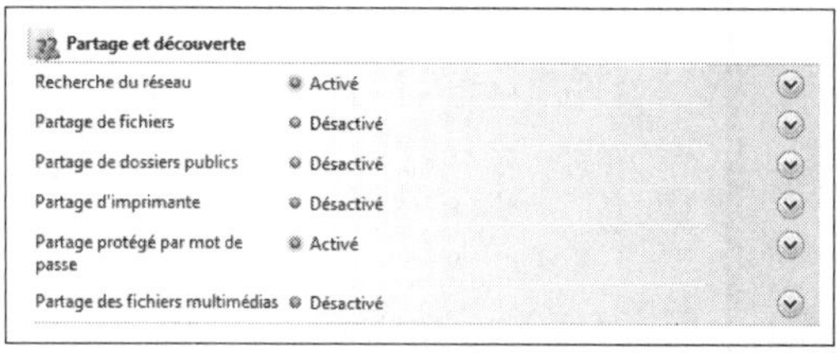

Figure 9-18 : *Les informations de l'onglet Général du Centre Réseau et partage*

Vous pouvez activer ou désactiver votre visibilité sur le réseau via le menu déroulant pour obtenir les renseignements de toutes les options. Choisissez ensuite *Activé* ou *Désactivé*.

Par exemple, cliquez sur le menu déroulant **Partage de dossiers publics**. Vous pouvez alors affiner vos réglages en ce qui concerne l'accès par le réseau du dossier public.

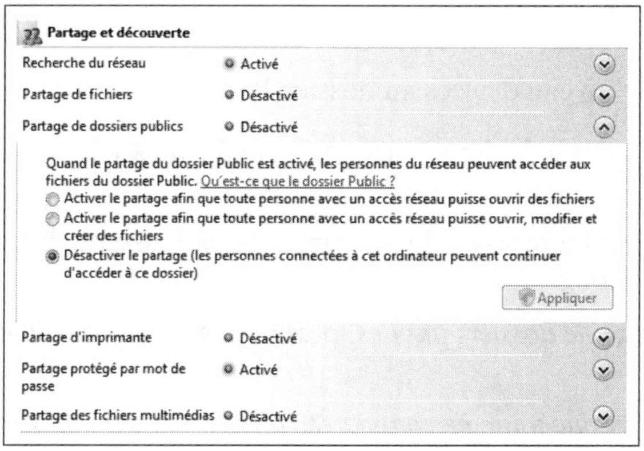

Figure 9-19 : *Paramétrage de la découverte et du partage sur le réseau*

Partage du dossier public

Le dossier *Public* est un moyen pratique de partager des fichiers. Vous pouvez partager les fichiers de ce dossier avec d'autres personnes qui utilisent le même ordinateur ou avec des personnes qui utilisent d'autres ordinateurs sur le même réseau. Tous les fichiers ou dossiers que vous placez dans le dossier *Public* sont automatiquement partagés avec les personnes qui y ont accès.

Il n'y a qu'un seul dossier *Public* dans Windows Vista. Tout possesseur d'un compte d'utilisateur sur l'ordinateur partage ce dossier. Pour accéder au dossier *Public*, ouvrez l'Explorateur Windows Vista. Vous le localiserez aisément.

Figure 9-20 : *Le dossier Public sous Windows Vista*

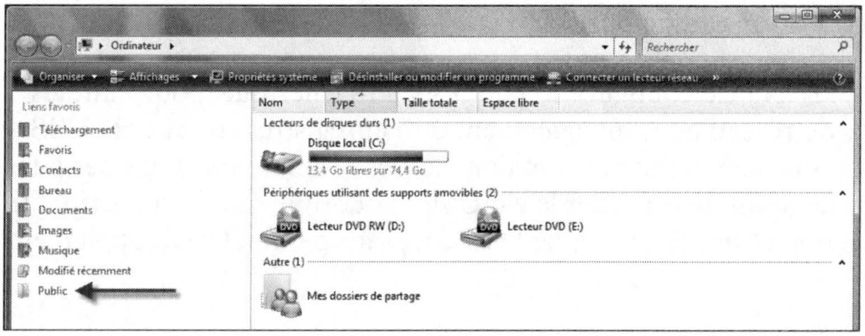

Quiconque dispose d'un compte d'utilisateur et d'un mot de passe sur votre ordinateur peut accéder au dossier *Public*, mais vous pouvez décider si tout le monde sur le réseau est ou non autorisé à y accéder. En fait, vous ne pouvez pas choisir quelles sont les personnes qui sont autorisées à y accéder à partir du réseau. Vous devez en effet accorder l'accès à tout le monde sur le réseau ou à personne. En revanche, vous pouvez définir le niveau d'autorisation en décidant si ceux qui ont accès au dossier *Public* à partir du réseau peuvent uniquement ouvrir les fichiers ou s'ils peuvent également en créer. Par défaut, l'accès réseau au dossier *Public* est désactivé jusqu'à ce que vous l'activiez.

Si vous souhaitez contrôler le niveau d'accès au dossier *Public* :

1. Cliquez sur le logo Windows de démarrage, puis sur **Panneau de configuration**.
2. Dans le Panneau de configuration, cliquez sur les liens *Réseau et Internet*, puis *Centre Réseau et partage*.
3. Déroulez la liste *Partage de dossiers publics*, puis cliquez sur l'une de ces options :
   - *Activer le partage afin que toute personne avec un accès réseau puisse ouvrir des fichiers* ;
   - *Activer le partage afin que toute personne avec un accès réseau puisse ouvrir, modifier et créer des fichiers* ;
   - *Désactiver le partage (les personnes connectées à cet ordinateur peuvent continuer à accéder à ce dossier)*.
4. Cliquez sur **Appliquer**. Si vous êtes invité à fournir une confirmation du contrôle des comptes utilisateurs, faites-le.

Lorsque vous partagez le dossier *Public* de votre ordinateur avec d'autres personnes, elles peuvent ouvrir et afficher les fichiers qui y sont stockés exactement comme si elles se trouvaient sur leur propre ordinateur. Si vous leur accordez l'autorisation de modifier les documents, toutes les modifications qui seront faites changeront les documents de votre ordinateur.

Mais revenons à notre configuration du réseau : sachez que, pour finir, les paramètres du réseau peuvent également être enregistrés sur une clé USB afin d'ajouter plus facilement et plus rapidement des ordinateurs et des périphériques au réseau. Il vous suffit de brancher la clé USB sur l'ordinateur ou le périphérique voulu, pour que ce dernier rejoigne le réseau, sans paramétrage supplémentaire.

L'Explorateur de réseau

Une fois le réseau configuré, vous pouvez consulter rapidement le contenu des ordinateurs, périphériques et imprimantes du réseau. Le nouvel Explorateur de réseau de Windows Vista affiche tous les ordinateurs, périphériques et imprimantes du réseau. Son fonctionnement est également plus rapide et plus fiable que celui de la fonction Favoris réseau de Windows XP. L'Explorateur de réseau est même capable d'utiliser des icônes personnalisées pour chaque périphérique (lorsque cette option est proposée par le constructeur). Vous pouvez également interagir directement avec les périphériques sélectionnés pour, par exemple, régler des paramètres ou lancer la lecture d'une piste audio.

1. Cliquez sur **Démarrer/Panneau de configuration**.
2. Dans le Panneau de configuration, cliquez sur les liens *Réseau et Internet*, puis *Centre Réseau et partage*.
3. Cliquez sur *Afficher les ordinateurs et les périphériques réseau*.

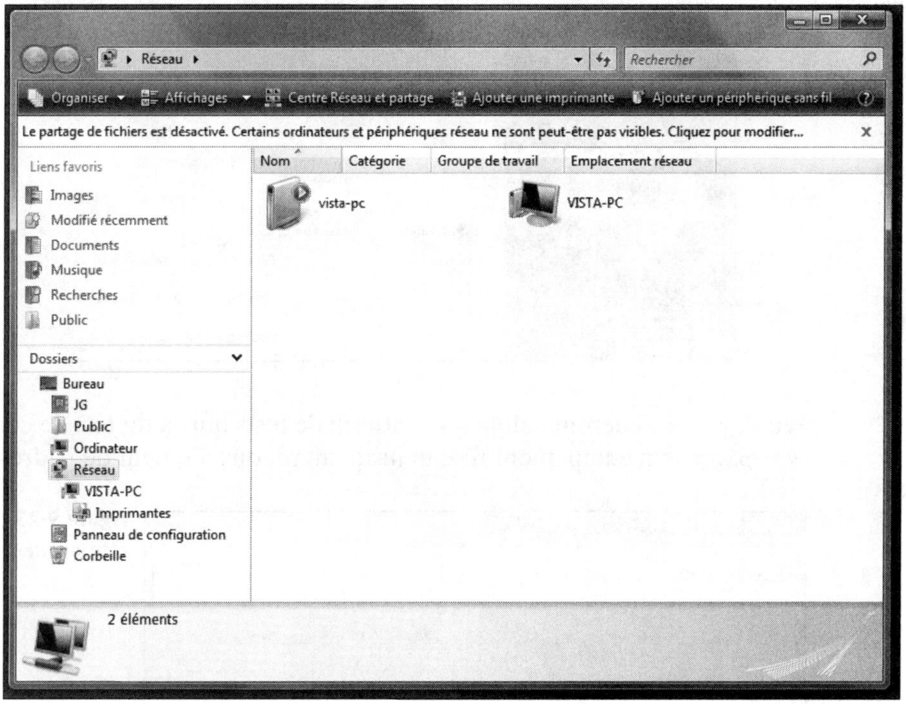

Figure 9-21 : *L'Explorateur de réseau*

L'outil Diagnostics réseau

En plus des fonctionnalités que nous venons de décrire, Windows Vista inclut des fonctionnalités de diagnostic et de réparation automatiques du réseau.

La résolution de problèmes de connexion réseau peut s'avérer très complexe car il existe de nombreuses causes possibles. Une des premières actions à mener en cas de problème est de lancer l'outil Diagnostics réseau inclus dans Windows Vista. Pour cela :

1. Cliquez sur **Démarrer/Panneau de configuration**.
2. Dans le Panneau de configuration, cliquez sur les liens *Réseau et Internet*, puis *Centre Réseau et partage*.
3. Cliquez sur **Diagnostiquer et réparer**.

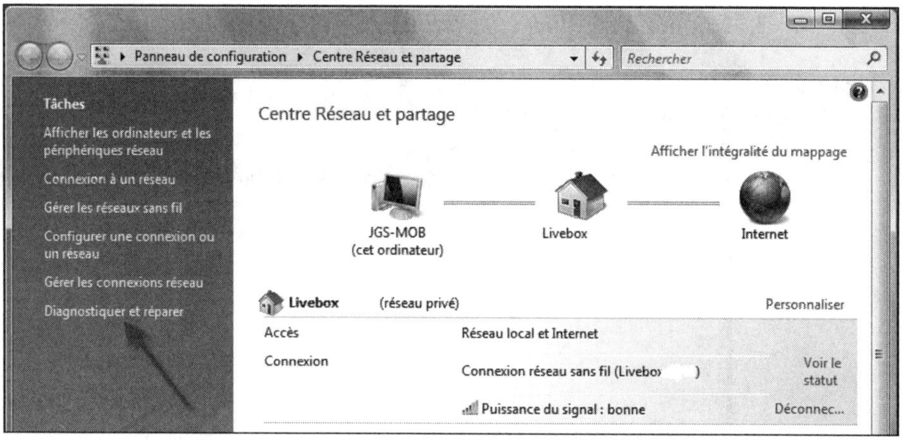

Figure 9-22 : *Accès à l'outil Diagnostiquer et réparer*

Windows Vista déroule alors une batterie de tests qui va du test de connectivité de type `ping` à un équipement réseau jusqu'au renouvellement de l'adresse IP.

Figure 9-23 : *Déroulement du diagnostic*

À la fin du diagnostic, Windows Vista vous annonce que le problème est réparé, s'il y est arrivé… Si ce n'est pas possible, il vous donne des pistes à suivre pour le résoudre :

1. Vérifiez que tous les câbles sont connectés.
2. Si vous essayez de vous connecter à un autre ordinateur, vérifiez que cet ordinateur est allumé.
3. Si le problème s'est présenté après l'installation d'un nouveau logiciel, vérifiez vos paramètres de connexion, pour découvrir s'ils ont été modifiés.

Lorsque vous exécutez des diagnostics réseau de Windows Vista, tout problème rencontré ainsi que les solutions correspondantes, s'affichent dans la boîte de dialogue **Diagnostics réseau** de Windows Vista. Si des informations plus détaillées ou techniques et des solutions potentielles sont disponibles, elles sont enregistrées dans un ou plusieurs journaux d'événements. Les administrateurs réseau et les membres du support technique peuvent utiliser les informations contenues dans les journaux d'événements pour analyser les problèmes de connectivité et simplifier l'interprétation des conclusions.

Les journaux d'événements *Diagnostics réseau* peuvent être consultés dans l'Observateur d'événements. Ils sont enregistrés en tant qu'événements système dans le dossier *Journaux Windows*, et l'ID de l'événement est *6100*, mais aussi dans un journal d'application.

9

Pour accéder à l'Observateur d'événements, procédez ainsi :

1. Ouvrez le Panneau de configuration, puis cliquez sur les liens *Système et maintenance* et *Outils d'administration*.
2. Double-cliquez sur l'icône *Observateur d'événements*.

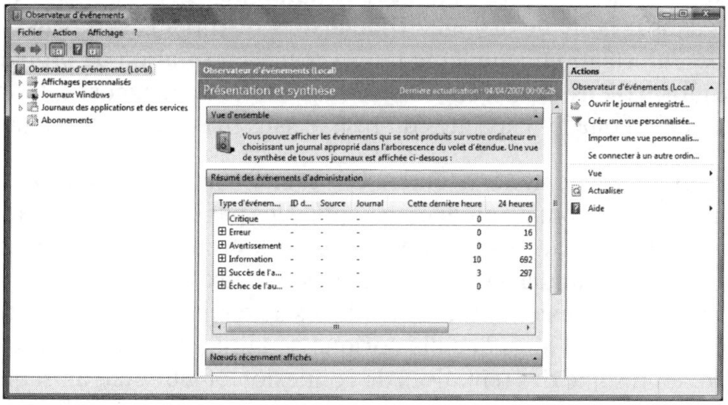

Figure 9-24 : *L'Observateur d'événements*

3. Une fois l'Observateur d'événements ouvert, développez l'arborescence *Journaux des applications et des services*, *Microsoft*, *Windows*, *Diagnostics-Networking*.

Dans le journal *Operational*, vous pouvez consulter les événements.

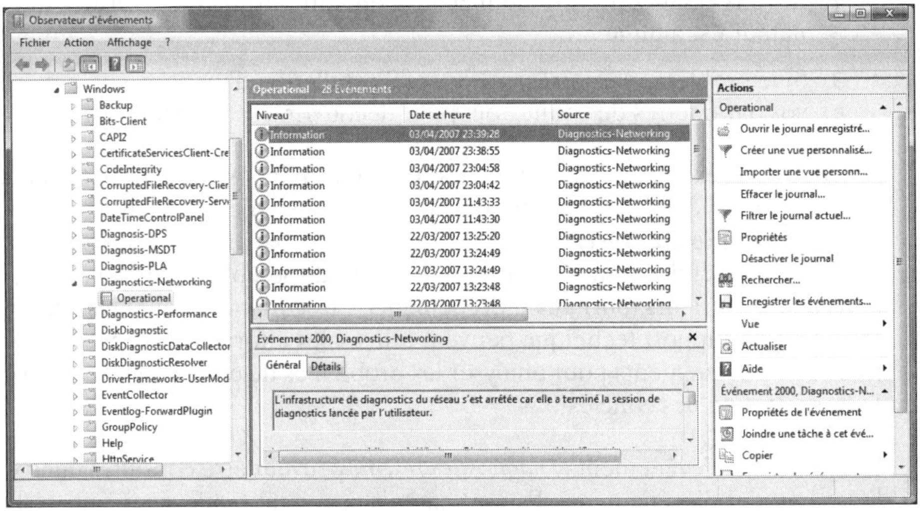

Figure 9-25 : *Le journal de diagnostics réseau de l'Observateur d'événements*

Lorsque la fonctionnalité de Diagnostics réseau identifie un problème sur un réseau sans fil, elle enregistre des informations dans les journaux d'événements en tant qu'événements de classe d'assistance ou événements de niveau informatif. Une session de diagnostics peut comprendre un ou plusieurs événements de classe d'assistance, mais un seul événement de niveau informatif.

Qu'est-ce qu'un événement de classe d'assistance ? Ces événements fournissent un résumé des résultats de diagnostics et peuvent reprendre certaines informations affichées dans la boîte de dialogue **Diagnostics réseau**, mais ils peuvent également fournir des informations supplémentaires pour la résolution de problèmes, telles que des informations sur la connexion faisant objet du diagnostic, les résultats de diagnostics ainsi que les capacités du réseau sans fil et de l'adaptateur diagnostiqués.

Qu'est-ce qu'un événement système ? Ces événements peuvent inclure des informations sur la connexion diagnostiquée, les paramètres du réseau sans fil sur l'ordinateur et le réseau, les réseaux visibles et les routeurs ou les points d'accès à portée au moment du diagnostic, la liste des réseaux sans fil préférés de l'ordinateur, l'historique des connexions et les statistiques de connexion notamment des statistiques de paquet ainsi que l'historique de l'utilisation itinérante. Ils fournissent également un résumé des tentatives de connexion et leur état, ainsi que les phases de la connexion réussie, échouée ou non démarrée.

9.5. Joindre un client Windows Vista en réseau sans fil à un domaine

Les ordinateurs sans fil qui exécutent Windows Vista peuvent utiliser un profil sans fil temporaire pour se connecter à un réseau sans fil sécurisé et joindre un domaine Active Directory. Ce profil sans fil temporaire, également qualifié de *bootstrap*, nécessite que l'utilisateur spécifie manuellement les informations d'identification de son compte sur le domaine et ne valide pas le certificat de serveur RADIUS (*Remote Authentication Dial-in User Service*) de l'entreprise (il faut que l'entreprise en soit pourvue). Après avoir rejoint le domaine, l'ordinateur sans fil utilise un nouveau profil sans fil qui exploite automatiquement les informations d'identification du compte d'ordinateur et d'utilisateur, et qui valide les informations d'identification du serveur RADIUS.

Les ordinateurs clients sans fil ont besoin d'informations d'identification de domaine (comme le nom et le mot de passe) ou d'un certificat pour l'authentification en vue d'un accès sans fil sécurisé. Pour rejoindre le domaine et recevoir des informations d'identification de domaine ou des certificats, les ordinateurs clients sans fil doivent se connecter au réseau sans fil contenant les contrôleurs du domaine. Pour accéder à un réseau sans fil sécurisé et joindre un ordinateur à un domaine, le client sans fil doit fournir manuellement le nom d'utilisateur de domaine et le mot de passe. Une fois connecté au réseau sans fil, l'utilisateur client sans fil peut joindre l'ordinateur au domaine.

Dans les réseaux sans fil authentifiés via 802.1X, les clients sans fil doivent fournir des informations d'identification de sécurité authentifiées par un serveur RADIUS. Ces informations d'identification peuvent inclure un nom d'utilisateur et un mot de passe ou des certificats. Par défaut, le client sans fil valide également un certificat d'ordinateur envoyé par le serveur RADIUS au cours du processus d'authentification. Il s'agit du comportement par défaut du client sans fil Windows Vista. Ce comportement peut être désactivé, mais cela n'est pas recommandé dans les environnements de production.

Si le serveur RADIUS utilise des certificats d'ordinateur émis par une infrastructure de clé publique (PKI, *Public Key Infrastructure*) commerciale telle que VeriSign et que le certificat d'autorité de certification racine du certificat d'ordinateur du serveur RADIUS est déjà installé sur le client sans fil, ce dernier peut valider le certificat d'ordinateur du serveur RADIUS, peu importe que le client sans fil ait ou non rejoint le domaine Active Directory.

Si le serveur RADIUS utilise des certificats d'ordinateur provenant d'une infrastructure de clé privée intégrée à Active Directory (par exemple basée sur

Windows Server 2003), un client sans fil qui n'a pas encore rejoint le domaine ne possède pas le certificat d'autorité de certification racine du certificat d'ordinateur du serveur RADIUS et par défaut, le processus d'authentification échoue. Une fois que le client sans fil a rejoint le domaine, le certificat de l'autorité de certification racine du certificat d'ordinateur du serveur RADIUS est installé automatiquement.

Nous allons développer les méthodes qui configurent les clients sans fil basés sur Windows Vista avec un profil sans fil pour effectuer l'authentification par nom d'utilisateur et mot de passe manuelle, mais qui ne valident pas le certificat d'ordinateur du serveur RADIUS. Une fois connecté au réseau sans fil, l'ordinateur client sans fil rejoint le domaine et reçoit le certificat de l'autorité de certification racine appropriée. L'utilisateur de l'ordinateur (manuellement) ou l'administrateur informatique (via la stratégie de groupe) peut reconfigurer le profil sans fil, de sorte que l'authentification valide le certificat d'ordinateur du serveur RADIUS et utilise automatiquement les informations d'identification du domaine.

Méthodes pour joindre un client sans fil à un domaine

Il est possible de faire appel à trois méthodes différentes de configuration d'un profil réseau sans fil bootstrap. Nous allons les décrire l'une après l'autre.

- Le personnel informatique joint un ordinateur sans fil au domaine et configure un profil sans fil bootstrap d'authentification unique.
- L'utilisateur configure son ordinateur sans fil avec un profil sans fil bootstrap via un fichier XML et rejoint le domaine.
- L'utilisateur configure manuellement l'ordinateur sans fil avec un profil sans fil bootstrap et rejoint le domaine.

Le personnel informatique joint l'ordinateur sans fil au domaine et configure un profil sans fil bootstrap d'authentification unique

Avec cette méthode, un administrateur informatique joint l'ordinateur sans fil au domaine avant sa distribution à l'utilisateur. Lorsque l'utilisateur démarre l'ordinateur, les informations spécifiées manuellement pour l'ouverture de session utilisateur sont utilisées pour établir une connexion au réseau sans fil et pour ouvrir la session sur le domaine.

Voici comment se déroulent les étapes :

1. Un administrateur informatique joint le nouvel ordinateur sans fil au domaine (par exemple, via une connexion Ethernet qui ne nécessite pas

d'authentification 802.1X) et ajoute un profil sans fil bootstrap à l'ordinateur avec les paramètres suivants :

- authentification PEAP-MS-CHAP v2 ;
- validation du certificat serveur RADIUS désactivée ;
- authentification unique activée.

L'authentification unique est une nouvelle fonctionnalité des clients sans fil Windows Vista permettant l'authentification 802.1X fondée sur la configuration de sécurité du réseau au cours du processus d'ouverture de session utilisateur. Pour ce profil sans fil bootstrap, l'administrateur spécifie que l'authentification unique effectue l'authentification 802.1X immédiatement avant l'ouverture de session utilisateur.

2. L'administrateur informatique distribue le nouvel ordinateur sans fil à l'utilisateur.
3. Lorsque l'utilisateur démarre l'ordinateur, Windows Vista invite l'utilisateur à saisir le nom et le mot de passe de son compte utilisateur sur le domaine. Dans la mesure où l'authentification unique est activée, l'ordinateur utilise les informations d'identification du compte utilisateur sur le domaine pour établir la première connexion avec le réseau sans fil, puis pour l'ouverture de session sur le domaine.

L'ouverture de session unique est requise pour ce profil sans fil bootstrap car, même si l'ordinateur est joint au domaine, l'utilisateur n'a jamais ouvert de session sur l'ordinateur. Si l'ordinateur ne possède pas de connexion réseau lorsque l'utilisateur tente d'ouvrir une session pour la première fois, l'ouverture de session échoue car l'ordinateur ne peut pas vérifier les informations d'identification du compte utilisateur sur un contrôleur de domaine. Par conséquent, la connexion réseau doit d'abord être établie. L'authentification unique utilise les mêmes informations d'identification de compte utilisateur pour établir une connexion sans fil et pour ouvrir une session sur le domaine. Une fois l'utilisateur connecté avec succès, les ouvertures de sessions utilisateurs suivantes peuvent utiliser des informations d'identification mises en cache.

L'utilisateur configure son ordinateur sans fil avec un profil sans fil bootstrap via un fichier XML et rejoint le domaine

Avec cette méthode, l'utilisateur configure son ordinateur sans fil avec un profil sans fil bootstrap via un fichier XML et un script configuré par un administrateur informatique. Le profil sans fil bootstrap configuré par le fichier XML permet à l'utilisateur d'établir une connexion sans fil, puis de rejoindre le domaine.

Voici comment se déroulent les étapes :

1. Un administrateur informatique configure un autre ordinateur sans fil basé sur Windows Vista avec un profil sans fil bootstrap qui utilise l'authentification PEAP-MS-CHAP v2 avec la validation du certificat serveur RADIUS désactivée.
2. L'administrateur informatique extrait le profil sans fil bootstrap dans un fichier XML avec la commande `netsh wlan export profile` et crée un fichier script qui ajoute automatiquement le profil sur l'ordinateur de l'utilisateur. La procédure exacte est expliquée plus loin dans ce chapitre.
3. L'administrateur informatique distribue à l'utilisateur le nouvel ordinateur sans fil, le fichier XML contenant le profil sans fil bootstrap et le fichier script, par une méthode appropriée. Le fichier script contient la commande `netsh wlan add profile Nom_fichier_XML Nom_connexion`. Par exemple, le fichier XML peut être stocké sur une clé USB avec un script que l'utilisateur peut exécuter pour ajouter le profil sans fil bootstrap.
4. L'utilisateur démarre l'ordinateur et effectue une ouverture de session avec un compte d'ordinateur local.
5. L'utilisateur exécute le fichier script afin d'ajouter le profil sans fil bootstrap.
6. Une fois le script exécuté, Windows Vista tente de se connecter au réseau sans fil. Étant donné que les paramètres du profil sans fil bootstrap spécifient que l'utilisateur doit fournir des informations d'identification, Windows Vista invite l'utilisateur à indiquer un nom de compte et un mot de passe.
7. L'utilisateur saisit le nom de son compte utilisateur sur le domaine et son mot de passe, puis l'ordinateur client Windows Vista se connecte au réseau sans fil.
8. L'utilisateur rejoint le domaine Active Directory.

L'utilisateur configure manuellement l'ordinateur sans fil avec un profil sans fil bootstrap et rejoint le domaine

Avec cette méthode, l'utilisateur configure manuellement son ordinateur sans fil avec un profil sans fil bootstrap, conformément aux instructions d'un administrateur informatique. Le profil sans fil bootstrap permet à l'utilisateur d'établir une connexion sans fil, puis de rejoindre le domaine.

Voici comment se déroulent les étapes :

1. L'administrateur informatique fournit à l'utilisateur les instructions permettant de configurer un profil sans fil bootstrap qui utilise

l'authentification PEAP-MS-CHAP v2 avec la validation du certificat serveur RADIUS désactivée.

2. L'utilisateur démarre l'ordinateur et effectue une ouverture de session avec un compte d'ordinateur local.
3. L'utilisateur exécute les instructions pour configurer le profil sans fil bootstrap.
4. Une fois le profil sans fil bootstrap exécuté, Windows Vista tente de se connecter au réseau sans fil. Étant donné que les paramètres du profil sans fil bootstrap spécifient que l'utilisateur doit fournir des informations d'identification, Windows Vista invite l'utilisateur à indiquer un nom de compte et un mot de passe.
5. L'utilisateur saisit le nom de son compte utilisateur sur le domaine et son mot de passe, puis l'ordinateur client Windows Vista se connecte au réseau sans fil.
6. L'utilisateur rejoint le domaine Active Directory.

Configurer un profil sans fil bootstrap

Pour configurer un profil sans fil bootstrap, procédez de la façon suivante :

1. Cliquez sur **Démarrer/Panneau de configuration**.
2. Dans le Panneau de configuration, cliquez sur les liens *Réseau et Internet*, puis *Centre Réseau et partage*. Cliquez sur *Connexion à un réseau*.
3. Dans la boîte de dialogue **Connexion à un réseau**, cliquez sur *Configurer une connexion ou un réseau*.
4. Sélectionnez *Se connecter manuellement à un réseau sans-fil*, puis cliquez sur **Suivant** et suivez les instructions.
5. Sous la rubrique *Entrez les informations relatives au réseau sans fil que vous souhaitez ajouter*, configurez les éléments suivants :
   - Dans le champ *Nom du réseau*, tapez le nom du réseau sans fil.
   - Sur la liste *Type de sécurité*, sélectionnez la méthode utilisée pour authentifier une connexion au réseau sans fil : *WEP (802.1x)*, *WPA-Entreprise* ou *WPA2-Entreprise*.
   - Enfin, sur la liste *Type de cryptage*, sélectionnez la méthode utilisée pour crypter les trames de données envoyées via le réseau sans fil : *WEP*, *TKIP* ou *AES*.

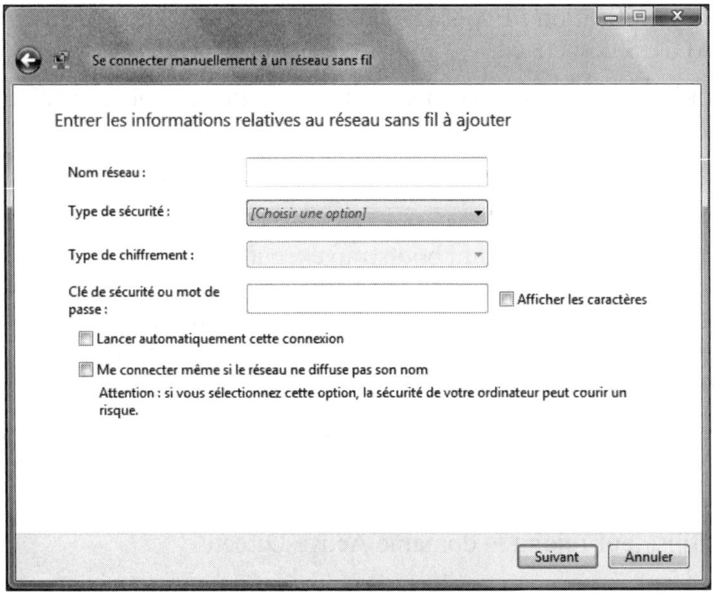

Figure 9-26 : *Configuration manuelle d'un réseau sans fil*

6. Cliquez sur **Suivant**. L'assistant est terminé.

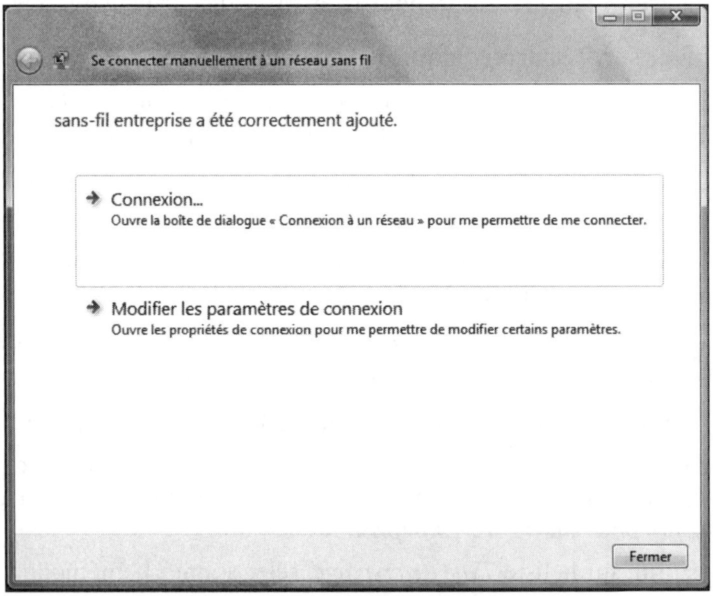

Figure 9-27 : *Fin de l'assistant de Configuration manuelle d'un réseau sans fil*

7. Cliquez sur **Modifier les paramètres de connexion**.

8. Sélectionnez l'onglet **Sécurité**. Vérifiez que le champ *Type de sécurité* est bien défini avec la valeur *802.1X*.

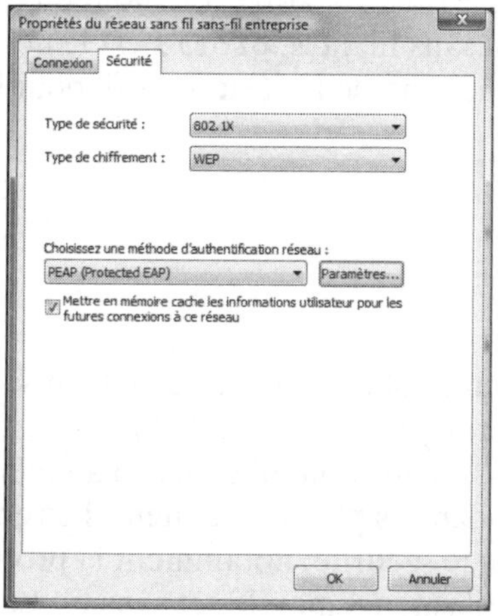

Figure 9-28 *:*
L'onglet Sécurité des paramètres de connexion de la configuration manuelle d'un réseau sans fil

9. Sélectionnez la méthode *Protected EAP (PEAP)* sur la liste *Choisissez une méthode d'authentification réseau*. Cliquez sur **Paramètres**.

10. Dans la boîte de dialogue **Propriétés de Protected EAP (PEAP)**, désactivez la case à cocher *Valider le certificat du serveur*.

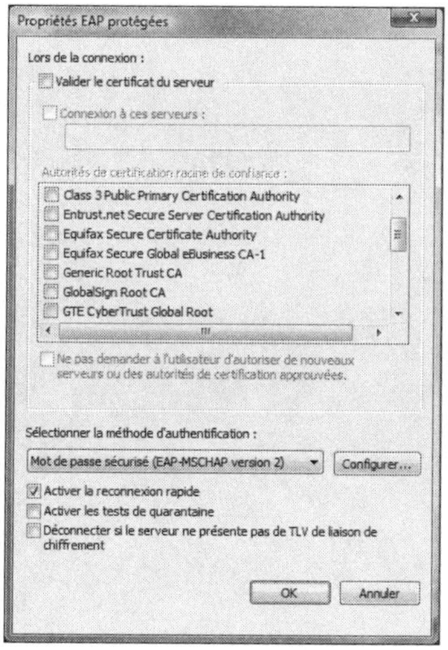

Figure 9-29 *:*
La fenêtre Propriétés de Protected EAP (PEAP)

11. Cliquez deux fois sur OK, puis cliquez sur **Fermer**.

Pour exporter les paramètres de ce profil sans fil bootstrap vers un fichier XML, tapez la commande `netsh wlan export profile Nom_fichier_XML Nom_profil Nom_connexion`, où `Nom_fichier_XML` est le nom du fichier XML qui contiendra les paramètres du profil sans fil, `Nom_profil` est le nom du profil sans fil exporté et `Nom_connexion` est le nom de la carte sans fil pour laquelle le profil sans fil a été configuré.

9.6. En résumé

Windows Vista représente la mise à jour la plus importante de la mise en réseau Windows depuis Windows 95. L'utilisation des réseaux câblés et sans fil est simplifiée pour les utilisateurs mobiles. La nouvelle pile réseau à réglage automatique permet de transférer des fichiers plus rapidement. Les entreprises apprécieront la diminution des risques de sécurité, notamment la protection accrue face aux menaces introduites par les utilisateurs mobiles et sans fil. Les administrateurs système trouveront Windows Vista facile à gérer, grâce à sa fonction permettant de créer des stratégies de sécurité granulaire pour le trafic réseau ainsi que des stratégies QoS pour les applications cruciales. Ces nouvelles fonctionnalités vous offrent davantage de latitude avec votre infrastructure réseau tout en diminuant les tâches d'administration et augmentant la productivité de l'utilisateur final.

10

Internet Explorer 7

Au cours de ces dernières années, l'utilisation d'Internet et le comportement de l'utilisateur face aux services proposés ont beaucoup évolué. Si l'on pense aux années 1990 et à ce qui a fait le succès et l'explosion d'Internet, on peut le résumer à la consultation passive de pages web et à l'envoi de courriels sous sa forme la plus basique. Aujourd'hui, la nouvelle ère des logiciels et des services Internet est née. Internet se diversifie : il est possible d'envoyer des courriels élaborés avec une messagerie digne de celles des entreprises, il est également possible de discuter en temps réel sous forme audio ou écrite… Internet et ses services sont au cœur de l'utilisation de nos ordinateurs. Pour en tirer le meilleur parti, Windows Vista bénéficie d'Internet Explorer dans sa version 7, et, comme toute nouvelle version, le logiciel apporte son lot de nouveautés et d'améliorations.

10.1. Les améliorations d'Internet Explorer 7

Dans cette nouvelle version, Internet Explorer 7 repose sur trois grands principes :

- la simplification des tâches quotidiennes ;
- une protection dynamique ;
- une plateforme et une gestion améliorées.

Simplifier les tâches de tous les jours

Internet Explorer 7 facilite la navigation grâce à l'utilisation d'onglets, des recherches depuis la barre d'outils, des fonctions d'impression avancées, la découverte et la lecture de flux RSS, l'abonnement à ces flux, et plus encore. Découvrez ces fonctionnalités pour en apprendre davantage.

Une utilisation simplifiée

Le cadre Internet Explorer 7 a été réorganisé : il est beaucoup plus simple, plus intuitif, moins encombré par des éléments inutiles. La zone d'écran dédiée aux pages web que vous souhaitez afficher est plus spacieuse, votre navigation sur Internet en est facilitée.

Les fonctions d'impression avancées

Internet Explorer 7 ajuste automatiquement la page web à imprimer au format de papier utilisé pour l'impression. Il comprend également un mode d'aperçu multipage avec des marges dynamiques, une fonction de redimensionnement du texte pour éviter que le document soit coupé, ainsi qu'une option permettant d'imprimer uniquement le texte sélectionné.

La zone de recherche instantanée

Les recherches sur le Web à l'aide de votre moteur de recherche favori peuvent désormais être entrées dans une zone de recherche à partir de la barre d'outils, ce qui réduit l'accumulation de barres d'outils indépendantes. Vous pouvez facilement choisir un fournisseur sur la liste déroulante ou ajouter davantage de fournisseurs.

Le centre des favoris

Il offre un accès rapide et simple aux favoris, aux groupes d'onglets, à l'historique de navigation et à vos abonnements à des flux RSS. Ce panneau peut être développé si nécessaire ou être fixé pour un accès plus régulier.

Le flux RSS

Internet Explorer 7 signale automatiquement les flux RSS sur les sites en illuminant une icône sur la barre d'outils. Un simple clic sur cette icône vous permet d'afficher et éventuellement de vous inscrire au flux RSS du site, puis d'être prévenu dès que le contenu est mis à jour. Vous pouvez lire les flux RSS directement dans le navigateur, rechercher les informations qui vous intéressent et filtrer l'affichage avec des termes de recherche ou en utilisant des catégories spécifiques au site.

La navigation par onglets

Affichez plusieurs sites dans une seule fenêtre de navigateur. Passez facilement d'un site à l'autre à l'aide d'onglets placés en haut du cadre du navigateur.

Les onglets rapides

Ils permettent une sélection et une navigation faciles en affichant des vignettes de tous les onglets ouverts dans une seule fenêtre (raccourci clavier : [Ctrl]+[Q]).

Les groupes d'onglets

Les onglets peuvent être regroupés et enregistrés dans des dossiers de favoris, ce qui vous permet d'ouvrir plusieurs onglets d'un simple clic. Un groupe d'onglets peut facilement être configuré comme le groupe de la page d'accueil, de sorte que tout le groupe d'onglets s'ouvre dès qu'Internet Explorer est lancé depuis le menu **Démarrer**.

Le zoom sur la page

Il permet d'agrandir les pages web individuelles, que ce soit du texte ou des illustrations, pour faire une mise au point sur un contenu particulier ou pour rendre le contenu plus accessible pour les malvoyants.

Une protection dynamique

Internet Explorer 7 offre davantage de sécurité grâce une nouvelle architecture fiable, des fonctions de sécurité qui aident à la protection contre les logiciels malveillants (également appelés *malwares*) et de nouveaux moyens de se protéger contre le vol de données personnelles depuis des sites web frauduleux, pratique connue sous le nom de "hameçonnage" (*phishing*). Cliquez sur les fonctions pour en apprendre davantage.

La fermeture de toutes les rubriques

L'inscription ActiveX Internet Explorer désactive presque tous les contrôles ActiveX préinstallés pour empêcher l'exposition de contrôles potentiellement vulnérables à des attaques. Vous pouvez facilement activer ou désactiver des contrôles ActiveX en fonction de vos besoins via la barre d'informations et le Gestionnaire de modules complémentaires.

La barre d'état de sécurité

Elle améliore la sensibilisation aux paramètres de sécurité et de confidentialité des sites web en affichant des notifications à l'aide d'un code couleur sur la barre d'adresse. Internet Explorer 7 affiche la barre d'adresse en vert pour les sites web qui présentent les nouveaux certificats de haute garantie, ce qui indique que le propriétaire du site a effectué des vérifications d'identité étendues. De plus, les notifications de filtres antihameçonnage (*antiphishing*), les noms de certificats et l'icône de verrou jaune sont à présent affichés à côté de la barre d'adresse pour une meilleure visibilité. Des informations sur les certificats et la confidentialité peuvent être affichées d'un simple clic sur la barre d'état de sécurité.

Le filtre antihameçonnage

Internet Explorer 7 vous prévient de façon proactive et vous aide à vous protéger contre des sites potentiellement frauduleux ou connus comme tels et à les bloquer si nécessaire. Ce filtre disponible sur abonnement est mis à jour plusieurs fois par heure avec les dernières informations sur la sécurité de Microsoft et de plusieurs partenaires.

L'interaction entre les domaines

Internet Explorer 7 limite l'interaction des scripts de pages web avec le contenu d'autres domaines ou fenêtres. Cette protection améliorée vous défend davantage contre les logiciels malveillants en limitant la possibilité pour des sites web de manipuler des failles sur d'autres sites web ou de vous amener à télécharger du contenu ou des logiciels indésirables.

Supprimer l'historique de navigation

Vous pouvez nettoyer les pages mises en mémoire, les mots de passe, les données de formulaire, les cookies et l'historique depuis la même fenêtre.

Une protection depuis la barre d'adresse

Chaque fenêtre, qu'elle soit publicitaire ou normale, affiche une barre d'adresse spécifique à l'utilisateur, ce qui l'aide à empêcher les sites malveillants d'imiter des sites de confiance.

Une protection contre les usurpations d'identité dans le nom de domaine international

En plus d'une prise en charge supplémentaire des noms de domaine internationaux dans les URL, Internet Explorer vous signale également que des caractères similaires dans l'URL ne sont pas exprimés dans le même langage, vous protégeant ainsi contre des sites qui pourraient apparaître comme des sites connus de confiance.

La sécurité du traitement des URL

Un nouveau concept de traitement d'URL assure un traitement cohérent et réduit les possibilités d'exploitations abusives. Le nouveau gestionnaire d'URL vous aide à centraliser le traitement des données critiques et améliore la cohérence des données dans l'application.

Le suivi des paramètres

Pour vous épargner une navigation avec des paramètres non sécurisés, Internet Explorer 7 vous signale dans la barre d'informations que les paramètres de sécurité actuels vous exposent à des risques. Dans le panneau de commande Internet, les éléments critiques sont surlignés en rouge lorsqu'ils ne sont pas configurés de façon sécurisée. Outre les alertes vous prévenant du manque de sécurité de vos paramètres, la barre d'informations vous le rappelle tant que ces paramètres ne seront pas sécurisés. Vous pouvez instantanément réinitialiser les paramètres de sécurité Internet réglés au niveau par défaut *Moyennement haute* en cliquant sur l'option *Fix My Settings* (changer mes paramètres) dans la barre d'informations.

La désactivation des modules complémentaires

Pour faciliter la résolution des problèmes de lancement d'Internet Explorer ou d'accès à des sites web particuliers, vous pouvez démarrer Internet Explorer en mode Sans module complémentaire, où seuls les modules complémentaires de système critiques sont activés.

Les fonctions suivantes ne sont disponibles qu'avec Internet Explorer 7 sous Windows Vista :

Le mode protégé

Internet Explorer 7 sous Windows Vista est exécuté à l'écart des autres applications du système d'exploitation. Les tentatives d'exploitation et les logiciels malveillants ne peuvent écrire à aucun autre emplacement que les fichiers Internet temporaires sans l'autorisation explicite de l'utilisateur.

Le contrôle parental

Pour la sécurité en ligne des enfants, les parents peuvent contrôler le comportement de leurs enfants via les paramètres de contrôle parental intégrés à Windows Vista. Le niveau de sécurité des enfants peut être contrôlé et modifié à distance. Le niveau de sécurité peut être étendu à plusieurs activités sur l'ordinateur, telles que les jeux ou la navigation sur Internet. La session de navigation d'un enfant peut même être examinée par un parent par la suite, et ne peut pas être supprimée sans l'accord du parent.

Une plateforme et une gestion rénovées

Des CSS améliorées

Internet Explorer résout de nombreuses incohérences qui ont causé des problèmes aux développeurs lors de la production de pages web interactives et visuellement chargées. Une meilleure prise en charge de CSS 2.1, y compris les sélecteurs et le positionnement fixe, permet aux développeurs de créer des effets plus intenses sans l'utilisation d'un script.

La compatibilité des applications

Un kit d'outils assurant la compatibilité des applications est disponible avec Internet Explorer 7. Il permet aux informaticiens et développeurs professionnels de comprendre les incompatibilités avec les sites web, les applications et les déploiements existants.

Le canal Alpha en PNG

Prend en charge la transparence au format image PNG, permettant ainsi de créer plus facilement des sites web plus esthétiques.

La Stratégie de groupe

Elle offre une prise en charge de tous les aspects de la configuration d'Internet Explorer, ce qui en facilite considérablement la gestion dans une entreprise.

Le kit de gestion d'Internet Explorer

Les OEM et les spécialistes du déploiement peuvent préinstaller Internet Explorer avec une configuration personnalisée ou des programmes supplémentaires pour leurs utilisateurs.

La prise en charge Ajax

Elle améliore la mise en œuvre de la requête XMLHTTP en tant qu'objet Javascript natif pour les applications de style Ajax riches. Alors qu'Internet Explorer 6 traitait les requêtes XMLHTTP avec un contrôle ActiveX, Internet Explorer 7 expose XMLHTTP en natif. Cela améliore la compatibilité syntaxique entre les différents navigateurs et permet aux clients de configurer et de personnaliser une stratégie de sécurité de leur choix sans compromettre de scénarios Ajax clés.

Des extensions de recherche ouverte

En collaboration avec Amazon.com, un jeu d'extensions de liste simples RSS a été soumis à la communauté RSS et publié sous licence Creative Commons. Parmi d'autres fonctions, ces extensions simplifient le développement des applications en rapport avec les fournisseurs de recherche compatibles avec la recherche ouverte.

La plateforme RSS

Elle offre de nombreuses fonctionnalités pour le téléchargement, le stockage et l'accès aux flux RSS sur tout le système d'exploitation et permet à davantage d'utilisateurs de profiter du RSS (voir plus loin le paragraphe consacré à ce sujet). Une fois que vous avez souscrit à un flux dans une application, cet abonnement et tous les contenus associés sont disponibles sur tout le système d'exploitation depuis chaque application dans laquelle vous souhaitez profiter du flux.

Une compatibilité de plateformes

Internet Explorer 7 est plus compatible avec les principales fonctions web qu'auparavant. Il prend en charge de nombreux nouveaux standards sur le Web pour faciliter le développement des sites web et améliorer la navigation. De plus, chaque nouvelle fonction d'Internet Explorer 7 permet un contrôle complet via la Stratégie de groupe, ce qui simplifie énormément la gestion d'Internet Explorer, même dans les entreprises de plus grande taille.

10.2. Utiliser Internet Explorer 7

Naviguer à l'aide des onglets

L'une des nouveautés d'Internet Explorer est la navigation par onglets. La plupart des navigateurs le font déjà, et Microsoft a corrigé le tir avec Internet Explorer 7. Cette fonctionnalité vous permet d'ouvrir plusieurs sites web dans une seule fenêtre du navigateur. Si plusieurs onglets sont ouverts, utilisez la fonction Onglets rapides pour passer facilement à d'autres onglets.

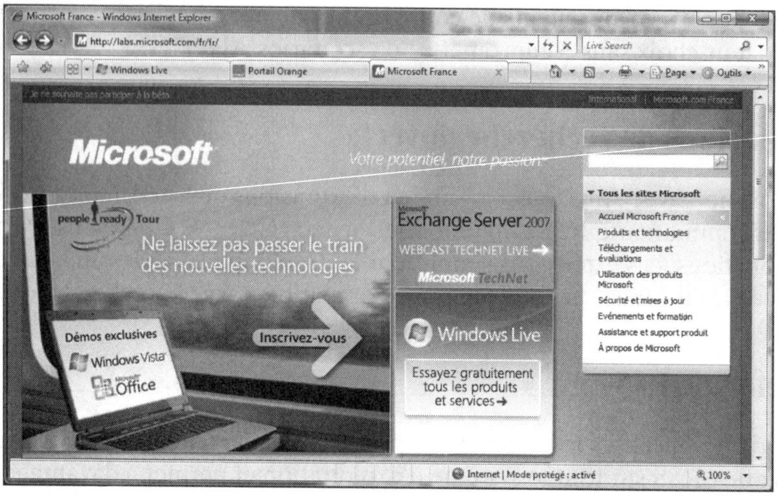

Figure 10-1 : *Plusieurs fenêtres sont ouvertes sous les onglets d'Internet Explorer*

Pour ouvrir une fenêtre Internet :

1. Activez le menu **Démarrer/Tous les programmes/Internet Explorer**.
2. Cliquez sur la commande **Nouvel Onglet** ou utilisez la combinaison de touches suivante Ctrl+T.

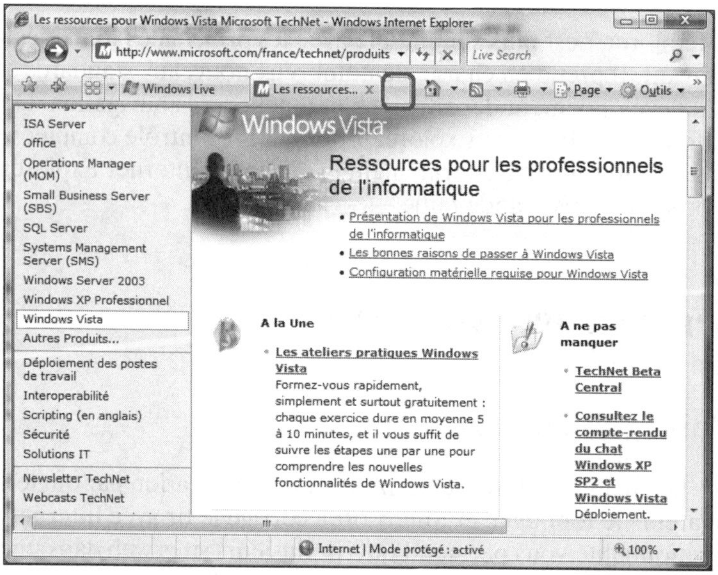

Figure 10-2 : *Ouverture d'une nouvelle fenêtre*

3. Pour fermer une fenêtre Internet, cliquez sur l'onglet ou utilisez la combinaison de touches Ctrl+W.

Figure 10-3 : *Fermeture d'un onglet*

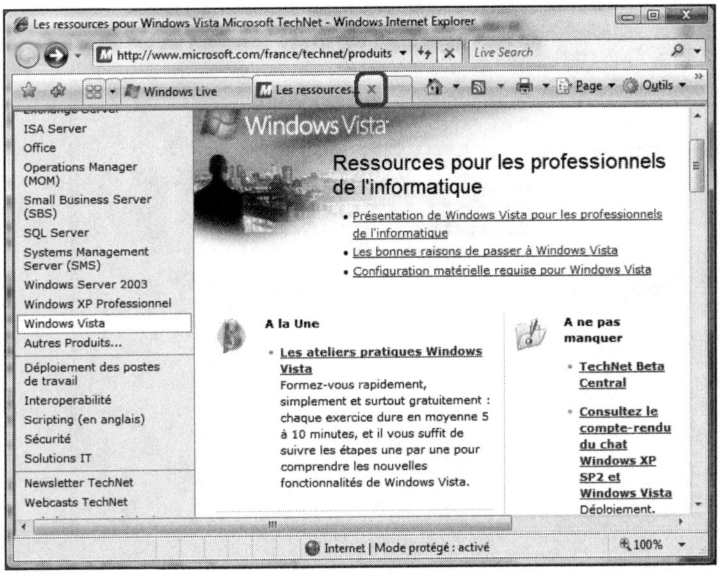

4. Pour parcourir en mode Liste les différents sites Internet que vous avez ouvert, vous pouvez utiliser les Onglets rapides.

Figure 10-4 : *Utilisation des Onglets rapides*

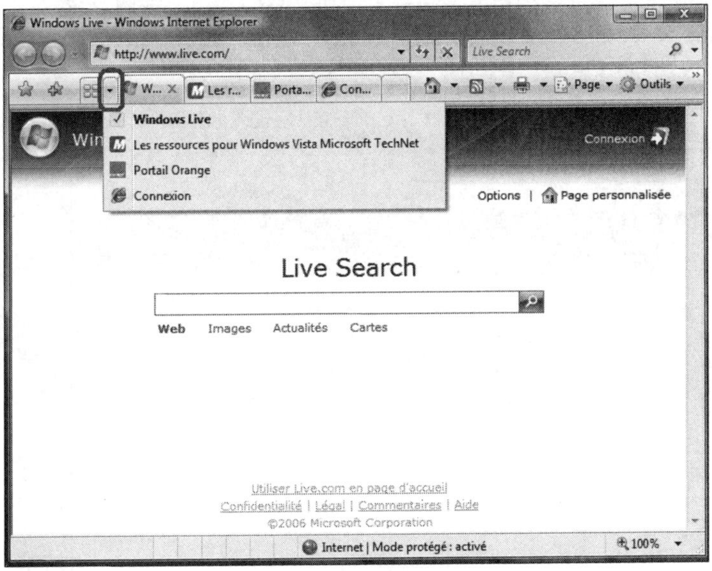

5. Si vous souhaitez visualiser l'ensemble des sites que vous avez ouvert, sélectionnez l'aperçu en mosaïque en cliquant sur Ctrl+Q.

Figure 10-5 : *L'aperçu en mosaïque*

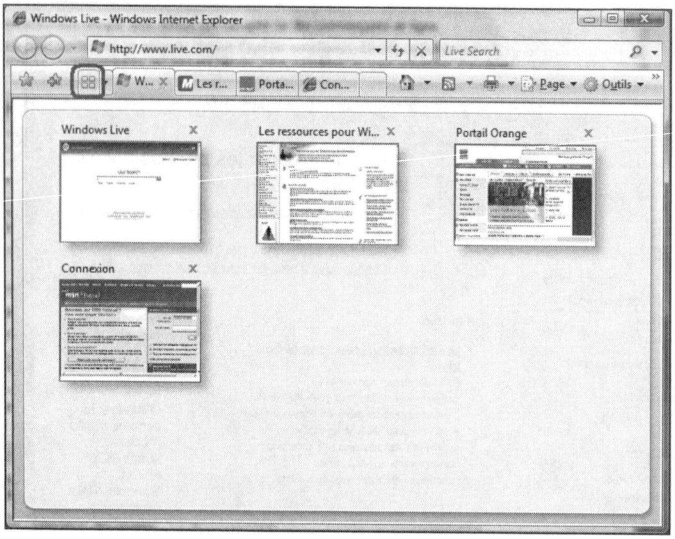

ASTUCE

Accéder au menu classique

Si vous souhaitez utiliser le menu classique d'Internet Explorer, comme dans sa version précédente, placez-vous sur la fenêtre d'Internet Explorer et appuyez sur la touche [Alt].

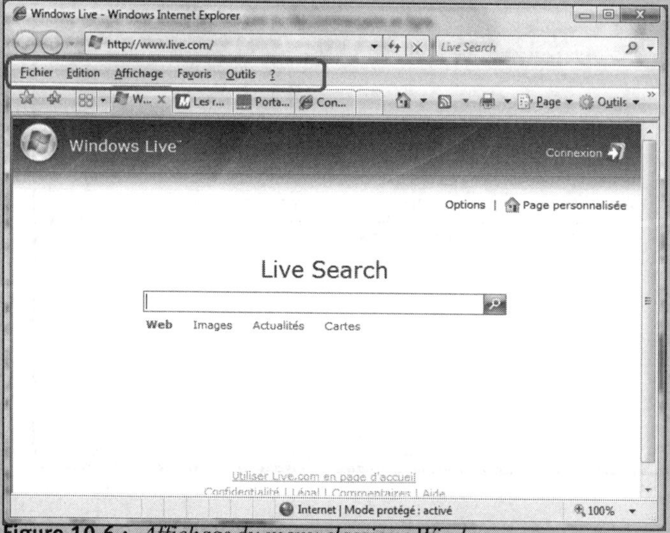

Figure 10-6 : *Affichage du menu classique Windows*

Désactiver les onglets

Même si les onglets sont un atout dans le confort d'utilisation d'Internet Explorer, ils ne sont pas obligatoirement du goût de tout le monde. C'est pourquoi vous avez la possibilité de les désactiver :

1. Activez le menu **Démarrer/Tous les programmes/Internet Explorer**.
2. Cliquez sur le bouton **Outils**, puis sur **Options Internet**.

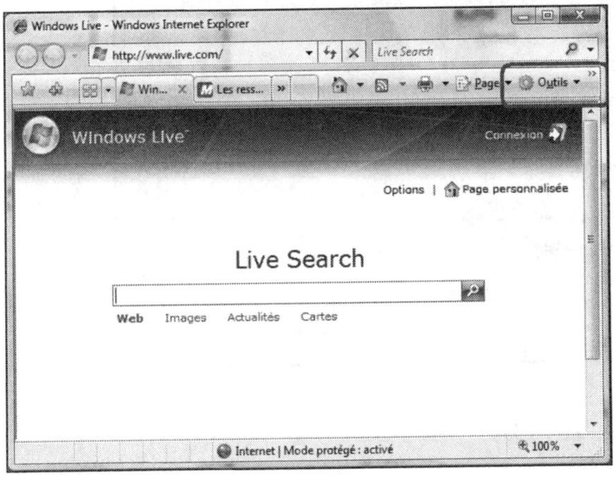

Figure 10-7 : *Le bouton Outils*

3. Cliquez sur l'onglet **Général**, puis, dans la section *Onglets*, cliquez sur **Paramètres**.

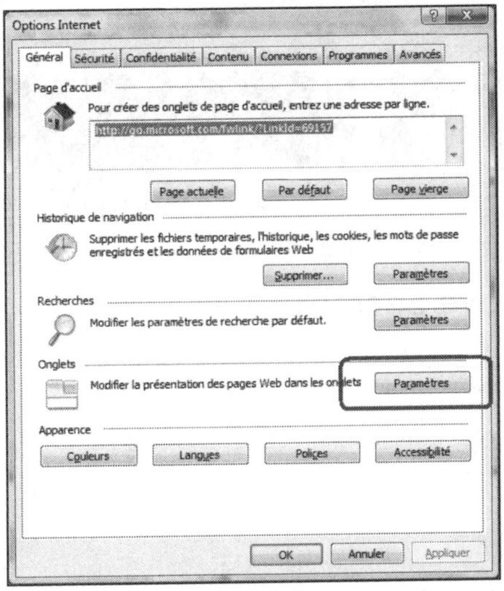

Figure 10-8 : *Le bouton Paramètres des Options Internet*

4. Désactivez la case à cocher *Activer la navigation avec onglets*.

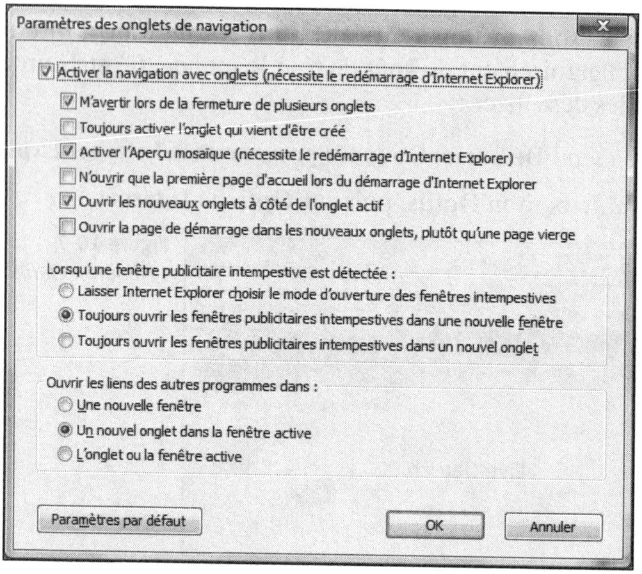

Figure 10-9 : *Les paramètres des onglets de navigation*

5. Cliquez deux fois sur OK.
6. Fermez Internet Explorer, puis rouvrez-le.

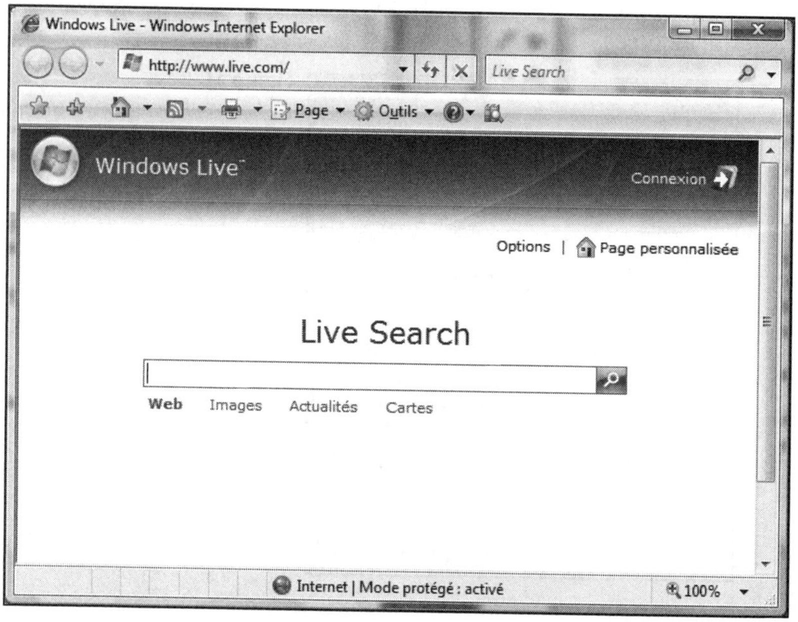

Figure 10-10 : *Internet Explorer sans les onglets*

Gérer les favoris

Les favoris sont un moyen pratique de capitaliser ses visites sur Internet. Internet Explorer vous permet d'enregistrer vos sites favoris, vous n'avez plus ainsi à taper leur adresse ; surtout quand on sait qu'il est rare aujourd'hui de ne consulter qu'une seule page. Prenons comme exemple une personne qui consulte très régulièrement les sites consacrés à la Bourse, à l'actualité générale ou spécialisée comme l'informatique. Vous l'avez compris. Saisir toutes ces adresses devient vite mission impossible. La solution consiste à ajouter un favori quand on sait que l'on va consulter la page à plusieurs reprises, à utiliser les favoris pour ouvrir ses pages et à organiser ses favoris pour ne pas s'y perdre.

Ajouter des favoris

Dans cet exemple, vous allez ajouter les sites favoris liés à l'informatique, à la Bourse et à l'actualité.

1. Saisissez l'adresse suivante : `http://labs.microsoft.com/fr/fr/`.
2. Ajoutez cette adresse dans les favoris à l'aide de la combinaison de touche Alt+Z ou en cliquant sur l'icône *Ajouter aux favoris*.

Figure 10-11 : *Ajouter une adresse Internet aux favoris*

3. Répétez cette opération avec les adresses suivantes :

- **www.pcinpact.com/**
- **http://technet.microsoft.com/fr-fr/default.aspx**
- **www.lemonde.fr/**
- **www.lefigaro.fr/**
- **http://tf1.lci.fr/**
- **www.radiofrance.fr/index.php?host=www.france-info.com**
- **www.boursorama.com/**
- **www.boursier.com/**
- **http://bourse.lesechos.fr/**
- **www.abcbourse.com/**

Vous voici à présent avec 11 sites Internet, il est facile d'imaginer que la liste pourrait s'allonger davantage.

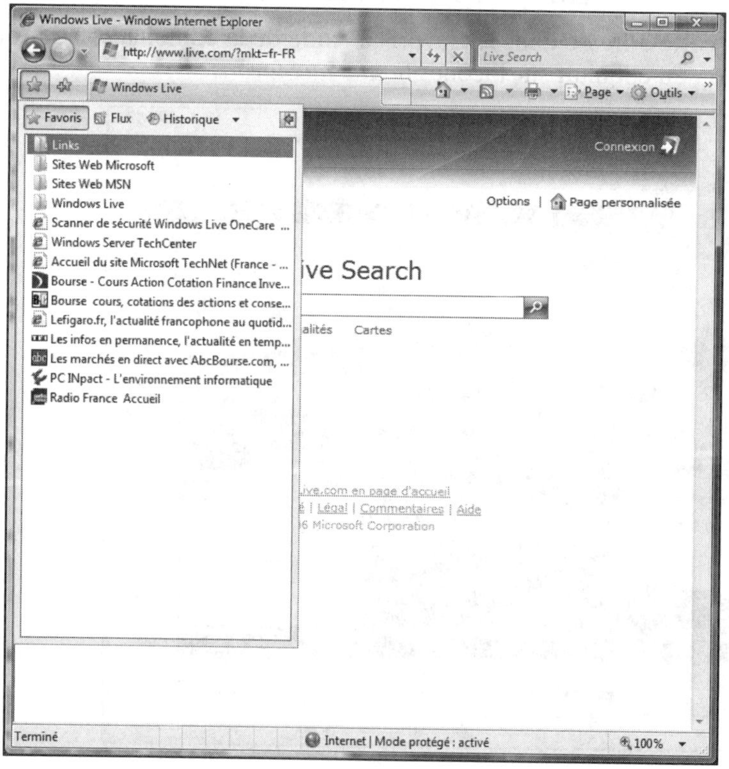

Figure 10-12 : *Une liste de favoris*

Consulter les favoris

L'intérêt d'archiver les favoris est que vous pouvez consulter les sites en très peu de temps sans avoir à saisir les adresses et risquer de commettre des erreurs ou tout simplement oublier le nom exact de l'adresse. Pour consulter vos favoris, cliquez sur l'étoile d'Internet Explorer ou sur la combinaison de touches Alt+C.

Organiser les favoris

Puisque les favoris apportent beaucoup de souplesse dans l'utilisation d'Internet, il devient important de les organiser. Imaginez une dizaine de centres d'intérêt avec pour chacun une quinzaine d'adresses de sites ! Vous devez organiser vos favoris :

1. Activez le menu **Démarrer/Tous les programmes/Internet Explorer**.
2. Appuyer sur les touches Alt+Z pour ouvrir le menu des favoris.

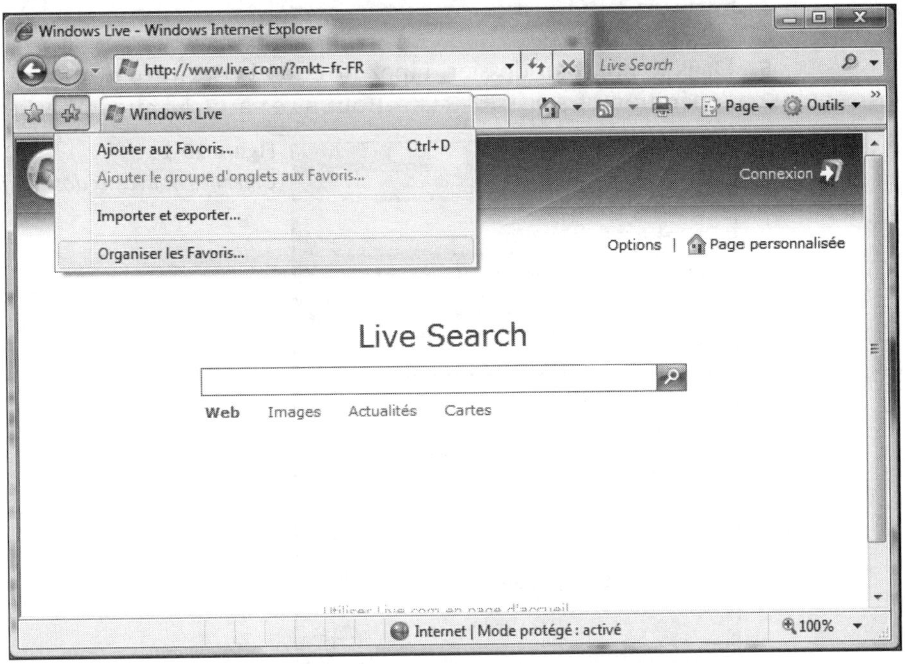

Figure 10-13 : *Organiser les favoris*

3. Dans le menu **Favoris**, cliquez sur **Organiser les favoris**.
4. Dans la fenêtre **Organiser les Favoris**, cliquez sur **Nouveau dossier**.

10

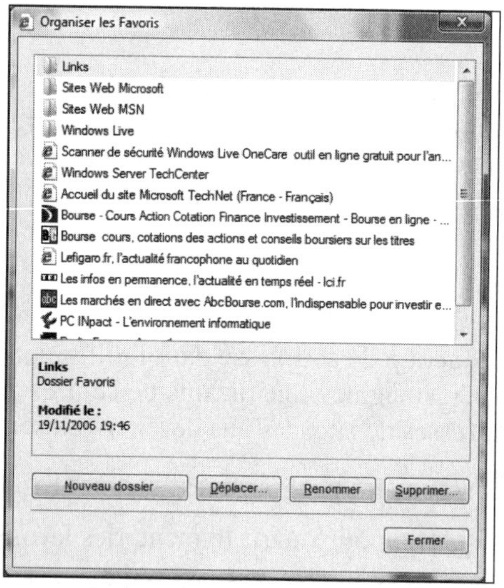

Figure 10-14 : *La fenêtre Organiser les favoris*

5. Dans le nouveau dossier, tapez `Actualité Informatique`. Répétez l'opération et saisissez `Site Boursiers` et `Actualité Générale`.

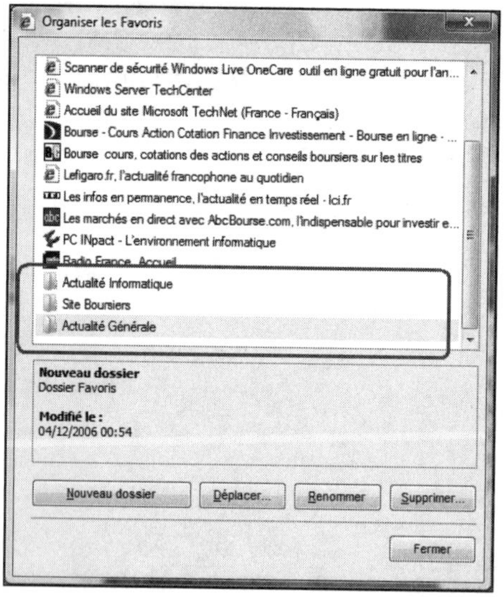

Figure 10-15 : *Créer des nouveaux dossiers favoris*

6. Pour commencer à organiser vos sites, sélectionnez par exemple le lien *Les marchés en direct avec AbcBourse.com, l'indispensable pour investir en bourse* et cliquez sur **Déplacer**.

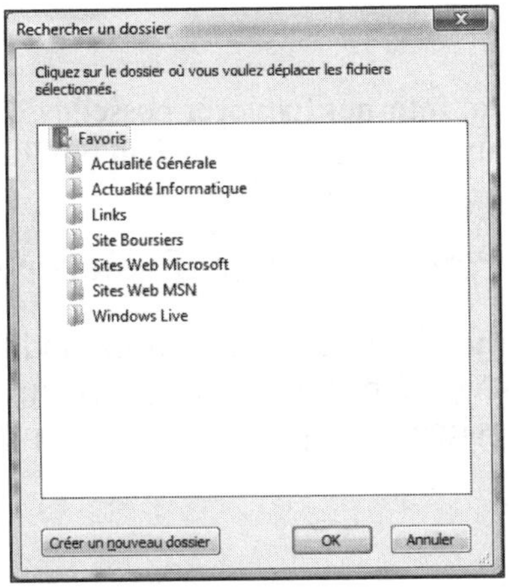

Figure 10-16 :
La fenêtre Rechercher

7. Dans la fenêtre **Recherche d'un dossier**, sélectionnez **Site Boursiers** et cliquez sur OK. Répétez cette action pour chacun de vos favoris, puis cliquez sur **Fermer**.

Figure 10-17 :
L'organisation des favoris par dossier

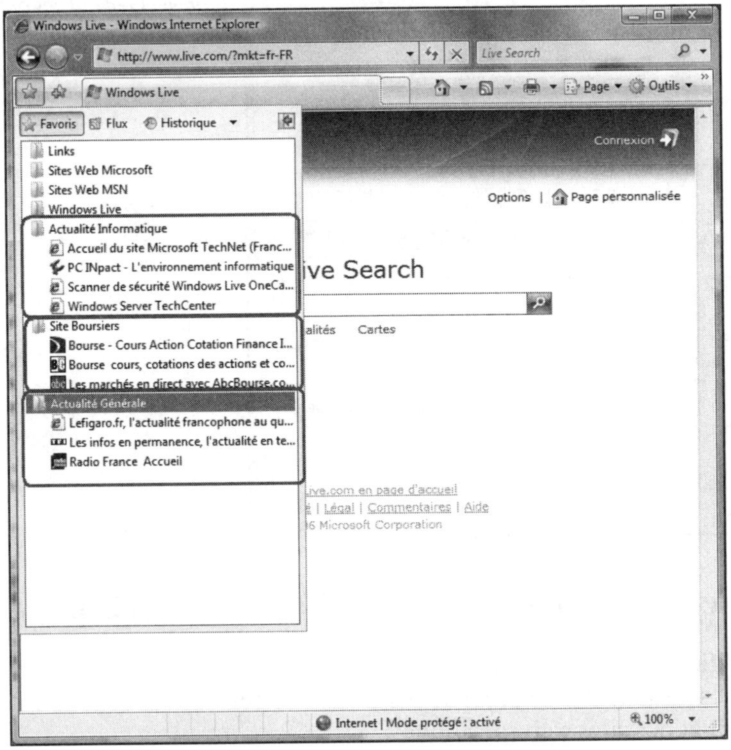

Paramétrer Internet Explorer

Comme toute partie de Windows Vista, Internet Explorer possède des paramètres. Ces paramètres sont destinés à plusieurs fonctions. En voici un bref descriptif…

Modifier les paramètres généraux d'Internet Explorer

Dans les paramètres généraux d'Internet Explorer, vous pouvez modifier votre page d'accueil, supprimer l'historique de navigation, modifier les paramètres de recherche, modifier les paramètres des onglets et personnaliser l'apparence d'Internet Explorer.

Pour accéder à la fenêtre :

1. Activez le menu **Démarrer/Tous les programmes/Internet Explorer**.
2. Cliquez sur le bouton **Outils**, puis sur **Options Internet**.

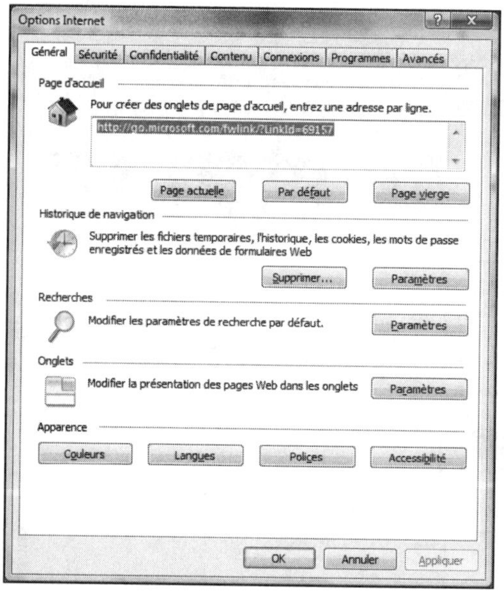

Figure 10-18 : *L'onglet Général des options Internet*

Modifier les paramètres de sécurité d'Internet Explorer

La modification de paramètres de sécurité d'Internet Explorer vous permet de définir les paramètres de sécurité par défaut et personnalisés pour Internet, l'intranet et des sites web spécifiques.

1. Activez le menu **Démarrer/Tous les programmes/Internet Explorer**.
2. Cliquez sur le bouton **Outils**, puis sur **Options Internet**.
3. Sélectionnez l'onglet **Sécurité**.

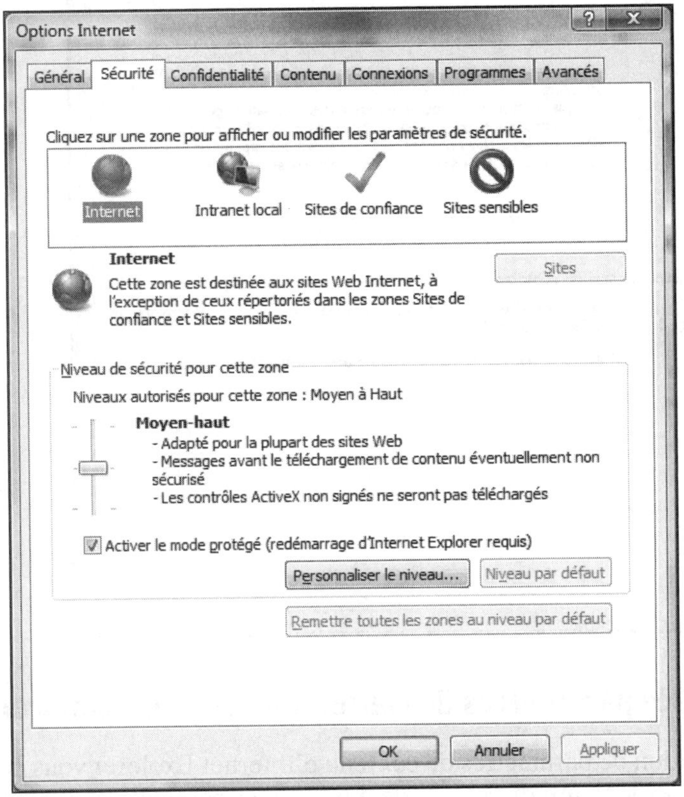

Figure 10-19 : *L'onglet Sécurité des options Internet*

10

Modifier les paramètres de confidentialité d'Internet Explorer

La modification de paramètres de confidentialité d'Internet Explorer vous permet de modifier les paramètres des cookies et du bloqueur de fenêtres publicitaires intempestives.

1. Activez le menu **Démarrer/Tous les programmes/Internet Explorer**.
2. Cliquez sur le bouton **Outils**, puis sur **Options Internet**.
3. Sélectionnez l'onglet **Confidentialité**.

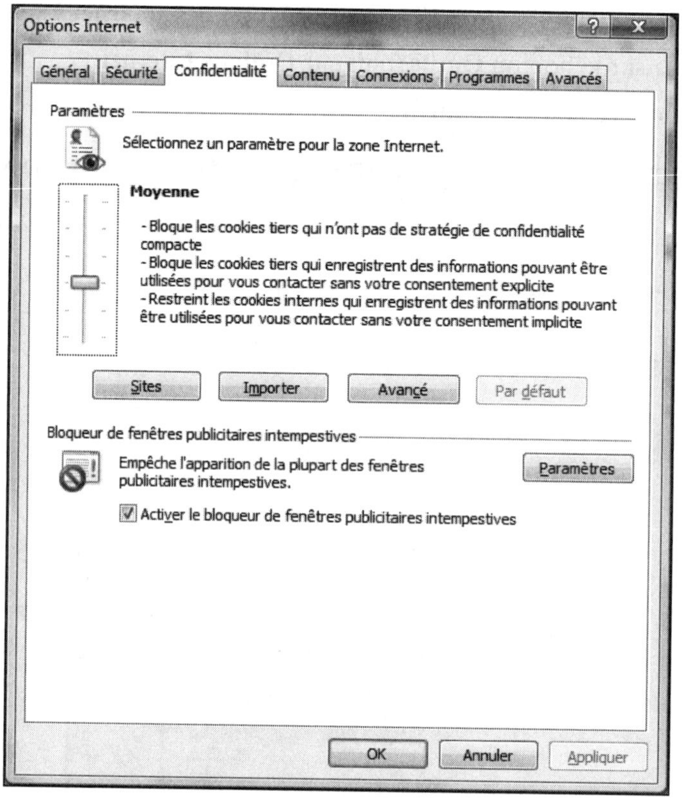

Figure 10-20 : *L'onglet Confidentialité des options Internet*

Modifier les paramètres de contenu d'Internet Explorer

La modification de paramètres de contenu d'Internet Explorer vous permet d'activer le gestionnaire d'accès ou de modifier ses paramètres, d'afficher et de gérer les certificats de sécurité, de modifier les paramètres de saisie semi-automatique ou les paramètres des flux (RSS).

Vous pouvez créer une connexion Internet, ajouter ou modifier les paramètres d'accès à distance et du réseau privé virtuel (VPN) et modifier les paramètres du réseau local.

1. Activez le menu **Démarrer/Tous les programmes/Internet Explorer**.
2. Cliquez sur le bouton **Outils**, puis sur **Options Internet**.
3. Sélectionnez l'onglet **Contenu**.

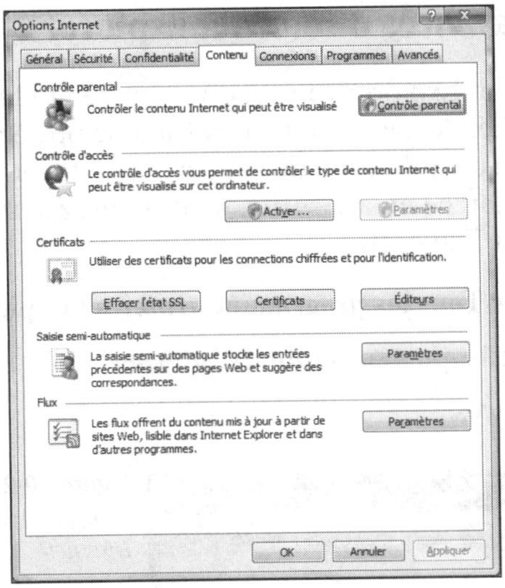

Figure 10-21 :
L'onglet Contenu des options Internet

Modifier les paramètres des programmes d'Internet Explorer

Les paramètres des programmes d'Internet Explorer vous permettent de modifier votre navigateur web par défaut, votre programme de messagerie électronique, votre éditeur HTML, votre lecteur de groupes de discussion ou votre téléphone Internet, et de gérer les modules complémentaires du navigateur web.

1. Activez le menu **Démarrer/Tous les programmes/Internet Explorer**.
2. Cliquez sur le bouton **Outils**, puis sur **Options Internet**.
3. Sélectionnez l'onglet **Programmes**.

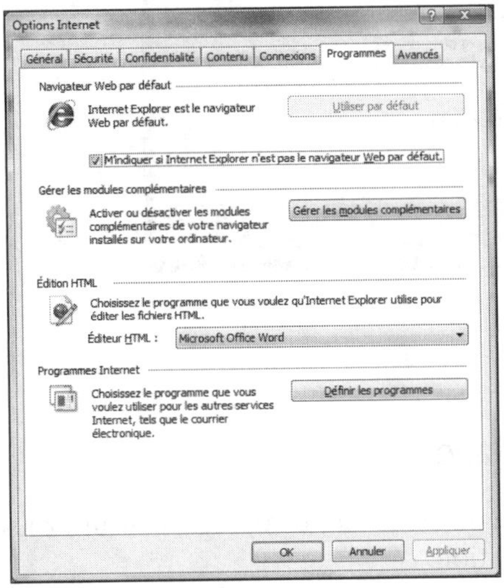

Figure 10-22 :
L'onglet Programmes des options Internet

Modifier les paramètres avancés d'Internet Explorer

Les paramètres avancés d'Internet Explorer vous permettent de modifier les paramètres avancés d'accessibilité, de navigation, de gestion de protocole HTTP, le nom des domaines internationaux, l'utilisation de la machine virtuelle Java, le multimédia, l'impression, la recherche et la sécurité. Vous pouvez aussi rétablir les paramètres par défaut d'Internet Explorer.

1. Activez le menu **Démarrer/Tous les programmes/Internet Explorer**.
2. Cliquez sur le bouton **Outils**, puis sur **Options Internet**.
3. Sélectionnez l'onglet **Avancés**.

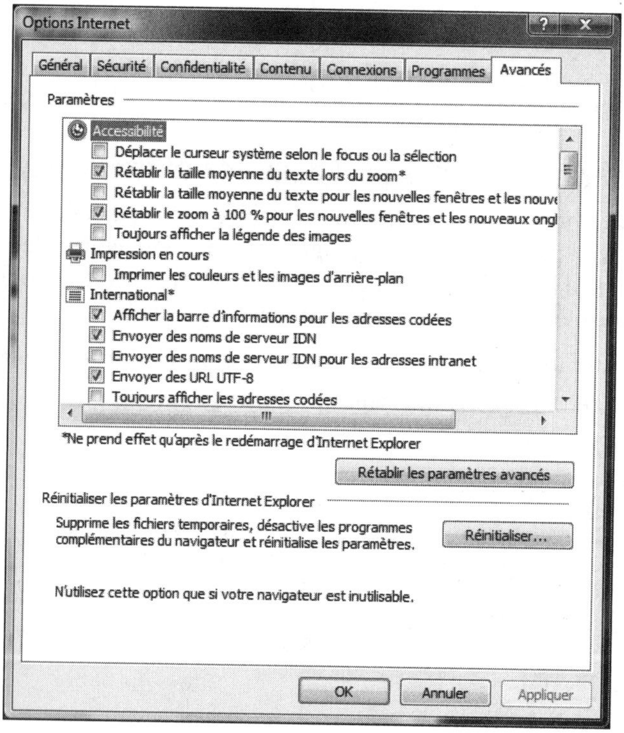

Figure 10-23 : *L'onglet Avancés des options Internet*

Naviguer en toute sécurité

Comprendre le hameçonnage

Pour découvrir et comprendre ce qu'est le hameçonnage, consultez les sites Internet que Microsoft met à votre disposition.

Voyez comment utiliser le filtre contre le hameçonnage :

1. Activez le menu **Démarrer/Tous les programmes/Internet Explorer**.
2. Dans Internet Explorer, tapez l'URL `http://207.68.169.170/woodgrovebank/index.html.html` et appuyez sur [↵] pour accéder au site web.

La barre d'adresse est devenue orange et vous pouvez noter la présence d'un bouclier assorti d'un point d'exclamation. Internet Explorer vous informe que le site web est suspect.

3. Dans Internet Explorer, tapez l'URL `http://207.68.169.170/contoso/enroll_auth.html`, puis appuyez sur [↵] pour accéder au site web.

Internet Explorer vous informe que le site web est un hameçonnage. La barre d'adresse est devenue rouge.

Figure 10-24 : *Un site de hameçonnage*

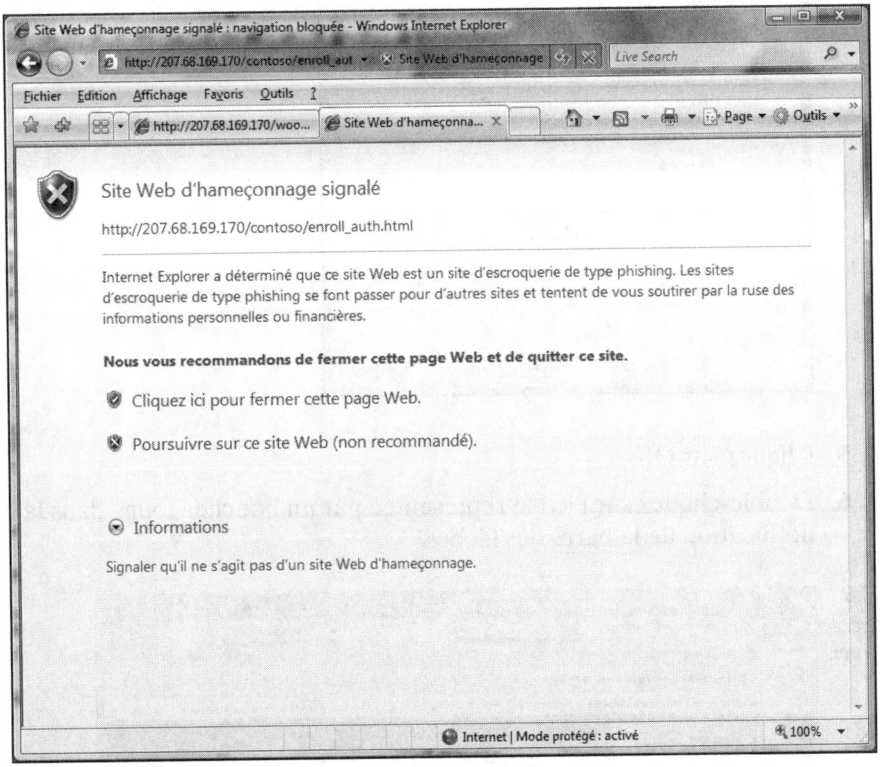

Modifier le niveau de sécurité

Pour effectuer ce test, vous allez diminuer volontairement la sécurité d'Internet Explorer, ce qui n'est pas recommandé bien sûr…

1. Activez le menu **Démarrer/Tous les programmes/Internet Explorer**.
2. Cliquez sur **Outils**, puis sur **Options Internet**.
3. Dans la fenêtre **Options Internet**, sélectionnez l'onglet **Sécurité**.
4. Dans la fenêtre **Niveau de sécurité de cette zone**, baissez le niveau sur *Moyenne*.

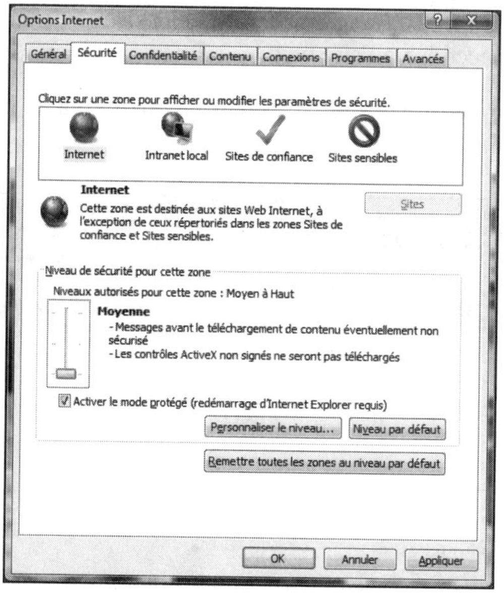

Figure 10-25 : *Réduction du niveau de sécurité d'une zone*

5. Cliquez sur OK.
6. Double-cliquez sur l'icône représentée par un bouclier rouge dans la zone de notification de la barre des tâches.

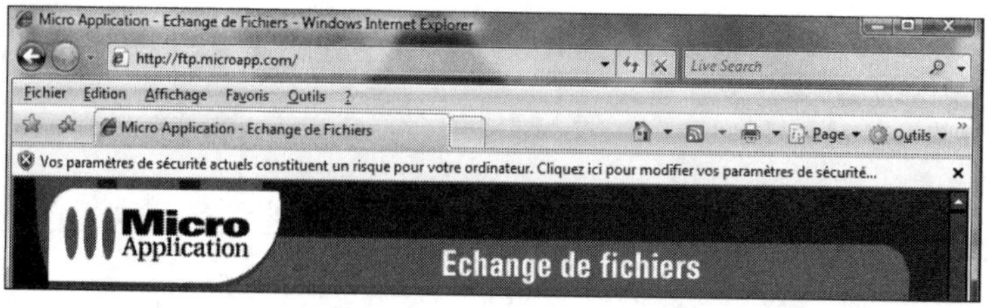

Figure 10-26 : *Alerte de sécurité lancée par Internet Explorer*

Le Centre de sécurité Windows s'ouvre. Remarquez la catégorie *Autres paramètres de sécurité* : elle est devenue rouge à cause du changement des paramètres de sécurité d'Internet Explorer.

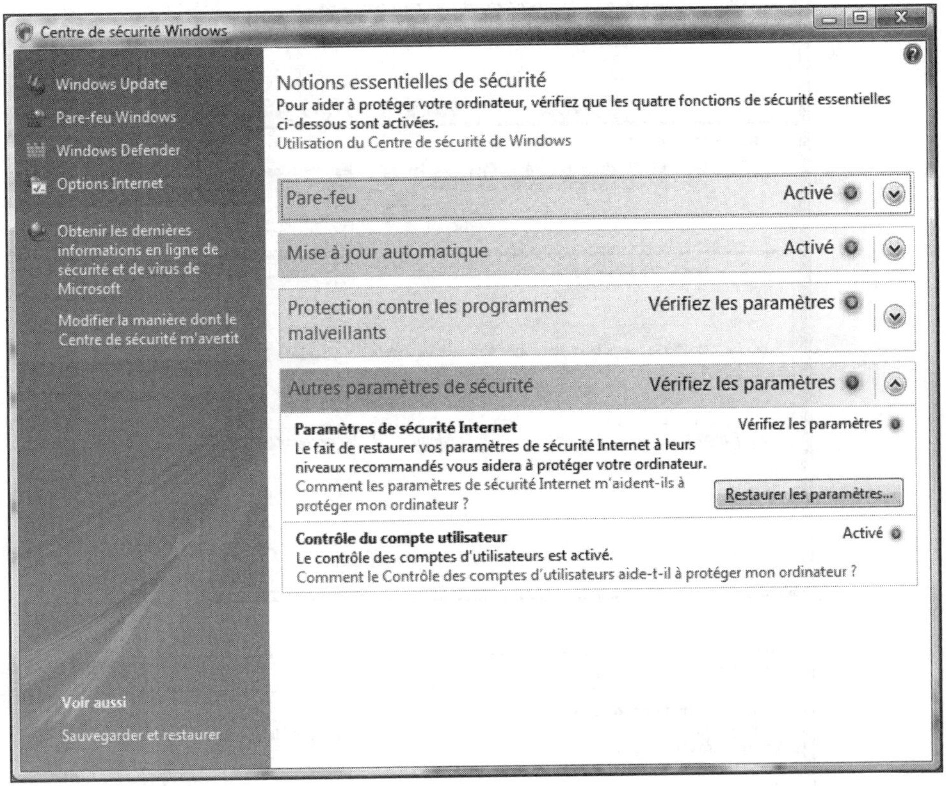

Figure 10-27 : *Alerte du Centre de sécurité sur les problèmes de sécurité liés à Internet Explorer*

7. Fermez la fenêtre du Centre de sécurité Windows.

Supprimer toutes les traces d'Internet Explorer

1. Activez le menu **Démarrer/Tous les programmes/Internet Explorer**.
2. Cliquez sur **Outils**, puis sur **Options Internet**. Dans la partie *Historique de navigation*, cliquez sur **Supprimer** (voir fig. 10-28).
3. Dans la fenêtre **Supprimer l'historique de navigation**, cliquez sur **Tout supprimer** (voir fig. 10-29).

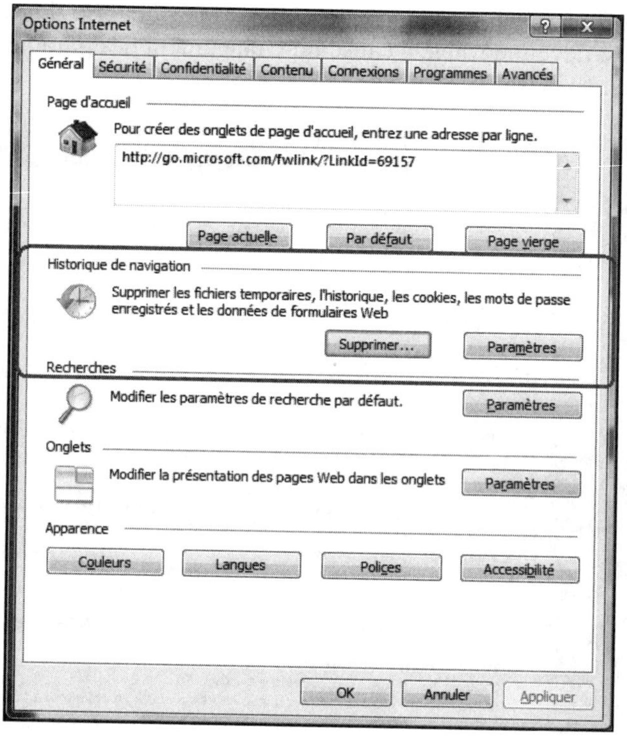

Figure 10-28 : *Historique de navigation de l'onglet Général*

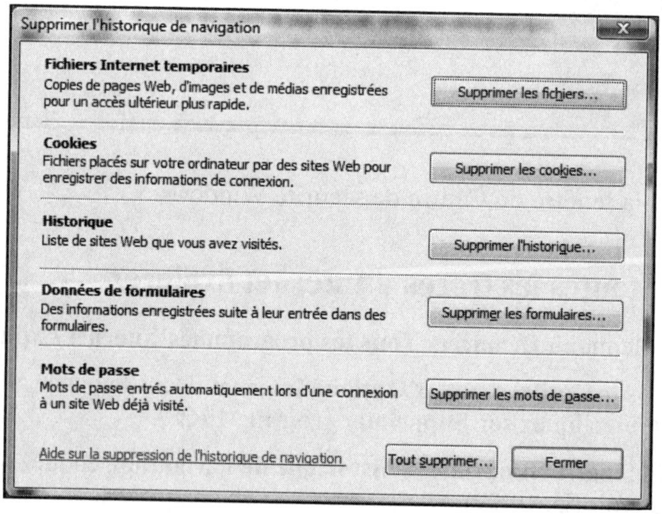

Figure 10-29 : *Supprimer l'historique de navigation*

4. Cliquez sur OK.

Toutes les traces (fichiers temporaires, cookies, historique et mots de passe) sont ainsi effacées en une seule action.

5. Fermez Internet Explorer.

Consulter des sites sécurisés avec Internet Explorer

1. Activez le menu **Démarrer/Tous les programmes/Internet Explorer**.
2. Dans Internet Explorer, taper l'URL `https://www.cmocean.fr` et appuyez sur ↵ pour accéder au site web.

Vous pouvez observer la présence d'un cadenas dans la barre d'adresse.

Figure 10-30 : *Accès à un site sécurisé*

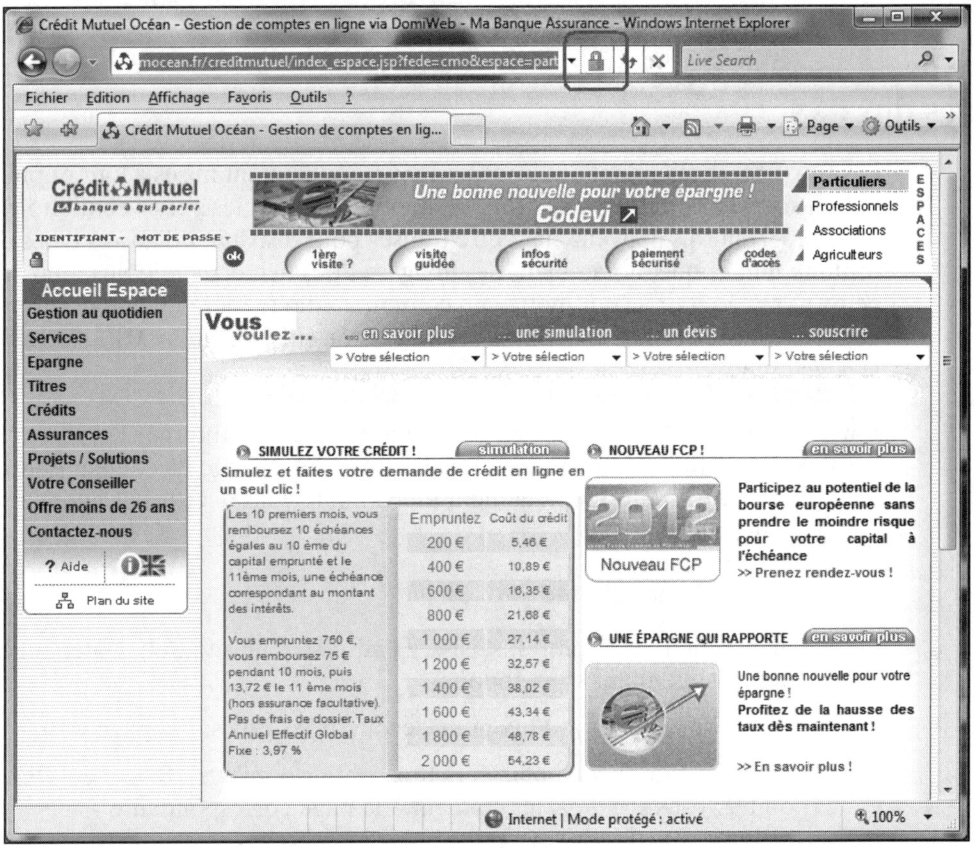

En résumé, les nouvelles fonctions d'Internet Explorer aident les utilisateurs à accéder aux ressources d'Internet tout en réduisant les menaces de sécurité. La

10

diminution du risque représenté par les sites web malveillants aide à réduire vos coûts de sécurité potentiels.

INTERNET

Informations complémentaires sur la sécurité de Windows Vista et d'Internet Explorer 7

- http://download.microsoft.com/download/0/7/2/072B606C-1235-4153-BBC3-353C22304D13/Update_automatique_Internet_Explorer_7.doc
- www.microsoft.com/france/technet/produits/windowsvista/mngsec.mspx
- www.microsoft.com/france/events/event.aspx?EventID=118769721
- www.microsoft.com/france/events/event.aspx?EventID=118769738
- www.microsoft.com/france/events/event.aspx?EventID=118769719
- www.microsoft.com/france/events/event.aspx?EventID=118769718

Les flux RSS

Les flux RSS contiennent des informations fréquemment mises à jour et publiées par un site web. Les flux sont généralement utilisés par les sites web d'informations et de blog, mais ils peuvent aussi être utilisés pour distribuer d'autres types de contenu numérique, notamment des images et des fichiers audio ou vidéo. Les flux peuvent aussi servir à transmettre un contenu audio (généralement au format MP3), que vous pouvez écouter sur votre ordinateur ou sur un lecteur MP3. Cela s'appelle le *podcasting*.

Lorsque vous affichez un site web pour la première fois, Internet Explorer recherche des flux. Si des flux sont disponibles, le bouton **Flux** change de couleur et un son est émis. Pour recevoir automatiquement un contenu, vous devez vous abonner à un flux (voir fig. 10-31).

Procédez de la façon suivante :

1. Ouvrez Internet Explorer, saisissez l'adresse d'un site web contenant le flux auquel vous voulez vous abonner.
2. Cliquez sur le bouton **Flux** pour découvrir les flux sur la page web.
3. Cliquez sur un flux (si plusieurs flux sont disponibles). Si un seul flux est disponible, vous accédez directement à la page correspondante.
4. Cliquez sur le bouton **M'abonner à ce flux** (voir fig. 10-32).

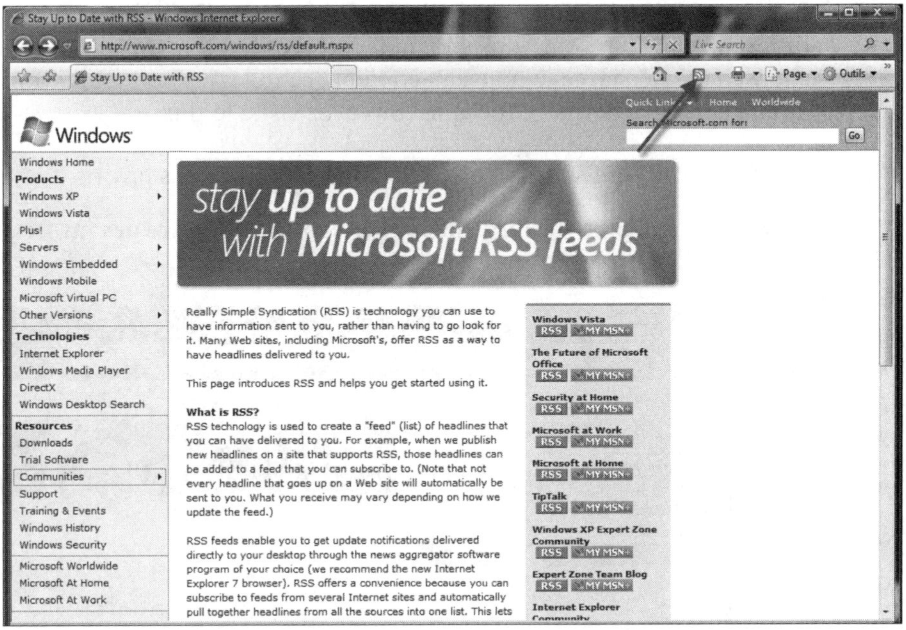

Figure 10-31 : *Le bouton Flux*

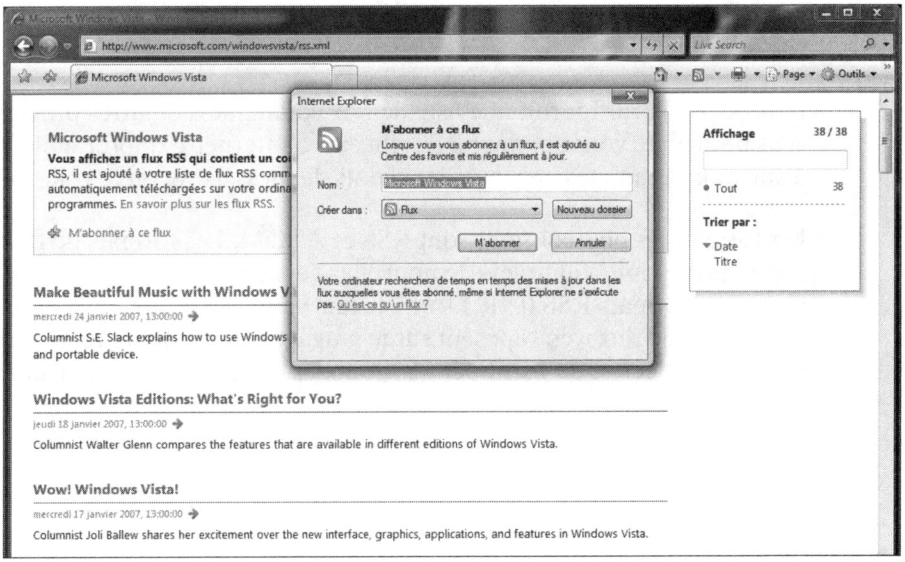

Figure 10-32 : *Fenêtre d'abonnement au flux*

5. Tapez un nom de flux, puis sélectionnez le dossier dans lequel le flux sera créé.
6. Cliquez sur **M'abonner**.

Un flux peut avoir le même contenu qu'une page web, mais son format est souvent différent. Lorsque vous vous abonnez, Internet Explorer vérifie automatiquement le site web et télécharge le nouveau contenu, ce qui vous permet de voir ce qui a été ajouté depuis la dernière fois que vous avez visité le flux.

Les flux s'affichent sous l'onglet **Flux** dans le Centre des favoris.

7. Pour afficher vos flux, cliquez sur le bouton **Centre des favoris**, puis cliquez sur **Flux**.

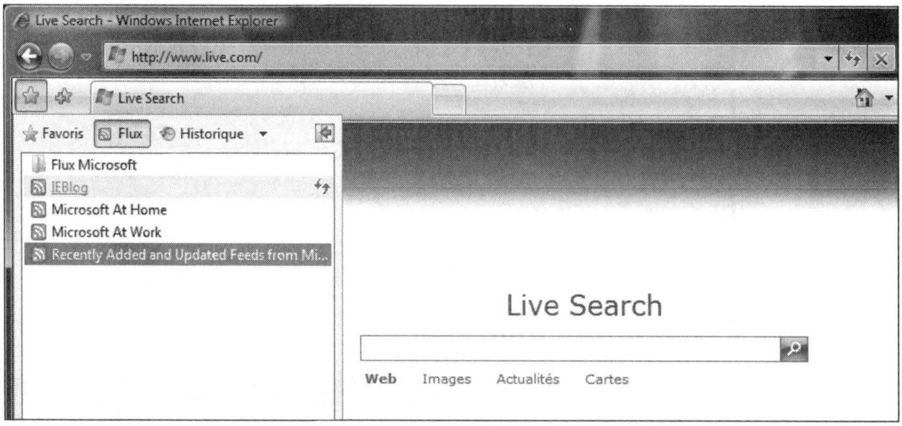

Figure 10-33 : *Gestion des flux dans le Centre des favoris*

Internet Explorer fournit une liste de flux commune à d'autres programmes. Cela vous permet de vous abonner à des flux avec Internet Explorer et de les lire dans d'autres programmes, tels que des clients de messagerie ou le volet **Windows**.

Les formats les plus courants sont RSS et ATOM. Les formats de flux sont constamment mis à jour vers de nouvelles versions. Internet Explorer prend en charge les formats RSS 0.91, 1.0 et 2.0, ainsi que les formats ATOM 0.3 et 1.0. Tous les formats de flux web reposent sur le langage informatique XML (format texte utilisé pour décrire et distribuer des données et des documents structurés).

11

Le multimédia

Windows Vista regroupe plusieurs applications à usage multimédia, dont on parle très peu mais qu'on a l'habitude d'utiliser sans en estimer forcément tout le potentiel.

C'est l'occasion de faire le point sur quelques-uns des outils multimédias les plus en vue sur Windows Vista.

11.1. La Galerie de photos Windows

Windows Vista se dote d'un tout nouvel outil, orienté loisirs : la Galerie de photos Windows. Il s'agit d'un logiciel de récupération, de classement et de traitement d'images, de photos et de vidéos.

Il permet d'organiser simplement et efficacement tous les fichiers de type image et vidéo. De nos jours, la masse de photos, d'images et de vidéos stockées sur l'ordinateur est de plus en plus importante, notamment grâce à la démocratisation des appareils numériques.

Vous pouvez importer vos photos de votre appareil photo numérique ou vos images de votre scanneur ou vos vidéos de votre Caméscope. Vous les retrouvez, les classez, les modifiez, les commentez avec un seul et même outil : la Galerie de photos Windows.

Aperçu de Galerie de photos Windows

Pour vous familiariser, quoi de mieux que de lancer la Galerie de photos Windows et voir à quoi elle ressemble…

1. Cliquez sur le logo Windows Vista de démarrage.
2. Cliquez sur **Tous les programmes**, puis sur **Galerie de photos Windows** (voir fig. 11-1).

Premier aperçu de l'outil ; vous y trouvez les images par défaut de Windows Vista et vos photos. En passant le pointeur sur une photo, celle-ci s'agrandit aussitôt (voir fig. 11-2).

Figure 11-1 : *Galerie de photos Windows*

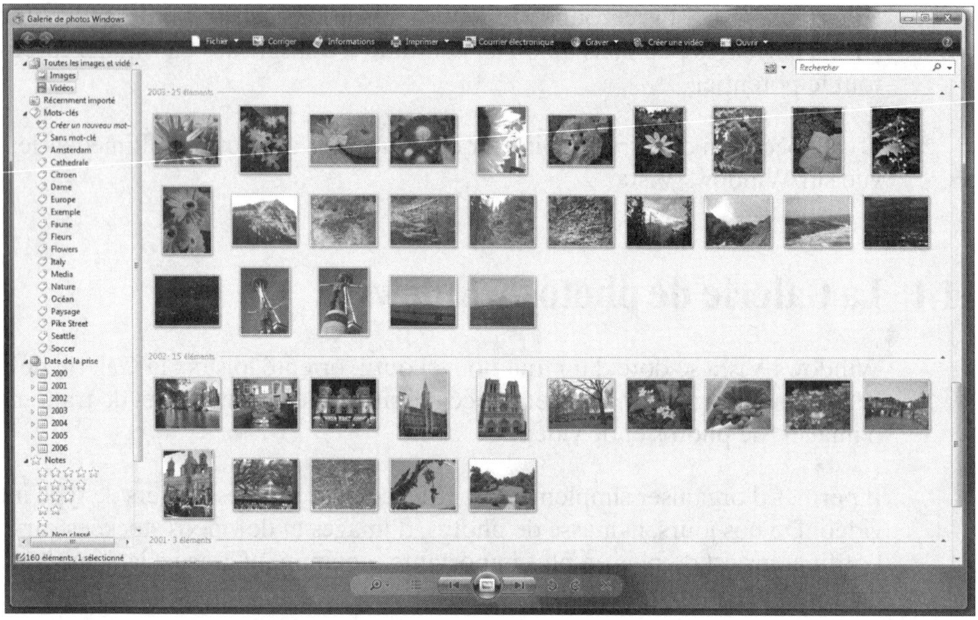

Figure 11-2 : *Agrandissement automatique dans la Galerie de photos Windows*

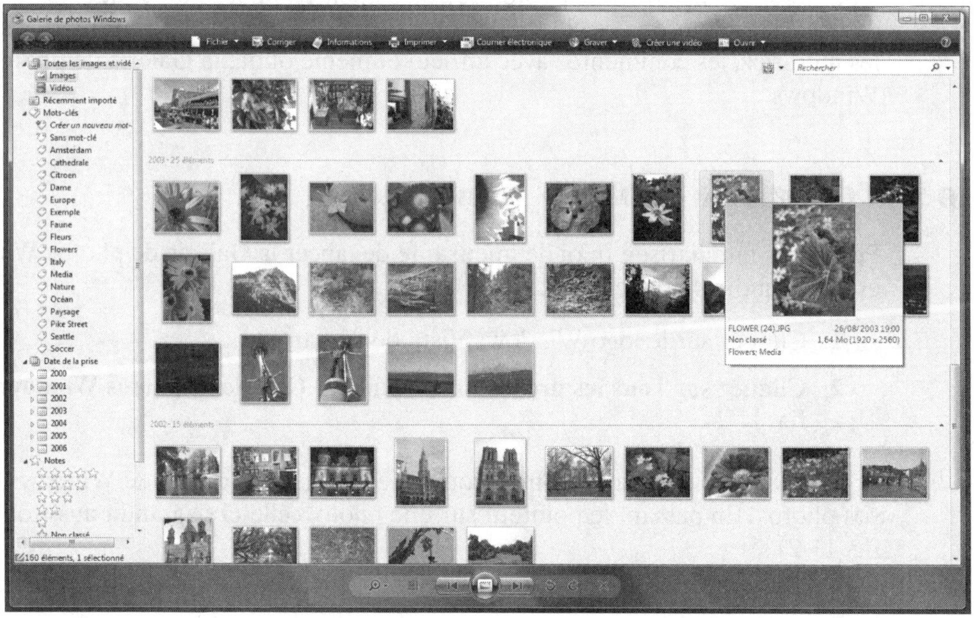

Par défaut, la Galerie de photos Windows affiche automatiquement les images et les vidéos stockées dans le dossier *Images* de votre profil utilisateur ainsi que le répertoire *Images publiques* du profil *Public*.

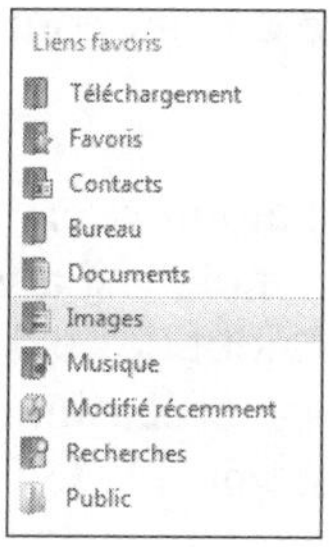

Figure 11-3 : *Le répertoire Images de votre profil utilisateur*

Vous pouvez modifier à tout moment le contenu de la Galerie de photos en ajoutant et en supprimant des dossiers, ce qui est très pratique si vous stockez certaines de vos images et de vos vidéos ailleurs que dans le dossier *Images* de votre ordinateur. Vous pouvez également ajouter des images et des vidéos individuelles à la Galerie de photos sans ajouter un dossier entier.

Ajouter un dossier à la galerie

Lorsque vous ajoutez un dossier à la Galerie de photos, toutes les images et les vidéos s'y affichent. Vous ne pouvez ajouter qu'un seul dossier à la fois dans la Galerie de photos. Vous devez donc répéter cette procédure pour chaque dossier à ajouter.

1. Ouvrez la Galerie de photos Windows.
2. Dans le menu **Fichier**, cliquez sur **Ajouter un dossier à la Galerie**.

Figure 11-4 : *Ajout d'un dossier à la Galerie*

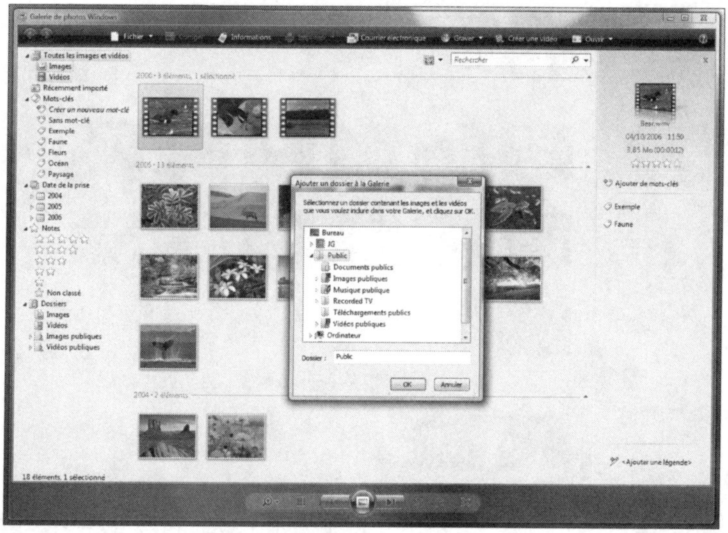

3. Cliquez sur le dossier contenant les images et les vidéos à ajouter, puis cliquez sur OK.

Vous devez éviter d'ajouter certains dossiers à la Galerie de photos. Le dossier *Disque local*, par exemple, est appelé "dossier racine" car il représente l'ensemble de votre disque dur. L'ajout de ce dossier à la Galerie de photos ralentit considérablement son exécution. Vous devez éviter d'ajouter le dossier *Windows* ou d'autres fichiers système à la Galerie de photos pour des raisons similaires.

Ajouter des images à la galerie

Vous pouvez également ajouter des images et des vidéos individuelles à la Galerie de photos sans inclure automatiquement tous les autres fichiers stockés dans le même dossier.

1. Ouvrez le dossier contenant l'image ou la vidéo à ajouter à la Galerie de photos à l'aide de l'Explorateur Windows.
2. Ouvrez la Galerie de photos Windows en cliquant sur le logo Windows de démarrage, puis sur **Tous les programmes/Galerie de photos Windows**.
3. Glissez l'image ou la vidéo du dossier vers la fenêtre de la Galerie de photos.

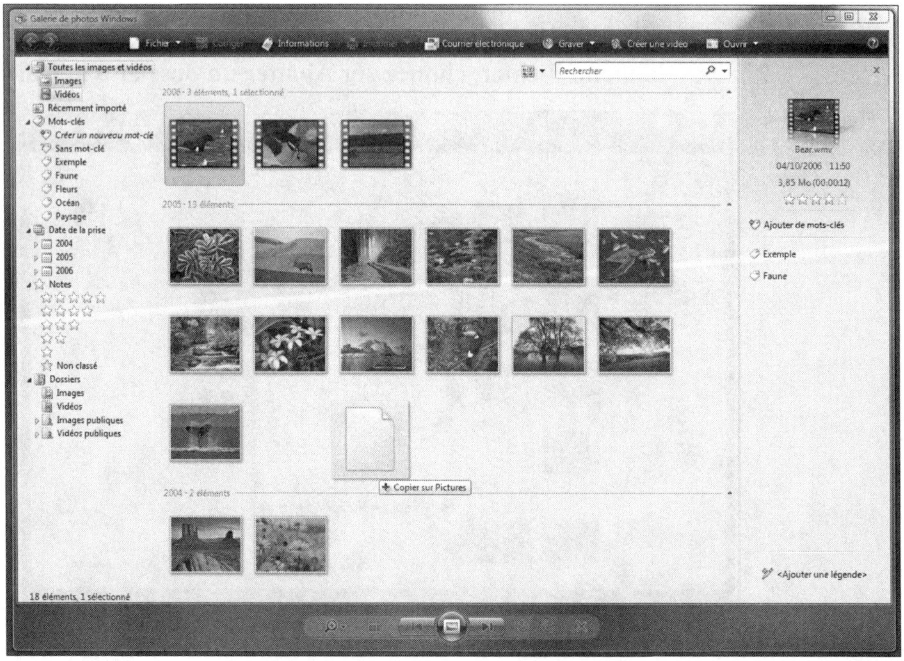

Figure 11-5 : *Ajout d'une image à la galerie*

L'image ou la vidéo est copiée dans votre dossier *Images* et ajoutée automatiquement à la Galerie de photos.

Seules des images et des vidéos peuvent être ajoutées à la Galerie de photos. Si vous essayez d'ajouter d'autres types de fichiers, ils seront copiés dans le dossier *Images*, mais n'apparaîtront pas dans la Galerie de photos. Sachez également que seules les images portant l'extension de fichier *.jpeg* apparaîtront dans la Galerie de photos. Les images portant d'autres extensions, comme *.bmp*, *.gif*, et d'autres formats graphiques n'apparaîtront pas.

Supprimer un dossier ou une image de la Galerie

Lorsque vous supprimez un dossier de la Galerie de photos Windows, vous ne le supprimez pas de l'ordinateur. Si vous supprimez un dossier, la Galerie de photos n'affiche plus les images et les vidéos qui se trouvaient dans ce dossier, mais le dossier reste sur l'ordinateur. Vous ne risquez pas de perdre des données.

Vous pouvez supprimer à tout moment des dossiers qui ont été ajoutés à la Galerie de photos, mais vous ne pouvez pas supprimer les dossiers qui se trouvent par défaut dans la Galerie de photos. Un dossier supprimé n'apparaît plus dans la Galerie de photos.

1. Ouvrez la Galerie de photos Windows.
2. Dans le volet de navigation, cliquez avec le bouton droit de la souris sur le dossier à supprimer, puis cliquez sur **Supprimer de la galerie**.

Figure 11-6 : *Supprimer le dossier*

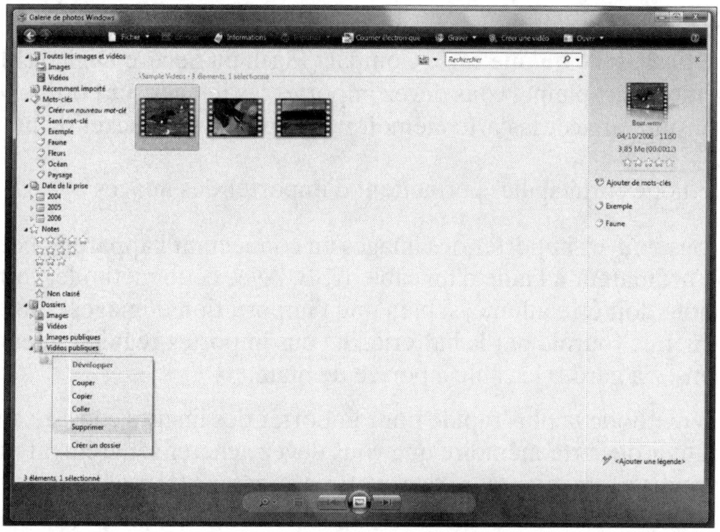

Par ailleurs, vous ne pouvez pas supprimer un sous-dossier sans supprimer également son dossier de premier niveau.

Vous pouvez néanmoins supprimer à tout moment des images de la Galerie de photos. Si vous supprimez une image, elle est supprimée de l'ordinateur, comme si vous la supprimiez du dossier *Images*.

1. Ouvrez la Galerie de photos Windows.
2. Cliquez avec le bouton droit de la souris sur l'image, puis sélectionnez **Supprimer**.

La Galerie de photos est un autre moyen d'afficher et d'organiser vos images et vos vidéos. Elle affiche les images et les vidéos que vous avez stockées dans le dossier *Images* et d'autres dossiers de votre ordinateur. Elle ne remplace pas les dossiers de votre ordinateur. Par conséquent, vous ne devez pas supprimer les images de la Galerie de photos ou du dossier *Images*, sauf si vous souhaitez réellement les supprimer de votre ordinateur. Si vous le faites, elles seront supprimées de votre ordinateur et n'apparaîtront plus dans le dossier *Images*, ni dans la Galerie de photos. Elles sont envoyées dans la Corbeille.

Importer des photos

La Galerie de photos Windows vous sert de logiciel de support pour importer les photos de votre appareil numérique, sans avoir besoin d'installer un logiciel spécifique.

La plupart des appareils photo numériques stockent les images sur une carte mémoire flash, telle qu'une carte Compact Flash ou Secure Digital (SD). Lorsque la carte mémoire est pleine, vous devez importer les images sur l'ordinateur. Vous pouvez ensuite effacer la carte mémoire pour pouvoir y stocker de nouvelles images.

Deux méthodes principales permettent d'importer des images :

- Vous pouvez importer des images en connectant l'appareil photo directement à l'ordinateur à l'aide d'un câble USB. Avec cette méthode, votre appareil photo doit être allumé, si bien que l'importation d'images consommera de l'énergie fournie par la batterie. Si vous importez régulièrement des images, pensez à garder le câble à portée de main.
- La méthode la plus rapide pour importer des images consiste à utiliser un lecteur de carte mémoire que vous devez acheter séparément ou qui est peut-être directement intégré dans votre ordinateur (renseignez-vous auprès de votre revendeur). Retirez la carte mémoire de l'appareil photo, insérez-la

dans le lecteur de carte, puis branchez le lecteur de carte sur le port USB de votre ordinateur.

Quelle que soit la méthode utilisée, Windows doit pouvoir reconnaître automatiquement l'appareil photo ou le lecteur de carte lorsque vous le branchez.

1. Connectez votre appareil photo numérique à votre ordinateur.

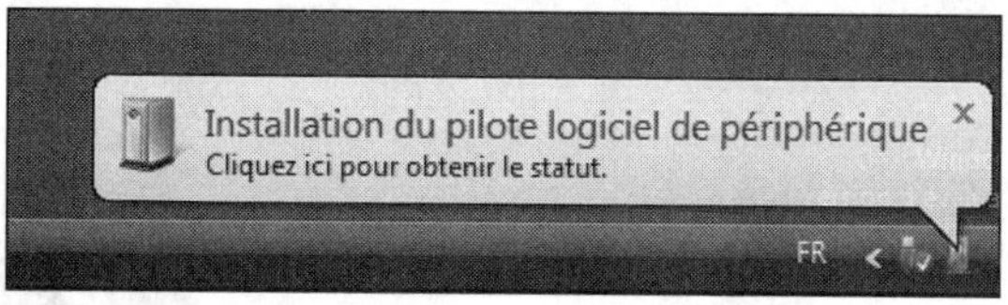

Figure 11-7 : *Connexion de l'appareil photo numérique*

2. Dans la boîte de dialogue **Exécution automatique** qui apparaît, cliquez sur **Importer des images et des vidéos**. Windows détecte les images sur votre carte mémoire.

Figure 11-8 : *Choix de l'importation*

3. Une fois que Windows a détecté vos images, vous êtes invité à créer un mot-clé (un mot ou une phrase courte décrivant le groupe) pour les images importées. Le cas échéant, tapez le nom du mot-clé dans la zone *Baliser ces images (facultatif)*. Si les images importées n'ont aucun point en commun, ignorez cette étape. Vous pourrez plus tard ajouter des mots-clés aux images individuelles. Quand vous êtes prêt, cliquez sur **Importer**.

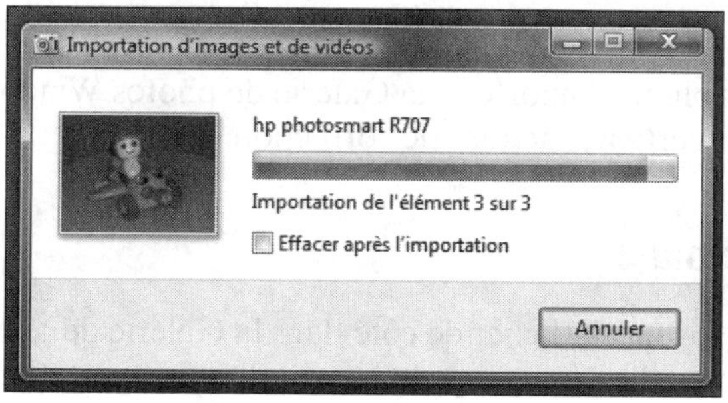

Figure 11-9 : *Importation d'un appareil photo*

4. Lorsque Windows commence l'importation des images, activez la case à cocher *Effacer après l'importation* si vous souhaitez que les images soient supprimées de la carte mémoire à la fin de l'importation. Cela libère de l'espace sur votre carte et vous permet de prendre de nouvelles photos.

Une fois les images importées, elles s'affichent dans la Galerie de photos Windows.

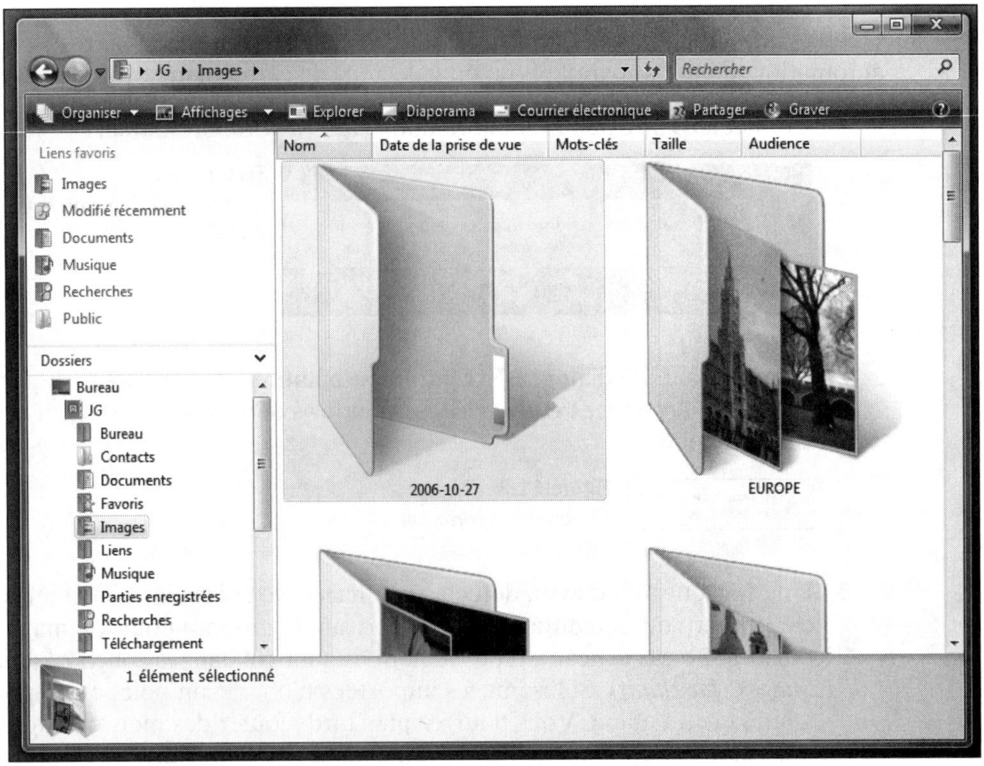

Figure 11-10 : *Le répertoire de destination*

Utilisez la Galerie de photos Windows pour visualiser les nouvelles photos importées. Une fois ces photos importées, la Galerie de photos Windows vous offre la possibilité d'effectuer certaines actions de correction.

Faire pivoter une image

Les images verticales peuvent s'afficher de côté dans la Galerie de photos. C'est de temps en temps le cas quand les images proviennent d'une importation d'un appareil photo numérique. Pour faire pivoter ces images dans le bon sens, cliquez sur le bouton **Faire pivoter à gauche** ou **Faire pivoter vers la droite**.

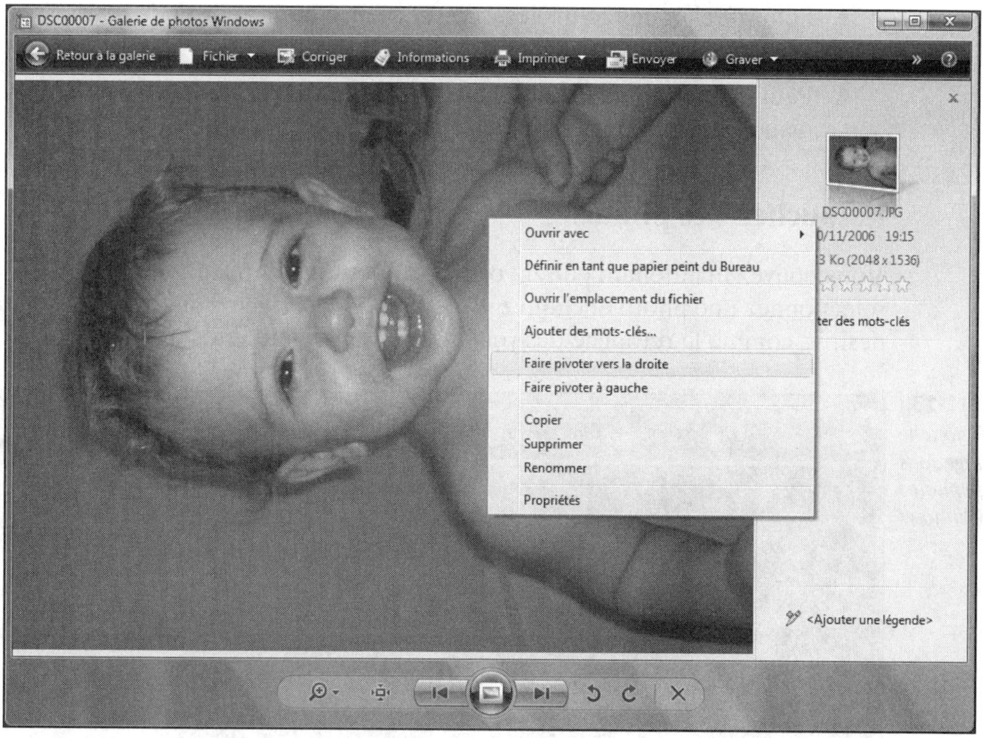

Figure 11-11 : *Faire pivoter une image*

Afficher un diaporama des images

Vous pouvez afficher vos images numériques sous forme de diaporama plein écran qui s'exécutera automatiquement. Vous avez le choix parmi une grande variété de thèmes de diaporama incluant des animations et autres effets visuels. Certains thèmes affichent plusieurs images sur l'écran simultanément.

1. Pour lancer un diaporama, sélectionnez les images souhaitées.
2. Cliquez sur le bouton **Diaporama** dans la partie inférieure de la Galerie de photos. Si vous ne sélectionnez aucune image, le diaporama inclura toutes les images de l'affichage en cours.

Figure 11-12 : *Le bouton du diaporama*

Lorsqu'un diaporama est en cours d'exécution, des commandes vous permettent de l'interrompre, de régler sa vitesse, d'aller en avant ou en arrière et d'afficher les images de façon aléatoire ou dans l'ordre.

3. Pour afficher ces contrôles, cliquez avec le bouton droit de la souris sur le diaporama pour afficher le menu contextuel.
4. Pour arrêter le diaporama, cliquez sur **Quitter** sur les commandes du diaporama ou appuyez sur la touche Échap du clavier.

Retoucher des photos

Vous pouvez maintenant éditer vos photos pour les retoucher. Pour cela, sélectionnez une photo et cliquez sur le bouton **Corriger**, puis ajustez les paramètres désirés, comme la retouche des yeux rouges, la couleur, etc.

Figure 11-13 : *Retouche d'image sous Galerie de photos Windows*

ATTENTION

Notion d'enregistrement

Lorsque vous corrigez une photo, il n'y a pas de procédure d'enregistrement de la photo retouchée : elle est automatiquement enregistrée. Par contre, les boutons **Annuler** et **Rétablir** en bas à droite de la fenêtre vous permettent de revenir en arrière (à la photo d'origine) si les corrections ne vous semblent pas appropriées.

Figure 11-14 : *Le bouton Annuler*

Figure 11-15 : *Le bouton Rétablir*

Supprimer les yeux rouges

Vous avez déjà eu l'occasion de prendre des photos au flash, vous avez probablement noté que les personnes ont parfois les yeux rouges. Ce phénomène appelé "yeux rouges" est provoqué par le reflet du flash de l'appareil photo sur la rétine du sujet photographié. Vous pouvez minimiser ce phénomène en utilisant la fonctionnalité d'atténuation des yeux rouges de votre appareil photo. Vous pouvez également utiliser la Galerie de photos Windows pour atténuer ou supprimer les yeux rouges sur vos photos.

1. Ouvrez la Galerie de photos Windows.
2. Cliquez sur l'image à corriger, puis, dans la barre d'outils, cliquez sur **Corriger**.
3. Dans le volet de correction, cliquez sur **Corriger les yeux rouges**.

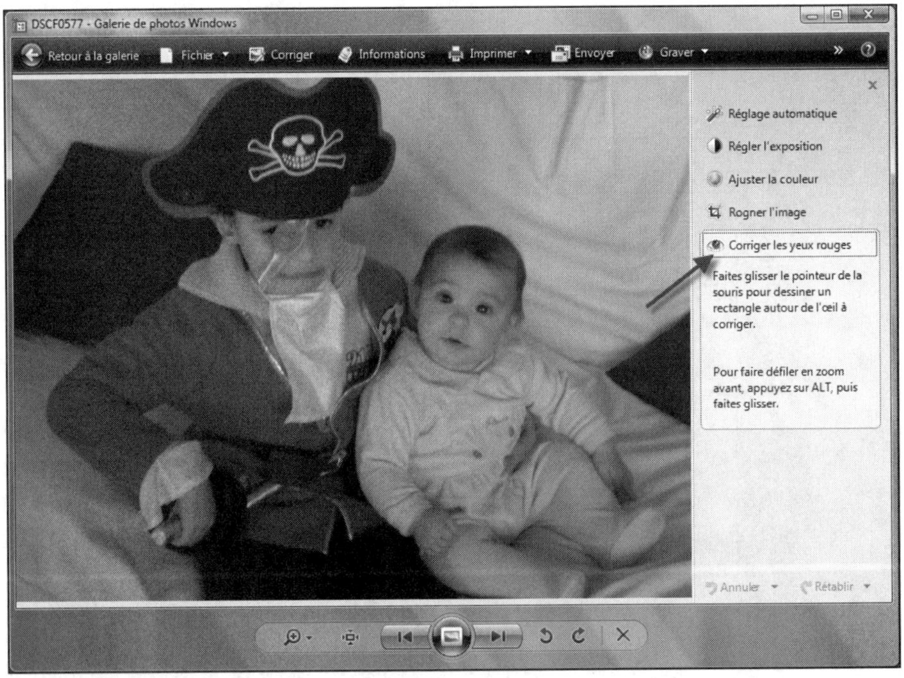

Figure 11-16 : *Correction des yeux rouges*

4. Cliquez dans l'angle supérieur gauche du premier œil rouge à corriger, puis glissez le pointeur de la souris vers son angle inférieur droit pour créer une sélection autour de l'œil. La correction des yeux rouges se fait automatiquement.
5. Répétez la sélection pour chaque œil à corriger.

Vous pouvez atténuer davantage les yeux rouges en sélectionnant plusieurs fois l'œil à corriger.

Ajuster les couleurs d'une image

Si les couleurs de vos images ne vous satisfont pas, vous pouvez les corriger ou les améliorer à l'aide de la Galerie de photos. La Galerie de photos vous permet de contrôler trois paramètres de couleur :

- La température de couleur détermine le ton global d'une image en la rendant plus chaude (rouge) ou plus froide (bleue).
- La teinte supprime la nuance d'une image en ajoutant ou en supprimant le vert.
- La saturation règle la vivacité des couleurs dans une image.

Pour ajuster les couleurs d'une image, procédez comme suit :

1. Ouvrez la Galerie de photos Windows.
2. Cliquez sur l'image à corriger, puis, dans la barre d'outils, cliquez sur **Corriger**.
3. Cliquez sur **Régler automatiquement**.
4. Après quelques instants, les couleurs de votre image ainsi que sa luminosité et son contraste seront ajustés. Cliquez sur **Retour à la galerie** pour enregistrer automatiquement les modifications apportées à votre image.
5. Si les résultats de la commande **Régler automatiquement** ne vous satisfont pas, cliquez sur **Ajuster la couleur**, puis utilisez les curseurs *Température de couleur*, *Teinte* et *Saturation* pour apporter vos propres modifications.

Par exemple, certains clichés, notamment les portraits, ont plus de profondeur et véhiculent davantage d'émotion lorsqu'ils sont en noir et blanc. Avec la Galerie de photos Windows, il est très facile de transformer une photo couleur en photo noir et blanc :

1. Ouvrez la Galerie de photos Windows.
2. Cliquez sur l'image à corriger, puis, dans la barre d'outils, cliquez sur **Corriger**.
3. Dans le volet de correction, sur la droite, cliquez sur **Ajuster la couleur**.
4. Cliquez sur le curseur *Saturation* et, tout en maintenant le bouton enfoncé, déplacez-le complètement vers la gauche. L'image est en noir et blanc.

Rogner une image

Si le contour ou le cadrage d'une photo prise avec votre appareil photo numérique ne vous satisfait pas, vous pouvez utiliser la Galerie de photos Windows pour rogner l'image et ainsi améliorer son cadrage ou pour agrandir certains éléments de la scène :

1. Ouvrez la Galerie de photos Windows.
2. Cliquez sur l'image à corriger, puis, dans la barre d'outils, cliquez sur **Corriger**.
3. Dans le volet de correction, sur la droite, cliquez sur **Rogner l'image**.
4. Pour changer les proportions de l'image, cliquez sur une proportion d'impression spécifique sur la liste. Si vous ne souhaitez pas imprimer l'image afin qu'elle s'insère dans un cadre standard, vous pouvez cliquer sur **Personnaliser** pour définir des proportions ou sur **Original** pour conserver les proportions de l'image d'origine.
5. Cliquez sur un angle du cadre de rognage, puis glissez-le vers l'intérieur ou l'extérieur selon que vous souhaitez agrandir ou réduire l'image. Si vous avez choisi une taille d'impression, le cadre de rognage conservera les mêmes proportions que cette taille d'impression une fois l'image redimensionnée. Si vous avez cliqué sur **Personnaliser**, vous pouvez définir la largeur et la longueur de votre choix. Si vous avez cliqué sur **Personnaliser**, mais que vous souhaitiez néanmoins conserver les proportions, appuyez sur la touche Maj tout en glissant un angle du cadre de rognage.
6. Pour modifier le cadrage de l'image, glissez le cadre de rognage au sein de l'image.
7. Pour faire pivoter le cadre de rognage de sorte que l'image soit rognée verticalement ou horizontalement, cliquez sur **Faire pivoter l'image**.
8. Cliquez sur **Appliquer**.

Numériser des images

En utilisant la Galerie de photos Windows, vous pouvez numériser, modifier et organiser des images. Les images numérisées sont automatiquement stockées dans votre dossier *Images*, exactement comme celles que vous pouvez importer d'un appareil photo.

Pour numériser une image en utilisant la Galerie de photos Windows :

1. Avant de commencer, vérifiez que vous avez installé le scanneur sur l'ordinateur et que le scanneur est allumé. Consultez le manuel de votre matériel.
2. Ouvrez la Galerie de photos Windows.
3. Cliquez sur **Fichier**, puis sur **Importer depuis un appareil photo ou un scanneur**.

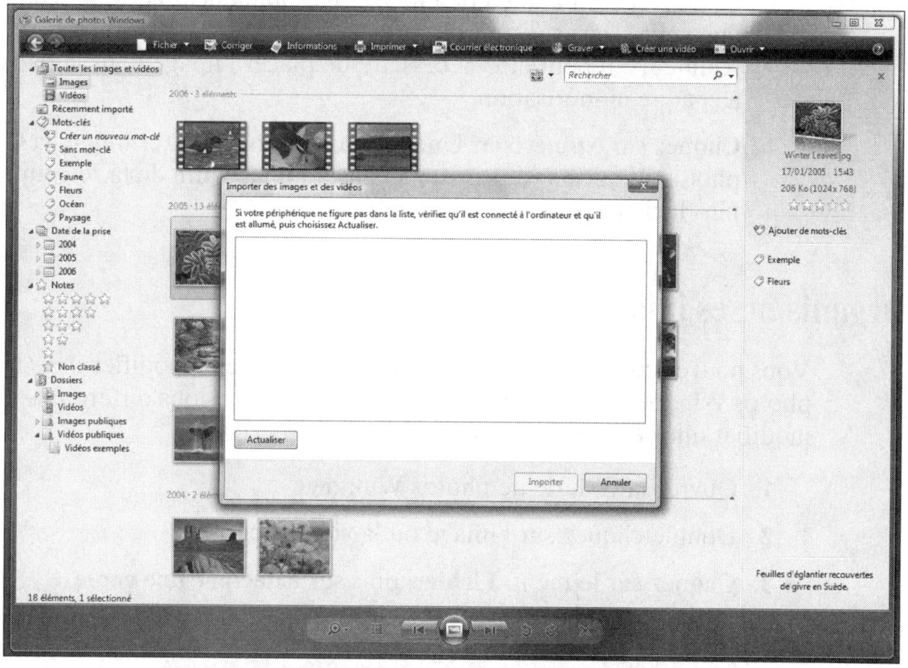

Figure 11-17 : *Importation depuis un scanneur*

4. Dans la fenêtre **Importer des images et des vidéos**, cliquez sur le scanneur à utiliser, puis cliquez sur **Importer**.
5. Dans la boîte de dialogue **Nouvelle numérisation**, cliquez sur la liste *Profils*, puis cliquez sur *Photo*. Les paramètres par défaut pour numériser une image sont automatiquement affichés.
6. Si vous utilisez un scanneur équipé d'un bac d'alimentation, cliquez sur la liste *Format du papier*, puis cliquez sur la taille de l'image que vous avez placée sur le scanneur ou sur la taille la plus proche de l'image.
7. Cliquez sur la liste *Format de la couleur*, puis cliquez sur le format de couleur que vous souhaitez que le fichier numérisé affiche.
8. Cliquez sur la liste *Type de fichier*, puis cliquez sur le type de fichier à utiliser pour enregistrer le fichier numérisé.

9. Cliquez sur la liste *Résolution (ppp)*, puis cliquez sur la résolution, en points par pouce, à utiliser.
10. Réglez les paramètres de luminosité et de contraste ou tapez les valeurs à utiliser.
11. Pour voir comment apparaîtra l'image une fois numérisée, cliquez sur **Aperçu**. Si nécessaire, modifiez vos paramètres de numérisation, puis affichez de nouveau un aperçu de l'image. Recommencez cette procédure jusqu'à ce que vous soyez satisfait des résultats affichés dans l'aperçu. Avec certains scanneurs, il peut être nécessaire de placer l'image dans le bac d'alimentation à chaque numérisation.
12. Cliquez sur **Numériser**. Une fois la numérisation terminée, la Galerie de photos Windows vous invite à baliser l'image afin de la retrouver et l'organiser plus facilement.

Organiser ses images

Vous pouvez créer une copie d'une image avant de la modifier dans la Galerie de photos Windows. Vous pourrez ainsi créer deux versions différentes d'une image ou modifier une version sans toucher à la copie d'origine.

1. Ouvrez la Galerie de photos Windows.
2. Double-cliquez sur l'image ou la vidéo à copier.
3. Cliquez sur le menu **Fichier**, puis sur **Effectuer une copie**.

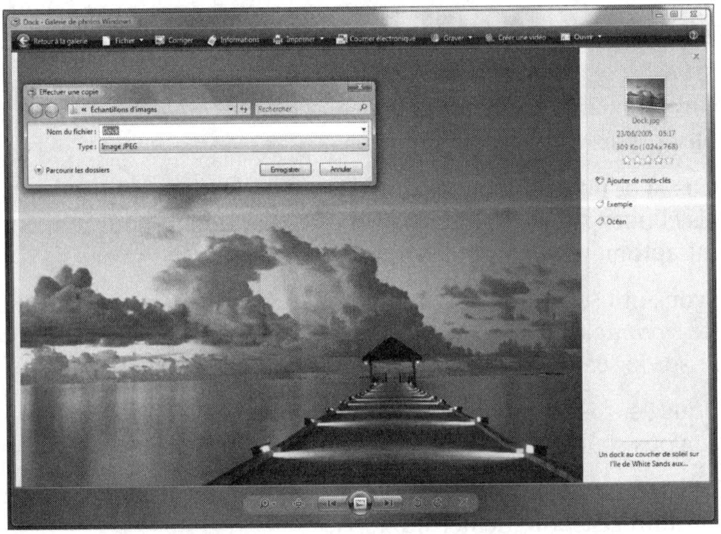

Figure 11-18 : *Copie d'image*

4. Choisissez un emplacement d'enregistrement de la copie et tapez un nouveau nom pour l'image ou cliquez simplement sur **Enregistrer**.

Si vous enregistrez l'image dans un dossier inclus dans la Galerie de photos, la copie et l'original apparaîtront dans la Galerie de photos. Le nouveau fichier comportera la même date de prise de vue et le même mot-clé que l'original.

Si vous avez peur de perdre la version originale de l'image si vous la modifiez, n'oubliez pas que vous pouvez toujours annuler vos modifications. Vous n'avez pas nécessairement besoin de dupliquer une image avant de la modifier, sauf si vous souhaitez à la fois une version originale et une version modifiée.

5. Si les modifications apportées à une image dans la Galerie de photos ne vous satisfont pas, il vous suffit d'ouvrir le volet de correction à tout moment, de cliquer sur **Annuler** en bas du volet de correction, puis de cliquer sur **Revenir à l'original**. Toutes les modifications que vous avez apportées sont ignorées et l'image retrouve son format d'origine.

6. Vous pouvez classer intelligemment toutes ces photos à l'aide des méthodes de classement proposées : soit en leur affectant une note grâce à des niveaux d'étoiles, soit en créant des catégories (des balises), soit en les classant plus simplement dans des répertoires.

Figure 11-19 : *Toutes les photos classées 5 étoiles dans Galerie de photos Windows*

7. Vous pouvez envoyer vos photos très simplement par courriel en sélectionnant votre photo et en cliquant sur le bouton **Courrier électronique**. Une fenêtre s'affiche vous permettant de compresser l'image.

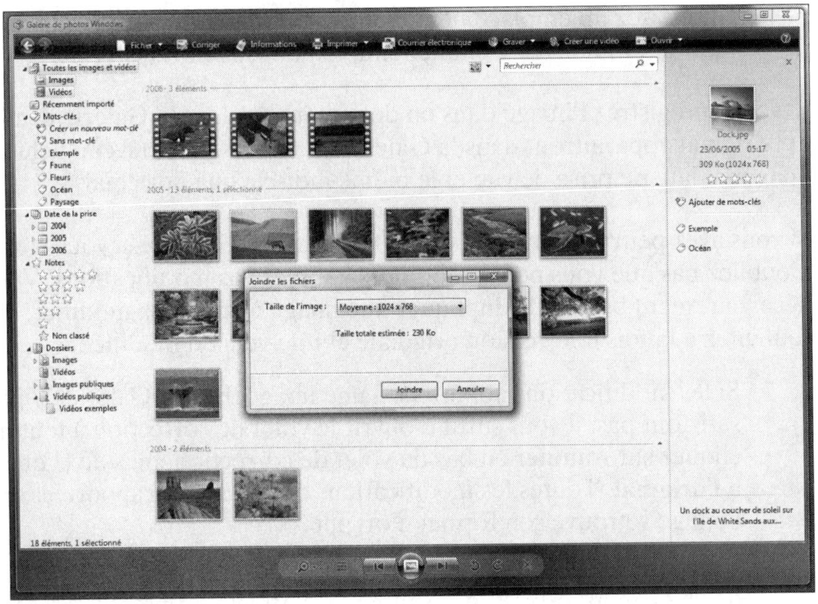

Figure 11-20 : *Option de compression avant l'envoi par e-mail*

8. Cliquez sur le bouton **Joindre** et vous serez en mesure d'envoyer votre courriel avec la photo sélectionnée comme pièce jointe.

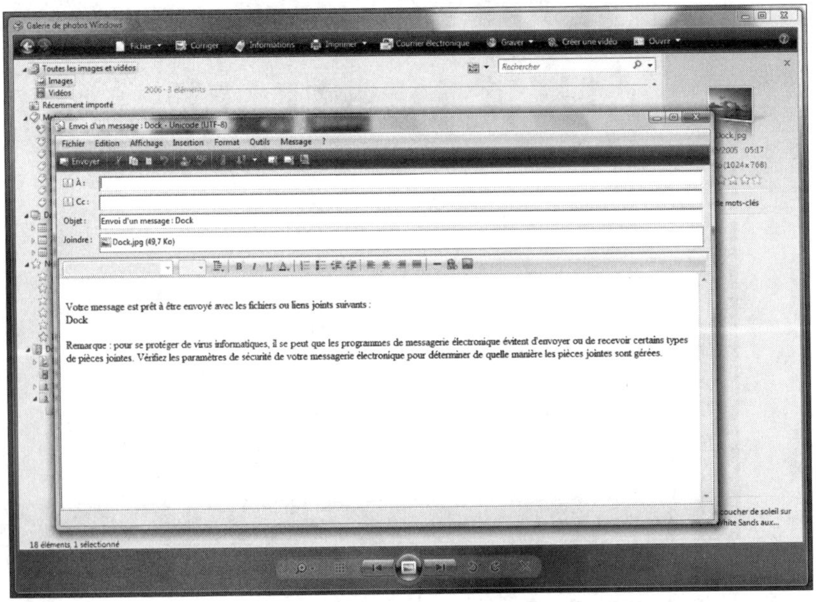

Figure 11-21 : *Envoi d'une photo par e-mail*

9. Pour terminer, vous pouvez archiver vos images en créant des DVD de style diaporama ou les graver en tant que données ou les exporter vers Windows Movie Maker pour en faire des films, le tout en cliquant sur le bouton **Graver**.

Figure 11-22 : *Sélectionnez la façon dont vous voulez archiver vos images*

11.2. Le Windows Media Center

Windows Media Center, intégré à Windows Vista, appelé Media Center dans le langage courant, est un lecteur de fichiers multimédia optimisé pour être utilisé à partir d'un téléviseur. Confortablement installé dans votre salon, vous accédez à une interface graphique que vous pouvez piloter au moyen d'une télécommande.

Auparavant, Media Center était inclus dans une version spéciale de Windows XP, nommée d'ailleurs Windows XP Media Center Edition. Cette version était destinée à un ordinateur dont les composants graphiques étaient capables de se connecter à un téléviseur. Ainsi, l'ordinateur et surtout les loisirs numériques pouvaient être pilotés directement depuis une interface (interface Media Center) sur le téléviseur à partir d'une télécommande fournie.

Dorénavant, pas besoin de version dédiée Media Center, puisque Windows Vista Édition familiale Premium et Windows Vista Intégrale intègrent la nouvelle version du Media Center. Vous pourrez profiter de vos loisirs numériques (télévision en direct et en différé, films, musique et photos) depuis une interface grâce au menu et à la télécommande Windows Media Center. Cette télécommande doit être fournie par votre revendeur.

La version Windows Media Center de Windows Vista a été améliorée et intègre aujourd'hui la télévision hertzienne, numérique et câblée en haute définition, un menu amélioré et une fonction multimédia audio-vidéo. De nouvelles options sont également disponibles pour accéder depuis plusieurs pièces à votre contenu multimédia, à travers la fonction Media Center Extender, notamment depuis la console Xbox 360.

La version Windows Media Center de Windows Vista dispose d'un système de menu entièrement repensé.

Pour y accéder, à partir de Windows Vista Edition familiale Premium et Windows Vista Intégrale :

1. Cliquez sur le logo Windows de démarrage.
2. Cliquez sur **Tous les programmes/Windows Media Center**.

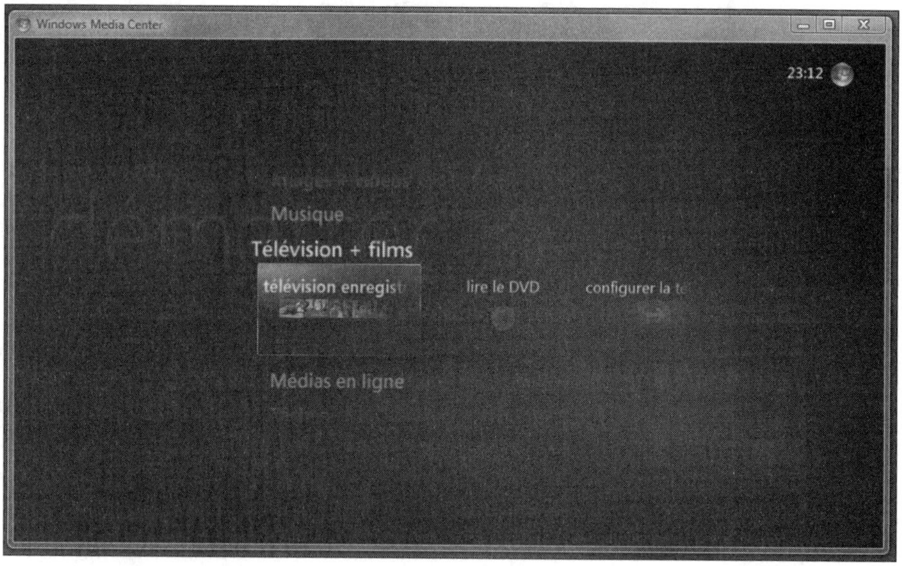

Figure 11-23 : *Windows Media Center*

La version Windows Media Center de Windows Vista facilite la recherche, la lecture et la gestion de vos fichiers multimédias numériques, sur votre ordinateur ou sur votre téléviseur qui deviennent de nos jours de plus en plus grands et sophistiqués.

Vous pouvez organiser vos fichiers multimédias numériques de différentes façons pour faciliter les recherches. En activant l'affichage des miniatures, vous pouvez identifier rapidement un CD, une photo, un film ou une émission de télévision. De plus, lorsque vous naviguez entre les différentes options, dans Windows Media Center, vous n'avez pas à interrompre la lecture en cours. Les menus restent disponibles à tout moment.

Avec les versions de Windows Vista intégrant Windows Media Center, vous pouvez profiter de vos données multimédias sur votre ordinateur, mais également à partir d'autres PC (jusqu'à cinq) ou téléviseurs, grâce à la fonction Media Center Extender.

La console de jeux Xbox 360, elle aussi, possède une fonction intégrée vous permettant d'étendre votre utilisation du Media Center au moyen de sa fonction Media Center extender. Vous pouvez ainsi laisser votre ordinateur dans une pièce de la maison et profiter de photos, musiques, films et télévision dans d'autres pièces de la maison, via l'interface Media Center extender de la Xbox 360.

Windows Media Center propose une médiathèque permettant d'organiser, afficher et lire tous vos fichiers multimédias. Par défaut, Windows Media Center va scanner vos répertoires *Musique*, *Vidéos* et *Images*. Par contre, notez qu'il est impossible dans les préférences de Windows Media Center d'empêcher l'utilisation de ces trois dossiers par défaut ; vous pouvez simplement rajouter d'autres dossiers. Il est donc conseillé de choisir soigneusement la cible des dossiers *Musique*, *Vidéos* et *Images*.

Pour cela, depuis l'Explorateur Windows, cliquez avec le bouton droit de la souris sur le dossier en question, puis cliquez sur **Propriétés**. Vous aurez alors la possibilité sous l'onglet **Emplacement** de changer l'endroit où pointe le raccourci. Très pratique pour indiquer un disque dur local différent ou un répertoire partagé sur le réseau contenant vos fichiers.

Écouter de la musique avec Media Center

Vous pouvez utiliser Windows Media Center pour écouter de la musique, mettre des morceaux en file d'attente de lecture ou créer des sélections de vos musiques favorites. Si vous le souhaitez, vous pouvez également écouter de la musique tout en regardant vos images favorites s'afficher en diaporama.

L'audiothèque est particulièrement bien pensée et vous permettra de facilement retrouver les morceaux de musique que vous voulez écouter même si vous avez une très vaste collection. Pour vous aidez à retrouver un morceau dans votre bibliothèque, Windows Media Center propose de filtrer par artistes, genres, titres de chanson, albums, années et, même, compositeurs.

Rechercher des fichiers de musique dans votre bibliothèque

Vous pouvez parcourir votre bibliothèque musicale automatiquement au moyen des touches [←] et [→].

1. Dans la fenêtre principale du Media Center, activez le menu **Musique/Audiothèque**.
2. Pour utiliser la fonction de recherche, dans la fenêtre principale, accédez au menu **Musique**, faites défiler l'affichage vers la droite et cliquez sur

Rechercher. Entrez les lettres en utilisant le pavé numérique ou votre clavier. Vous pouvez également utiliser la télécommande pour entrer vos critères de recherche.

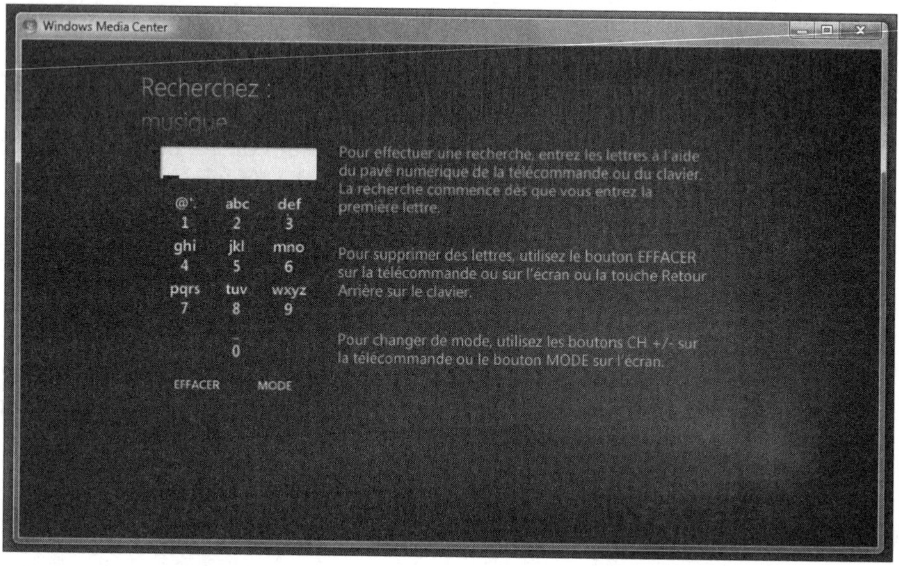

Figure 11-24 : *Rechercher des fichiers*

Écouter de la musique

Vous pouvez parcourir vos bibliothèques musicales automatiquement en utilisant les touches [←] et [→].

1. Dans la fenêtre principale, accédez au menu **Musique**, puis cliquez sur **Audiothèque**.
2. Cliquez sur **Artiste de l'album/Album/Artiste/Genre/Chanson/Sélection/Compositeur** ou **Année**, puis accédez à la musique que vous souhaitez écouter.
3. Cliquez sur un titre ou un nom, puis sur **Lire l'album** ou **Lire le morceau**. La lecture de la musique commence.
4. Pour voir les morceaux qui seront lus ensuite, cliquez sur **Afficher la file d'attente** (voir fig. 11-25).

Windows Media Center peut également afficher les pochettes des CD, à condition que celle-ci soit présente dans le dossier qui contient les fichiers audio. La jaquette doit être nommée avec un nom de fichier JPEG. Windows Media Center est capable de télécharger la pochette correspondant à l'album si les informations sont correctement documentées. Le système s'appuie pour cela sur Windows Media Player, ce qui implique également que le Media Center soit capable de lire uniquement les fichiers pris en charge par Windows Media Player. Tous les fichiers contenus dans la bibliothèque de Windows Media Player s'afficheront dans le Media Center en plus des dossiers que vous aurez sélectionnés avec l'assistant. À noter que le Media Center reconnaît également les images directement insérées dans les fichiers MP3.

Figure 11-25 : *Écouter de la musique*

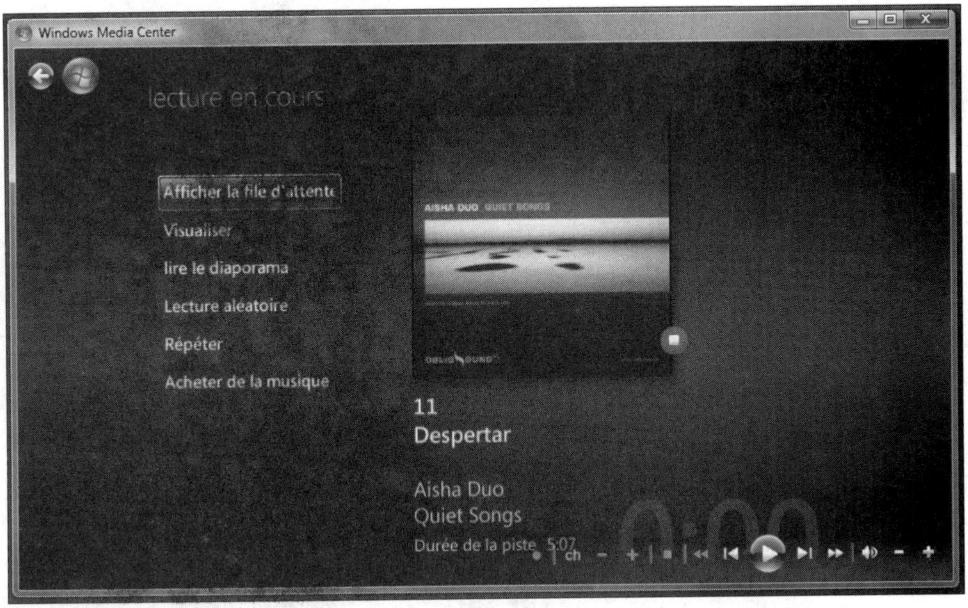

Lors de l'insertion d'un CD audio, le Media Center va automatiquement basculer l'affichage et récupérer les noms des morceaux de l'album en se connectant à une base CDDB sur Internet pour ensuite les afficher à l'écran. La CDDB (*Compact Disc Data Base*, "base de données pour disque compact"), regroupe l'ensemble des informations utiles pour renseigner les tags ID3 des fichiers MP3, WMA et Ogg Vorbis. Vous pouvez ainsi choisir le morceau que vous souhaitez écouter. Le Media Center offre également la possibilité de copier le CD sur le disque dur et de l'ajouter à la bibliothèque de morceaux. L'assistant vous demandera au préalable si vous souhaitez protéger vos morceaux contre la copie ou si vous souhaitez les laisser libres et sans protection.

Voir un diaporama avec de la musique

1. Dans la fenêtre principale, accédez au menu **Musique**, puis cliquez sur **Audiothèque**.

2. Cliquez sur **Artiste de l'album**, **Album**, **Artiste**, **Genre**, **Chanson**, **Sélection**, **Compositeur** ou **Année**, puis accédez à la musique que vous souhaitez écouter.
3. Cliquez sur un titre ou un nom, puis sur **Lire l'album** ou **Lire le morceau**. La lecture de la musique commence.
4. Cliquez sur **Lire le diaporama**.

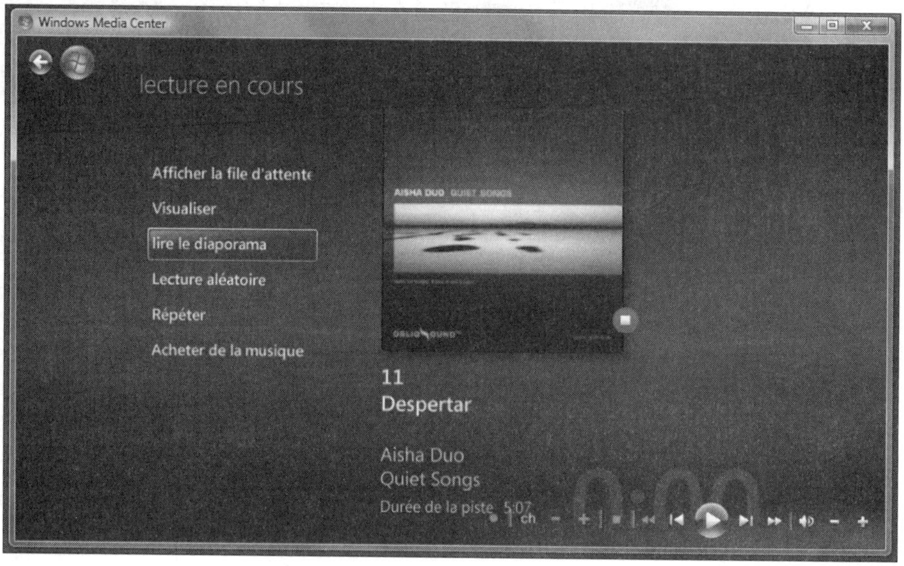

Figure 11-26 : *Diaporama et musique*

Ajouter un morceau à la file d'attente

La file d'attente est une liste temporaire de morceaux de musique que vous souhaitez écouter. Vous pouvez mettre de la musique en file d'attente pour ne pas avoir à sélectionner sans arrêt les chansons à écouter.

1. Dans la fenêtre principale, accédez au menu **Musique**, puis cliquez sur **Audiothèque**.
2. Cliquez sur **Artiste de l'album**, **Album**, **Artiste**, **Genre**, **Chanson**, **Sélection**, **Compositeur** ou **Année**, puis accédez à la musique que vous souhaitez écouter.
3. Cliquez sur un titre ou un nom, puis sur **Ajouter à la file d'attente**.

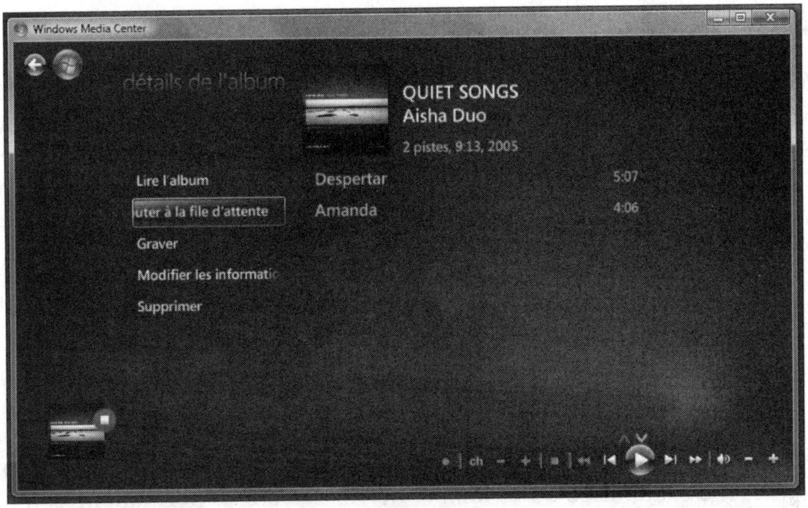

Figure 11-27 : *Ajouter à la file d'attente*

Afficher et modifier la file d'attente

1. Dans la fenêtre principale, cliquez sur **Lecture en cours + file d'attente**, puis sur **Afficher la file d'attente**. La file d'attente apparaît.
2. Cliquez sur **Modifier la file d'attente**, puis cliquez sur la touche ↑ ou ↓ pour faire monter ou descendre un morceau de musique sur la liste. Pour retirer un morceau de musique de la liste d'attente, cliquez sur le bouton **Supprimer**.
3. Cliquez sur **Terminé**.

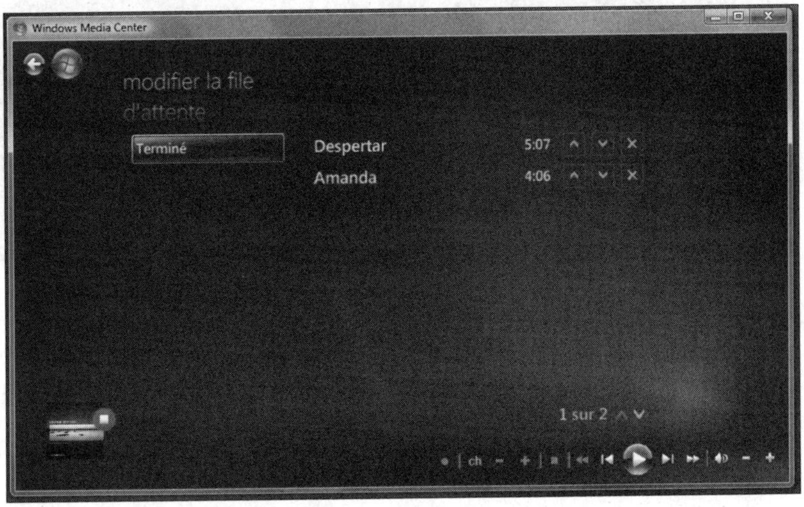

Figure 11-28 : *Modifier la file d'attente*

Enregistrer la file d'attente comme sélection

Si vous appréciez particulièrement les morceaux de musique de votre file d'attente, vous pouvez les enregistrer comme sélection afin de pouvoir les réécouter. Les sélections offrent un très bon moyen pour contrôler la lecture de votre musique. En créant une sélection, vous pouvez regrouper n'importe quelle combinaison de morceaux de musique sur une liste que vous pourrez ensuite écouter, graver ou synchroniser.

1. Dans la fenêtre principale, cliquez sur **Lecture en cours + file d'attente**, puis sur **Afficher la file d'attente**. La file d'attente apparaît.
2. Cliquez sur **Enregistrer comme sélection**.
3. Utilisez le pavé numérique pour entrer un nom pour la sélection, puis cliquez sur **Enregistrer**. Lorsque vous enregistrez la file d'attente comme sélection, elle est ajoutée à l'ensemble de vos sélections permanentes. Vous pouvez accéder à vos sélections permanentes dans Windows Media Center ou dans le Lecteur Windows Media sous la rubrique *Sélections*.

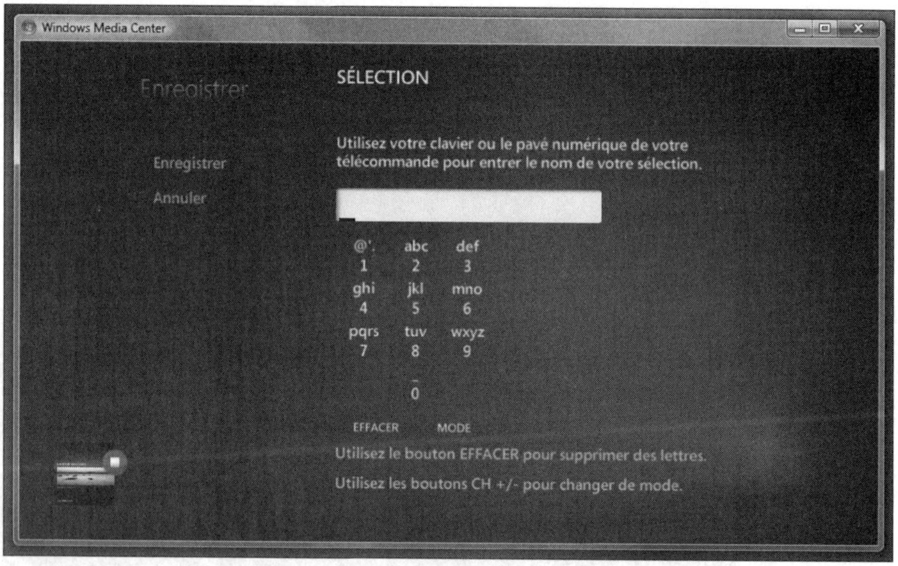

Figure 11-29 : *Enregistrer la file d'attente*

4. Pour supprimer la file d'attente, cliquez sur **Lire** au lieu de sélectionner **Ajouter à la file d'attente** pour un autre morceau de musique ou un album dans *Musique*. Vous obtenez le même résultat en lisant un support dans **Radio**, **TV + Films** ou **Images + vidéos** : seules les images seront supprimées de la bibliothèque, pas les vidéos. Enfin, en fermant Windows Media Center

(en fermant la session, en éteignant ou en redémarrant votre ordinateur, ou en mettant votre ordinateur en mode Veille), vous supprimez également la file d'attente.

Visualiser les sélections

1. Dans la fenêtre principale, accédez au menu **Musique**, puis cliquez sur **Audiothèque**.
2. Cliquez sur **Sélections**.
3. Cliquez sur une sélection.
4. Activez l'option *Lire*, *Ajouter à la file d'attente*, *Graver un CD ou un DVD* ou *Supprimer*.

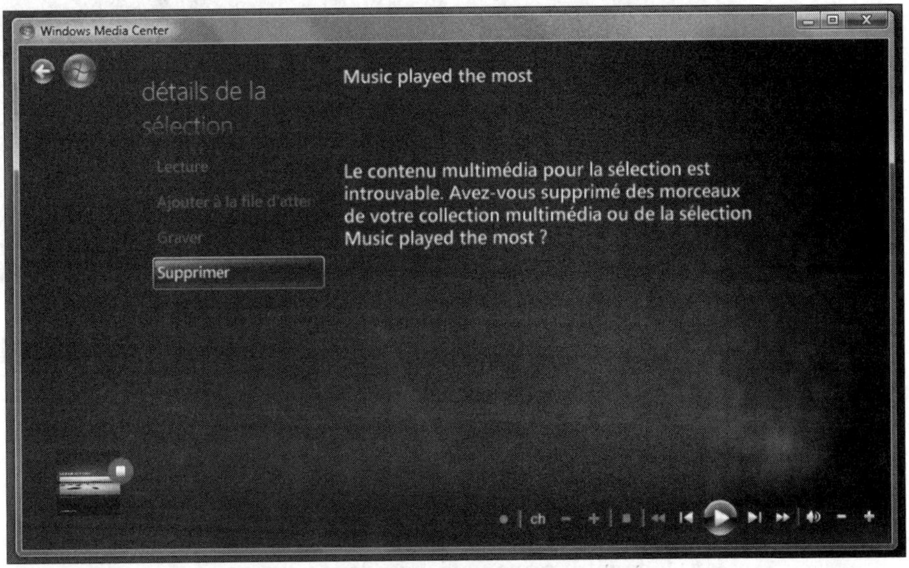

Figure 11-30 : *Visualiser les sélections*

Supprimer une musique de l'ordinateur

Si vous supprimez un morceau de musique, un album ou une sélection à partir de Windows Media Center, il sera définitivement supprimé de la bibliothèque musicale et de l'ordinateur.

1. Dans la fenêtre principale, accédez au menu **Musique**, puis cliquez sur **Audiothèque**.

2. Cliquez sur un album, un morceau de musique ou une sélection, puis cliquez avec le bouton droit de la souris pour faire apparaître le menu contextuel.
3. Cliquez sur **Supprimer**.
4. Cliquez sur **Oui** pour confirmer la suppression.

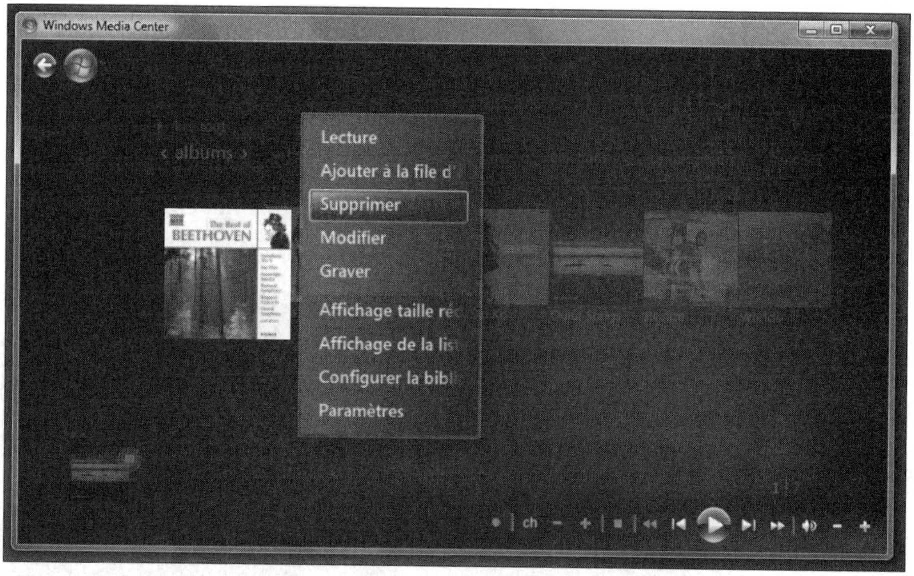

Figure 11-31 : *Suppression d'un morceau*

Choisir la visualisation qui pourra apparaître pendant la lecture de la musique

Vous pouvez regarder différentes visualisations dont les formes changent au rythme du morceau de musique écouté. Les visualisations sont groupées en collections thématiques, telles qu'Alchimie, Barres et ondulations ou Batterie.

1. Dans la fenêtre principale, accédez au menu **Tâches**, cliquez sur **Paramètres**, puis sur **Musique**.
2. Cliquez sur **Visualisations**, puis sélectionnez une catégorie de visualisation. Chaque catégorie contient un grand choix de visualisations.
3. Cliquez sur **Enregistrer**.

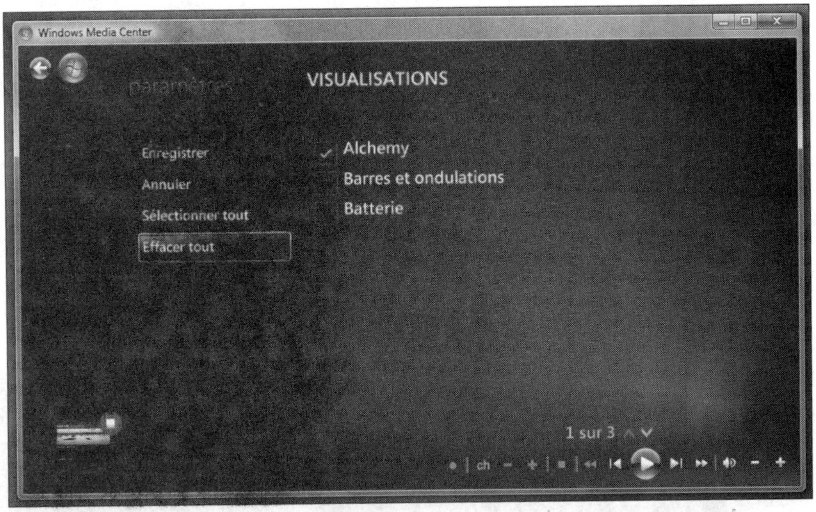

Figure 11-32 : *Choix de visualisations*

Regarder des visualisations pendant la lecture d'un morceau de musique

1. Dans la fenêtre principale, accédez au menu **Musique**, puis cliquez sur **Audiothèque**.
2. Cliquez sur un album, un morceau de musique ou une sélection.
3. Cliquez sur **Lire le morceau** ou sur **Lire l'album**, puis sur **Visualiser**.

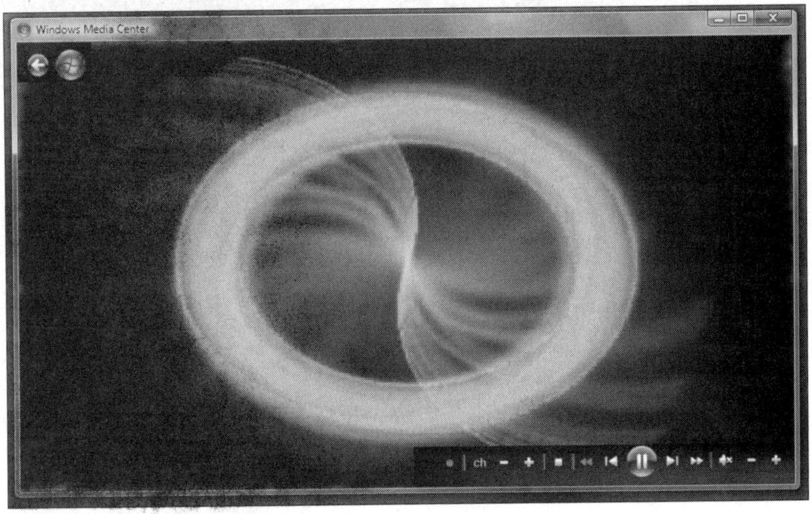

Figure 11-33 : *Affichage des visualisations sympa*

Démarrer une visualisation à chaque lecture de musique

1. Dans la fenêtre principale, accédez au menu **Tâches**, cliquez sur **Paramètres**, puis sur **Musique**.
2. Cliquez sur **Options de visualisation**, puis activez la case à cocher *Toujours lancer les visualisations pendant la musique*.
3. Dans la zone *Afficher des informations sur les morceaux pendant la visualisation*, sélectionnez une option.
4. Cliquez sur **Enregistrer**.

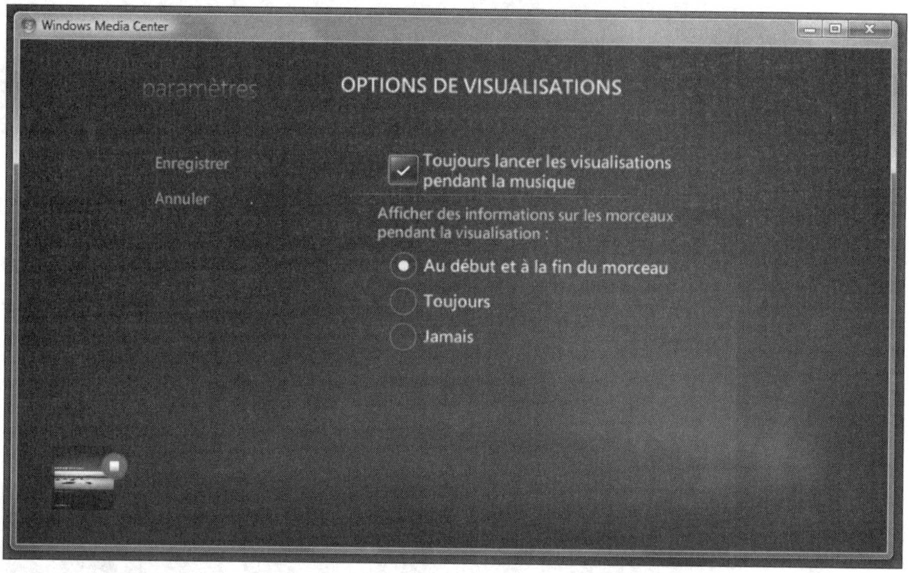

Figure 11-34 : *Démarrage automatique des visualisations*

Lire une vidéo et regarder des images

Windows Media Center vous permet de regarder des images en diaporama et de lire des vidéos. Vous pouvez utiliser différents critères pour rechercher des fichiers multimédias tels que des films, des vidéos, de la musique, des images ou des émissions de télévision enregistrées. Ces fichiers sont stockés dans les bibliothèques de votre ordinateur Media Center.

Vous pouvez parcourir vos bibliothèques d'images et de vidéos automatiquement en utilisant les touches [←] et [→].

Rechercher et lire un fichier vidéo

Si vous avez des problèmes pour retrouver un fichier vidéo, essayez de changer la façon dont le Media Center groupe vos vidéos.

1. Dans la fenêtre principale, accédez au menu **Images + vidéos**, puis cliquez sur **Vidéothèque**.
2. Accédez à l'un des critères de tri et recherchez votre fichier. Vous pouvez trier les fichiers par dossiers ou par dates de prise de vue.
3. Recherchez la vidéo que vous voulez regarder, puis cliquez sur le fichier vidéo pour le lire.

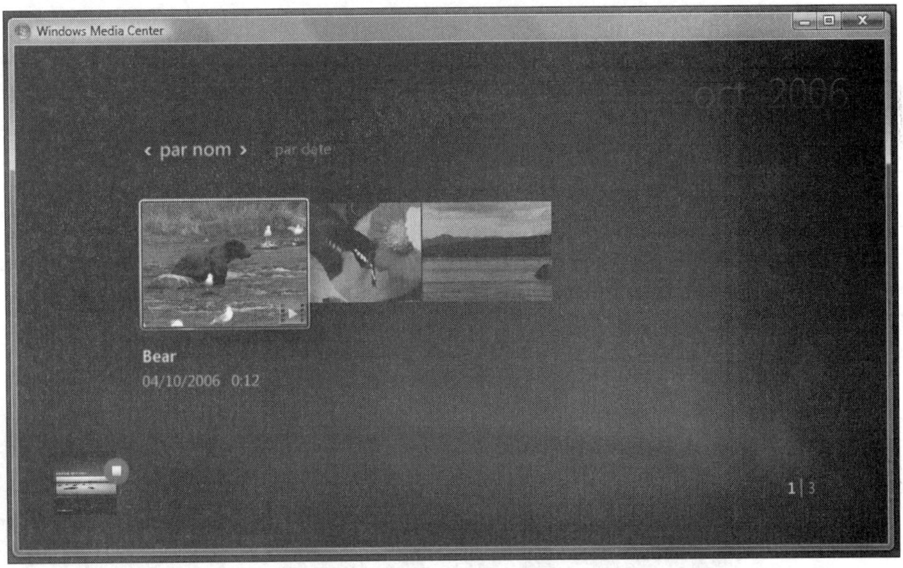

Figure 11-35 : *Recherche et lecture d'une vidéo*

Le Media Center est également capable de lire des DVD copiés sur le disque dur, mais la Bibliothèque de DVD n'est pas activée par défaut. Pour la faire apparaître, vous devez aller dans la base de Registre :

1. Cliquez sur le bouton Windows de démarrage, puis sur **Exécuter** et tapez `regedit` dans la fenêtre qui s'affiche. Validez.
2. La base de Registre s'ouvre. Naviguez jusqu'à la clé *HKEY_CURRENT_USER\Software\Microsoft\Windows\CurrentVersion\Media Center\Settings\DvdSettings*.
3. Changez la valeur *ShowGallery* par `Gallery`.

4. Relancez le Media Center, la Bibliothèque de DVD devrait apparaître dans un sous-menu de la section **TV + Films**.

Modifier la couleur d'arrière-plan de la vidéo

Pour éviter le marquage d'un écran plasma haut de gamme pendant la lecture de la vidéo, vous pouvez changer la couleur d'arrière-plan.

REMARQUE

Persistance de l'image

Le marquage ou la persistance surviennent si vous laissez une image statique affichée sur l'écran pendant un long moment. Vous verrez alors peut-être une trace floue de l'image même après son remplacement par une nouvelle image.

1. Dans la fenêtre principale, accédez au menu **Tâches/Paramètres/Général/Effets visuels et sonores/Couleur d'arrière-plan de la vidéo**.
2. Pour changer la couleur d'arrière-plan de la vidéo, cliquez sur le bouton - ou + jusqu'à obtenir la couleur souhaitée. La couleur par défaut est le noir et les couleurs possibles vont du gris à 90 % au gris à 10 %, puis au blanc.

Figure 11-36 : *Modification de l'arrière-plan*

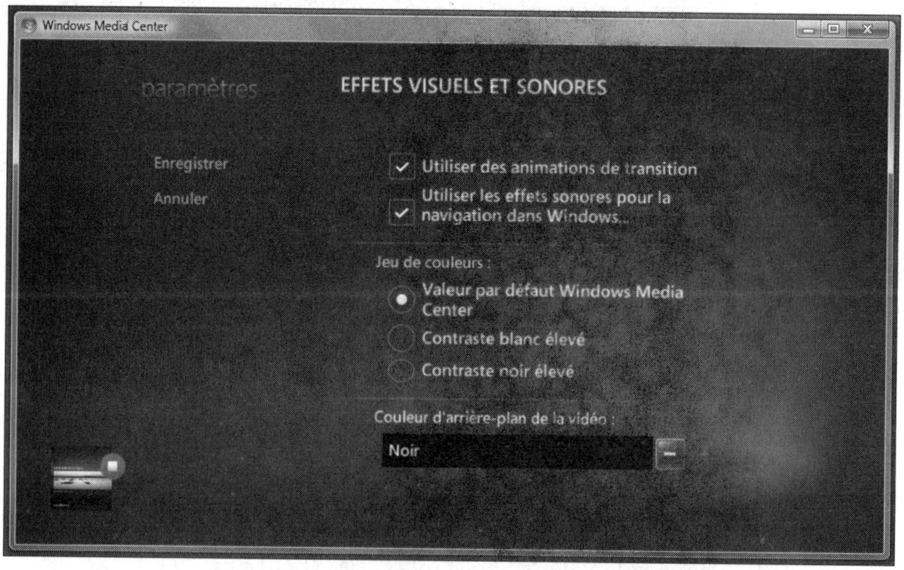

Rechercher et visionner un fichier image

Si vous avez des problèmes pour trouver un fichier image, essayez de changer la façon dont Windows Media Center regroupe vos images.

1. Dans la fenêtre principale, accédez au menu **Images + vidéos**, puis cliquez sur **Bibliothèque d'images**.
2. Accédez à l'un des critères de recherche et recherchez votre image. Vous pouvez trier les images par dates de prise de vue, par dossiers et par balises.
3. Cliquez sur l'image que vous voulez afficher.

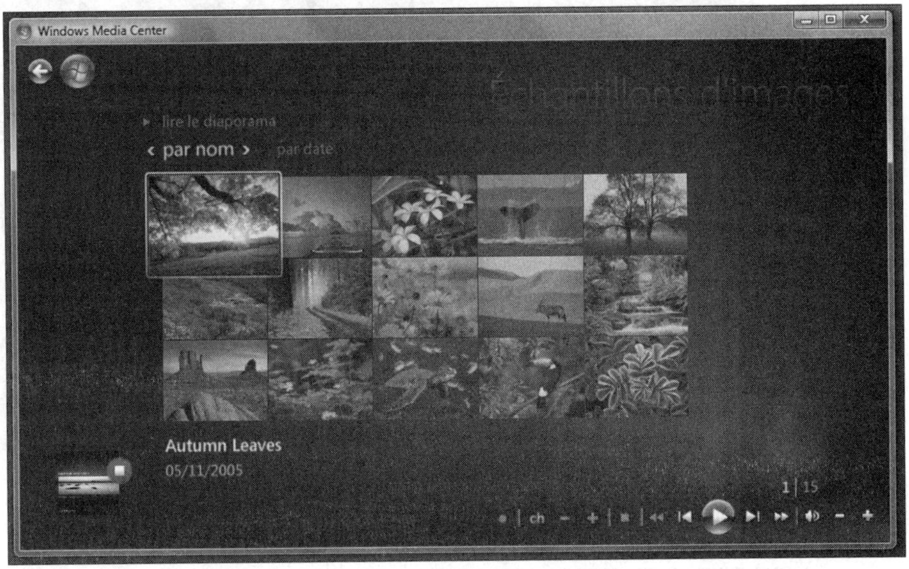

Figure 11-37 : *Recherche et lecture d'une image*

Lire un diaporama

Un diaporama est une série d'images, généralement groupées dans un dossier, par dates de prise de vue ou par balises. Utilisez les boutons de la barre d'outils du diaporama pour démarrer, suspendre, terminer le diaporama ou pour aller à la diapositive précédente ou suivante.

Si la barre d'outils n'est pas affichée, déplacez le pointeur sur l'écran et elle apparaîtra dans le coin inférieur droit de l'écran.

Vous pouvez également choisir de lire un diaporama en écoutant de la musique. Cela vous permet de profiter en même temps de vos images et de vos musiques.

1. Dans la fenêtre principale, accédez au menu **Images + vidéos**, puis cliquez sur **Bibliothèque d'images**.
2. Cliquez sur une collection d'images. Selon la manière dont Windows Media Center a groupé votre contenu, les images sont triées par dossiers, dates de prise de vue ou balises.
3. Cliquez sur **Lire le diaporama**.

Figure 11-38 : *Diaporama d'images*

Personnaliser un diaporama

Vous pouvez spécifier l'ordre dans lequel les images doivent être affichées, déterminer si les images des sous-dossiers doivent s'afficher, indiquer si les légendes doivent ou non apparaître, afficher des informations sur les morceaux, spécifier le type de transition voulue, définir la durée des transitions et déterminer la couleur d'arrière-plan.

1. Dans la fenêtre principale, accédez au menu **Tâches**, cliquez sur **Paramètres**, puis sur **Images**. Personnalisez votre diaporama à l'aide des options proposées.
2. Cliquez sur **Enregistrer** pour enregistrer les personnalisations du diaporama.

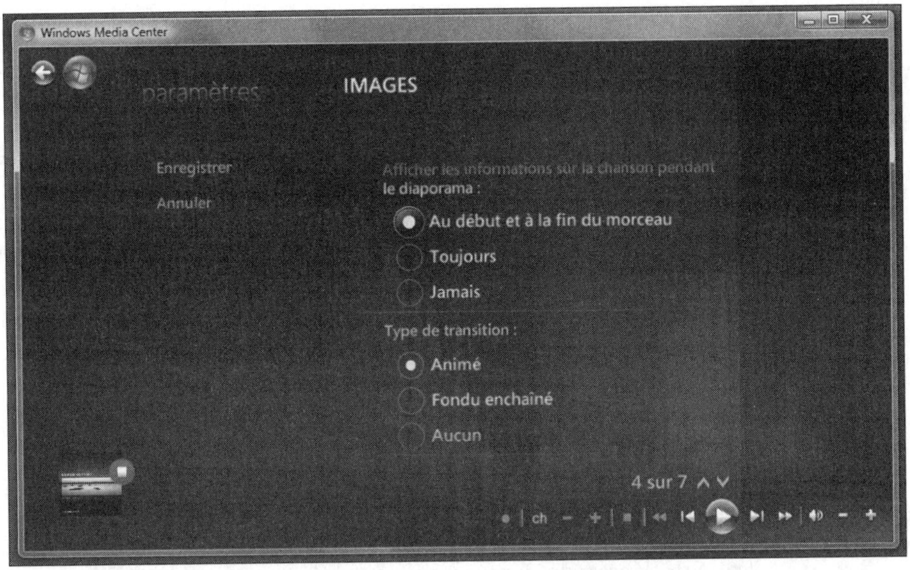

Figure 11-39 : *Personnalisation d'un diaporama*

Regarder la télévision

Pour pouvoir profiter des fonctionnalités autour de la télévision, votre ordinateur doit posséder une carte tuner TV. Si votre ordinateur n'a pas de tuner TV, un tuner TV analogique ou numérique optionnel est nécessaire pour lire et enregistrer les programmes télévisés dans le Media Center.

Vous pouvez utiliser Windows Media Center pour regarder la télévision et des films. Vous pouvez également choisir d'interrompre la télévision en direct pour faire autre chose sans manquer des parties de vos émissions télévisées favorites. Lorsque vous interrompez la télévision en direct ou un film, l'émission télévisée ou le film en cours de diffusion est temporairement enregistré dans un fichier vidéo. Vous pouvez ensuite rembobiner ou avancer rapidement l'émission télévisée ou le film enregistré pour rattraper votre retard.

L'un des points forts du Media Center est sa fonction télévision car elle offre de très nombreuses possibilités telles que l'enregistrement, le différé, le support du son en stéréo Nicam et du standard HDTV. Le Media Center de Vista possède son propre décodeur MPEG-2 intégré. Ainsi, il n'est plus nécessaire d'installer un logiciel tiers pour regarder la TNT ou un DVD. Le Windows Media Center de Vista accepte également les accès conditionnels et la TV payante.

L'une des nouveautés importante du Media Center est la gestion des effets de transparence liés à l'utilisation d'Aero avec Windows Vista. Il est maintenant possible d'afficher le menu principal du Media Center dans le bas de l'écran sans quitter le mode télévision. De la même façon, il est possible d'avoir le guide en superposition avec la TV.

Le guide est une nouveauté du mode TV du Media Center. Dans un rectangle occupant juste la partie inférieure de l'écran, vous pouvez faire défiler la grille des programmes en cours mais aussi à venir des différentes chaînes. Lorsque vous regardez la télévision, vous pouvez également faire apparaître un menu contextuel depuis lequel il sera possible de lancer l'enregistrement direct, planifier l'enregistrement automatique de chaque épisode d'une série TV ou encore obtenir les détails sur le programme en cours.

Regarder la télévision en direct

1. Pour commencer à regarder la télévision en direct, utilisez l'une des méthodes suivantes :
   - Sur l'écran de démarrage, accédez au menu **TV + Films**, puis cliquez sur **TV en direct**.
   - Sur la télécommande de Windows Media Center, appuyez sur [TV EN DIRECT].
   - Sur l'écran de démarrage, accédez au menu **TV + Films**, cliquez sur **Guide**, repérez dans le Guide l'émission télévisée que vous voulez voir, puis cliquez sur une émission en cours de diffusion.
2. Pour afficher des informations sur le programme télévisé que vous êtes en train de regarder, cliquez avec le bouton droit de la souris sur l'émission télévisée en cours de diffusion, puis cliquez sur **Informations sur le programme**. Cliquez sur **Regarder** pour revenir à l'émission télévisée.
3. Pour changer de chaîne, déplacez le pointeur de la souris, puis cliquez sur **Ch -** ou sur **Ch +** pour passer respectivement à la chaîne suivante ou à la chaîne précédente.
4. Pour accéder à la dernière chaîne que vous avez regardée, appuyez sur le bouton [↩] de la télécommande.

Suspendre la télévision en direct ou un film

1. En regardant une émission télévisée en direct ou un film, déplacez le pointeur de la souris, puis cliquez sur **Suspendre**.

2. Lorsque vous êtes prêt, vous pouvez utiliser les contrôles de transport pour contrôler la lecture de l'émission télévisée ou du film suspendu. Déplacez le pointeur de la souris, puis cliquez sur **Retour rapide**, **Rembobiner** ou **Avance rapide**.
3. Pour regarder à nouveau l'émission télévisée ou le film, déplacez le pointeur de la souris, puis, dans les contrôles de transport, cliquez sur **Lecture**.

Arrêter la télévision en direct ou un film

1. En regardant une émission télévisée en direct ou un film, déplacez le pointeur de la souris, puis cliquez sur **Arrêter**.
2. Lorsque vous êtes prêt, dans la fenêtre principale, accédez au menu **TV + Films**, puis cliquez sur **TV en direct** pour regarder à nouveau la télévision.

Régler le volume pendant la diffusion d'une émission télévisée en direct ou d'un film

1. Pendant que vous regardez une émission télévisée en direct ou un film, déplacez le pointeur de la souris, puis cliquez sur le bouton **-** ou **+** pour augmenter ou réduire le volume.
2. Cliquez sur le bouton **Muet** représentant un haut-parleur barré pour supprimer le son. Cliquez à nouveau sur **Muet** pour rétablir le son.

Utiliser le télétexte en regardant la télévision

Certaines chaînes TV diffusent un service télétexte qui peut être affiché par le téléviseur pour fournir des pages d'informations, des jeux et d'autres services. Le Media Center prend en charge l'affichage du télétexte. Le télétexte n'est pas disponible dans toutes les régions et pour toutes les chaînes. Si vous ouvrez le télétexte pour une chaîne qui ne dispose pas de ce service, une page blanche apparaît.

1. Dans la fenêtre principale, accédez au menu **TV + Films**, puis cliquez sur **TV en direct**. Pour lancer le télétexte, appuyez sur la touche [TXT] de la télécommande ou cliquez avec le bouton droit de la souris sur le menu **Contexte** et sélectionnez l'entrée **Télétexte**.
2. Pour naviguer dans les pages Télétexte à l'aide du clavier, procédez ainsi :

- Pour accéder directement à une page spécifique ou revenir à la page principale, entrez le numéro de page sur trois chiffres à l'aide du pavé numérique du clavier.
- Pour accéder à la page suivante disponible, cliquez sur **CH/PG+**.
- Pour accéder à la page précédente, cliquez sur **CH/PG-**.
- Pour passer à la sous-page suivante, cliquez sur le bouton fléché **Bas**. Des sous-pages peuvent ne pas être disponibles pour certaines pages Télétexte. Lorsqu'elles sont disponibles, Windows Media Center passe automatiquement à la sous-page suivante toutes les 30 secondes.
- Pour revenir à la sous-page précédente, cliquez sur le bouton fléché **Haut**.
- Pour accéder à la dernière page Télétexte affichée, cliquez sur **Retour**.

3. Pour effectuer une action sur une page Télétexte sélectionnée, procédez ainsi :

   - Pour accéder directement à une page spécifique ou revenir à la page principale, entrez le numéro de page à trois chiffres à l'aide du pavé numérique du clavier. La barre d'outils indique la page en cours d'affichage.
   - Pour passer à une page *Fastext*, cliquez sur l'un des quatre boutons **Fastext** de la barre d'outils correspondant à la couleur de la page que vous souhaitez afficher.
   - Pour afficher le texte masqué, cliquez sur **Afficher le texte** sur la barre d'outils.
   - Pour activer ou désactiver l'affichage automatique des sous-pages, cliquez sur **Attente** sur la barre d'outils. Si le bouton **Attente** est sélectionné, l'affichage automatique des sous-pages est désactivé.
   - Pour changer le mode de visualisation du télétexte, cliquez sur **Mixage** sur la barre d'outils afin de modifier la façon dont la télévision et le télétexte sont affichés. Vous pouvez regarder la télévision avec le télétexte ou bien le télétexte seulement sur un fond noir.

Utiliser des sous-titres en regardant la télévision

Certains programmes télévisés sont diffusés en version originale sous-titrée. Dans ce cas, les diffuseurs incluent parfois une fonctionnalité de sous-titrage comme service de télétexte de la chaîne associée. Windows Media Center prend en charge le rendu des sous-titres dans le télétexte. Notez que les sous-titres sont parfois directement inclus dans la vidéo, auquel cas l'affichage de télétexte par Windows Media Center ne sera pas nécessaire.

Windows Media Center prend en charge les sous-titres dans le télétexte de deux manières. Dans le mode d'affichage du télétexte, l'utilisateur peut localiser la page sur laquelle les informations de télétexte sont diffusées (par exemple, 888), puis entrer directement le numéro de cette page. L'utilisateur peut également définir une page de télétexte à afficher lorsque le bouton [MUET] est activé sur la télécommande. Cette deuxième possibilité est plus appropriée dans le cas de configurations régionales où des sous-titres sont diffusés invariablement sur la même page de télétexte.

Pour définir une page de télétexte à afficher lorsque le bouton [MUET] est activé :

1. Dans la fenêtre principale, accédez au menu **Tâches**, puis cliquez sur **Paramètres**.
2. Cliquez sur **TV**, puis sur **Sous-titre**.
3. Cliquez sur *Activé*, *Désactivé* ou *Effectif lorsque muet est activé*.
4. Si l'option *Effectif lorsque muet est activé* est sélectionnée, entrez le numéro de la page dans la zone de saisie affichée à l'écran.

Rechercher et regarder des films à la télévision

1. Dans la fenêtre principale, accédez au menu **TV + Films**, puis cliquez sur **Guide des films**.
2. Selon l'heure ou le type de film que vous recherchez, cliquez sur **Meilleur classement**, **En cours**, **Suivant** ou **Genres**.
3. Cliquez sur un film en cours de diffusion à la télévision.
4. Cliquez sur **Regarder**.
5. Pour afficher des informations sur le film que vous êtes en train de regarder, cliquez dessus avec le bouton droit de la souris, puis cliquez sur **Détails du film**. Cliquez sur **Regarder** pour revenir au film.

Rechercher des films à la télévision

1. Dans la fenêtre principale, accédez au menu **TV + Films**, cliquez avec le bouton **Flèche droite** pour atteindre la fin de la catégorie, puis cliquez sur **Rechercher**.
2. En fonction des critères de recherche que vous souhaitez utiliser, cliquez sur **Titre**, **Mot-clé**, **Catégories**, **Acteur de cinéma** ou **Réalisateur**.
3. Entrez les critères de recherche.

4. Dans les résultats, cliquez sur un film pour obtenir plus d'informations à son sujet et sur ses éventuelles diffusions à venir.

Écouter de la radio

Si vous souhaitez écouter la radio avec le Media Center, une carte tuner FM optionnelle est nécessaire.

Vous pouvez utiliser Windows Media Center pour écouter des stations de radio FM et Internet disponibles dans votre région et créer des présélections pour vos stations de radio favorites.

Rechercher et écouter une station de radio FM

1. Dans la fenêtre principale, accédez au menu **Musique**, cliquez sur **Radio**, puis sur **Radio FM**.
2. Pour permettre à Windows Media Center de rechercher une station de radio, sous la rubrique *Recherche* ou *Régler*, cliquez sur **-** ou **+** pour rechercher les stations de radio disponibles. Si vous connaissez la fréquence de la station, entrez les chiffres à l'aide du pavé numérique de la télécommande ou du clavier.
3. Utilisez les contrôles de transport dans la partie inférieure droite de l'écran pour contrôler la lecture, notamment changer de station, régler le volume et suspendre ou arrêter l'écoute.

Modifier une présélection existante

1. Dans la fenêtre principale, accédez au menu **Musique**, cliquez sur **Radio**, sur **Préréglages**, puis sur la présélection que vous souhaitez modifier.
2. Pour modifier la fréquence de la présélection, sous la rubrique *Régler*, cliquez sur le bouton **-** ou **+**, puis cliquez sur **Enregistrer comme présélection**.
3. Pour modifier le nom de la présélection, cliquez sur **Modifier la présélection**. Dans la boîte de dialogue **Modifier la présélection**, entrez vos modifications, puis cliquez sur **Enregistrer**.

Créer des présélections de stations de radio FM

1. Dans la fenêtre principale, accédez au menu **Musique**, cliquez sur **Radio**, puis sur **Radio FM**.

2. Sous les rubriques *Recherche* ou *Régler*, cliquez sur - ou + pour rechercher la station de radio voulue.
3. Lorsque la station recherchée a été trouvée, cliquez sur **Enregistrer comme présélection**.
4. Entrez le nom de la station, puis cliquez sur **Enregistrer**.

Écouter une station de radio présélectionnée

1. Dans la fenêtre principale, accédez au menu **Musique**, puis cliquez sur **Radio**.
2. Sous la rubrique *Radio*, cliquez sur **Préréglages**, puis choisissez une station de radio présélectionnée. Vous pouvez également accéder à la dernière station présélectionnée.

Rechercher et écouter des stations de radio Internet

Certains programmes partenaires de radio Internet sont uniquement disponibles par abonnement.

1. Dans la fenêtre principale, accédez au menu **Média en ligne**, puis cliquez sur **Parcourir les catégories**.
2. Cliquez sur **Musique & radio**.
3. Cliquez sur la station de radio en ligne.

11.3. Windows Movie Maker

Vous pouvez utiliser Windows Movie Maker pour importer des données audio et vidéo vers votre ordinateur à partir d'une caméra vidéo numérique (DV), puis utiliser le contenu importé dans vos films. Vous pouvez également importer des données audio, des données vidéo ou des images fixes existant dans Windows Movie Maker pour les utiliser dans les films que vous créez. Après avoir arrangé le contenu audio et vidéo dans Windows Movie Maker à votre goût, notamment en ajoutant des titres, des transitions ou des effets, vous pouvez publier votre film terminé pour le partager avec vos proches.

Windows Movie Maker est divisé en trois zones principales :

- les volets ;
- la table de montage séquentiel/chronologie ;

- l'écran de contrôle.

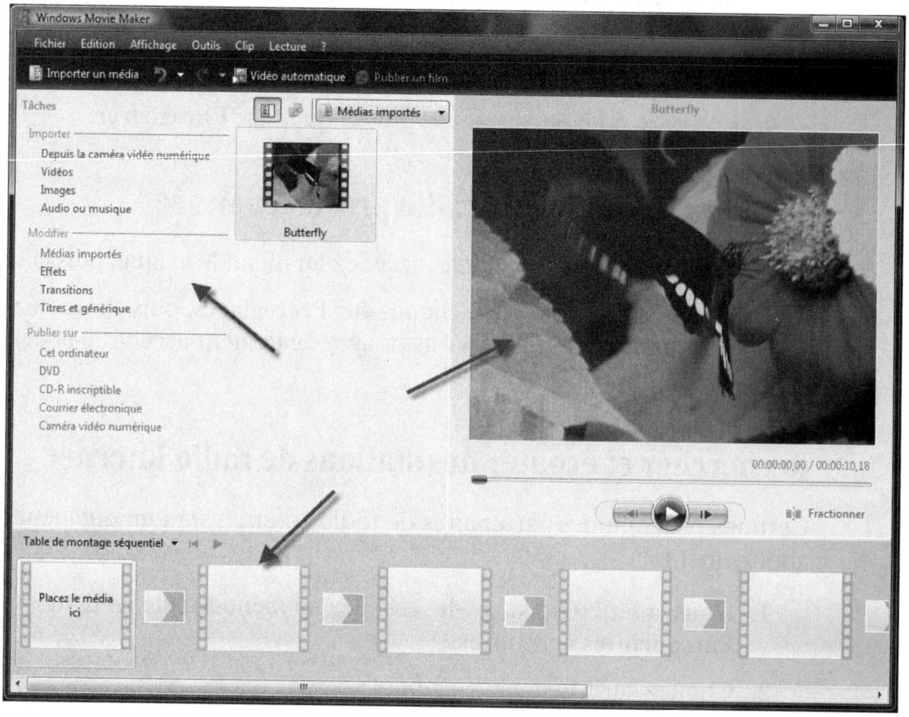

Figure 11-40 : *Les zones de l'interface principale de Windows Movie Maker*

Les principales fonctions de l'interface utilisateur de Windows Movie Maker apparaissent dans des volets séparés. Selon les tâches à effectuer, vous pouvez utiliser alternativement le volet **Collections** et les vues **Tâches**.

- Le volet **Tâches** répertorie les tâches courantes à effectuer lors de la réalisation d'un film, notamment l'importation des fichiers, le montage du film et sa publication.
- Le volet **Collections** affiche vos dossiers de collections, qui contiennent des clips. Les dossiers de collections apparaissent dans le volet **Collections** sur la gauche, et les clips contenus dans le dossier de collections sélectionné s'affichent dans le volet **Contenu** sur la droite.
- Le volet **Contenu** affiche les clips, les effets ou les transitions que vous utilisez lors de la création de votre film, selon l'affichage employé. Vous pouvez changer le mode d'affichage pour présenter des miniatures ou des détails. Vous pouvez glisser des clips, des transitions ou des effets du volet **Contenu** ou d'une collection du volet **Collections** vers la table de montage séquentiel/chronologie de votre projet en cours. Vous pouvez également glisser des clips dans la fenêtre de contrôle pour les lire. Si vous modifiez un

clip, ces modifications sont uniquement reflétées dans le projet en cours ; elles n'ont aucune incidence sur le fichier source.

- L'écran de contrôle permet d'afficher des clips individuels ou la totalité d'un projet. Dans la fenêtre de contrôle, vous pouvez prévisualiser votre projet avant de le publier en tant que film. Vous pouvez utiliser les contrôles de lecture pour accéder à un titre individuel ou à un projet entier. Vous pouvez également utiliser les boutons de l'écran de contrôle pour exécuter des fonctions, telles que le fractionnement d'un clip vidéo ou audio en deux plus petits clips ou la prise en photo de l'image actuellement affichée dans l'écran de contrôle.

La zone dans laquelle vous créez et montez votre projet comporte deux vues : la table de montage séquentiel et la chronologie. Vous basculez de l'une à l'autre, lorsque vous réalisez votre film.

- La table de montage séquentiel est la vue par défaut dans Windows Movie Maker. Elle permet d'examiner la séquence ou l'ordonnancement des clips inclus dans votre projet et de les réorganiser facilement, si nécessaire. Elle permet également de voir les effets et les transitions vidéo que vous avez ajoutés. Les clips audio que vous avez ajoutés à un projet ne s'affichent pas sur la table de montage séquentiel, mais vous pouvez les voir dans la chronologie.
- La vue de la chronologie fournit un affichage plus détaillé de votre projet de film et vous permet d'affiner le montage. Elle permet notamment de découper des clips vidéo, d'ajuster la durée des transitions entre les clips et d'afficher la piste audio. Vous pouvez utiliser la chronologie pour examiner ou modifier le minutage des clips dans votre projet. Utilisez les boutons de la chronologie pour basculer vers la table de montage séquentiel, effectuer un zoom avant ou arrière sur les détails de votre projet, effectuer la narration de la chronologie ou ajuster les niveaux audio.

L'écran de contrôle affiche le clip ou l'image sur laquelle vous travaillez. Vous pouvez l'utiliser pour afficher les clips ou les images de vos dossiers de collections ou du projet sur lequel vous travaillez. Utilisez les boutons situés sous l'écran de contrôle pour lire ou suspendre un clip, ou pour avancer ou rembobiner un clip image par image. Le bouton **Fractionner** permet de fractionner un clip en deux parties exactement au point affiché dans la fenêtre de contrôle.

Pour agrandir ou réduire l'écran de contrôle :

1. Cliquez sur **Affichage**.
2. Sélectionnez le menu **Taille de l'écran de contrôle** et choisissez une taille.

Vous pouvez également glisser la fenêtre pour l'agrandir ou la diminuer.

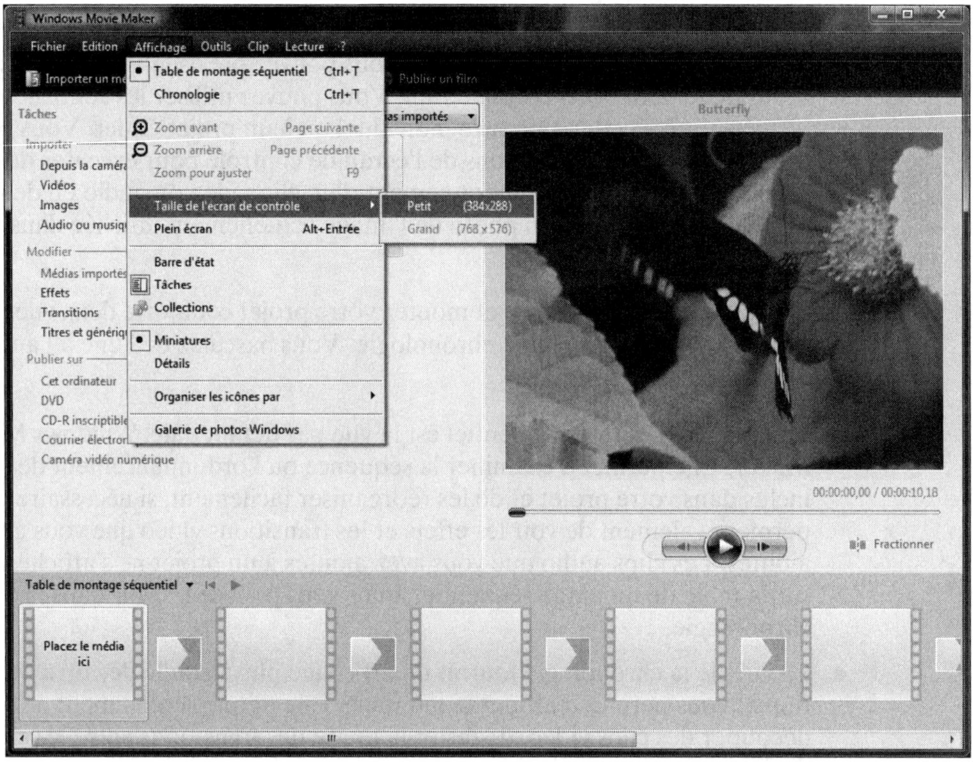

Figure 11-41 : *Taille de l'écran de contrôle*

La réalisation d'un film à l'aide de Windows Movie Maker se fait en trois étapes très simples :

- l'importation ;
- le montage.
- la publication.

Importer depuis une bande-vidéo

Vous pouvez copier une vidéo à partir d'une bande-vidéo d'une caméra vidéo numérique DV (*Digital Video*) sur votre ordinateur en utilisant le module **Importation de vidéo**. Lorsque vous importez sur votre ordinateur une vidéo à partir d'une bande-vidéo d'une caméra DV, la vidéo sur la bande est codée dans un fichier vidéo et enregistrée sur le disque dur de l'ordinateur.

Pour importer la vidéo complète à partir d'une bande d'une caméra DV :

1. Assurez-vous que votre caméra DV est connectée à un port IEEE 1394 ou sur une prise USB 2.0, puis définissez le mode de la caméra en lecture de vidéo enregistrée (généralement appelé VTR ou VCR sur une caméra DV).
2. Dans la boîte de dialogue **Exécution automatique** qui s'affiche lorsque vous allumez la caméra DV, cliquez sur **Importer la vidéo**.
3. Dans la zone *Nom*, tapez le nom du ou des fichiers vidéo que vous allez créer, importer, puis enregistrer sur votre ordinateur.
4. Choisissez un emplacement pour enregistrer le fichier vidéo sur la liste *Importer vers* ou cliquez sur **Parcourir** pour choisir un autre emplacement.
5. Sur la liste *Format*, choisissez un des formats de fichiers vidéo suivants pour le nouveau fichier vidéo, puis cliquez sur **Suivant**.
   - Pour créer un fichier unique en utilisant le type de fichier par défaut de votre périphérique vidéo numérique, par exemple, un fichier AVI ou DV-AVI, choisissez *Format AVI (fichier unique)*.
   - Pour créer un fichier WMV (Windows Media Video) unique contenant toutes les informations contenues sur la bande-vidéo, choisissez *Vidéo Windows Media (fichier unique)*.
   - Pour créer un fichier WMV pour chaque scène de la bande-vidéo, choisissez *Fichier vidéo Windows Media (un fichier par scène)*.
6. Cliquez sur **Importer la bande-vidéo complète sur mon ordinateur**, puis cliquez sur **Suivant**.
7. Pour arrêter l'importation de la vidéo avant la fin de la bande-vidéo, cliquez sur **Arrêter**, puis cliquez sur **Oui**.
8. Cliquez sur **Terminer**.

La vidéo importée est enregistrée en un ou plusieurs fichiers vidéo sur l'ordinateur et apparaît dans la Galerie de photos Windows.

Monter en ajoutant des transitions et des effets

Une transition contrôle le mode de lecture de votre film, d'une image ou d'un clip vidéo au suivant. Vous pouvez ajouter une transition entre deux images, deux clips vidéo ou deux titres dans n'importe quelle combinaison sur la table de montage séquentiel/chronologie. Vous pouvez changer la durée de lecture d'une transition jusqu'à la durée du plus court des deux clips adjacents. Vous pouvez notamment ajouter comme transition un fondu enchaîné à partir d'un écran noir, le glissement d'un clip à travers l'écran pour en révéler un autre ou simuler l'éclatement d'un clip pour révéler le suivant.

Les transitions que vous ajoutez apparaissent sur la piste **Transition** de la chronologie. Pour voir cette piste, vous devez développer la piste **Vidéo**. La longueur de la transition dépend de la durée de chevauchement entre les deux clips.

Pour ajouter une transition :

1. Sur la table de montage séquentiel/chronologie, cliquez sur le deuxième des clips vidéo, titres ou images entre lesquels vous souhaitez ajouter une transition.
2. Cliquez sur **Outils**, puis sur **Transitions**.

Figure 11-42 : *Les transitions*

3. Dans le volet **Contenu**, cliquez sur la transition que vous souhaitez ajouter. Vous pouvez cliquer sur **Lire** sous l'écran de contrôle pour afficher un aperçu de la transition.
4. Cliquez sur **Clip**, puis sur **Ajouter à la chronologie** ou **Ajouter à la table de montage séquentiel**.

Les effets vous permettent d'ajouter des effets spéciaux à votre film. Par exemple, vous pourriez avoir importé une vidéo à laquelle vous souhaitez donner une ambiance d'ancien film classique. Vous pourriez ajouter l'un des effets *Âge du film* à un clip vidéo, une image ou un titre pour que la vidéo de ce clip prenne l'aspect d'un ancien film.

Pour ajouter un effet :

1. Sur la table de montage séquentiel/chronologie, sélectionnez le clip vidéo, l'image ou le titre auquel vous souhaitez ajouter l'effet.
2. Cliquez sur **Outils**, puis sur **Effets**.

Figure 11-43 : *Les effets*

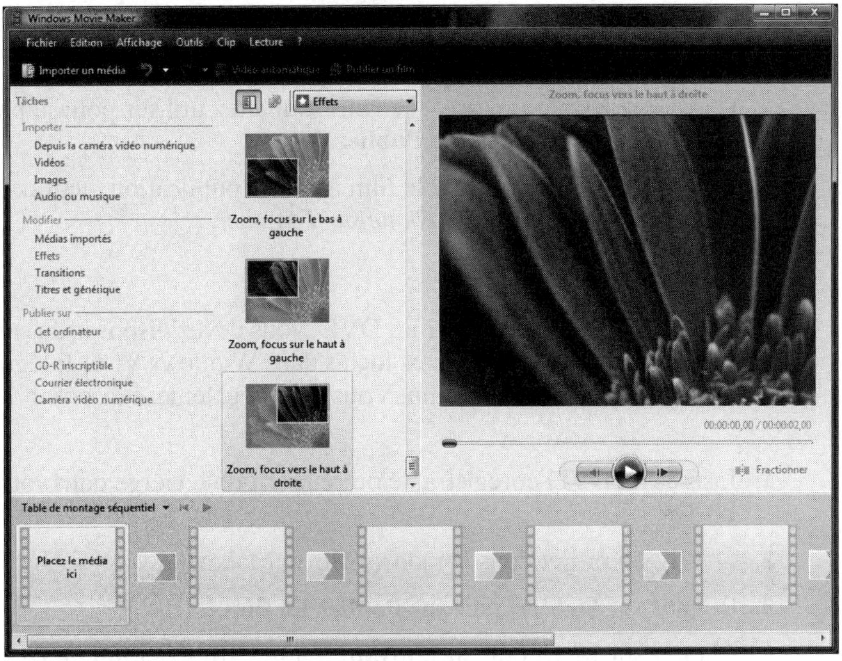

3. Dans le volet **Contenu**, cliquez sur l'effet que vous souhaitez ajouter. Vous pouvez cliquer sur **Lire** sous l'écran de contrôle pour afficher un aperçu de l'effet.
4. Cliquez sur **Clip**, puis sur **Ajouter à la chronologie** ou **Ajouter à la table de montage séquentiel**.

Publier la vidéo

Dès que vous avez terminé de travailler sur un projet, vous pouvez publier ce dernier en tant que film. Un film est un fichier Windows Media portant une extension de nom de fichier *.wmv* ou *.avi*. Lorsque vous publiez un film dans Windows Movie Maker, vous pouvez le partager avec d'autres personnes de diverses manières : par l'intermédiaire de votre ordinateur, sur un DVD enregistrable, etc.

Pour publier un film sur votre ordinateur :

1. Cliquez sur **Fichier**, puis sur **Publier un film**.
2. Cliquez sur **Cet ordinateur**, puis sur **Suivant**.
3. Dans la zone *Nom de fichier*, tapez un nom pour votre film.
4. Dans la zone *Publier sur*, choisissez l'emplacement dans lequel vous souhaitez enregistrer votre film une fois publié, puis cliquez sur **Suivant**.
5. Choisissez les paramètres que vous souhaitez utiliser pour la publication de votre film, puis cliquez sur **Publier**.
6. Si vous souhaitez regarder le film après sa publication, activez la case à cocher *Lire le film lorsque je clique sur Terminer*.
7. Cliquez sur **Terminer**.

Pour publier et graver un film sur un DVD, vous devez disposer du composant Création de DVD Windows, qui est inclus dans Windows Vista Intégrale et dans Windows Vista Familiale Premium. Vous devez également disposer d'un graveur de DVD.

1. Insérez un DVD enregistrable ou réinscriptible vierge dans votre graveur de DVD.
2. Ouvrez un projet dans Windows Movie Maker.
3. Cliquez sur **Fichier**, puis sur **Publier un film**.
4. Cliquez sur **DVD**, puis sur **Suivant**. La fenêtre **Création de DVD Windows** s'ouvre.
5. Exécutez la procédure de création de DVD à l'aide du composant Création de DVD Windows.

11.4. En résumé

La Galerie de photos Windows est un nouvel outil qui vous permet de mieux gérer vos images, vos vidéos, vos photos. Vous pouvez corriger les défauts classiques des photos en quelques clics, les graver, etc. Vous pouvez donc importer les photos de votre appareil photo numérique sans faire appel à un logiciel tiers.

Outre l'aspect divertissement, c'est un outil qui aide à une meilleure gestion et une optimisation de vos fichiers (en l'occurrence, des images et vidéos) en vous permettant de placer des mots-clés et en vous permettant de classer vos fichiers selon de nombreux critères.

Le Media Center est une couche multimédia qu'on peut trouver dans les éditions Familiale Premium et Intégrale de Vista. Comprenez par là que ces deux versions de Windows Vista permettent de transformer votre ordinateur en un véritable centre de loisirs numériques. Grâce au Media Center, il devient notamment possible de regarder la télévision, d'enregistrer une émission, de consulter la grille des programmes TV ou encore de regarder un DVD. Vous pourrez accéder à toutes ces activités via une interface étudiée spécialement pour s'afficher de manière lisible sur une télévision ou un vidéoprojecteur. Les menus, quant à eux, peuvent être parcourus simplement à l'aide d'une télécommande classique, vous n'êtes donc pas obligé de garder un clavier sans fil près de votre canapé pour piloter votre ordinateur.

En complément, vous pourrez utiliser Windows Movie Maker afin de réaliser vos propres montages vidéo.

12

La communication

De nos jours, la communication est un facteur clé d'utilisation d'un ordinateur. En effet, quel est l'intérêt d'utiliser un ordinateur connecté à Internet si on ne peut pas envoyer des courriels, discuter par messagerie instantanée ou travailler en projet sur les mêmes documents dans le cadre d'une activité ludique personnelle ou professionnelle ?...

Les ordinateurs portables, la technologie sans fil et, surtout, Internet ont rendu ces aspects incontournables. Windows Vista intègre à la base différents outils dédiés à la communication et à la collaboration : Windows Mail, l'Espace de collaboration Windows et la Reconnaissance vocale. En effet, si vous pouvez communiquer avec vos amis et collègues, sachez que vous pouvez aussi communiquer avec votre ordinateur !

Nous ferons dans ce chapitre un tour d'horizon des services Live de communication et d'échanges fondés sur le Web car la tendance de l'informatique aujourd'hui s'oriente de plus en plus vers une utilisation mixte des applications installées sur l'ordinateur et des services en ligne sur Internet.

12.1. Windows Mail

La messagerie fait partie de nos activités favorites, et Windows Vista se devait d'apporter certaines améliorations pour rendre notre travail et notre utilisation plus simples et efficaces.

L'outil de messagerie installé sur les versions clientes jusqu'à Windows XP est Outlook Express. Avec Windows Vista, il devient Windows Mail.

Pour ouvrir Windows Mail :

1. Cliquez sur le logo Windows de démarrage.
2. Cliquez sur **Tous les programmes/Windows Mail** (voir fig. 12-1).

Premier coup d'œil à Windows Mail : l'interface ressemble à celle d'Outlook Express, tout en intégrant le look de Windows Vista, ce qui vous permettra de retrouver rapidement vos repères. En profondeur, l'outil s'appuie maintenant sur une nouvelle technologie de stockage des messages qui améliore considérablement la fiabilité des données. Cependant, plusieurs autres améliorations sont à noter.

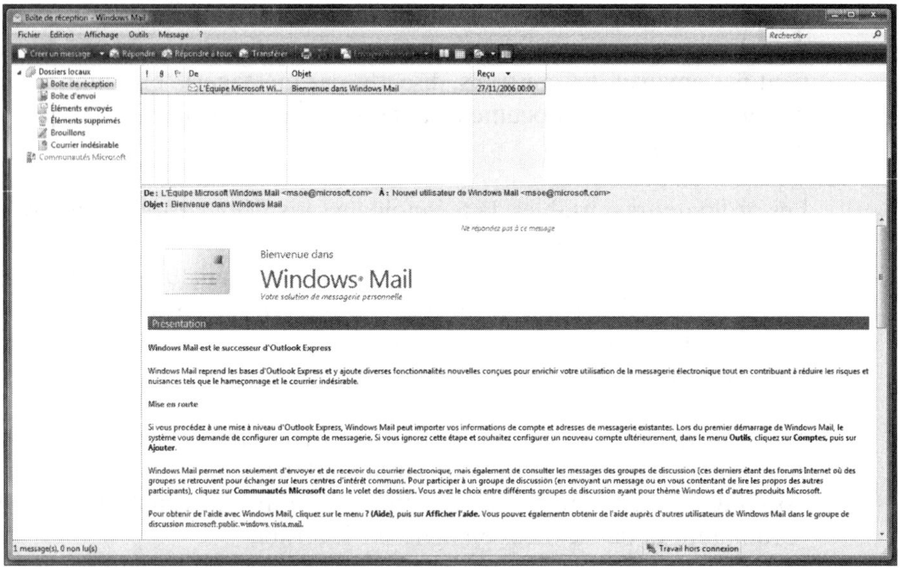

Figure 12-1 : *Premier contact avec Windows Mail*

Configurer Windows Mail

Commençons d'abord par mettre en service la messagerie en créant un compte de messagerie et en le configurant correctement pour permettre l'envoi et la réception de messages électroniques.

Ajouter un compte Windows Mail

Vous avez la possibilité de configurer toute une série de comptes Windows Mail différents. Vous pouvez ainsi créer un compte de messagerie personnel unique ou y adjoindre votre compte de messagerie du Bureau et quelques groupes de discussion. Windows Mail facilite la gestion de plusieurs comptes en plaçant chaque compte dans un dossier qui lui est propre.

Windows Mail prend en charge trois types de comptes :

- les comptes de messagerie (par exemple, le compte créé par votre fournisseur d'accès Internet favori) ;
- les comptes de groupes de discussion (*newsgroups*) ;
- les comptes de services d'annuaire (les services d'annuaire sont des carnets d'adresses en ligne généralement proposés par des entreprises).

Avant d'ajouter un compte, assurez-vous de disposer des informations de connexion et des informations sur le serveur pour votre compte de messagerie. Contactez votre administrateur réseau ou votre fournisseur d'accès à Internet.

Pour ajouter un compte Windows Mail, plusieurs cas peuvent se présenter : si vous lancez Windows Mail pour la première fois, l'assistant d'ajout d'un nouveau compte de messagerie se lance automatiquement. Sinon, suivez cette procédure :

1. Cliquez sur **Démarrer/Tous les programmes/Windows Mail**.
2. Dans le menu **Outils** de la fenêtre principale de Windows Mail, cliquez sur **Comptes**.

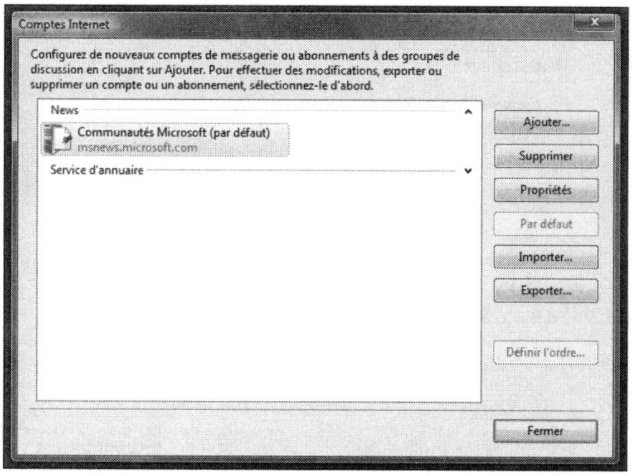

Figure 12-2 : *La fenêtre Comptes de Windows Mail*

3. Cliquez sur **Ajouter**, choisissez le type de compte à ajouter (un compte de messagerie par exemple), puis cliquez sur **Suivant**.

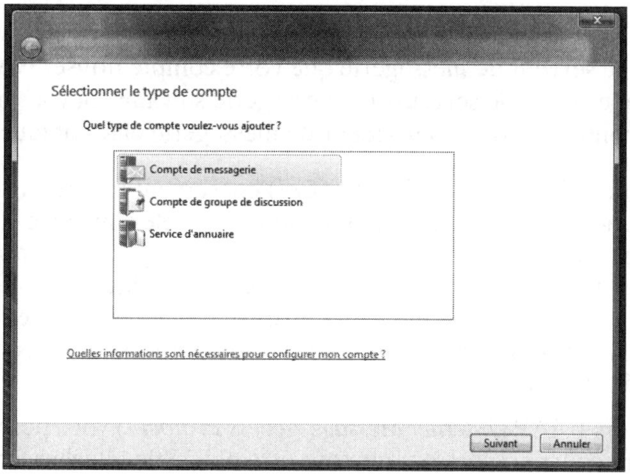

Figure 12-3 : *Ajout d'un compte de messagerie*

4. Suivez les instructions qui s'affichent.

Vous devez notamment indiquer votre nom et configurer les serveurs du compte de messagerie.

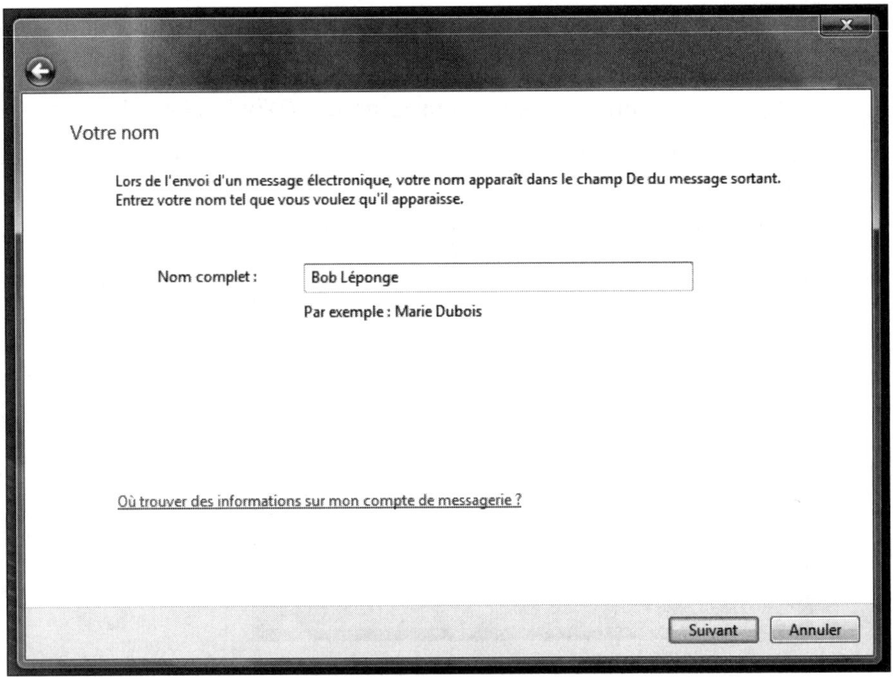

Figure 12-4 : *L'assistant d'ajout de compte de messagerie*

Configurer des types de serveurs de messagerie

Lorsque vous renseignez l'assistant d'ajout de compte de messagerie, vous devez préciser le type de serveur de messagerie que votre compte utilise. Windows Mail prend en charge les types de serveurs de messagerie suivants. Si vous n'êtes pas sûr du type utilisé, contactez votre fournisseur de messagerie électronique.

- Les serveurs POP3 (*Post Office Protocol*) conservent les messages électroniques entrants jusqu'au moment où, en relevant votre courrier, vous déclenchez leur transfert sur votre ordinateur. Le type POP3 est le type de compte le plus répandu pour la messagerie électronique personnelle, c'est-à-dire lorsque vous êtes abonné à un fournisseur d'accès Internet. En règle générale, les messages sont supprimés du serveur lorsque vous relevez votre courrier électronique.
- Les serveurs IMAP (*Internet Message Access Protocol*) vous permettent de gérer votre courrier électronique sans être obligé de télécharger

préalablement les messages sur votre ordinateur. Vous pouvez afficher un aperçu, supprimer et organiser ces messages directement sur le serveur de messagerie où des copies sont conservées jusqu'à ce que vous décidiez de les supprimer. La technologie IMAP est couramment utilisée pour les comptes de messagerie professionnelle.

- Les serveurs SMTP (*Simple Mail Transfer Protocol*) s'occupent de l'envoi de vos messages électroniques sur Internet. Le serveur SMTP gère le courrier électronique sortant et il est utilisé conjointement avec un serveur de messagerie entrant POP3 ou IMAP.

Windows Mail prend également en charge d'autres types de serveurs : NNTP (*Network News Transfer Protocol*), utilisé pour lire et publier des messages de groupe de discussion, et LDAP (*Lightweight Directory Access Protocol*), utilisé pour accéder aux services d'annuaire.

ATTENTION

Types de comptes de messagerie pris en charge par Windows Mail

Windows Mail ne prend pas en charge les comptes de messagerie web. Il peut s'agir de comptes Windows Live Hotmail et de tout autre compte de messagerie web. Vous devez utiliser un autre programme de messagerie pour envoyer et recevoir du courrier électronique basé sur le Web.

Utiliser Windows Mail

Une fois votre compte de messagerie créé et configuré, vous pouvez utiliser Windows Mail. Découvrez maintenant les actions à connaître pour une utilisation quotidienne.

Vérifier l'arrivée de nouveaux messages électroniques

Vous pouvez planifier Windows Mail pour qu'il vérifie automatiquement l'arrivée de nouveaux messages, ou procéder vous-même manuellement à cette vérification. La vérification manuelle est utile si vous ne voulez pas attendre la prochaine tentative de récupération automatisée des nouveaux messages par Windows Mail, ou si vous utilisez un accès réseau à distance pour vous connecter à Internet et ainsi éviter que Windows Mail s'y connecte automatiquement.

Pour vérifier automatiquement l'arrivée de nouveaux courriers électroniques :

1. Cliquez sur **Démarrer/Tous les programmes/Windows Mail**.
2. Dans Windows Mail, cliquez sur le menu **Outils/Options**.
3. Cliquez sur l'onglet **Général**, puis activez la case à cocher *Vérifier l'arrivée de nouveaux messages toutes les X minute(s)*.

Figure 12-5 : *L'onglet Général des options de Windows Mail*

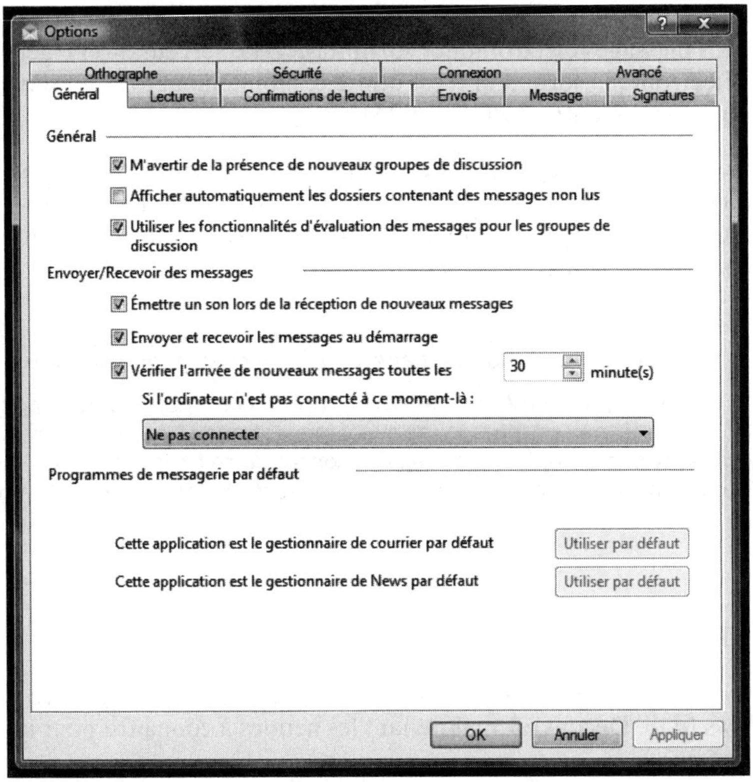

4. Pour modifier la fréquence de vérification des nouveaux messages de Windows Mail, entrez un nombre compris entre 1 et 480 dans la zone *Vérifier l'arrivée de nouveaux messages toutes les X minute(s)*.

Pour vérifier manuellement l'arrivée de nouveaux courriers électroniques :

1. Cliquez sur **Démarrer/Tous les programmes/Windows Mail**.
2. Dans Windows Mail, cliquez sur le menu **Outils**, pointez sur **Envoyer et recevoir**, puis cliquez sur **Envoyer et recevoir tout** (voir fig. 12-6).

Windows Mail envoie tous les courriers électroniques présents dans votre boîte d'envoi et télécharge tous les nouveaux messages.

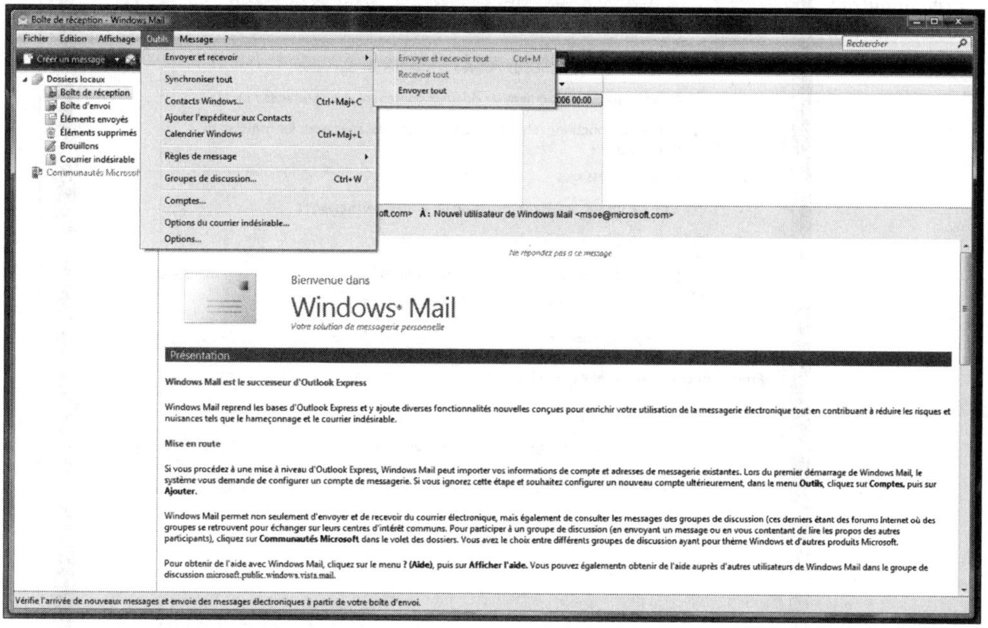

Figure 12-6 : *Envoyer et recevoir tous les messages*

ASTUCE

Vérification de l'arrivée de nouveaux messages

Pour vérifier l'arrivée de nouveaux messages sans envoyer le courrier présent dans votre boîte d'envoi, cliquez sur le menu **Outils/Envoyer et recevoir/Recevoir tout.**

Pour désactiver le téléchargement automatique des nouveaux courriers électroniques :

1. Cliquez sur le menu **Outils/Options**.
2. Cliquez sur l'onglet **Général** et désactivez la case à cocher *Vérifier l'arrivée de nouveaux messages toutes les X minute(s)* (voir fig. 12-7).

Alors, vous utiliserez manuellement le bouton **Envoyer/recevoir** à partir de la fenêtre d'accueil de Windows Mail.

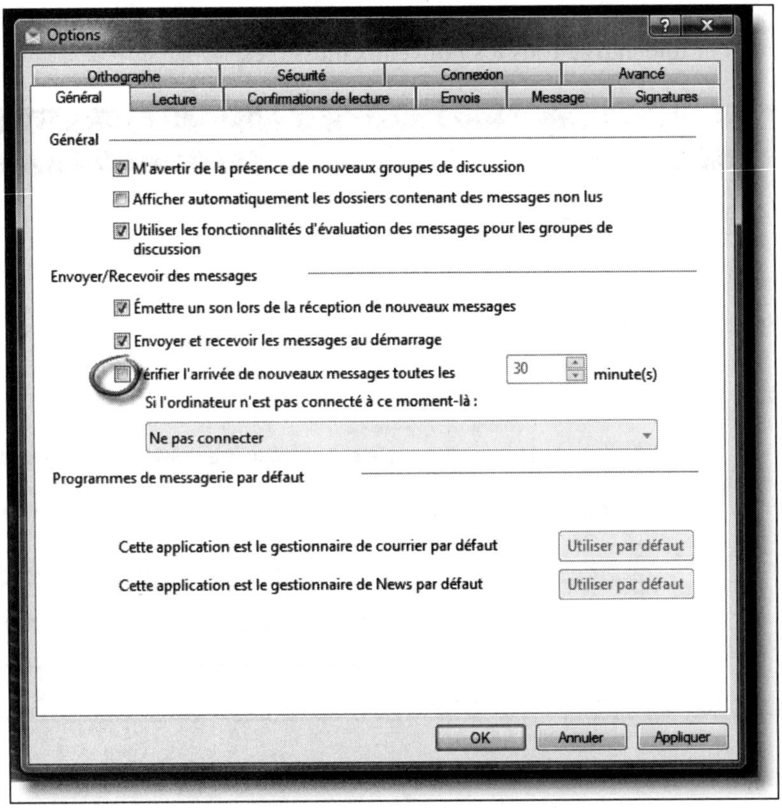

Figure 12-7 : *Désactivation du téléchargement automatique des nouveaux courriers électroniques*

Écrire un message électronique

Composer un message électronique revient tout simplement à rédiger une note dans un logiciel de traitement de texte. Une fois la rédaction du message achevée, il suffit d'indiquer les adresses de messagerie des destinataires, l'objet du message dans les zones appropriées, et le courrier est prêt pour l'envoi.

N'oubliez pas que vous devez créer un compte de messagerie pour vous-même dans Windows Mail pour être en mesure d'envoyer des messages électroniques.

1. Cliquez sur **Démarrer/Tous les programmes/Windows Mail**.
2. Dans Windows Mail, cliquez sur le menu **Fichier/Nouveau**, puis cliquez sur **Message** pour ouvrir la fenêtre de composition du nouveau message (voir fig. 12-8).

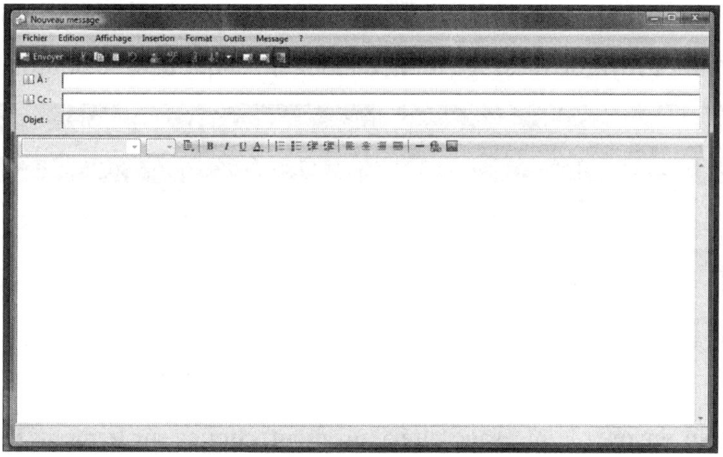

Figure 12-8 : *Création d'un nouveau message électronique*

3. Dans la zone *À*, tapez l'adresse de messagerie de chacun de vos principaux destinataires. Dans la zone *Cc*, indiquez l'adresse de messagerie de chacun des destinataires secondaires à qui vous voulez adresser une copie du courrier. Si vous tapez plusieurs adresses, séparez-les par des points-virgules.

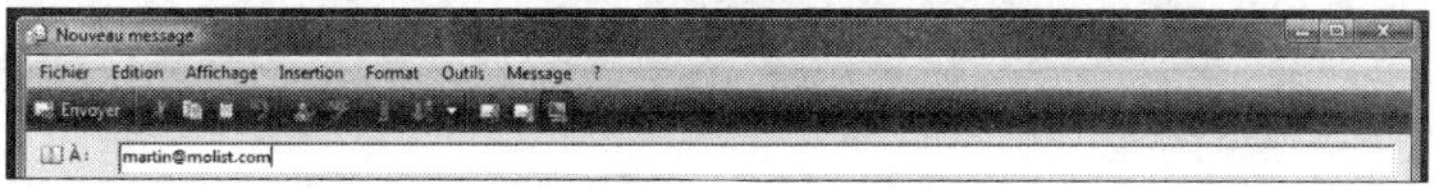

Figure 12-9 : *Adresse du destinataire*

4. Dans la zone *Objet*, tapez le titre de votre message.

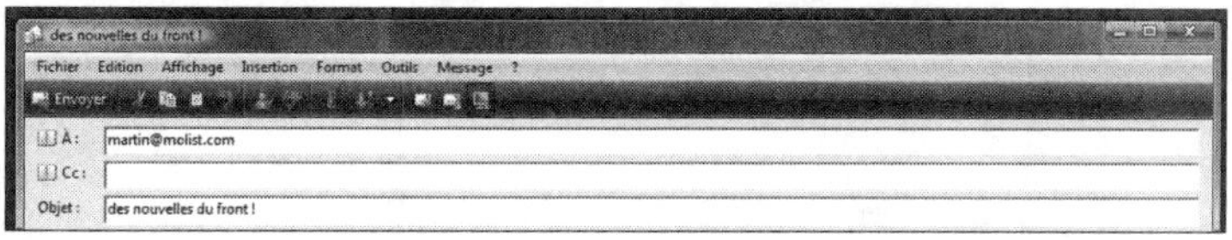

Figure 12-10 : *Objet du message*

5. Cliquez dans la zone principale du message et tapez votre texte.

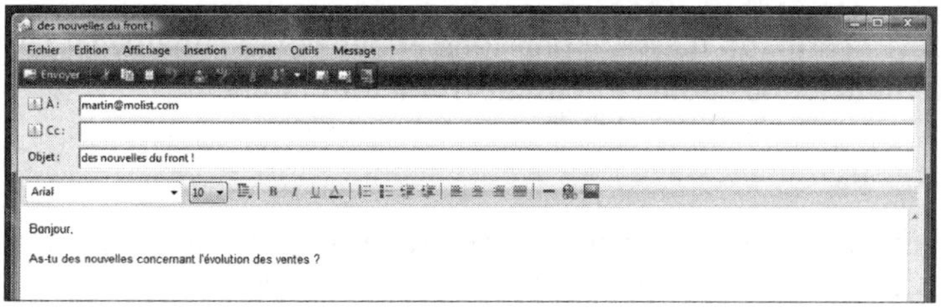

Figure 12-11 : *Texte du message électronique*

Après avoir écrit votre message, effectuez l'une des opérations suivantes :

1. Pour envoyer le message immédiatement, cliquez sur le bouton **Envoyer**.

Figure 12-12 : *Envoi du courrier électronique*

2. Pour envoyer le message ultérieurement, cliquez sur le menu **Fichier**, puis sur **Envoyer plus tard**.

Le courrier sera envoyé la prochaine fois que vous cliquerez sur le bouton **Envoyer/Recevoir**.

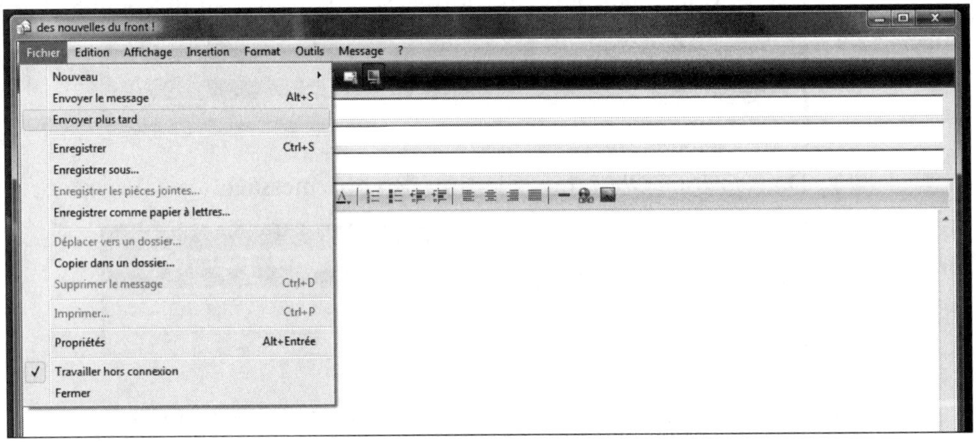

Figure 12-13 : *Envoi ultérieur du courrier électronique*

Si vous devez écrire un message plus long et que vous souhaitiez y revenir plus tard pour le terminer, vous pouvez l'enregistrer à tout moment.

Pour enregistrer un message :

3. Cliquez sur le menu **Fichier/Enregistrer**. Les messages enregistrés qui ne sont pas envoyés sont stockés dans le dossier *Brouillons*.

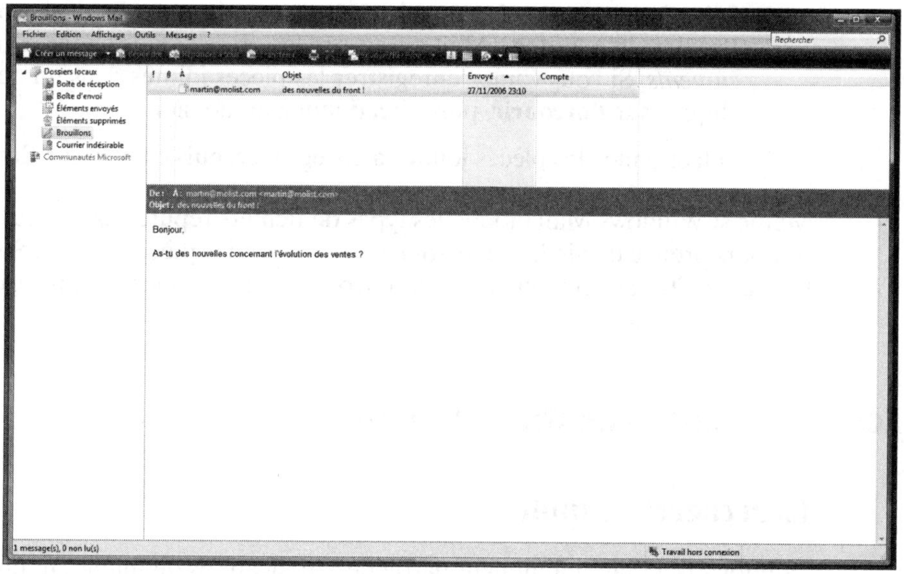

Figure 12-14 : *Le dossier Brouillons de Windows Mail contient les messages électroniques enregistrés*

Ouvrir ou enregistrer une pièce jointe dans Windows Mail

Windows Mail vous permet d'envoyer des fichiers (documents, images…) avec vos messages électroniques, sous forme de "pièces jointes". Les messages qui contiennent ces pièces jointes sont signalés par une icône représentant un trombone dans la colonne *Pièce jointe* de la liste de messages. Vous pouvez ouvrir des pièces jointes directement à partir de Windows Mail ou les enregistrer dans un dossier sur votre ordinateur afin d'y accéder facilement plus tard sans être obligé de retrouver le message correspondant.

Pour ouvrir une pièce jointe directement à partir d'un message :

1. Cliquez sur **Démarrer/Tous les programmes/Windows Mail**.
2. Ouvrez un message qui contient une pièce jointe en double-cliquant dessus sur la liste de messages.
3. En haut de la fenêtre du message, double-cliquez sur l'icône de pièce jointe dans l'en-tête du message.

Pour enregistrer des pièces jointes dans un dossier sur votre ordinateur :

1. Ouvrez un message qui contient une pièce jointe en double-cliquant dessus sur la liste de messages.
2. Dans la fenêtre du message, cliquez sur **Fichier/Enregistrer les pièces jointes**.

3. Sélectionnez le dossier dans lequel vous voulez enregistrer les pièces jointes. Par défaut, Windows Mail enregistre les pièces jointes dans votre dossier *Documents*. Si vous voulez enregistrer les pièces jointes dans un autre dossier, cliquez sur **Parcourir**, puis sélectionnez un dossier.
4. Sélectionnez les pièces jointes à enregistrer, puis cliquez sur **Enregistrer**.

Même si Windows Mail bloque les types de fichiers réputés dangereux, faites toujours preuve de vigilance lorsque vous ouvrez des pièces jointes. Soyez sûr de bien connaître la personne qui vous envoie le fichier attaché et protégez vos données par un antivirus.

Les améliorations de Windows Mail

La recherche rapide

Windows Mail fait maintenant partie des applications qui intègrent une barre de recherche rapide.

En effet, lorsque plusieurs centaines de messages sont stockés dans la boîte de réception, il devient difficile de faire une recherche spécifique. La barre de recherche rapide vous permet d'explorer presque instantanément l'ensemble de votre messagerie, sans quitter Windows Mail.

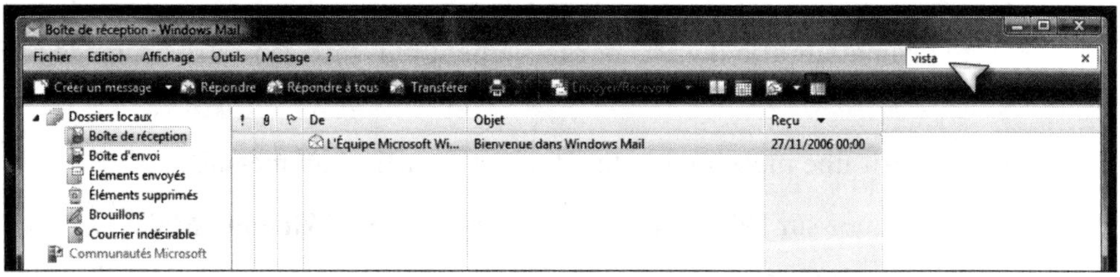

Figure 12-15 : *La barre de recherche dans Windows Mail*

Le filtrage du courrier indésirable

Windows Mail intègre un filtre antispam paramétré et démarré automatiquement au démarrage du programme.

Nous avons tous été confrontés à la réception de messages indésirables (spam) et nous savons à quel point il est irritant de devoir faire le tri parmi tous ces messages inutiles. Nous savons aussi à quel point cela peut devenir long. Pour faire face à ce problème, Windows Mail est doté d'un filtre intégré qui bloque automatiquement les messages, les identifie et sépare les messages légitimes du courrier indésirable.

Les e-mails de type spam sont ainsi stockés dans le dossier *Courrier indésirable* dès leur réception.

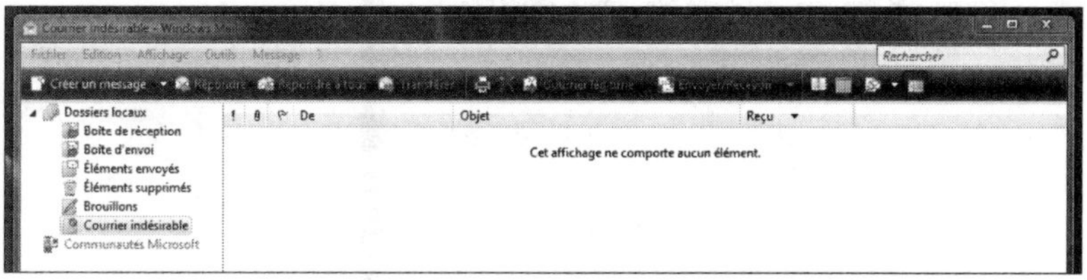

Figure 12-16 : *Le répertoire Courrier indésirable*

Le filtre du courrier indésirable est tout de même configurable :

1. Ouvrez Windows Mail, puis cliquez sur **Outils/Options du courrier indésirable**.
2. Dans la fenêtre de configuration qui apparaît, sous l'onglet **Options**, vous pouvez sélectionner votre niveau de protection. Par défaut, celui-ci est configuré sur un niveau faible pour ne pas empêcher l'arrivée de courrier qui n'est pas du spam. Dans cette même fenêtre, vous pouvez également faire en sorte que tout spam soit automatiquement détruit au lieu d'être déposé dans le répertoire *Courrier indésirable*. Attention tout de même à être sûr que tous ces messages soient du spam !

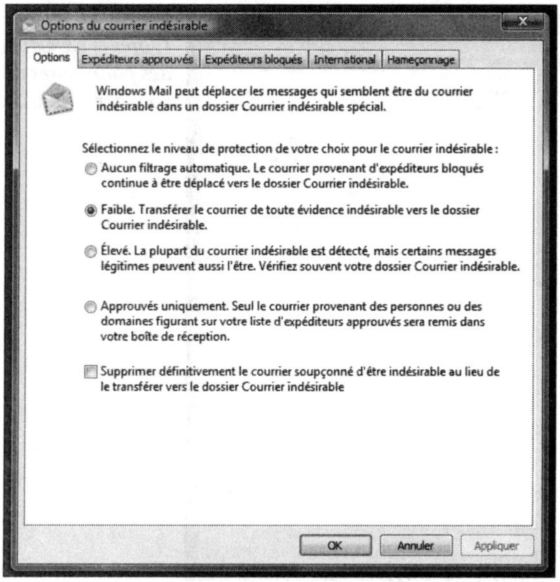

Figure 12-17 : *L'onglet Options des paramètres du filtre de courrier indésirable*

3. Cliquez sur l'onglet **Expéditeurs approuvés** pour ajouter ou modifier la liste des adresses e-mail que vous considérez comme sûres, c'est-à-dire dont les courriels ne doivent pas être considérés comme du spam.

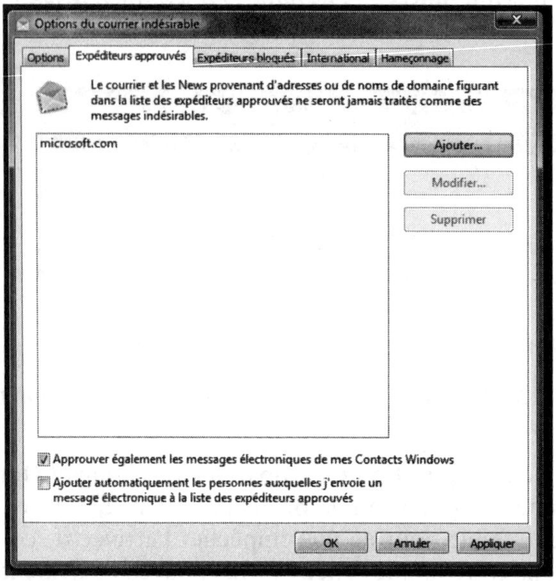

Figure 12-18 *:*
L'onglet Expéditeurs approuvés des paramètres du filtre de courrier indésirable

4. Au contraire, cliquez sur l'onglet **Expéditeurs bloqués** pour renseigner les adresses e-mail dont vous voulez bloquer les messages.

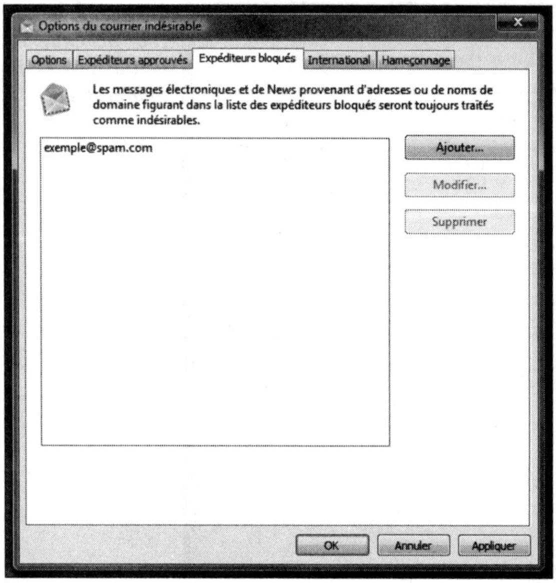

Figure 12-19 *:*
L'onglet Expéditeurs bloqués des paramètres du filtre de courrier indésirable

5. Vous avez également, sous l'onglet **International**, la possibilité de bloquer tous les courriels provenant de certains domaines de premier niveau (c'est-à-dire de certains pays) et tous les e-mails écrits avec certains types de caractères. Cliquez pour cela sur **Liste de chiffrement bloqué**.

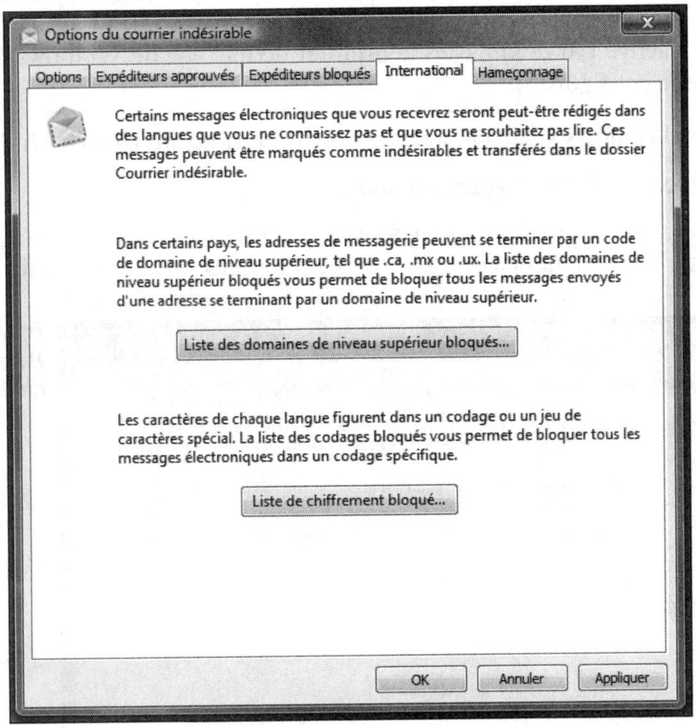

Figure 12-20 : *L'onglet International des paramètres du filtre de courrier indésirable*

Contrairement à d'autres filtres qui exigent un peu de paramétrage pour identifier les messages indésirables, Windows Mail les identifie automatiquement, sans action nécessaire de votre part.

Le filtre antihameçonnage

Le *phishing* (que l'on traduit maintenant par "hameçonnage") est un type d'escroquerie informatique destiné à usurper l'identité d'un utilisateur. Des e-mails vous sont envoyés par des pirates qui tentent de vous amener à dévoiler des données personnelles précieuses (comme le numéro de votre carte de crédit, vos mots de passe, le numéro d'un compte…) en vous faisant croire qu'ils sont des entités légitimes (votre banque par exemple). Les courriels envoyés sont toujours très bien formatés et peuvent prêter à confusion. En incluant des liens vers des sites web frauduleux, ces messages présentent toutes les apparences du sérieux pour vous inciter à communiquer ce type d'informations confidentielles.

Windows Mail est doté d'un filtre antihameçonnage (*antiphishing*) qui analyse les messages afin de détecter ces faux liens et vous protéger contre cette escroquerie.

Ce filtre est activé par défaut, dès le premier démarrage de Windows Mail. Il est possible de le configurer :

1. Dans Windows Mail, cliquez sur **Outils/Options du courrier indésirable**.
2. Cliquez sur l'onglet **Hameçonnage**.
3. Vous avez la possibilité de désactiver le filtre, ce qui n'est absolument pas conseillé, et de déplacer les e-mails frauduleux vers le répertoire des spams.

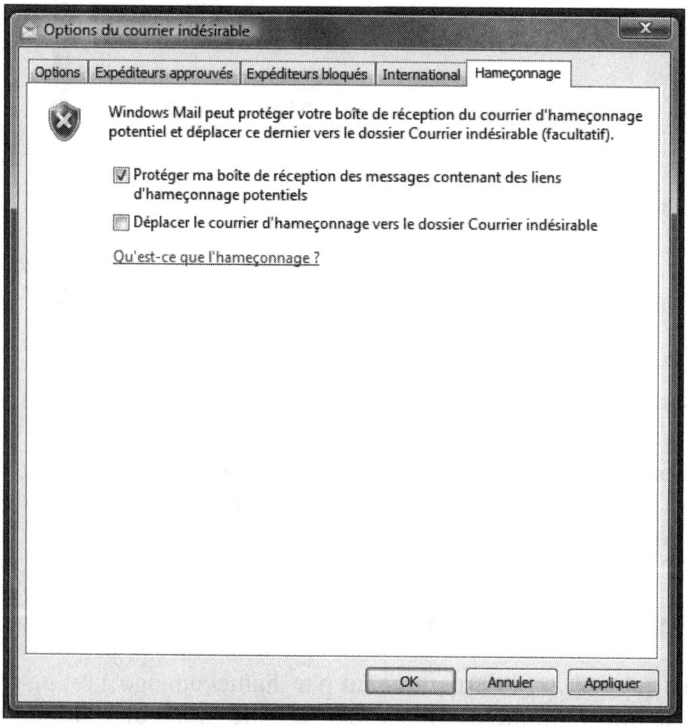

Figure 12-21 : *Paramètres du filtre antihameçonnage*

La configuration des newsgroups

Enfin, Windows Mail est désormais automatiquement configuré pour vous faciliter l'accès aux groupes de discussion de Microsoft ; un moyen de plus qui vous permettra d'exposer vos problèmes, vos remarques et peut-être de trouver des réponses à vos questions puisqu'il s'agit de groupes d'entraide où professionnels et passionnés se retrouvent. On parle de "communauté".

1. Ouvrez Windows Mail par le menu **Démarrer/Tous les programmes/Windows Mail**.
2. Dans la colonne de gauche, cliquez sur *Communautés Microsoft*.
3. Au premier lancement, un message apparaît vous informant que vous n'avez souscrit à aucun groupe de discussion et vous demandant si vous souhaitez consulter la liste des groupes de discussion disponibles. Cliquez sur **Afficher les groupes de discussion disponibles et activer les Communautés**.

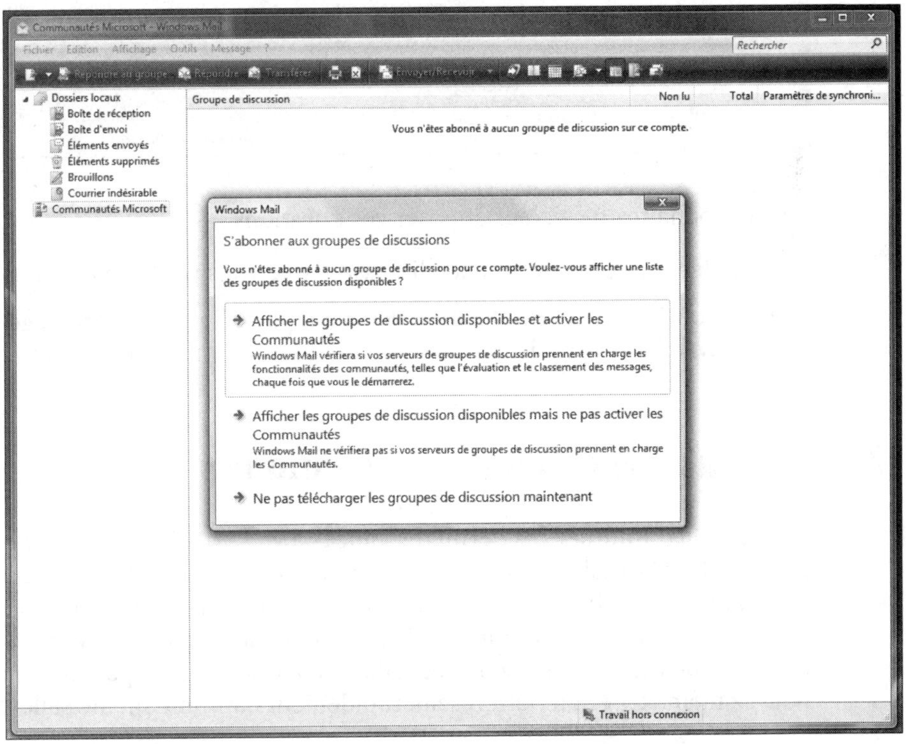

Figure 12-22 : *Premier lancement de Communautés Microsoft avec Windows Mail*

4. Sur la liste qui apparaît, choisissez le ou les groupes de discussion auxquels vous voulez participer et cliquez sur **Souscrire**.

Vous y trouverez un groupe par technologies Microsoft : par exemple, *microsoft.public.fr.windows.vista.general* est un groupe de discussion français qui traite de toutes les questions globales sur Windows Vista.

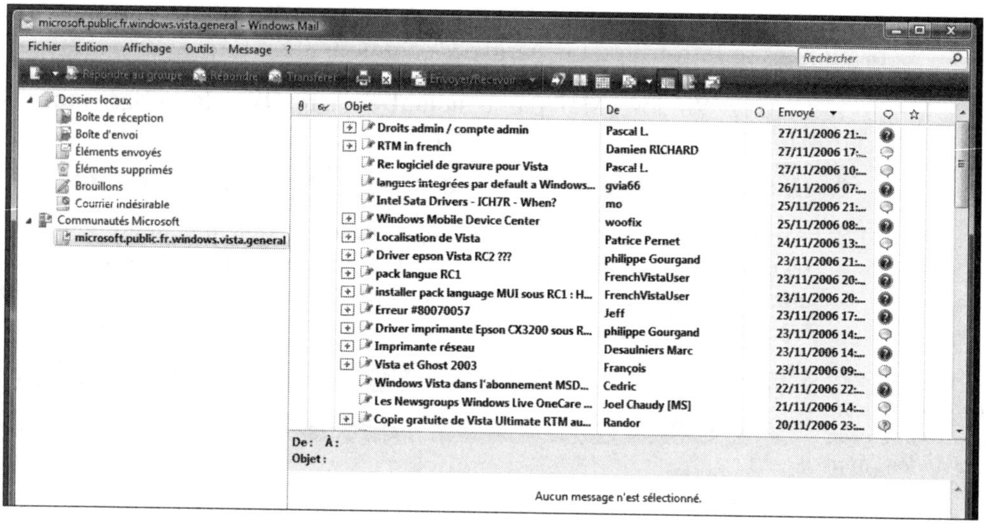

Figure 12-23 : *Les newsgroups Microsoft*

Si vous souhaitez participer et poser vos questions :

5. Sélectionnez le groupe de discussion que vous voulez contacter.
6. Cliquez sur le menu **Fichier/Nouveau**, puis cliquez sur **Message de news** pour ouvrir la fenêtre de composition du nouveau message et rédigez votre texte.

12.2. L'Espace de collaboration Windows

L'explosion d'Internet ces dernières années a vu l'arrivée d'offres de connexion de plus en plus abordables, rapides et, surtout, vous permettant de rester connectés en permanence. Du coup, de nouveaux usages et de nouveaux besoins ont fait leur apparition. Vous avez notamment la possibilité de collaborer avec des amis, des collègues de travail, des clients, etc., dans le monde entier, par Internet, et vous pouvez même créer un petit réseau rapidement dans une même salle de réunion.

Quand on parle de collaboration, on parle de la possibilité d'échanger des fichiers de toutes sortes, mais également de travailler en même temps et à plusieurs sur un même document ou sur le Bureau d'un des participants. En entreprise, le besoin de collaboration entre des individus se matérialise par le besoin de créer des réunions de travail virtuelles et, à la maison, le besoin de collaboration entre amis se matérialise par l'échange de fichiers.

L'Espace de collaboration Windows est un nouvel outil installé par défaut sous Windows Vista qui permet d'améliorer la collaboration entre des personnes connectées par leur ordinateur, qu'elles soient dans la même entreprise, en déplacement, à la maison, connectées par Internet ou au même endroit en même temps.

L'Espace de collaboration Windows vous permet :

- de créer des réunions virtuelles ;
- d'inviter des personnes ou de participer à des réunions ;
- de partager un agenda, des documents ou des fichiers ;
- de visionner des présentations.

Vous pouvez considérer l'Espace de collaboration Windows comme le "grand frère" ou le "successeur" de NetMeeting présent dans les anciennes versions de Windows, si vous étiez familiarisé avec cet outil.

Avant de commencer…

Pour utiliser l'Espace de collaboration Windows, vous avez besoin d'au moins deux ordinateurs Windows Vista connectés en réseau. La connexion réseau peut se faire avec ou sans fil, ou par une combinaison des deux méthodes, du moment que les deux ordinateurs peuvent communiquer l'un et l'autre.

Selon votre utilisation de l'Espace de collaboration Windows, vous aurez également besoin d'un accès à votre messagerie et d'au moins une application, comme Microsoft Office, permettant le partage au travers d'une session de collaboration.

Enfin, un prérequis est indispensable afin de permettre le fonctionnement de l'Espace de collaboration Windows : le pare-feu de Windows Vista doit être activé.

Par défaut, quand vous démarrez l'Espace de collaboration Windows pour la première fois, vous avez la possibilité de paramétrer l'application :

1. Cliquez sur **Démarrer/Tous les programmes/Espace de collaboration Windows**.

Une fenêtre s'affiche vous expliquant que vous devez activer la réplication des fichiers, le Voisinage immédiat et autoriser la communication avec le pare-feu Windows (voir fig. 12-24).

2. Cliquez sur *Oui, poursuivre la configuration de l'Espace de collaboration Windows*.
3. Validez le message de contrôle du compte utilisateur.

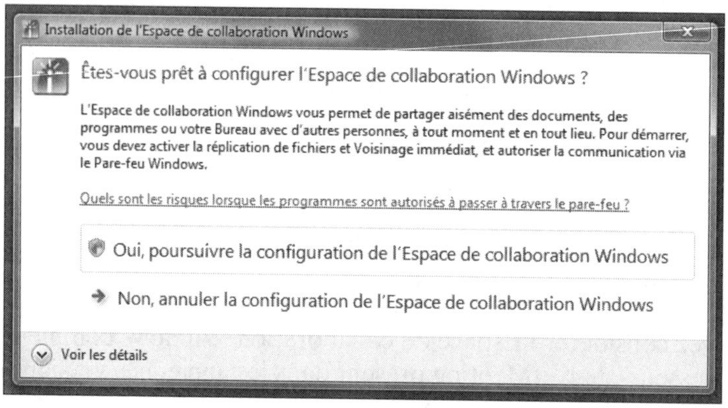

Figure 12-24 : *Premier démarrage de l'Espace de collaboration Windows*

4. Dans la fenêtre qui apparaît alors, entrez votre nom et activez le Voisinage immédiat en cliquant sur OK.

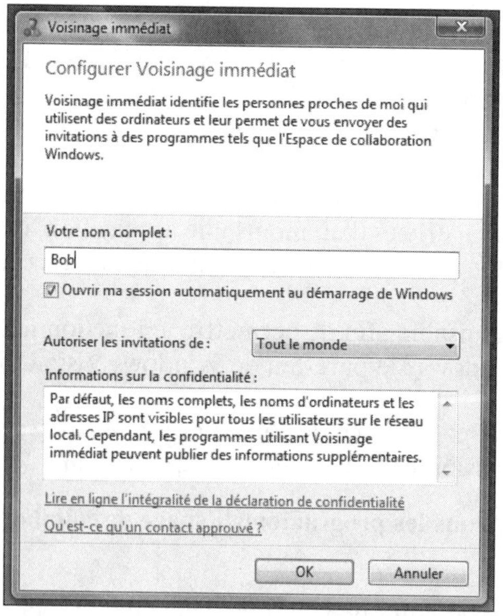

Figure 12-25 *: Activation du Voisinage immédiat*

Le Voisinage immédiat vous permet d'identifier les personnes proches de vous sur le réseau, qui sont en mesure d'exécuter l'Espace de collaboration Windows et donc, potentiellement, de participer aux réunions.

Si vous n'activez pas les exceptions dans le pare-feu à cette étape, vous pouvez le faire manuellement :

1. Cliquez sur **Démarrer/Panneau de Configuration**, puis sur **Sécurité**.

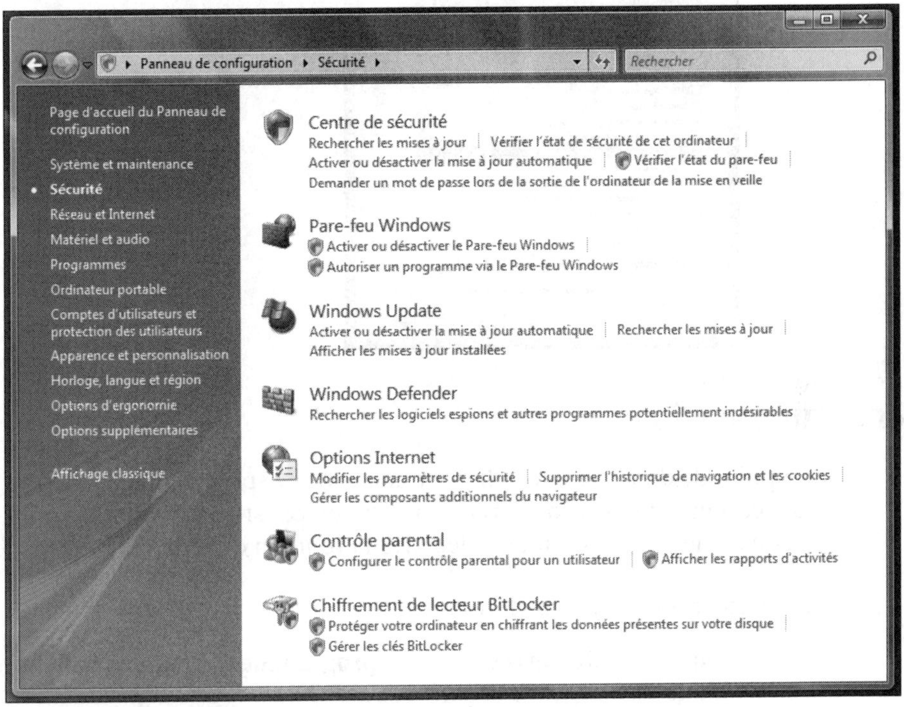

Figure 12-26 : *La fenêtre Sécurité du Panneau de configuration*

2. Sous la section *Pare-feu Windows*, cliquez sur *Autoriser un programme via le Pare-feu Windows*.
3. Validez le message de contrôle du compte utilisateur.
4. Cliquez sur l'onglet **Exceptions**.
5. Dans la zone *Programme ou port*, cochez la case *Espace de collaboration Windows*, puis cliquez sur OK.

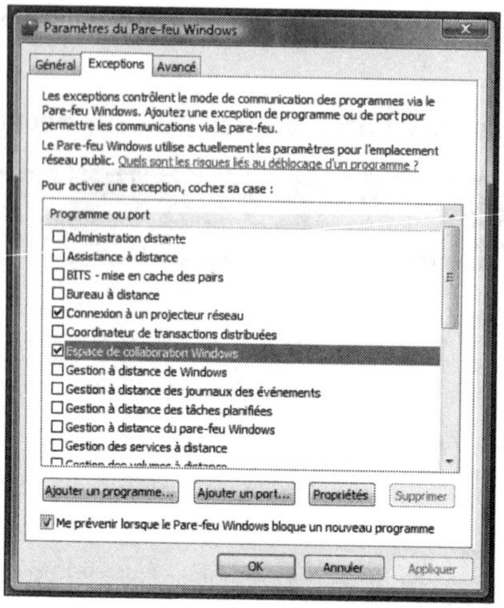

Figure 12-27 :
Activation d'une exception de pare-feu pour l'Espace de collaboration Windows

Créer une session

Le point de départ d'une collaboration avec l'Espace de collaboration Windows est la création d'une session. Créer une session consiste à donner un nom et un mot de passe à une session et donc à déclarer la réunion ouverte, en attente de participants.

Pour créer une nouvelle session :

1. Cliquez sur **Démarrer/Tous les programmes/Espace de collaboration Windows.**

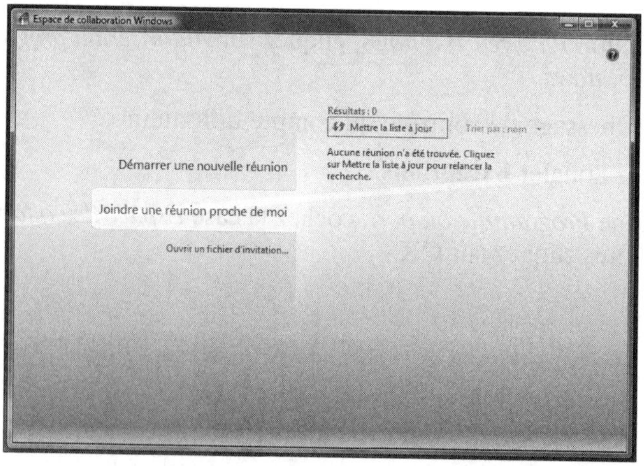

Figure 12-28 :
Premier contact avec l'interface Espace de collaboration Windows

2. Cliquez sur **Démarrer une nouvelle réunion.**

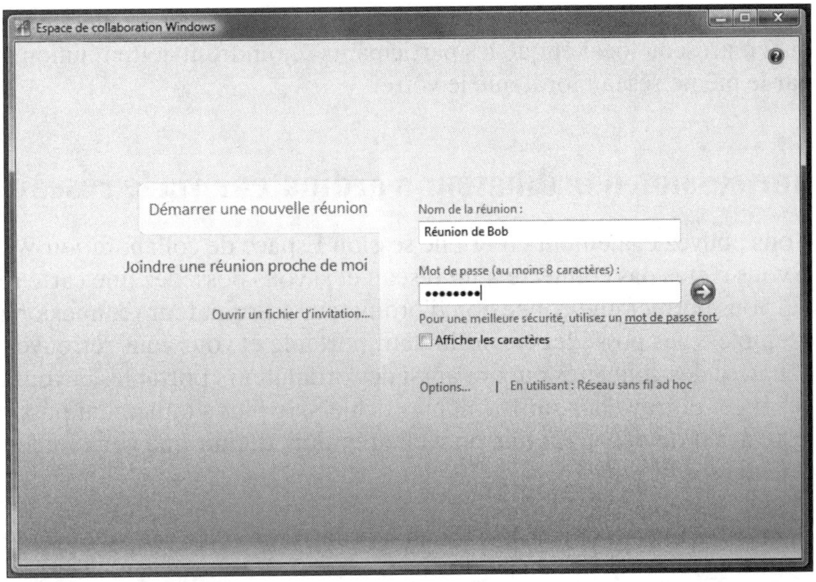

Figure 12-29 : *Création d'une nouvelle réunion*

3. Entrez un nom et un mot de passe pour la session.
4. Cliquez sur la flèche verte de création.

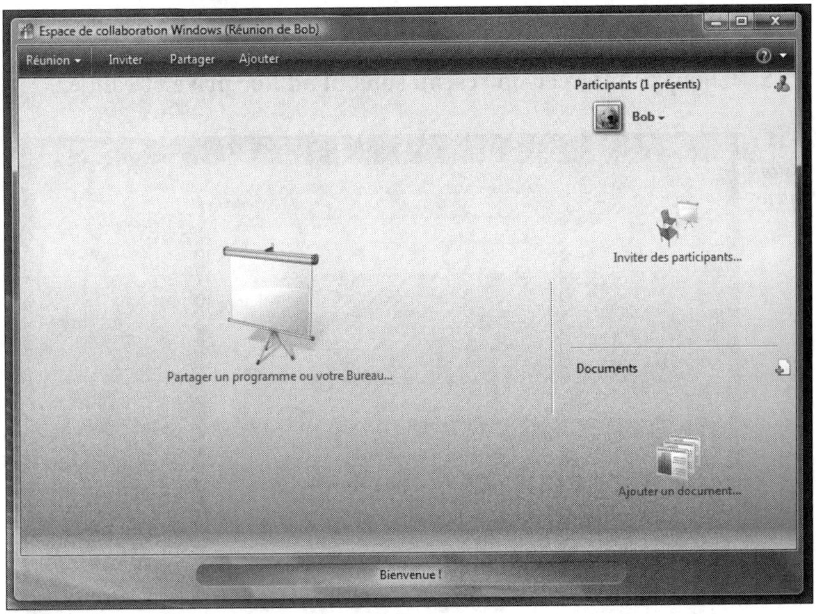

Figure 12-30 : *Une session Espace de collaboration Windows est créée*

Telle quelle, cette procédure considère par défaut que vous êtes connecté à Internet ou à un réseau local et que les participants rejoindront cette réunion par Internet ou par le même réseau local que le vôtre.

Créer une session d'ordinateur à ordinateur via le réseau sans fil

Vous pouvez également créer une session Espace de collaboration Windows même si vous n'êtes pas connecté à un réseau et si vous possédez une carte réseau sans fil qui vous permet une connexion d'ordinateur à ordinateur (connexion ad hoc). Par exemple, vous possédez un ordinateur portable et vous vous retrouvez dans le même lieu avec des collègues qui ont aussi des ordinateurs portables et vous souhaitez échanger et travailler sur les mêmes fichiers, le plus simplement possible. Vous allez, juste avant de démarrer une nouvelle réunion, définir que vous voulez créer un réseau sans fil privé.

Pour créer une session d'ordinateur à ordinateur via le réseau sans fil :

1. Cliquez sur **Démarrer/Tous les programmes/Espace de collaboration Windows**.
2. Dans l'Espace de collaboration, cliquez sur **Démarrer une nouvelle réunion**.
3. Entrez un nom et un mot de passe pour la session.
4. Cliquez sur **Options**.
5. Cliquez sur **Créer un réseau sans fil ad hoc privé** et validez.

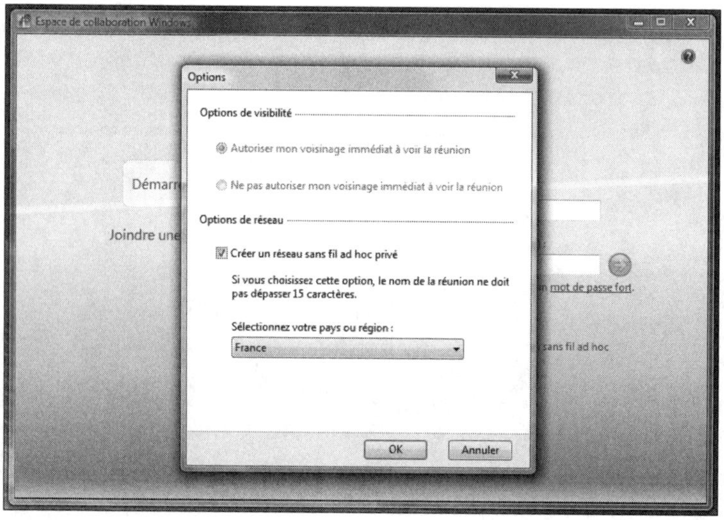

Figure 12-31 : *Création d'une session d'ordinateur à ordinateur*

Inviter un participant à une session

Une fois la session créée, il faut que les participants vous rejoignent pour collaborer. C'est la suite logique des opérations. Pour qu'ils vous rejoignent, il faut qu'ils soient au courant que vous avez créé une session. Vous devez donc lancer des invitations si la réunion se déroule par Internet ou le réseau local ou bien communiquer les identifiants de connexion à la réunion à vos collègues et amis présents au même endroit que vous. L'Espace de collaboration Windows met plusieurs méthodes à votre disposition pour inviter des participants : par l'envoi d'un courriel ou à l'aide d'un fichier.

Inviter un participant par l'envoi d'un courriel

Vous pouvez inviter un participant à joindre une session en lui envoyant un e-mail. Joint à ce courriel, un fichier contient toutes les informations de connexion à la session Espace de collaboration Windows. Si vous avez respecté les prérequis relatifs aux exceptions du pare-feu Windows, le destinataire de l'e-mail de destination pourra se connecter. Cette méthode d'invitation est particulièrement utile pour les personnes en déplacement, à la maison, du moment qu'elles sont connectées sur Internet.

Une fois que vous avez créé une session, procédez ainsi pour inviter un participant au moyen d'un e-mail :

1. Dans la fenêtre de session, cliquez sur **Inviter des participants**.

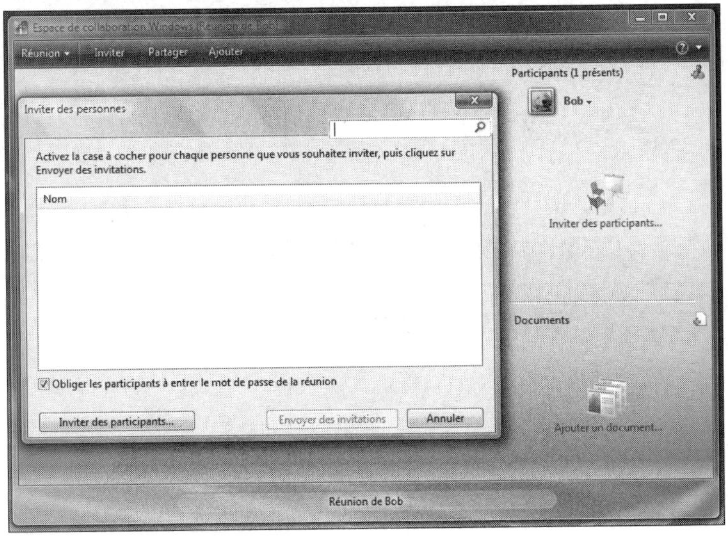

Figure 12-32 : *La fenêtre d'invitation d'un participant*

2. Dans la fenêtre qui apparaît, cliquez sur **Inviter des participants**.

Figure 12-33 : *La fenêtre de sélection du mode d'invitation*

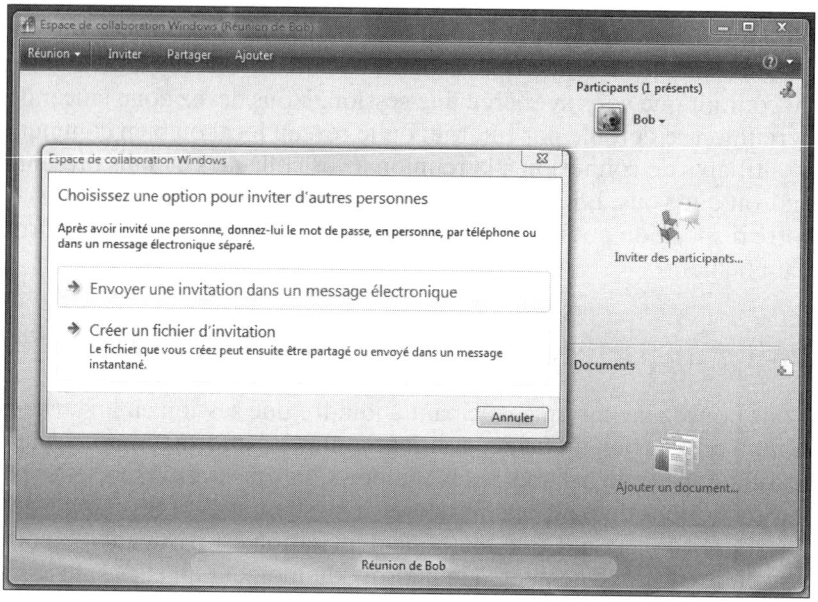

3. Cliquez sur **Envoyer une invitation dans un message électronique**.

Figure 12-34 : *Envoi de l'e-mail d'invitation*

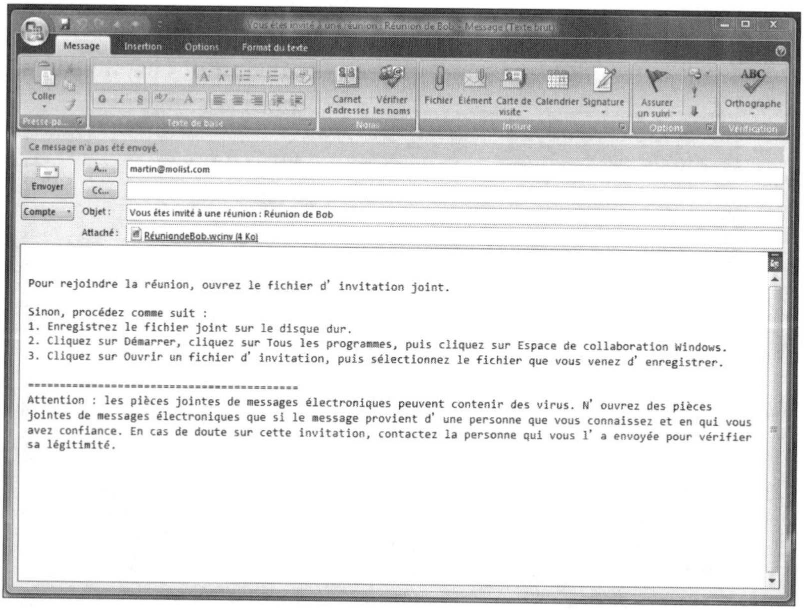

4. Adressez l'e-mail à la personne que vous souhaitez grâce à votre logiciel de messagerie. Remarquez le fichier attaché en pièce jointe. Modifiez le texte comme bon vous semble et envoyez.

Inviter un participant à l'aide d'un fichier

Une autre méthode d'invitation consiste à créer un fichier contenant toutes les informations de connexion à la collaboration, de le récupérer, puis de l'adresser au participant que l'on souhaite, soit au moyen d'une clé USB, d'un partage réseau par exemple ou par le biais de la messagerie instantanée.

Cette méthode est également utile pour les personnes à leur domicile, n'ayant pas d'accès à la messagerie d'entreprise, mais un accès à Internet.

Une fois que vous avez créé une session, procédez ainsi pour inviter un participant à l'aide d'un fichier :

1. Dans la fenêtre de session, cliquez sur **Inviter des participants**.
2. Dans la fenêtre qui apparaît, cliquez sur **Inviter des participants**.

Figure 12-35 : *La fenêtre de sélection du mode d'invitation*

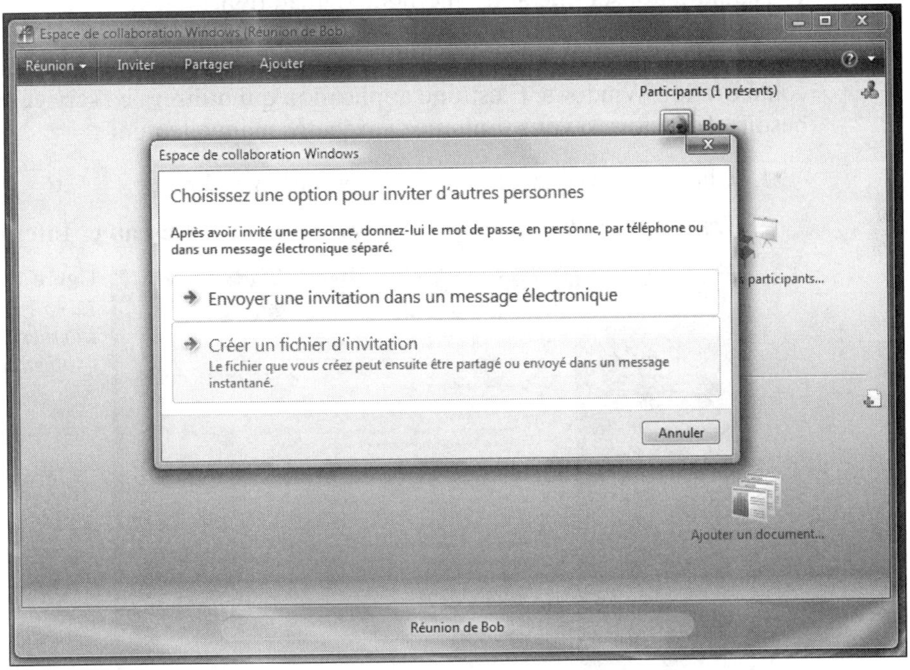

3. Cliquez sur **Créer un fichier d'invitation**.

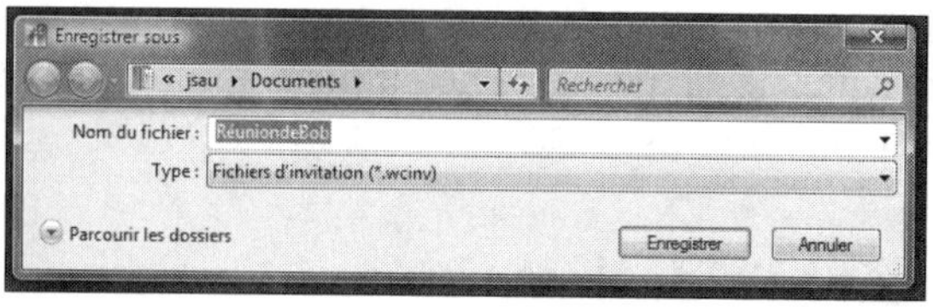

Figure 12-36 : *Récupération du fichier d'invitation*

4. Sauvegardez le fichier qui porte l'extension *.wcinv et faites-le parvenir au participant.*

Le Voisinage immédiat

Le Voisinage immédiat est un service de Windows Vista qui vous permet d'identifier les personnes qui sont proches de vous sur le réseau, qui sont en mesure d'exécuter l'Espace de collaboration Windows et donc, potentiellement, de participer à des réunions. La limitation du Voisinage immédiat est qu'il est restreint au même réseau local. Si vous voulez inviter quelqu'un à collaborer avec vous par l'Espace de collaboration Windows, grâce au Voisinage immédiat, l'ordinateur de cette personne doit être sur le même segment réseau que vous. Dans tous les autres cas, il vous faudra utiliser une autre méthode d'invitation.

Le Voisinage immédiat s'exécute automatiquement au lancement de l'Espace de collaboration Windows. C'est une application qui utilisera ce service si elle en a besoin. Toutefois, si vous souhaitez l'exécuter manuellement :

1. Cliquez sur **Démarrer/Panneau de configuration**.
2. Dans le Panneau de configuration, cliquez sur **Réseau et Internet**.

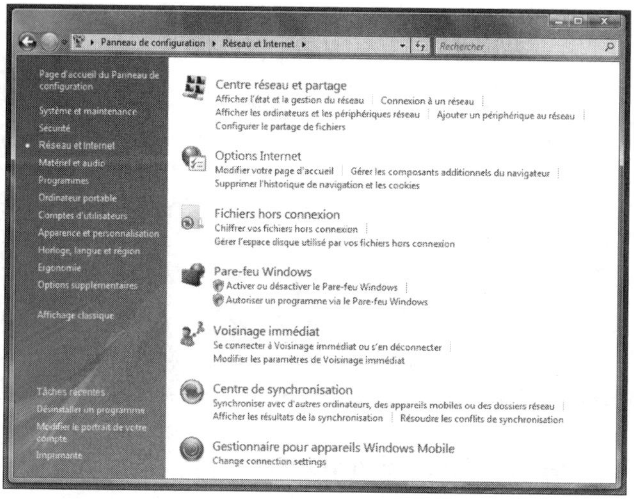

Figure 12-37 : *La catégorie Réseau et Internet du Panneau de configuration*

3. Cliquez sur **Voisinage immédiat**.

Figure 12-38 : *Le Voisinage immédiat*

4. Vous pouvez alors entrer votre nom et, en cliquant sur l'onglet **S'inscrire**, vous connecter au service de Voisinage immédiat.

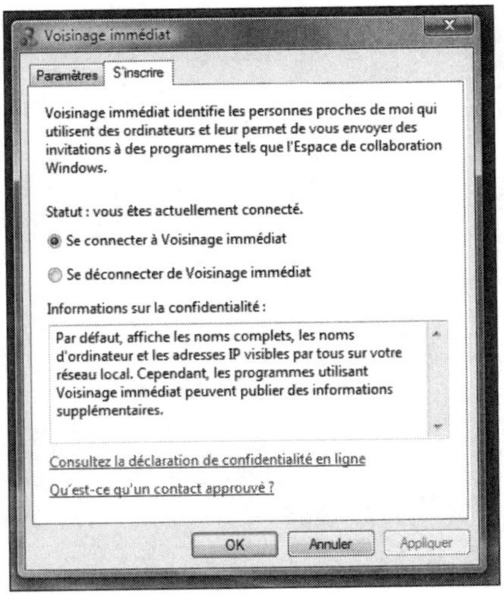

Figure 12-39 : *L'onglet S'inscrire du Voisinage immédiat*

Joindre une session

Une fois que l'utilisateur a reçu son invitation, d'une manière ou d'une autre, il ne lui reste plus qu'à joindre la session. Il sera connecté avec les autres participants, pourra échanger des fichiers, profiter des outils de partage et visionner ce que tous les participants visionnent.

Comme plusieurs méthodes d'invitation existent, il existe plusieurs méthodes pour joindre une session : par la détection de sessions proches, l'envoi d'un courriel ou à l'aide d'un fichier.

Joindre une session en détectant des sessions proches

Vous êtes en salle de réunion et vous souhaitez joindre la réunion créée par votre collègue en réseau ad hoc. Tout d'abord, vous devez avoir été invité et connaître le nom et le mot de passe de connexion pour rejoindre la session. Dans ce cas, la méthode la plus simple pour atteindre cette session est d'utiliser l'Espace de collaboration Windows afin de voir la liste des sessions en cours proches de vous.

Pour joindre une session via la détection de sessions proches :

1. Cliquez sur **Démarrer/Tous les programmes/Espace de collaboration Windows**.
2. Cliquez sur **Joindre une réunion proche de moi**.

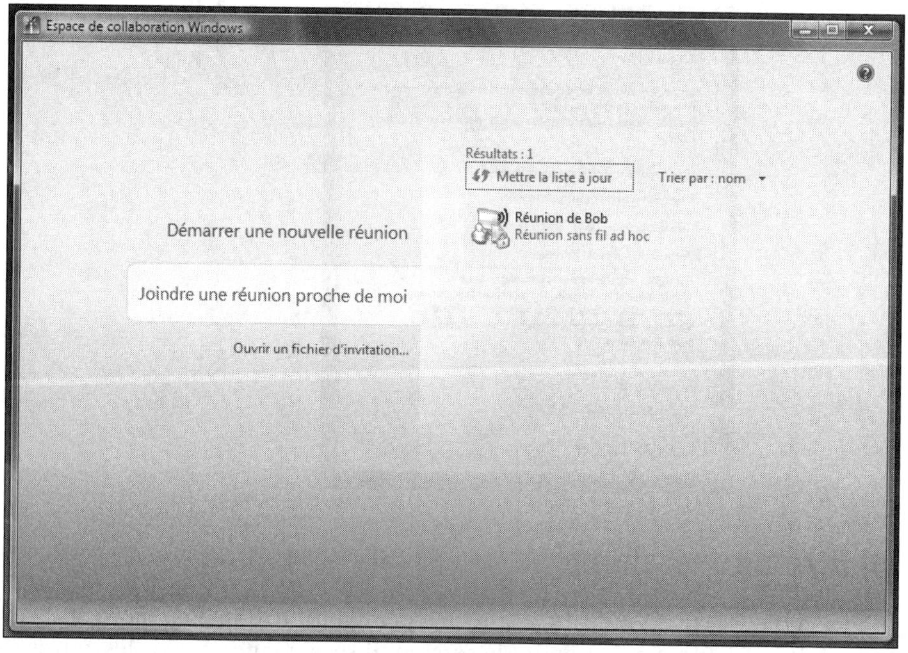

Figure 12-40 : *Choix d'une session proche de moi*

3. Vous obtenez la liste des sessions proches de vous. Si l'une d'entre elles correspond à celle dont vous possédez les identifiants, sélectionnez-la et authentifiez-vous.

Joindre une session en envoyant un courriel

Vous venez de recevoir un e-mail d'invitation à une session Espace de collaboration Windows et vous souhaitez y participer. Comment faire ? C'est très simple :

1. Assurez-vous que vous êtes connecté à Internet (nous supposons que vous avez reçu un e-mail car vous êtes en déplacement et donc déconnecté du réseau local).
2. Cliquez deux fois sur le fichier attaché à l'e-mail que vous avez reçu et entrez le mot de passe de connexion (qui vous a été communiqué par un quelconque moyen).

Joindre une session à l'aide d'un fichier

Dernier cas : vous avez reçu un fichier d'invitation par votre messagerie instantanée et votre collègue souhaite que vous participiez à la session avec lui pour visionner la dernière présentation PowerPoint sur Windows Vista afin de la commenter. Votre collègue vous communique le mot de passe de la session.

Pour joindre une session lorsque vous avez reçu un fichier :

1. Cliquez sur **Démarrer/Tous les programmes/Espace de collaboration Windows**.
2. Cliquez sur **Ouvrir un fichier d'invitation** (voir fig. 12-41).
3. Sélectionnez le fichier de collaboration sur votre disque dur.
4. Entrez le mot de passe de connexion (voir fig. 12-42).

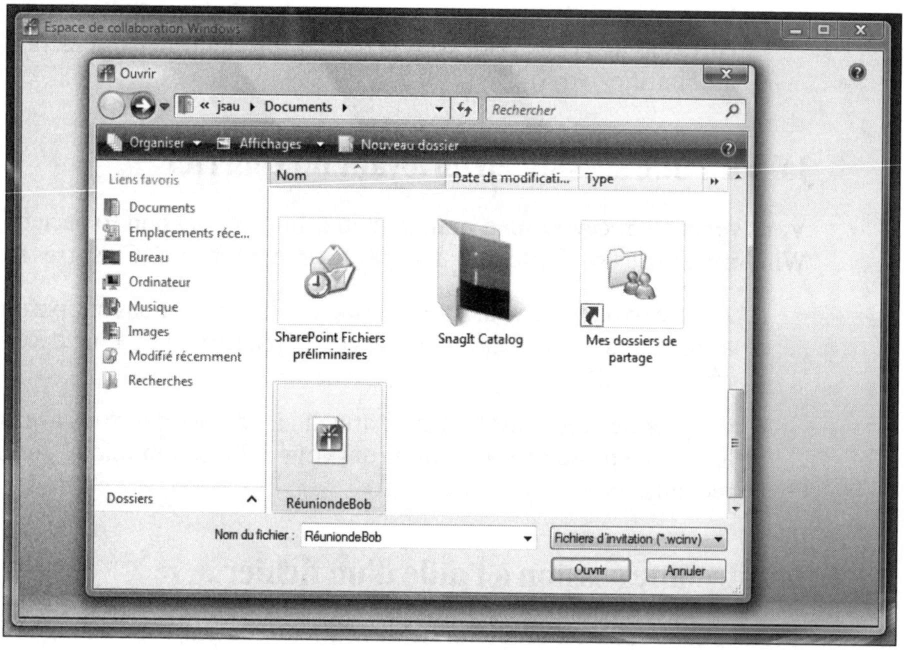

Figure 12-41 : *Sélection du fichier d'invitation*

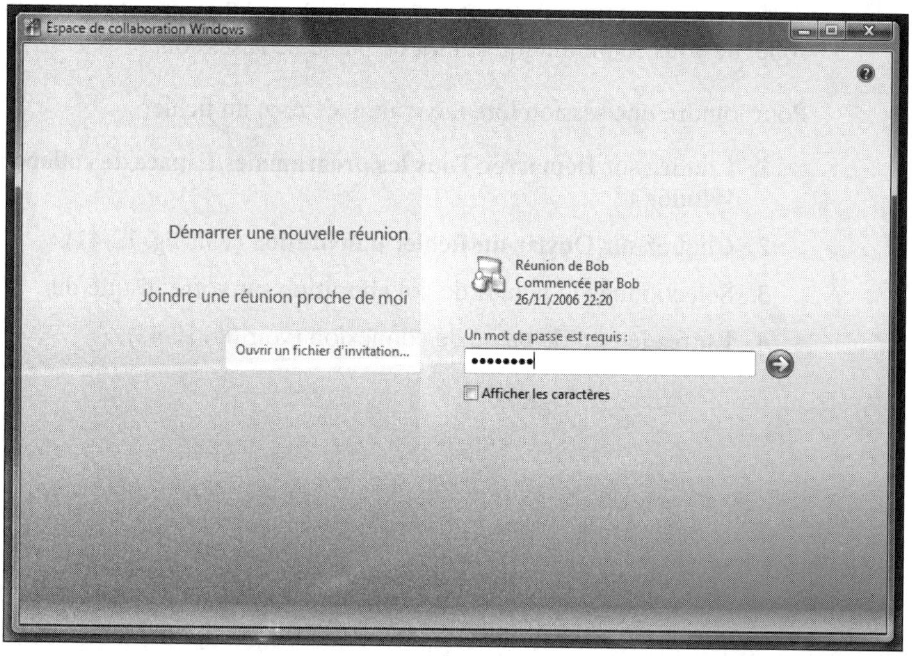

Figure 12-42 : *Connexion à la session*

Animer une session

Maintenant que tous les participants ont rejoint la session, attardons-nous sur l'étendue des possibilités de collaboration de cet outil.

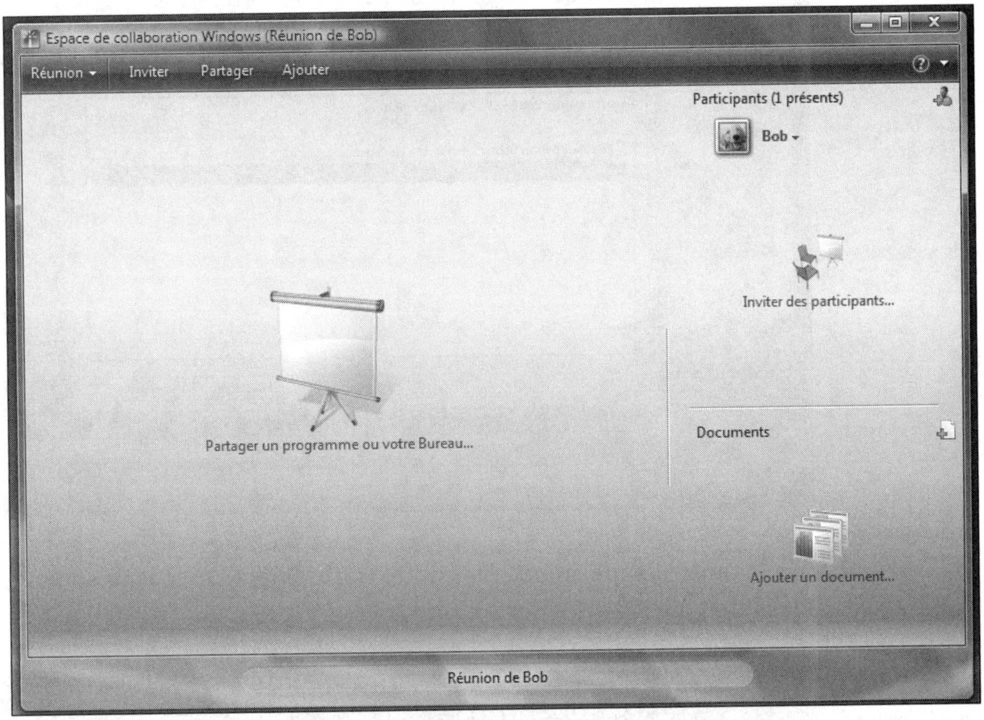

Figure 12-43 : *La fenêtre principale d'une session Espace de collaboration Windows*

Présenter le Bureau ou une application dans une session

Lorsque tous les participants sont connectés, celui qui organise la réunion peut commencer à présenter des applications (comme le calendrier ou un document Word) ou son propre Bureau aux autres participants. La présentation d'un élément permet de commencer une base de collaboration. Vous êtes le seul à pouvoir modifier l'élément que vous présentez, les autres participants sont en visualisation pure. Toutefois, vous pourrez si vous le souhaitez laisser momentanément le contrôle à un autre participant.

Pour présenter votre Bureau Windows Vista aux autres participants, vous devez être connecté à une session et les utilisateurs ne doivent rien présenter en même temps. Procédez ainsi :

1. Cliquez sur le bouton **Partager**.

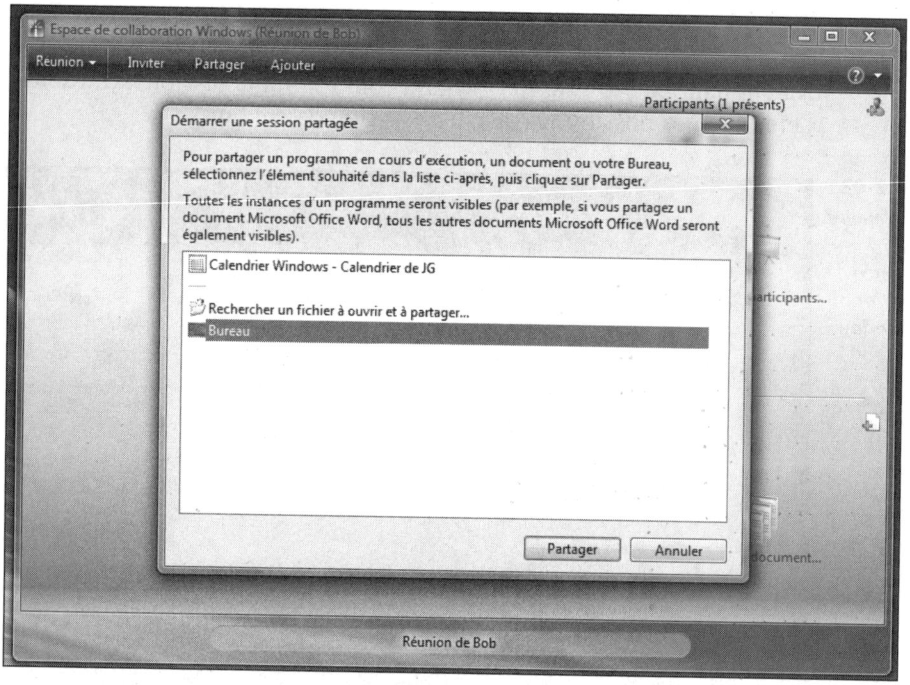

Figure 12-44 : *Sélection des applications à partager*

2. Sélectionnez l'application, dans notre cas le Bureau, que vous souhaitez présenter. Validez.

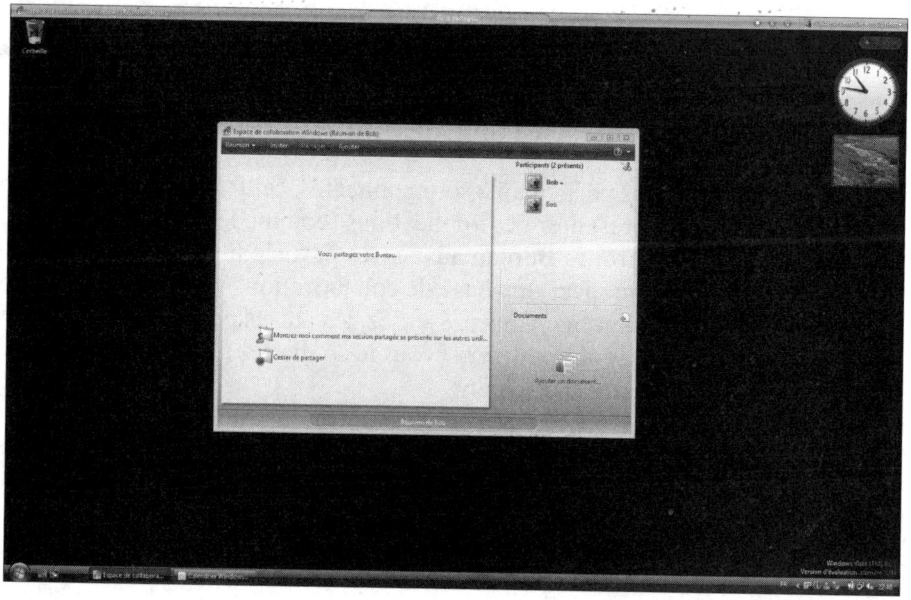

Figure 12-45 : *Vue du partage du Bureau par l'Espace de collaboration Windows*

Votre Bureau Windows est à présent vu par tous les participants.

Partager un fichier dans une session

Dans une présentation, un seul participant est en mesure de modifier le document, Word par exemple, alors que les autres ne peuvent que le visualiser. Si vous souhaitez que tous les participants puissent travailler sur le même fichier, vous devez le partager dans la session.

Quand vous partagez un document dans une session, l'Espace de collaboration Windows en crée une copie, associée à cette session, et la réplique pour tous les participants. Chacun leur tour, les participants peuvent éditer le document, l'original n'étant pas modifié. Les changements sont sauvegardés par la dernière personne qui sauvegarde le fichier. Si deux participants ouvrent le document en même temps et que l'un sauvegarde ses modifications avant l'autre, les modifications de l'autre sont écrasées.

Pour partager un fichier dans une session, vous devez être connecté à une session :

1. Cliquez sur **Ajouter un document**.

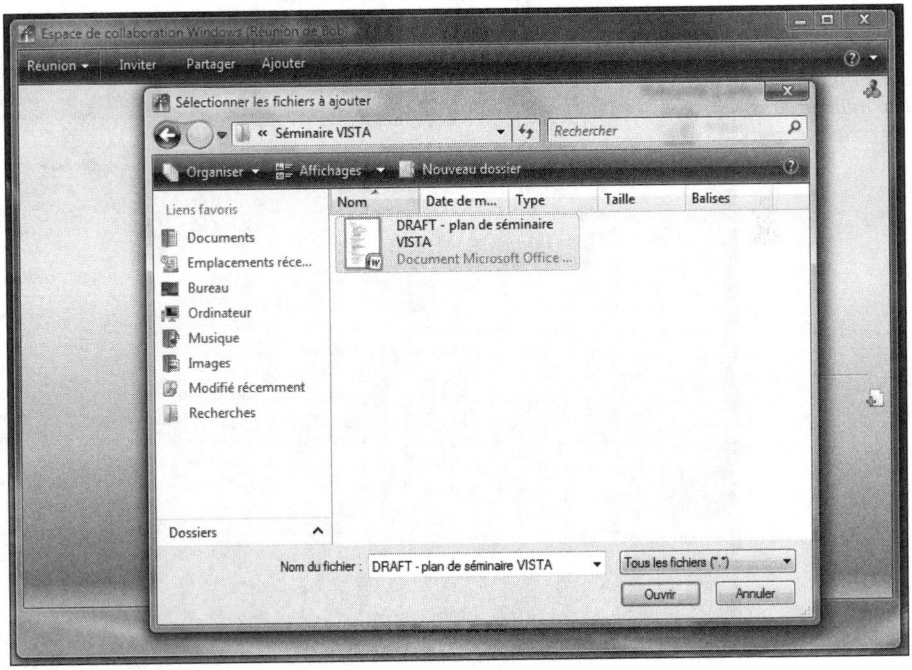

Figure 12-46 : *Sélection du document à partager*

2. Sélectionnez un fichier à partager et validez.

Communiquer pendant une session

Lorsque vous êtes connecté à une session Espace de collaboration Windows et que vous travaillez en équipe sur la refonte d'un document, vous pouvez avoir besoin de communiquer avec vos collègues de session. Plusieurs solutions s'offrent à vous : le téléphone, la messagerie instantanée, etc.

Également, l'Espace de collaboration Windows permet de communiquer en mode texte, à la manière d'un chat, avec les autres participants :

1. Cliquez deux fois sur le logo d'un participant.
2. Tapez votre texte et envoyez.

Changer son statut pendant une session

Vous pouvez avertir les participants de votre statut de disponibilité lors d'une session, un peu comme dans votre messagerie instantanée.

1. Dans une session Espace de collaboration Windows, cliquez sur votre nom.
2. Sélectionnez le statut qui vous convient.

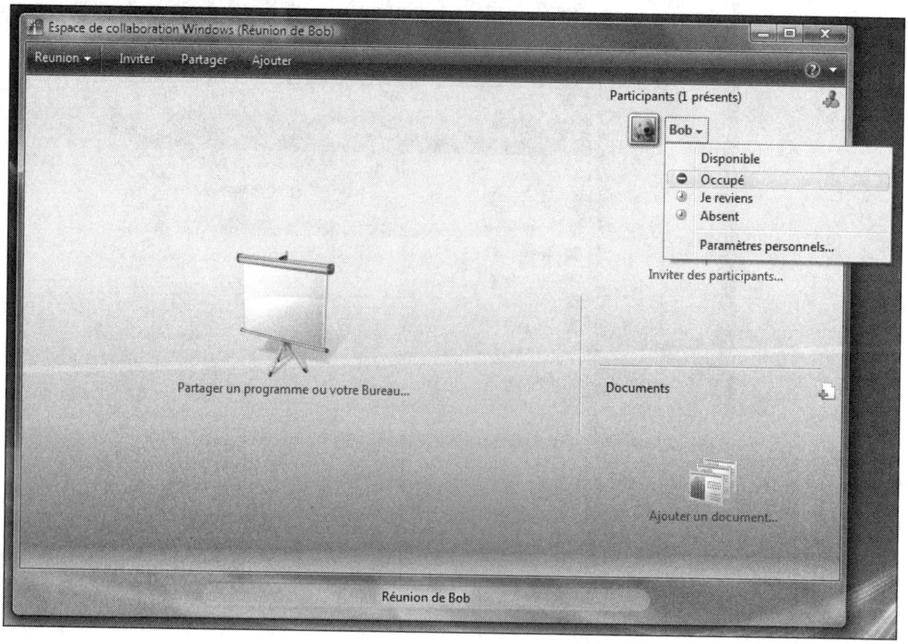

Figure 12-47 : *Modification du statut de disponibilité dans l'Espace de collaboration Windows*

La modification de votre statut dans l'Espace de collaboration Windows ne modifie pas votre statut de disponibilité dans votre messagerie instantanée.

12.3. La Reconnaissance vocale

Avec Windows Vista, il vous est aussi possible d'utiliser votre ordinateur d'une manière pas forcément habituelle… Les puissantes fonctionnalités de la Reconnaissance vocale vous permettent ainsi de contrôler Windows Vista oralement (lancement des programmes, exploration des répertoires, navigation sur Internet, etc.). Vous pouvez dicter du texte pour en faire un document Word par exemple. C'est une autre façon originale de contrôler son ordinateur. Et non, vous ne devenez pas fou : vous allez parler à votre ordinateur !

Certes, il faut s'y habituer, mais, au-delà de cet aspect, la Reconnaissance vocale présente des avantages en termes d'efficacité d'utilisation (surtout dans le domaine bureautique) ainsi que d'aide et de simplicité d'utilisation, notamment pour les personnes dont la motricité réduite ne permet pas un usage maximal du tandem clavier/souris.

Comme il est assez rare de lire un chapitre d'un ouvrage informatique où on vous demande de prononcer des phrases, plongeons tout de suite dans le fonctionnement de la Reconnaissance vocale.

L'équipement nécessaire

Pour profiter de la Reconnaissance vocale et parler à votre ordinateur, vous devez disposer d'un équipement minimal. Il faut que votre ordinateur soit équipé :

- d'une carte son munie d'une prise microphone et d'une prise casque et/ou haut-parleur ;
- d'un microphone ;
- accessoirement, d'un casque ou de haut-parleurs.

La carte son est l'élément indispensable puisque ce n'est qu'avec une carte son que vous pourrez avoir une prise pour connecter un microphone. Bien sûr, c'est le microphone qui vous servira à parler avec votre ordinateur. Le casque ou les haut-parleurs ne sont pas nécessaires, mais ils peuvent être utilisés pour plus de confort.

Plusieurs types de microphones existent dans le commerce : les microphones de bureau et les micros-casques.

Sachez que la vitesse et la précision de la reconnaissance de votre voix sont directement associées à la qualité de votre microphone. Les micros-casques sont idéaux car les sons parasites y sont limités.

La configuration de la Reconnaissance vocale sur votre ordinateur, passe par trois étapes :

- paramétrer le microphone ;
- apprendre à parler à l'ordinateur ;
- entraîner l'ordinateur à reconnaître la voix.

Donc, une fois que vous avez l'équipement nécessaire, la première étape consiste à configurer le microphone.

Configurer le microphone

Pour configurer votre microphone, procédez ainsi :

1. Cliquez sur **Démarrer/Panneau de configuration**.
2. Cliquez sur **Options d'ergonomie** et sur **Options de reconnaissance vocale**.

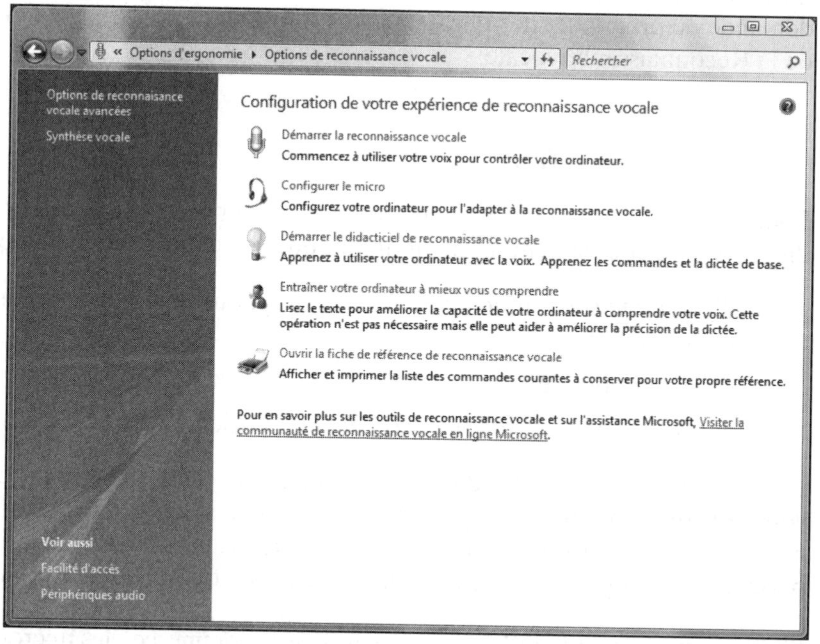

Figure 12-48 : *La fenêtre Options de reconnaissance vocale*

3. Cliquez sur **Configurer le micro**.

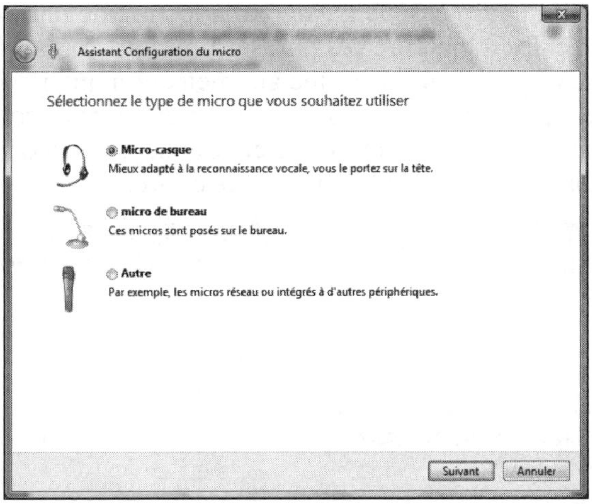

Figure 12-49 : *La fenêtre de configuration du microphone*

4. L'assistant de configuration du microphone s'ouvre. Sélectionnez le type de micro que vous allez utiliser, puis cliquez sur **Suivant**. Ici, nous utiliserons un micro-casque.

5. Dans la fenêtre qui apparaît, suivez bien les instructions qui sont notées : elles sont importantes pour la précision de la reconnaissance de votre voix. Vous devez placer le microphone à environ 2,5 cm de votre bouche, légèrement sur le côté, ne respirez pas directement dans le microphone et vérifiez que le bouton **Muet** n'est pas activé. Pour cela, reportez-vous à la notice explicative de votre ordinateur.

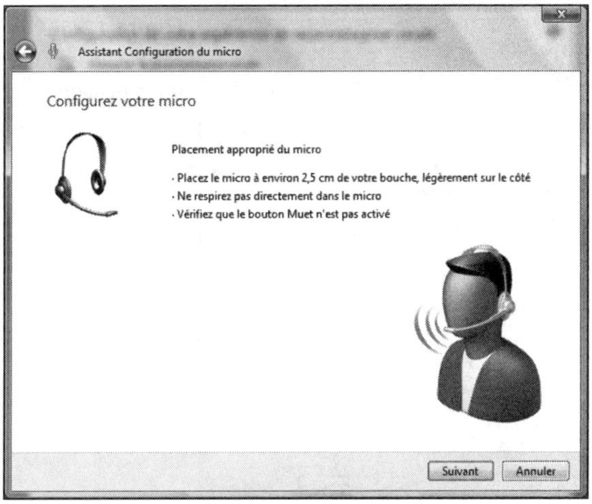

Figure 12-50 : *Instructions d'utilisation du micro-casque*

6. Une fois que tous les points sont vérifiés, cliquez sur **Suivant**.
7. La configuration du micro-casque passe par la lecture de phrases afin de régler le volume. Veillez à bien lire ces phrases plusieurs fois s'il le faut et à ajuster le volume de votre micro-casque au mieux afin que le volume, indiqué dans la barre qui apparaît lorsque vous parlez, reste dans la zone verte. Lisez les phrases suivantes : "Pierre préfère dicter ses textes à son ordinateur, plutôt que de les saisir au clavier ou même de les écrire."

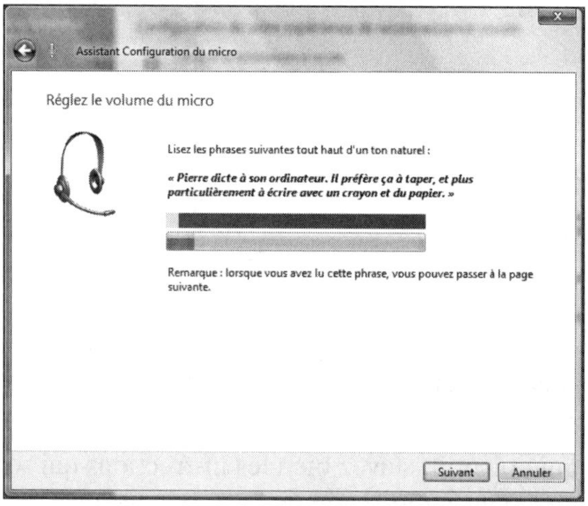

Figure 12-51 : *Réglage du volume du micro-casque*

8. Si vous avez correctement prononcé les phrases et si Windows Vista les a bien interprétées, alors la fenêtre de fin de configuration du microphone apparaît. Si ce n'est pas le cas, répétez les phrases de réglage du volume.

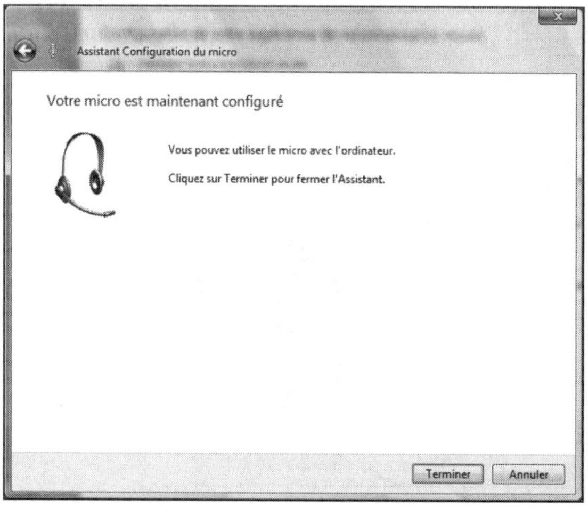

Figure 12-52 : *Fin de la configuration du micro-casque*

Apprendre à parler à son ordinateur

Une fois que votre microphone est configuré, vous pouvez apprendre à parler à votre ordinateur. Cela peut prêter à sourire, mais c'est une étape cruciale pour la performance et la précision de la reconnaissance de votre voix par Windows Vista.

Windows Vista est fourni avec un didacticiel de reconnaissance vocale pour vous aider à vous familiariser avec les commandes correspondantes. Le didacticiel dure environ 30 minutes, assurez-vous d'avoir suffisamment de temps pour le parcourir du début à la fin et assurez-vous d'être au calme pour que l'apprentissage soit optimal. Suivez ces étapes pour exécuter le didacticiel de reconnaissance vocale :

1. Cliquez sur **Démarrer/Panneau de configuration**.
2. Cliquez sur **Options d'ergonomie** et sur **Options de reconnaissance vocale**.
3. Cliquez sur **Démarrer le didacticiel de reconnaissance vocale**. Une fenêtre s'ouvre en plein écran.

Figure 12-53 : *Bienvenue dans le didacticiel de reconnaissance vocale*

4. Suivez les instructions qui s'affichent dans le didacticiel de reconnaissance vocale. Vous allez apprendre à utiliser les commandes de base, les commandes vocales de contrôle de Windows Vista, à dicter du texte, etc. Ne négligez aucune étape.
5. À la fin du didacticiel, vous êtes prêt à dicter vos premiers ordres à Windows Vista. La Reconnaissance vocale est active. Une barre de contrôle apparaît en haut de l'écran.

Figure 12-54 *:*
La barre de contrôle de la Reconnaissance vocale

Bien que la Reconnaissance soit alors active, cela ne signifie pas que vous maîtrisez pour autant toutes les commandes. Et il faut avouer que ce n'est pas un mode de fonctionnement très habituel. C'est pourquoi, nous vous recommandons de rejouer ce didacticiel autant de fois que nécessaire.

Entraîner son ordinateur à reconnaître sa voix

La clé d'une utilisation souple, performante et précise de la Reconnaissance vocale passe par votre sérieux et votre implication lors des phases de didacticiel et d'entraînement. En effet, il n'est rien de plus agréable que d'énoncer des commandes qui répondent parfaitement, comme il n'est rien de plus désagréable que de devoir répéter ces mêmes commandes pour obtenir un résultat.

C'est pour cela que, encore une fois, les trois étapes de configuration de la Reconnaissance vocale (paramétrage du microphone, apprentissage de la voix et entraînement de l'ordinateur), sont primordiales à une utilisation agréable dans de bonnes conditions.

N'hésitez pas à les répéter autant de fois que nécessaire. Et pour être encore plus performant, vous pouvez lancer un mode d'entraînement :

1. Cliquez sur **Démarrer/Panneau de configuration**.
2. Cliquez sur **Options d'ergonomie** et sur **Options de reconnaissance vocale**.
3. Cliquez sur **Entraîner votre ordinateur à mieux vous comprendre** (voir fig. 12-55).
4. Cliquez sur **Suivant** et suivez les instructions qui s'affichent dans l'assistant en lisant une multitude de phrases (voir fig. 12-56).

Figure 12-55 : *La fenêtre de lancement du mode d'entraînement*

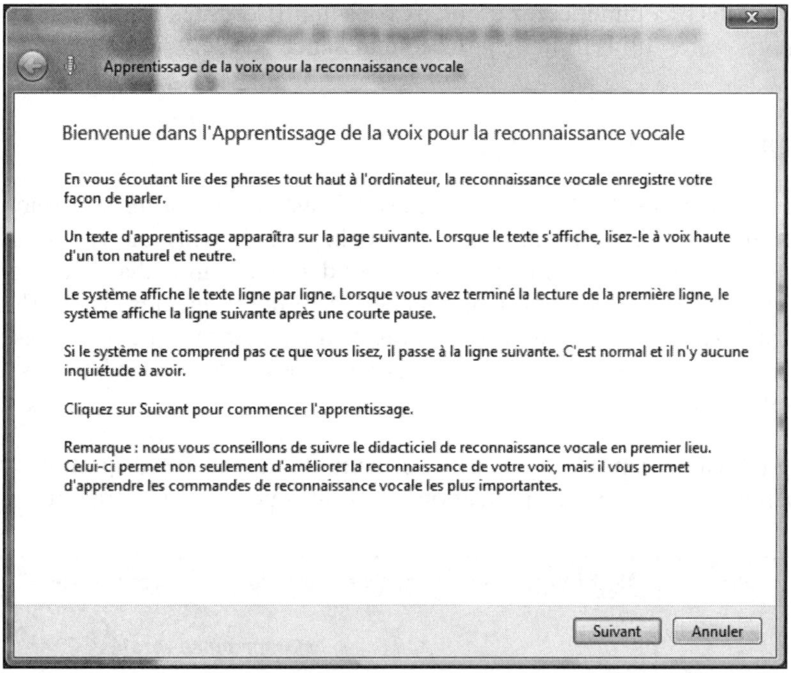

Figure 12-56 : *Lisez des phrases pour vous entraîner et pour mieux affiner les réglages de la Reconnaissance vocale*

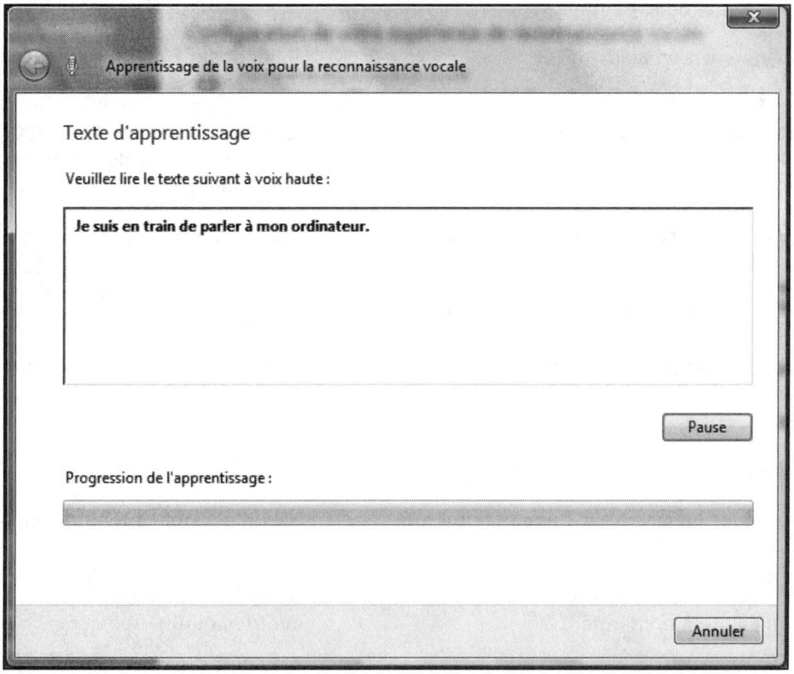

Plus vous recommencerez et mieux vous maîtriserez les commandes vocales, et plus précise sera l'utilisation de la Reconnaissance vocale.

Les commandes de contrôle

Maintenant que la Reconnaissance vocale est active, listons les principales commandes d'utilisation. La première phrase qu'il vous faut retenir est la phrase "Que dois-je dire ?" car elle vous permet d'afficher immédiatement la liste des commandes. Les phrases "Commencer l'écoute" et "arrêter l'écoute" contrôlent le démarrage et la mise en veille de la Reconnaissance vocale. La phrase "Afficher les numéros" vous permet, d'une manière astucieuse, d'accéder à toutes les actions possibles et réalisables dans une fenêtre.

Ce tableau récapitule une partie des commandes vocales disponibles pour contrôler Windows Vista ou des applications. N'hésitez pas à vous entraîner.

Tableau 12-1 : Liste de commandes vocales principales

Action	Commandes vocales
Cliquer sur un élément (commande de menu, bouton…) en le nommant	"Fichier" ; "Modifier" ; "Affichage" ; "Enregistrer" ; "Gras"
Cliquer sur un élément	"Cliquer sur Fichier" ; "Cliquer sur Gras" ; "Cliquer sur Enregistrer" ; "Cliquer sur Fermer"
Double-cliquer sur un élément	"Double-cliquer sur Ordinateur" ; "Double-cliquer sur Corbeille" ; "Double-cliquer sur [nom du dossier]"
Cliquer avec le bouton droit de la souris sur un élément	"Cliquer avec le bouton droit sur Ordinateur" ; "Cliquer avec le bouton droit sur Corbeille" ; "Cliquer avec le bouton droit sur [nom du dossier]"
Cliquer sur un élément dont on ne connaît pas le nom	"Afficher les numéros" (les numéros s'affichent à l'écran pour chaque élément de la fenêtre active)
Cliquer sur un élément numéroté	"19 OK" ; "5 OK"
Double-cliquer sur un élément numéroté	"Double-cliquer sur 19" ; "Double-cliquer sur 5"
Cliquer avec le bouton droit de la souris sur un élément numéroté	"Cliquer avec le bouton droit sur 19" ; "Cliquer avec le bouton droit sur 5"

Tableau 12-1 : Liste de commandes vocales principales	
Action	**Commandes vocales**
Basculer vers un programme ouvert	"Basculer vers Word" ; "Basculer vers Excel" ; "Basculer vers l'application"
Utiliser les barres de défilement	"Faire défiler vers le haut" ; "Faire défiler vers le bas" ; "Faire défiler vers la gauche" ; "Faire défiler vers la droite"
Insérer un nouveau paragraphe ou une nouvelle ligne dans un document	"Nouveau paragraphe" ; "Nouvelle ligne"
Sélectionner un mot dans un document	"Sélectionner le mot"
Sélectionner un mot et le corriger	"Corriger le mot"
Sélectionner et supprimer certains mots	"Supprimer le mot"
Afficher une liste de commandes applicables	"Que dois-je dire ?"
Mettre à jour la liste des commandes vocales disponibles actuellement	"Actualiser les commandes vocales"
Configurer l'ordinateur pour qu'il écoute	"Commencer l'écoute"
Arrêter l'écoute de l'ordinateur	"Arrêter l'écoute"
Enlever le microphone de la Reconnaissance vocale	"Déplacer la Reconnaissance vocale"
Réduire la barre du microphone	"Réduire la Reconnaissance vocale"
Réduire toutes les fenêtres pour afficher le Bureau	"Afficher le Bureau"

Lorsque vous ne savez pas quoi dire pour exécuter une action précise, que vous ne connaissez pas la commande vocale associée, vous pouvez utiliser le principe des numéros pour arriver au résultat souhaité. Prenons l'exemple suivant : vous voulez autoriser un programme en l'indiquant dans le pare-feu Windows Vista. Vous savez ouvrir le Panneau de configuration, mais ensuite vous êtes perdu dans toutes les actions possibles.

Procédez ainsi :

1. Dites "Démarrer", puis "Panneau de configuration" pour ouvrir le Panneau de configuration.

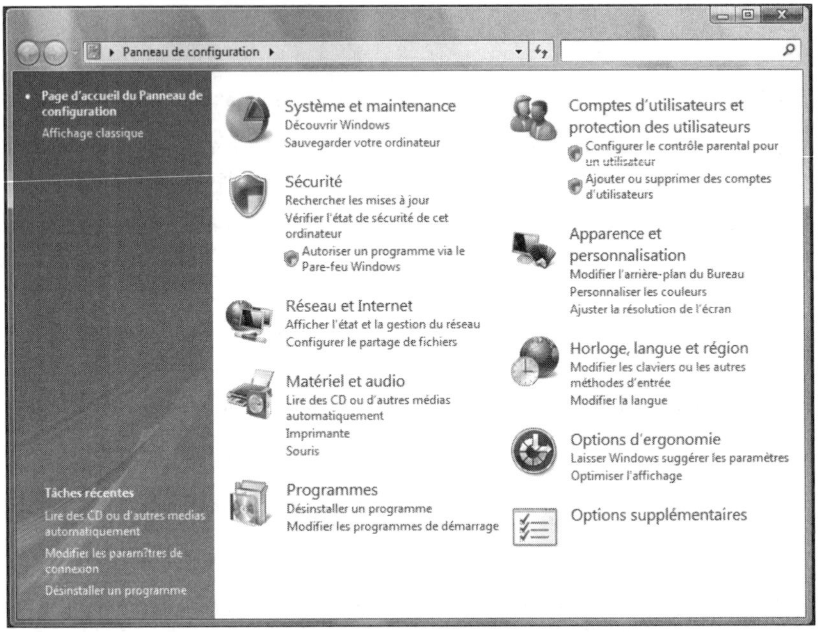

Figure 12-57 : *Le Panneau de configuration*

2. Dites ensuite "Afficher les numéros".

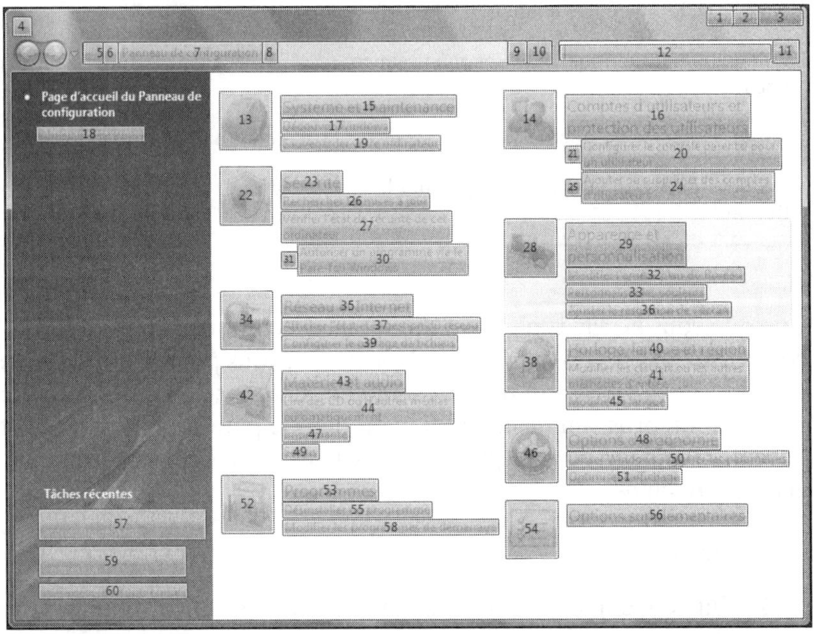

Figure 12-58 : *Le Panneau de configuration surligné en bleu, un numéro est affecté à chaque action réalisable*

3. Vous remarquez que toutes les actions réalisables sont surlignées en bleu et associées à un numéro. Prononcez alors le numéro correspondant à l'action, dans cet exemple "30".

Figure 12-59 : *Le Panneau de configuration est surligné en bleu et l'action 30 en vert*

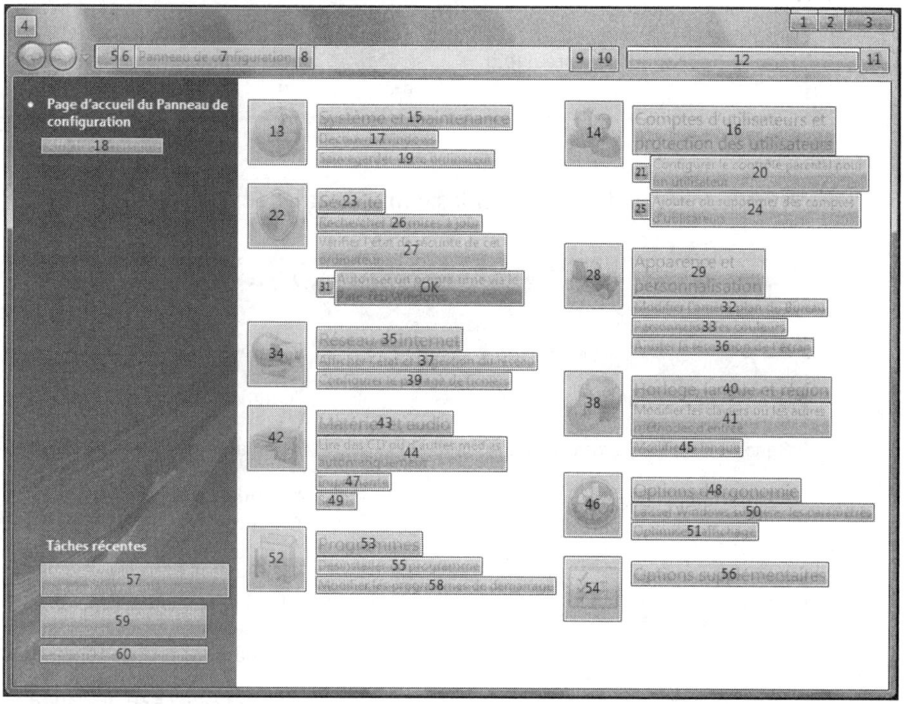

4. L'action numérotée 30, correspondant à la fenêtre d'autorisation d'un programme par le pare-feu Windows Vista, est surlignée en vert. Dites "OK" pour l'exécuter. L'action souhaitée s'exécute.

D'autres commandes sont disponibles. Voici le tableau des commandes vocales contrôlant les touches du clavier :

Tableau 12-2 : Les commandes vocales contrôlant les touches du clavier

Action	Commandes vocales
Appuyer sur n'importe quelle touche du clavier	"Appuyer sur touche du clavier" ; "Appuyer sur A" ; "Appuyer sur majuscule B" ; "Appuyer sur Maj plus A" ; "Appuyer sur Contrôle plus A"

Tableau 12-2 : Les commandes vocales contrôlant les touches du clavier	
Action	**Commandes vocales**
Appuyer sur certaines touches du clavier sans dire "Appuyer sur" au préalable	"Suppr" ; "Retour arrière" ; "Entrée" ; "Page précédente" ; "Page suivante" ; "Début" ; "Fin" ; "Tabulation"

Voici le tableau des commandes contrôlant les fenêtres :

Tableau 12-3 : Les commandes vocales contrôlant les fenêtres	
Action	**Commandes vocales**
Ouvrir un programme	"Ouvrir Word" ; "Ouvrir Excel"
Basculer vers un programme ouvert	"Basculer vers Word" ; "Basculer vers Excel"
Fermer un programme	"Fermer cela" ; "Fermer Word" ; "Fermer Documents" ; "Fermer Internet Explorer" (fonctionne uniquement avec la fenêtre active)
Restauration	"Restaurer cela" ; "Restaurer Word" ; "Restaurer Internet Explorer" (fonctionne uniquement avec la fenêtre active)
Réduire	Réduire cela ; Réduire Word ; Réduire Internet Explorer (fonctionne uniquement avec la fenêtre active)
Agrandir	"Agrandir cela" ; "Agrandir Word" ; "Agrandir Internet Explorer" (fonctionne uniquement avec la fenêtre active)
Couper	"Couper cela" ; "Couper"
Copier	"Copier cela" ; "Copier"
Coller	"Coller"
Supprimer	"Supprimer cela" ; "Supprimer"
Annuler	"Annuler cela" ; "Effacer cela" ; "Annuler"
Barres de défilement	"Faire défiler vers le haut" ; "Faire défiler vers le bas" ; "Faire défiler vers la droite" ; "Faire défiler vers la gauche"

Tableau 12-3 : Les commandes vocales contrôlant les fenêtres

Action	Commandes vocales
Faire défiler une distance exacte dans des pages	"Faire défiler vers le bas de deux pages" ; "Faire défiler vers le haut de dix pages"
Faire défiler une distance exacte dans d'autres unités	"Faire défiler vers le haut 5" ; "Faire défiler vers le bas 7"
Accéder à un champ dans un formulaire ou un programme	"Accéder au nom du champ" ; "Accéder à l'Objet" ; "Accéder à l'Adresse" ; "Accéder à Cc"

Le tableau des commandes contrôlant les signes de ponctuation et les caractères spéciaux :

Tableau 12-4 : Commandes vocales contrôlant la ponctuation et les caractères spéciaux

Caractère à afficher	Commandes vocales
,	"Virgule"
;	"Point-virgule"
.	"Point" ; "Point final" ; "Point décimal"
:	"Deux-points"
“	"Ouvrir les guillemets doubles" ; "Ouvrir les guillemets"
”	Fermer les guillemets doubles ; Fermer les guillemets
'	"Apostrophe"
‘	"Ouvrir les guillemets anglais"
’	"Fermer les guillemets anglais"
>	"Supérieur à"
<	"Inférieur à"
/	"Barre oblique"
\	"Barre oblique inverse"
~	"Tilde"

Tableau 12-4 : Commandes vocales contrôlant la ponctuation et les caractères spéciaux

Caractère à afficher	Commandes vocales
@	"Arobase"
!	"Point d'exclamation"
?	"Point d'interrogation"
#	"Numéro" ; "Signe dièse" ; "Carré"
$	"Dollar"
%	"Pourcentage"
^	"Signe insertion"
(	"Parenthèse ouvrante"
)	"Parenthèse fermante"
_	"Trait de soulignement"
-	"Trait d'union" ; "Moins" ; "Tiret"
–	"Tiret demi-cadratin"
—	"Tiret cadratin" ; "Deux traits"
=	"Égal à"
+	"Signe plus"
{	"Accolade ouvrante"
}	"Accolade fermante"
[	"Crochet ouvrant" ; "Crochet ouvrant droit"
]	"Crochet fermant" ; "Crochet fermant droit"
|	"Barre verticale"
:-)	"Appuyer sur le sourire"
:-(	"Appuyer sur la grimace"
;-)	"Appuyer sur le clin d'œil"
™	"Symbole TM"

Tableau 12-4 : Commandes vocales contrôlant la ponctuation et les caractères spéciaux	
Caractère à afficher	**Commandes vocales**
¾	"Signe 3/4"
¼	"Signe 1/4"
½	"Signe 1/2"
£	"Signe Livre anglaise"
&	"Et commercial" ; "Signe Et"
*	"Astérisque"
//	"Deux barres obliques"
‘	"Guillemet arrière"
<	"Crochet pointu ouvrant"
>	"Crochet pointu fermant"
±	"Signe plus ou moins"
«	"Chevron ouvrant"
»	"Chevron fermant"
×	"Multiplication"
÷	"Division"
¢	"Symbole centime"
¥	"Signe Yen"
§	"Paragraphe"
©	"Symbole du copyright"
®	"Symbole Marque déposée"
°	"Symbole degré"
¶	"Pied-de-mouche"
…	"Point de suspension"
f	"Symbole fonction"

Enfin, si vous avez besoin de cliquer avec précision sur une zone de l'écran, consultez le tableau suivant qui décrit les commandes vocales correspondantes :

Tableau 12-5 : Les commandes vocales contrôlant les zones de l'écran

Action	Commandes vocales
Afficher la grille de souris	"Grille de souris"
Déplacer le pointeur de souris au centre d'un carré de la grille de souris	"Numéro(s) du carré" ; "1" ; "7" ; "9" ; "1-7-9"
Cliquer sur un carré de la grille de souris	"Cliquer sur le numéro du carré"
Sélectionner un élément à glisser avec la grille de souris	"Numéro(s) du carré où s'affiche l'élément" ; "3-7-9" (suivi de)
Sélectionner une zone où glisser l'élément avec la grille de souris	"Numéro(s) du carré à faire glisser" ; "4-5-6" (suivi de)

Par exemple, vous êtes devant votre Bureau Windows Vista :

1. Dites "Grille de souris". Une grille numérotée de 1 à 9 s'affiche sur tout l'écran.

Figure 12-60 : *Affichage de la grille de souris*

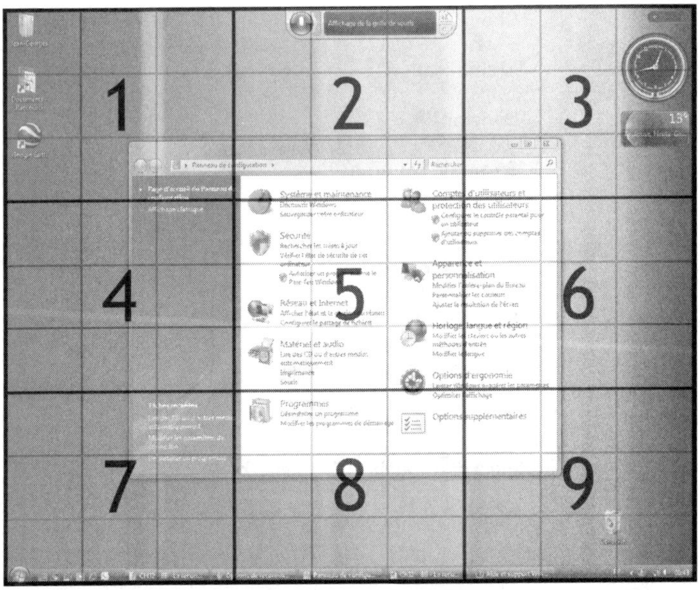

2. Dites un nombre correspondant à la zone sur laquelle vous souhaitez cliquer. Une nouvelle grille, plus resserrée, de 1 à 9 apparaît à la place du nombre que vous venez de prononcer.

Figure 12-61 : *Affichage de la grille de souris resserrée*

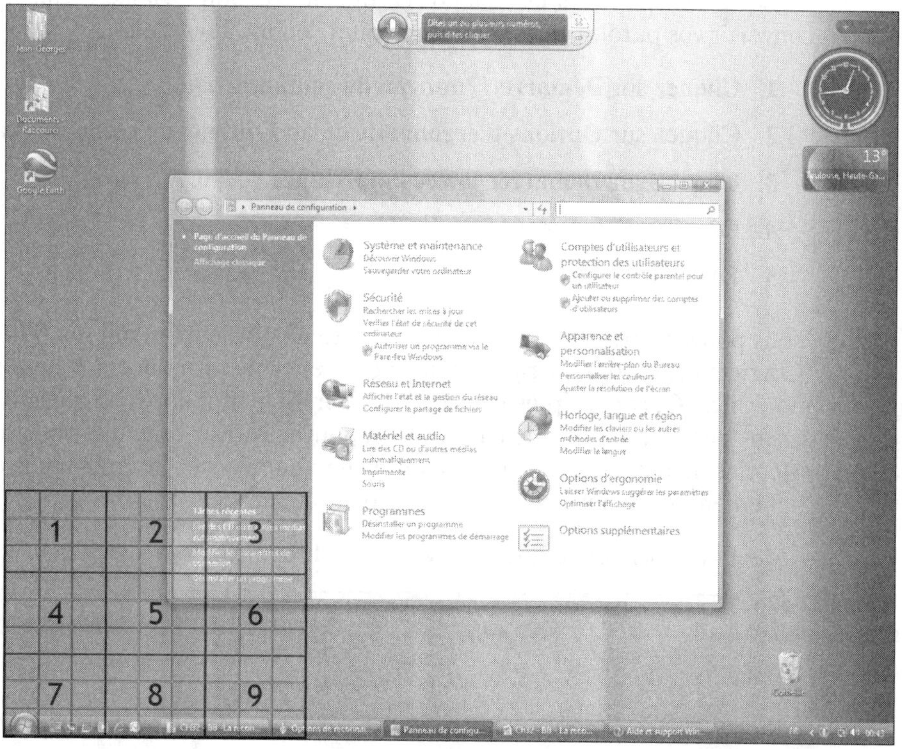

3. Recommencez l'opération jusqu'à affiner au mieux votre clic.
4. Dites "OK" lorsque vous êtes prêt. Vous voyez alors la souris se déplacer et cliquer dans la zone souhaitée.

Familiarisez-vous avec toutes ces commandes afin d'être plus efficace avec la fonctionnalité de Reconnaissance vocale.

Dicter du texte à l'ordinateur

Comme nous l'avons dit en introduction, vous pouvez utiliser la Reconnaissance vocale pour contrôler Windows Vista, ainsi que toutes les applications, à la voix, mais aussi pour taper du texte dans un logiciel de traitement de texte comme Word et enregistrer un document. Cette fonctionnalité est très intéressante si vous avez des activités bureautiques importantes.

Encore une fois, cette fonctionnalité n'est performante que si vous avez déroulé le didacticiel et les actions d'apprentissage de la voix le mieux possible.

Lorsque vous parlez dans le micro-casque, la Reconnaissance vocale Windows peut convertir vos paroles en texte s'affichant à l'écran. Pour cela :

1. Cliquez sur **Démarrer/Panneau de configuration**.
2. Cliquez sur **Options d'ergonomie** et sur **Options de reconnaissance vocale**.
3. Cliquez sur **Démarrer la reconnaissance vocale**.
4. Dites "Ouvrir Word".
5. Dictez votre texte.

Vous pouvez corriger des erreurs de dictée de plusieurs manières. Vous pouvez dire "Corriger cela" pour corriger ce que vous venez de prononcer. Pour corriger un seul mot, dites "Corriger", puis le mot à corriger. Si le mot apparaît plusieurs fois, toutes ses instances seront soulignées, et vous pouvez choisir celle que vous souhaitez effectivement corriger. Vous pouvez également ajouter des mots qui sont souvent mal entendus ou non reconnus par le dictionnaire vocal.

1. Pour corriger ce que vous venez de dire, dites "Corriger cela".

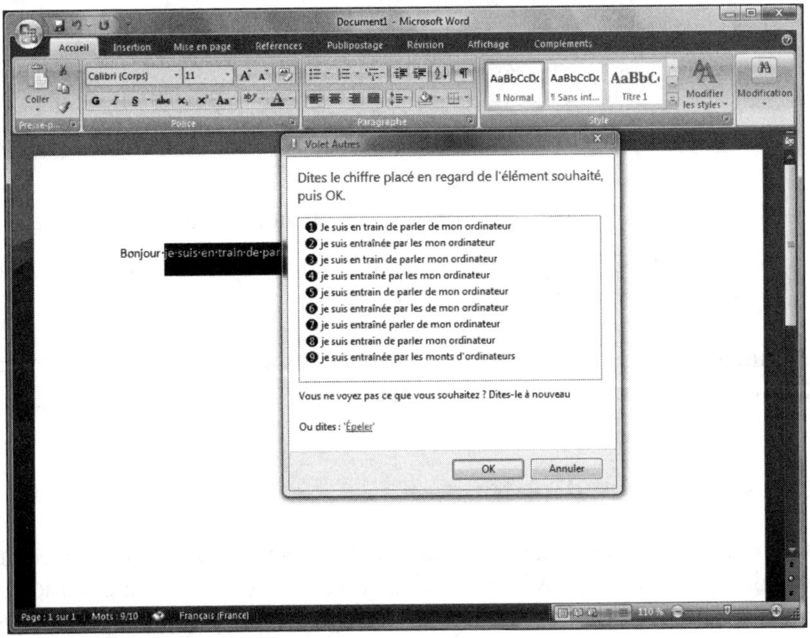

Figure 12-62 : *Dites "Corriger cela"*

2. Pour corriger un seul mot, dites "Corriger" et le mot à corriger.

Figure 12-63 : *Dites "Corriger" suivi du mot à corriger*

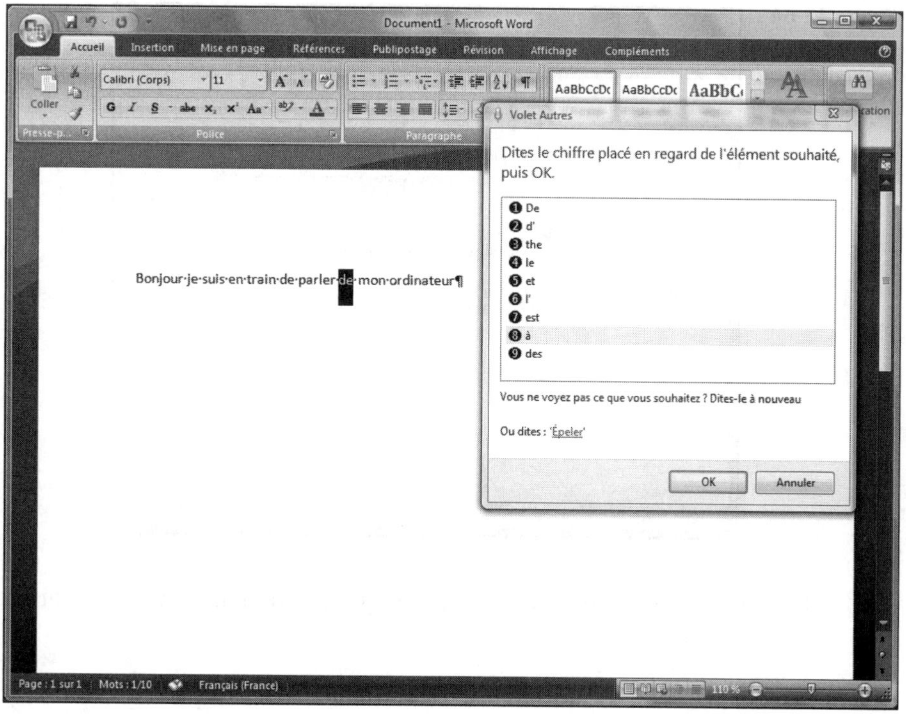

3. Dans la boîte de dialogue **Volet Autres**, prononcez le numéro en regard de l'élément souhaité.
4. Pour modifier une sélection dans la boîte de dialogue **Volet Autres**, dites "Épeler", puis le numéro en regard de l'élément à modifier.

Pour utiliser le dictionnaire vocal et enrichir le vocabulaire de l'ordinateur, procédez ainsi :

1. Dites "Ouvrir le dictionnaire vocal".
2. Pour ajouter un mot au dictionnaire, dites "Ajouter un nouveau mot" ou cliquez sur l'option du même nom, puis suivez les instructions qui s'affichent dans l'assistant.
3. Pour empêcher la dictée d'un certain mot, dites "Empêcher la dictée d'un mot", ou cliquez sur l'option du même nom, puis suivez les instructions qui s'affichent dans l'assistant.
4. Pour corriger un mot existant dans le dictionnaire, dites "Modifier des mots existants", ou cliquez sur l'option du même nom, puis suivez les instructions qui s'affichent dans l'assistant.

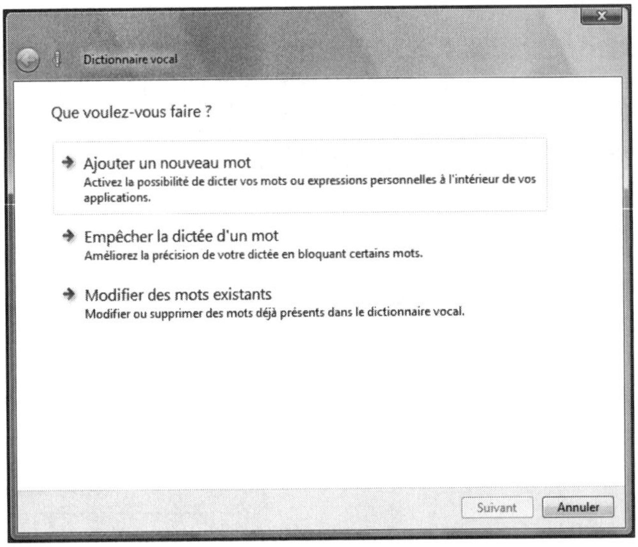

Figure 12-64 : *Ouverture du dictionnaire vocal*

Enrichissez le dictionnaire vocal afin que davantage de mots soient reconnus sans faute à votre diction.

Voici le tableau récapitulant les commandes vocales principales de dictée :

Tableau 12-6 : Les commandes vocales contrôlant la dictée dans un document

Commande	Commande vocale
Insérer une nouvelle ligne dans le document	"Nouvelle ligne"
Insérer un nouveau paragraphe dans le document	"Nouveau paragraphe"
Placer le curseur avant un mot spécifique	"Accéder au mot"
Placer le curseur après un mot spécifique	"Aller après le mot"
Accéder au début de la phrase où se trouve le curseur	"Accéder au début de la phrase"
Accéder au début du paragraphe où se trouve le curseur	"Accéder au début du paragraphe"
Accéder au début du document	"Accéder au début du document"
Accéder à la fin de la phrase où se trouve le curseur	"Accéder à la fin de la phrase"

Tableau 12-6 : Les commandes vocales contrôlant la dictée dans un document	
Commande	**Commande vocale**
Accéder à la fin du paragraphe où se trouve le curseur	"Accéder à la fin du paragraphe"
Accéder à la fin du document actif	"Accéder à la fin du document"
Sélectionner le mot dans le document actif	"Sélectionner le mot"
Sélectionner l'ensemble de mots dans le document actif	"Sélectionner l'ensemble de mots ; Sélectionner mot par mot"
Sélectionner tout le texte dans le document actif	"Sélectionner tout"
Sélectionner 1-20 mots avant le curseur	"Sélectionner les 1-20 mots précédents" ; "Sélectionner les 10 mots précédents"
Sélectionner les 1-20 mots après le curseur	"Sélectionner les 1-20 mots suivants" ; "Sélectionner les 10 mots suivants"
Sélectionner le dernier texte que vous avez dicté	"Sélectionner tout"
Effacer la sélection sur l'écran	"Effacer la sélection"
Modifier les (nombre) mots suivants en majuscules	"Modifier les (nombre) mots suivants en majuscules"
Modifier les (nombre) mots suivants en minuscules	"Modifier les (nombre) mots suivants en minuscules"
Supprimer la phrase précédente	"Supprimer la phrase précédente"
Supprimer la phrase suivante	"Supprimer la phrase suivante"
Supprimer le paragraphe précédent	"Supprimer le paragraphe précédent"
Supprimer le paragraphe suivant	"Supprimer le paragraphe suivant"
Supprimer le texte sélectionné ou le dernier texte dicté	"Supprimer cela"

12.4. Windows Live et ses services

Les services de nouvelle génération Windows Live placent l'utilisateur au cœur de l'expérience Internet en lui apportant plus de personnalisation, de simplicité, de synergie et de sécurité.

Comment ? En regroupant en un seul lieu, l'ensemble des services en ligne les plus importants pour lui, accessibles partout, à tout moment, quel que soit son équipement : depuis son PC, son terminal mobile, voire à terme depuis son Media Center.

Avec Windows Live, vous allez bénéficier également d'une sécurité renforcée. En effet, Windows Live Safety Center et Windows Live OneCare faciliteront la protection des PC contre les virus et les logiciels espions.

L'objectif ici est de vous présenter les services Windows Live qui pourraient avoir un intérêt pour vous, dans votre expérience d'utilisateur Internet. Vous verrez ensuite comment utiliser les services essentiels d'un nouvel internaute.

Live.com

La page d'accueil de Live.com vous permet d'accéder à toutes les fonctionnalités du nouveau moteur de recherche Windows Live Search. Cette page est personnalisable, l'internaute peut l'organiser à son image avec ses fils d'actualités préférés, les liens vers ses sites favoris et ses gadgets.

Pour utiliser Windows Live, vous devez vous rendre à l'adresse www.live.com/. Pour vous connecter à Windows Live, procédez de la façon suivante :

1. Activez le menu **Démarrer/Tous les programmes/Internet Explorer**.
2. Dans la barre d'adresse d'Internet Explorer, tapez l'adresse `http://www.live.com/`.

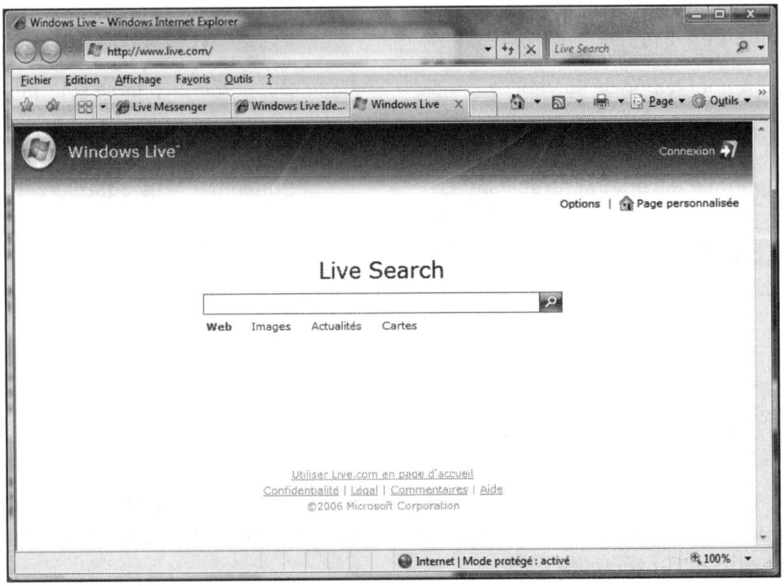

Figure 12-65 : *La page d'accueil de Live.com*

12

Windows Live Search

Windows Live Search est le nouveau moteur de recherche de Microsoft. Il vous permet d'effectuer tout type de recherche de façon innovante grâce à une ergonomie simplifiée et des fonctionnalités de recherche très précises (Web, images, flux RSS, actualités, Spaces, etc.).

Vous pouvez rechercher des informations en saisissant vos mots-clés de la façon suivante :

1. Activez le menu **Démarrer/Tous les programmes/Internet Explorer**.
2. Dans la barre d'adresse d'Internet Explorer tapez l'adresse `http://www.live.com/`.

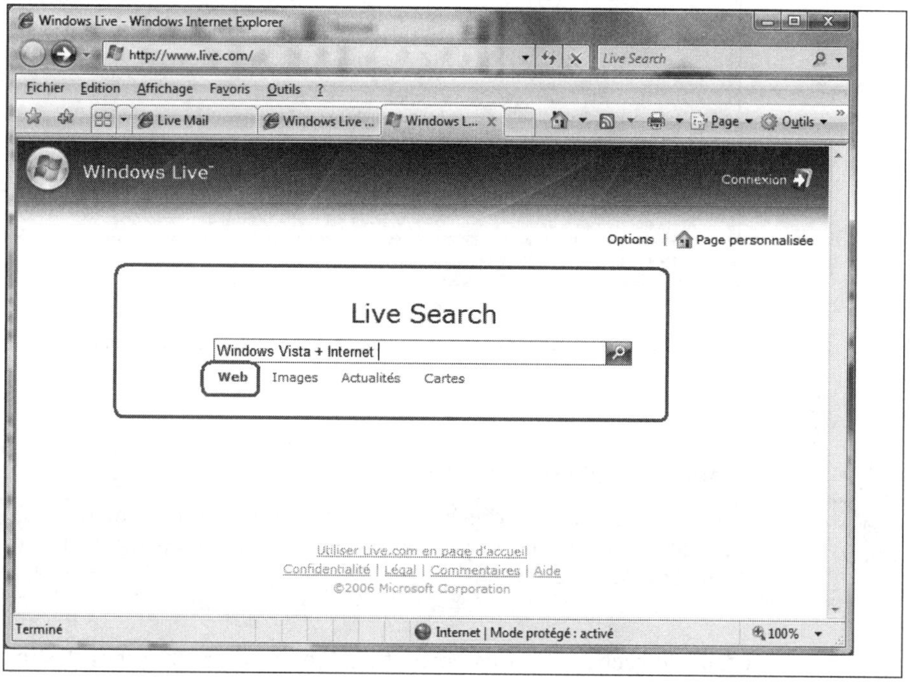

Figure 12-66 : *Le moteur de recherche Windows Live Search*

3. Appuyez sur [↵] ou cliquez sur la Loupe. Windows Live Search affiche une liste de sites qui contiennent les mots-clés demandés.

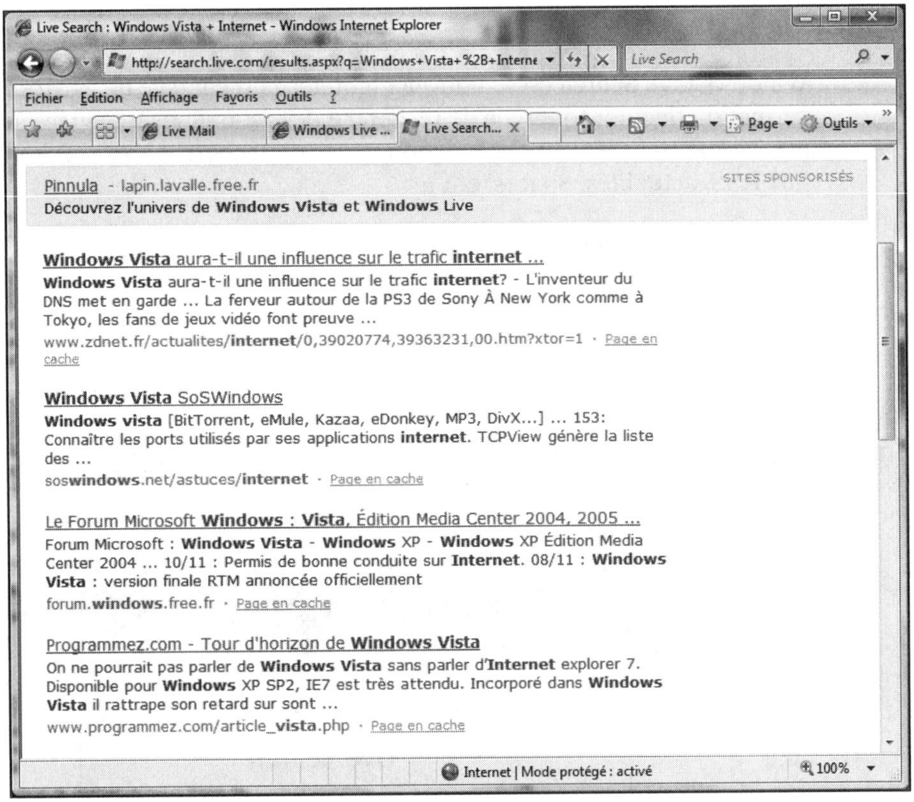

Figure 12-67 : *Résultat de la recherche avec les mots "Windows", "Vista" et "Internet"*

ASTUCE

Pour une recherche efficace

Pour ne pas obtenir des centaines de pages sur des termes standards, n'hésitez pas à donner plusieurs mots qui vous permettront de réduire le nombre de réponses.

Le moteur de recherche vous permet également de rechercher des images :

1. Activez le menu **Démarrer/Tous les programmes/Internet Explorer**.
2. Dans la barre d'adresse d'Internet Explorer, tapez l'adresse `http://www.live.com/`.
3. Sélectionnez *Images* sous la zone de recherche, saisissez les mots-clés de votre recherche et appuyez sur [Entrée].

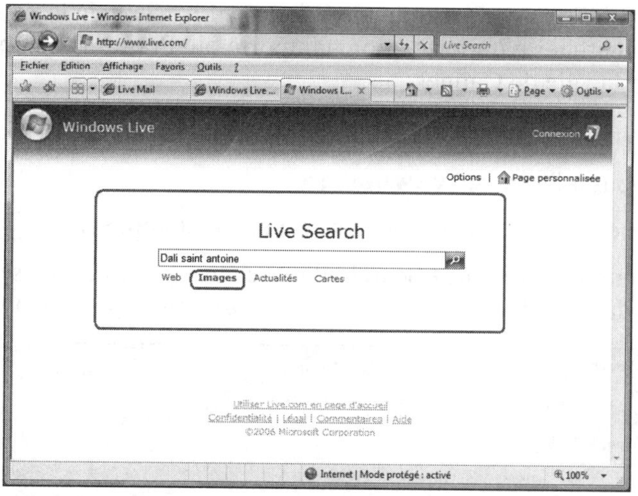

Figure 12-68 : *Recherche d'images à partir de Windows Live Search*

4. Une fois le résultat affiché, Vous pouvez consulter simplement les images ou cliquez sur l'image de votre choix pour accéder au site d'où elle provient.

Figure 12-69 : *Résultat de la recherche*

Autre fonctionnalité très sympathique de Windows Live Search, la partie *Carte*. Vous pouvez rechercher n'importe quoi, n'importe où. Prenez l'exemple de restaurants dans la ville de Cannes.

1. Activez le menu **Démarrer/Tous les programmes/Internet Explorer**.
2. Rendez-vous à l'adresse **www.live.com**.
3. Sélectionnez *Cartes* sous la zone de recherche et appuyez sur ↵.
4. Dans la fenêtre **Live Local Search**, dans le champ *Quoi*, saisissez `restaurant` et, dans le champ *Ou*, saisissez `Cannes`, puis appuyez sur ↵.

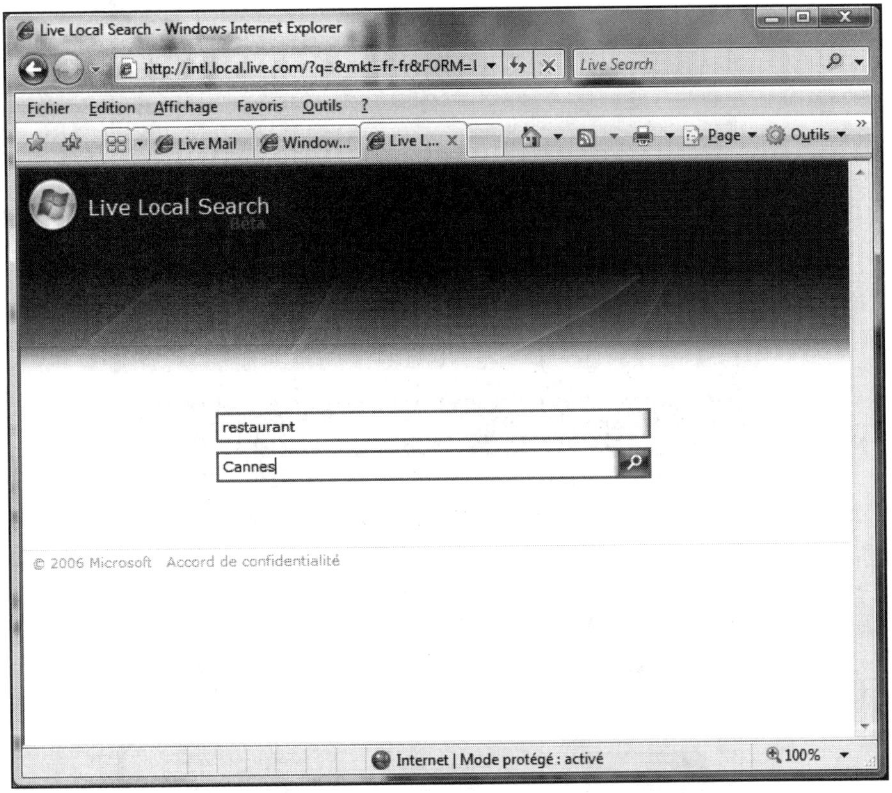

Figure 12-70 : *Exemple de recherche de restaurants dans la ville de Cannes*

5. Dans le résultat de la recherche, vous pouvez cliquer sur le résultat de votre choix et planifier un itinéraire (voir fig. 12-71).
6. Une fois que vous avez obtenu les informations sur votre restaurant, cliquez sur le signe + sur la carte pour voir dans quelle rue votre recherche se trouve. Si vous souhaitez planifier un itinéraire, cliquez sur *Itinéraire* (voir fig. 12-72, 12-73).

Figure 12-71 : *Résultat de la recherche de restaurants*

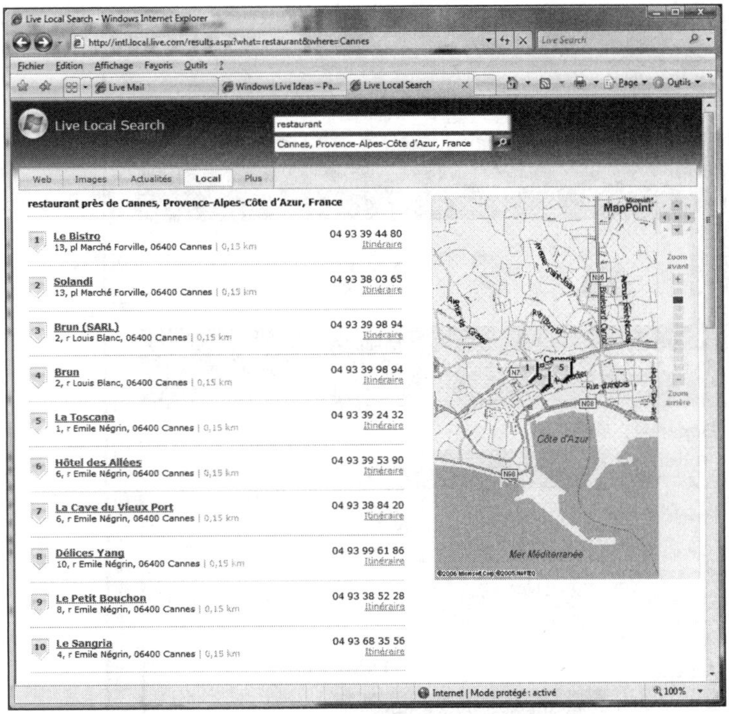

Figure 12-72 : *La carte Microsoft MapPoint sur la ville de votre recherche*

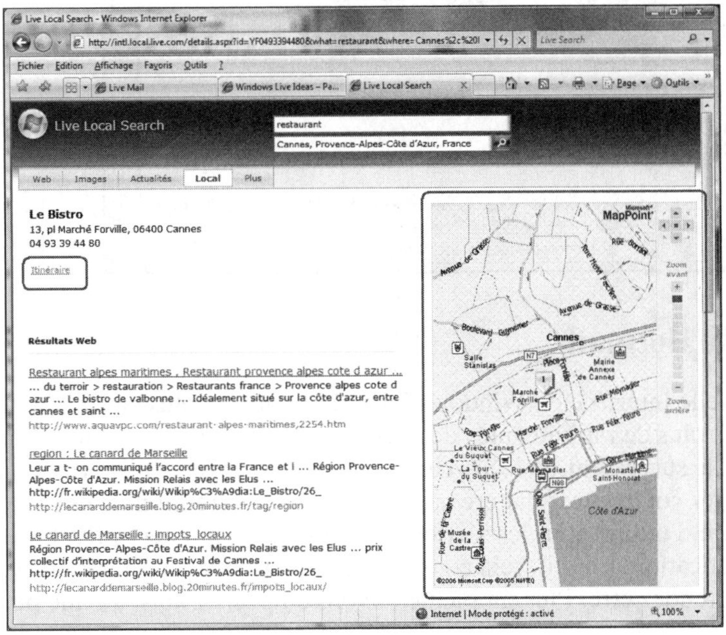

Figure 12-73 : *L'itinéraire*

Windows Live Hotmail

La nouvelle interface de Windows Live Mail apporte plus de simplicité, plus de capacité, plus de rapidité, plus de personnalité et plus de sécurité. Windows Live Mail est le successeur de MSN Hotmail ! Pour pouvoir utiliser cette messagerie, vous devez commencer par créer un passeport. La création de ce passeport va vous permettre d'utiliser tous les services Windows Live qui nécessitent une authentification. En fait, cela consiste à prouver que vous êtes bien la personne que vous prétendez être. Plus simplement, vous empêchez ainsi qu'une personne utilise votre messagerie et envoie des e-mails en votre nom, utilise votre messagerie instantanée, etc. Bref, vous préservez votre confidentialité.

Pour créer un passeport, procédez de la façon suivante :

1. Ouvrez le navigateur Internet Explorer et rendez-vous à l'adresse **www.live.com**.
2. Dans la fenêtre **Live Search**, cliquez sur **Connexion**.

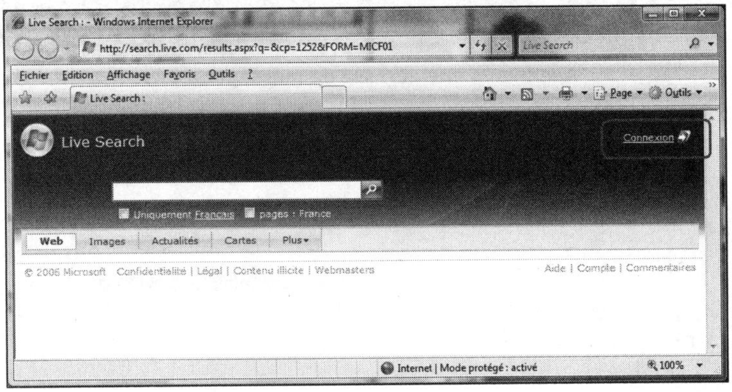

Figure 12-74 : *Connexion sous l'onglet Live Search*

3. Dans la page de connexion **Windows Live**, cliquez sur *Inscrivez-vous !*.

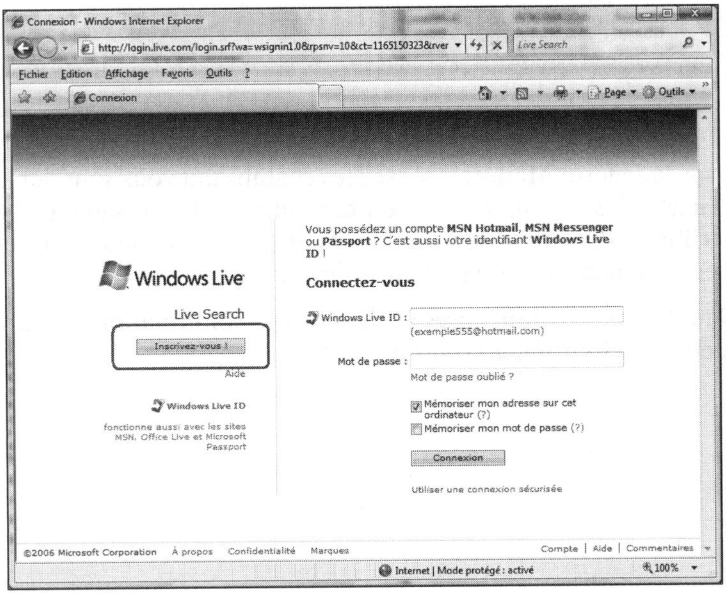

Figure 12-75 : *La fenêtre d'inscription*

4. Sur la page **Avez-vous une adresse de messagerie ?**, sélectionnez *Non, je souhaite créer une adresse de messagerie MSN Hotmail gratuite*, puis cliquez sur **Continuer**.

Figure 12-76 : *Demande d'adresse e-mail*

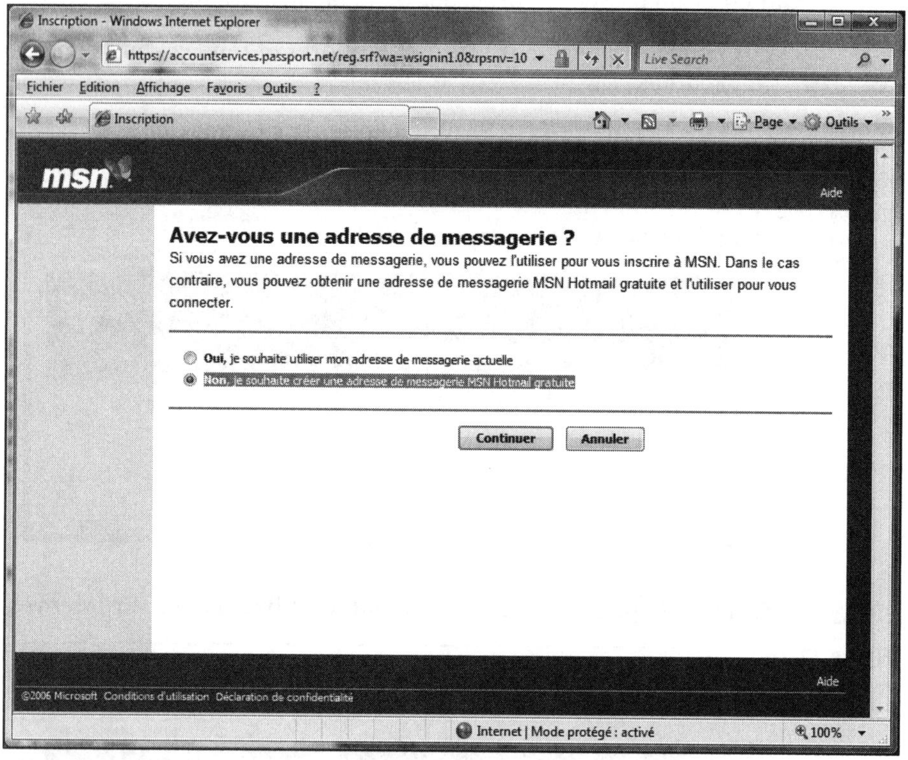

5. Dans la fenêtre **Mail**, remplissez les champs qui vous sont demandés. Dans le champ *Adresse de messagerie*, entrez l'adresse de messagerie et cliquez sur **Vérifier la disponibilité**. Une fois que vous avez indiqué tous les renseignements, cliquez sur **Accepter** (voir fig. 12-77).

6. Dans la fenêtre **Mail**, après avoir vérifié la confirmation de votre adresse, cliquez sur **Continuer** (voir fig. 12-78).

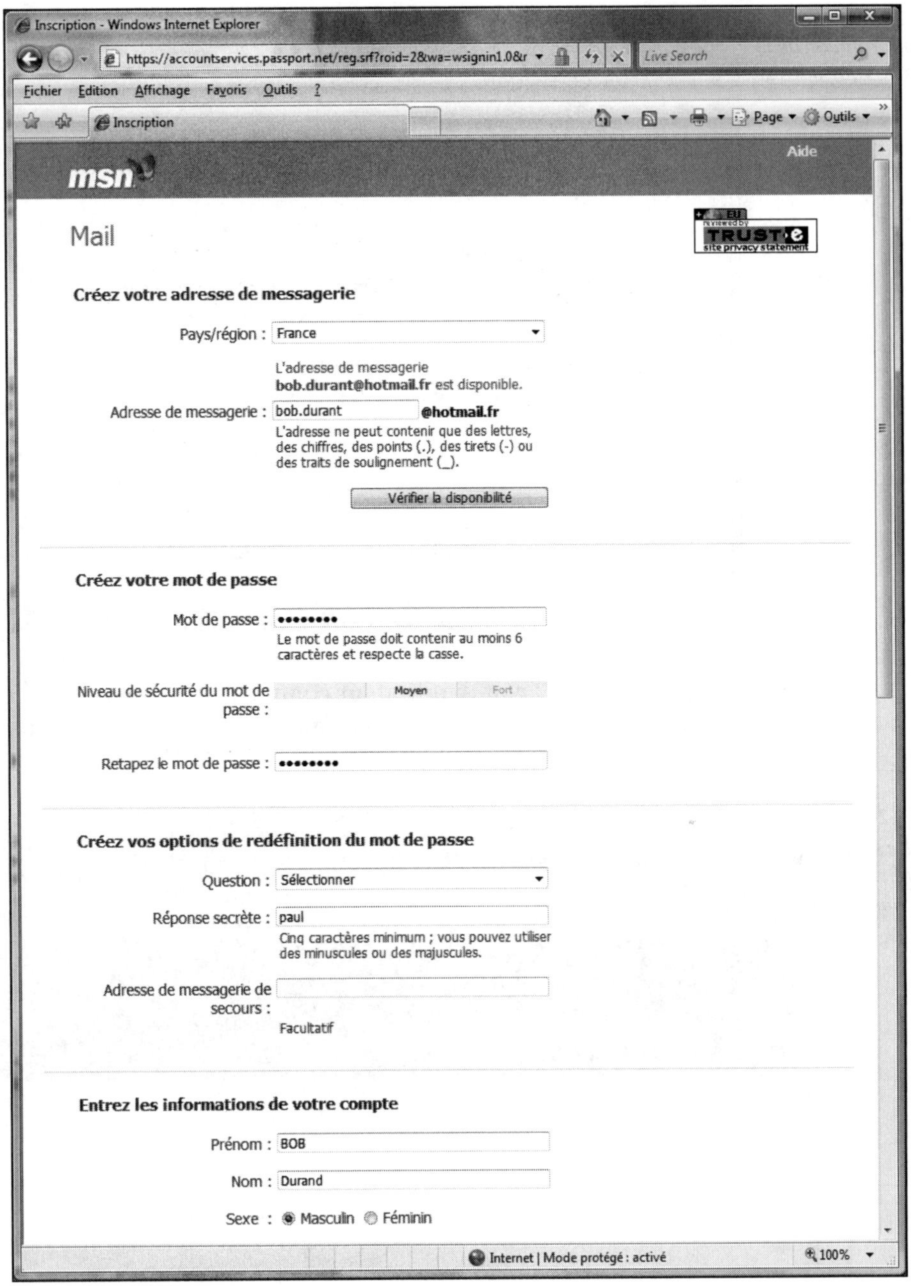

Figure 12-77 : *Création de l'adresse de messagerie*

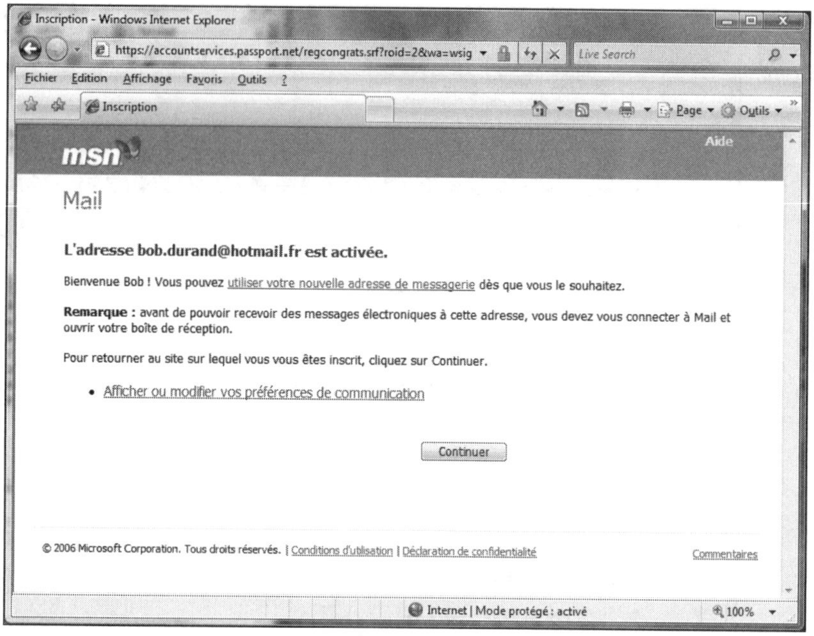

Figure 12-78 : *Confirmation de la création de votre adresse*

Votre statut est passé à l'état d'utilisateur connecté : si vous observez la fenêtre **Windows Live**, vous voyez que le bouton **Connexion** a été remplacé par le bouton **Déconnexion**.

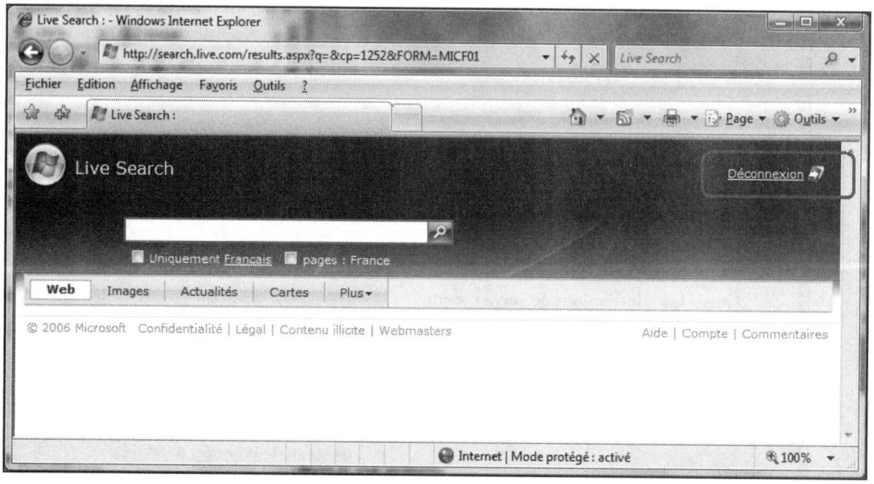

Figure 12-79 : *Le statut d'utilisateur connecté*

Windows Live Messenger

Fort du succès de MSN Messenger, Windows Live Messenger propose de nouvelles fonctionnalités conçues pour permettre aux utilisateurs d'enrichir leurs échanges instantanés ! Parmi les nouveautés : l'appel gratuit depuis le téléphone Philips compatible Windows Live Messenger vers ses amis "en ligne", l'interopérabilité avec Yahoo! Messenger, et une nouvelle option ultra-pratique : le dossier de partage !

Windows Live Spaces

MSN Spaces vous permet de partager votre univers, et de découvrir celui des autres. C'est le service de blogs le plus fréquenté du monde. Depuis son lancement, en décembre 2004, les internautes ont créé plus de 49 millions d'espaces personnels, et ce nombre devrait encore s'accroître dans les mois qui viennent… Cet espace devient Windows Live Spaces.

1. Pour rejoindre Windows Live Spaces, rendez-vous à l'adresse **www.windowslivespaces.fr/**.
2. Dans la fenêtre **Live Spaces**, cliquez sur **Créer mon espace**.

Figure 12-80 : *La fenêtre Windows Live Space*

3. Dans la fenêtre **Créez votre espace perso Windows Live**, saisissez le nom et l'adresse de votre espace, puis cliquez sur **Créer**.
4. Dans la page **Vous avez créé votre espace perso !**, vous pouvez noter qu'il est situé à l'adresse **http://Bob-durand.spaces.live.com/**. Cliquez sur **Accéder à votre espace perso**.

Figure 12-81 : *Création d'un espace perso*

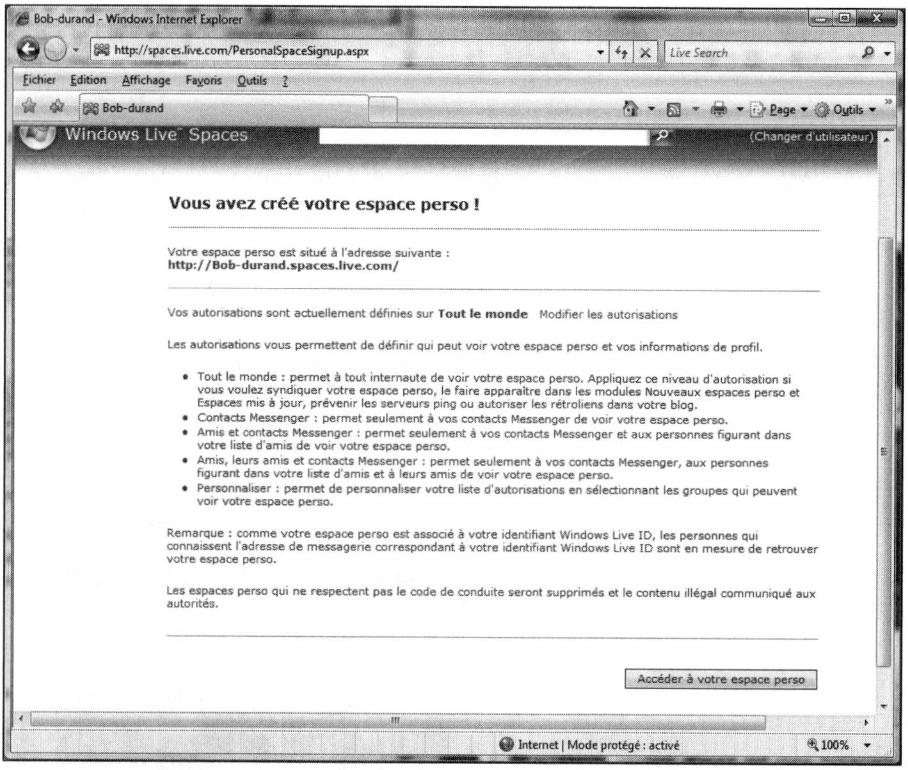

5. Une fois ouvert, remplissez votre espace comme bon vous semble.

Vous pouvez aussi bien l'utiliser pour vos loisirs que comme outil de communication professionnel.

Figure 12-82 : *Votre espace*

Social Networking

Dans Windows Live, le Social Networking s'articule autour d'une liste de contacts unifiée. Chaque utilisateur peut contacter les personnes qui partagent ses centres d'intérêt, même si elles ne font pas partie de son cercle initial. Ensuite, c'est à chacun d'accepter ou non les propositions d'agrandissement des communautés !

Windows Live Favorites

Aujourd'hui, il est possible d'utiliser l'informatique au-delà de sa propre machine… Windows Live Favorites vous permet d'accéder à vos favoris définis dans Microsoft Internet Explorer et MSN Explorer depuis n'importe quel PC connecté.

1. Pour accéder à Windows Live Favorites, rendez-vous à l'adresse **http://favorites.live.com/?mkt=fr-fr**.
2. Dans la fenêtre **Windows Live Favorites**, cliquez sur **Connexion**. Dans la fenêtre de passeport, cliquez sur votre passeport de connexion et entrez votre mot de passe.

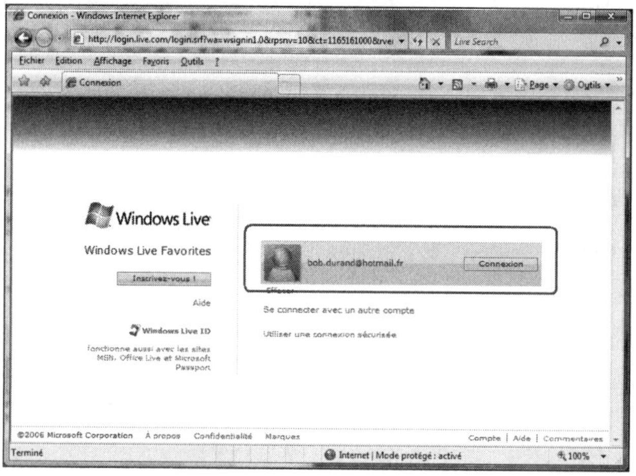

Figure 12-83 : *Connexion à votre passeport Windows Live*

3. Dans la fenêtre **Windows Live Favorites**, cliquez sur **Ajouter** pour ajouter des favoris.

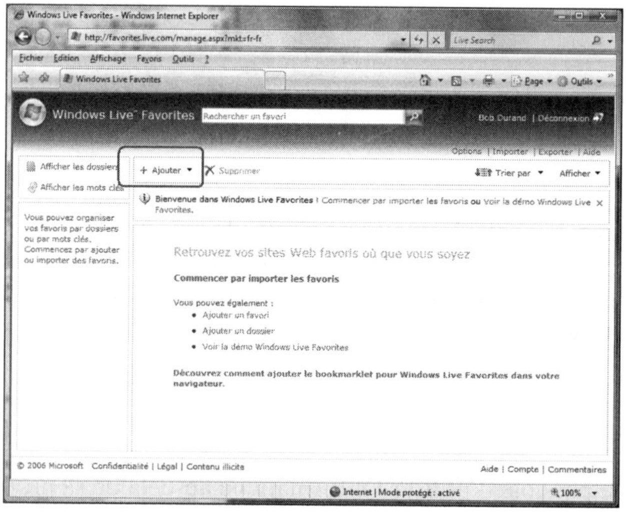

Figure 12-84 : *La fenêtre Windows Live Favorites*

Une fois vos adresses ajoutées, vous pouvez les partager, les trier et les organiser depuis n'importe quel ordinateur.

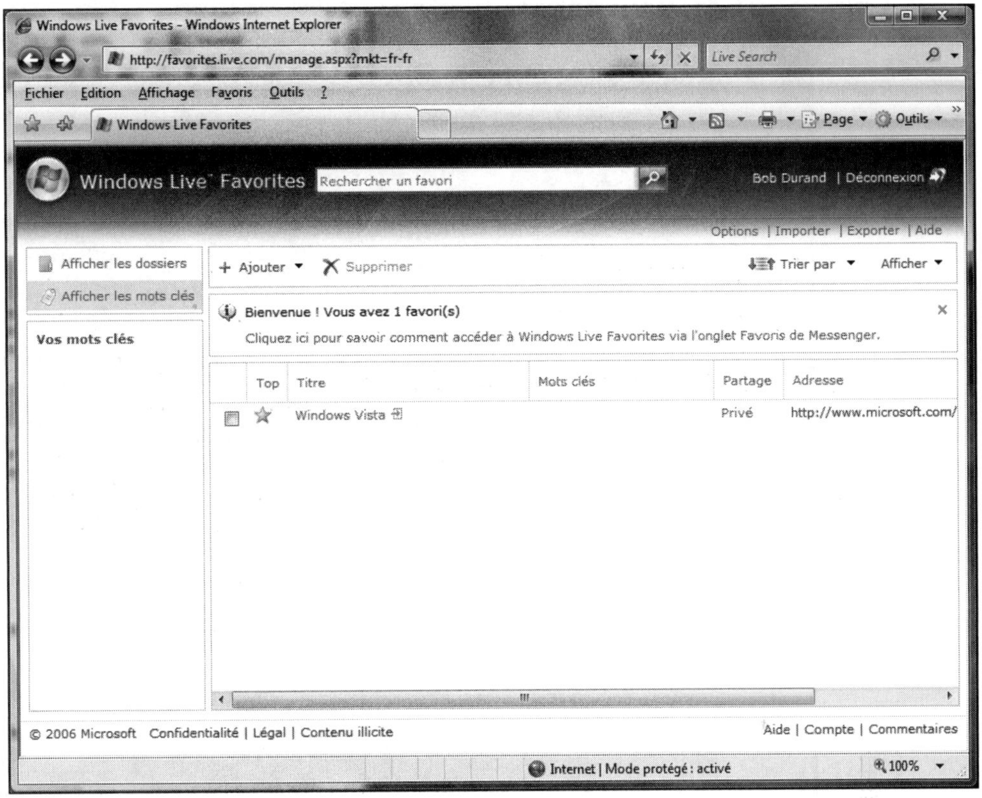

Figure 12-85 : *Liste des favoris ajoutés*

Windows Live Safety Center

Ce tout nouveau service gratuit permet aux utilisateurs de rechercher et d'éliminer les virus présents sur leur ordinateur, et offre, si on le souhaite, des fonctions complémentaires pour protéger les PC et les services Windows Live.

1. Pour accéder à Windows Live Safety Centre, rendez-vous à l'adresse **http://safety.live.com/site/fr-fr/default.htm?mkt=fr-fr**.
2. Cliquez sur **Analyse complète** pour analyser votre ordinateur (voir fig. 12-86).
3. Dans la fenêtre **Scanner de sécurité de Windows Live OneCare**, cliquez sur **Lancer une analyse complète pour Vista**.
4. Sous la rubrique *Choisissez l'analyse à effectuer*, cliquez sur *Analyse complète (recommandée)* (voir fig. 12-87).

Figure 12-86 : *Analyse de votre ordinateur par Safety Center*

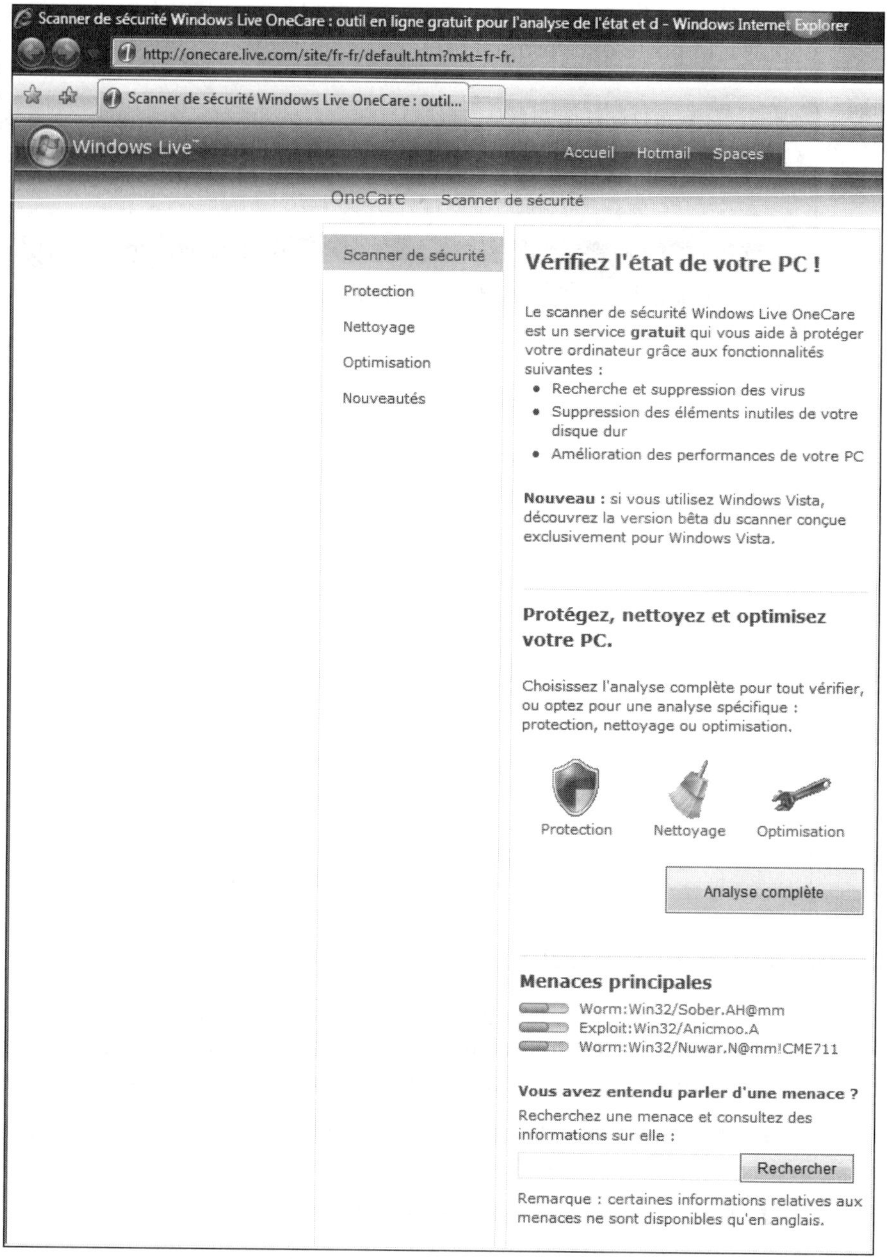

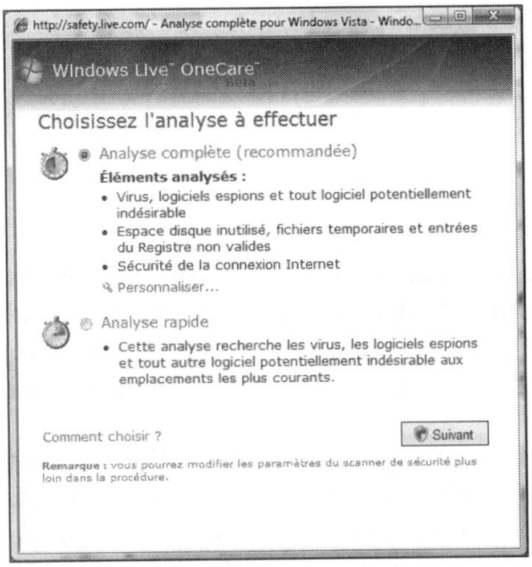

Figure 12-87 *:*
Choix de l'analyse

Une fois l'analyse terminée, Windows Live Safety Center vous propose un rapport détaillé et des actions.

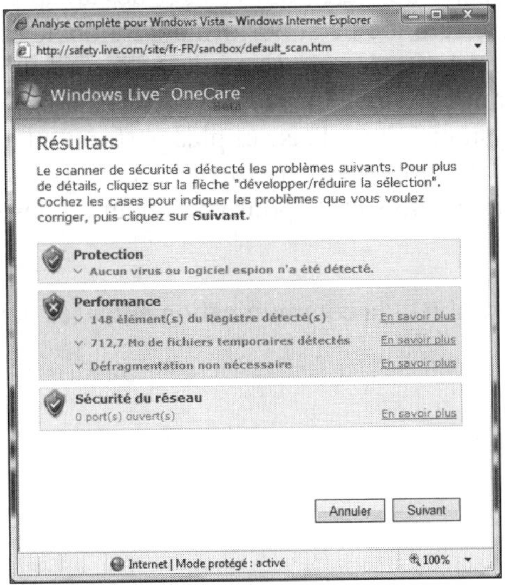

Figure 12-88 *:*
Le rapport d'analyse

Windows Live OneCare

Windows Live OneCare est un service sur abonnement. Il combine des fonctions de protection des PC contre les virus et les logiciels espions et assure des mises à jour automatiques et des optimisations régulières. Il prend également en charge la gestion des sauvegardes ; vous ne perdrez plus jamais aucun fichier !

12.5. En résumé

Windows Mail vous permet de communiquer avec d'autres personnes en envoyant des e-mails. Successeur d'Outlook Express, Windows Mail est plus robuste et plus sécurisé. Il reste l'outil de base pour la gestion des courriels. En entreprise, toute fois, vous préférerez un client de messagerie plus riche comme Outlook.

L'Espace de collaboration Windows simplifie le travail collectif, que ce soit pour échanger des fichiers ou pour travailler ensemble sur les mêmes documents. Mais ce qui est encore plus appréciable, c'est la possibilité d'organiser une réunion virtuelle vraiment très simplement, que l'on soit connecté sur Internet, sur un réseau local ou même sur son propre réseau sans fil.

Windows Vista vous propose la Reconnaissance vocale. Vous pouvez parler à votre ordinateur, lui donner des ordres et dicter du texte pour rédiger des documents ou des messages électroniques. Vous serez étonné de la performance globale de cette fonctionnalité. Il n'y a cependant pas de miracle : c'est en suivant convenablement les trois étapes de configuration (paramétrage du micro, suivi du didacticiel et entraînement) que vous rendrez le système plus à l'aise et plus performant avec votre voix. Il y a certes un temps d'adaptation et des commandes vocales à connaître, mais le didacticiel et le mode d'entraînement sont là pour vous aider : n'hésitez pas à les utiliser.

Tous ces outils améliorent la collaboration et la communication entre les personnes à partir de Windows Vista.

13

La maintenance

La maintenance de votre ordinateur Windows Vista est une étape à ne pas négliger. Quand on parle de maintenance, on parle de la sauvegarde et de la restauration de vos fichiers (ce qui est quand même d'une importance absolue) et de tous les outils et astuces qui vous permettent de réagir face à des erreurs (j'ai un message d'erreur à l'écran ou une panne matérielle, que dois-je faire ?) ou des problèmes (j'ai plus d'espace disque, je voudrai reconfigurer mes partitions...).

Cette partie est très importante car elle contribue à votre pleine satisfaction de l'utilisation de Windows Vista. Si vous maîtrisez ces éléments, alors vous ne serez pas surpris et vous saurez ce qu'il faut faire face aux difficultés. Vous allez voir que Windows Vista regorge de nouveautés dans ce sens.

13.1. Le Centre de sauvegarde et de restauration

Quand on parle de maintenance, on parle évidemment de sauvegarde et de restauration des données. Windows Vista introduit un nouveau Centre de sauvegarde et de restauration, plus robuste et plus simple à utiliser afin de renforcer et de rendre plus efficaces et plus rapides les tâches de maintenance. Mais attention, les meilleures améliorations techniques du monde ne remplaceront pas votre vigilance quant à la sauvegarde de vos fichiers. Si vous ne voulez pas être pris au dépourvu le jour noir où votre disque dur vous lâchera (la défaillance matérielle est toujours à envisager), alors soyez très vigilant lors des sauvegardes. Programmez-les comme il le faut, ne les oubliez pas !

Les méthodes de sauvegarde des fichiers

Faisons d'abord un point sur les méthodes de sauvegarde des fichiers à notre disposition afin de mieux répondre aux objectifs d'efficacité. En effet, plus la méthode de sauvegarde sera en adéquation avec les objectifs et mieux la restauration aura des chances de réussir.

Vous pouvez perdre des fichiers pour différentes raisons : en les supprimant ou en les remplaçant accidentellement, à cause d'une attaque par un virus ou un ver, en cas de défaillance logicielle ou matérielle, ou en raison d'une défaillance totale du disque dur. Pour protéger vos fichiers, vous pouvez créer une sauvegarde : un jeu de copies des fichiers stocké dans un emplacement différent des fichiers originaux. Windows Vista fournit des utilitaires de sauvegarde des fichiers, des programmes et des paramètres système.

Il est conseillé de sauvegarder les fichiers, programmes et paramètres système personnels. Vous devez également créer des points de restauration afin de pouvoir restaurer votre ordinateur à un état précédent, si nécessaire. Le tout est de savoir avec quel utilitaire et dans quelle condition.

Tableau 13-1 : Méthodes de sauvegarde

Sauvegarde	Utilitaire	Commentaire
Fichiers personnels (images, musique, documents divers)	Assistant de sauvegarde de fichiers	Pensez à sauvegarder régulièrement les fichiers que vous créez et modifiez. Il est notamment judicieux de sauvegarder vos fichiers avant d'effectuer des modifications sur votre système, par exemple ajouter un nouveau matériel, mettre à jour des pilotes, modifier le Registre ou apporter des changements importants à Windows (notamment installer un Service Pack).
La totalité de l'ordinateur	Sauvegarde intégrale Windows	Lorsque vous configurez votre ordinateur pour la première fois, vous devriez créer une image de la Sauvegarde intégrale Windows, qui revient à effectuer un instantané des programmes, des paramètres système et des fichiers sur votre ordinateur. Vous pourrez alors utiliser la sauvegarde si jamais votre ordinateur tombe en panne. Bien que ce type de sauvegarde inclue vos fichiers personnels, nous vous recommandons de sauvegarder vos fichiers régulièrement à l'aide de l'assistant de sauvegarde de fichiers. Vous devez mettre à jour l'image de la Sauvegarde intégrale Windows environ tous les six mois.

Pensez à configurer régulièrement des points de restauration afin de pouvoir annuler des paramètres, tels que des mises à jour de pilotes, qui peuvent contribuer à rendre votre ordinateur instable.

Les méthodes de stockage des sauvegardes

Avec le Centre de sauvegarde et de restauration, vous pouvez sauvegarder des fichiers sur l'un des types de stockage suivants :

- les disques durs (internes ou externes) ;
- d'autres disques amovibles ;
- les DVD et les CD inscriptibles.

Ces options sont appelées de façon globale des "médias". Vous pouvez également utiliser un service de stockage de fichiers à partir d'Internet. Au moment de choisir quelle option utiliser, comparez l'aspect pratique, le prix et la simplicité d'utilisation et prenez en compte la quantité et la taille des fichiers que vous souhaitez sauvegarder.

Voici quelques conseils sur ces différents supports de stockage…

- **Disques durs internes** : vous pouvez installer un second disque dur interne sur l'ordinateur et l'utiliser pour sauvegarder des fichiers. Les disques durs sont relativement bon marché et ne sont pas affectés si des problèmes se produisent sur votre système d'exploitation. Vous pouvez même installer le disque sur un autre ordinateur si vous achetez une nouvelle machine et que vous souhaitiez utiliser le disque pour les sauvegardes. Ne sauvegardez jamais des fichiers dans un emplacement situé sur le même disque dur que celui sur lequel Windows est installé car, si l'ordinateur est contaminé par un virus ou présente une défaillance logicielle, vous devrez peut-être reformater le disque et réinstaller Windows pour restaurer votre système.
- **Disques durs externes** : si l'ordinateur comporte un port USB, vous pouvez y attacher un disque dur externe, puis y sauvegarder des fichiers. Assurez-vous d'acheter un disque dur externe qui comporte suffisamment d'espace pour vos sauvegardes (un volume de 200 Go à 300 Go est généralement un bon choix). Pour une protection maximale, conservez votre disque dur dans un endroit à l'abri des risques d'incendies et éloigné de votre ordinateur.
- **Disques inscriptibles** : vous pouvez également enregistrer vos fichiers sur des DVD ou des CD. Vérifiez que les disques sont inscriptibles, ce qui signifie que vous pouvez ajouter, supprimer ou modifier le contenu. Si vous décidez d'utiliser cette méthode et que vous ayez beaucoup de fichiers à sauvegarder, assurez-vous que vous disposez de suffisamment de disques. L'assistant de sauvegarde de fichiers vous indique la quantité d'espace requise à chaque fois que vous effectuez une sauvegarde et recommande le type de média à utiliser. Ajoutez des étiquettes avec la date et l'heure de la sauvegarde sur vos disques, afin de faciliter la recherche plus tard. Pour une protection maximale, conservez les disques dans un endroit à l'abri des risques d'incendies et éloigné de votre ordinateur.

De manière générale, conservez toujours le stockage ou les médias amovibles utilisés pour les sauvegardes (tels que des disques durs externes, des DVD ou des CD) dans un endroit sûr afin d'empêcher que des personnes non autorisées n'accèdent à vos fichiers.

Sauvegarder les fichiers

Voyons techniquement comment se comporte le nouveau Centre de sauvegarde et restauration de Windows Vista en commençant par la sauvegarde, puis la restauration.

Pour vous assurer de ne pas perdre des fichiers que vous créer, modifier et stocker sur votre ordinateur, vous devez les sauvegarder régulièrement. Vous pouvez sauvegarder manuellement des fichiers à tout moment ou configurer des sauvegardes automatiques.

1. Cliquez sur le logo de démarrage Windows.
2. Cliquez sur **Tous les programmes**, puis sur **Maintenance** et sur **Centre de sauvegarde et restauration**.

Figure 13-1 : *Le Centre de Sauvegarde et de restauration*

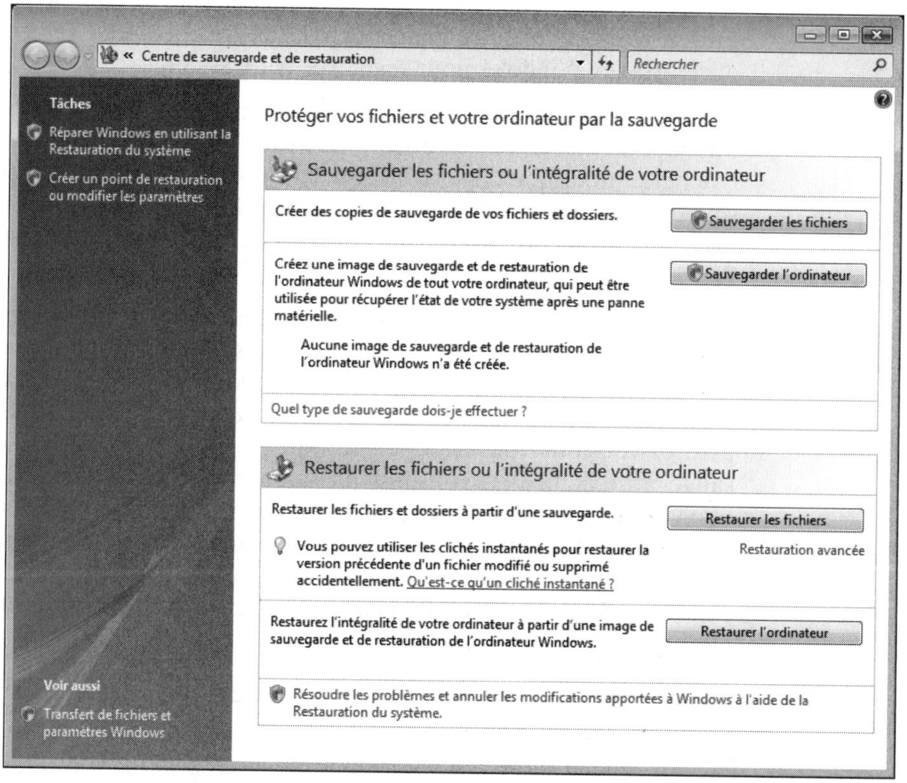

L'interface graphique est très épurée, on s'y repère en un instant ! Vous découvrez un bloc de sauvegarde et un bloc de restauration, chaque bloc étant subdivisé en deux parties : l'une destinée aux fichiers, l'autre à l'ordinateur.

3. Cliquez sur **Sauvegarder les fichiers**, puis suivez les étapes de l'assistant (notamment, définissez la fréquence de la sauvegarde). Si vous êtes invité à fournir un mot de passe administrateur ou une confirmation, fournissez-les.

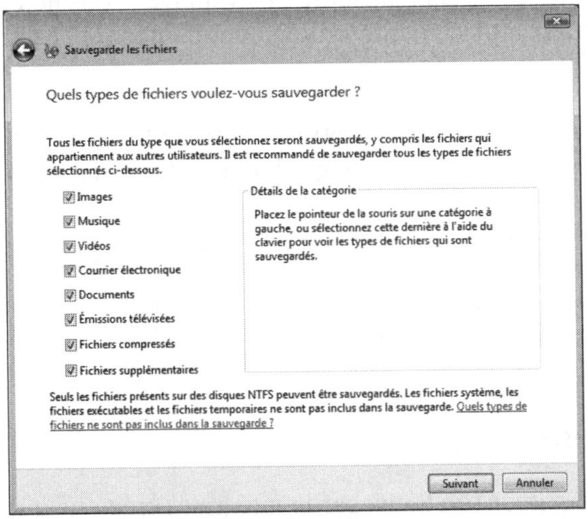

Figure 13-2 : *L'assistant de sauvegarde des fichiers*

Figure 13-3 : *Fréquence de sauvegarde*

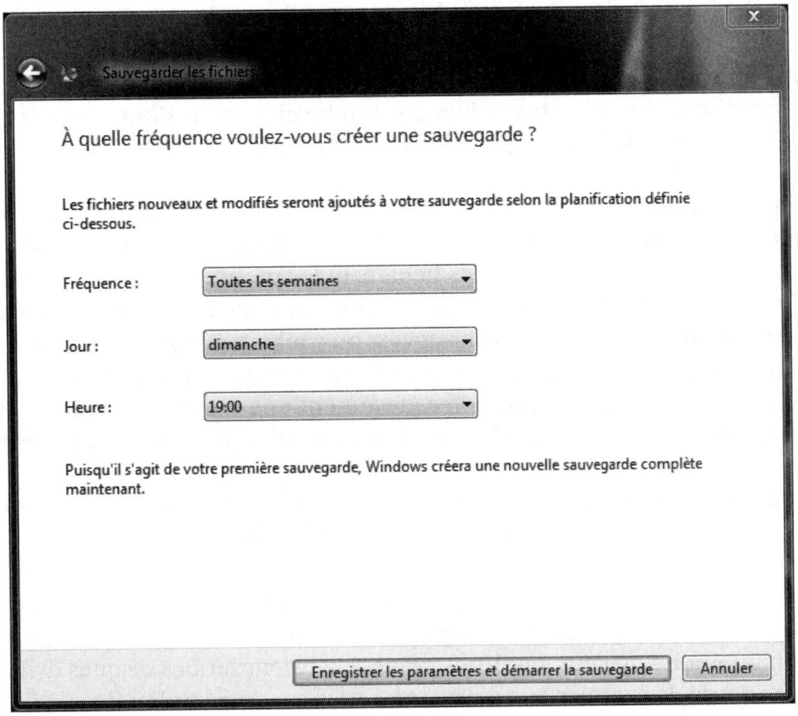

Vous remarquez que vous pouvez sélectionner le type de fichiers que vous voulez sauvegarder et non des emplacements spécifiques. C'est une nouveauté un peu déroutante dans le sens où vous ne choisissez que des types de fichiers à sauvegarder et non des emplacements. Mais cela présente un avantage : vous ne risquez plus d'oublier un ou plusieurs emplacements stratégiques contenant des fichiers importants.

Vous verrez un peu plus loin dans ce chapitre comment utiliser une autre fonctionnalité qui vous permettra de sauvegarder et de restaurer fichier par fichier.

Conservez toujours les médias utilisés pour les sauvegardes (tels que des disques durs externes, des DVD ou des CD) dans un endroit sûr afin d'empêcher que des personnes non autorisées n'accèdent à vos fichiers. Il est également recommandé de les placer dans un endroit à l'abri des incendies et éloigné de votre ordinateur.

Sauvegarder l'ordinateur

La sauvegarde de l'ordinateur (ou Sauvegarde intégrale) crée une image de sauvegarde, qui contient des copies de vos programmes, des paramètres système et des fichiers. L'image de sauvegarde est ensuite stockée dans un emplacement distinct des programmes, des paramètres et des fichiers originaux. Vous pouvez utiliser cette image de sauvegarde pour restaurer le contenu de votre ordinateur si votre disque dur ou votre ordinateur tombe en panne. Vous devez créer une image de la Sauvegarde intégrale Windows environ tous les six mois.

Si votre ordinateur comporte plusieurs partitions, vous devez exécuter la Sauvegarde intégrale Windows peu de temps après la configuration de votre ordinateur. La sauvegarde doit inclure tous les fichiers et les programmes sur toutes les partitions. Vous posséderez ainsi une image de sauvegarde de la configuration d'origine de votre ordinateur au cas où vous deviez ou souhaitiez restaurer votre ordinateur à cet état. Enregistrez l'image de sauvegarde sur une autre partition que celle sur laquelle Windows est installé et conservez également une sauvegarde sur un disque externe ou un jeu de DVD, en cas de défaillance des disques durs de votre ordinateur.

Pour créer une image de la Sauvegarde intégrale Windows, votre disque dur doit être formaté pour utiliser le système de fichiers NTFS. Par ailleurs, si vous enregistrez la sauvegarde sur un disque dur externe, celui-ci doit également être formaté pour utiliser le système de fichiers NTFS. De même, le disque dur sur lequel vous enregistrez la sauvegarde doit être un disque de base (par défaut), et non un disque dynamique. Vous pouvez sauvegarder des disques dynamiques, mais vous devez dans ce cas les sauvegarder tous sur votre ordinateur.

Lorsque vous utilisez une image de la Sauvegarde intégrale Windows pour restaurer votre ordinateur, il s'agit d'une restauration complète. Vous ne pouvez pas choisir de restaurer des éléments individuels, et tous vos programmes, paramètres système et fichiers actuels sont remplacés. Pensez à sauvegarder régulièrement vos fichiers à l'aide de l'assistant de sauvegarde de fichiers (voir plus haut).

1. Cliquez sur le logo de démarrage Windows.
2. Cliquez sur **Tous les programmes**, puis sur **Maintenance** et sur **Centre de sauvegarde et restauration**.
3. Cliquez sur **Sauvegarder l'ordinateur**, puis suivez les étapes de l'assistant. Si vous êtes invité à fournir un mot de passe administrateur ou une confirmation, fournissez-les.

Figure 13-4 : *Sauvegarde de l'ordinateur*

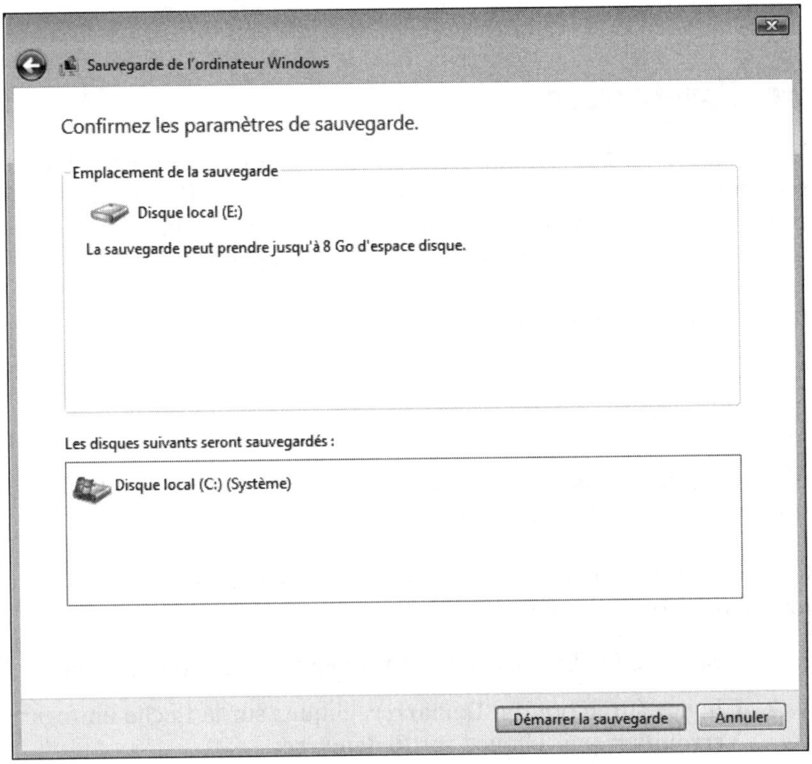

Ce type de sauvegarde ne peut être effectué que sur un CD, un DVD ou un disque dur. Étant donné la taille, il n'y a pas grand intérêt de la mettre sur CD ou DVD. Le programme de sauvegarde vous indique si le type de stockage sélectionné comporte suffisamment d'espace pour tous les programmes, paramètres système et fichiers. Si la quantité d'espace n'est pas suffisante, vous devrez recourir à un type de stockage qui peut contenir davantage de données.

ATTENTION

Format de l'image de sauvegarde

Vous remarquerez alors que l'outil de sauvegarde de l'ordinateur crée un fichier avec l'extension *.vhd*. Ce type d'extension de fichier se rencontre également pour les disques durs virtuels utilisés par les produits de virtualisation Virtual PC 2007 et Virtual Server 2005 R2. Cela signifie que vous pouvez, en cas de besoin, ouvrir cette image de sauvegarde à l'aide de Virtual PC et de Virtual Server 2005 R2, démarrer une image virtuelle rapidement en cas d'indisponibilité de la machine physique ou, plus simplement, manipuler le contenu de l'image de sauvegarde.

Restaurer l'ordinateur

Une image de la Sauvegarde intégrale Windows contient des copies de vos programmes, des paramètres système et des fichiers. Il s'agit d'une sauvegarde complète que vous pouvez utiliser pour restaurer le contenu de votre ordinateur si votre disque dur ou votre ordinateur tombe en panne.

Lorsque vous restaurez votre ordinateur à partir d'une image de la Sauvegarde intégrale Windows, il s'agit d'une restauration complète. Vous ne pouvez pas choisir de restaurer des éléments individuels, et tous vos programmes, paramètres système et fichiers actuels sont remplacés.

Avant de commencer, vérifiez que le média amovible sur lequel la sauvegarde est stockée est disponible, le cas échéant.

Cette méthode de restauration est utile si un disque d'installation Windows Vista est fourni avec votre ordinateur.

1. Insérez le DVD d'installation Windows Vista, puis redémarrez l'ordinateur.
2. Cliquez sur le bouton **Démarrer**, cliquez sur la flèche en regard du bouton **Verrouiller**, puis cliquez sur **Redémarrer**.
3. Au redémarrage et lors du boot sur le DVD d'installation, sélectionnez les paramètres de langue, puis cliquez sur **Suivant**.
4. Cliquez sur **Réparer votre ordinateur**.

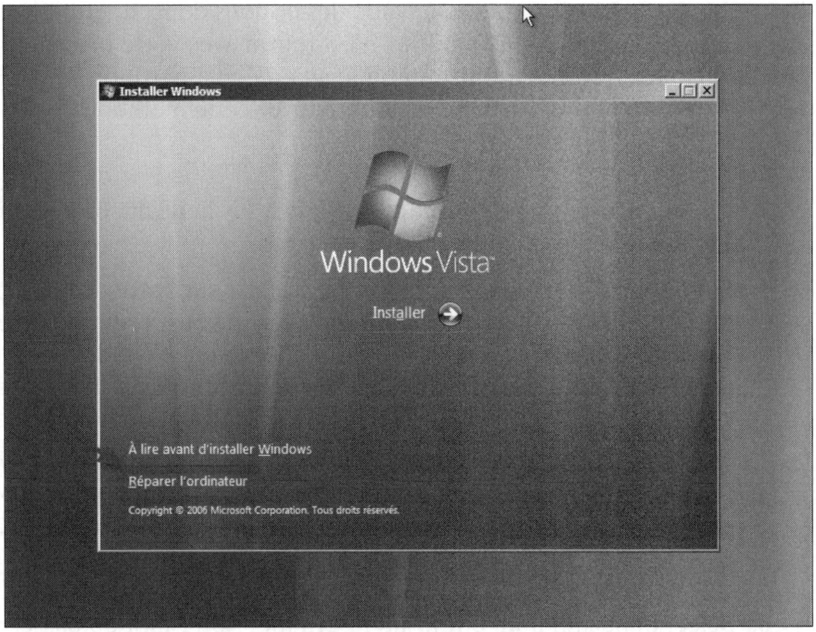

Figure 13-5 : *Cliquez sur Réparer votre ordinateur*

5. Sélectionnez le système d'exploitation que vous souhaitez réparer, puis cliquez sur **Suivant**.
6. Dans le menu **Options de récupération système**, cliquez sur **Restauration Complète PC Windows**, puis suivez les instructions qui s'affichent.

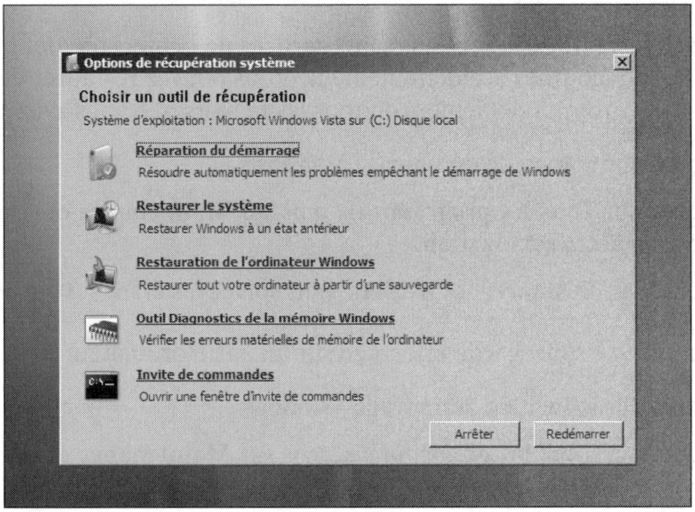

Figure 13-6 *: La fenêtre Options de récupération système*

Pour effectuer une restauration à l'aide des options de récupération préinstallées, si aucun disque d'installation Windows n'est fourni avec votre ordinateur (et à condition que le revendeur informatique ait créé une partition de maintenance ; renseignez-vous auprès du constructeur), suivez cette méthode :

1. Redémarrez l'ordinateur.
2. Cliquez sur le bouton **Démarrer**, cliquez sur la flèche en regard du bouton **Verrouiller**, puis cliquez sur **Redémarrer**.
3. Si un seul système d'exploitation est installé sur votre ordinateur, appuyez plusieurs fois sur la touche [F8] pendant que votre ordinateur redémarre. Vous devez appuyer sur [F8] pour afficher le logo Windows. Si le logo Windows s'affiche, réessayez. Si plusieurs systèmes d'exploitation sont installés sur votre ordinateur, utilisez les touches de direction pour sélectionner le système d'exploitation à démarrer en mode sans échec, puis appuyez sur [F8].
4. Dans le menu **Options de démarrage avancées**, utilisez les touches fléchées pour sélectionner **Réparer votre ordinateur**, puis appuyez sur [↵].
5. Sélectionnez une disposition du clavier, puis cliquez sur **Suivant**.
6. Sélectionnez un nom d'utilisateur et tapez votre mot de passe, puis cliquez sur OK.
7. Dans le menu **Options de récupération système**, cliquez sur **Restauration Complète PC Windows**, puis suivez les instructions qui s'affichent.

Restaurer des fichiers à partir d'une sauvegarde de fichiers

Vous pouvez restaurer des versions sauvegardées de fichiers qui ont été perdus, endommagés ou modifiés accidentellement. Vous pouvez restaurer des fichiers individuels, des groupes de fichiers ou tous les fichiers que vous avez sauvegardés.

1. Cliquez sur le logo de démarrage Windows.
2. Cliquez sur **Tous les programmes**, puis sur **Maintenance** et sur **Centre de sauvegarde et restauration**.
3. Cliquez sur **Restaurer les fichiers**, puis suivez les étapes (voir fig. 13-7).

Pour restaurer une sauvegarde effectuée sur un autre ordinateur :

1. Cliquez sur le logo de démarrage Windows.
2. Cliquez sur **Tous les programmes**, puis sur **Maintenance** et sur **Centre de sauvegarde et restauration**.
3. Cliquez sur **Restauration avancée** (voir fig. 13-8).

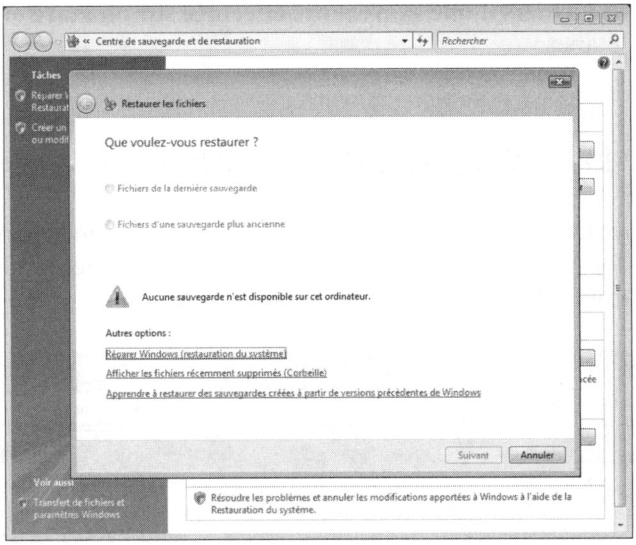

Figure 13-7 : *Restauration de fichiers*

Figure 13-8 : *Restauration avancée*

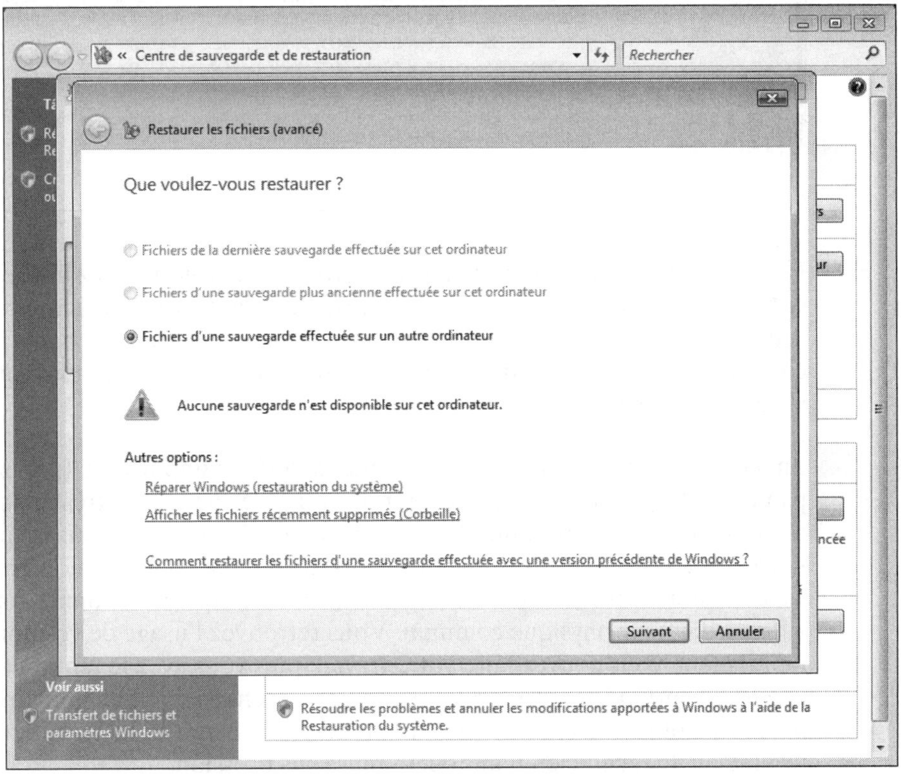

4. Cliquez sur **Fichiers d'une sauvegarde effectuée sur un autre ordinateur**, puis suivez les étapes.

13.2. Manipuler la sauvegarde de l'ordinateur

Quand vous sauvegardez un ordinateur Windows Vista, l'image générée est donc au format *.vhd*. Le format *.vhd* est un format standard utilisé par les outils de virtualisation Virtual PC 2007 et Virtual Server 2005 R2.

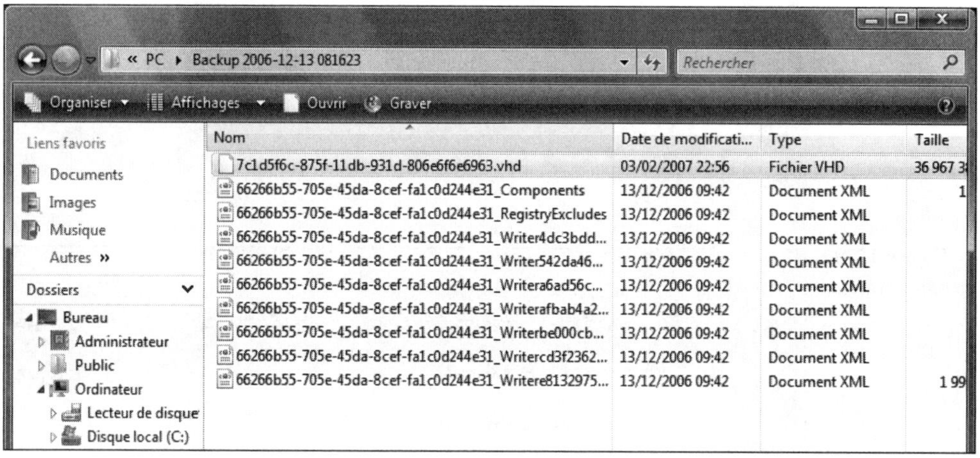

Figure 13-9 : *Le fichier .vhd créé à la suite d'une sauvegarde de l'ordinateur*

Puisque vous êtes l'administrateur de l'ordinateur, vous pouvez utiliser les outils de virtualisation afin de rendre la sauvegarde flexible. Il vous faut simplement monter cette sauvegarde avec une lettre de lecteur afin d'en extraire certains fichiers ou configurer cette sauvegarde comme un disque dur virtuel additionné à une machine virtuelle déjà existante.

Imaginez le scénario suivant : une panne matérielle importante (par exemple une panne de disque dur) survient le jour où vous avez un travail très important à réaliser sur des fichiers situés localement sur ce disque dur et faisant partie de la sauvegarde récente de l'ordinateur. Alors, il vous est facile de monter une machine virtuelle toute prête, avec la sauvegarde comme disque additionnel, à partir d'un autre ordinateur physique commun. Vous retrouvez l'usage de vos données rapidement, vous pouvez faire votre travail, puis vous avez le temps de demander une intervention sur votre ordinateur à votre technicien de maintenance. Tout le monde y trouve son compte, vous n'attendez plus stressé l'intervention du technicien, le technicien n'intervient plus sous pression.

Monter une sauvegarde d'ordinateur comme disque dur virtuel additionnel

Avec Virtual PC 2007 et Virtual Server 2005 R2, créez une machine virtuelle sur laquelle vous installez un système d'exploitation (comme Windows Vista ou Windows XP), puis montez un disque dur virtuel additionnel correspondant à la sauvegarde de l'ordinateur. Vous accéderez aux données de la sauvegarde et vous pourrez les manipuler.

Prenons l'exemple d'une machine virtuelle sous Virtual PC 2007. Une fois qu'elle est créée et que le système d'exploitation est installé, procédez ainsi :

1. Lancez Virtual PC 2007 en cliquant sur le logo Windows de démarrage, puis sur le menu **Tous les programmes/Microsoft Virtual PC**.
2. Sélectionnez une machine virtuelle déjà créée, mais assurez-vous qu'elle est arrêtée.
3. Dans la colonne de droite, cliquez sur **Paramètres**.

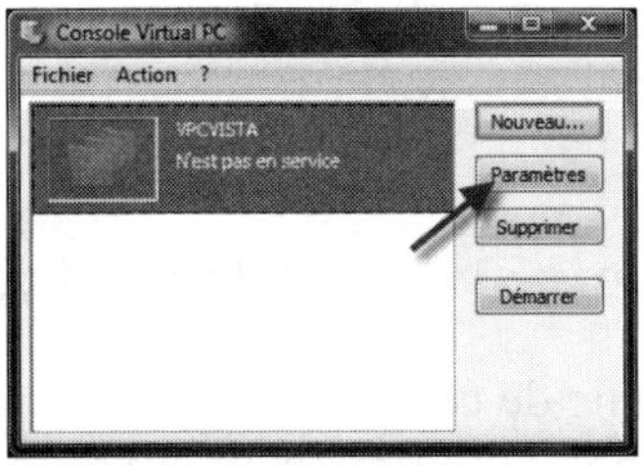

Figure 13-10 : *Configuration d'une machine virtuelle existante*

4. Dans la colonne de droite, cliquez sur **Disques dur 2**. Dans la colonne de gauche, cliquez sur le bouton radio *Fichier de disque dur virtuel*, puis sur **Parcourir...**.

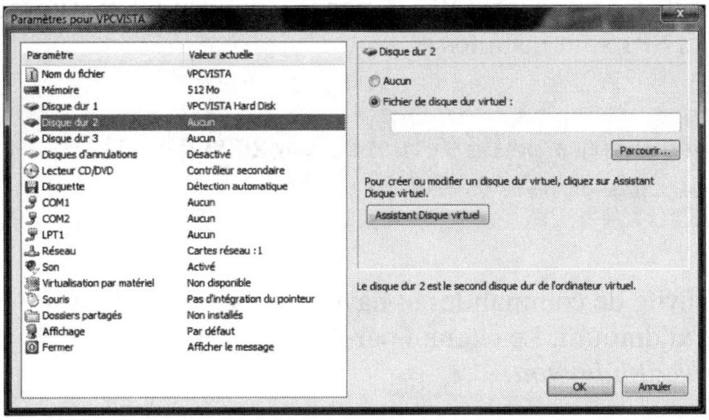

Figure 13-11 : *Ajout de la sauvegarde de l'ordinateur comme disque dur virtuel supplémentaire*

5. Suivez le chemin jusqu'au fichier *.vhd* généré par la sauvegarde de l'ordinateur Windows Vista et validez.
6. Démarrez la machine virtuelle.
7. Une fois démarrée, ouvrez une session, puis ouvrez la Gestion des disques. Vous voyez un disque additionnel, comme un nouveau disque dur.

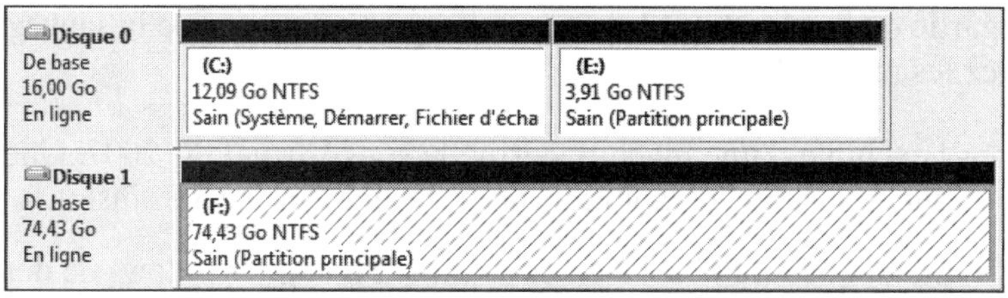

Figure 13-12 : *Nouveau disque dur dans la machine virtuelle*

8. Accédez aux données. Vous retrouvez toutes les données que vous avez sauvegardées. Là, vous pouvez extraire ou travailler sur les fichiers qui vous sont utiles.

Attention tout de même ! Lorsque vous travaillez sur des fichiers extraits d'une sauvegarde, n'oubliez pas de les sauvegarder à nouveau.

Manipuler une sauvegarde d'ordinateur avec l'utilitaire vhdmount

L'utilitaire *vhdmount.exe* est un outil en ligne de commande apporté par le Service Pack 1 de Virtual Server 2005 R2 qui permet d'ouvrir le contenu d'un fichier *.vhd* directement à partir de l'ordinateur hôte.

Vous pouvez vous servir de cet utilitaire pour ouvrir l'image en lui donnant une lettre de lecteur, comme si un disque supplémentaire était ajouté à l'ordinateur hôte ; pas besoin de machine virtuelle. À partir d'un ordinateur sur lequel Virtual Server 2005 R2 et SP1 sont installés :

INTERNET

Téléchargement gratuit de Virtual Server 2005 R2 SP1

- www.microsoft.com/downloads

1. Ouvrez l'Invite de commandes et naviguez jusqu'au répertoire contenant l'utilitaire vhdmount. Le chemin par défaut est *C:\Program Files\Microsoft Virtual Server\Vhdmount*.

2. Tapez la commande `vhdmount /m <chemin\NomSauvegarde.vhd> Z` (où `<chemin\NomSauvegarde.vhd>` représente le chemin complet vers le fichier image de la sauvegarde de l'ordinateur et `Z` la lettre de lecteur que vous souhaitez affecter à la sauvegarde). Validez.

Figure 13-13 : *Montage d'une sauvegarde d'ordinateur par vhdmount*

Le pilote Microsoft Virtual Server Storage Device s'installe.

3. S'il ne s'installe pas comme il faut, ouvrez le Gestionnaire de périphériques en cliquant sur le logo Windows de démarrage, puis sur **Panneau de configuration/Système et maintenance/Gestionnaire de périphériques**.

Figure 13-14 : *Le Gestionnaire de périphériques signale le pilote erroné*

4. Cliquez avec le bouton droit de la souris sur le pilote erroné, puis sur **Propriétés**. Dans la fenêtre qui s'ouvre, cliquez sur l'onglet **Pilote**, puis sur le bouton **Mettre à jour le pilote**.

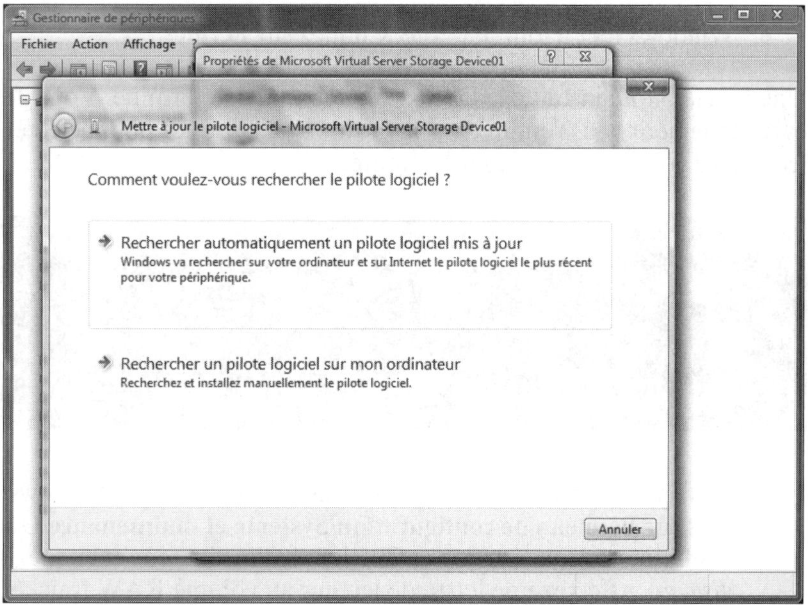

Figure 13-15 : *Recherche d'un nouveau pilote*

5. Cliquez sur *Rechercher un pilote logiciel sur mon ordinateur*, puis sur *Me laisser choisir parmi une liste de pilotes de périphériques sur mon ordinateur*. Sélectionnez *Microsoft Virtual Server Storage Device* et cliquez sur **Suivant**.

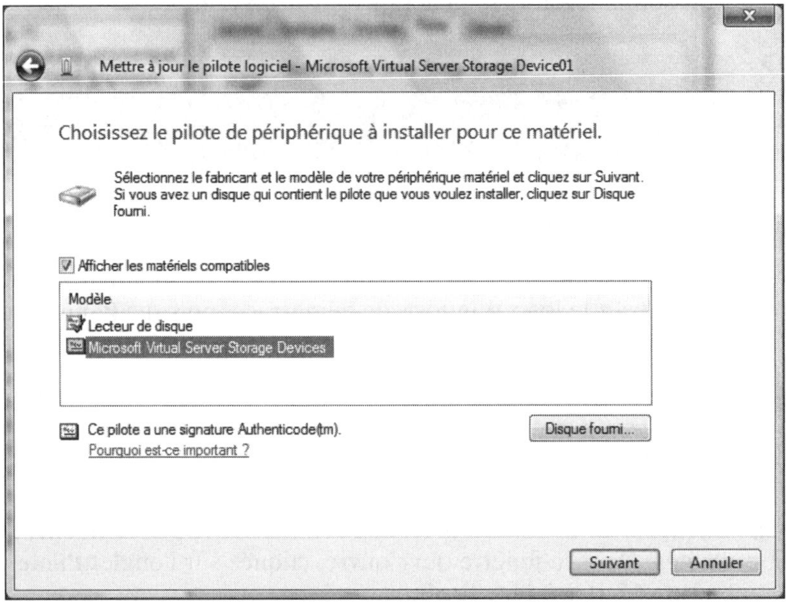

Figure 13-16 : *Sélection du bon pilote*

6. Windows met à jour le pilote. Cliquez sur **Fermer**.

Une fois le pilote installé, la ligne de commandes se termine. Vous devez éventuellement vous rendre dans la Gestion des disques pour affecter une lettre de lecteur au volume de sauvegarde monté.

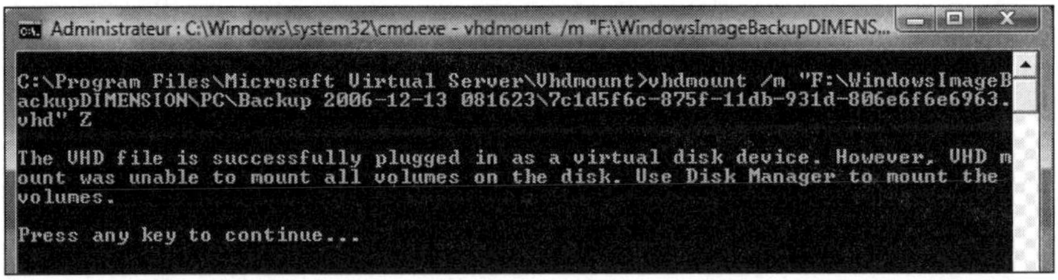

Figure 13-17 : *Fin de la commande vhdmount*

7. Ouvrez la Gestion des disques en cliquant sur le logo Windows de démarrage, puis sur **Panneau de configuration/Système et maintenance/Outils d'administration**. Ouvrez la Gestion de l'ordinateur et cliquez sur *Gestion des disques*. Affectez une lettre de lecteur au volume RAW fraîchement monté, par exemple la lettre *Z*.

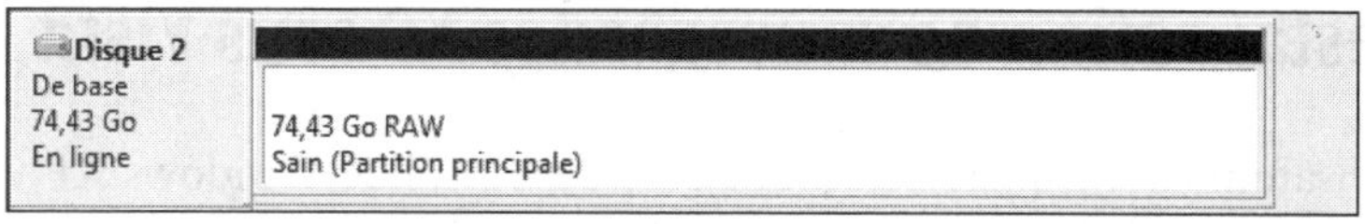

Figure 13-18 : *Un nouveau disque apparaît*

Il ne vous reste qu'à accéder à vos données et à les manipuler selon vos besoins.

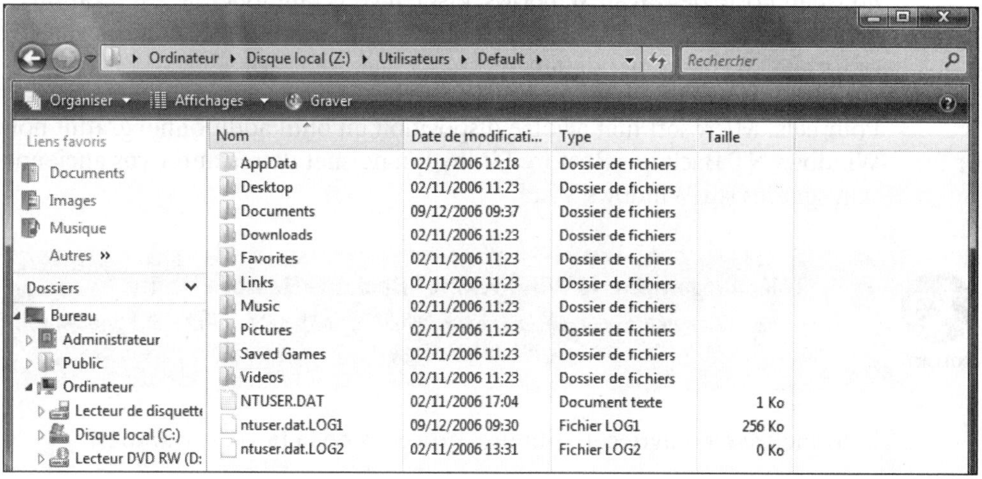

Figure 13-19 : *Les données de la sauvegarde de l'ordinateur sont exploitables*

Attention tout de même ! Lorsque vous travaillez sur des fichiers extraits d'une sauvegarde, n'oubliez pas de les sauvegarder à nouveau.

Si vous souhaitez démonter la sauvegarde de votre ordinateur hôte :

1. Ouvrez une Invite de commandes et naviguez jusqu'au répertoire contenant l'utilitaire `vhdmount`. Par défaut, le chemin est *C:\Program Files\Microsoft Virtual Server\Vhdmount*.
2. Tapez la commande `vhdmount /u <chemin\NomSauvegarde.vhd>` (où `<chemin\NomSauvegarde.vhd>` représente le chemin complet vers le fichier image de la sauvegarde de l'ordinateur). Validez.

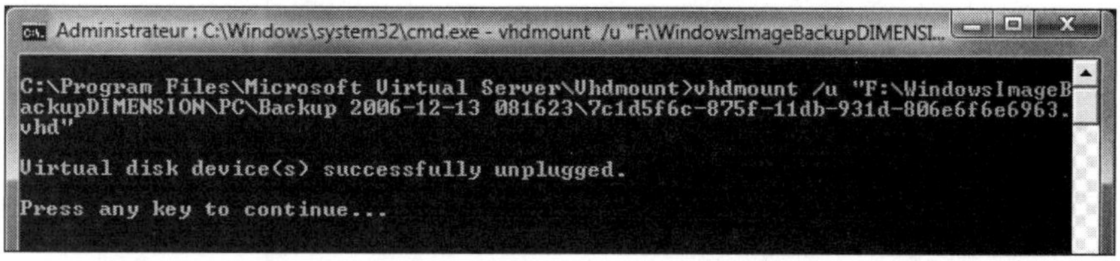

Figure 13-20 : *Démontage de la sauvegarde de l'ordinateur*

13.3. La restauration de sauvegardes XP sous Vista

Les utilisateurs qui transfèrent leur Poste de travail de Windows XP vers Windows Vista et qui ont l'habitude de sauvegarder leurs données avec l'utilitaire de sauvegarde de Windows XP (NTBackup) savent que les fichiers sont sauvegardés au format *.bkf*. Si vous voulez restaurer d'anciens fichiers Windows XP sur votre nouveau Poste de travail Windows Vista, il vous faut jouer la restauration à partir du fichier de sauvegarde *.bkf* vers Windows Vista, sachant que ce dernier ne prend plus ce format en charge par défaut.

Pour cela, Microsoft met à votre disposition un outil additionnel gratuit nommé Windows NT Backup - Restore Utility qui permet de restaurer vos anciennes sauvegardes sur Windows Vista.

INTERNET

Téléchargement de Windows NT Backup - Restore Utility

- **www.microsoft.com/downloads/details.aspx?familyid=7DA725E2-8B69-4C65-AFA3-2A53107D54A7&mg_id=10105&displaylang=en**

Pour mettre en œuvre cet utilitaire, procédez de la façon suivante :

1. Cliquez sur le logo Windows de démarrage, puis sur **Panneau de Configuration/Programmes/Activer ou désactiver des fonctionnalités Windows**.
2. Sélectionnez *Gestion du stockage amovible* et validez.

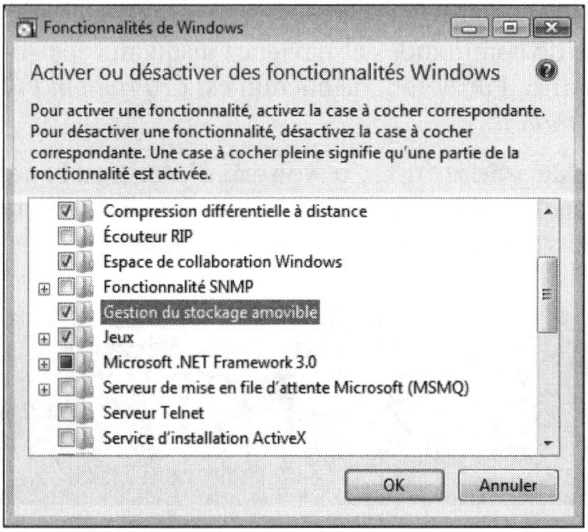

Figure 13-21 : *Ajout de la fonctionnalité Gestion du stockage amovible*

3. Une fois l'installation de la fonctionnalité terminée, procédez à l'exécution du programme d'installation de Windows NT Backup - Restore Utility téléchargé sur Internet. Suivez les instructions affichées à l'écran.
4. Une fois l'installation terminée, lancez l'utilitaire en cliquant sur le logo Windows de démarrage, puis sur **Tous les programmes/Windows NT Backup - Restore Utility** et **NtBackup-RestoreUtility**.

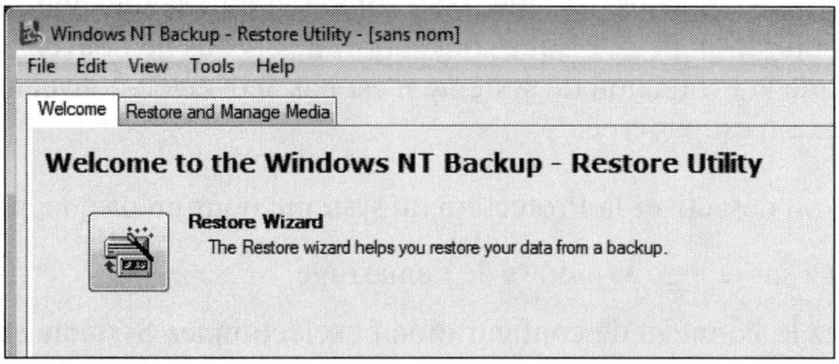

Figure 13-22 : *Lancement de NtBackup-Restore Utility*

L'interface que vous avez sous les yeux est exactement semblable à NTBackup et s'utilise de la même façon, à la différence près que vous ne disposez que des fonctionnalités de restauration. Procédez à la restauration en lançant l'assistant de restauration ou en suivant les procédures de restauration de NTBackup, bien fois connues sous les versions précédentes de Windows.

13.4. La Restauration du système

Il existe un autre outil permettant de restaurer le système, qui est donc utile pour la maintenance du système d'exploitation : l'outil de Restauration du système.

La Restauration du système vous aide à restaurer les fichiers système de votre ordinateur à un point antérieur dans le temps. Cela permet d'annuler les modifications du système sans affecter vos fichiers personnels, tels que les messages électroniques, les documents, etc.

Parfois, l'installation d'un programme ou d'un pilote entraîne des modifications inattendues sur votre ordinateur ou le comportement imprévisible de Windows. Généralement, la désinstallation du programme ou du pilote corrige le problème. Si ce n'est pas le cas, vous pouvez essayer de restaurer le système à une date antérieure à laquelle tout fonctionnait correctement.

La Restauration du système utilise une fonctionnalité nommée Protection du système, pour une création et un enregistrement réguliers des points de restauration sur votre ordinateur. Ces points de restauration contiennent des informations sur les paramètres du Registre, ainsi que d'autres informations système utilisées par Windows. Vous pouvez également créer des points de restauration manuellement. La Protection du système est activée par défaut sur tous les disques durs de votre ordinateur. Vous pouvez sélectionner les disques pour lesquels la Protection du système est activée. Si vous désactivez la Protection du système pour un disque, les points de restauration de ce disque sont supprimés. Vous ne pouvez pas restaurer un disque tant que la Protection du système n'est pas activée de nouveau et qu'un point de restauration n'est pas créé.

Pour activer ou désactiver la Protection du système pour un disque, procédez ainsi :

1. Cliquez sur le logo Windows de démarrage.
2. Ouvrez le Panneau de configuration et sélectionnez **Système et maintenance**, puis cliquez sur **Système**.

Figure 13-23 : *Système*

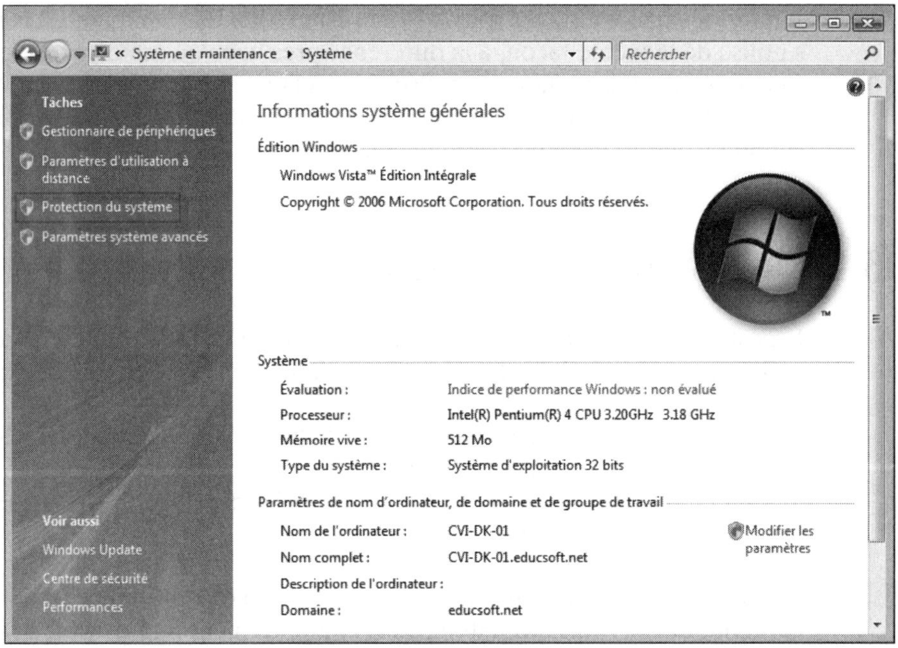

3. Dans le volet gauche, cliquez sur **Protection du système**. Si vous êtes invité à fournir un mot de passe administrateur ou une confirmation, fournissez-les.

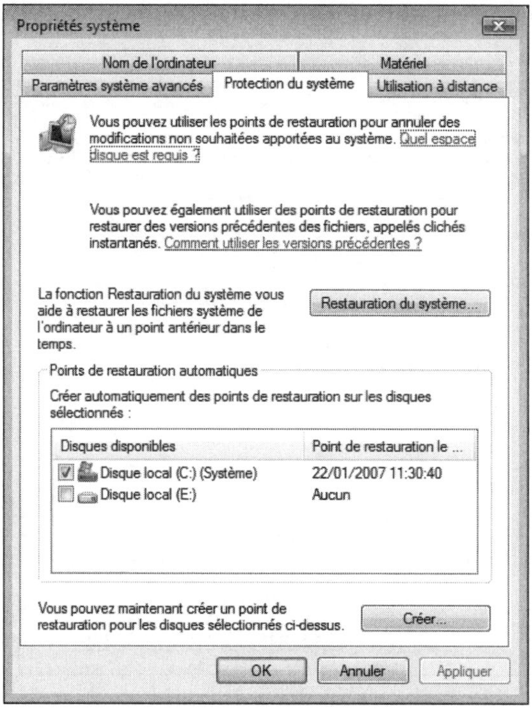

Figure 13-24 : *Protection du système*

4. Pour activer la Protection du système pour un disque dur, activez la case à cocher en regard du disque, puis cliquez sur OK. Pour la désactiver, désactivez la case à cocher, puis cliquez sur OK.
5. Pour créer un point de restauration, cliquez sur **Créer**.

La Restauration du système ne permet pas de sauvegarder des fichiers personnels. Par conséquent, cette fonctionnalité ne vous permet pas de récupérer un fichier personnel qui a été supprimé ou endommagé.

La Restauration du système modifie les fichiers système Windows, les paramètres du Registre et les programmes installés sur votre ordinateur. Les scripts, les fichiers de commandes et d'autres types de fichiers exécutables peuvent également être modifiés sur votre ordinateur. Les fichiers personnels, tels que des documents, des messages électroniques, des photos et des fichiers audio, ne sont pas modifiés.

Pour restaurer le système pris au dernier point de restauration (vu qu'il n'est pas possible de restaurer le système sans avoir créé un point de restauration avant), procédez ainsi :

1. Cliquez sur le logo de démarrage Windows.

2. Cliquez sur **Tous les programmes/Accessoires/Outils système/Restauration du système**.

Figure 13-25 :
Restauration du système

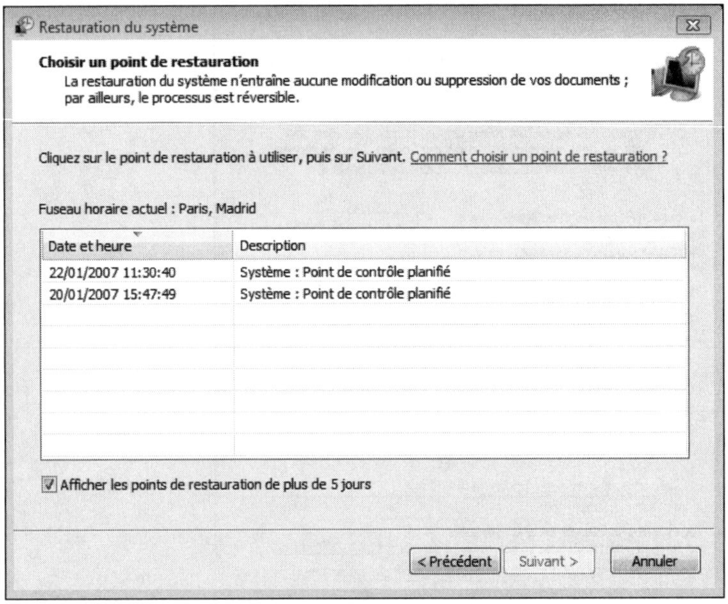

3. Suivez les instructions pour rappeler le dernier point de restauration et restaurer votre système.

13.5. Les versions précédentes

Windows Vista introduit une fonctionnalité qui avait fait son apparition avec Windows Server 2003, à savoir la possibilité d'accéder aux versions précédentes de ses fichiers. À la différence de Windows Vista, les versions précédentes de fichiers se gèrent localement, et non sur un serveur.

Les versions précédentes sont des clichés instantanés (copies de fichiers et de dossiers enregistrées automatiquement par Windows comme élément d'un point de restauration). Les clichés instantanés peuvent être des copies de fichiers sur votre ordinateur ou des fichiers partagés sur un ordinateur d'un réseau. Vous pouvez utiliser des versions précédentes de fichiers pour restaurer des fichiers que vous avez accidentellement modifiés ou supprimés, ou qui ont été endommagés. Selon le type de fichier ou de dossier, vous pouvez les ouvrir, les enregistrer vers un autre emplacement ou les restaurer à une version précédente.

Les clichés instantanés sont automatiquement enregistrés comme élément d'un point de restauration dans les Propriétés système. Si la protection du système est activée, Windows crée automatiquement des clichés instantanés de fichiers qui ont été modifiés depuis la création du dernier point de restauration, ce qui se produit généralement une fois par jour. Si votre disque dur est partitionné ou si votre ordinateur est doté de plusieurs disques durs, vous devez activer la protection du système sur les autres partitions ou disques durs.

Pour activer la protection du système, procédez comme suit :

1. Cliquez sur le logo de démarrage Windows.
2. Ouvrez le Panneau de configuration et sélectionnez **Système et maintenance**, puis cliquez sur **Système**.
3. Dans le volet gauche, cliquez sur **Protection du système**. Si vous êtes invité à fournir un mot de passe administrateur ou une confirmation, fournissez-les.
4. Sous la rubrique *Points de restauration automatique*, activez la case en regard du disque sur lequel vous souhaitez activer la protection du système, puis cliquez sur OK.

Maintenant, si vous souhaitez accéder aux versions précédentes d'un fichier et d'un dossier, procédez de la façon suivante :

1. Cliquez avec le bouton droit de la souris sur le fichier ou le dossier, puis cliquez sur **Restaurer les versions précédentes**.

Figure 13-26 : *Cliquez sur Restaurer les versions précédentes*

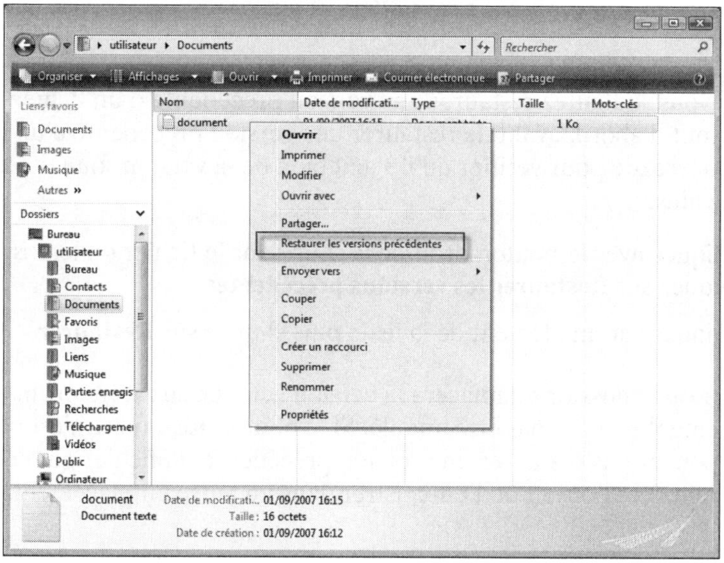

2. Une liste des versions précédentes du fichier ou du dossier s'affiche alors. Cette liste inclut tous les fichiers enregistrés sur une sauvegarde ainsi que des clichés instantanés, si les deux sont disponibles.

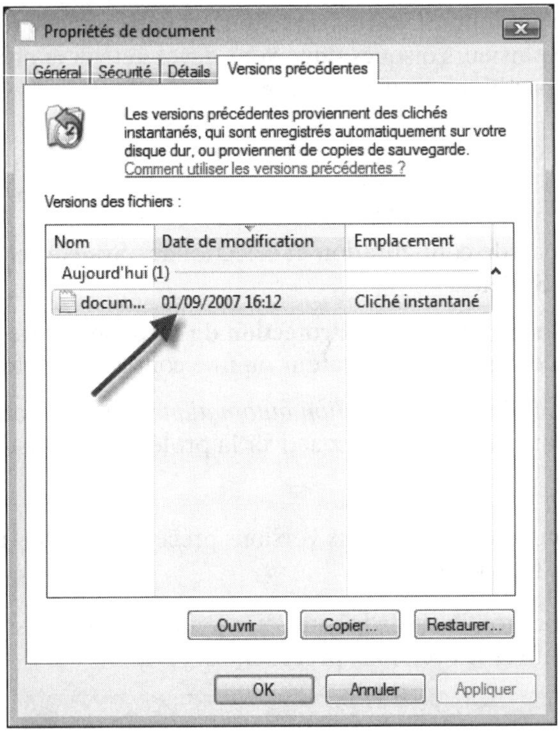

Figure 13-27 : *Liste des versions précédentes du document disponibles*

Enfin, si vous souhaitez restaurer une version précédente d'un fichier ou d'un dossier, tout d'abord, avant de restaurer une version précédente d'un fichier ou d'un dossier, ouvrez-le pour vérifier qu'il s'agit bien de la version souhaitée, puis procédez ainsi :

1. Cliquez avec le bouton droit de la souris sur le fichier ou le dossier, puis cliquez sur **Restaurer les versions précédentes**.
2. Cliquez sur un élément de la liste, puis cliquez sur **Restaurer**.

Le fichier ou le dossier remplacera la version actuelle sur votre ordinateur. Ce remplacement ne peut pas être annulé. Si le bouton **Restaurer** n'est pas disponible, vous ne pouvez pas restaurer une version précédente du fichier ou du dossier. Vous pouvez peut-être l'ouvrir ou l'enregistrer dans un autre emplacement.

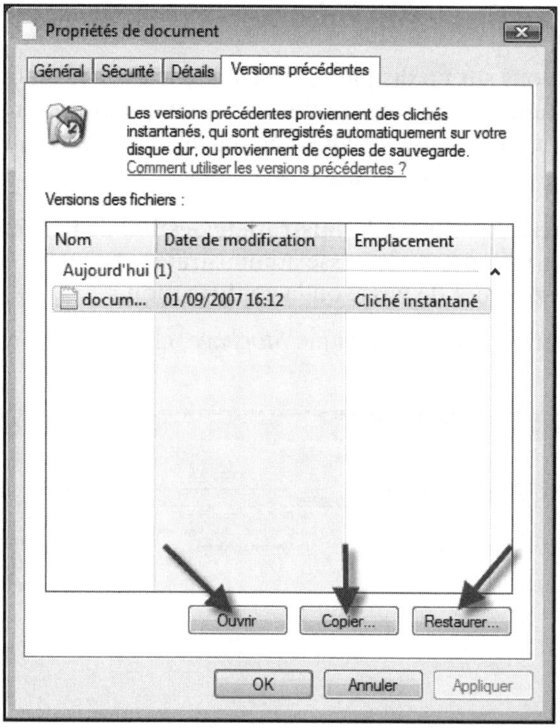

Figure 13-28 *: Manipulation du fichier en version précédente*

13.6. La maintenance du disque dur

En introduction de ce chapitre, vous avez compris que la maintenance de votre ordinateur Windows Vista servait aussi à résoudre des problèmes de type reconfiguration des partitions.

Plusieurs nouveautés apparaissent avec Windows Vista. Faisons un nouveau tour d'horizon de toutes les opérations de manipulation de disque.

Créer et formater une partition de disque dur

Repartons des opérations de base pour présenter les nouveautés.

En ce qui concerne la création et le formatage d'une partition, pour créer une partition ou un volume sur un disque dur, il faut de l'espace non alloué (vide) sur le disque dur ou de l'espace disponible dans une partition étendue du disque dur.

Créer et formater une partition (un volume)

Lorsque vous créez des partitions sur un disque de base à l'aide de la Gestion des disques, les trois premiers volumes créés sont formatés en tant que partitions principales. À partir du quatrième volume, chaque volume est configuré en tant que lecteur logique situé dans une partition étendue.

1. Activez le menu **Démarrer/Outils d'administration/Gestion de l'ordinateur**. Si vous êtes invité à fournir un mot de passe administrateur ou une confirmation, fournissez le mot de passe ou la confirmation.
2. Dans le volet de navigation, sous la rubrique *Stockage*, cliquez sur *Gestion des disques*.

Figure 13-29 : *La gestion des disques*

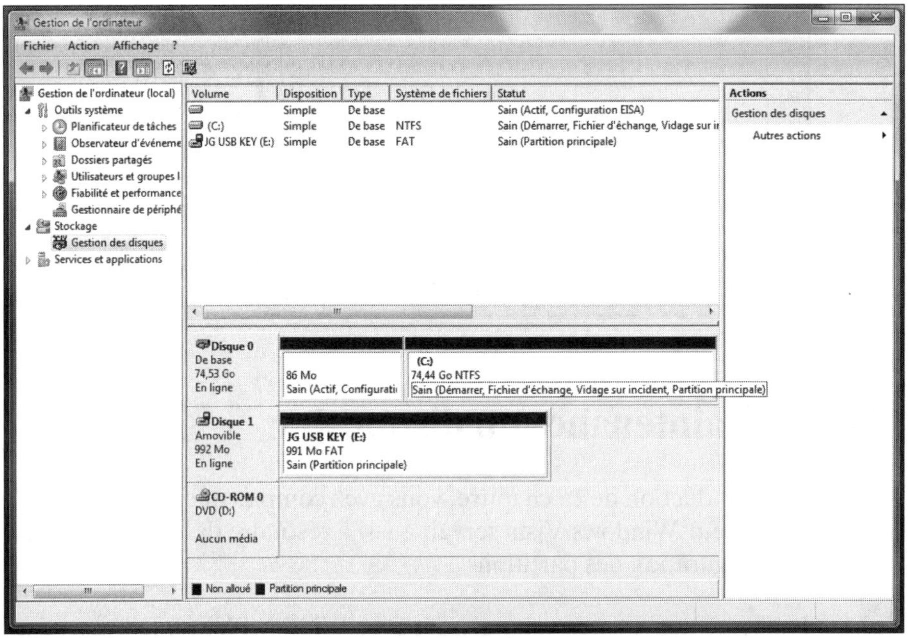

3. Cliquez avec le bouton droit de la souris sur une zone non allouée de votre disque dur, puis cliquez sur **Nouveau volume simple**.
4. Dans l'Assistant Création d'un volume simple, cliquez sur **Suivant**.
5. Tapez la taille en mégaoctets (Mo) du volume à créer ou acceptez la taille maximale par défaut, puis cliquez sur **Suivant**.
6. Acceptez la lettre de lecteur par défaut ou choisissez-en une autre afin d'identifier la partition, puis cliquez sur **Suivant**.

7. Dans la boîte de dialogue **Formater une partition**, si vous ne souhaitez pas formater le volume pour l'instant, cliquez sur **Ne pas formater ce volume**, puis sur **Suivant**. Si vous voulez formater le volume avec les paramètres par défaut, cliquez directement sur **Suivant**.
8. Vérifiez vos choix, puis cliquez sur **Terminer**.

Formater une partition (un volume) qui existe déjà

Le formatage d'un volume entraîne la destruction des données contenues sur la partition. Si vous devez enregistrer des données sur le volume, déplacez-les temporairement ou définitivement vers un autre périphérique ou un emplacement de stockage avant de continuer.

Le formatage rapide est un choix de formatage qui permet de créer une nouvelle table de fichiers, mais sans remplacer ou effacer complètement le disque. Un formatage rapide demande beaucoup moins de temps qu'un formatage normal, lequel efface complètement les données existantes du volume.

1. Ouvrez la fenêtre **Gestion de l'ordinateur** par le menu **Démarrer/Outils d'administration/Gestion de l'ordinateur**. Si vous êtes invité à fournir un mot de passe administrateur ou une confirmation, fournissez-le et confirmez.
2. Dans le volet de navigation, sous la rubrique *Stockage*, cliquez sur le lien *Gestion des disques*.
3. Cliquez avec le bouton droit de la souris sur le volume à formater, puis cliquez sur **Formater**.

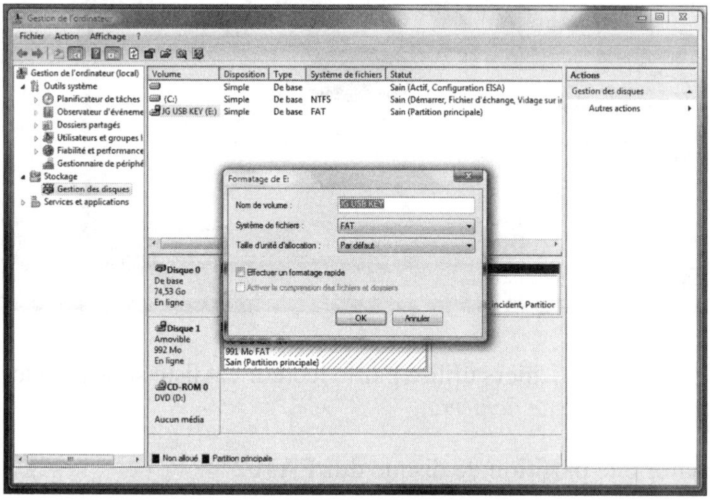

Figure 13-30 : *Formater un volume*

4. Pour formater le volume avec les paramètres par défaut, dans la boîte de dialogue **Formater**, cliquez sur OK, puis une nouvelle fois sur OK.

Convertir un disque dur ou une partition

Convertir au format FAT32

La conversion d'une partition ou d'un volume de disque dur du format NTFS au format FAT32 nécessite le reformatage de la partition, ce qui entraîne la destruction des données qui s'y trouvent. Veillez à sauvegarder les données que vous souhaitez conserver avant de commencer le processus de conversion.

Pour déterminer le type de système de fichiers utilisé par une partition :

1. Cliquez sur le logo Windows de démarrage, puis sur **Ordinateur**.
2. Sous la rubrique *Lecteurs de disques durs*, cliquez avec le bouton droit de la souris sur un lecteur, puis cliquez sur **Propriétés**.

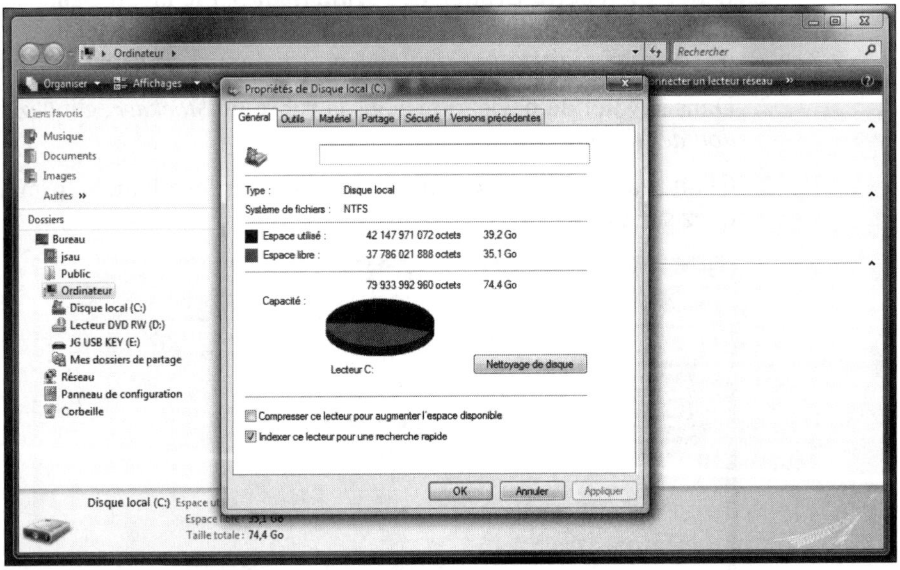

Figure 13-31 : *Les propriétés d'un lecteur de disque*

3. Le système de fichiers utilisé par le lecteur est listé sous l'onglet **Général** dans la zone *Système de fichiers*.

Pour formater une partition de disque dur FAT32 :

1. Ouvrez la fenêtre **Gestion de l'ordinateur**.
2. Dans le volet de navigation, sous la rubrique *Stockage*, cliquez sur le lien *Gestion des disques*.
3. Cliquez avec le bouton droit de la souris sur la partition à formater, puis cliquez sur **Formater**.
4. Dans la boîte de dialogue **Formater**, sous la rubrique *Système de fichiers*, sélectionnez *FAT32*, cliquez sur OK, puis cliquez à nouveau sur OK.

Convertir au format NTFS

Le système de fichiers NTFS s'avère plus performant et offre une meilleure sécurité pour les données des disques durs et des partitions (ou volumes) que le système de fichiers FAT utilisé dans certaines versions antérieures de Windows. Si vous disposez d'une partition qui utilise le système de fichiers antérieur FAT16 ou FAT32, vous pouvez la convertir au format NTFS à l'aide de la commande `convert`. La conversion au format NTFS n'affecte pas les données de la partition.

Après avoir converti une partition au format NTFS, vous ne pouvez plus la ramener à son format antérieur. Si vous souhaitez utiliser à nouveau le système de fichiers FAT sur la partition, vous devrez la reformater, ce qui entraînera la suppression des données qu'elle contient.

Certaines versions antérieures de Windows ne peuvent pas lire les données situées sur les partitions NTFS locales. Si vous devez utiliser une version antérieure de Windows pour accéder à une partition de l'ordinateur, ne la convertissez pas.

Bien que le risque d'endommager la partition ou de perdre des données durant une conversion soit très faible, il est recommandé de sauvegarder l'ensemble des données avant de commencer la procédure.

1. Fermez les programmes qui sont ouverts et en cours d'exécution sur la partition ou le lecteur logique à convertir.
2. Activez le menu **Démarrer/Tous les programmes/Accessoires**. Cliquez avec le bouton droit de la souris sur **Invite de commandes**, puis cliquez sur **Exécuter en tant qu'administrateur**. Si vous êtes invité à fournir un mot de passe administrateur ou une confirmation, fournissez-les.
3. Dans l'Invite de commandes, tapez `convert lettre_lecteur : /fs:ntfs`, où `lettre_lecteur` représente la lettre du lecteur à convertir. Validez par la touche ↵. Par exemple, tapez `convert C: /fs:ntfs` pour convertir le lecteur *C* au format NTFS.

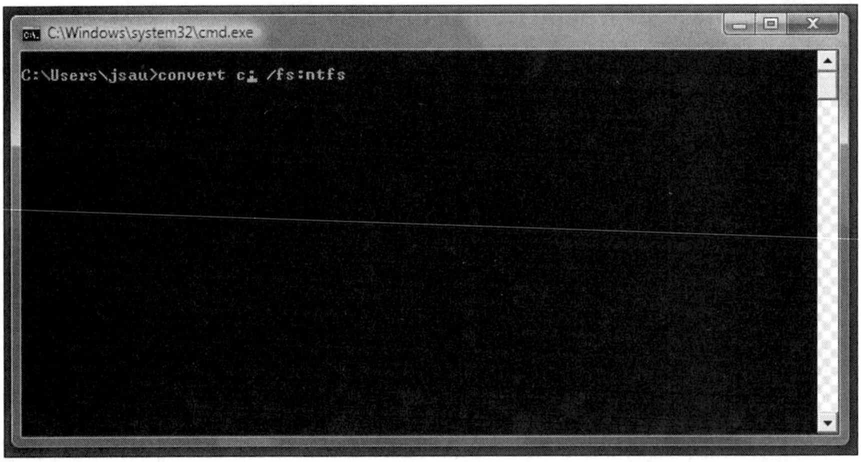

Figure 13-32 : *Conversion d'une partition*

4. Tapez le nom du volume que vous souhaitez convertir, puis appuyez sur ↵. Pour afficher les volumes disponibles, activez le menu **Démarrer/Ordinateur**. Les volumes sont répertoriés sous la rubrique *Lecteurs de disques durs*.

Si la partition à convertir contient des fichiers système (ce qui est le cas si vous convertissez la totalité de votre disque dur), vous devez redémarrer votre ordinateur pour que la conversion puisse s'effectuer. Si votre disque est presque plein, le processus de conversion risque d'échouer. Si une erreur se produit, essayez de supprimer les fichiers inutiles ou sauvegardez les fichiers à un autre emplacement, afin de libérer de l'espace disque.

Repartitionner un disque dur

Avec Windows Vista, vous pouvez maintenant repartitionner votre disque dur en utilisant la fonctionnalité de réduction de taille de la Gestion des disques. Vous pouvez réduire la taille d'une partition ou d'un volume existant pour obtenir de l'espace disque non alloué, à partir duquel vous pouvez créer une nouvelle partition ou un nouveau volume. Depuis le temps que nous attendions cette fonctionnalité !

1. Ouvrez la fenêtre **Gestion de l'ordinateur**.
2. Dans le volet de navigation, sous la rubrique *Stockage*, cliquez sur *Gestion des disques*.
3. Cliquez avec le bouton droit de la souris sur le volume dont vous voulez réduire la taille, puis cliquez sur **Réduire le volume**.

Figure 13-33 : *L'option de réduction du volume*

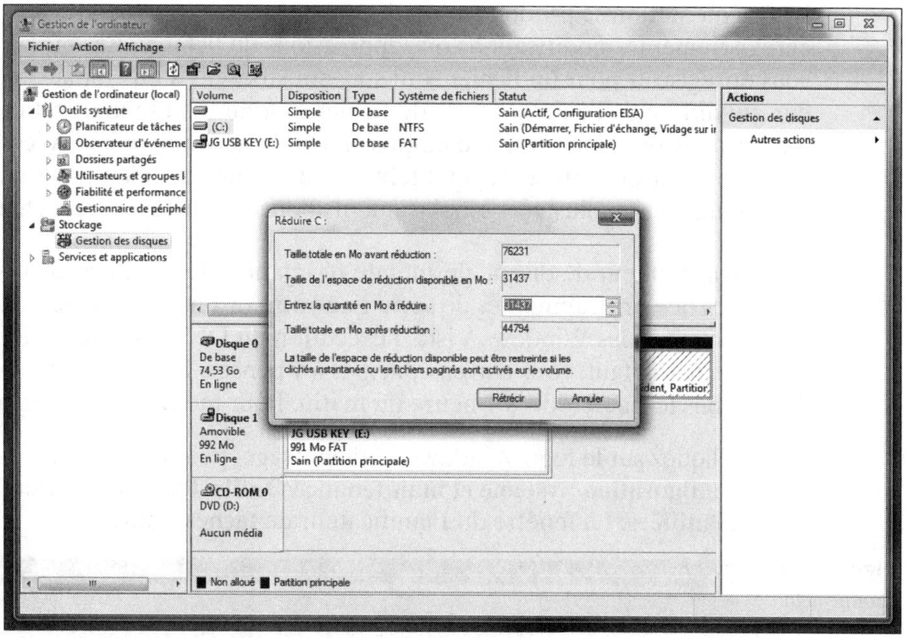

4. Suivez les instructions s'affichant à l'écran.

Si vous disposez de plusieurs partitions sur votre disque dur, vous pouvez supprimer et créer des partitions à partir de l'espace non alloué résultant. Lorsque vous supprimez une partition, toutes les données qu'elle contient sont supprimées.

Vous remarquerez que la réduction ou l'augmentation de la taille de la partition fonctionne aussi pour la partition système. Vous remarquerez aussi comme limitation que lorsque vous réduisez plusieurs partitions d'un même disque, vous ne pouvez pas regrouper les fragments d'espace libre ainsi créés et les regrouper en une seule et même partition.

Vous pouvez également repartitionner des disques durs avec un programme de partitionnement tiers. Plusieurs fabricants tiers proposent des programmes vous permettant de repartitionner votre disque dur sans effacer les données.

Défragmenter un disque

La défragmentation d'un disque désigne le processus de consolidation des fichiers fragmentés sur le disque dur de votre ordinateur.

La fragmentation se produit sur un disque dur au fur et à mesure des enregistrements, modifications ou suppressions de fichiers. Les modifications que vous enregistrez pour un fichier sont souvent stockées à un emplacement du disque dur qui diffère de l'emplacement du fichier d'origine. Les modifications ultérieures sont enregistrées dans autant d'emplacements supplémentaires. Avec le temps, le fichier et le disque dur se fragmentent, votre ordinateur ralentit car il doit effectuer des recherches en plusieurs emplacements pour l'ouverture d'un fichier.

Le Défragmenteur de disque permet de réorganiser les données du disque dur et de réunir les fichiers fragmentés de sorte que votre ordinateur puisse s'exécuter plus efficacement. Sous Windows Vista, l'exécution du Défragmenteur de disque est planifiée par défaut, vous n'avez donc pas à y penser. La planification est prévue par défaut tous les mercredis à 1 heure du matin. Pour modifier cette tâche planifiée :

1. Cliquez sur le logo Windows de démarrage, puis sur **Panneau de configuration/Système et maintenance/Outils d'administration/Taches planifiées**. La fenêtre du Planificateur de tâches s'ouvre.

Figure 13-34 : *Le Planificateur de tâches*

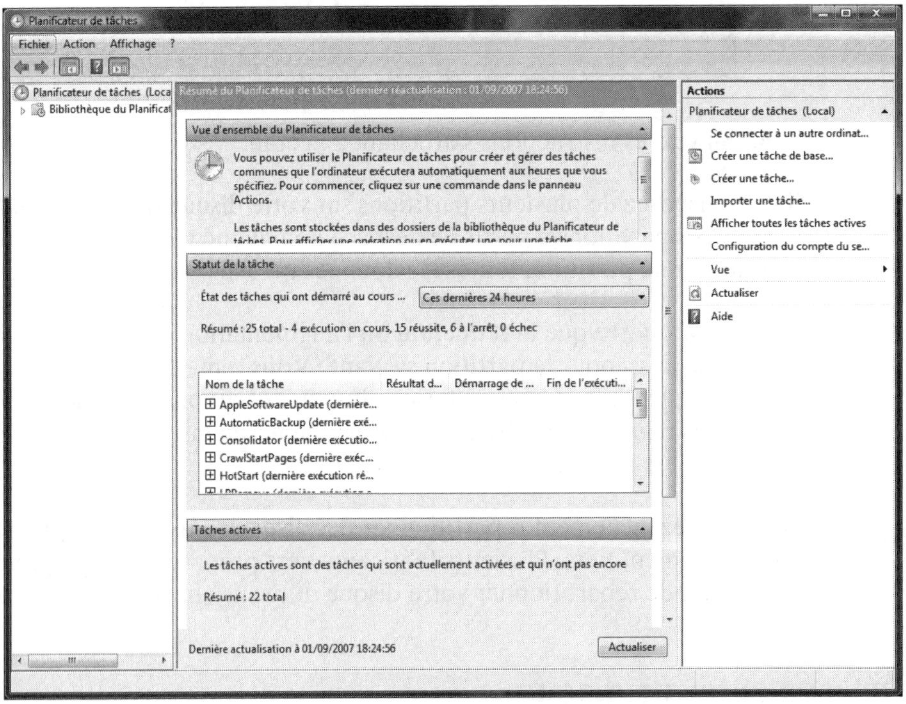

2. Développez la colonne de gauche pour atteindre la tâche planifiée consacrée à la défragmentation.

Vous pouvez modifier les déclencheurs, les conditions, les actions, etc.

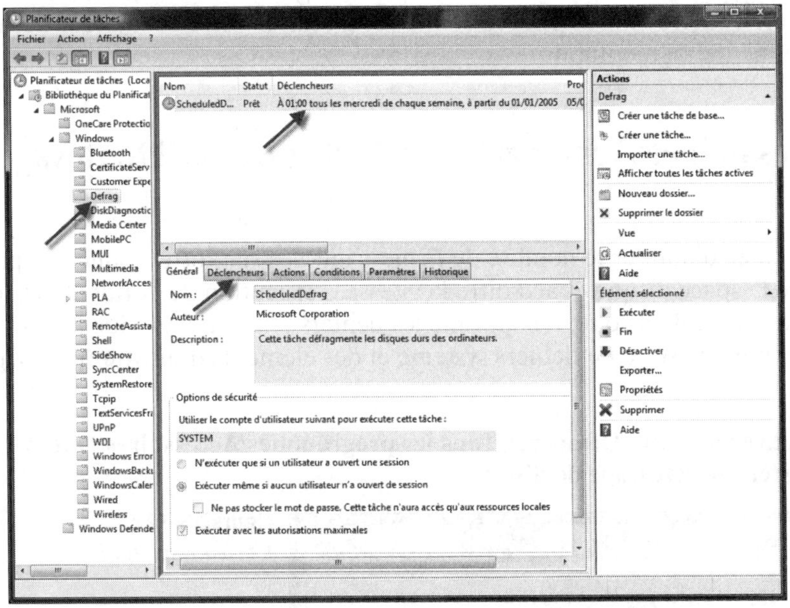

Figure 13-35 : *La tâche de Defrag du Planificateur de tâches*

Vous pouvez néanmoins lancer la défragmentation manuellement :

1. Ouvrez le Défragmenteur de disque en activant le menu **Démarrer/Panneau de configuration/Système et maintenance/Outils d'administration** et cliquez sur *Défragmenter votre disque dur*. Si vous êtes invité à fournir un mot de passe administrateur ou une confirmation, fournissez le mot de passe ou la confirmation.

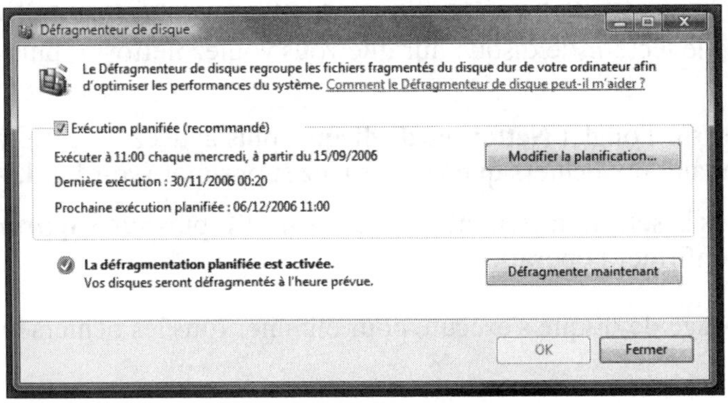

Figure 13-36 : *L'option de défragmentation*

2. Cliquez sur **Défragmenter maintenant**.

L'exécution complète du Défragmenteur de disque peut prendre entre plusieurs minutes et quelques heures, selon la taille et le degré de fragmentation de votre disque dur. Toutefois, vous pouvez continuer d'utiliser votre ordinateur durant le processus de défragmentation.

Supprimer les fichiers temporaires à l'aide de l'outil Nettoyage de disque

Si vous voulez diminuer le nombre de fichiers inutiles sur votre disque dur pour libérer de l'espace disque et accroître la vitesse d'exécution de l'ordinateur, utilisez l'outil Nettoyage de disque. Il supprime les fichiers temporaires, vide la Corbeille et élimine toute une série de fichiers système et des éléments dont vous n'avez plus besoin.

1. Activez le menu **Démarrer/Tous les programmes/Accessoires/Outils systèmes/Nettoyage de disque**.

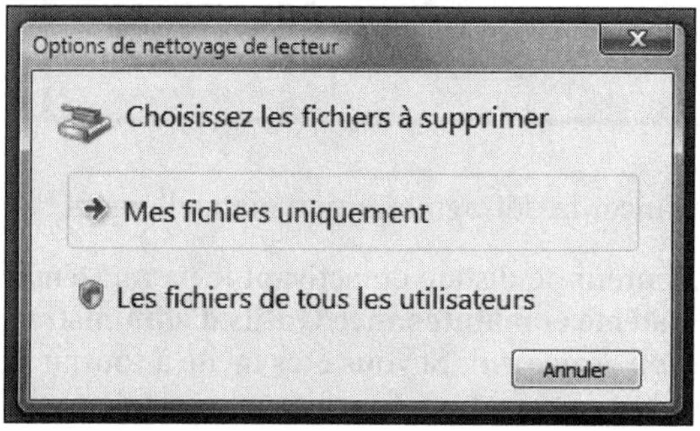

Figure 13-37 : *Le Nettoyage de disque*

2. Dans la boîte de dialogue **Nettoyage de disque : Sélection du lecteur**, sélectionnez le lecteur de disque dur que vous voulez nettoyer, puis cliquez sur OK.
3. Cliquez sur l'onglet **Nettoyage de disque**, puis activez les cases à cocher correspondant aux fichiers que vous voulez supprimer (voir fig. 13-38).
4. Une fois la sélection terminée, cliquez sur OK, puis sur **Supprimer les fichiers** pour confirmer l'opération.

L'outil Nettoyage de disque s'exécute pour éliminer tous les fichiers inutiles de l'ordinateur.

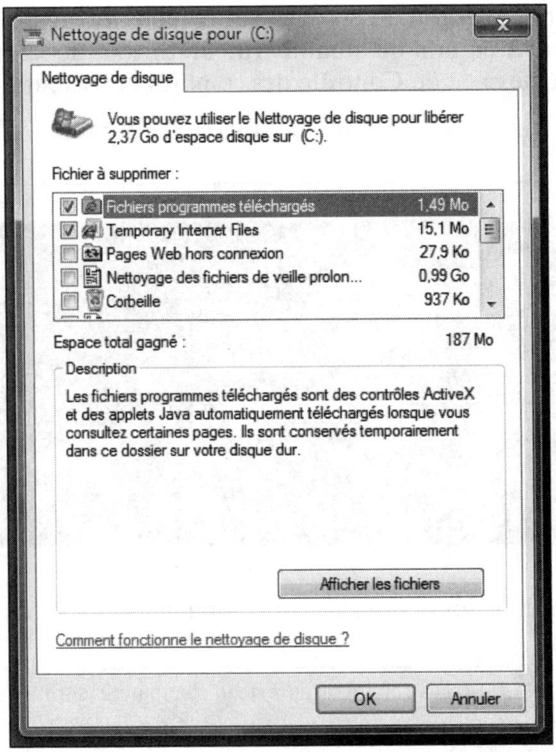

Figure 13-38 : *Suppression des fichiers*

La commande fsutil

Pour gérer les disques, Windows Vista propose la commande `fsutil` qui permet de réaliser un grand nombre d'actions en ligne de commandes.

Fsutil est un utilitaire de ligne de commandes qui vous permet d'effectuer de nombreuses tâches relatives aux systèmes de fichiers, par exemple la gestion des points d'analyse et des fichiers incomplets, ainsi que le démontage d'un volume. Étant donné que Fsutil est un outil puissant, son emploi doit être réservé aux administrateurs ayant une bonne connaissance de Windows Vista. En outre, vous devez ouvrir une session en tant qu'administrateur pour pouvoir utiliser fsutil.

Pour lancer la commande, procédez ainsi :

1. Cliquez sur le logo Windows de démarrage, puis cliquez sur **Tous les programmes/Accessoires**.

2. Cliquez avec le bouton droit de la souris sur le menu **Invite de commandes** et cliquez sur **Exécuter en tant qu'administrateur**. Si vous devez fournir une confirmation au message du Contrôle des comptes utilisateurs, faites-le.
3. Tapez `fsutil`, suivi de l'argument que vous souhaitez utiliser.

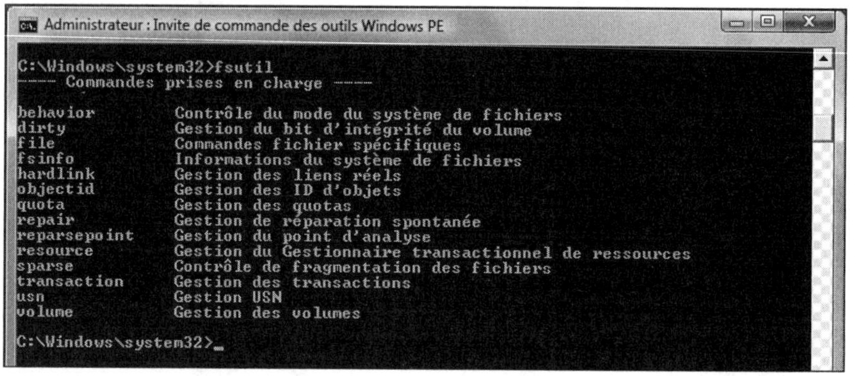

Figure 13-39 : *La commande fsutil*

Le tableau suivant récapitule les options de cette commande.

Tableau 13-2 : Les commutateurs de la commande fsutil

Commande	Description
`Fsutil behavior`	Interroge, modifie, active ou désactive les paramètres pour la génération de noms de fichiers de 8.3 caractères, l'autorisation d'utiliser des caractères étendus dans les noms de fichiers de 8.3 caractères sur les volumes NTFS, la mise à jour de l'horodateur de dernier accès sur les volumes NTFS, l'obtention de la fréquence d'écriture des événements de quotas dans le journal système, les niveaux de cache interne de la mémoire en pool paginé NTFS et non paginé NTFS, ainsi que l'espace disque réservé à la zone MFT.
`Fsutil dirty`	Détermine si le bit d'impureté du volume est défini. Définit le bit d'impureté d'un volume. Si le bit d'impureté d'un volume est défini, `autochk` vérifie automatiquement ce volume lors du prochain redémarrage de l'ordinateur.
`Fsutil file`	Généralement utilisé par le personnel de support technique. Recherche un fichier à partir du nom d'utilisateur, interroge les plages allouées d'un fichier, définit le nom court, la longueur de données valides ou les données égales à zéro d'un fichier.

Tableau 13-2 : Les commutateurs de la commande fsutil

Commande	Description
`Fsutil fsinfo`	Généralement utilisé par le personnel de support technique. Affiche la liste de tous les lecteurs, fournit des informations sur le type de lecteur, le volume, les spécificités liées aux volumes NTFS ou les statistiques sur le système de fichiers.
`Fsutil hardlink`	Crée un lien réel. Un lien réel est une entrée de répertoire pour un fichier. Vous pouvez considérer que chaque fichier possède au moins un lien réel. Sur les volumes NTFS, chaque fichier peut posséder plusieurs liens réels. Par conséquent, un fichier unique peut apparaître dans de nombreux répertoires (voire dans un même répertoire sous des noms différents). Étant donné que tous les liens font référence au même fichier, les applications peuvent ouvrir n'importe quel lien et modifier le fichier. Un fichier n'est supprimé dans le système de fichiers qu'à partir du moment où tous ses liens ont été supprimés. Après qu'un lien réel a été créé, les programmes peuvent l'utiliser comme n'importe quel nom de fichier.
`Fsutil objectid`	Généralement utilisé par le personnel de support technique. Gère les identificateurs d'objets, qui sont utilisés par Windows Vista pour effectuer le suivi d'objets tels que les fichiers et les répertoires.
`Fsutil quota`	Gère les quotas de disque sur les volumes NTFS pour pouvoir offrir un contrôle plus précis du stockage réseau. Les quotas de disque sont implémentés pour chaque volume et permettent d'établir des limites de stockage aussi bien matérielles que logicielles pour chaque utilisateur.
`Fsutil reparsepoint`	Généralement utilisé par les personnels de support technique. Interroge ou supprime des points d'analyse, autrement dit des objets du système de fichiers NTFS qui possèdent un attribut définissable contenant des données contrôlées par l'utilisateur, et qui permettent d'étendre les fonctionnalités du sous-système d'entrée-sortie. Les points d'analyse sont utilisés comme points de jonction de répertoires et comme points de montage de volumes. Ils sont également utilisés par les pilotes de filtre du système de fichiers pour marquer certains fichiers propres à ce pilote.
`Fsutil resource`	Gère le Gestionnaire transactionnel de ressources.

Tableau 13-2 : Les commutateurs de la commande fsutil	
Commande	**Description**
`Fsutil sparse`	Gère les fichiers incomplets. Un fichier incomplet est un fichier dont une ou plusieurs zones contiennent des données non allouées. Une application récupérera ces zones non allouées qui contiennent des octets possédant des valeurs nulles, mais aucun espace disque n'est effectivement utilisé pour représenter ces valeurs nulles. Autrement dit, toutes les données non nulles ou significatives sont allouées, alors que toutes les données non significatives (longues chaînes de données constituées de zéros) ne sont pas allouées. Lorsqu'un fichier incomplet est lu, les données allouées sont renvoyées sous la forme de données stockées et les données non allouées sont renvoyées par défaut sous la forme de valeurs nulles conformément à la spécification d'exigence de sécurité C2. La prise en charge des fichiers incomplets permet de supprimer l'allocation de données à n'importe quel emplacement du fichier.
`Fsutil usn`	Généralement utilisé par le personnel de support technique. Gère le journal de modification des numéros de séquence de mise à jour, qui fournit un enregistrement persistant de toutes les modifications apportées aux fichiers du volume.
`Fsutil volume`	Gère un volume. Démonte un volume ou envoie une requête pour voir le montant d'espace disque disponible.

13.7. L'Assistance à distance Windows

Toujours dans le cadre de la maintenance, lorsque vous serez face à un problème, vous aurez peut-être envie de faire appel à un collègue qui a plus d'expérience.

L'outil de maintenance Assistance à distance Windows vous permet de faire appel à une personne compétente dans votre entourage, sous forme d'une invitation, afin qu'elle puisse prendre la main sur votre ordinateur pour résoudre un problème que vous rencontrez, même si cette personne ne se trouve pas à proximité.

Première règle de sécurité : assurez-vous d'inviter une personne digne de confiance car elle aura accès à tous vos fichiers et toutes vos informations personnelles. Une fois connecté, votre collègue sera en mesure d'afficher l'écran de votre ordinateur et d'échanger avec vous quant au type de problème que vous rencontrez. Avec votre autorisation, cette même personne peut utiliser sa souris ou son clavier pour contrôler votre ordinateur et vous montrer comment résoudre le problème.

Vous pouvez de la même manière assister une autre personne afin de l'aider à résoudre son problème.

Fonctionnement de l'Assistance à distance Windows

Le fonctionnement de l'Assistance à distance Windows repose sur le principe d'une invitation. Que ce soit par courriel, par messagerie instantanée ou par l'envoi d'un fichier, vous envoyez d'abord une invitation. Vous pouvez même réutiliser une invitation que vous aviez déjà envoyée. Une fois que l'interlocuteur à qui vous avez fait part de votre demande a accepté l'invitation, l'Assistance à distance Windows crée une connexion chiffrée entre les deux ordinateurs via Internet ou via le réseau auquel sont connectés les deux ordinateurs. Vous devez ensuite fournir votre mot de passe à l'autre personne afin qu'elle puisse se connecter. Vous pouvez également offrir votre aide à quelqu'un, et une fois que cette personne a accepté votre offre, l'Assistance à distance Windows crée une connexion chiffrée entre les deux ordinateurs.

Lorsque votre interlocuteur utilise l'Assistance à distance Windows pour se connecter à votre ordinateur, cette personne peut voir votre Bureau, tous les documents ouverts ainsi que toutes les informations privées visibles. Si vous autorisez votre assistant à contrôler votre ordinateur avec sa souris ou son clavier, il pourra faire tout ce qu'il veut, par exemple supprimer des fichiers ou modifier des paramètres. C'est pourquoi seules des personnes de confiance doivent être autorisées à accéder à votre ordinateur ou à en partager le contrôle.

ATTENTION

Prudence et bonnes pratiques

Il est important de bien faire confiance à la personne à qui vous envoyez une demande d'assistance. Avant d'autoriser une personne à se connecter à votre ordinateur, fermez tous les programmes ou les documents ouverts que vous ne souhaitez pas montrer. Observez ce que fait votre interlocuteur. Si, à un moment donné, vous êtes gêné par ce que cette personne voit ou fait sur votre ordinateur, n'hésitez pas à mettre fin à la session.

Appeler à l'aide une personne de confiance

Voici comment inviter quelqu'un à prendre la main sur votre ordinateur pour vous aider à résoudre un problème :

1. Cliquez sur le logo de démarrage Windows. Cliquez sur **Tous les programmes**, puis sur **Maintenance** et sur **Assistance à distance Windows**.

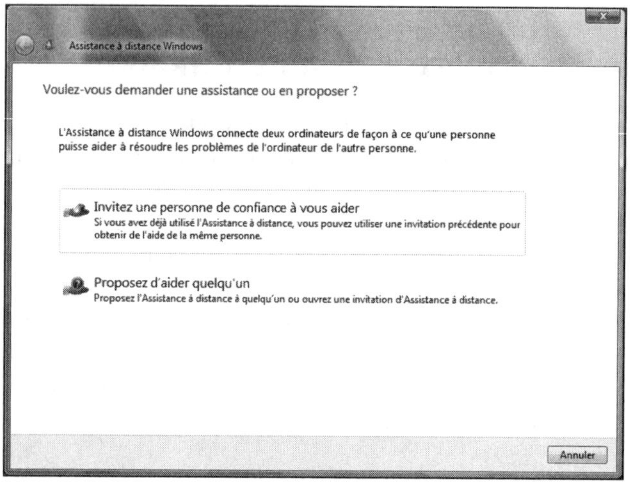

Figure 13-40 : *La fenêtre d'accueil de l'Assistance à distance Windows*

2. Cliquez sur le lien *Invitez une personne de confiance à vous aider.*

3. Selon le type de messagerie que vous souhaitez utiliser, cliquez sur *Envoyer une invitation par courrier électronique* ou sur *Enregistrer cette invitation en tant que fichier*. Vous devez vous demander quel moyen est le plus simple pour que votre interlocuteur reçoive l'invitation le plus rapidement possible en fonction de l'endroit où il se trouve (réseau local ou Internet). Ici, choisissez *Envoyer une invitation par courrier électronique*.

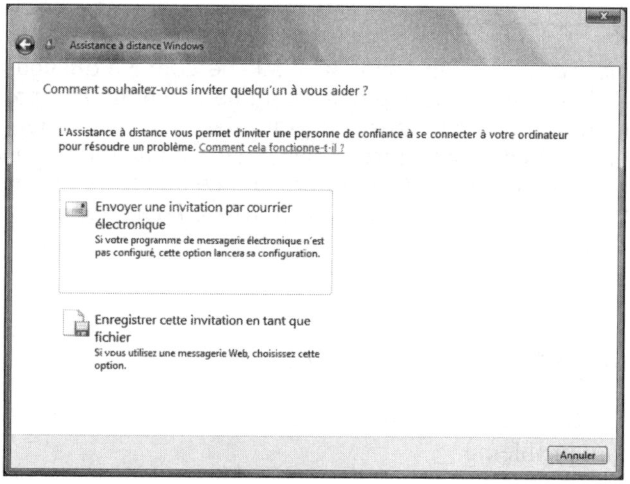

Figure 13-41 : *La fenêtre de choix du mode d'envoi d'invitation de l'Assistance à distance Windows*

4. Entrez un mot de passe pour la connexion que vous devez communiquer à la personne qui prendra la main sur votre ordinateur. Dans la mesure du possible, communiquez ce mot de passe par un autre média que l'informatique : soit par téléphone ou de vive voix si vous le pouvez. Cliquez sur **Suivant**.

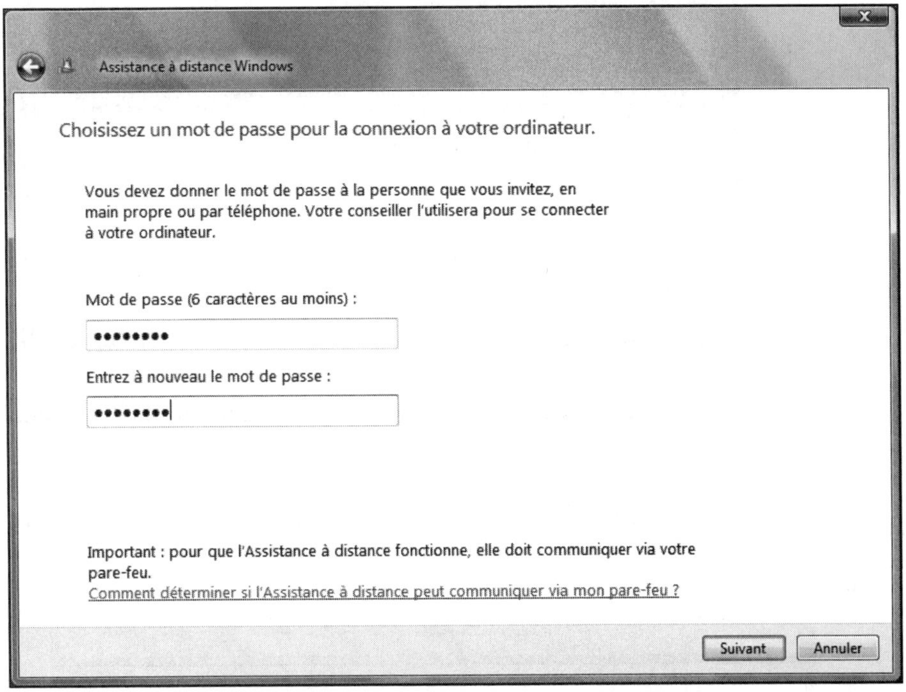

Figure 13-42 : *Entrez un mot de passe pour l'Assistance à distance Windows*

À partir de là, votre pare-feu doit laisser passer le flux d'activité entrant et sortant de l'Assistance à distance Windows. Si vous utilisez le pare-feu Windows Vista, procédez de la sorte :

5. Cliquez sur le logo Windows de démarrage, puis sur **Panneau de configuration/Sécurité et Pare-feu Windows**. Cliquez sur *Autoriser un programme via le Pare-feu Windows*. Si vous êtes invité à fournir une confirmation du contrôle des comptes utilisateur, fournissez la confirmation (vous devez être administrateur local). Sous la rubrique *Exceptions*, activez la case à cocher *Assistance à distance*, puis cliquez sur OK.

6. Envoyez le courriel d'invitation à votre destinataire. Remarquez qu'il contient un fichier attaché.

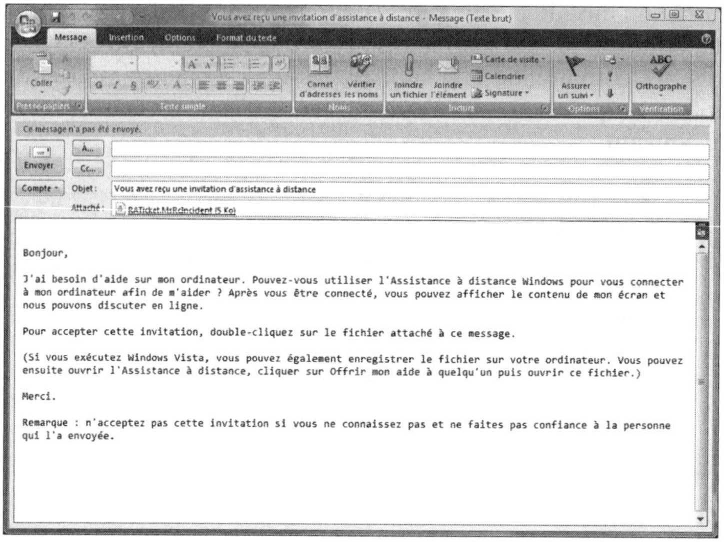

Figure 13-43 : *Le courrier électronique d'invitation à l'Assistance à distance Windows*

Jusqu'à l'acceptation de l'invitation, votre ordinateur affiche une fenêtre en attente d'une connexion entrante.

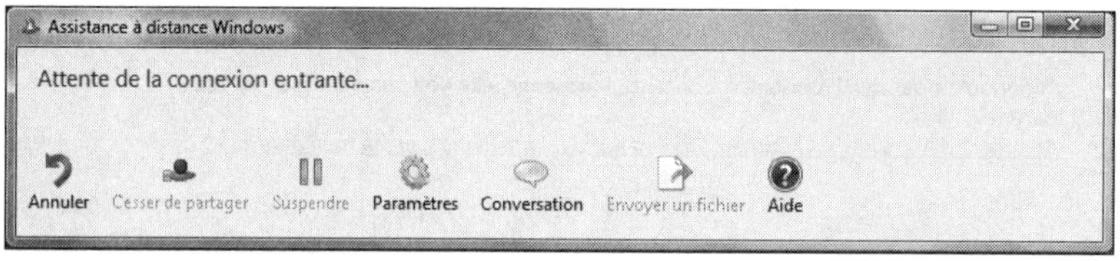

Figure 13-44 : *Attente de la connexion entrante*

Passons maintenant du côté de la personne recevant l'invitation (nommée "le conseiller" par l'Assistance à distance Windows) :

7. Une fois le courrier électronique reçu, le destinataire peut enregistrer le fichier joint sur son disque dur, puis l'ouvrir.

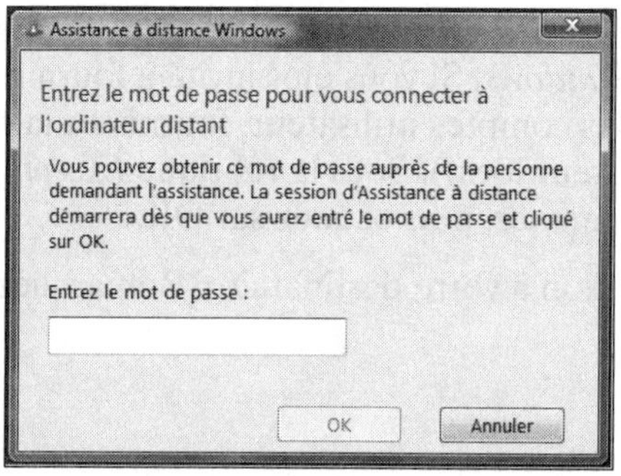

Figure 13-45 : *À l'ouverture du fichier joint, le mot de passe de la connexion est demandé*

8. Le conseiller entre le mot de passe de connexion que vous lui avez communiqué et clique sur OK. À ce moment, une fenêtre de confirmation de connexion s'affiche sur votre Bureau.

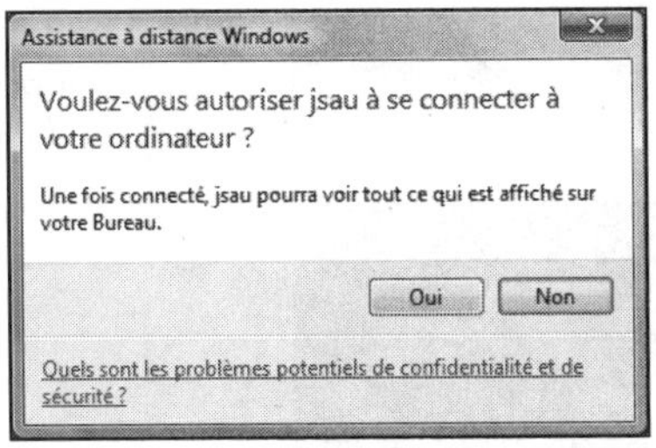

Figure 13-46 : *La fenêtre de confirmation de connexion*

Vous êtes à présent connecté avec votre conseiller sur votre ordinateur. Vous remarquez alors que Windows Vista désactive les effets visuels (transparence, fond d'écran, etc.) afin d'alléger la bande passante réseau. La fenêtre d'assistance à distance reste à l'écran afin de vous permettre d'accéder aux différentes fonctionnalités.

Figure 13-47 : *La fenêtre de connexion vous annonce que vous êtes connecté avec votre conseiller*

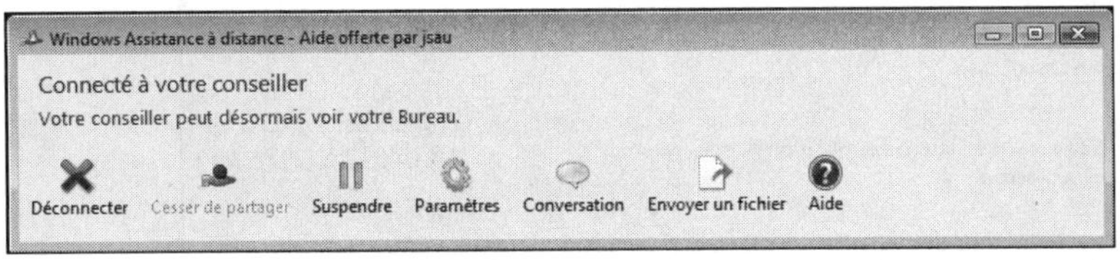

9. Toujours du côté du conseiller, la connexion est également établie. Cette personne à qui vous faites confiance voit votre Bureau. Par défaut, elle n'a pas la possibilité de faire une quelconque action sans en faire la demande.

Figure 13-48 : *La fenêtre d'Assistance à distance Windows, vue du conseiller*

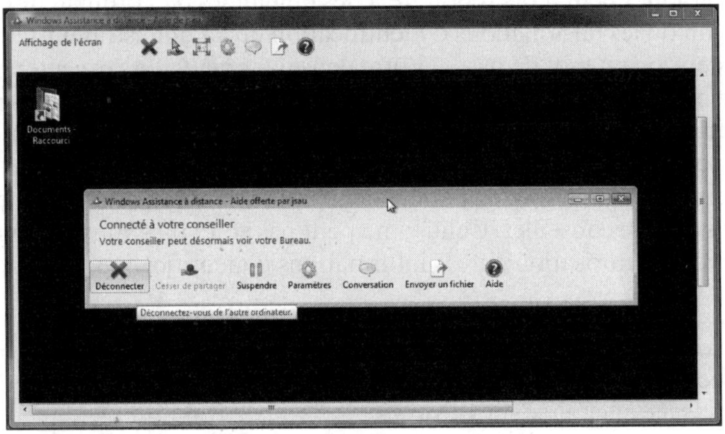

10. Pour que le conseiller puisse agir sur votre Bureau, il doit donc en faire la demande. Pour cela, il doit cliquer sur le bouton permettant le partage de contrôle du Bureau.

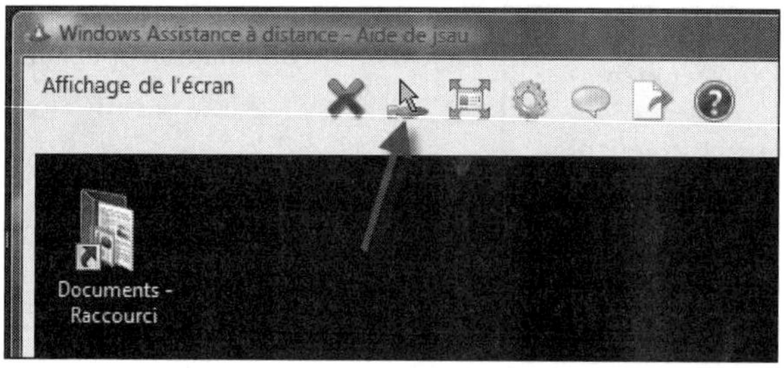

Figure 13-49 *: Le bouton de partage du contrôle du Bureau*

Sur votre Bureau, une fenêtre d'autorisation de partage apparaît. C'est à votre tour de répondre…

Figure 13-50 : *La fenêtre d'autorisation de partage de contrôle du Bureau*

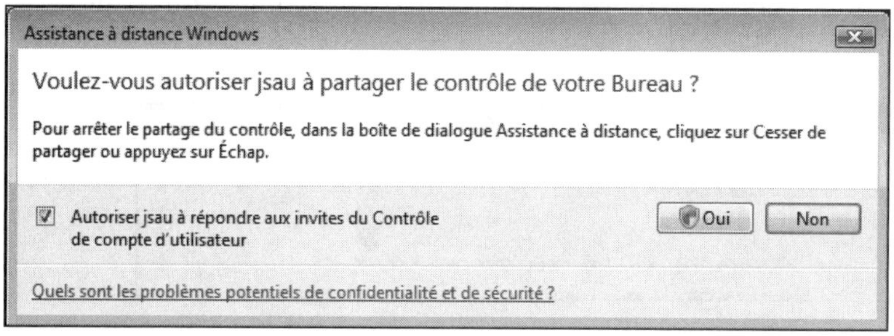

11. Activez la case à cocher *Autoriser le conseiller à répondre aux invites du Contrôle des comptes utilisateurs*.

Votre conseiller peut alors répondre à des demandes de l'ordinateur concernant la permission ou les informations d'identification de l'administrateur telles qu'un nom d'utilisateur ou un mot de passe. Votre conseiller peut alors exécuter des programmes de niveau administrateur, sans votre participation. Vous pouvez autoriser votre conseiller à exécuter des programmes de niveau administrateur uniquement si vous pouvez les exécuter vous-même. Vous serez invité à donner votre permission ou vos informations d'identification avant de transmettre ces capacités à votre conseiller. Celui-ci ne peut pas voir votre Bureau lorsque vous donnez votre autorisation ou vos informations d'identification.

12. Lorsque vous êtes en partage de bureau avec votre conseiller, vous pouvez par exemple établir une conversation de type chat avec votre conseiller afin de lui décrire votre problème. Cliquez sur le bouton **Conversation**, puis tapez votre message et cliquez sur **Envoyer**.

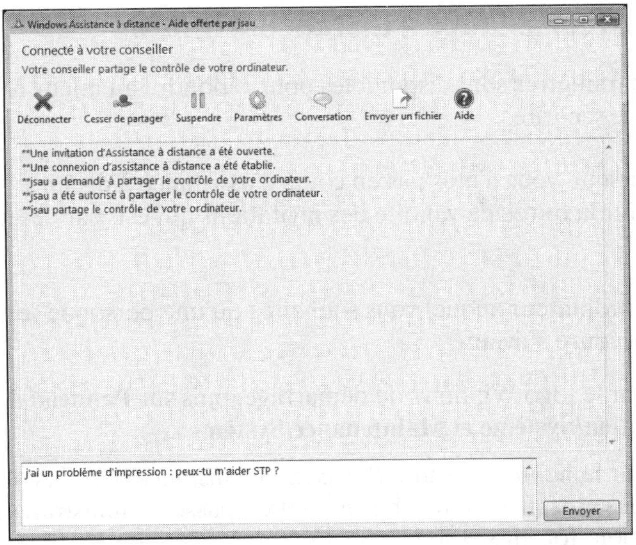

Figure 13-51 : *Conversation de type chat avec l'Assistance à distance Windows*

13. Une fois la maintenance effectuée, cliquez sur **Cesser de partager**, puis sur **Déconnecter** afin de quitter la session d'Assistance à distance.

La connexion avec le conseiller est coupée. Celui-ci visualise alors la fenêtre suivante, lui permettant une reconnexion si l'utilisateur concerné le permet.

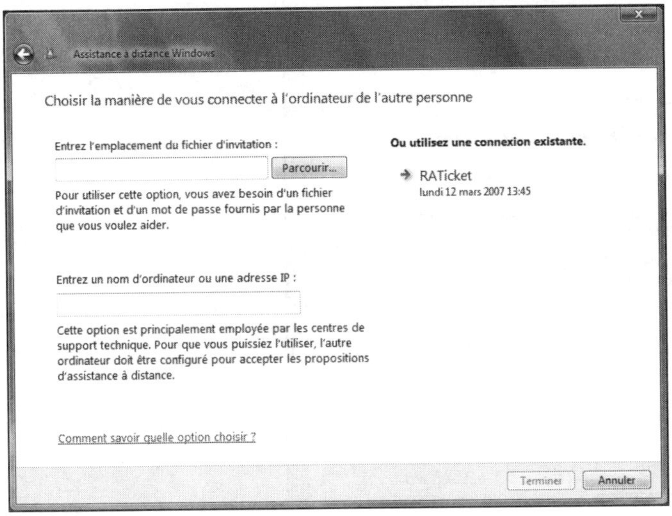

Figure 13-52 : *La fenêtre de connexion du conseiller à la fin d'une session d'assistance*

Les paramètres de l'Assistance à distance Windows

De nombreux paramètres sont disponibles pour répondre au mieux à vos exigences d'assistance et de sécurité.

Tout d'abord lorsque vous n'êtes pas en cours d'assistance à distance Windows, vous pouvez configurer la durée de validité des invitations qui est, par défaut, de 6 heures.

Pour cela, sur l'ordinateur auquel vous souhaitez qu'une personne se connecte, effectuez la procédure suivante :

1. Cliquez sur le logo Windows de démarrage, puis sur **Panneau de configuration/Système et Maintenance/Système**.
2. Cliquez sur le lien *Paramètres d'utilisation à distance* dans la colonne de gauche. Si vous êtes invité à fournir un mot de passe administrateur ou une confirmation, fournissez-les.

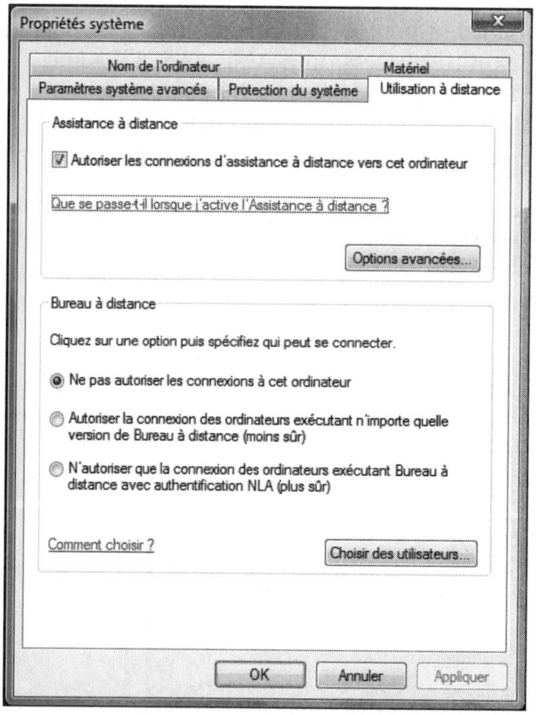

Figure 13-53 : *La fenêtre Paramètres d'utilisation à distance*

3. Activez la case à cocher *Autoriser les connexions d'assistance à distance vers cet ordinateur*.

4. Cliquez sur **Options avancées…**, puis, sous la rubrique *Invitations*, sélectionnez la durée maximale de validité.

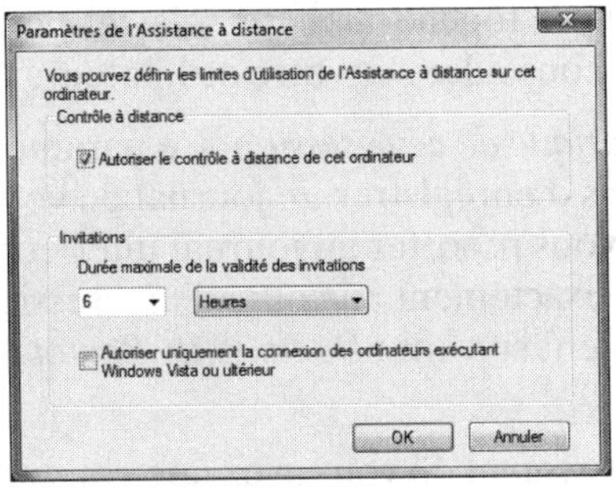

Figure 13-54 *:*
Les options avancées de la fenêtre Paramètres d'utilisation à distance

Lorsque vous êtes en cours d'assistance à distance Windows, connecté à votre conseiller, vous pouvez également configurer certains paramètres de l'Assistance à distance Windows.

5. Vous avez la possibilité de mettre en pause momentanément une connexion en cliquant sur le bouton **Suspendre** de la fenêtre de contrôle de l'Assistance à distance Windows.

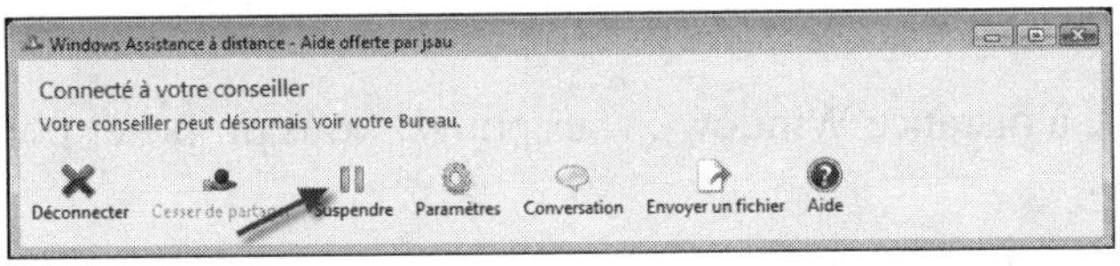

Figure 13-55 *:*
Le bouton Suspendre

6. Vous pouvez affiner les paramètres en cliquant sur le bouton **Paramètres** de la fenêtre de contrôle de l'Assistance à distance Windows.

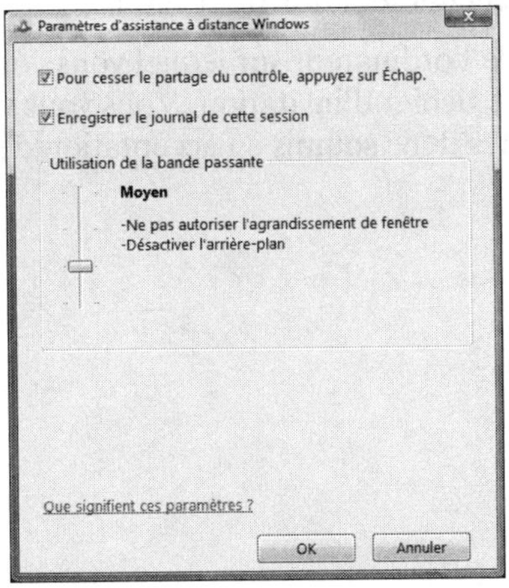

Figure 13-56 *:*
La fenêtre Paramètres.

Cette fenêtre vous permet de configurer plusieurs éléments :

- Case à cocher *Pour cesser le partage du contrôle, appuyez sur Echap*. Ce paramètre permet d'appuyer sur la touche Échap du clavier pour arrêter le partage du contrôle avec votre conseiller sur votre ordinateur.
- Case à cocher *Enregistrer l'historique de cette session*. Ce paramètre permet à l'Assistance à distance Windows d'enregistrer un journal de votre session, pour référence. Vous pourrez vous reporter au journal ultérieurement si vous voulez savoir ce qui s'est passé exactement au cours d'une session. Le fichier journal est stocké à l'emplacement suivant : *Documents\Remote Assistance Logs*.
- Section *Utilisation de la bande passante*. Si vous avez une connexion à bas débit (telle qu'une connexion d'accès à distance), la désactivation de certains effets visuels dans Windows peut améliorer votre connexion. Déplacez le curseur vers le bas pour désactiver tous les effets visuels les uns après les autres. Si vous déplacez le curseur vers le haut, les effets visuels sont graduellement réactivés, mais vos programmes risquent d'être ralentis si vous utilisez une connexion à bas débit.

Proposer son aide

Avec l'Assistance à distance Windows, vous pouvez vous proposer pour venir en aide à quelqu'un.

1. Cliquez sur le logo de démarrage Windows.
2. Cliquez sur **Tous les programmes/Maintenance/Assistance à distance Windows**.
3. Cliquez sur **Proposez d'aider quelqu'un** (voir fig. 13-57).
4. Tapez le nom ou l'adresse IP de l'ordinateur sur lequel vous voulez venir en aide ou entrez le chemin vers le fichier d'invitation. Vous vous retrouvez dans la peau du conseiller et vous êtes donc soumis à l'acceptation de la personne que vous souhaitez aider.

Figure 13-57 :
Proposez votre aide

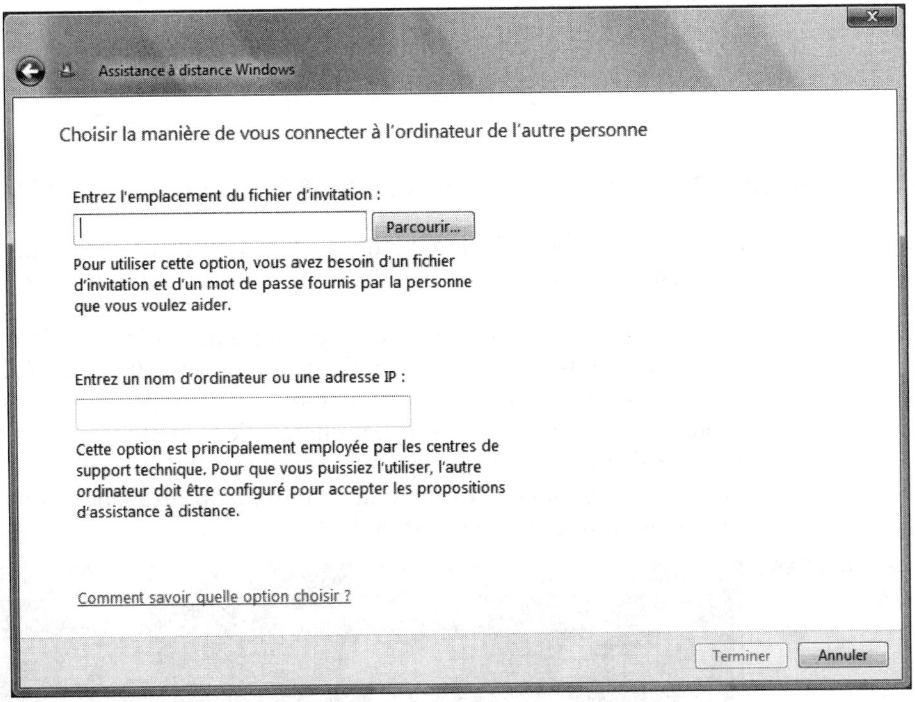

La compatibilité entre les versions de l'Assistance à distance Windows

L'Assistance à distance Windows existe aussi pour les versions Windows XP et Windows Server 2003. À partir d'un ordinateur exécutant Windows Vista, vous devez connaître certains principes si vous souhaitez aider un collègue qui fait tourner Windows XP ou Windows Server 2003 ou si vous souhaitez recevoir de l'aide d'un collègue ayant un ordinateur sous Windows XP ou Windows Server 2003.

- Dans Windows XP et Windows Server 2003, vous ne pouvez pas suspendre une session d'Assistance à distance Windows. Ainsi, si la personne assistée utilise Windows Vista et décide de suspendre une session alors qu'elle est connectée à un ordinateur distant exécutant Windows XP, la personne utilisant Windows XP ne sera pas avertie lorsque la session sera suspendue.
- Dans Windows XP et Windows Server 2003, l'Assistance à distance prenait en charge la fonctionnalité vocale. La fonctionnalité vocale n'est pas prise en charge dans Windows Vista. Si une personne qui utilise Windows XP ou Windows Server 2003 clique sur le bouton **Commencer à parler**, rien ne se produit.

- Vous ne pouvez pas offrir d'Assistance à distance Windows à partir de Windows Vista sur des ordinateurs exécutant Windows XP ou Windows Server 2003.

L'Assistance à distance Windows versus le Bureau à distance

On fait trop souvent la confusion quant à l'utilisation de ces deux outils intégrés à Windows Vista. C'est l'occasion de repréciser leur cadre d'utilisation :

- Utilisez le Bureau à distance pour accéder à un ordinateur depuis un autre ordinateur, à distance. Par exemple, vous pouvez utiliser le Bureau à distance pour vous connecter à votre ordinateur professionnel depuis votre domicile. Vous aurez accès à tous vos programmes, fichiers et ressources réseau, comme si vous étiez à votre poste de travail. Pendant la durée de la connexion, l'écran de l'ordinateur distant apparaîtra vide pour toutes les personnes qui se trouvent sur place.

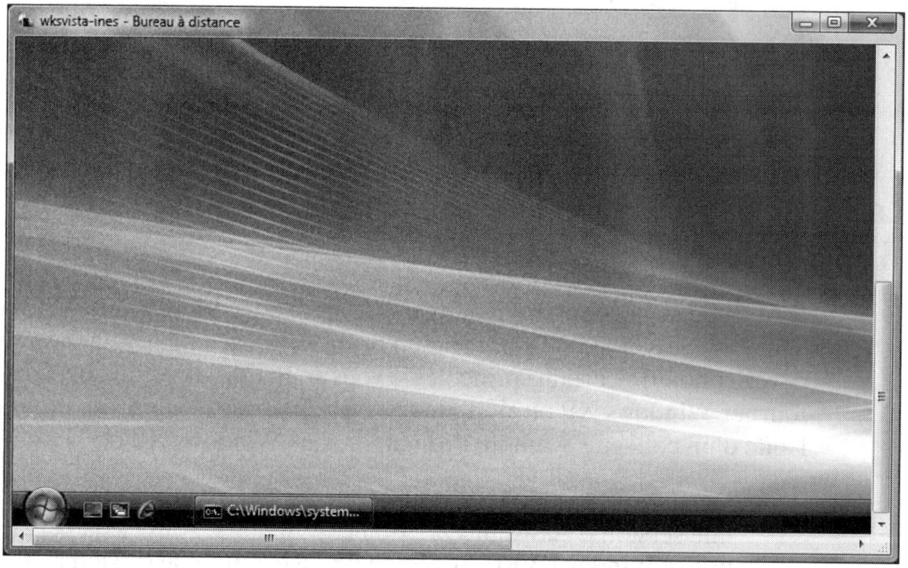

Figure 13-58 : *Exemple de Bureau à distance*

- Utilisez l'Assistance à distance pour offrir ou recevoir de l'assistance à distance. Par exemple, un ami peut accéder à votre ordinateur pour vous aider à résoudre un problème ou vous montrer comment faire quelque chose. Vous pouvez de la même manière assister vous-même une personne. Dans les deux cas, vous voyez le même écran d'ordinateur que l'autre personne. Si vous décidez de partager le contrôle de votre ordinateur avec votre conseiller, vous pourrez tous les deux contrôler le pointeur de la souris.

13.8. Autres outils de maintenance

Pour conclure, Windows Vista recèle de nouveaux outils de maintenance que nous présentons en détail…

L'outil Diagnostics de la mémoire

Windows Vista introduit un outil de diagnostic de la mémoire bien utile lorsque vous avez des opérations de maintenance et de support en cours, afin de diagnostiquer la véracité d'une intervention de maintenance de changement de barrette mémoire.

Généralement, Windows détecte automatiquement les éventuels problèmes liés à la mémoire de l'ordinateur et affiche une notification vous demandant si vous souhaitez exécuter l'outil Diagnostics de la mémoire.

Si vous souhaitez lancer l'outil manuellement, procédez ainsi :

1. Cliquez sur le logo de démarrage Windows et ouvrez le Panneau de configuration.
2. Cliquez sur **Outils d'administration**, puis sur **Outil de diagnostics de la mémoire**.

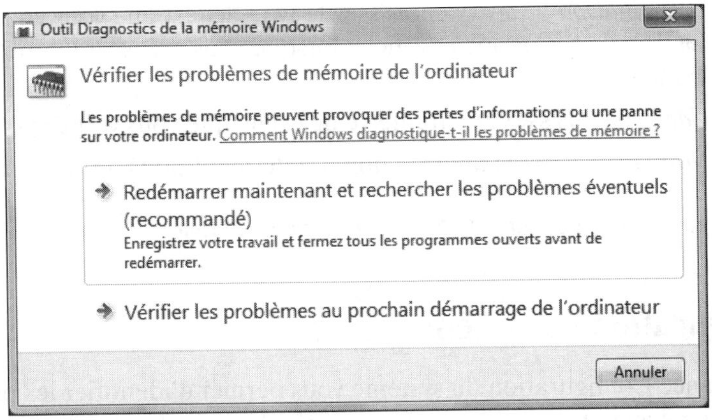

Figure 13-59 : *L'utilitaire Diagnostics de la mémoire*

3. Lorsque vous recevez une notification concernant un problème éventuel de mémoire, cliquez sur la notification qui vous donne le choix entre deux options sur le moment où vous souhaitez exécuter l'outil Diagnostics de la mémoire :

- Vous pouvez redémarrer l'ordinateur et exécuter l'outil immédiatement.
- Vous pouvez redémarrer l'ordinateur et exécuter l'outil plus tard.

Si vous choisissez de redémarrer l'ordinateur et d'exécuter l'outil immédiatement, n'oubliez pas d'enregistrer votre travail et de fermer tous vos programmes en cours d'exécution. L'outil Diagnostics de la mémoire s'exécutera automatiquement au redémarrage de Windows. Au cours de l'exécution de l'outil Diagnostics de la mémoire, vous verrez s'afficher une barre de progression indiquant l'état du test. Une fois le test terminé, Windows redémarre automatiquement.

Si l'outil Diagnostics de la mémoire ne trouve aucune erreur, vous recevez un message indiquant qu'aucune erreur n'a été trouvée.

Si l'outil Diagnostics de la mémoire détecte des erreurs, alors intervenez selon vos procédures de maintenance matérielle.

Il est conseillé de laisser l'outil Diagnostics de la mémoire s'exécuter automatiquement. Toutefois, les administrateurs avancés peuvent, s'ils le souhaitent, régler les paramètres de l'outil.

1. Au démarrage de l'outil Diagnostics de la mémoire, appuyez sur la touche [F1].
2. Vous pouvez régler les paramètres suivants…
   - *Combinaison de tests* : choisissez le type de test que vous voulez exécuter. La liste de ces options s'affiche lorsque vous exécuter l'outil Diagnostics de la mémoire.
   - *Cache* : choisissez le paramètre de cache que vous voulez pour chaque test.
   - *Nombre de passes* : tapez le nombre de répétitions du test souhaité.
3. Appuyez sur la touche [F10] pour démarrer le test.

L'outil Configuration du système

L'outil avancé Configuration du système vous permet d'identifier les problèmes qui peuvent empêcher les fichiers systèmes de Windows de démarrer correctement. Vous pouvez démarrer Windows en ayant désactivé les programmes de démarrage et les services courants que vous pouvez ensuite réactiver, individuellement. Si un problème ne se produit pas lorsqu'un service est désactivé, mais qu'il se produit lorsque le service est activé, ce service est sans doute la cause du problème.

L'outil Configuration du système est destiné à rechercher et isoler les problèmes, mais il ne s'agit pas d'un programme de gestion de démarrage.

Pour ouvrir l'outil Configuration du système :

1. Cliquez sur le logo Windows de démarrage
2. Cliquez sur **Panneau de configuration**, puis sur **Outils d'administration** et **Configuration du système**.

Figure 13-60 : *La Configuration du système*

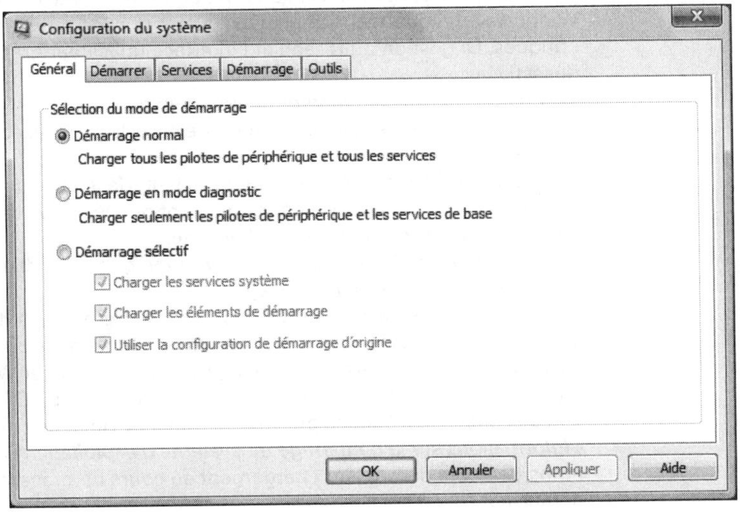

Le tableau suivant décrit les onglets et les options disponibles dans la Configuration du système :

Tableau 13-3 : Les onglets de l'outil Configuration du système

Onglet	Description
Général	Répertorie les choix pour les modes de configuration de démarrage : - *Démarrage en mode normal* : démarre Windows normalement. Ce mode vous permet de démarrer Windows au terme de l'utilisation des deux autres modes pour résoudre le problème. - *Démarrage en mode diagnostic* : Windows démarre en n'utilisant que les services et les pilotes de base. Ce mode vous permet d'éliminer les fichiers Windows de base comme la source du problème. - *Démarrage en mode sélectif* : Windows démarre en n'utilisant que les services et les pilotes de base ainsi que les autres services et les programmes de démarrage de votre choix.

Tableau 13-3 : Les onglets de l'outil Configuration du système	
Onglet	**Description**
Démarrer	Affiche les options de configuration pour le système d'exploitation et les paramètres de débogage avancés, notamment… - *Démarrage sécurisé : minimal* : démarre l'interface utilisateur graphique Windows (l'Explorateur Windows) en mode sécurisé en n'exécutant que les services système critiques. La gestion du réseau est désactivée. - *Démarrage sécurisé : shell alternatif* : démarre l'Invite de commandes Windows en mode sécurisé en n'exécutant que les services système critiques. La gestion du réseau et l'interface utilisateur graphique sont désactivées. - *Démarrage sécurisé : Réparer Active Directory* : démarre l'interface utilisateur graphique Windows en mode sécurisé en n'exécutant que les services système critiques et Active Directory. - *Démarrage sécurisé : Réseau* : démarre l'interface utilisateur graphique Windows en mode sécurisé en n'exécutant que les services système critiques. La gestion du réseau est activée. - *Ne pas démarrer l'interface utilisateur graphique* : n'affiche pas l'image de démarrage Windows au démarrage. - *Journaliser le démarrage* : stocke toutes les informations du processus de démarrage dans le fichier *%SystemRoot%Ntbtlog.txt.* - *Vidéo de base* : démarre l'interface graphique utilisateur Windows en mode VGA minimal. Cette opération charge les pilotes VGA standards au lieu des pilotes d'affichage propres au matériel vidéo de l'ordinateur. - *Informations sur le démarrage du système d'exploitation* : affiche les noms de pilote durant leur chargement au cours du processus de démarrage. - *Rendre tous les paramètres permanents* : n'assure pas le suivi des modifications apportées dans la Configuration du système. Les options peuvent être modifiées ultérieurement dans la Configuration du système, mais elles doivent être modifiées manuellement. Si cette option est sélectionnée, vous ne pouvez pas restaurer vos modifications en sélectionnant *Démarrage en mode normal* sous l'onglet **Général**.

Tableau 13-3 : Les onglets de l'outil Configuration du système

Onglet	Description
Services	Répertorie tous les services qui démarrent lorsque l'ordinateur s'initialise ainsi que leur statut actuel (*En cours d'exécution* ou *Arrêté*). L'onglet **Services** vous permet d'activer ou de désactiver les services individuels au démarrage pour dépanner les services qui contribuent aux problèmes de démarrage. Sélectionnez *Masquer tous les services Microsoft* pour n'afficher que les applications tierces sur la liste des services. Désactivez la case à cocher d'un service pour le désactiver au prochain démarrage. Si vous avez choisi *Démarrage en mode sélectif* sous l'onglet **Général**, vous devez soit choisir *Démarrage en mode normal* sous l'onglet **Général**, soit activer la case à cocher du service pour le redémarrer lors de l'initialisation. La désactivation des services qui s'exécute normalement lors de l'initialisation peut entraîner un dysfonctionnement de certains programmes ou créer une instabilité du système. Ne désactivez pas de services sur cette liste, sauf si vous êtes certain qu'ils ne sont pas essentiels au fonctionnement de l'ordinateur. L'option *Désactiver tout* ne désactive pas certains services Microsoft sécurisés nécessaires au démarrage du système d'exploitation.
Démarrage	Répertorie les applications qui s'exécutent au démarrage de l'ordinateur ainsi que le nom de leur éditeur, le chemin d'accès du fichier exécutable et l'emplacement de la clé de Registre ou du raccourci responsable de l'exécution de l'application. Désactivez la case à cocher d'un élément de démarrage pour le désactiver au prochain démarrage. Si vous avez choisi *Démarrage en mode sélectif* sous l'onglet **Général**, vous devez soit choisir *Démarrage en mode normal* sous l'onglet **Général**, soit activer la case à cocher de l'élément de démarrage pour le redémarrer lors de l'initialisation. Si vous pensez qu'une application est compromise, examinez la colonne *Commande* pour consulter le chemin d'accès du fichier exécutable. La désactivation d'applications qui s'exécutent normalement au démarrage peut ralentir le démarrage d'applications connexes ou entraîner leur exécution inattendue.
Outils	Fournit une liste pratique d'outils de diagnostic et d'autres outils avancés que vous pouvez exécuter.

Voici quelques-unes des opérations les plus intéressantes…

Pour démarrer Windows en mode de diagnostic :

1. Cliquez sur le logo Windows de démarrage.
2. Cliquez sur **Panneau de configuration**, puis sur **Outils d'administration** et **Configuration du système**.

3. Cliquez sur l'onglet **Général**, puis sur *Démarrage en mode diagnostic*. Validez par OK, puis cliquez sur **Redémarrer**.

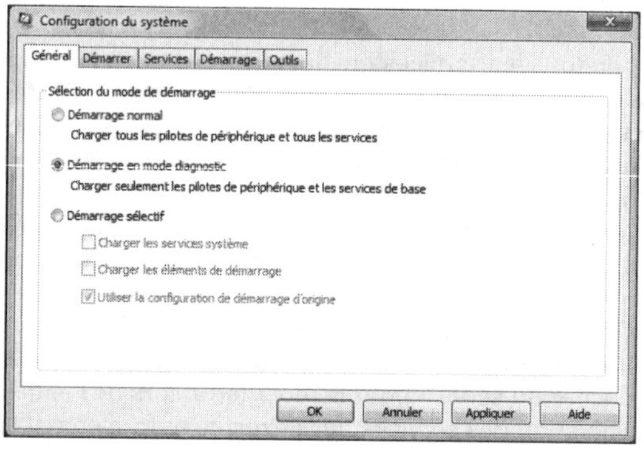

Figure 13-61 : *Démarrage en mode de diagnostic*

Si le problème qui nécessite un diagnostic se produit, des fichiers ou des pilotes Windows de base peuvent être endommagés. Si le problème ne se produit pas, utilisez l'option *Démarrage en mode sélectif* pour tenter d'identifier le problème en activant ou en désactivant les services et les programmes de démarrage individuels.

Pour démarrer Windows en mode sélectif :

1. Cliquez sur le logo Windows de démarrage.
2. Cliquez sur **Panneau de configuration**, puis sur **Outils d'administration** et **Configuration du système**.
3. Cliquez sur l'onglet **Général**, puis sur *Démarrage en mode sélectif*. Désactivez les cases à cocher *Charger les services système* et *Charger les éléments de démarrage*.
4. Activez la case à cocher *Charger les services système*, cliquez sur OK, puis sur **Redémarrer**.

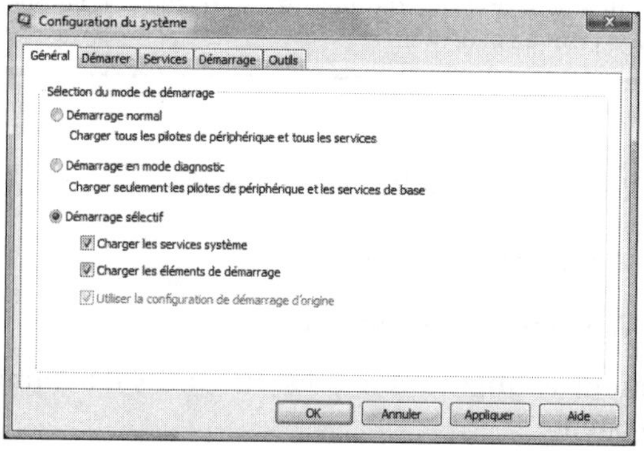

Figure 13-62 : *Charger les services système*

Si le problème se produit après le redémarrage, effectuez l'une des tâches suivantes (ou les deux si nécessaire) :

1. Identifiez le service système responsable du problème…
   - Cliquez sur l'onglet **Services**, sur **Désactiver tout**, activez la case à cocher pour le premier service répertorié, puis redémarrez l'ordinateur. Si le problème ne se produit pas, vous pouvez éliminer le premier service comme étant la cause du problème.
   - Le premier service étant sélectionné, activez la case à cocher du second service, puis redémarrez l'ordinateur.
   - Répétez ce processus jusqu'à reproduire le problème. Si vous ne pouvez pas reproduire le problème, vous pouvez éliminer les services système comme étant la cause du problème. Effectuez la tâche suivante :
2. Identifiez l'élément de démarrage responsable du problème…
   - Cliquez sur l'onglet **Général**, puis activez la case à cocher *Charger les éléments de démarrage*.
   - Cliquez sur l'onglet **Démarrage**, sur **Désactiver tout**, activez la case à cocher pour le premier élément de démarrage répertorié, puis redémarrez l'ordinateur. Si le problème ne se produit pas, vous pouvez éliminer le premier élément de démarrage comme étant la cause du problème.
   - Le premier élément de démarrage étant sélectionné, activez la case à cocher du second élément de démarrage, puis redémarrez l'ordinateur. Répétez ce processus jusqu'à reproduire le problème.

14

ANNEXES

14.1. Glossaire

OEM

Dossier qui inclut des fichiers supplémentaires pour l'installation de Windows.

%SYSTEMROOT%

Chemin d'accès et nom du dossier dans lequel se situent les fichiers système Windows. Il s'agit généralement de *C:\Windows*.

%WINDIR%

Répertoire par défaut où Windows est installé, soit le plus souvent *C:\Windows*.

8.3

Format standard pour les noms de fichier sous MS-DOS et Windows 3.1. Ce format se compose d'un nom de fichier de huit caractères au maximum suivi d'un point et d'une extension de trois caractères.

Accès à distance

Élément du service de routage et d'accès distant au réseau destiné aux télétravailleurs, aux employés itinérants et aux administrateurs système qui surveillent et gèrent des serveurs de plusieurs succursales. Les utilisateurs qui exécutent Windows et le module de connexion réseau peuvent composer un numéro pour établir une connexion distante à leur réseau et accéder à des services tels que le partage de fichiers et d'imprimantes, la messagerie électronique, le planning, etc.

ACL discrétionnaire

L'ACL discrétionnaire (ou DACL, *Discretionary Access Control List*) est une partie d'un descripteur de sécurité d'objet qui accorde ou refuse à des utilisateurs ou à des groupes particuliers l'autorisation d'accéder à l'objet. Seul le propriétaire de l'objet peut modifier les autorisations accordées ou refusées dans un ACL discrétionnaire. Cela signifie que l'accès à l'objet est à la discrétion de son propriétaire.

Actif, active

Qualifie un objet (fenêtre ou icône) qui est sélectionné, en cours d'utilisation. Le système d'exploitation applique toujours, à la fenêtre active, la prochaine commande ou frappe de touche que vous exécutez. Les fenêtres ou les icônes du Bureau qui ne sont pas sélectionnées sont inactives.

ActiveX

Ensemble de technologies permettant à des composants logiciels de dialoguer entre eux au sein d'un environnement réseau, quel que soit le langage dans lequel ils ont été créés.

Administrateur

Pour les versions professionnelles de Windows Vista, c'est la personne qui est responsable de la configuration et de la gestion des contrôleurs de domaine ou des ordinateurs locaux et de leurs comptes de groupes ou d'utilisateurs, qui attribue les mots de passe et les autorisations et aide les utilisateurs à résoudre leurs problèmes de réseau. Les administrateurs sont membres du groupe *Administrateurs* et possèdent le contrôle total sur le domaine ou l'ordinateur.

Pour les versions familiales de Windows Vista, c'est la personne qui peut appliquer des modifications à l'ordinateur au niveau du système, installer des logiciels et accéder à tous les fichiers de l'ordinateur. Une personne possédant un compte d'administrateur dispose d'un accès total à tous les comptes utilisateur de l'ordinateur.

Administrateur d'ordinateur

Utilisateur qui gère un ordinateur. L'administrateur de l'ordinateur est autorisé à apporter des modifications système à l'ordinateur, notamment installer des logiciels et accéder à tous les fichiers de l'ordinateur. Il peut également créer, modifier et supprimer les comptes des autres utilisateurs.

Adresse IP

Adresse 32 bits, utilisée pour identifier un nœud au sein d'un réseau d'interconnexion IP. Chaque nœud du réseau d'interconnexion IP doit posséder une adresse IP unique, composée de l'ID réseau et d'un ID hôte unique. En règle générale, la valeur décimale de chaque octet est séparée par un point (par exemple,

192.168.7.27). Dans cette version de Windows, vous pouvez configurer l'adresse IP de manière statique ou dynamique par l'intermédiaire de DHCP. Voir **Internet**.

Attribut

Pour les fichiers, informations qui indiquent si un fichier est en lecture seule, caché, prêt pour l'archivage (sauvegarde), compressé ou crypté, et si le contenu de ce fichier doit être indexé pour la recherche rapide des fichiers.

Audit

Processus de suivi des activités des utilisateurs par l'enregistrement des types d'événements sélectionnés dans le journal sécurité d'un serveur ou d'une station de travail.

Autorisation

Processus qui détermine ce qu'un utilisateur est autorisé à faire sur un système informatique ou un réseau.

Règle associée à un objet en vue de déterminer les utilisateurs qui peuvent accéder à l'objet et la manière qu'ils doivent employer. Les autorisations sont accordées ou refusées par le propriétaire de l'objet.

Autorisations d'accès spéciales

Ensemble personnalisé d'autorisations sur des volumes NTFS. Vous pouvez personnaliser des autorisations sur des fichiers et des répertoires en sélectionnant des composants appartenant aux ensembles d'autorisations standards.

Autorisations héritées

Autorisations portant sur un objet et qui sont automatiquement héritées de son objet parent. Les autorisations héritées ne peuvent pas être modifiées.

Barre des tâches

Barre qui contient le bouton **démarrer** et qui apparaît par défaut sur le bord inférieur du Bureau. Vous pouvez cliquer sur les boutons de la barre des tâches pour permuter les programmes. Vous pouvez aussi masquer la barre des tâches et la déplacer. Vous avez également la possibilité de la personnaliser de nombreuses manières.

Base de connaissances

Partie d'un système expert contenant l'ensemble des informations, en particulier des règles et des faits, qui constituent le domaine de compétence du système. Anglais : *knowledge base*.

Cache

Sous-système de mémoire spécial dans lequel des valeurs de données utilisées fréquemment sont dupliquées pour permettre un accès plus rapide à ces valeurs.

Certificat

Document numérique communément employé pour l'authentification et la sécurisation des échanges d'informations sur les réseaux ouverts tels qu'Internet, ou les extranets et les intranets. Un certificat lie de manière sécurisée une clé publique à l'entité qui possède la clé privée correspondante. Les certificats sont signés numériquement par l'autorité de certification émettrice et peuvent être émis pour un utilisateur, un ordinateur ou un service. Le format de certificat le plus largement accepté est défini par la norme internationale ITU-T X.509.

Clé

Dans la base de Registre, dossier qui apparaît dans le panneau gauche de la fenêtre de l'éditeur. Une clé peut contenir des sous-clés et des rubriques contenant des valeurs. `Environment`, par exemple, est une clé contenue dans *HKEY_CURRENT_USER*. Voir **Registre**.

Composant logiciel enfichable

Type d'outil que vous pouvez ajouter à une console prise en charge par la console MMC (*Microsoft Management Console*). Un composant logiciel enfichable autonome peut être ajouté de lui-même, tandis qu'un composant logiciel enfichable d'extension ne peut être ajouté que pour étendre la fonction d'un autre composant logiciel enfichable. Voir **MMC**.

Compte d'utilisateur

Ensemble de toutes les informations définissant un utilisateur pour Windows. Parmi ces informations, citons le nom d'utilisateur et le mot de passe fourni par l'utilisateur pour se connecter au réseau, les groupes auxquels appartient l'utilisateur, et les droits et autorisations dont jouit l'utilisateur pour utiliser l'ordinateur et le réseau ou accéder à leurs ressources. Pour Windows XP Professionnel, les comptes d'utilisateurs sont gérés par le service Utilisateurs et groupes locaux.

Compression

Procédé permettant de réduire le volume (en bits) ou le débit (en bits par seconde) des données numérisées (parole, image, texte...). Voir **ZIP**.

Connexions web sécurisées

Lorsque vous visitez un site web sécurisé, votre navigateur établit automatiquement avec lui une connexion cryptée. Par défaut, tous les comptes peuvent utiliser des connexions sécurisées. Si vous souhaitez empêcher les utilisateurs d'envoyer des informations confidentielles à des sites web sécurisés, vous pouvez désactiver les connexions web sécurisées.

Si vous désactivez les connexions web sécurisées, votre navigateur ne chiffrera plus les informations envoyées. Vous ne devez désactiver les connexions web sécurisées que si vous voulez protéger les informations confidentielles figurant sur la liste *Informations confidentielles*.

Console de récupération

Interface de ligne de commande qui propose un jeu restreint de commandes d'administration utiles pour réparer un ordinateur.

Contexte système

Statut de Windows après qu'il a été démarré pour la première fois alors que certains services système ont été chargés, mais qu'aucun utilisateur n'est connecté et que les paramètres par utilisateur ne sont pas disponibles.

Contexte utilisateur

État de Windows après l'ouverture de session d'un utilisateur et lorsque les autorisations de compte appropriées sont effectives pour ce compte.

Contrôle de compte utilisateur (UAC)

Ajoute une sécurité à Windows en limitant l'accès de niveau administrateur à l'ordinateur. Limite les contextes dans lesquels un processus s'exécute et réduit l'éventualité dans laquelle les utilisateurs exposent par inadvertance leur ordinateur aux virus ou autres logiciels malveillants.

Cookie

Code, ensemble d'informations qu'un serveur enregistre, souvent temporairement, sur votre disque dur pour vous identifier sur son service.

Défragmentation

Processus de réécriture de parties d'un fichier dans des secteurs contigus d'un disque dur en vue d'augmenter la vitesse d'accès et de récupération des données. Lorsque des fichiers sont mis à jour, l'ordinateur a tendance à les enregistrer sur le plus grand espace continu du disque dur, qui se trouve souvent sur un secteur différent de celui sur lequel sont enregistrées les autres parties du fichier. Lorsque des fichiers sont ainsi fragmentés, l'ordinateur doit examiner le disque dur chaque fois qu'il ouvre le fichier afin d'en rechercher les différentes parties, ce qui réduit son temps de réponse.

Disque de base

Disque physique auquel peuvent accéder MS-DOS et tous les systèmes d'exploitation Windows. Les disques de base peuvent contenir jusqu'à quatre partitions principales, ou trois partitions principales et une partition étendue avec plusieurs lecteurs logiques.

Disque dynamique

Disque physique qui fournit des fonctionnalités que les disques de base n'offrent pas, telles que la prise en charge des volumes fractionnés sur plusieurs disques. Les disques dynamiques utilisent une base de données cachée pour conserver les informations relatives aux volumes dynamiques sur le disque et aux autres disques dynamiques de l'ordinateur. Vous pouvez convertir des disques de base en disques dynamiques grâce au composant logiciel enfichable Gestion des disques ou à l'outil de ligne de commande `DiskPart`. Lors de la conversion d'un disque de base en disque dynamique, tous les volumes de base existants deviennent des volumes dynamiques.

Dossier de base

Dossier (généralement sur un serveur de fichiers) que les administrateurs peuvent attribuer à des utilisateurs ou à des groupes individuels. Les administrateurs utilisent des dossiers de base pour consolider les fichiers utilisateurs sur des serveurs de fichiers spécifiques afin d'en faciliter la sauvegarde. Certains programmes utilisent les dossiers de base comme dossiers par défaut pour les boîtes de dialogue **Ouvrir** et **Enregistrer sous**. Les dossiers de base sont parfois appelés "répertoires de base".

Droits de l'utilisateur

Ensemble des autorisations d'un utilisateur, sur un ordinateur ou un domaine, et lui permettant d'accéder à un certain nombre de tâches définies. Il existe deux types de droits d'utilisateur : les privilèges et les droits d'ouverture de session. Le droit de fermer le système est un exemple de privilège. Le droit d'ouvrir une session sur un ordinateur localement est un exemple de droit d'ouverture de session. Les privilèges et les droits sont attribués par les administrateurs à des utilisateurs ou à des groupes particuliers dans le cadre de la configuration des paramètres de sécurité de l'ordinateur.

Dual core

Physiquement, le processeur dual core ressemble fort à un processeur classique, à cela près qu'il est surmonté de deux dies au lieu d'un seul. Le die étant parfois recouvert d'une plaque protectrice, il ne sera pas toujours possible de distinguer au premier coup d'œil un processeur dual core d'un processeur classique. Pour autant, il est impossible d'utiliser un processeur dual core sur une carte mère actuelle, même si le socket est identique. Il faut que le chipset de la carte mère soit adapté à la gestion du dual core.

Ethernet

Standard IEEE 802.3 pour les réseaux en litige. Ethernet utilise une topologie en bus ou en étoile et repose sur une forme d'accès appelée CSMA/DC (*Carrier Sense*

Multiple Access with Collision Detection) pour réguler le trafic des communications sur la ligne. Les nœuds des réseaux sont reliés par du câble coaxial, de la fibre optique ou une paire de câbles torsadés. Les données sont transmises dans des trames de longueur variable qui contiennent des informations de contrôle et de remise, et jusqu'à 1500 octets de données. Le standard Ethernet fournit une transmission en bande de base à la vitesse de 10 Mbps (10 millions de bits par seconde).

Événement

Tout fait important se produisant dans le système ou dans une application et devant être signalé aux utilisateurs ou consigné dans un journal.

Fichier journal

Fichier dans lequel sont stockés les messages générés par une application, un service ou le système d'exploitation. Ces messages permettent de suivre l'exécution des opérations. Les serveurs web, par exemple, gèrent des fichiers journaux qui répertorient toutes les requêtes adressées au serveur. Les fichiers journaux sont généralement des fichiers en texte clair (ASCII) qui possèdent souvent l'extension *.log*.

Dans l'utilitaire de sauvegarde, il s'agit d'un fichier qui contient un enregistrement de la date de création des bandes ainsi que le nom des fichiers et des répertoires qui ont été sauvegardés et restaurés. Le service Journaux et alertes de performances crée également des fichiers journaux.

Fichier système

Fichiers utilisés par Windows pour charger, configurer et exécuter le système d'exploitation. En général, les fichiers système ne doivent jamais être supprimés ou déplacés.

Gestion de l'ordinateur

Composant qui permet d'afficher et de contrôler de nombreux aspects de la configuration d'un ordinateur. La Gestion de l'ordinateur associe plusieurs utilitaires d'administration dans l'arborescence d'une seule console, fournissant un accès facile aux propriétés et aux outils d'administration des ordinateurs locaux ou distants.

Gestionnaire de périphériques

Outil d'administration qui permet de gérer les périphériques d'un ordinateur. Grâce au Gestionnaire de périphériques, vous pouvez afficher et modifier les propriétés des périphériques, mettre à jour les pilotes de périphérique, configurer les paramètres des périphériques et les désinstaller.

Groupe de sécurité

Groupe qui peut être répertorié sur des listes de contrôle d'accès discrétionnaire (DACL, *Discretionary Access Control List*) utilisées pour définir les autorisations sur les ressources et les objets. Un groupe de sécurité peut également être utilisé comme une entité de courrier électronique. Lorsque vous envoyez un message de courrier électronique à un groupe, ce message est envoyé à tous les membres du groupe. Voir **ACL**.

Groupe local

Pour les ordinateurs exécutant Windows et les serveurs membres, groupe auquel peuvent être accordés des droits et des autorisations à partir de son propre ordinateur et, si ce dernier appartient à un domaine, des comptes d'utilisateurs et des groupes globaux à partir de son propre domaine et de domaines approuvés.

Groupes prédéfinis

Groupes de sécurité installés par défaut avec le système d'exploitation. Les groupes prédéfinis sont dotés d'une série de droits et de fonctions prédéfinis extrêmement utiles.

Dans la plupart des cas, les groupes prédéfinis confèrent à un utilisateur donné toutes les possibilités nécessaires. Par exemple, si un compte d'utilisateur sur un domaine appartient au groupe prédéfini *Administrateurs*, toute ouverture de session avec ce compte donne à l'utilisateur des capacités d'administrateur sur le domaine et les serveurs du domaine. Pour attribuer à un compte d'utilisateur un ensemble de possibilités données, assignez-le au groupe prédéfini approprié.

Héritage

Mécanisme qui autorise la copie d'une entrée de contrôle d'accès (ACE, *Access Control Entry*) spécifique du conteneur auquel elle s'applique sur tous les enfants de ce conteneur. L'héritage peut être associé à la délégation afin d'accorder des droits d'administration à l'intégralité d'une arborescence du répertoire en une seule opération de mise à jour.

Hexadécimal

Système en base 16 représenté par les chiffres `0` à `9` ainsi que par les lettres `A` (équivalant au nombre décimal 10) à `F` (équivalant au nombre décimal 15).

Image disque

L'image d'un disque peut se comparer à un colis postal. On peut y mettre des choses de nature diverses (correspondance, vêtements, nourriture, etc.). En le scellant correctement et tant qu'il n'a pas été ouvert, on peut être certain de son contenu. Cependant, il peut arriver endommagé. Ainsi, une image disque garantit la liste des fichiers qu'elle contient, mais pas leur intégrité. C'est pourquoi elle est parfois associée à des systèmes de contrôle d'intégrité des données.

Pour prendre une comparaison plus précise, on peut aussi dire que l'image disque est semblable à la photo prise d'un paysage, celle-ci permet de prendre l'ensemble des éléments du paysage, en le réécrivant sous la forme d'un code de couleur. Pour un disque, le logiciel prendra une photo du disque, et le récrira sous la forme d'un code (compressé ou pas) contenant tous les fichiers. Ceci fait, cela donne naissance à un seul fichier, généralement volumineux (autant que l'espace utilisé du disque).

Internet

Vaste regroupement de réseaux d'ordinateurs qui échangent de l'information par le biais d'une suite de protocoles de réseau appelé TCP/IP. En tant qu'utilisateur, on peut penser à Internet comme une immense bibliothèque, dont les livres sont des sites web et les pages des livres des pages web. En lisant une page d'un livre on peut sauter à d'autres pages ou livres. Voir **Adresse IP**.

Intranet

Réseau d'une organisation (commerciale, éducative, militaire…) qui offre à son personnel des services semblables à Internet. La plupart des intranets sont raccordés à Internet. L'accès à un intranet est cependant limité aux personnes autorisées. Les intranets se défendent des accès non souhaités par des pare-feu.

Jeton

Élément textuel non réductible dans les données en cours d'analyse, par exemple l'utilisation dans un programme d'un nom variable, d'un mot réservé ou d'un opérateur. Le stockage des jetons en tant que codes courts réduit la taille des fichiers programme et accélère leur exécution.

En matière de gestion de réseau, objet de données structuré unique ou message qui circule continuellement entre les nœuds d'un anneau à jetons (*token ring*) et qui décrit l'état actuel du réseau. Avant qu'un nœud puisse envoyer un message sur le réseau, il doit attendre de contrôler le jeton.

Jeu de sauvegardes

Ensemble de fichiers, de dossiers et de données qui ont été sauvegardés et stockés dans un fichier ou encore sur une ou plusieurs bandes.

Job

En informatique, suite d'instructions réalisant une tâche et faisant appel à des programmes informatiques agissant sur un ou plusieurs systèmes afin d'obtenir un ressui, en particulier une recherche d'informations ; déroulement du traitement correspondant à l'exécution de cette suite d'instructions (tâches).

Journal de sécurité

Journal d'événements contenant des informations sur les événements de sécurité spécifiés dans la stratégie d'audit.

Magasin de certificats

En général, dossier de stockage permanent renfermant les certificats, les listes de révocation de certificats et les listes de certificats de confiance.

Maintenance

Ensemble des actions de dépannage, de révision et de vérification périodique des machines, des logiciels et des objets manufacturés produits par l'industrie. Il existe différentes façons d'organiser les actions de maintenance :

- La maintenance est dite préventive lorsqu'elle est dictée par des exigences de sûreté de fonctionnement. Cette maintenance préventive est "systématique" quand elle est effectuée selon un échéancier établi à partir d'un temps d'usage ou d'un nombre d'unités d'usage et "conditionnelle" lorsqu'elle est réalisée à la suite d'une analyse révélatrice de l'état de dégradation de l'équipement.
- La maintenance est dite corrective lorsqu'elle est effectuée après une défaillance, attitude fataliste consistant à attendre la panne pour procéder à une intervention. Elle est "palliative" lorsque le dépannage de l'équipement est provisoire, permettant d'assurer tout ou partie d'une fonction requise ; il doit toutefois être suivi d'une action curative dans les plus brefs délais. Elle est "curative" pour une remise à l'état initial.

Malware

Logiciel ou programme malveillant capable d'endommager votre système.

Masque de sous-réseau

Un masque de sous-réseau permet d'identifier un sous-réseau.

En IPv4, une adresse IP est codée sur 4 octets, soit 32 bits. Un masque de sous-réseau possède lui aussi 4 octets. Lorsque deux adresses IP appartiennent à un même sous-réseau, elles partagent un certain nombre de bits. Si le bit *n* des deux adresses IP est identique, alors le bit *n* du masque de sous-réseau vaut 1, sinon il vaut 0. Voir **Adresse IP**.

Mémoire virtuelle

Espace du disque dur interne d'un ordinateur qui vient seconder la mémoire vive, Elle se concrétise par un fichier d'échanges (fichier swap), lequel contient les données non sollicitées constamment. La mémoire virtuelle, comme son nom l'indique, sert à augmenter artificiellement la mémoire vive. Elle est aussi moins performante.

Migration

En informatique, passage d'un état existant d'un système d'information ou d'une application vers une cible définie dans un projet ou un programme.

MMC (Microsoft Management Console)

Cadre d'hébergement des outils d'administration appelés "*consoles*". Une console peut contenir des outils, des dossiers ou d'autres conteneurs, des pages Web et d'autres éléments d'administration. Tous ces éléments sont affichés dans le volet gauche de la console, dans ce qu'il est convenu d'appeler "*l'arborescence*". Une console possède une ou plusieurs fenêtres qui affichent des représentations de l'arborescence. La fenêtre MMC principale regroupe les commandes et les outils des consoles de création. Les fonctionnalités de création de la console MMC et de l'arborescence de la console proprement dite peuvent être masquées lorsqu'une console est en mode Utilisateur.

Mode noyau

Un mode de fonctionnement extrêmement privilégié, dans lequel un code de programme dispose d'un accès direct à l'ensemble de la mémoire, y compris aux espaces d'adressage de tous les processus et applications en mode utilisateur, et au matériel. Également connu sous le nom de "*mode superviseur*", "*mode protégé*" ou *Ring 0*.

Mode silencieux

Exécution d'une application à partir de la ligne de commande afin qu'elle n'affiche pas de messages de confirmation ou tout autre message d'interface utilisateur qui apparaît normalement à l'écran. Le commutateur du mode silencieux est généralement `/q`.

Mode utilisateur

Mode processeur non privilégié dans lequel le code de l'application, notamment le code sous-système protégé, s'exécute. Les applications en mode utilisateur ne peuvent pas accéder aux données système, sauf en appelant des fonctions fournies par le sous-système, qui à leur tour appellent les services système.

Mot de passe

Mesure de sécurité utilisée pour limiter les noms d'ouverture de session sur les comptes d'utilisateurs ainsi que les accès aux systèmes et aux ressources. Un mot de passe est une chaîne de caractères qui doit être fournie pour qu'une ouverture de session ou un accès soient autorisés. Un mot de passe peut être composé de lettres, de chiffres ou de symboles. Les minuscules et les majuscules sont différenciées.

Mot de passe crypté

Mot de passe brouillé. Les mots de passe cryptés sont plus sûrs que les mots de passe en clair qui peuvent être découverts par des "renifleurs" à partir du réseau.

Mot de passe de l'utilisateur

Mot de passe stocké dans chaque compte d'utilisateur. Chaque utilisateur ne possède généralement qu'un seul mot de passe utilisateur, obligatoire pour ouvrir une session ou accéder à un serveur.

Navigateur

Logiciel qui interprète les balises des fichiers HTML, les transforme en pages web et les affiche dans une fenêtre. Certains navigateurs permettent aux utilisateurs d'envoyer et de recevoir des courriers électroniques, de consulter des groupes de discussion et de lire des fichiers audio et vidéo intégrés à des documents web. Anglais : *browser*.

Newsgroup

Forum de discussions sur Internet, avec des sujets précis. Les newsgroups sont en général modérés (ils ont un ou plusieurs modérateurs).

Nom de partage

Nom qui fait référence à une ressource partagée sur un serveur. Tout dossier partagé d'un serveur possède un nom de partage utilisé par les utilisateurs de PC pour faire référence au dossier. Les utilisateurs d'ordinateurs Macintosh utilisent le nom du volume accessible aux Macintosh qui correspond à un dossier, et qui peut être identique au nom de partage.

Noyau

Cœur de l'architecture à couches qui gère les opérations les plus élémentaires du système d'exploitation et du processeur. Le noyau planifie différents blocs de code d'exécution, appelés *threads*, afin de maintenir le processeur aussi occupé que possible et coordonne plusieurs processeurs en vue d'optimiser les performances. Le noyau synchronise également les activités entre les sous-composants de niveau exécutif, tels que le Gestionnaire d'E/S et le Gestionnaire de processus, et gère les exceptions matérielles et autres fonctions liées au matériel. Le noyau collabore étroitement avec la couche d'abstraction matérielle.

NTFS

Système de fichiers avancé qui offre des performances, une sécurité, une fiabilité et des fonctionnalités avancées qui ne se retrouvent dans aucune version de FAT. Par exemple, NTFS garantit la cohérence des volumes en utilisant des techniques standards d'ouverture de transaction et de restauration. Si un système présente une défaillance, NTFS utilise son fichier journal et ses informations de points de vérification pour restaurer la cohérence du système de fichiers. Dans Windows 2000 et Windows XP, NTFS fournit également des fonctionnalités avancées telles que les autorisations sur fichiers et dossiers, le cryptage, les quotas de disque et la compression.

Objet

Entité (par exemple un fichier, un dossier, un dossier partagé, une imprimante ou un objet Active Directory) identifiée par un jeu nommé et distinct d'attributs. Les attributs d'un objet fichier, par exemple, couvrent son nom, son emplacement et sa taille, tandis que les attributs d'un objet utilisateur Active Directory peuvent comporter le prénom, le nom et l'adresse de messagerie de l'utilisateur.

Pour OLE et ActiveX, un objet peut aussi être n'importe quel élément d'information lié (incorporé) à un autre objet.

Objet enfant et parent

L'objet enfant réside dans l'objet parent. Cela implique une relation. Un fichier, par exemple, est un objet enfant qui réside dans un dossier (l'objet parent).

Octet

Unité de mesure de mémoire informatique ; 1 octet vaut 8 bits. La place occupée par les fichiers est mesurée en octets, en kilo-octets (1 ko vaut 1024 octets), en mégaoctets (Mo) ou en gigaoctets (Go). Anglais : *byte*, *kilobyte* (kb), *megabyte* (Mb), *gigabyte* (Gb).

Ouverture de session

Opération permettant à un utilisateur de commencer à utiliser le réseau en fournissant un identifiant et un mot de passe.

Ouverture de session interactive

Ouverture de session réseau à partir du clavier d'un ordinateur, quand l'utilisateur tape des informations dans la boîte de dialogue **Informations de session** affichée par le système d'exploitation de l'ordinateur.

OSI (Open Systems Interconnection)

Modèle de gestion de réseau proposé par l'ISO (International Organization for Standardization) pour promouvoir l'interopérabilité entre fournisseurs. Le modèle OSI est un modèle conceptuel composé des sept couches suivantes : application, présentation, session, transport, réseau, liaison de données et physique.

Package

Groupe de fichiers fournis par Microsoft aux clients OEM en vue de modifier les fonctionnalités de Windows. Les types de packages incluent le Service Pack, les mises à jour de sécurité, les modules linguistiques et les correctifs logiciels. Exemples de packages : Product, Windows Foundation et Feature Pack.

Pare-feu

Ensemble de matériels et de logiciels constituant un système de sécurité, en règle générale pour empêcher les accès non autorisés provenant de l'extérieur sur un réseau interne ou un intranet. Un pare-feu empêche les communications directes entre les ordinateurs du réseau et les ordinateurs externes en faisant passer les communications par un serveur Proxy en dehors du réseau. Ce serveur Proxy détermine s'il n'est pas dangereux de laisser passer un fichier sur le réseau. Synonyme : passerelle de sécurité. Anglais : *firewall*.

Partition

Partie d'un disque physique qui se comporte comme s'il s'agissait d'un disque physiquement distinct. Lorsque vous créez une partition, vous devez la formater et lui assigner une lettre de lecteur avant de pouvoir y stocker des données.

Sur les disques de base, les partitions sont dites volumes de base et peuvent être des partitions principales et des lecteurs logiques. Sur les disques dynamiques, les partitions sont dites volumes dynamiques et peuvent être des partitions simples, fractionnées, agrégées par bande, en miroir ou RAID-5.

Partition active

Partition à partir de laquelle démarre un ordinateur de type x86. La partition active doit être une partition principale d'un disque de base. Si vous utilisez exclusivement Windows, la partition active peut être la même que celle du volume système. Voir **x86**.

Partition d'amorçage

Partition qui contient le système d'exploitation Windows et ses fichiers de prise en charge. La partition d'amorçage peut être la même que la partition système, mais pas nécessairement.

Partition principale

Type de partition que vous pouvez créer sur les disques de base. Une partition principale est une partie de l'espace disque physique qui fonctionne comme un disque physiquement indépendant. Sur les disques MBR (*Master Boot Record*) de base, vous pouvez créer jusqu'à quatre partitions principales ou trois partitions principales et une partition étendue avec plusieurs lecteurs logiques. Sur les disques GPT de base, vous pouvez créer jusqu'à 128 partitions principales. Synonyme : volume.

Partition système

Partition qui contient des fichiers propres au matériel qui sont indispensables au chargement de Windows (par exemple *Ntldr*, *Osloader*, *Boot.ini*, *Ntdetect.com*). La partition système peut être la même que la partition d'amorçage, mais pas nécessairement.

PID (Process Identifier)

Identificateur numérique qui désigne, de manière unique, un processus en cours d'exécution. Utilisez le Gestionnaire des tâches pour l'afficher.

Point de restauration

Représentation d'un état stocké de votre ordinateur. Le point de restauration est créé par la fonction Restauration système à intervalles réguliers ou lorsque le début d'un changement sur l'ordinateur est détecté. Vous pouvez également créer des points de restauration manuellement.

Privilège

Droit d'un utilisateur d'effectuer une tâche spécifique, qui affecte généralement l'ensemble du système informatique plutôt qu'un objet particulier. Les privilèges sont attribués par les administrateurs à des utilisateurs ou à des groupes d'utilisateurs particuliers dans le cadre de la configuration des paramètres de sécurité de l'ordinateur. Voir **Droits de l'utilisateur**.

Profil d'utilisateur

Fichier qui contient des informations de configuration (comme les paramètres du Bureau, les connexions réseau permanentes et les paramètres des applications) pour un utilisateur spécifique. Les préférences de chaque utilisateur sont enregistrées dans un profil d'utilisateur que Windows utilise pour configurer le Bureau chaque fois qu'un utilisateur ouvre une session.

Programme

Jeu d'instructions complet et autonome qui permet d'exécuter une tâche donnée : traitement de texte, comptabilité ou gestion des données, par exemple. Synonyme : application.

Protocoles

Ensemble de règles et de conventions relatives à l'envoi d'informations sur un réseau. Ces règles régissent le contenu, le format, la synchronisation, la mise en séquence et le contrôle des erreurs des messages échangés entre les périphériques du réseau.

Protocole IP (Internet Protocol)

Le protocole Internet est responsable de l'adressage et du routage entre les ordinateurs, de l'acheminement des paquets de données au sein du réseau, de la constitution et du réassemblage des paquets. Les fonctionnalités assurées par le protocole IP peuvent se déduire de l'examen de l'en-tête du paquet. Il identifie entre autres, la source et la destination du paquet et comporte des identificateurs de fragmentation. L'IP est défini par la RFC 791.

Protocole TCP (Transmission Control Protocol)

TCP est un service de remise fiable, orienté connexion. Les données sont transmises sous forme de segments. La mention "orienté connexion" signifie qu'une connexion doit être établie avant que les hôtes puissent échanger des données. La fiabilité est assurée par l'affectation d'un numéro d'ordre à chacun des segments transmis. La bonne réception des données par l'hôte destinataire est vérifiée par un acquittement. Pour chacun des segments envoyés, l'hôte destinataire renvoie un acquittement (ACK) dans un délai spécifié. Si aucun acquittement n'est reçu, les données sont retransmises. Le TCP est défini par la RFC 793.

Protocole UDP (User Datagram Protocol)

Le protocole UDP est un protocole de transmission de datagrammes sur le réseau qui fournit de manière optionnelle un certain nombre de contrôles. Un datagramme est un paquet de données considéré comme une entité isolée et indépendante, c'est-à-dire qu'il comporte dans son en-tête toutes les informations nécessaires à son acheminement à travers le réseau jusqu'à son destinataire, sans assurance de livraison. Ce protocole est peu fiable. Il est possible qu'une perte de qualité se produise pendant la transmission. Cela peut être le cas par exemple pour les données de type audio. L'UDP est défini par la RFC 768.

Proxy

Ordinateur qui s'intercale entre le réseau privé et Internet pour servir de pare-feu ou de cache. Dans ce dernier cas, il enregistre les pages web transférées par les utilisateurs pour les délivrer sans qu'il soit nécessaire de se connecter sur le serveur initial.

RAM (Random Access Memory)

Par opposition à la mémoire fixe (ROM), la mémoire vive peut être modifiée à l'infini dès qu'elle est alimentée en électricité. En informatique, la mémoire vive sert à stocker temporairement les fichiers que l'ordinateur exécute.

Registre

Emplacement de base de données destiné aux informations relatives à la configuration d'un ordinateur. Le Registre contient des informations auxquelles Windows se réfère en permanence, notamment :

- les profils de chacun des utilisateurs ;
- les programmes installés sur l'ordinateur et les types de documents que chacun peut créer ;
- les paramètres des propriétés des dossiers et des icônes de programme ;
- le matériel présent sur le système ;
- les ports en cours d'utilisation.

Le Registre est organisé de manière hiérarchique sous la forme d'une arborescence et est constitué de clés et de sous-clés, de ruches et de rubriques contenant des valeurs.

Routeur

Dans un environnement Windows, matériel qui participe à l'interopérabilité et à la connectivité des réseaux locaux et des réseaux étendus. Permet aussi de lier des réseaux locaux régis par différentes topologies réseau (notamment Ethernet et Token Ring). Les routeurs font correspondre les en-têtes de paquets à un segment du réseau local et choisissent le meilleur chemin pour le paquet, ce qui optimise les performances du réseau.

Dans l'environnement Macintosh, les routeurs sont indispensables aux communications entre des ordinateurs appartenant à des réseaux physiques distincts. Ils conservent une copie de la configuration des réseaux physiques sur un interréseau Macintosh (réseau) et transfèrent les données reçues du réseau physique vers les autres. Les ordinateurs exécutant la version serveur de Windows avec l'intégration réseau AppleTalk peuvent servir de routeurs, et vous pouvez également utiliser d'autres matériels de routage sur les réseaux avec intégration réseau AppleTalk.

Ruche

Partie du Registre qui apparaît en tant que fichier sur votre disque dur. Le sous-arbre du Registre est divisé en ruches (en raison de la ressemblance avec la structure cellulaire d'une ruche d'abeilles). Une ruche correspond à un ensemble discret de clés, de sous-clés et de valeurs qui figurent en haut de la hiérarchie du Registre. Une ruche est sauvegardée par un fichier unique et un fichier *.log* qui se trouvent dans le dossier *racine_système\System32\Config* ou *racine_système\Profiles\nom_utilisateur*.

Par défaut, la plupart de ces fichiers (par défaut, SAM, sécurité et système) sont stockés dans le dossier *racine_système\System32\Config*. Le dossier *racine_système\Profiles* contient le profil d'utilisateur de tous les utilisateurs de l'ordinateur. Puisqu'une ruche est un fichier, elle peut être déplacée d'un système à un autre. Cependant, vous devez utiliser l'éditeur du Registre pour modifier le fichier.

Spamming

Envoi de courrier indésirable en masse. Les spammeurs envoient des courriers (ou spams) à des fins lucratives. Ils utilisent de nombreux moyens pour y parvenir. Ce système est puni par la loi, en France et dans beaucoup d'autres pays.

Sauvegarde

Copie de tous les fichiers sélectionnés (en d'autres termes, l'attribut *Archive* est désactivé). Pour les sauvegardes normales, vous n'avez besoin que de la copie la plus récente du fichier ou de la bande de sauvegarde, afin de restaurer les fichiers. En règle générale, une sauvegarde normale s'effectue la première fois que vous créez un jeu de sauvegardes.

Script

Type de programme constitué d'un jeu d'instructions pour une application ou un programme d'outil. Un script exprime généralement ses instructions en employant les règles et la syntaxe de l'application ou de l'outil, avec des structures de commande simples telles que des boucles et des expressions (`if`, `then`...).

Dans l'environnement Windows, programme de traitement par lots. Synonyme : *batch*.

Sécurité

Ensemble de mécanismes de contrôle empêchant l'utilisation non autorisée de ressources. Un des mécanismes de sécurité, que l'utilisateur d'un ordinateur rencontre souvent, est le mot de passe.

Services

Les services sont utilisés pour effectuer des actions entre un programme installé sur un ordinateur et un périphérique Bluetooth distant. Ces paramètres permettent à l'ordinateur et aux périphériques Bluetooth externes de se connecter et d'effectuer d'autres activités, comme la connexion à Internet ou l'impression.

SID (Security ID)

Structure de données de longueur variable qui identifie les comptes d'utilisateurs, de groupes et d'ordinateurs. Chaque compte du réseau reçoit un SID personnel au moment de sa création. Les processus internes de Windows se réfèrent au SID d'un compte plutôt qu'à son nom d'utilisateur ou de groupe.

Sous-arbre

Nœud d'un arbre, ainsi que n'importe quelle sélection de nœuds descendants connectés. Dans la structure du Registre, les sous-arborescences sont les nœuds principaux qui contiennent les clés, les sous-clés et les valeurs.

Sous-clé

Clé au sein d'une clé. Dans la structure du Registre, les sous-clés sont subordonnées aux sous-arbres et aux clés. Les clés et les sous-clés sont semblables à l'en-tête de section des fichiers *.ini*, bien que les sous-clés puissent aussi exécuter des fonctions.

Stratégies de groupe

Les stratégies de groupe sont des paramètres de configuration appliqués aux ordinateurs ou aux utilisateurs lors de leur initialisation. Elles sont gérées dans un environnement Active Directory. Elles ont pour objectifs de réduire les besoins en assistance et d'automatiser certains processus. Les stratégies de groupe peuvent contrôler la base de Registre d'un ordinateur, la sécurité NTFS, les règles d'écoutes et de sécurité, l'installation de logiciels, les scripts pour se connecter et se déconnecter, les redirections de répertoires et les paramètres d'Internet Explorer. Ces règles sont enregistrées dans les stratégies de groupe. Une stratégie de groupe est identifiée en interne, par un identifiant unique, un GUID. Chacun peut être associé à plusieurs sites et domaines de travail. De cette manière, il est possible de mettre à jour des centaines de machines par un seul changement de stratégie de groupe. Cela réduit les coûts de maintenance. Les stratégies de groupe sont analysées et appliquées lors du démarrage d'un ordinateur, ainsi que lors de la connexion/déconnexion d'un utilisateur. La machine cliente rafraîchit périodiquement la plupart des stratégies de groupe toutes les 90 à 120 minutes bien que cet intervalle soit configurable. Anglais : GPO (*Group Policy Object*).

Table de fichiers maîtres

Un fichier système NTFS de volumes formatés pour NTFS, qui contient des informations relatives à chaque fichier et dossier du volume. La table de fichiers maîtres est le premier fichier d'un volume NTFS. Anglais : MFT(*Master File Table*).

Variable

En programmation, emplacement de stockage nommé qui peut contenir un type de données déterminé, susceptible d'être modifié pendant l'exécution du programme.

Les variables d'environnement système sont définies par Windows XP et sont les mêmes, indépendamment de celui qui se connecte à l'ordinateur. Les membres du groupe *Administrateurs* peuvent néanmoins ajouter de nouvelles variables ou modifier des valeurs.

Les variables d'environnement utilisateur peuvent être différentes pour chaque utilisateur d'un ordinateur particulier. Elles comprennent toutes les variables d'environnement que vous souhaitez définir ou les variables définies par vos applications, comme le chemin d'accès de vos fichiers d'application.

Variable d'environnement

Chaîne comportant des informations sur l'environnement (lecteur, chemin ou nom de fichier), associées à un nom symbolique pouvant être utilisé par Windows. Vous définissez des variables d'environnement par le lien *Système* du Panneau de configuration ou à l'aide de la commande `Set` dans l'Invite de commandes.

Virtualisation

En informatique, ensemble des techniques matérielles et/ou logicielles qui permettent de faire fonctionner sur une seule machine plusieurs systèmes d'exploitation et/ou plusieurs applications, séparément les uns des autres, comme s'ils fonctionnaient sur des machines physiques distinctes. Les outils de virtualisation servent à faire fonctionner ce qu'on appelle communément des "*serveurs privés virtuels*" (*Virtual Private Servers* ou VPS) ou encore "*environnements virtuels*" (*Virtual Environments* ou VE).

WDL (Windows Driver Library)

Point de distribution sur www.microsoft.com pour les pilotes tiers qui répondent aux exigences du programme Windows Logo Program.

WHQL (Windows Hardware Quality Labs)

Organisation de test de matériels qui produit et prend en charge le kit HCT (*Hardware Compatibility Test*) de Microsoft pour les systèmes d'exploitation Microsoft actuels. Le matériel comme les logiciels sont testés avant d'obtenir le droit de porter le logo.

Windows Installer

Service qui permet au système d'exploitation de gérer le processus d'installation. Les technologies de Windows Installer s'articulent autour de deux axes qui fonctionnent conjointement : un service d'installation côté client (*Msiexec.exe*) et un fichier de package (fichier *.msi*). Pour installer l'application, Windows Installer utilise les informations contenues dans un fichier de package.

Windows PE

Environnement de préinstallation de Windows. Windows PE permet de charger un système d'exploitation minimal à partir d'un média de type CD/DVD au démarrage d'un ordinateur afin d'obtenir une plateforme de déploiement ou de maintenance pour le Poste de travail. Windows PE est configurable. Windows Vista introduit la version 2 de Windows PE.

Windows RE

Environnement de récupération, de résolution d'incidents de Windows Vista.

WMI (Windows Management Instrumentation)

Infrastructure de gestion qui, dans Windows, prend en charge la surveillance et le contrôle des ressources du système par l'intermédiaire d'un jeu commun d'interfaces, et qui fournit un modèle de fonctionnement, de configuration et d'état de Windows qui se caractérise par sa cohérence et son organisation logique.

x64

Architecture 64 bits x64. La plateforme x64 autorise l'adressage mémoire 64 bits et peut s'exécuter sur des processeurs tels qu'AMD Athlon 64, AMD Opteron, Intel Xeon avec EM64T et Intel Pentium IV avec EM64T.

Combinaison entre un système d'exploitation Windows 64 bits et des microprocesseurs qui prennent en charge de manière native la version x86 pour le jeu d'instructions 64 bits (x64) de systèmes étendus. AMD Opteron et Intel Xeon, avec des processeurs de technologie d'extension 64 bits, en sont des exemples.

x86

Référence aux microprocesseurs qui possèdent ou émulent l'architecture 32 bits d'Intel.

Combinaison entre un système d'exploitation Windows 32 bits et un microprocesseur qui prend en charge de manière native le jeu d'instructions x86 32 bits. Les processeurs Intel Pentium IV, AMD Athlon et VIA C7 en sont des exemples.

XML (Extended Markup Language)

Norme de documents sur le Web, permettant une structuration de l'information.

ZIP

Format de compression, utilisé notamment par les utilitaires pkzip et WinZip. L'extension correspondante est *.zip*. Lorsque l'on compresse un fichier ou un dossier, le résultat obtenu est communément appelé "*fichier ZIP*" ou "*archive*". Voir **Compression**.

14.2. Les commandes utiles

Cette annexe recense quelques-unes des commandes les plus utiles…

ATTRIB

Affiche ou modifie des attributs de fichier.

Syntaxe :	`ATTRIB [+R | -R] [+A | -A ] [+S | -S] [+H | -H] [[lect:] [chemin] fichier] [/S [/D]]`
`+`	Définit un attribut.
`-`	Efface un attribut.
`R`	Attribut de fichier en lecture seule.
`A`	Attribut de fichier archive.
`S`	Attribut de fichier système.
`H`	Attribut de fichier caché.
`[Lecteur:]` `[Chemin]` `[NomFichier]`	Spécifie le ou les fichiers qu'`ATTRIB` doit traiter.
`/S`	Traite les fichiers dans le dossier courant et dans tous les sous-dossiers.
`/D`	Traite aussi les dossiers.

- Si les attributs `System` ou `Cached` sont définis sur un fichier, ils doivent être supprimés avant de pouvoir modifier tout autre attribut de ce fichier.

CHKDSK

Vérifie un disque et affiche un rapport d'état.

Syntaxe :	`CHKDSK [volume[[chemin]nom_de_fichier]] [/F] [/V] [/R] [/B] [/L[:taille]]`
`volume`	Spécifie la lettre de lecteur (suivie de deux-points), le point de montage ou le nom de volume.
`nom_de_fichier`	FAT/FAT32 seulement : spécifie les fichiers dont la fragmentation est à vérifier.
`/F`	Corrige les erreurs sur le disque.

`/V`	FAT/FAT32 : affiche le chemin d'accès et le nom complets de tous les fichiers du disque. Sur NTFS : affiche également les éventuels messages de nettoyage.
`/R`	Localise les secteurs défectueux et récupère les informations lisibles (implique `/F`).
`/L:taille`	NTFS seulement : change la taille du fichier journal en la valeur spécifiée en kilo-octets. Si aucune taille n'est donnée, affiche la taille actuelle.
`/X`	Force le démontage préalable du volume si nécessaire. Les handles ouverts vers le volume ne seront plus valides (implique `/F`).
`/I`	NTFS seulement : vérifie sommairement les entrées d'index.
`/C`	NTFS seulement : ignore la vérification des cycles à l'intérieur de l'arborescence de dossiers.

- Les options `/I` ou `/C` réduisent le temps d'exécution de `CHKDSK` en ignorant certaines vérifications sur le volume.
- Vous devez être membre du groupe *Administrateur* pour utiliser la commande `chkdsk`.
- L'exécution de `chkdsk` peut prendre plusieurs heures, voire plusieurs jours, sur de très gros volumes. Pour accélérer `chkdsk`, utilisez les options `/i` et `/c` qui n'effectuent pas certaines vérifications sur le volume.
- Si vous choisissez de corriger avec `CHKDSK /f`, il existe une possibilité de perte de données (en particulier FAT). C'est pourquoi il vous est demandé de confirmer si `chkdsk` doit effectuer ou non les modifications nécessaires à la table d'allocation des fichiers. Effectuez également toujours une sauvegarde complète des volumes contenant des données importantes avant d'exécuter `chkdsk /f` sur eux.
- Le fichier *%systemRoot%\System32\ autochk.exe* est requis par `chkdsk` pour son exécution.
- *Autochk* écrit un message dans le journal de l'application pour chaque lecteur vérifié.
- Vous pouvez également visiter les erreurs présentes sur un disque depuis l'interface graphique en utilisant le bouton **Vérifier maintenant** sous l'onglet **Outils** de la feuille de propriété d'un disque.
- `chkdsk` ne peut corriger les erreurs dans la table de fichiers maîtres (MFT, *Master File Table*) d'un volume NTFS. Si vous ne pouvez ouvrir, renommer, copier ou supprimer un fichier ou un répertoire sur un volume NTFS,

sauvegardez le volume sur une bande en omettant le fichier à problème, puis restaurez le volume.

CIPHER

Affiche ou modifie le cryptage de répertoires (fichiers) sur partitions NTFS.

Syntaxe :	`CIPHER [/E | /D] [/S:répert] [/A] [/I] [/F] [/Q] [/H] [chemin [...]]`
	`CIPHER /K`
	`CIPHER /R:nom_fich`
	`CIPHER /U [/N]`
	`CIPHER /W:répert`
	`CIPHER /X[:fich_EFS] [nom_fich]`

`/A`	Traite les fichiers et les répertoires. Un fichier crypté peut être décrypté s'il est modifié et que le répertoire parent n'est pas crypté. Il est recommandé de crypter le fichier et le répertoire parent.
`/D`	Décrypte les répertoires spécifiés. Les répertoires sont marqués afin que les fichiers ajoutés ultérieurement ne soient pas cryptés.
`/E`	Crypte les répertoires spécifiés. Les répertoires sont marqués afin que les fichiers ajoutés ultérieurement soient cryptés.
`/F`	Force l'opération de cryptage sur tous les objets spécifiés, y compris ceux qui sont déjà cryptés. Les objets déjà cryptés sont ignorés par défaut.
`/H`	Affiche les fichiers avec l'attribut caché ou système. Ces fichiers sont exclus par défaut.
`/I`	Poursuit l'opération spécifiée même en cas d'erreur. Par défaut, `CIPHER` s'arrête lorsqu'une erreur se produit.
`/K`	Crée une nouvelle clé de cryptage de fichier pour l'utilisateur exécutant `CIPHER`. Si cette option est choisie, les autres options sont ignorées.
`/N`	Cette option ne fonctionne qu'avec `/U`. Elle empêche les clés d'être mises à jour. Elle permet de trouver tous les fichiers cryptés sur les lecteurs locaux.
`/Q`	Signale uniquement les informations les plus importantes.

`/R`	Génère une clé et un certificat d'agent de récupération EFS, et les enregistre dans un fichier *.PFX* (contenant la clé privée et le certificat) et dans un fichier *.CER* (ne contenant que le certificat). Un administrateur peut ajouter le contenu du fichier *.CER* à la stratégie de récupération EFS afin de créer un agent de récupération pour les utilisateurs, et importer le fichier *.PFX* pour récupérer des fichiers spécifiques.
`/S`	Effectue l'opération spécifiée sur le répertoire donné et tous ses sous-répertoires.
`/U`	Tente d'atteindre tous les fichiers cryptés sur les lecteurs locaux. Cette option permet de mettre à jour la clé de cryptage de fichier de l'utilisateur ou la clé de l'agent de récupération avec les clés en cours si elles ont été modifiées. Cette option ne fonctionne pas avec les autres options à l'exception de `/N`.
`/W`	Supprime les données de l'espace disque inutilisé sur tout le volume. Si cette option est sélectionnée, les autres options sont ignorées. Le répertoire spécifié peut se trouver n'importe où dans un volume local. S'il s'agit d'un ou de plusieurs points de montage vers un répertoire sur un autre volume, les données sur ce volume seront supprimées.
`/X`	Sauvegarde le certificat et les clés EFS dans `nom_fichier`. Si `fichier_EFS` est fourni, les certificats utilisateurs actuels employés pour crypter le fichier seront sauvegardés. Sinon, le certificat et les clés EFS actuels de l'utilisateur seront sauvegardés.
`répert`	Le chemin d'accès d'un répertoire.
`nom_fich`	Un nom de fichier sans son extension.
`chemin`	Spécifie un motif, un fichier ou un répertoire.
`fich_EFS`	Le chemin d'accès d'un fichier crypté.

- Les caractères génériques sont utilisables avec les fichiers, mais pas avec les répertoires.
- Vous ne pouvez pas chiffrer les fichiers système ou compressés.

CMD

Démarre une nouvelle instance de l'interpréteur de commandes de Windows.

Syntaxe :	`CMD [/A | /U] [/Q] [/D] [/E:ON | /E:OFF] [/F:ON | /F:OFF] [/V:ON | /V:OFF] [[/S] [/C | /K] chaîne]`
`/C`	Exécute la commande donnée par la chaîne de caractères, puis se termine.
`/K`	Exécute la commande donnée par la chaîne de caractères, puis reste actif.
`/S`	Modifie le traitement de la chaîne après `/C` ou `/K` (voir ci-après).
`/Q`	Exécute (sans interactions) la commande donnée, puis reste actif.
`/D`	Désactive l'exécution de l'Autorun à partir du Registre (voir ci-après).
`/A`	Redirige la sortie de commandes internes vers un canal ou un fichier ANSI.
`/U`	Redirige la sortie de commandes internes vers un canal ou un fichier Unicode.
`/T:fg`	Change la couleur du premier plan ou de l'arrière-plan (voir aussi `COLOR /?`).
`/E:ON`	Active les extensions de commande (voir ci-après).
`/E:OFF`	Désactive les extensions de commande (voir ci-après).
`/F:ON`	Active les caractères de fin des noms de fichiers et de répertoires (voir ci-après).
`/F:OFF`	Désactive les caractères de fin des noms de fichiers et de répertoires (voir ci-après).
`/V:ON`	Active l'expansion retardée des variables d'environnement en utilisant `!` comme délimitation. Par exemple, `/V:ON` permet à `!var!` de développer la variable `var` à l'exécution. La syntaxe `var` développe les variables lorsqu'elles sont entrées, ce qui est différent lorsqu'il est utilisé à l'intérieur d'une boucle `FOR`.
`/V:OFF`	Désactive l'expansion retardée des variables d'environnement.

- Utilisez les guillemets pour entourer les commandes contenant des espaces.

- Utilisez `$$` pour séparer des commandes multiples entourées de guillemets au sein d'une ligne de commandes.
- Pour des raisons de compatibilité avec l'interpréteur de commandes de Windows NT, `/x` est identique à `/e :on` et `/y` est identique à `/e :off`.
- L'installation de nouveaux composants du système d'exploitation ou de nouvelles applications peut créer des variables d'environnement supplémentaires ou modifier celles qui existent déjà, comme `PATH`.

DATE

Affiche ou modifie la date.

Syntaxe : `DATE [date]`

- Entrez `DATE` sans paramètres pour afficher la date système et être invité à la modifier. Appuyez sur [↵] pour conserver la même date.
- Si les extensions de commandes sont activées, la commande `DATE` prend en charge le commutateur `/T` ; la commande n'indique que la date, sans demander d'en entrer une nouvelle.
- Les années valides vont de 80 à 99 ou de 1980 à 2099.

DEFRAG

Défragmente le volume.

Syntaxe :	`defrag <volume> [-a] [-f] [-v] [-?]`
`volume`	Lettre de lecteur ou point de montage (*d:* ou *d:\vol\mountpoint*).
`-a`	Analyse uniquement.
`-f`	Force la défragmentation même si l'espace libre est bas.
`-v`	Sortie détaillée.

- Il n'est pas possible d'exécuter en même temps la commande `defrag` et l'utilitaire Défragmenteur de disques dans la Gestion de l'ordinateur.
- Un minimum de 15 % d'espace libre sur les volumes est requis pour les défragmenter totalement. Si vous forcez la défragmentation alors que l'espace libre n'est pas suffisant, la défragmentation sera le plus souvent partielle.
- Pour arrêter le processus de défragmentation, appuyez sur [Ctrl]+[C].

DISKPART

Permet de manipuler un espace disque.

Syntaxe :	`diskpart [/s <script>] [options]`
`/s <script>`	Utilise un script.
`ADD`	Ajoute un miroir à un volume simple.
`ACTIVE`	Indique la partition de base actuelle comme étant active.
`ASSIGN`	Assigne une lettre de lecteur ou un point de montage au volume sélectionné.
`AUTOMOUNT`	Active et désactive le montage automatique des volumes de base.
`BREAK`	Détruit un jeu de miroirs.
`CLEAN`	Efface les informations de configuration ou toutes les informations du disque.
`CONVERT`	Convertit en différents formats de disque.
`CREATE`	Crée un volume ou une partition.
`DELETE`	Supprime un objet.
`DETAIL`	Fournit des détails concernant un objet.
`ATTRIBUTES`	Manipule les attributs de volume.
`EXIT`	Quitte `DiskPart`.
`EXTEND`	Étend un volume.
`GPT`	Assigne des attributs à la partition GPT sélectionnée.
`HELP`	Imprime une liste de commandes.
`IMPORT`	Importe un groupe de disques.
`INACTIVE`	Marque la partition de base actuelle comme inactive.
`LIST`	Imprime une liste des objets.
`ONLINE`	Indique en ligne un disque actuellement spécifié hors ligne.
`REM`	Ne fait rien. Utilisé pour commenter des scripts.
`REMOVE`	Supprime une lettre de lecteur ou l'assignation à un point de montage.
`REPAIR`	Répare un volume RAID-5 avec un membre défectueux.

`RESCAN`	Analyse à nouveau l'ordinateur à la recherche de disques et de volumes.
`RETAIN`	Place une partition nominale sous un volume simple.
`SELECT`	Déplace le focus vers un objet.

- Lorsque des commandes `diskpart` sont exécutées depuis un script, il est possible de rediriger la sortie vers un fichier texte afin de consulter ce dernier ultérieurement : `Diskpart /s script > fichier.txt`.
- Si vous utilisez plusieurs scripts avec `diskpart` dans un fichier de commandes, ajoutez `TimeOut /t 15` avant chaque commande `diskpart /s script` afin d'être certain que les premières tâches sont terminées avant que les suivantes ne commencent.
- Si une erreur se produit pendant l'exécution d'une commande `diskpart`, la tâche s'arrête et un code d'erreur est affiché. Si vous ajoutez l'option `noerr` à la commande, celle-ci est traitée comme si aucune erreur ne s'était produite. En voici les codes :
  - `0` : Pas d'erreur. Le script s'est exécuté avec succès.
  - `1` : Exception fatale.
  - `2` : Paramètres incorrects pour la commande `diskpart`.
  - `3` : Impossible d'ouvrir les scripts ou le fichier de sortie spécifiés.
  - `4` : Un service a renvoyé une erreur.
  - `5` : Syntaxe de la commande invalide.

FINGER

Affiche des informations concernant un ou plusieurs utilisateurs sur un ordinateur distant spécifié (généralement un ordinateur sous Unix) qui exécute le service Finger ou démon. L'ordinateur distant spécifie le format et la sortie de l'affichage des informations de l'utilisateur. Utilisé sans paramètres, `finger` affiche des informations d'aide.

Syntaxe :	`finger [-l] [Utilisateur] [@Hôte]`
`-l`	Affiche les informations utilisateur sous forme de liste longue.
`Utilisateur`	Spécifie l'utilisateur sur lequel vous voulez des informations. Si vous omettez le paramètre `Utilisateur`, `finger` affiche des informations sur tous les utilisateurs de l'ordinateur spécifié.

`@Hôte`	Spécifie l'ordinateur distant exécutant le service Finger dans lequel vous recherchez des informations utilisateurs. Vous pouvez spécifier un nom ou une adresse IP d'ordinateur.

- La machine distante doit exécuter le démon ou le service Finger. Si ce n'est pas le cas, vous recevez un message "Connexion refusée" en réponse à la commande `finger`.

FORMAT

Formate un disque utilisable avec Windows.

Syntaxe :

```
FORMAT volume [/FS:sys_fich] [/V:nom_volume] [/Q]
[/A:taille] [/C] [/X]

FORMAT volume [/V:nom_volume] [/Q] [/F:taille]
FORMAT volume [/V:nom_volume][/Q][/T:pistes /N:secteurs]
FORMAT volume [/V:nom_volume][/Q]
FORMAT volume [/Q]
```

`volume`	Spécifie la lettre de lecteur (suivie de deux-points), le point de montage ou le nom de volume.
`/FS:sys_fich`	Spécifie le type de système de fichiers (FAT, FAT32 ou NTFS).
`/V:nom_de_volume`	Spécifie le nom de volume.
`/Q`	Effectue un formatage rapide.
`/C`	NTFS uniquement : les fichiers créés sur le nouveau volume seront compressés par défaut.
`/X`	Force le volume à être démonté d'abord, si nécessaire. Tous les descripteurs ouverts sur le volume ne seront plus valides.
`/A:taille`	Remplace la taille d'unité d'allocation par défaut. Les paramètres par défaut sont fortement recommandés dans le cas général. NTFS gère 512, 1024, 2048, 4096, 8192, 16 ko, 32 ko, 64 ko. FAT gère 512, 1024, 2048, 4096, 8192, 16 ko, 32 ko, 64 ko (128 ko, 256 ko pour une taille de secteur supérieure à 512 octets). FAT32 gère 512, 1024, 2048, 4096, 8192, 16 ko, 32 ko, 64 ko (128 ko, 256 ko pour une taille de secteur supérieure à 512 octets). Les systèmes de fichiers FAT et FAT32 imposent des restrictions sur le nombre de clusters par volume : pour FAT, le nombre de clusters est inférieur ou égal à 65 526 ; pour FAT32, le nombre de clusters est compris entre 65 526 et 4 177 918. Le formatage cessera

	immédiatement s'il est jugé que ces conditions ne peuvent pas être remplies en utilisant la taille de clusters spécifiée. La compression NTFS n'est pas prise en charge pour les tailles d'unités d'allocation supérieures à 4096.
`/F:taille`	Spécifie la taille de la disquette à formater (1,44).
`/T:pistes`	Spécifie le nombre de pistes par face de disque.
`/N:secteurs`	Spécifie le nombre de secteurs par piste.

FTP

Transfère des fichiers vers et depuis un ordinateur exécutant un service de serveur FTP (*File Transfer Protocol*) tel que les services Internet (IIS). FTP peut être utilisé de manière interactive ou en mode Batch, en traitant des fichiers texte ASCII.

Syntaxe :	`ftp [-v] [-d] [-i] [-n] [-g] [-s:Nom_Fichier] [-a] [-w:Taille_Tampon] [-A] [Hôte]`
`-v`	Supprime l'affichage des réponses du serveur FTP.
`-d`	Active le débogage, en affichant toutes les commandes transmises entre le client FTP et le serveur FTP.
`-i`	Désactive les messages interactifs lors des transferts de fichiers multiples.
`-n`	Supprime la possibilité d'ouvrir automatiquement une session une fois la connexion initiale établie.
`-g`	Désactive la globalisation des noms de fichiers. `Glob` permet l'utilisation de l'astérisque (`*`) et du point d'interrogation (`?`) comme caractères génériques dans les noms de fichiers et les chemins d'accès. Pour plus d'informations, consultez les rubriques connexes.
`-s:Nom_Fichier`	Spécifie un fichier texte contenant des commandes FTP. Ces commandes s'exécutent automatiquement après le démarrage de FTP. Ce paramètre n'admet aucun espace. Utilisez ce paramètre au lieu du symbole de redirection (<).
`-a`	Spécifie que n'importe quelle interface locale peut être utilisée lors de la liaison de la connexion de données FTP.
`-w:Taille_Tampon`	Spécifie la taille du tampon de transfert. La taille de tampon par défaut est de 4096 octets.

`-A`	Ouvre une session sur le serveur FTP en tant que session anonyme.
`Hôte`	Spécifie le nom d'ordinateur, l'adresse IP ou l'adresse IPv6 du serveur FTP auquel vous souhaitez vous connecter. S'il est spécifié, le nom ou l'adresse de l'hôte doit être le dernier paramètre de la ligne.

- La commande `ftp` est un client par opposition au service ou au démon FTP qui réside sur le serveur.
- FTP est non sécurisé car il transmet les mots de passe en clair.
- Pour utiliser FTP dans un fichier de commandes :

1. Effectuez une session FTP interactive et copiez-la dans un éditeur de texte comme le Bloc-notes.
2. Enlevez les réponses, pour ne laisser que la commande.
3. Utilisez l'option `-S` pour exécuter le fichier de commandes avec FTP.

GETMAC

Cet outil permet à un administrateur d'afficher l'adresse MAC des cartes réseau d'un ordinateur.

Syntaxe :	`GETMAC [/S système [/U nom_utilisateur [/P [mot_de_passe]]]] [/FO format] [/NH] [/V]`
`/S système`	Spécifie le système distant auquel se connecter.
`/U [domaine\] utilisateur`	Spécifie le contexte utilisateur sous lequel la commande doit s'exécuter.

MOUNTVOL

Crée, supprime ou liste un point de montage du volume.

Syntaxe :

```
MOUNTVOL [lecteur:]chemin d'accès de Nom_volume
MOUNTVOL [lecteur:]chemin d'accès /D
MOUNTVOL [lecteur:]chemin d'accès /L
MOUNTVOL [lecteur:]chemin d'accès /P
MOUNTVOL /R
MOUNTVOL /N
```

`MOUNTVOL /E`

`Chemin`	Spécifie le répertoire NTFS existant dans lequel le point de montage résidera.
`Nom_volume`	Spécifie le nom du volume cible du point de montage.
`/D`	Supprime le point de montage du volume du répertoire spécifié.
`/L`	Liste le nom de volume monté pour le répertoire spécifié.
`/P`	Supprime le point de montage du volume du répertoire spécifié, démonte le volume et le rend non montable. Vous pouvez rendre montable le volume en créant un nouveau point de montage de volume.
`/R`	Supprime les paramètres du Registre pour les volumes non listés ci-après.
`/N`	Désactive le montage automatique de nouveaux volumes.
`/E`	Active le montage automatique de nouveaux volumes.

- Vous pouvez également créer des points de montage à l'aide de la Gestion de disques.
- Les points de montage peuvent être utilisés lorsque vous ne disposez plus d'aucune lettre de lecteur pour les volumes locaux et pour augmenter l'espace sur un volume sans avoir à le reformater ou à remplacer le disque dur (ajoutez simplement un chemin de montage vers un autre volume). Vous pouvez également utiliser un volume avec plusieurs chemins de montage afin d'obtenir un accès à tous vos volumes locaux par le biais d'une seule lettre de lecteur.
- Ne supprimez pas un point de montage avec l'Explorateur Windows ou `del /s` car cela supprime le répertoire cible et tous ces sous-répertoires. À la place, utilisez `mountvol /d`.

NET

Liste des mots-clés utilisables : `ACCOUNTS`, `COMPUTER`, `CONFIG`, `CONTINUE`, `FILE`, `GROUP`, `HELPMSG`, `LOCALGROUP`, `NAME`, `PAUSE`, `PRINT`, `SEND`, `SESSION`, `SHARE`, `START`, `STATISTICS`, `STOP`, `TIME`, `USE`, `USER`, `VIEW`.

- Pour voir la syntaxe d'une commande `net` depuis la ligne de commandes, entrez `net help` suivi de l'option qui définit la commande. Par exemple, pour connaître la syntaxe de `net account`, entrez `net help account`.

- Toutes les commandes `net` acceptent également les options suivantes :
  - `/y` accepte automatiquement toutes les invites générées par la commande (utile dans les fichiers de traitement par lots).
  - `/n` refuse automatiquement toutes les invites.

NET HELPMSG

Cette commande aide à interpréter un numéro de message d'erreur Windows.

Syntaxe : `NET HELPMSG numéro de message`

NET PRINT

Affiche des informations sur une file d'attente d'impression ou une tâche d'impression spécifique, ou contrôle une tâche d'impression donnée.

Syntaxe :

```
NET PRINT \\nom d'ordinateur\nom de partage

NET PRINT [\\nom d'ordinateur] numéro de travail [/HOLD |
/RELEASE | /DELETE]
```

- Pour déterminer le nom de partage de votre imprimante partagée, entrez `net share` sur la ligne de commandes.
- Si un serveur d'impression possède plusieurs imprimantes partagées, chacune a sa propre file d'attente. Cependant, des travaux de différentes files d'impression sur le même serveur peuvent avoir un même numéro d'identification.

NET SHARE

Gère les ressources partagées. Utilisée sans paramètre, la commande `net share` affiche des informations sur toutes les ressources actuellement partagées sur l'ordinateur local.

Syntaxe : `NET SHARE nom de partage`

Option

```
nom de partage=lecteur:chemin [/USERS:nombre |
/UNLIMITED] [/REMARK:"texte"] [/CACHE:Manual |
Documents| Programs | e ]
```

Option

```
nom de partage [/USERS:nombre | /UNLIMITED]
[/REMARK:"texte"] [CACHE:Manual | Documents |
```

```
Programs | None] {nom de partage | nom de
périphérique | lecteur:chemin} /DELETE
```

- Entourez le chemin absolu par des guillemets s'il contient des espaces.
- Si vous supprimez un partage avec `net share /delete`, il restera visible dans le Poste de travail et dans l'Explorateur Windows, même si vous redémarrez. L'astuce consiste à appuyer sur F5 afin de vider les informations contenues dans le cache.
- L'option `/cache` permet de configurer le mode de mise en service du partage lorsque les dossiers hors connexion sont implantés.

NET START

Démarre un service. Utilisée sans paramètre, la commande `net start` affiche la liste des services en cours d'exécution.

Syntaxe : `NET START [service]`

- Utilisez des guillemets pour les noms d'ordinateurs et les noms d'utilisateurs contenant des espaces.
- Le démarrage de services peut avoir des effets inattendus du fait des dépendances entre les services.
- L'outil graphique de gestion des services est la console **Services**.

NET STOP

Arrête un service en cours d'exécution.

Syntaxe : `NET STOP [service]`

- Utilisez des guillemets pour les noms d'ordinateurs et les noms d'utilisateurs contenant des espaces.
- L'arrêt d'un service retire de la mémoire les ressources associées.
- Avant d'arrêter un service, il est préférable de commencer par le suspendre et d'envoyer un message aux utilisateurs connectés afin de les avertir que le service va être arrêté. Cela leur donne du temps pour enregistrer leur travail et se déconnecter.
- Vous ne pouvez pas arrêter le service Fax car il fonctionne à la demande et s'arrête automatiquement lorsqu'il n'y a plus de télécopies à envoyer ou à recevoir.

NET USE

Connecte ou déconnecte un ordinateur d'une ressource partagée, ou affiche des informations relatives aux connexions de l'ordinateur. Cette commande contrôle aussi les connexions réseau persistantes. Utilisée sans paramètre, la commande `net use` extrait une liste des connexions réseau.

Syntaxe :

```
NET USE [nom de périph.|*]
[\\Ordinateur\Partage[volume] [mot de passe | *]]
[/USER:[nom de domaine\]nom d'utilisateur] [/USER:[nom
de domaine avec points\]nom d'utilisateur] [/USER:[nom
d'utilisateur@nom de domaine avec points] [/SMARTCARD]
[/SAVECRED] [[/DELETE] | [/PERSISTENT:{YES | NO}]]

NET USE [nom de périphérique | *] [mot de passe | *] [/HOME]
NET USE [/PERSISTENT:{YES | NO}]
```

- Utilisez les guillemets autour de `NomsOrdinateur` si ce dernier comporte des espaces.
- Vous ne pouvez pas vous déconnecter d'un partage s'il est votre lecteur courant ou s'il est verrouillé par un processus actif.

NSLOOKUP

Affiche des informations qui vous permettent d'établir un diagnostic de l'infrastructure DNS (*Domain Name System*).

Syntaxe :

```
nslookup [-opt] # mode interactif utilisant le
serveur par défaut

nslookup [-opt] - serveur # mode interactif utilisant
'serveur'
nslookup [-opt] hôte # recherche 'hôte' en utilisant le
serveur par défaut
nslookup [-opt] hôte serveur # recherche 'hôte' en
utilisant 'serveur'
```

- Les commandes `nslookup` contiennent au maximum 255 caractères.
- Pour rechercher un ordinateur qui ne se trouve pas dans le domaine DNS courant, ajoutez un point au nom. Par exemple, entrez `pierre.puzzmania.com` à l'invite interactive de `nslookup`.
- Utilisez `exit` ou appuyez sur Ctrl+C pour sortir d'une session `nslookup`.
- Une commande non reconnue est interprétée comme un nom d'ordinateur.

TIME

Affiche ou modifie l'heure système.

Syntaxe :	`TIME [/T	heure]`
`TIME`	Sans paramètres, affiche l'heure en cours et demande une nouvelle heure. Appuyez sur [↵] pour conserver la même heure.
`/T`	La commande n'indique que l'heure, sans demander d'en entrer une nouvelle.

14.3. Les raccourcis clavier

Les raccourcis clavier facilitent l'interaction avec l'ordinateur. Leur rôle est de limiter les passages intempestifs entre le clavier et la souris lors de certaines actions répétitives. Ils sont classés par famille.

L'un des raccourcis les plus utilisés aujourd'hui est celui de l'Explorateur Windows : [Windows]+[E].

Vous pouvez également trouver les raccourcis clavier au travers de l'Aide et support de Windows Vista.

Les commandes générales

Tableau 14-1 : Raccourcis clavier généraux

Touches	Fonction
[Ctrl]+[C]	Copier l'élément sélectionné
[Ctrl]+[X]	Couper l'élément sélectionné
[Ctrl]+[V]	Coller l'élément sélectionné
[Ctrl]+[Z]	Annuler une action
[Suppr]	Supprimer et déplacer l'élément sélectionné dans la Corbeille
[Maj]+[Suppr]	Supprimer l'élément sélectionné sans le déplacer au préalable dans la Corbeille

Tableau 14-1 : Raccourcis clavier généraux	
Touches	**Fonction**
F2	Renommer l'élément sélectionné
Ctrl+→	Ramener le curseur au début du mot suivant
Ctrl+←	Ramener le curseur au début du mot précédent
Ctrl+↓	Ramener le curseur au début du paragraphe suivant
Ctrl+↑	Ramener le curseur au début du paragraphe précédent
Ctrl+Maj+→, ←, ↑ ou ↓	Sélectionner un bloc de texte
Maj+→, ←, ↑ ou ↓	Sélectionner plusieurs éléments d'une fenêtre ou du Bureau, ou sélectionner du texte dans un document
Ctrl+A	Sélectionner tous les éléments dans un document ou une fenêtre
F3	Rechercher un fichier ou un dossier
Alt+↵	Afficher des propriétés pour l'élément sélectionné
Alt+F4	Fermer l'élément actif ou quitter le programme actif
Alt+Barre d'espace	Ouvrir le menu contextuel de la fenêtre active
Ctrl+F4	Fermer le document actif (dans les programmes permettant d'avoir plusieurs documents ouverts simultanément)
Alt+⇆	Passer d'un élément ouvert à l'autre
Ctrl+Alt+⇆	Utiliser les touches fléchées pour passer d'un élément ouvert à l'autre
Windows+⇆	Parcourir les programmes sur la barre des tâches en utilisant la bascule 3D Windows
Ctrl+Windows+⇆	Utiliser les touches fléchées pour parcourir les programmes sur la barre des tâches en utilisant la bascule 3D Windows
Alt+Échap	Parcourir les éléments dans leur ordre d'ouverture
F6	Parcourir les éléments d'écran d'une fenêtre ou du Bureau
F4	Afficher la liste des barres d'adresse dans l'Explorateur Windows
Maj+F10	Afficher le menu contextuel associé à l'élément sélectionné

Tableau 14-1 : Raccourcis clavier généraux	
Touches	**Fonction**
Ctrl+Échap	Ouvrir le menu **Démarrer**
Alt+Lettre soulignée	Afficher le menu correspondant
Alt+Lettre soulignée	Exécuter la commande de menu (ou une autre commande soulignée)
F10	Activer la barre des menus dans le programme actif
→	Ouvrir le menu suivant à droite ou ouvrir un sous-menu
←	Ouvrir le menu suivant à gauche ou fermer un sous-menu
F5	Actualiser la fenêtre active
Alt+↑	Afficher le dossier d'un niveau supérieur dans l'Explorateur Windows
Échap	Annuler la tâche en cours
Ctrl+Maj+Échap	Ouvrir le Gestionnaire des tâches
Maj à l'insertion d'un CD	Empêcher la lecture automatique du CD

14

Les boîtes de dialogue

Tableau 14-2 : Raccourcis clavier pour les boîtes de dialogue	
Touches	**Fonction**
Ctrl+Tab	Passer à l'onglet suivant
Ctrl+Maj+Tab	Passer à l'onglet précédent
Tab	Avancer dans les options
Maj+Tab	Reculer dans les options
Alt+Lettre soulignée	Exécuter la commande (ou sélectionner l'option) associée à la lettre soulignée
↵	Remplacer le clic de souris par plusieurs commandes sélectionnées

Tableau 14-2 : Raccourcis clavier pour les boîtes de dialogue	
Touches	**Fonction**
Barre d'espace	Activer ou désactiver la case à cocher si l'option active est une case à cocher
→, ←, ↑ ou ↓	Sélectionner un bouton si l'option active est un groupe de boutons d'options
F1	Afficher l'Aide
F4	Afficher les éléments sur la liste active
⇤	Ouvrir un dossier d'un niveau supérieur si un dossier est sélectionné dans la boîte de dialogue **Enregistrer sous** ou **Ouvrir**

L'Explorateur Windows

Tableau 14-3 : Raccourcis clavier dans l'Explorateur Windows	
Touches	**Fonction**
Fin	Afficher le bas de la fenêtre active
↖	Afficher le haut de la fenêtre active
Verr Num+* (pavé numérique)	Afficher tous les sous-dossiers du dossier sélectionné
Verr Num++ (pavé numérique)	Afficher le contenu du dossier sélectionné
Verr Num+- (pavé numérique)	Réduire le dossier sélectionné
←	Réduire la sélection actuelle (si elle est étendue), ou sélectionner le dossier parent
Alt+←	Afficher le dossier précédent
→	Afficher la sélection actuelle (si elle est réduite), ou sélectionner le premier sous-dossier
Alt+→	Afficher le dossier suivant
Alt+D	Sélectionner la barre d'adresses

Les raccourcis Microsoft

Tableau 14-4 : Raccourcis clavier de Microsoft	
Touches	**Fonction**
Windows	Ouvrir ou fermer le menu **Démarrer**
Windows+Pause	Afficher la boîte de dialogue **Propriétés système**
Windows+D	Afficher le Bureau
Windows+M	Réduire toutes les fenêtres
Windows+Maj+M	Restaurer les fenêtres réduites sur le Bureau
Touche Windows +E	Démarrer l'ordinateur
Windows+F	Rechercher un fichier ou un dossier
Ctrl+Windows+F	Rechercher les ordinateurs (si vous êtes sur un réseau)
Windows+L	Verrouiller l'ordinateur (si vous êtes connecté à un domaine de réseau) ou changer d'utilisateur (si vous n'êtes pas connecté à un domaine de réseau)
Windows+R	Ouvrir la boîte de dialogue **Exécuter**
Windows+T	Parcourir les programmes sur la barre des tâches
Windows+Tab	Parcourir les programmes sur la barre des tâches en utilisant la bascule 3D Windows
Ctrl+Windows+Tab	Utiliser les touches fléchées pour parcourir les programmes sur la barre des tâches en utilisant la bascule 3D Windows
Windows+Barre d'espace	Placer tous les gadgets au premier plan et sélectionner le volet **Windows**
Windows+G	Parcourir les gadgets du volet **Windows**
Windows+U	Ouvrir l'Accessibilité
Windows+X	Ouvrir le Centre de mobilité Windows

L'Accessibilité

Tableau 14-5 : Raccourcis clavier d'Accessibilité

Touches	Fonction
Maj → pendant 8 secondes	Activer et désactiver les touches de filtres
Alt ←+Maj ←+Imp écr	Activer et désactiver le contraste élevé
Alt ←+Maj ←+Verr Num	Activer et désactiver les touches de souris
Maj cinq fois	Activer et désactiver les touches rémanentes
Verr Num pendant 5 secondes	Activer et désactiver les touches de bascule
Windows+U	Ouvrir le questionnaire d'accessibilité

Le volet Windows

Tableau 14-6 : Raccourcis clavier dans le Volet Windows

Touches	Fonction
Windows+Barre d'espace	Placer tous les gadgets au premier plan et sélectionner le volet
Windows+G	Parcourir les gadgets du volet **Windows**
⇆	Parcourir les contrôles du volet **Windows**

Internet Explorer

Affichage et exploration des pages web

Tableau 14-7 : Affichage et exploration de pages web

Touches	Fonction
[F1]	Afficher l'Aide
[F11]	Basculer entre la taille normale de la fenêtre d'Internet Explorer et le mode Plein écran
[↹]	Se déplacer en avant dans les éléments d'une page web, de la barre d'adresses et de la barre des liens
[Maj]+[↹]	Se déplacer en arrière dans les éléments d'une page web, de la barre d'adresses et de la barre des liens
[Alt]+[↖]	Aller à votre page d'accueil
[Alt]+[→]	Aller à la page suivante
[Alt]+[←] ou [⇤]	Aller à la page précédente
[Maj]+[F10]	Afficher le menu contextuel correspondant à un lien
[Ctrl]+[↹] ou [F6]	Se déplacer en avant dans les cadres et les éléments du navigateur (ne fonctionne que si la navigation par onglets est désactivée)
[Ctrl]+[Maj]+[↹]	Se déplacer en arrière dans les cadres (ne fonctionne que si la navigation par onglets est désactivée)
[↑]	Remonter vers le début d'un document
[↓]	Avancer jusqu'à la fin d'un document
[⇞]	Remonter rapidement vers le début d'un document
[⇟]	Avancer rapidement jusqu'à la fin d'un document
[↖]	Remonter au début d'un document
[Fin]	Atteindre la fin d'un document
[Ctrl]+[F]	Effectuer une recherche dans cette page
[F5]	Actualiser la page web active

Tableau 14-7 : Affichage et exploration de pages web	
Touches	**Fonction**
Ctrl+F5	Actualiser la page web active, même si l'horodatage de la version web et celui de la version stockée localement sont identiques
Échap	Arrêter le téléchargement d'une page
Ctrl+O	Ouvrir un nouveau site web ou une nouvelle page
Ctrl+N	Ouvrir une nouvelle fenêtre
Ctrl+W	Fermer la fenêtre active (si un seul onglet est ouvert)
Ctrl+S	Enregistrer la page active
Ctrl+P	Imprimer la page ou le cadre actif
↵	Activer un lien sélectionné
Ctrl+I	Ouvrir les favoris
Ctrl+H	Ouvrir l'historique
Ctrl+J	Ouvrir les flux
Alt+P	Ouvrir le menu **Page**
Alt+T	Ouvrir le menu **Outils**
Alt+H	Ouvrir le menu **Aide**

Utilisation des onglets

Tableau 14-8 : Utilisation des onglets	
Touches	**Fonction**
Ctrl+Clic	Ouvrir des liens sous un nouvel onglet à l'arrière-plan
Ctrl+Maj+Clic	Ouvrir des liens sous un nouvel onglet au premier plan
Ctrl+T	Ouvrir un nouvel onglet au premier plan
Ctrl+⇆ ou Ctrl+Maj+⇆	Basculer entre les onglets

Tableau 14-8 : Utilisation des onglets	
Touches	**Fonction**
Ctrl+W	Fermer l'onglet actif (ou la fenêtre active si la navigation par onglets est désactivée)
Alt+↵	Ouvrir un nouvel onglet à partir de la barre d'adresses
Ctrl+*n* (où *n* est un chiffre compris entre 1 et 8)	Passer à un numéro d'onglet spécifique
Ctrl+9	Passer au dernier onglet
Ctrl+Alt+F4	Fermer les autres onglets
Ctrl+Q	Activer/désactiver les onglets rapides (vue miniature)

Utilisation du zoom

Tableau 14-9 : Utilisation du zoom	
Touches	**Fonction**
Ctrl++ (pavé numérique)	Augmenter le zoom (+10 %)
Ctrl+- (pavé numérique)	Réduire le zoom (-10 %)
Ctrl+0	Zoomer à 100 %

Utilisation de la fonction de recherche

Tableau 14-10 : Utilisation de la fonction de recherche	
Touches	**Fonction**
Ctrl+E	Aller à la zone de recherche
Alt+↵	Ouvrir votre requête de recherche sous un nouvel onglet

Tableau 14-10 : Utilisation de la fonction de recherche	
Touches	**Fonction**
Ctrl+↓	Ouvrir le menu du moteur de recherche

Utilisation de l'Aperçu avant impression

Tableau 14-11 : Utilisation de l'aperçu avant impression	
Touches	**Fonction**
Alt+P	Définir des options d'impression et imprimer une page
Alt+U	Modifier le papier, les en-têtes et les pieds de page, l'orientation ainsi que les marges de la page
Alt+↖	Afficher la première page à imprimer
Alt+←	Afficher la page précédente à imprimer
Alt+A	Taper le numéro de la page à afficher
Alt+→	Afficher la page suivante à imprimer
Alt+Fin	Afficher la dernière page à imprimer
Alt+- (pavé numérique)	Zoom arrière
Alt++ (pavé numérique)	Zoom avant
Alt+Z	Afficher une liste des pourcentages de zoom
Alt+F	Spécifier le mode d'impression des cadres (cette option est uniquement disponible si vous imprimez une page web qui utilise des cadres)
Alt+C	Fermer l'Aperçu avant impression

Utilisation de la barre d'adresses

Tableau 14-12 : Utilisation de la barre d'adresses	
Touches	**Fonction**
Alt+D	Sélectionner le texte de la barre d'adresses
F4	Afficher la liste des adresses saisies
Ctrl+←	Déplacer le curseur vers la gauche dans la barre d'adresses, jusqu'au premier symbole de rupture logique dans l'adresse (point ou barre oblique)
Ctrl+→	Déplacer le curseur vers la droite dans la barre d'adresses, jusqu'au premier symbole de rupture logique dans l'adresse (point ou barre oblique)
Ctrl+↵	Ajouter `www.` au début et `.com` à la fin du texte saisi dans la barre d'adresses
↑	Descendre sur la liste des correspondances proposées par la fonctionnalité Saisie semi-automatique
↓	Remonter sur la liste des correspondances proposées par la fonctionnalité Saisie semi-automatique

Ouverture des menus de la barre d'outils Internet Explorer

Tableau 14-13 : Ouverture des menus de la barre d'outils Internet Explorer	
Touches	**Fonction**
Alt+M	Ouvrir le menu **Démarrage**
Alt+R	Ouvrir le menu **Imprimer**
Alt+J	Ouvrir le menu **RSS**
Alt+O	Ouvrir le menu **Outils**
Alt+L	Ouvrir le menu **Aide**

Utilisation des flux, de l'historique et des favoris

Tableau 14-14 : Utilisation des flux, de l'historique et des favoris

Touches	Fonction
Ctrl+D	Ajouter la page active aux favoris
Ctrl+B	Ouvrir la boîte de dialogue **Organisation des Favoris**
Alt+↑	Monter l'élément sélectionné sur la liste des favoris de la boîte de dialogue **Organisation des Favoris**
Alt+↓	Descendre l'élément sélectionné sur la liste des favoris de la boîte de dialogue **Organisation des Favoris**
Alt+C	Ouvrir le Centre des favoris et afficher les favoris
Ctrl+H	Ouvrir le Centre des favoris et afficher l'historique
Ctrl+J	Ouvrir le Centre des favoris et afficher les flux
Ctrl+Maj+J	Ouvrir et ancrer le Centre des favoris, et afficher les flux
Alt+Z	Ouvrir le menu **Ajouter aux Favoris**
Alt+I	Afficher tous les flux (en mode d'affichage des flux)
Alt+M	Marquer un flux comme lu (en mode d'affichage des flux)
Alt+S	Placer le curseur dans la zone de recherche en mode d'affichage des flux

Modification

Tableau 14-15 : Modification

Touches	Fonction
Ctrl+X	Supprimer les éléments sélectionnés et les copier dans le Presse-papiers
Ctrl+C	Copier les éléments sélectionnés dans le Presse-papiers
Ctrl+V	Insérer le contenu du Presse-papiers à l'emplacement sélectionné

Tableau 14-15 : Modification	
Touches	**Fonction**
Ctrl+A	Sélectionner tous les éléments de la page web active

Utilisation de la barre d'informations

Tableau 14-16 : Utilisation de la barre d'informations	
Touches	**Fonction**
Alt+N	Activer la barre d'informations
Barre d'espace	Cliquer sur la barre d'informations

La Visionneuse de l'Aide Windows

Tableau 14-17 : Raccourcis clavier dans la Visionneuse de l'Aide Windows	
Touches	**Fonction**
Alt+C	Afficher la table des matières
Alt+N	Afficher le menu **Paramètres de connexion**
F10	Afficher le menu **Options**
Alt+←	Retourner à la rubrique affichée précédemment
Alt+→	Passer à la rubrique suivante (parmi les rubriques affichées précédemment)
Alt+A	Afficher la page sur le support technique
Alt+↖	Afficher la page d'accueil **Aide et support**
↖	Atteindre le début d'une rubrique
Fin	Atteindre la fin d'une rubrique
Ctrl+F	Rechercher la rubrique actuelle

Tableau 14-17 : Raccourcis clavier dans la Visionneuse de l'Aide Windows	
Touches	**Fonction**
Ctrl+P	Imprimer une rubrique
F3	Aller à la zone *Recherche*

La Galerie de photos Windows

Tableau 14-18 : Raccourcis clavier de la Galerie de photos Windows	
Touches	**Fonction**
Ctrl+F	Ouvrir le volet **Corriger**
Ctrl+P	Imprimer l'image sélectionnée
↵	Afficher un agrandissement de l'image sélectionnée
Ctrl+I	Ouvrir ou fermer le volet d'informations
Ctrl+.	Pivoter l'image dans le sens des aiguilles d'une montre
Ctrl+,	Pivoter l'image dans le sens inverse des aiguilles d'une montre
F2	Renommer l'élément sélectionné
Ctrl+E	Rechercher un élément
Alt+←	Retourner
Alt+→	Avancer
+ (pavé numérique)	Effectuer un zoom avant ou redimensionner la miniature d'image
- (pavé numérique)	Effectuer un zoom arrière ou redimensionner la miniature d'image
Ctrl+B	Ajuster
←	Sélectionner l'élément précédent
↓	Sélectionner l'élément suivant ou la ligne suivante
↑	Aller à l'élément précédent ou à la ligne précédente (miniature)
⇞	Aller à l'écran précédent

Tableau 14-18 : Raccourcis clavier de la Galerie de photos Windows	
Touches	**Fonction**
⇟	Aller à l'écran suivant
↖	Sélectionner le premier élément
Fin	Sélectionner le dernier élément
Suppr	Déplacer l'élément sélectionné dans la Corbeille
Maj+Suppr	Supprimer définitivement l'élément sélectionné
←	Réduire le nœud
→	Développer le nœud

Utilisation des vidéos

Tableau 14-19 : Raccourcis clavier à utiliser avec des vidéos	
Touches	**Fonction**
J	Reculer d'une trame
K	Suspendre la lecture
L	Avancer d'une trame
I	Définir le point initial de découpage
O	Définir le point final de découpage
M	Fractionner un clip
↖	Arrêter et effectuer un retour arrière jusqu'au point initial de découpage
Alt+→	Avancer jusqu'à la trame suivante
Alt+←	Retourner à la trame précédente
Ctrl+K	Arrêter et effectuer un retour arrière de la lecture
Ctrl+P	Lire à partir de l'emplacement actuel

Tableau 14-19 : Raccourcis clavier à utiliser avec des vidéos	
Touches	**Fonction**
[↖]	Déplacer le point initial de découpage
[Fin]	Déplacer le point final de découpage
[⇞]	Rechercher le point de fractionnement le plus proche avant l'emplacement actuel
[⇟]	Rechercher le point de fractionnement le plus proche après l'emplacement actuel

Windows Mail

Fenêtre principale, d'affichage des messages et d'envoi des messages

Tableau 14-20 : Fenêtre principale, fenêtre d'affichage et d'envoi des messages	
Touches	**Fonction**
[F1]	Ouvrir des rubriques d'aide
[Ctrl]+[A]	Sélectionner tous les messages ou le texte dans un message

Fenêtre principale et fenêtre d'affichage des messages

Tableau 14-21 : Fenêtre principale et fenêtre d'affichage des messages	
Touches	**Fonction**
[Ctrl]+[M]	Envoyer et recevoir du courrier électronique
[Ctrl]+[N]	Ouvrir ou publier un nouveau message
[Ctrl]+[Maj]+[B]	Ouvrir les contacts
[Suppr] ou [Ctrl]+[D]	Supprimer un courrier électronique

Tableau 14-21 : Fenêtre principale et fenêtre d'affichage des messages	
Touches	**Fonction**
Ctrl+R	Répondre à l'auteur du message
Ctrl+Maj+R ou Ctrl+G (groupes de discussion uniquement)	Répondre à tous
Ctrl+F	Transférer un message
Ctrl+Maj+F	Rechercher un message
Ctrl+P	Imprimer le message sélectionné
Ctrl+>	Atteindre le message suivant sur la liste
Ctrl+<	Atteindre le message précédent sur la liste
Alt+↵	Afficher les propriétés du message sélectionné
Ctrl+U	Atteindre le courrier électronique non lu suivant (messagerie)
Ctrl+Maj+U	Atteindre la conversation non lue suivante (groupe de discussion)

Fenêtre principale

Tableau 14-22 : Fenêtre principale	
Touches	**Fonction**
Ctrl+O ou ↵	Ouvrir un message sélectionné
Ctrl+↵ ou Ctrl+Q	Marquer un message comme étant lu
⇆	Se déplacer entre la liste de messages, la liste de dossiers et le volet de visualisation
Ctrl+W	Atteindre un groupe de discussion
← ou + (pavé numérique)	Développer une conversation de groupe de discussion (afficher toutes les réponses)
→ ou - (pavé numérique)	Réduire une conversation de groupe de discussion (masquer les réponses)

Tableau 14-22 : Fenêtre principale	
Touches	**Fonction**
Ctrl+Maj+A	Marquer tous les messages de groupes de discussion comme étant lus
Ctrl+J	Atteindre le groupe de discussion ou le dossier non lu suivant
Ctrl+Maj+M	Télécharger des messages de groupes de discussion en vue d'une lecture en mode hors connexion
Ctrl+I	Atteindre la boîte de réception
Ctrl+Y	Atteindre un dossier
F5	Actualiser les messages de groupes de discussion et les en-têtes

Fenêtre de message – affichage ou envoi

Tableau 14-23 : Fenêtre de message – affichage ou envoi	
Touches	**Fonction**
Échap	Fermer un message
F3 ou Ctrl+Maj+F	Rechercher du texte

Fenêtre de message – envoi uniquement

Tableau 14-24 : Fenêtre de message – envoi uniquement	
Touches	**Fonction**
F7	Vérifier l'orthographe
Ctrl+Maj+S	Insérer une signature
Ctrl+↵ ou Alt+S	Envoyer un message ou le publier dans un groupe de discussion
Ctrl+⇆	Basculer entre les onglets **Modifier, Source** et **Aperçu dans l'affichage Modifier la source**

15

Index

!

A

B

C

D

E

15

F

G

H

I

J

L

M

N

O

P

R

S

T

U

V

W

X

Z

Composé en France par Jouve
11, bd de Sébastopol - 75001 Paris

Achevé d'imprimer par

CPI

Imprimerie France Quercy - 46090 Mercuès
N° d'impression : 72114/ - Dépôt légal : octobre 2007

Imprimé en France